Nach dem Roman *Frohburg*, ausgezeichnet mit dem Preis der Leipziger Buchmesse 2016, erscheint die gesammelte Prosa von Guntram Vesper, begleitet von einem Nachwort des Essayisten und Kritikers Helmut Böttiger.
Nördlich der Liebe und südlich des Hasses ist ein Buch über unser Land und unsere Zeit. Die erfundenen, erinnerten und rekonstruierten Geschichten, die Fragmente, die kurzen Romane und langen Anekdoten erzählen von Stadt und Land, von Vorstadtbewohnern und Dörflern, von Nachbarn und Verwandten, von Heimat und Fremde, Pistolen und Träumen, Idylle und Brutalität: deutsche Wirklichkeit und Wahrheit unserer Tage.

Der Band bietet vollständig die Texte der Bände *Kriegerdenkmal ganz hinten* und *Nördlich der Liebe und südlich des Hasses* sowie in größtmöglicher Vollständigkeit die verstreut veröffentlichte Prosa eines der großen Autoren unserer Zeit.

GUNTRAM VESPER wurde 1941 in der sächsischen Kleinstadt Frohburg geboren und kam 1957 über Berlin in die Bundesrepublik. 1967 las er auf der letzten großen Tagung der Gruppe 47. Sein umfangreiches Werk umfasst Prosa, Gedichte, Essays und Hörspiele. Für FROHBURG erhielt Guntram Vesper 2016 den Preis der Leipziger Buchmesse in der Kategorie Belletristik. Er lebt als Schriftsteller in Göttingen.

Guntram Vesper

Nördlich der Liebe und südlich des Hasses

Die Prosa

Mit einem Nachwort von Helmut Böttiger

btb

Sollte diese Publikation Links auf Webseiten Dritter enthalten,
so übernehmen wir für deren Inhalte keine Haftung,
da wir uns diese nicht zu eigen machen, sondern lediglich auf
deren Stand zum Zeitpunkt der Erstveröffentlichung verweisen.

Verlagsgruppe Random House FSC® N001967

1. Auflage
Genehmigte Taschenbuchausgabe November 2019
btb Verlag in der Verlagsgruppe Random House GmbH,
Neumarkter Str. 28, 81673 München
Copyright © Schöffling & Co. Verlagsbuchhandlung GmbH,
Frankfurt am Main 2017, Lizenzausgabe mit freundlicher
Genehmigung
Umschlaggestaltung: semper smile, München
nach einem Entwurf von Schöffling & Co. unter Verwendung
einer Zeichnung von Guntram Vesper
Druck und Einband: GGP Media GmbH, Pößneck
cb · Herstellung: sc
Printed in Germany
ISBN 978-3-442-71790-3

www.btb-verlag.de
www.facebook.com/btbverlag

Inhalt

I   Kriegerdenkmal ganz hinten   7

II   Nördlich der Liebe und südlich
des Hasses   183

III   Dunkelkammer   459

IV   Nachwort   665

Kriegerdenkmal ganz hinten

Revolution

Er wurde tot in einem Waldstück am Fuß des Hohen Hagen gefunden. Das war am fünfundzwanzigsten März. Bedenkliche Zeitungsnachrichten steigerten die Erregung. Niemand konnte nämlich sagen, wie er ums Leben gekommen war. Es hieß, sein Kopf sei gar nicht gefunden worden. In der folgenden Nacht brannte der Ziegenstall des Lehrers Meseke nieder. Und am siebenundzwanzigsten März hielt die Bevölkerung eine Versammlung ab. An Grönwohl, der sich in Hannover aufhielt, wurde ein Ultimatum geschickt. Die Bevölkerung verlangte die Herstellung alter Rechte. Mit ergebenem Gruß. An die Spitze der Fordernden hatten sich Kawe und Bergweitemeier gestellt. Die Versammlung nahm einen stürmischen Verlauf. Alle waren sehr aufgebracht. Sie nannten Grönwohl einen Ausbeuter, den Förster und den Lehrer seine Helfershelfer und Lakaien. Die Ansprachen von Bornemann, Elend und einem Tischler namens Bertram, der aus Göttingen heraufgekommen war, fanden starke Beachtung. Ende März ließ Grönwohl durch den Lehrer die einschlägigen Gesetze verlesen. Es ist nicht bekannt geworden, wie viele Zuhörer Meseke fand, doch am ersten April war das ganze Dorf in Aufruhr. Mit Hacken, Äxten und Spaten zog man auf den Kirchhof. Grönwohl jedoch hatte, um die Bevölkerung und besonders seine Landarbeiter zu beruhigen, einen Ochsen schlachten und mit einem Zentner Kartoffeln verteilen lassen. Allerdings schien das keinen besonderen Eindruck gemacht zu haben. Man nahm hin, was gegeben wurde, aber Liebe entstand nicht. Infolge dessen beklagte Grönwohl beim Pfarrer seinen schlechten Ruf unter den Aufständischen. Er glaubte, mehr verdient zu haben. Der Pfarrer wies auf den abgebrannten Ziegenstall hin und nickte. Am zweiten April wurde der Tote endlich begraben, ohne daß sein Kopf gefunden worden wäre. Allgemein hielt man Grönwohl für schuldig. Anderntags marschierte die Garde der einfachen Leute, der wüste Haufe. Auf Zureden der Anführer hatte man die Fahne auf dem Schloß gelassen, worüber die Schloßbewohner sehr erbittert waren. Grönwohl reiste ab. Keinesfalls wollte er die Fahne eigenhändig übergeben, was die Garde einerseits als Beleidigung empfand und andererseits als Stolz auslegte. Als ein Kind im Basaltbruch den Kopf fand, wußte es nicht gleich, daß es der Kopf war. Der Schreck, den man im Dorf bekam, hielt lange vor. Jetzt wurde es ernst. Also marschierte die Garde am vierten April in einem Schwarm von Kindern vors Schloß, holte die Fahne, ließ sich sieben neue Karabiner aushändigen und bildete im Steinbruch ein offenes Viereck, in dessen Mittelpunkt Kawe mit der Fahne stand. Während der Pfarrer eine Rede hielt, entblößten alle die Köpfe. Die Musik spielte: Nun danket alle Gott. Dann ging die Menge auf den Dorfplatz, wo getanzt wurde. Der Abend verlief heiter und ruhig. Grönwohl äußerte sich, endlich zurückgekommen, abfällig über das Ergebnis der Verhandlungen in Hannover. Ein Brief aus der Hauptstadt sprach von neuerlichen Unruhen und vom beabsichtigten Sturz der Regierung. Trotzdem zeigte Grönwohl sich sehr freundlich und ließ Freibier geben. Jeden Morgen schoß die Garde im Steinbruch die neuen Gewehre ein, und Grönwohl sagte zum Pfarrer, er könne deshalb kaum noch schlafen. Nachdem in der Nacht Bertram nach Göttingen gerufen worden war, zog die Bevölkerung am achten April erneut auf den Kirchhof. Kawe sprach einige ergebene Worte und ließ die Garde vorbeimarschieren. Grönwohl stand neben ihm. Kawe sagte: bald wird alles anders. Grönwohl machte ein unbewegtes Gesicht und ließ die Fahne wieder aufs Schloß bringen. Eigenhändig verschloß er die Karabiner im Schrank. Seht euch die Felder an. Es ist höchste Zeit.

Landbewohner

Meistens wird lautes Jammern unterdrückt, damit der Tote nicht wieder aufgeschrien werde. Der Herr ist tot. Dann geht jemand durch die Ställe mit demselben Ruf, um das Vieh zu wecken. Das Kinn wird aufgebunden, auch durch ein Rasenstück gestützt. Der Tote soll kein Nachzehrer werden. Nach der Waschung muß das Wasser an einem Ort vergraben werden, wo niemand darübergehen kann. Bevor jedoch der Tote in einen Sarg gelegt wird, hebt man ihn vom Bett auf eine Bank oder ein Brett in der Wohnstube. Das Brett wird später an eine sumpfige Wegstelle oder über einen Bach gelegt. Es mahnt vielleicht doch. Zwei ganze oder halbe Nächte wird die Leiche verwacht, um den Toten durch Scherze zu unterhalten. Auch werden diese Nächte zu Stelldichein und ausgelassenen Pfänderspielen genutzt. Kinder berühren, küssen, beißen die nackte große Zehe des Toten. Bleibt er geschmeidig, so folgt ihm bald ein anderer Hausbewohner. Auf alle Fälle schütte man dem Zug einen Topf Wasser nach. Die nächstverwandten Männer legen die Hüte nicht ab. Öfter wird die Leiche im offenen Sarg begraben, das Gesicht von einem kleinen Brett verdeckt. Einige Orte kennen sogar den Gemeinsarg, aus dem die Leiche genommen wird, um auf einer Bohle in das Grab gelassen zu werden. Nacheinander, immer aus anderer Sicht, tragen die Angehörigen der Gemeinde die Biografie des Verstorbenen klagend vor. Die Dämmerung ist für Fehlgeburten und Selbstmörder. Abgerissene und abgenommene Gliedmaßen kommen beiseite, bis sie Platz in einem Sarg finden. War der Tote verschuldet, so hat die Witwe ihren Gürtel ins Grab zu geben. Anschließendes Essen heißt nicht selten: das Fell versaufen. Je schneller einer vergessen werden muß, desto prächtiger soll das Begräbnis sein. Deshalb werden selbst im Stall Tische und Bänke aufgestellt. Ehrenplätze für Pfarrer, Arzt, Hebamme, Kirchendiener, Bürgermeister, Totengräber, Schreiner, die Verwandten der Leiche. Alkohol verleitet zu Schlägereien. Die folgende Nacht verbringen die Hausbewohner am Tisch sitzend. Es dürfen nur einsilbige Wörter gesprochen, nur unumstößliche Wahrheiten verkündet werden. Zu allen Zeiten hat es den Herrn und den Knecht gegeben. Gut und schlecht. Arm und reich. Hoch und tief. Rechts und links. Vorschrift bleibt Vorschrift.

So und nicht anders

Bei den Kindern fing ich vor acht Jahren an. Dazu Anlaß gaben mir Fleiß beim Federreißen, gutes Benehmen und mein Geburtstag im Mai, zu dem ich die fünfundzwanzig Schulkinder einlud. Um zwölf Uhr war Abfahrt nach dem Wald. Um neun kehrten wir zu den vor der Tür wartenden Eltern heim. Kosten: fünfundzwanzig Liter Malzkaffee zu einer Mark und jedem Kind ein Brötchen für fünf Pfennig. Kleine Sachen und Geschenke fallen fort, wenn Eintrittsgeld gezahlt werden muß. Wir sind hundertzwanzig Menschen auf einem Gut von tausendzweihundert Morgen. Auf je zehn Morgen entfällt ein Mensch. Niemals werden zwölf Mark überschritten. Eine Extraausgabe war die Beschaffung von Material für die selbstgemachten Landesfahnen und die Vereinswimpel, die aber Jahrzehnte überdauern können, wenn sie im Gutshaus aufbewahrt werden. Allerdings nur dann. Das Ziel der Fahrten wechselt. Immer verläuft der Ausflug schön und ohne Mißklang auch für meine Besucher, die mich begleiten. Zur besseren Beaufsichtigung werden Scharwerkerinnen mitgenommen. Bei Gelegenheit konnte ich feststellen, daß die Mädchen wenige unserer schönen Volkslieder kannten, und um mit ihnen in Zusammenhang zu bleiben, bestellte ich sie mir zu Winteranfang für eine Gesangsstunde am Sonnabend abend. Verlegen und erstaunt kamen alle. Mit den Hausmädchen waren es fünfzehn. Kosten entstanden nicht, da ich alte Schulbücher benutzte. Drei Jahre lang haben wir regelmäßig geübt, um bei Familienfestlichkeiten im Dorf tätig werden zu können. Als dann der Sonnabend wegen der länger gewordenen Arbeitstage nicht mehr geeignet war, verlegten wir den Unterricht auf Sonntag abend und in den Garten. Störend war nur, daß während unserer Stunden die männliche Jugend hinter dem Zaun versteckt mitgrölte. Wir brachten sie um etwas, scheint mir. So beschloß ich, auch sie heranzunehmen, was nach einigen Schwierigkeiten gelang. Als im vorigen Herbst die geregelten Stunden wieder begannen, erschienen auf meine Bestellung alle neunzehn jungen Leute ohne Ausnahme, betrugen sich angemessen, sahen mir bei Gesprächen in die Augen und fehlten ohne ausreichende Entschuldigung nicht eine Stunde. Lediglich einmal kam es nach der Zusammenkunft zu einem Brand in einem Strohschober. Wenigstens gehörte das Stroh dem Pächter, über dessen Frau und ihr Benehmen, besonders ihre Gemeinsamkeit mit ortsfremden Personen, wir uns oft beklagt haben. Im Dezember wurde bedauerlicherweise die Dorfkirche erbrochen. Pfarrer Brummhard hatte in jener Nacht keinen Mut, Ordnung zu schaffen, sprach später aber von einem ekelhaft ausschweifenden Gelage, das stattgefunden habe. Ich mußte meinen Gesangszöglingen seinerzeit heftig ins Gewissen reden und ihnen die Ordnung der Welt ans Herz legen. Denn was jetzt an Tumulten in den Städten sich ereignet, was an Konfusion und Verwirrung dort wuchert, würde, aufs Land getragen, unseren Gewohnheiten den Todesstoß versetzen. Mit Begeisterung jedenfalls wurde gesungen und eine Menge schöner Lieder gelernt, zum Beispiel das Flaggenlied, Morgenrot, Nun leb wohl du kleine Gasse, Als die goldne Abendsonne und vieles andere mehr. An manche Lieder wie Andreas Hofer habe ich staatsbürgerliche Unterweisung geknüpft. Diese Art Wohlfahrt kostet nichts außer Zeit und Kraft, hat sich allerdings reichlich gelohnt. Gerstenkaffee ist das Getränk bei unseren Tanzveranstaltungen, die statt eines Ernte-festes viermal im Winter ausgerichtet werden: am neunten November, zu Weihnachten, am Präsidentengeburtstag und zur Fastnacht. Eine ganz wesentliche Beigabe ist es, daß die Gutsherrschaft ein oder zwei Mal hingeht und an der ausge-sprochen harmlosen Fröhlichkeit teilnimmt. Grönwohl ge-winnt aus diesen Stunden große Freude, aber ich habe gute Augen. Die Hysterikerin in Kassel habe ich ihm seinerzeit gegönnt, auf dem Gut würde die Autorität leiden. Seit zwei Wintern besteht meine Volksbücherei. Jeden Sonntag von eins bis halb zwei ist Ausleihe, und nur selten fehlt einer der zwanzig Abonnenten. Anschreiben, Wechseln und Ordnen besorgt unter meiner Aufsicht ein Scharwerker. Der Bestand setzt sich aus siebzig eigenen alten Kinderbüchern und etwa achtzig aus der Bundeszentrale für Heimatdienst zusammen. Eine kleine Fortbildungsschule dagegen, die ich mir in einem stillen Trauerjahr aus zehn Mädchen und sechs Jungen zu-sammengestellt habe, mußte ich aufgeben, da das gesell-schaftliche Leben große Anforderungen an mich stellte und ich zudem die Erfahrung gemacht hatte, daß meine Mädchen, die alle auf unserem Anwesen tätig sind, zu viel Arbeitszeit versäumten. Achtsamkeit und Ausdauer bei den Jungen las-sen noch reichlich zu wünschen übrig. Langsam und unge-schickt geht die Arbeit voran. Die ist beim Landwirt zugege-benermaßen manchmal schwer. Aus zehnstündiger Arbeits-zeit werden gelegentlich zwölf oder fünfzehn Stunden. Das überwinden die Tagelöhner aber verhältnismäßig leicht. Ge-teiltes Leid ist nur noch halbes Leid. Der Besitzer und auch die Tochter des Hauses halten sich neben ihnen und ertragen die Hitze des Tages geduldig. Auf diese harte Zeit folgt der recht angenehme Landwinter. Wir essen alle an einem Tisch. Auch die Fütterung des Viehs wird gemeinsam besorgt. Nach dem Abendbrot sitzen die Mädchen in der warmen Küche, stricken, lesen in dem von mir gestifteten Notburgakalender für Dienstboten und singen hin und wieder eines meiner Lieder. Höre, sage ich dann zu Grönwohl, wie in alten Zeiten, und Grönwohl wischt sich die Augen. Von sieben bis zehn gehts in die Spinnstube. Wenn dort auch nicht mehr alles zum besten ist und ans Spinnen kaum gedacht wird, hat die Einrichtung doch einen guten Kern, und wir wollen nicht vergessen, daß alle diese uns derb und geschmacklos erscheinenden Späße und Scherze zum inneren Ausgleich der Jugend führen. Einen Höhepunkt des Winters sehe ich in unseren Volksabenden. Da ein Gemeindehaus nicht gebaut werden kann, gebe ich für die Abende unseren großen Saal, der einen Eingang von der Straße her hat. Die Möbel und Teppiche werden herausgenommen und Gartenbänke aufgestellt. Stets habe ich nur eine Woche zu üben brauchen, da sehr gut gelernt wurde. Die Mädchen spielen gegen fünfzig Pfennig Eintritt und lassen das Geld anderntags durch eine Deputation zum Pfarrer tragen, der es weiterleitet. Aber auch der Sommer ist angenehm. Sonntags wird im Kälbergarten ein Platz abgesteckt. Von vier bis sechs machen die Mädchen Reigenspiele, die Jungen turnen am Reck und dürfen ein altes Krokettspiel benutzen. In diesem Sommer hat Grönwohl, mein Mann, auch die Scharwerker und Knechte herangezogen. Den Gartengesang allerdings haben wir vorübergehend einstellen müssen, da ein früher frohes Mitglied an Lungenkrebs leidet und von unserer Fröhlichkeit nichts hören soll. Um dennoch den Zusammenhalt zu wahren, räumen wir meinen Dachboden auf, was auch Spaß macht. Unsere Knechtsfrauen, die getreulich jahrein jahraus zum Melken kommen, wollen von den Spielen nichts wissen und lieber zweimal im Jahr von mir zum Kaffee eingeladen werden. Grönwohl schlug seinerzeit die Gutsküche vor, aber ich entschied mich für den Saal. Auch wenn das Parkett danach gründlich gesäubert werden muß, zeigt sich der Nutzen. Alle Frauen vereint darüber hinaus der von mir eingerichtete Nähabend, den ich bisweilen kurz besuche. Er wird von der Frau des Lehrers, mit dem wir gut Hand in Hand arbeiten, geleitet und näht für die Fürsorge Säuglingswäsche, die an jede uneheliche Mutter im Dorf verteilt wird. Übrigens, wer einmal durch die Ställe und Mägdestuben eines Gutes wie des unseren geht, wird allenthalben das zweischläfrige Bett finden. Meist steht es im Stall unter der Treppe zur Futterkammer. Stroh, darüber ein grobes Laken und ein dickes Deckbett: das ist der Ort, wo unsere Dienstboten die Müdigkeit verschlafen und neue Kraft zur Arbeit gewinnen. Das Zusammenschlafen ist eingefleischte Gewohnheit und mag Vorteile haben, die wir nicht erkennen. Gewiß aber ließen sich mit ganz geringen Mitteln für jeden das eigene Bett und die eigene Kammer schaffen, und wenn es nur durch Wände von Stabbrettern wäre. Das fördert Wahrnehmung der eigenen Belange gegenüber den anderen und weckt das Heimatgefühl, denn unsere Leute haben ein feines Gespür dafür, ob sie nur als Arbeitskraft angesehen werden oder ob man ihnen daneben noch Verständnis für ihre Bedürfnisse und Nöte entgegenbringt, sei es auch durch Abschaffung des zweischläfrigen Bettes. So habe ich vor Jahren gelegentlich eines Brandes beobachtet, daß die Matratze sich Eingang in die Kreise unbemittelter Dorfbewohner verschafft hat. Es fiel mir damals ein, wie ich als Kind gehört hatte, dieser oder jener Kranke müsse gestorben sein, da das Stroh auf den Mist geworfen worden war. Auch bei einem Sterbefall unter den Knechten hat die Leichenfrau nach Ankleiden des Toten das Bett entleert und das Stroh beseitigt, worüber Grönwohl sich ärgerte. Meiner Ansicht nach sollte der Stroheinlage auf alle Fälle der Vorzug gegeben werden. Ich selbst besitze sowohl Matratzen als auch Strohbetten, benutze erstere lediglich, um den Mägden letztere zu lassen. Allerdings sagt Grönwohl: die Matratzen haben Vorzüge. Wie auch immer, unsere Leute rechnen es mir hoch an, daß ich mir Gedanken mache. Wöchnerinnen- und Krankenpflege zähle ich für mich und für die Frauen von Pfarrer und Lehrer zu den selbstverständlichen Dingen. Da die Leute freie ärztliche Behandlung und Medizin haben, gebietet es die Klugheit, beizeiten mit Rat und Tat beizustehen und langwierige Krankheiten zu verhüten. Hin und wieder wird auch ein ernstes eindringliches Wort an rücksichtslose und temperamentvolle Männer gerichtet werden müssen. Weihnachtsgeschenke, vom Vorgänger mehr als reichlich gegeben, hat Grönwohl sofort abgeschafft in der Erkenntnis, daß es den Scharwerkern Freude macht, ihre Kinder selbst zu beschenken, und daß sie auch alle in der Lage dazu sind. Der Gedanke der großen Weihnachtsbescherung war längst geschwunden. Was unsere Bevölkerung braucht, sind nicht Bestechung und Geschenke, sondern Zuneigung, Verständnis und Gerechtigkeit. Geben wir ihr dies ohne Eigennutz aus unserer Verpflichtung heraus, wird die Befriedigung nicht ausbleiben. Darin stimmt mir Grönwohl zu.

Liebesbrief vom Lande

Tanz in der Spinnstube kann den sogenannten Fleisch-haufen ergeben. Häufig weiß man sich bei der Arbeit, im Wirtshaus und nachts in der Kammer, dann aber auch im Stall, auf dem Feld, namentlich während der Ernte, zu finden. Im Sommer werden große Opfer gebracht. Von den Eltern zum Beispiel, indem sie der heiratsfähigen Tochter eine ab-gelegene Kammer anweisen. Brot und Bier findet der Mann im Schrank. Auch das. In der Regel heiratet er, wenn das Mädchen geboren hat. Dünnbesiedelte Gebiete, weißt du, haben mehr uneheliche Geburten. Ist sie vermögend, wird eine ledige Mutter gern genommen, die Kuh mit dem Kalb. Dem Verführer wird der Hosenlatz abgeschnitten und an die Brunnensäule genagelt. Geschoren werden Mädchen, sobald sie mit Auswärtigen oder Soldaten zu tun gehabt haben. Na-del und Schere soll man sich nicht schenken. Verkehrt das Mädchen mit mehreren Männern, so streut man Sägespäne von ihrer Haustür bis zum Bullenstall. Einigermaßen wirk-sam scheinen Liebesspeisen, wenn ihnen Blut, Schweiß, Haar, Urin oder Nagelreste vom eigenen Körper beigemischt sind. Der Brautgürtel bleibt Eigentum der Gemeinde und wird nach der Hochzeit wieder in die Truhe gelegt. Am er-sten Tag können mehrere hundert Gäste, bis zu tausend Gra-tulanten kommen. Das Hemd, das der Bräutigam trägt, ist auch für das Begräbnis bestimmt. Dicke Haut kann man nicht kratzen. Die vorausgegangene Werbung war der Kuh-handel. Nach dem Handschlag schläft der Bräutigam bei der

Braut. Wirft jemand beim Aufgebot seinen Hut nach vorn, hat er die Hochzeit verboten. Der Polterabend wird hier Hühnerhochzeit genannt. Wenn es am Hochzeitstag donnert, muß die Braut einen schweren Gegenstand heben. Im Schuh hat die Frau Erbsen und Geld, sie will wohl fruchtbar und reich werden. Ihre Mutter sieht in Alltagskleidern zu oder arbeitet. Der Bräutigam küßt dem Vater die nackten Füße, der Mutter den Schoß. Vielleicht fordert die Frau den Mann vor der Kirchentür zum Wettlauf heraus. Den von der Braut wo auch immer verlassenen Sitz muß sogleich eine der Brautjungfern einnehmen, damit er nicht auskühlt. Beim Essen sitzt das Paar im Brutwinkel. Die Köchin tritt mit der Klage über ihre verbrannte Hand auf, um ein Trinkgeld zu fordern. Nachdem der Pfarrer das Ehebett gesegnet hat, zündet das Paar die Kerzenreste aus der Kirche an und geht zu Bett, wenn sie ausgebrannt sind. In den ersten drei Nächten, sie nennen sie Tobiasnächte, wird Enthaltsamkeit gefordert. Freilich kannst du das Verbot auch umgehen. Dagegen die Ruhe. Ist unbedingte Mutterpflicht. Gleichmäßige Arbeit stört aber nicht. Das Kind bekommt ein Mal an der gleichen Körperstelle, welche die schwangere Frau im ersten Schreck berührt. Daher ist angebracht, daß sie sich in solchen Fällen an den Hintern greift. Geht sie unter einer Wäscheleine hindurch, wird sich die Nabelschnur um den Hals des ungeborenen Kindes schlingen. Trinke ich in Gegenwart einer Schwangeren, muß ich sagen: Prost, Hans im Keller. Keine Tür, keine Lade darf abgesperrt sein, wenn eine leichte Geburt erwünscht ist. Eine Frau, die nicht mehr gebären will, zieht fünf Hosen an. Viele Brüder, wenig Güter, sagt sie dem Mann bei Gelegenheit. Aber sonst ist hier die Liebe im großen und ganzen frei.

Fugen

Sie klagt nicht, doch hat sie sich vor einigen Jahren das Leben ganz anders ausgemalt. Fast durchweg kennen nämlich die Bauerntöchter der Umgebung das Lebensziel, einen Beamten oder doch Gewerbetreibenden zu heiraten. Manche hoffen, in die Stadt zu kommen und an ihren Vergnügungen teilnehmen zu können. Aber die Bäuerin im Nebenhaus. Morgens um vier sehe ich sie im Kittel über den Hof gehen. Sie hat die Milchkanne in der einen und den Transistor in der anderen Hand. Gernot, sage ich, geh und hilf der Nachbarin. Aber Gernot fühlt sich schwach und zieht sich zurück. Und dennoch bleibt die Familie die stärkste Grundlage des Staates. Was auch sonst. Heidrun hat mir erzählt, daß die Nachbarin für sich und den Mann nur ein Bett hat. Es steht in der Küche. Tisch und Bett, sagt Heidrun vorwurfsvoll, und keine langen Wege. Drei Zimmer mußten wir abschließen, hat ihr die Nachbarin geklagt. Wer soll die säubern. Der Regen dringt durch die Fensterrahmen und läuft die Wand hinunter. Und was wird mit dem Messingbeschlag der Türen, hat die Nachbarin gerufen. Alles verkommt. Denken wir doch nur an die Flurbereinigung, diese verdeckte Art der Bodenreform. Draußen vor dem Dorf sitzt der Siedler auf zehn Hektar unserer besten Äcker. Ihr Mann liebt die Socialdemokratie auch nicht. Muß man da nicht Strauß wählen, wird Heidrun von der Nachbarin gefragt. Das Wort Lohndiener kommt ebenfalls allmählich aus der Mode. Und wer wagt heute noch, einen Dienstbotenkalender zu verlegen. Von den

Eltern der Nachbarin wurde der Messingbeschlag auf den Haustüren noch blank gehalten, und die Knechte verließen in den Winternächten kurz nach zwei das Bett. Dafür hatten sie tagsüber mehr Ruhe, denn gedroschen wurde nur bei Dunkelheit. Diese Kindheit, ruft die Nachbarin immer wieder, war doch das Schönste. Aber jetzt. Mein Mann läßt keine Nacht vergehen. Wie oft schlafe ich schon, wenn er mir zwischen die Beine langt. Kein Wunder. Frau Beate aus Flensburg, jede Woche bringt der Briefträger was von ihr. Denken Sie doch nur an Lina Stanizek, wie dreckig gings der, sage ich erschrocken. Wir sprechen mit der Hebamme, die den Bezirk betreut. Der Geburtenrückgang ist beträchtlich. Zur Freude am Kind können sich die Frauen nicht mehr durchringen. Eine gar nicht kleine Schuld tragen die Nierenleiden: wenn du andauernd pissen gehen mußt. Die neue Mutter ist am nächsten Tag wieder auf den Beinen, sonst fehlt der Knecht. Unser Arbeiter bekam alles in allem tausend Mark und sah dennoch unzufrieden aus. Auch erzählt uns die Bäuerin, daß ihr Mann bei Neumond nicht schlafen könne. Dann denkt er an Pommern und seine Gutsleute und macht sich Sorgen. Jetzt werden hier auch schon Kolchosen geplant. Gernot tritt ins Zimmer, er hat der Nachbarin doch geholfen. Heidrun droht mir mit dem Zeigefinger. Wie schafft die Frau das alles nur. Ihr Mann läßt ja keine Nacht aus. Gernot geht ihr zur Hand, wenn der Mann sich morgens ausschläft. Fragt man die Mädchen im Dorf, warum sie nicht bei der Nachbarin in Stellung treten, so erfährt man, daß sie allgemeine Gliederschmerzen, Auszehrung und Frauenkrankheiten fürchten. Auf dem Gutshof bei Frau Grönwohl wird gesungen, bei der Nachbarin aber nur gesprochen, sagen sie. Dann liegt das Gehöft auch abseits vom Dorf. Sechsundvierzig wurden sämtliche Bewohner mit automatischen Waffen getötet. Zehn

Opfer, ohne daß ihnen Gerechtigkeit widerfahren wäre. Im Dorf denkt man, das Gehöft ist mit dem Gutshof verwechselt worden, was bei Neumond leicht geschehen konnte. Außerdem hatte man die Zwangsarbeiter in den beiden letzten Kriegsjahren hinter Schloß und Riegel gehalten. Wie soll sich da einer zurechtfinden. Die Nachbarin war in jener Nacht in Göttingen tanzen und hatte vorher die Stammkundschaft beliefert. Den Perser draußen im Flur haben wir von Professor Hahn. Sich ausführlicher auszusprechen, ist den Landbewohnern meist nicht gegeben. So steht die Nachbarin im Sommer um vier auf, melkt zehn Kühe, füttert die Schweine und das Geflügel und bereitet das Frühstück, oft werden wir eingeladen. Während wir noch in der Küche sitzen, wachen die Kinder auf. Wir ziehen sie an und machen sie für die Schule fertig. Die beginnt um acht oder um elf, da spielen Zufälle mit. Dann ist die Nachbarin müde und legt sich zu ihrem Mann ins Bett. Manchmal hören wir es krachen. Der Wind, der Wind, sagen die Kinder. Es sind drei. Das vierte trägt die Nachbarin noch unter der Schürze. Später frühstükken wir aufs neue. Der Mann macht den Wagen zum Getreidefahren fertig. Die Zimmer müssen schon unaufgeräumt bleiben. Nun beginnt Laden und Arbeit im Fach. Mittags melkt die Nachbarin nochmals, füttert, kocht, ißt im Stehen. Am Abend wiederholt sich die Arbeit des Tages in verstärktem Maße. Darüber wird es nicht selten vierundzwanzig Uhr, besonders am Sonnabend, wenn Sonntagskleidung und Wochenwäsche gerichtet werden. Am Sonntag morgen radelt der Pfarrer vom Nachbardorf ein. Wir haben viel über ihn gehört, lehnen im Fenster und rufen: grüß Gott, Herr Pfarrer, schönes Wetter heute. Die Kirche steht am oberen Ende der Straße. Wir haben beschlossen, sie zum Dorf zu rechnen. Für die Nachbarin gilt es an diesem Tag, die allgemeine Futterarbeit zu verrichten und zu schlafen. Auf dem Gutshof sollen wöchentlich vierhundert Pfund Brot gebacken und umsonst verteilt werden. Die Nachbarin sagt: das ganze Gratisgeben setzt die Leute herunter, ist ein Übelstand und fördert den Müßiggang. Die geringste Bezahlung dagegen hebt. Meine Mutter und Großmutter kochten für ihre Kranken und Wöchnerinnen im Dorf aus eigenen Mitteln Suppe und kräftige Mahlzeiten und kleideten die Kinder der Dorfarmut zu Weihnachten und anderen Gelegenheiten in haltbare Sachen. Sie zeigt uns braune Photos, die kennen wir schon, diese knielangen Hosen, die abgewetzten Röcke, auch mit den Gesichtern ist nicht alles in Ordnung. Jedem Dritten die Schwindsucht. Da war Barmherzigkeit am Platz, die von der Nachbarin heute nicht mehr gewagt wird: der Versandhandel, die Warenschwemme, eine Flut von Geld. Auch die Dorfkirche komme ins Wanken, hat uns der Pfarrer gesagt, während er auf den Treppenstufen der Kirche unsere Hand in beiden Händen hielt. Diese Arbeiternot, ach diese Arbeiternot. Nichtevangelische Bevölkerung siedelt sich in der Gemeinde an, arbeitet in Göttingen, zieht die Mietpreise rauf und stört unser Dorf. Im Herbst ruft der Pfarrer einen Reitclub ins Leben. Damit wird er seine Jugend an das Dorf und an die Kirche binden. Die Großmutter der Nachbarin nahm den Landstreicher, der hustend am Zaun saß, zur Pflege in die eigene Kammer und steckte ihn in saubere Leibwäsche. Wurde es dem Hausherrn zuviel, dann gab sie ihm zur Antwort: sind sie dessen nicht würdig, so sind sie dessen doch bedürftig. Der Geistliche seufzt. Wir kümmern uns um künstlichen Dünger, Hagelversicherung, halten die Bauern davon ab, ihre alten Truhen und Schränke in die Stadt zu geben. Es ist einfach unwahr, daß eine dörfliche pappgedeckte Scheune normalen Ausmaßes billiger sei als eine solche mit geneigtem, zünftig gedecktem Dach. Schauen wir doch nur, wie die Fugen am Sockel klaffen. Der Maurer nennt sie Krampfaderfugen und hat Mühe damit gehabt. Alles verfällt. Geht man sonntags über Land, sieht man die Gutsarbeiter wie am Werktag beschäftigt. Im Dorf selbst scheint allgemeiner Waschtag zu sein. Treppen und Autos ertrinken. Hier war ein Tag der Familie geplant, aber das Gasthaus, sagt der Pfarrer. Entscheidend ist die Gasthausreform, von der wir uns viel versprechen. Nachdem er das gesagt hat, entfernt sich der Geistliche eilig. Bei Gelegenheit fragen wir die Nachbarin nach ihrer Großmutter. Eine Frau, wie sie im Lesebuch stand, sagt die Nachbarin.

Ans Licht

Das Kind hat bei der Geburt ein Stück Fleisch von der Form einer Zunge im Mund. Das soll nicht verschluckt werden, sonst lernt das Kind nicht laufen. Also erhält die Magd, die den Klumpen herauszieht, ein Geldgeschenk. Dieses Fleischstück muß vertrocknen und darf nicht begraben werden. Wollte die Frau einen Jungen haben, konnte sie viel auf der rechten Seite liegen. Dem Mann hats gefallen. Ebenso soll die Nachgeburt verdorren und darf nicht unter der Erde verfaulen. Man hängt sie deshalb in Bäume, und zwar, wo der Hof einen Eichenhain hat, in Eichen, sonst in Obstbäume, zumeist die schlechtesten, oder in Eschen, auch auf Dornen. Man bringt sie in den höchsten Wipfel. Um so größer wird das Kind. Sie muß im Baum zerfallen, damit der Nachwuchs den Kopf gut trägt. Immer wieder finden sich Altenteiler, die nicht satt werden und das Fleisch aus den Bäumen holen. Schrecklich, sagt der Pfarrer. Dann sagt er: wenn die Schwangere jemanden beschimpft hat, sieht das Kind diesem ähnlich. Da gibt es auch noch andere Verbindungen, kann ich mir vorstellen. Kriecht die Frau unter ein Pferd, dauert die Schwangerschaft wie beim Pferd ein Jahr. Manche Dörfer halten sich eine Saugfrau, die die erste Milch absaugen muß. Es sind dies gewöhnlich dürre Frauen, denen der Beruf zugute kommen soll. Viele haben die Meinung, eine Geburt müsse auf dem Stuhl und dürfe nicht im Bett geschehen. In das Wasser des ersten Bades wird Geld für die Hebamme gelegt. Kindern darf man am Anfang nicht die Nägel schneiden. Die Mutter muß sie abbeißen. Als in Stornfels der Lehrer eine Frau mit dreizehn Kindern nach der Zahl derselben fragte, wurde die Frau sehr ungehalten und wollte die Zahl nicht sagen. Eins bedingt das andere. Der Kindsvater muß in der Gastwirtschaft einen ausgeben, er muß das Kind pissen lassen. Hat man Unglück mit den Kindern, soll man drei junge Hunde, die noch nicht die Augen geöffnet haben, nach Sonnenuntergang lebendig vor der Schwelle vergraben, ohne dabei zu sprechen. Auf den ersten Kirchgang nimmt die Mutter die Nabelschnur mit, sie verliert sie auf dem Nachhauseweg. Zu den Kindtauffeiern hatten früher nur Eheleute Zutritt, weil vieles zur Sprache kam. Paten sind beim ersten Jungen beide Großväter und der älteste Bruder des Vaters, beim ersten Mädchen beide Großmütter und die älteste Schwester der Mutter, beim zweiten Jungen der zweite Bruder des Vaters, der erste Bruder der Mutter und der Mann der ersten Schwester des Vaters, beim zweiten Mädchen die erste Schwester der Mutter, die erste Schwester des Vaters und die Frau des ersten Bruders der Mutter. Einige Sonntage später hält die Mutter Kirchgang. Häufig wird jetzt vergessen, sie erneut einzusegnen, weil die im Segen enthaltene Bitte nach weiteren Kindern ungern gehört wird.

Hände gebunden

Gernot geht am zweiten Ostertag auf ein Bier zu Mutter Jütte und macht die Bekanntschaft der fünfzehnjährigen Ulla. Wegen der unschuldigen Miene des Mädchens wagt er trotz äußerster Erregung nicht, Ulla auf dem gemeinsamen Nachhauseweg zu berühren. Wir kennen nicht nur die Gesetze, sondern auch die Hüter der Gesetze. Beim Frühstück erzählt die Nachbarin, daß Ulla seit Jahren geschlechtliche Beziehungen zu Grönwohl unterhält. Grönwohl kennt die Gesetze vielleicht nicht. Um so besser kennt er die Hüter der Gesetze. Ähnliche Vorsicht, sagt Heidrun zu Gernot, bindet dem Klassenkampf die Hände.

Brände

Viele Brombeerblüten bedeuten allgemeine Unzucht im Dorf. Wird nicht im Gegensatz zur Getreideernte bei der Heumahd Mittagsruhe gehalten. Läßt die Binderin eine Garbe liegen, gebiert sie ein uneheliches Kind oder wird von einem fremden Mann schwanger, wenn sie verheiratet ist. Sagt der Bauer. Wir kennen den Grund. Schiebt ein Mädchen in der Aschermittwochnacht zwischen elf und zwölf einen Wagen auf den Hof, wobei es nackt sein muß, so kommt der Freund, wer immer das ist, und hilft ab. Manche Mägde hat öfter der Bauer bedient. Schließlich kann in den ersten sechs Wochen Brühe aus Schweinehoden getrunken werden. Um eine Schwangerschaft von vornherein zu vermeiden, muß die Frau nach jeder Menstruation solche Brühe nehmen. Ist sie nicht recht zufrieden, bäckt sie Weihnachten menschliche Figuren und hängt sie an den Christbaum. Eingedrückte Stäbchen bezeichnen Brüste und Glied. Es gibt viel Spaß, auch für die Frau. Stellt nämlich ein Mädchen sich in der Matthiasnacht nackt mit gespreizten Beinen an eine Ecke des Tisches, legt es auf die zweite ein Brot, auf die dritte ein Messer, und beugt es sich genügend weit vornüber, so erscheint der Zukünftige erst am Rücken und dann bei der vierten Ecke, um das Brot zu schneiden. Osterwasserholen: kein Wort darf gesprochen werden. Die Ella B. war mit ihrem Liebhaber auf dem Weg zur Quelle, als plötzlich der Mann seine Körperwinde läßt und das Mädchen unbedachte Worte spricht. Kurze Zeit später sind sie auseinandergegangen. Im Tanzsaal befinden sich keine Bänke. Die Mädchen stehen untergehakt an den Wänden. Eine Aufforderung geschieht meist, indem der Mann dem Mädchen mit dem Kopf oder der Hand winkt oder auch mehrmals pfeift. Am dreiundzwanzigsten November wird eine Zusammenkunft bei M. in Rodhein ausgehoben, und die Teilnehmer werden zu je sechzig Mark Geldstrafe verurteilt. Am achten Januar dringt man bei der Witwe B. in Langd ein, wo acht Mädchen und drei Männer anwesend sind. Am vierundzwanzigsten Januar werden in Langd achtzehn junge Leute zu je zwanzig Mark Geldstrafe verurteilt. Am sechsundzwanzigsten Januar wird in Steinheim im Haus des J. eine Versammlung mit siebzehn teils recht betagten Teilnehmern ausgehoben. Kurze Zeit vorher hatten sie das Licht klein gemacht. Am zwölften Februar werden drei Männer und fünf Mädchen aus Langd angezeigt. Am einundzwanzigsten Februar lassen sich neun Männer aus Rodheim beim Großbauern K. verhören. Am sechsundzwanzigsten Februar der Tischler S. aus Hungen und weitere sechs Männer. Am neunundzwanzigsten Februar zahlen sechs Männer, die eine Zusammenkunft in Inheiden besucht haben, am achten März drei Männer aus Trais, am neunten März sieben Männer aus Ulpha, am gleichen Tag neun Männer aus Langsdorf, am achtzehnten März aus Steinheim vier Männer und drei Mädchen. Alle waren berechtigt, sich friedlich und ohne Waffen in geschlossenen Räumen zu vereinen. Der Pfarrer schreibt, seine Tochter sei nun sechzehn Jahre, und von allen Seiten werde sie aufgefordert, an den Spinnstuben teilzunehmen. Er lehne dies ebenso wie seine Frau ab. Jedoch habe er nur die Wahl, entweder seiner Tochter Erlaubnis zu geben oder sich mit der Mehrzahl der Einwohner zu verfeinden, die glauben würden, er halte sich und seine Familie für was Besseres. Wohl oder übel werde er seine Einwilligung geben müssen. Gott wird meine Tochter leiten. Glaubwürdige Gemeindemitglieder haben mir empört versichert, daß bei derartigen Spinnstuben oft die Lichter ausgelöscht würden und sich dann ein Treiben entwickele, wie es in einem Bordell nicht schlimmer sein könne. Es ist darüber hinaus bekannt geworden, daß in mehreren Ortschaften der Mißbrauch besteht, unter dem Vorwand gemeinschaftlichen Spinnens am Abend Veranstaltungen jüngerer Leute beiderlei Geschlechts stattfinden zu lassen, welche zu anstößigen, der Sittlichkeit nachteiligen Exzessen wie allgemeinem Entblößen, Teufelsbeschwörung, völliger Trunkenheit, Reden gegen die Regierung oder gar Unzucht aller Anwesenden über viele Stunden bei gelöschten Lichtern führen. Oder es werden im Freien stehende Ackergeräte mutwillig fortgeschafft. Vornehmlich den anständig sich haltenden Mädchen nagelt man Aborttüren vor die Fenster. Der Pfarrer, will er auf nächtliche Ordnung halten, wird beschimpft. Oft findet er seine Klinke mit Kot beschmiert. Wenn auch die Schlafkammern weitab liegen, soll es doch vorkommen, daß Mädchen in Gegenwart ihrer Mutter beschlafen werden. Dafür belohnt der Freier die Mutter anschließend gerne. Der Hausherr ist unterrichtet und meidet sein Schlafzimmer.

Sommerfrische für Max Hölz

Das Bild können wir drei Wochen im Jahr sehen, nennen wir es Sommerfrische. Der Himmel ist blau. Frisches Grün umgibt uns. Eilig geht der Pfarrer über den Kirchhof. Sein Talar rauscht und knistert. Vielleicht denkt der Pfarrer an den Ponyclub, den er im Herbst gründen will, um die Jugend an die Kirche zu fesseln. Wir haben gut zugehört. Die schwarzen Bücher unterm Arm sind schwer, die Glocken läuten, und hat er mit dem Schloß der Sakristeitür Schwierigkeiten, was macht das: der Himmel ist blau, der Pfarrer ist bei dieser oder jener Sache, der Mensch ist gut. Grüß Gott, Herr Brummhard, hat Heidrun zu wiederholtem Mal gerufen, aber der Pfarrer knirscht nur mit dem Kies. Warum knirscht er mit dem Kies, fragt Gernot, mein sogenannter Freund Dieter hat nie mit dem Kies geknirscht, er konnte wie ein Indianer über den schwierigsten Boden schleichen. Der Pfarrer hat es eilig, sage ich, da muß er das Knirschen in Kauf nehmen. Wir gucken uns um. Wenn das Wachstum auf den Gräbern von Dauer sein soll, muß es auch Bienen geben. Wir könnten den Kirchhof absuchen. Aber lieber bleiben wir auf der Mauer sitzen und beobachten den Pfarrer. Das Knirschen hat aufgehört. Weshalb, fragt Heidrun. Weil der Pfarrer stehengeblieben ist, sagt Gernot, in seiner Hand sehe ich den Schlüssel zur Sakristeitür. Warum ist die Nachbarin heute im gelben Kleid zur Kirche gegangen. Warum steht die Kirche am oberen Ende der Straße. Der Pfarrer hält sich vor einem Grab in der letzten Reihe auf. Er bückt sich und pflückt ein

Stück Papier aus dem Efeu. Wir ahnen: ein Grashalm am falschen Platz schmälert schon. Auch hier spielt der Ehrgeiz seine Rolle. Die Sakristeitür quietscht, die Glocken verstummen, jetzt ist die Orgel an der Reihe. Und wenn der Pfarrer auch nicht bei der Sache ist, was machts: der Himmel ist blau, der Mensch ist gut, mit den Grabstellen kann man Ehre einlegen. Ein Friedhof ist ein Friedhof, wir können ihn uns vorstellen. Wer liegt in dem Grab, von dem er das Papier entfernt hat, fragt Gernot. Ein Grab ist ein Grab, wir können es aufsuchen. Heidrun springt zuerst von der Mauer. Die Orgel verstummt, jetzt ist die Gemeinde an der Reihe. Eine feste Burg ist unser Gott. Wir finden die Kirchhofsmauer übermäßig hoch. Immer diese Verschwendung, das strengt doch an. Das Grab liegt im Schatten. Es ist breit genug, daß wir nebeneinander stehen können. Ein schönes Grab, sagt Gernot, man könnte es sich schöner nicht wünschen. Wahrscheinlich hat er sich schon vor dem Frühstück für die zweihundertzweiundfünfzigste oder zweihundertsechsundfünfzigste Division entschieden, für die Klugheit oder für die Treue bis in den Tod. Heidrun sagt: den Namen habe ich nie gehört. Ein gutes Holz haben sie für das Kreuz genommen, sagt Gernot und führt die Fingerspitzen über das Blattgold. Max Hölz, sagt Heidrun, den Namen habe ich nie gehört. Falkenstein, sage ich, sagt dir das nichts. Plauen im Vogtland, sage ich, Putsch von Kapp, Mansfelder Aufstand, zuletzt der alte Herr in der Chmielnastraße. In Warschau, sagt Heidrun und weiß Bescheid, sie bückt sich nach einer Streichholzschachtel. Ein schönes Fleckchen, sagt Gernot, eine Sommerfrische, es gibt nichts Schöneres. Die Sakristeitür quietscht, der Kies knirscht, die schwarzen Bücher unterm Arm sind schwer. Ausgerechnet hier, sagt Heidrun, warum liegt er ausgerechnet hier. Es gibt nichts Schöneres als eine Sommerfrische, sagt Gernot, letztes Jahr war Herr Stanizek hier, und im August sind sogar Wandrei Vater und Sohn für eine Woche gekommen. Waren wir nicht wie eine ganze große Familie, alle die gleichen Münder, Zähne, Zungen, fixen Ideen. Tot ist tot, hat die Nachbarin noch am Morgen zu mir gesagt, während sie das gelbe Kleid anzog und ich mich schon auf den zweiten Schlaf eingerichtet hatte.

Hunger vor allem

Hört man das erste Mal den Kuckuck rufen oder die Frösche quaken, muß man sich nackt mit dem Rücken auf die Erde legen, damit man das Jahr über keine Rückenschmerzen bekommt. Ein Messer darf nicht mit der Schneide nach oben auf dem Tisch liegen, sonst schläft man nicht gut. Das ist der Grund. Warzen heißen Leichendorne. Man entfernt sie, indem man in einen Faden so viele Knoten schlägt, wie man Warzen hat, und ihn unter dem Schweine- oder Ferkeltrog, unter der Dachtraufe oder an der Nordseite des Hauses vergräbt. Tante Kurio legte ihn in Gottes Namen unter ein auf feuchtem Boden stehendes Gefäß oder warf ihn in den Abort. Ihrer Meinung nach half auch kreuzweises Bestreichen mit einer Speckschwarte. Die Heilung mußte an einem Freitag versucht werden. Freitags soll man auch Finger- und Fußnägel schneiden. Gefundene Tücher bleiben liegen, wo sie liegen. Womöglich hat sie ein Kranker mit Wundabsonderung bestrichen: wir ahnen, daß es schlechte Menschen gibt. Kürzlich ging in Rodheim ein Mädchen, um gesund zu werden, unter einen Ahornbaum, zog sich nackt aus und vergrub sein Hemd. Am gleichen Morgen wollte der Bauer F. dort ein totgeborenes Kalb verscharren. Weder gelangte der Kadaver in die Erde noch das Hemd wieder heraus. Frau F. fragte ihren Mann allerdings: wo ist deine Joppe. Hat man die Syphilis, so muß man durch das Schlüsselloch in ein Zimmer sehen, in dem ein Mädchen gerade die Unschuld verliert. Mit dem kranken Kind geht Heidrun zum Tischler und stellt es in einen aufgerichteten Sarg. Unmittelbar über dem Kopf des Kindes wird ein Loch in den Sargboden gebohrt. Ist das Kind über die Lochhöhe gewachsen, dann müßte der Schaden behoben sein. Auch wird ein Menschenschädel, in dessen Besitz einer heutzutage nicht mehr so leicht wie vor vierzig Jahren gelangt, verbrannt, und der Kranke schläft eine Nacht auf der Asche. Sammelt man am Morgen Weinbergschnecken und läßt sie in einem Glas an der Sonne stehen, so werden sie zu einer öligen Masse, die man bei Rheumatismus trinkt. Die geschwollenen Brüste einer Wöchnerin reibt der Mann mit Wegerich ein, den er in Butter gebraten hat. Er darf auch kosten. Ausgekämmte oder abgeschnittene Haare soll man nicht zum Fenster hinauswerfen, sonst bauen sie die Vögel in ihre Nester, und man hat das ganze Jahr über Kopfschmerzen. Bleibt einer Frau die Regel weg, muß sie über roten Buchweizen gehen. Eine Geschwulst klingt ab, wenn sie mit Kot bedeckt ist. Krebs heilt durch Einreiben mit Kinderurin. Diesen erhält man, indem man einer Dreijährigen ausreichend zu trinken gibt, sie in einem Sack auf den Boden trägt und den Sack vor der Luke öffnet, so daß das Kind glaubt, es würde hinuntergeworfen. Vor Angst läßt es Wasser, das unten jemand auffängt. Gegen Kolik ist das Kauen von jauchegetränkten Stoffknäueln gut. Wer auf Kreuzwegen sein Wasser läßt, bekommt ein Gerstenkorn: die Wegpisse. Rissige Hände heilen, wenn Urin aus dem natürlichen Abfluß über sie läuft. Bei Diphtherie allerdings wird der mit Petroleum vermischte Urin getrunken. Hat man sich mit einem Taschentuch abgewischt und es danach einer Jungfrau zur längeren Benutzung gegeben, weichen Hämorrhoiden. Den Kot des Kranken muß ich an vier Freitagen bei Dunkelheit unter einem Holunder vergraben. Ich darf dabei kein Blatt berühren. Eiternde Wunden überträgt man, indem man Eiter in einen Lappen drückt und diesen in ein Stück Fleisch steckt, das man verkauft. Der Fleischer wird den Mund halten. Warzen, die mit geronnenem Menstrualblut bedeckt werden, verschwinden. Bei Verstopfung hilft ein Stück Seife, in den After gesteckt. Bettnässen wird von der Hand eines Toten geheilt. Man legt sie um den Geschlechtsteil oder führt sie ein. Auf das Feuermal eines Neugeborenen soll die Wöchnerin öfter ihren Kot streichen. Nach der Geburt bekommt sie als erste Nahrung eigene Milch. Eine Frau kann kein Wasser lassen: man steckt ihr Porree, ein Stück Zwiebel, einen Löffel Pfeffer oder weißen Ingwer in die Scheide. Blähungen beseitigt der Rauch von Bohnenstroh, wenn er in den After zieht. Auch kann man eine Flasche, deren Boden man abgeschlagen hat, mit dem Hals in den Darm einführen. Hat deine Frau keine Milch, dann legen wir drei erhitzte Feldsteine in den Urin und lassen die Dämpfe unter einer Sackabdichtung gegen die Brüste streichen. Gibt die Frau dagegen rote Milch oder geht blutiger Urin ab, mußt du ihr das Astloch eines Brettes auf die Brustwarze legen und Milch ausdrücken. Blutungen werden mit eingeführten Spinnweben gestillt. Gegen Weißfluß ißt die Betroffene gekochte Schweinehoden. Um einem Säufer das Trinken abzugewöhnen, gießt man einer Leiche, nachdem man sie auf die Seite gelegt hat, Schnaps in den Mund, läßt ihn nach kurzer Zeit wieder herauslaufen und gibt ihn dem Säufer zu trinken. Klagt eine Frau bei der Vereinigung über Beschwerden, muß sie vor Sonnenaufgang ins Freie gehen, sie sticht ein Stück Rasen aus, läßt Urin in das Loch und legt das Gras verkehrt wieder auf. Desgleichen verfährt sie mit ihrem Kot. Sie fordert den eigenen oder einen beliebigen Mann auf, es ihr nachzumachen. Dieses und anderes habe ich gesehen. Eine Familie S. in Schotten hat Mittel gegen Schwangerschaft, die sie bis München und Salzburg durch das ganze Land vertreibt. Alle Bemühung schlägt nur an, wenn ein Mann von einer Frau und eine Frau von einem Mann unterwiesen worden ist. Vieles geschieht ohne meine Kenntnis. Kranke dürfen nicht gefüttert werden: Hunger ist die beste Medizin. Das wissen wir nicht erst seit heute.

Durst

Eng und niedrig waren die Zimmer und Vorplätze des alten Hauses, aber man fühlte sich wohl. Möbel standen in den Stuben, wie sie ehrwürdiger nicht sein konnten: auf diesem Lederstuhl starb Großvater im zweiundachtzigsten Lebensjahr, dort in der Ecke des geblümten Sofas hauchte Großmütterchen ihren letzten Seufzer. Er träumt selten, wenn aber, so erzählt er es am Morgen bei der Suppe als eine große Neuigkeit und sucht Aufschluß. Siebzig Jahre allein haben bewirkt, daß sich niemand mehr an den Notburgakalender für Dienstboten erinnert. Das bedauert er. Die Zeitungen sind zu kirchlichen oder politischen Parteiherolden geworden, namentlich die zahlreichen Marienkalender und andererseits die auf Bauernfang ausgehenden socialdemokratischen. Die socialdemokratische Frage ist eine militärische, sagte Bismarck. Nun ja, seine Briefe an die Braut finden noch Augen. Gegenwärtig sind gleichwohl die Thüringer eigentliche Bibelleser nicht mehr, jedenfalls nicht in dem Maß, wie noch vielfach unsere Bevölkerung. Mit den Romanen ringt um die Herrschaft die Zeitung, in der sich der Leser zunächst mit Naturereignissen, Mordtaten, Skandalen unterhält und etwa noch mit bekannten Personen, um dann die Anzeigen, Aktien- und Wetternachrichten aufzusuchen. Die eigentliche Politik liege ihm ferner, sagte E. H. Meyer Ende der neunziger Jahre. Dabei wird ein Seitenblick auf das Wirtshaus fallen müssen, das wiederum in den verschiedenen Landschaften sehr verschieden auf die Bevölkerung einwirkt. Es kann eine bloße Trinklokalität sein, aber auch ein Verkehrspunkt, ein Schauplatz der wichtigsten Geschäfte und Freuden sowie der politischen Akte. Ich erinnere mich an eine Szene bei Sohnrey, in der er beschreibt, wie die Verschwörer sich einer Gaststube als Versammlungsort bedienen. Wenn ich das anbringe, stimmt er mir zu. Die eigentliche Politik liegt ihm ferner. Hat er aber geträumt, sucht er Aufschluß. Abends übt er Auslegung an Texten, die bereits entschlüsselt sind. Der Text als Versammlung von Wörtern ist als Versammlung gerade dieser und nicht anderer, eben der Wörter des Textes, eine gezielte Anhäufung in einer für ihn über Grammatik und Syntax hinaus nicht erkennbaren Ordnung. Ich sage zu ihm: nimm doch nur einen Satz wie: die Frage der Apo ist eine polizeiliche. Ja, sagt er, das reduziert. Morgens, wenn wir auf die Suppe warten, erfragt er meine Meinung über seinen jüngsten Traum: in meinem Alter braucht man Zeichen. Er weiß nicht, ob sich durch seine fünfundsechzig Jahre ein Faden zieht. Die Farbe des Fadens ist ihm schon egal. Oder ob die fünfundsechzig Jahre Fäden ziehen. Vor zwanzig Jahren hat er zu seiner Frau gesagt, ein Gartenzaun sei ihm lieber. Sie liegt abends neben ihm und läßt es laufen. Gestern hat einer in der Gastwirtschaft erzählt, daß er seine Frau erfolgreich von hinten bekniet hat. Heute morgen berichtet er nicht, was er geträumt hat, vielmehr bedauert er die Entfernung seiner Frau. Aber sonst. Das Haus hat er achtundvierzig gebaut. Da wurde noch verdient. Die Amis, die Säcke, kamen mit Lastern von Frankfurt und Baumholder, wenns draufankam. Der Leutnant Joyce. Beladen zum Hoftor rein und leer durch die Scheune ab. Sogar das Benzin aus dem Tank. Wir haben geschoben, was du willst, einmal vierzig Zentner Kaffee, eine Wagenladung Büchsenschinken. Wie ging es später. Seit ich das Haus gebaut habe, spricht meine Frau kaum noch mit mir. Letzte Nacht habe ich auch nicht mehr geträumt. Der Bilderschmuck der Wände richtet sich nach dem Bekenntnis: hier herrschen Heiligenbilder und das Bildnis des Papstes vor, dort sieht man die Bilder der Reformatoren und weiter hier wie dort das Porträt des Reichspräsidenten. Das habe ich nicht anders erwartet, finde dann aber doch eine Lücke, dort hat der Obersalzberger seinen Platz verloren. Hast du die Hasen gefüttert, fragt seine Frau. Dann laß den Hund in den Hof, ich fahre aufs Feld. Komm, sagt er zu mir, gehen wir einen trinken.

Entleerung

Ist die Entleerung eines Kindes zu erwarten, wird es in den Ständer gestellt. Dort muß es stundenlang bleiben. Nach der Entleerung tritt das Kind mit den Füßen den Kot breit. Die Frauen sitzen vor den Nährahmen. Der Mutter wird zugerufen: dein Kleines hat geschissen. Ist mir egal, sagt die Mutter, ich mache meine Blume fertig. Im Sommer kann man, was im Winter unmöglich ist, einen Schwerkranken in der Dachkammer oder im Stall unterbringen. Waschdampf, Ausdünstungen und Windelurin fördern das Gliederreißen. Mehr nicht. Gegen das Aufschlagen von Krankenbetten in den Stuben sträuben sich besonders die Kranken selbst, weil sich so gut wie niemand von solch einem Lager wieder erhoben hat. Wir erinnern uns mehrerer Fälle, in denen junge Mädchen in von zwei oder drei Familien bewohnte Stuben gebettet wurden. Nennen wir die Krankheit Schwindsucht. Auch das Wochenbett wird unter Kindern und fremden Menschen abgehalten. Gernot sieht eines Tages, wie die Nachbarin sich einen Eimer mit warmem Wasser greift und im Ziegenstall verschwindet. Gernot reißt die Stalltür auf, sieht einen breiten Hintern und wellige Hüften. Einmal alle Jahre muß ich mich waschen, sagt die Nachbarin. Ach die alte Sau, sagt Gernot zu Heidrun und geht ins Gasthaus, die Neuigkeit zu verbreiten. Haben die Leibzüchter ein Bedürfnis, müssen sie halb geführt und halb getragen werden. Da die Aborte hinter den Häusern liegen und nur über vereiste Stufen zu erreichen sind, schieben die Frauen das schwere Stück

Arbeit gerne etwas hinaus. Die Sache wird wohl noch Zeit haben, sagen sie oder hören nicht hin. So kann es geschehen, daß die Entleerung der nicht mehr so willensstarken Alten erfolgt, ehe der Abort erreicht ist. Dann findet sich der Leibzüchter auf die Erde gelegt. Nachdem ihm die Kleider abgezogen und zwei Eimer Wasser über ihm ausgegossen worden sind, wird er mit dem Besen gereinigt. Die Trennwände der Schlafkammern bestehen aus Latten, die nachlässig zusammengefügt wurden und das Dach nicht erreichen. Zahlreiche Durchblicke sind möglich, viele Bilder werden namentlich von Kindern betrachtet. Wir wissen, wie sich alte Betten anhören. In der Regel beanspruchen die Dorfarmen vierzehn Tage Aufenthalt und Verpflegung in jeder Stube. Können sie sich nicht selbst von einem Haus zum anderen schleppen, werden sie mit einem Schub- oder Mistkarren transportiert. Abends legt man einige Lappen und ein Bund Stroh neben den Ofen. Dort schlafen die Leibzüchter. Der Nachbar sagt: das Aas hat auf die Dielen gespuckt, das wird ja immer besser. Solange das Dorf einen Pfarrer hat, verhallen solche Reden ungehört.

Vergangenes Jahrtausend

Die Scheußlichkeiten liegen lange zurück. Fünfzig Jahre ist es beispielsweise her, daß die Zehnjährigen unter Führung des Lehrers mit Hitlerbildern und Hakenkreuzfahnen Umzüge durch Steinheim gemacht haben. Und Zwangsarbeiter. Nichts als ferne freundliche Erinnerungen. Die Mascha, ach ja. Sogar das Kriegerdenkmal hat Risse bekommen. Aber manchmal geschieht, was einen die Jahreszahl auf dem Kalender suchen läßt. So gestern. Es wurde nämlich, wie an jedem ersten Wochenende im Oktober, ein Fußballturnier der Kreisklasse abgehalten. Dreizehn Mannschaften aus Oberhessen und bis in den Westerwald hinein waren angereist. Die Gastwirtschaften voll junger Männer, Gesang auf den Gassen, Festtage. Einer der auswärtigen Schiedsrichter allerdings, glücklicher Ehemann und Vater dreier Kinder, lockte, nachdem er erhitzt vom Abort gekommen war und auf dem Hof ein vierzehnjähriges Mädchen getroffen hatte, die neue Bekanntschaft an den letzten Häusern vorbei auf die Wiese am Stellweg. Dort knöpfte er ihr die Hose auf. Als das Mädchen gegen Mitternacht endlich nachhause kam, wurden die Fenster in der Straße nach und nach wieder hell. Lautes Rufen, Fragen, Antworten. Endlich zogen die Männer des Dorfes mit einem Strick vor das Quartier der Gäste und verlangten die Herausgabe des Mannes. Szenen haben sich abgespielt, unmöglich, sie zu beschreiben. Streifenwagen auf Streifenwagen wurde zwischen die schreiende Menge und das Haus gezwängt. Erst am Morgen kehrte Ruhe ein. Man hätte nämlich die Gesichter erkannt. Es wird bald wieder dunkel.

Kinder

Der Junge, den man am Waldrand in der Nähe von Schotten aufgegriffen hat, soll wild gewesen sein. Er ist auf Händen und Füßen herumgekrochen und konnte behende wie ein Eichhörnchen auf die höchsten Bäume klettern. Anfangs hat er nur Moos, Rinde und Gras gegessen. Ein mit Heu gepolsterter hohler Baum war sein Zufluchtsort. Zuerst wurde er dicht vor der Stadt von einem Flurschützen gesehen. Er saß in der Furche eines Kornfeldes, entkam aber in den nahen Wald. Der Mann sagte auf dem Rathaus, das Kind habe ein Hemd getragen. Als der Junge kurz darauf von Landleuten gefunden wurde, bestand das Hemd nur noch aus Fetzen. Während die Leute im Feld arbeiten, gesellt er sich zu ihnen. Er nimmt den angebotenen Krug, trinkt und zerschlägt dann den Krug mit einem Feldstein. Der Bürgermeister läßt ihn ins Armenhaus bringen. Dort schläft er nur Stunden, wobei er sich auf Knie und Ellbogen stützt. Den Strohsack benutzt er nicht. Lange sucht er den Ausgang der Kammer. Fleisch zerreißt er mit den Zähnen. Es sieht aus, als würden ihm lebende Fische angst machen. Die Haare sind ihm ins Gesicht gewachsen. Aus Dankbarkeit pflegt er bald seinen Besuchern die Hand zu küssen. Das ist ein Fortschritt. Er zeigte auch Zeichen von Großherzigkeit, sagen wir mal. Sie bestanden darin, daß, wenn er Geld geschenkt bekommen hatte, er dieses Geld denjenigen gab, die ihn ins Haus genommen hatten und ihn ernährten. Er hat vielleicht wenig Verstand und gewiß keine Sprache. Aber die Zunge ist ihm schon gelöst. Den einen oder anderen Buchstaben soll er bereits nachsprechen können. Nachts gibt er bis jetzt noch einen un-artikulierten wilden Gesang von sich. Man will ihn nun in die Schule schicken und sehen, ob das viele Lesen und Rechnen und das Beispiel der anderen Schüler ihn nicht zum Sprechen bringen. Seine Betreuer meinen, das Mittel habe immer an-geschlagen. Ganz anders liegt die Sache mit Stanizeks. Bei ihnen im Haus habe ich mich am zweiten Januar fast den gan-zen Tag über aufgehalten. Ich ging erst abends nach zehn wieder fort. Gleich bei meinem Eintritt stieß ich im Wohn-zimmer auf den Sohn der Familie, mußte aber mit der Befra-gung warten, da Herr Seidenfaden nicht anwesend war. Nachdem der Hauslehrer des Kindes sich eingefunden hatte, konnte ich endlich beginnen. Die Unterhaltung mußte im-mer dann unterbrochen werden, wenn der Knabe sagte: nun will ich auf die Straße. Er kam jedesmal bald wieder. Herr Seidenfaden gab ihm dann ein Stück Zucker. Der Knabe wußte die Kaiser, alte und neue, vollständig herzusagen. Auch konnte er die verschiedenen Stammhäuser nennen. Von Karl dem Großen sagte er, dieser habe die Sachsen zu Chri-sten gemacht. Hitler bezeichnete er als denjenigen, welcher das Reich auf dem Gewissen habe. Unter ihm hätten auch Rommel und Speidel Feldzüge sich ausgedacht, über die er viel wußte. Der Knabe äußerte sich dann über die jüngste Ge-schichte, hauptsächlich über die letzten zehn Jahre. Sein trau-riges Gesicht sprach Bände. Er war imstande, orientalische Kaiser wie Constantin den Großen und Constantin Palaeo-logus einzuordnen, vor allem konnte er die Flammenschrift, die letzterer am Himmel gesehen hatte, auf Griechisch, La-tein und Deutsch hersagen. Zwischen Cyrus und Darius ließ der Knabe keinen Herrschernamen aus. Auch hörte ich, wie er sämtliche Patriarchen, Richter und Könige der Bibel nannte.

Auf der Karte zeigte er nicht nur Gebirge, Flüsse und Städte, sondern alle Gettos und Lager im Osten. Von dort stammt sein Betreuer. Oder ist er, genau gesagt, im Krieg dort gewesen. Ich weiß es nicht mehr. Unter anderem ging es während der Befragung so zu, daß der Knabe, als er zufällig den zerschlissenen Rest einer Karte von Polen sah, er diesen an sich nahm und aus freien Stücken sagte: hier ist Krakau, das ist Auschwitz. Auf die Frage, woran er das erkenne, antwortete er: hier sind ja die Beskiden. Herr Seidenfaden bedauerte mir gegenüber, daß es das Wetter einerseits und die Verfassung des Knaben andererseits verhinderten, längere Zeit im Garten zu verbringen. Ein Versuch wird aber doch gemacht, und der Knabe zeigte sogleich nicht nur die vier Himmelsrichtungen, sondern beschrieb auch genau die in jenen Richtungen liegenden Landschaften und Länder. Wieder im Zimmer, ging ich zur lateinischen Sprache über. Er verstand mich vollständig. Zahlreiche Dinge vermochte er mehrfach zu benennen. Für Tür sagte er zum Beispiel Janua, Ostium, Porta und so weiter. Ich wies auf ein Bild hin: das ist was Schönes. Er ließ mich nicht ausreden: est aliquid praeclare. Unversehens stimmte er dann einen Gesang an. Brüder, zur Sonne, zur Freiheit. Die Mutter und Herr Seidenfaden versicherten höchst glaubwürdig, er habe das Lied den vorhergehenden Abend das erstemal gehört. Später fiel es dem Knaben ein, daß er auf einem Schaukelpferd reiten wollte. Er mußte von zwei Personen geführt und gestützt werden. Ein rührendes Bild. Ursache war seine schwache Konstitution. Ich fragte fort und fort. Der Knabe blieb keine Antwort schuldig. Herr Seidenfaden, um Auskunft gebeten, wie er auf die bedeutende Begabung des Knaben aufmerksam geworden sei, erklärte mir, er habe ihm eines Tages eine längere Erzählung, welche, wurde nicht gesagt, vorgelesen und anderntags zufällig gehört, wie der Knabe sie seiner Schwester Wort für Wort wiedererzählt habe. Die Schwester übrigens ist normal begabt. Wenn der Knabe nicht in Stimmung ist, Fragen zu beantworten, muß der Nachtwächter, den er, da er wenig schläft, oft singen hört und nach dem er sich täglich erkundigt, herhalten. Der Nachtwächter wird von Herrn Seidenfaden und der Mutter als ausgemachter Dummkopf beschrieben, der noch nicht einmal wisse, was heute selbst Kindern schon geläufig sei. Belauscht der Knabe solche Gespräche, beginnt er gleich wieder zu antworten. Der Knabe ist, nebenbei gesagt, drei Jahre alt und bisher nur mit der Milch seiner Amme ernährt worden. An eine andere Hauptnahrung ist er nicht zu gewöhnen. Der erste Junge sprach nach einem Winter unter Menschen die Worte, die er beherrschte, laut und bestimmt, ohne Stocken und Stammeln. Allein an eine zusammenhängende Rede war bei ihm nicht zu denken, und seine Sprache war bei ihm so dürftig wie der Vorrat seiner Begriffe. Er sprach fast immer von sich in der dritten Person. Viele bloß für eine Spezies geltende Worte gebrauchte er für die ganze Gattung. So galt ihm das Wort Berg für jede Erhöhung und Wölbung, weshalb er einen dickbäuchigen Herrn, dessen Name ihm entfallen war, als den Mann mit dem großen Berg bezeichnete. Eine Dame, deren Schal hinten so tief herabhing, daß der Zipfel auf dem Boden schleifte, hieß bei ihm Frau mit dem schönen Schwanz. Alles, was ich über sein Schicksal aus ihm herausbrachte, war ein so kauderwelsches verworrenes Zeug, daß ich, mit seiner Art zu reden noch nicht vertraut, manches nur erraten und vieles gar nicht verstehen konnte. Jedenfalls hat ihn seine die ganze Kindheit hindurch erfahrene völlige Absperrung von allen Menschen weder blöde noch wahnsinnig gemacht. Im Gegenteil. Seine Sinne waren empfindlicher, seine Gedanken eigenartiger, die

Gefühlsregungen ursprünglicher. Er kann aber nun, da sich alles dem normalen Maß angeglichen hat, Einladungen besuchen, ohne daß er Aufsehen erregt. Freilich muß er auch dafür einen Preis zahlen. Seine Verstandeskräfte sind zurückgegangen und langen nur noch für den Beruf des Schreibers. Die Lehrer sagen: du wirst nun ungefähr verstehen, was es heißt, Begabung ist angeboren.

Noch ein Nachtbild

Bis in die Gegenwart hinein blutige Auseinandersetzungen mit den Nachbardörfern. Bei Nacht und Nebel, aber auch bei Tag. Einmal saß die Dorfjugend spät noch beim Pitzewirt. Zehn Jahre ist das schon her. Nach einem Tanzabend in Rodheim hatte sie der Übermacht aus Langd, Rabertshausen und Ulpha weichen müssen. Großes Geschrei. Dann Einigung: der erste, der sich aus einem der drei feindlichen Dörfer in den Ort wage, käme lebendig nicht wieder heraus. Lange zeigte sich niemand. Als habe tödlicher Ernst eine unsichtbare Grenze gezogen. Hats was gebe, fragten die Väter morgens beim Frühstück ihre Söhne. Nix, sagten die Söhne wochenlang. Dann, kurz vor Fastnacht, erwartete eine Frau in Rabertshausen ihre Niederkunft. Der Mann, Mitte vierzig und seit Jahren kinderlos verheiratet, in Hungen als Ortsdiener beschäftigt, vergaß die Drohung und machte sich durch den hohen Schnee auf den Weg nach Steinheim, um die Hebamme zu holen. Der Schnee hatte nämlich im ganzen Vogelsberg die Telefondrähte heruntergerissen. Und das Kind sollte unbedingt zuhause geboren werden. Nur dann gibt mir der Alte doch noch den Hof. Der Mann wurde gesehen, schon oben an der Tankstelle. Zuerst war es nur eine Schneeballschlacht. Aber es wurde schnell dunkel. Er rutschte auch aus. Am Ende lag er unter einem Schneeberg vor der Kirche, die ganze Nacht. Es hat was gebe, sagten die jungen Männer, als sie in die überheizten Stuben traten. Ihre Kleidung dampfte.

Letzter Brief eines alten Mannes

Neunzehnhundertneunundfünfzig, am achten Juni, schrieb der Lehrer Schrader folgenden Brief, der ohne Anrede geblieben ist und auch nie abgeschickt wurde. Gestern waren wir von morgens bis Einbruch der Dunkelheit in den Himbeeren. Zwanzig Pfund sind das Ergebnis gewesen. Aber sonst. Du würdest den Ort nicht wiedererkennen. Verlassen liegen die Gassen in der Mittagshitze. Es herrscht die Stille des Kirchhofs. Du fragst nach der Ursache. Eine der übelsten Sitten, die sich neuerdings hier einbürgern und wie Seuchen um sich greifen. Ich erkenne die Dorfbevölkerung, zwischen der ich seit fünfunddreißig Jahren in großen und kleinen Zeiten gelebt habe, nicht wieder. Die alten Werte sind vergessen, das ruhige Selbstbewußtsein der Landbesitzer ist gründlich dahin. Statt dessen verlassen Männer und in zunehmendem Maße auch Frauen im Morgengrauen das Dorf und halten sich in fremder Umgebung bereit, den Anordnungen unbekannter Personen nachzukommen. Gewinnt ihr Leben dadurch. Ich verneine die Frage. Der Briefträger zum Beispiel teilt die Post erst abends aus. Du solltest ihn einmal sehen, wie er atemlos durch die Häuser hetzt. Die Feldarbeit, die Betreuung der Hausgärten und Grabstellen wird man auch nicht los. Das Ganze ist ein Trauerspiel. Tiefgreifende Folgen, die naturgemäß die Form blödsinniger Unarten haben, sind nicht ausgeblieben. Schon rostet in so mancher Scheune der Mähdrescher seinen zwei Tagen Einsatz entgegen. Und jedermann spart auf ein Auto. Was ich besonders deutlich erkenne: die Kinder grüßen längst nicht mehr so freundlich. Entwicklungen das alles, die als Vorboten einer schrecklichen Angleichung aufgefaßt werden müssen. Hat denn Sohnrey ganz umsonst gelebt, geschrieben. Wo wir uns doch einmal so viel gerade von dieser Gegend am Vogelsberg und ihren ungebrochen rauhen Überlieferungen erhofft haben. Denk nur an die vielen Liebesregeln. Kurz nach der Seminarzeit. Und jetzt. Ich schlafe immer schlechter ein. Manchmal stelle ich mir vor, die Entwicklung wäre in anderer Richtung verlaufen. Wenn nun der Bauer nicht die Fabrik, sondern der Industriearbeiter das Land aufgesucht hätte. Alle wären zu ihrem Stück Land gekommen. Wir hätten die Koppel gerodet, die Fabriken abgebrochen und noch die letzten hundert Meter Autobahn in einen Acker verwandelt. Jeder erzeugt, was er zum Leben braucht, ist das nichts. Aber aus der Traum. Wieder sind wir um eine Hoffnung ärmer geworden. Das Tätigwerden für andere, die Fremdarbeit gegen Lohn. Was ist nur in die Menschen gefahren. Hat denn mein Reden und Reden gar nichts genutzt. Im Frühjahr hat sich auch der erste Italiener bei uns angesiedelt. Da ich mein Ohr stets am Mund des Volkes habe, weiß ich sogar, was die Teilnehmerinnen an den Landfrauenabenden gesagt haben. So ein schmucker freundlicher Kerl. Ich selbst mußte mich von einem jungen Mädchen, ehemaligem Schulkind von mir, das ich beim Heumachen traf und mit dem ich in ein Gespräch kam, belehren lassen: Sie irren sich, wenn Sie von Unsitten sprechen, Herr Lehrer. Das sind Gesetzmäßigkeiten. Ich konnte die Frechheit kaum fassen. Aber dann wieder. Es ist mir egal, was aus dem Dorf und seinen Bewohnern wird. Ich sterbe doch bald.

Wortschatz

Im Juli bekommen der sechzigjährige Rudolf und sein Sohn von achtundzwanzig eine Vorladung nach Gießen. Man will hören, was sie über den Tod des Mannes aus Rabertshausen im letzten Winter wissen. Wir gehen zu Fuß, sagt der Alte, die sollen ruhig warten. Stumm, einer hinter dem anderen, wandern sie aus dem Dorf und durch die Wiesen in Richtung Hungen. Als sie an einem großen Feld vorbeikommen, sagt Rudolf: die Gerste steht gut. Vier Stunden gehen sie wortlos weiter, bis Gießen in Sicht gerät. Hier ist neben der Straße noch ein Weizenfeld. Der Sohn sagt jetzt: der Weizen aber auch. Die Vernehmung dauert lange. Am Ende umfaßt das Protokoll nicht mehr als eine dreiviertel Seite. Weiß ich nicht. Kenne ich nicht. Haben wir nicht gesehen. Mißtrauen. Vorsicht. Große Frage, ob sie aus Mangel an Gedanken schwiegen. Am gleichen Abend erzählte uns der Nebenkläger, der in Gießen dabeigewesen war und den wir in der Gastwirtschaft Zum Schloß in Hungen getroffen hatten, von der Sache. Er stammte selbst vom Land und sagte: mein Großvater in Ulrichstein hatte immer eine Ochsenzucht. Einmal, zu Beginn der siebziger Jahre des vorigen Jahrhunderts, wollte er zwei besonders wertvolle Tiere verkaufen. Was willst du dafür, fragte der Viehhändler. Mein Großvater: unter fünfhundert gebe ich die nicht her. Das ist viel, sagte der Viehhändler, gewissenlos viel. Aber gut. Du sollst die fünfhundert haben. Nur sind meine Taschen leer. Morgen schicke ich das Geld. Mein Großvater: ist recht. Handschlag, und das Geschäft war abgemacht. Der Viehhändler trieb die Ochsen fort. Am nächsten Tag kamen fünfhundert Mark. Der Rest, dachte mein Großvater, wird schon folgen. Als aber Monate vergingen, ohne daß eine weitere Zahlung gemacht wurde, schrieb er an den Viehhändler: ich habe noch zweihundertfünfzig Gulden zu kriegen und brauche sie dringend. Der Viehhändler schrieb zurück: ich weiß von nichts. Die fünfhundert Mark habe ich Dir ja geschickt, die Bestätigung ist in meiner Hand. Mein Großvater soll einen Wutanfall bekommen haben. Er schrie: ich habe meine besten Ochsen nicht für fünfhundert Mark, sondern für fünfhundert Gulden verkauft. Kein Wunder, wenn die Sache vor Gericht kam. Dort mußte mein Großvater bald zugeben, daß er nur fünfhundert und kein Wort mehr gesagt hatte. Da die gesetzliche Währung im neuen Kaiserreich die Mark war, konnte der Händler gut an fünfhundert Mark gedacht haben, und das Urteil lautete, er brauche auch nicht mehr zu zahlen. Der Richter sagte: das kommt von dem Durcheinander der Gulden- und Markrechnung und von deiner verdammten Redefaulheit. Nächstesmal sagst du gefälligst, die Ochsen kosten fünfhundert Gulden oder tausend Mark. Später konnte mein Großvater über den Viehhändler lachen. Er sagte: der Richter hatte gut reden. Aber sieht für mich die Welt denn genauso aus.

Zuwider

Die Wärterinnen sollen die Teile nicht unvorsichtig berühren, beim Reinigen nicht reiben. Ich denke an die frevelhafte Gewohnheit, das unruhige Kind durch Handgreiflichkeit ruhig zu machen. Es gibt Zugehfrauen, die haben einen infamen Griff beim Tragen ihrer Schutzbefohlenen. So sah ich, wie die Wärterin immer dann, wenn das Kind unruhig wurde, ihren Finger an jene Stelle legte und die beste Wirkung erzielte. Einmal war ich mit dem kleinen Wesen allein. Es wurde rastlos, achtete nicht auf meinen Trost, fing an zu rufen. Da legte ich meinen Finger dorthin, wo ich den Finger der Wärterin gesehen hätte. Das Kind blickte mich an, und ein verstehendes Lachen stand in seinem Gesicht. Lächeln wollen wir es nicht nennen. Das Kind sah plötzlich weit über seine neun Monate hinaus alt aus. Später war es oft krank und hat auch als Mädchen und Frau viel Schweres erdulden müssen. Der Leiter einer Anstalt erzählt uns von einem jungen Offizier. Er nennt den Namen nicht. Sein Träger ist jetzt in Amerika. Der Offizier war der Sohn eines Offiziers und das Opfer eines Offiziersburschen. Der Offiziersbursche war der Bursche des Offiziers, der als Vater des jungen Offiziers galt. Von einer Wärterin war nicht die Rede. Der Bursche hatte den Sohn seines Offiziers oft bei sich gehabt. Eines Tages hat der Bursche den Sohn tief in den Mund hinein geküßt. Der Offizier wußte von nichts. Von diesem Zeitpunkt an träumte der Sohn die Wiederholung der Szene deutlich und mit Interesse. Der Bursche war über die Nachwirkung der Tat betroffen. Er hat sie als ungesund erkannt. Der Offizier trat in den Ruhestand. Dem Burschen verunglückte das Waffenreinigen. Der Sohn wurde endlich gleichfalls Offizier. Mit vierundzwanzig mußte er wegen geschlechtlicher Erregbarkeit den Dienst aufsagen und nach Amerika gehen. In einem der schwarzen Industrieplätze des Westens begegneten Linas Wärterin und der pensionierte Offizier einander. Sie hatten sich wenig zu sagen. Aber dann stieß der weißhaarige Artist zu ihnen, der sich vor geraumer Zeit eines halbwüchsigen Mädchens bemächtigt hatte. Die Korrespondenz zwischen Wärterin, Offizier und Verführer wuchs und wuchs. Die Frau mußte Schweres leiden. Gottfried gab kein Lebenszeichen. Lina kann den Artisten nicht vergessen. Wenn sie zu Bett geht, legt sie das Largo von Händel auf. Sie hat schon die sechste Platte verbraucht. Bald wird es ihr zuwider sein.

Total deformiert

Gernot erzählt der Nachbarin unter uns unbekannt gebliebenen Umständen: ich bin der Sohn eines Offiziers. Mein Bruder Gottfried, selbst ein Offizier, hat außer Dienst mehrere Jahre in Amerika, in Asien zugebracht. Nachdem meine Mutter gestorben war, lebte mein Vater, aus dem Ruhrgebiet gekommen, kurze Zeit bei mir. Er war total deformiert. Wenn ich meine Mahlzeiten einnahm, lag er entweder unter dem Tisch oder in einer Ecke. Ich warf ihm Knochen vor und gab ihm die Reste. Er bellte manchmal wie ein Hund und trug ein Halsband, das er sich extralang von einem Sattler hatte anfertigen lassen. Den Namen Grötzebach hatte er abgelegt. Jetzt ließ er sich Reini nennen. Wenn jemand mich am Vormittag, während ich im Bett lag, besuchen wollte, biß er ihn ins Bein, das war die Vorstufe. Er scheuerte die Zimmer, schälte Kartoffeln, machte das Bett und alle Hausarbeit. Sprach er wirklich einmal, so erzählte er die Geschichte von jenem Wandrei und dem alten Diener Hubert, die er nicht vergessen konnte. Hauptsächlich las er. An den Wochenenden las er in der Frankfurter Rundschau die Rubrik Bekanntschaften. Auf seine Zuschriften annoncierten die Frauen dann: Spitzbart komme, alles bereit. Von Zeit zu Zeit sprachen wir von seinem Plan, ein Buch über diese Erfahrungen zu schreiben. Ich hatte ihm alle Schlüssel abgenommen, sein ganzes Geld, aber er bekam regelmäßig Pension und hatte freie Hand. Als er starb, wußte ich zwei Semester nicht weiter. Dann kamen neue Gedanken. Manchmal legte ich mich in unmittelbarer Nähe von Bahnlinien nackt hin und ließ die Züge vorbeifahren. Oft ging ich auch auf Leute zu, die bei der Feldarbeit waren. Heumacher liebte ich sehr. Ich bat, mithelfen zu dürfen, was mir meist gern gewährt wurde. Zuerst zog ich die Lederjacke aus, machte mich barfuß, schürzte dann, obgleich ein äußerer Grund nicht vorlag, die Hosen, legte das Unterhemd und später auch die Hose ab. Gewöhnlich erntete ich keinen Widerspruch, zumal ich ein fleißiger Arbeiter war. Diese einfachen Leute mußten mir genügen. Wenn mich aber Gebildete sahen, war mir das lieber. Am Kehr sagte einmal ein englischer Professor zu seinem deutschen Kollegen: sieh mal den reizenden Menschen, was der für schöne Beine hat. Noch heute denke ich mit großer Freude an dieses Lob. Meine Leidenschaft sind Sommerfrischen. Leider werde ich älter, die Krampfadern werden zahlreicher, alles weicht auf.

Auf dem Land

Obgleich der Hund hinreichend ausgeführt wurde, verrichtet er seine Notdurft unter dem Schrank. Womit hat man das Tier gefüttert. Morgen wird alles nachprüfbar. Schließlich steht das Haus seit dem Siebenjährigen Krieg. Wie du lebst, so lebst du. Gestern hat er die Häuser in der Straße gezählt. Aber Gernot. Er vergißt schnell. Geht die Sonne auf, hat er sich für die zweihundertzweiundfünfzigste oder für die zweihundertsechsundfünfzigste Infanteriedivision entschieden. Beide haben vor Moskau gelegen. Aber während die eine ausgehalten hat, ist die andere zurückgewichen. Ja damals. Wie lange hält ein Ziegelstein die Wärme, wenn er bei minus dreißig Grad unter den Mantel gesteckt wird. Die Erziehung eines Hundes erfordert unmenschliche Konsequenz. Der Mann mit der größten Hakenkreuzfahne im Dorf hatte das weichste Herz. Das sollte man sagen. Sollte man sagen können. Jetzt kann man viel sagen, aber obs geglaubt wird. Die Pfarre steht neben der Kirche am oberen Ende der Straße. Gernot hat die Kirche mit zu den Häusern gerechnet. Gernot hat die Kirche ausgelassen. Der Pfarrer kotzte nach dem Festessen in seinen Hut und setzte ihn auf. Eine Gegend mit Milch und Honig dünkte ihm die Heimat. Nie hat unser Dorf eine rote Fahne gesehen. Hinwendung zum Fremdenverkehr will ernsthaft bedacht sein. Ich habe nichts gelernt, Brotloses ist mir geläufig. Nun gut, sagt Heidrun. Nun gut, sagt Gernot. Laßt uns aufs Land ziehen, habe ich zuerst gesagt. Wir sollten vielleicht zwischen Metropole und Dritter Welt leben, Umzüge sind erlaubt. Jetzt haben wir fünfundzwanzig Quadratmeter schlechte Erde als Kartoffelbeet. Der Postbus nimmt gegen zehn Uhr morgens die Post mit. Irgendwo unterwegs könnten meine Briefe hängenbleiben, das wäre ein Zufall. Wir kaufen einen Hund. Der Hund hat drei Würfe hinter sich. Was tun. Er ist lebenserfahren genug. Reini, nennen wir unseren Hund doch Reini. Ich und der Hund. Ich und Gernot. Ich und Heidrun. Ich und ich. Kontakte lassen sich hier allenfalls paarweise herstellen. Ich kann nicht den ganzen Tag vor den Tigerlilien stehen. Ich kann nicht immer abseitsstehen. Hinter dem Wald geschieht doch etwas, da spielt sich was ab. Wir hören, wie die Nation schnauft. Ich lehne mich über den Zaun und winkte der Nachbarin. Grüß Gott, schnauft sie. Grüß Gott, schnauft Heidrun. Sie verstehen einander. Wenigstens baut die Nachbarin keine Kartoffeln an. Seitdem habe ich Verständigung angestrebt. Im Stall sind wir übereingekommen, ich hatte ihr nur ein frohes Weihnachtsfest wünschen wollen. Beinahe wäre eine Kuh auf uns getreten. Der geliebte Konjunktiv. Die Nachbarin hat seine Anwendung gelernt. Von unten sieht vieles anders aus. Wenn der Mensch im Stroh liegt, gerät er in Gefahr, kein Mensch mehr zu sein. Das bleibt besser eine einmalige Lage, sagt Heidrun. Gernot ist ein fixer Fidi. Immer diese jüdische Hast, würde Wandrei sagen. Die vier Lehmwände und das Moosdach kosten dreihundert im Monat. Früher war der Boden gestampft. Orientteppiche für unsere Füße und das Problem der Monarchie. Die Zeitungen melden: der Schah in Gstaad. Umjubelte Skiläufer auch hinter unserem Haus, wenns drauf ankommt. Wehret den Anfängen. Gernot entscheidet sich für Stacheldraht und handelt entsprechend. Manchmal rede ich. Der Arsch unserer Welt ist der Nabel der Kolonisierten, das gibt dann eine Stadt wie

Köln. Darüber habe ich zwei Monate nachgedacht. Man wird älter. Schon muß ich italienische Matratzen zu Hilfe nehmen. Begegnung mit dem Bürgermeister: auch mal antiautoritär gewesen. Nein, nicht aus Vietnam, wie Heidrun dachte, hat er seine Adoptivtochter. Gernot wirft Heidrun Romantizismus vor. Heidrun wirft Gernot kleinbürgerliche Manieren vor. Wir wissen, er ist ein fixer Fidi. Der Pächter des Hofguts treibt uns aus der Wiese, die wir angeblich niedergetreten haben. Wir sind nicht auf der Welt, um Grundrechte zu brechen, wir legen uns in den Gemeindewald. Ich verlese einen Abschnitt aus Sohnreys Hütte und Schloß. Da gehts auch ums Fressen. Der schwarzhaarige Zigarrenhändler bricht sich gerechterweise das Genick: diese Socialdemokratie. Graf Harald seinerseits übertreibt den Adel und mutiert ins Abscheuerregende. Ein Dracula der Gründerjahre, lieber K. Karl Marx war ja seit drei Jahren tot. Mit der Zeit werden Spuren deutlicher. Heute klaut keiner mehr Holz. Aber sonst ist alles kongruent geblieben. Wir wollen singen, sagt Heidrun. Vielleicht bist du schon morgen eine Leiche. Noch wissen wir nicht, wo wir hingehören. Der einzige Ausländer im Dorf steht für Afrika. Er arbeitet im Basaltbruch. Ich dagegen arbeite nicht, ich falle mir selbst zur Last. Was mir bleibt: Theorie und Tigerlilien. Oblomow sagt: morgen wird alles besser. Das Leben wird erfüllter. Morgen rasiere ich mich und putze die Schuhe. Wenn ich gepinkelt habe, wasche ich mir die Hände. Ein gutes Gewissen strengt an. Ziehen wir nach Berlin, sage ich beim Frühstück. Dort ist manches leichter.

Moos

Am Ausgang eines jeden Bahnhofs steht der Schutzmann. Gelegentlich verteilt er Blechmarken mit der Nummer einer der am Bahnhof haltenden Droschken. Die Kutscher sind alles Beamte, vergiß das nicht. Man verlange Erster Klasse, Zweiter Klasse oder Gepäckdroschke. Wer Gepäck hat, überläßt die Suche nach einer Droschke dem Träger. Der Kutscher darf nur nach Vorzeigen der Marke fahren. Man übergebe sie ihm aber erst beim Einsteigen. In stark besetzten Zügen empfiehlt es sich, von der letzten größeren Station aus Droschken zu bestellen. Die Fahrkarten sind beim Betreten des Bahnsteiges vorzuzeigen und beim Verlassen desselben abzugeben. Seinen Platz im Waggon hat sich jeder rasch selbst gesucht. Die Hausnummern sind nicht nach gerade oder ungerade geordnet, sondern laufen fort, so daß an einem Ende der Straße die Numerierung von der einen zur anderen Seite überspringt und am entgegengesetzten Ende die höchste Zahl der niedrigsten gegenübersteht. So manche Nummer ist in den letzten Jahren mit dem dazugehörigen Haus spurlos verschwunden. Doch liegt kein Grund zur Panik vor. Es hat nicht viel zu bedeuten. Diese Garnison behauptet sich doppelt. Einmal Residenz, immer Residenz. Dem müssen sich auch die Gastwirte anpassen. So soll der innere Raum des Bettes, das heißt die Matratze, nicht weniger als einen Meter sechzig Länge und siebzig Zentimeter Breite haben. Die Decke muß ausgebreitet über die halbe Bettfläche reichen. In den kälteren Monaten sind der Decke noch Federbetten aufzulegen. Herrscht Frost, müssen in eisernen Bettstellen die Matratzen verdoppelt werden, damit die Kälte des Metalls nicht an die Körper gelangt. Bei der Aufstellung der Betten ist dafür Sorge zu tragen, daß der Schläfer der Tür zugewandt liegt. Wer weiß, wer alles eintritt. Das Waschbecken soll mindestens fünfunddreißig Zentimeter im Durchmesser und vierzehn Zentimeter Tiefe haben und ohne ausschweifenden Rand sein. In Stadtteilen, in welchen man zu Fuß reist, gehört neben jeden Waschtisch ein Behälter zum Baden der Füße. Vor der Aufführung großer Opern sind die Preise noch jedesmal geklettert. Im Königlichen und im Deutschen Theater müssen Damen ihre Hüte, Männer Stöcke und Helme an der Garderobe abgeben. Eine Postkarte, die auf der Vorderseite die Adresse des Bestellers und auf der Rückseite das Datum der Vorstellung, Anzahl und Bezeichnung der Plätze und die Namensunterschrift enthält, ist tags zuvor in den Meldekasten zu legen. Man bekommt sie mit dem Vermerk: bewilligt oder blau durchgestrichen zurück. Für Fahrten außerhalb des städtischen Polizeibezirks gelten von der Grenze an die Sätze doppelt. Die betreffenden Fuhrleute sprechen eine andere Sprache und werden auch anders bezahlt. Bei Überforderungen lasse man sich vom Kutscher Marken in der Höhe des Betrages aushändigen und sende sie in das Polizeipräsidium. Man wird dann unverzüglich zu einer Unterhaltung eingeladen. In solchen Fällen geben sie einem fast immer recht. Man lasse sich davon nicht verwirren. Neuerdings durchkreuzen auch einige elektrische Bahnen die Stadt, doch setzt ihre vorteilhafte Benutzung einige Kenntnis des Stadtplans voraus. Heute wissen wir, daß die zum Bau der Häuser verwandten Steine den Witterungseinflüssen keinesfalls standhalten werden. Und wenn auch immer die Sonne schiene. Gernot und ich steigen aus dem Interzonenzug. Woher das Moos auf den Straßen der Hauptstadt. Und was ist mit dem Blut. Diese Frage wird uns noch zu denken geben.

Kontaktfreude

Ein Zwischenfall vor der Stadthalle während einer der ersten Vietnamkundgebungen hatte seinerzeit ein Nachspiel vor dem Amtsgericht in Göttingen. Angeklagt war ein Porträtmaler namens Dieter. Uns ist, als müsse er aus Regensburg stammen. Im Februar und März wurden während der Versammlungen wiederholt Kleider und Mäntel weiblicher Personen in einer ekelerregenden Weise besudelt. Dieter war ein Freund von Gernot. Gernot behauptet, er habe ihn kaum gekannt. Während die blonde Frau ihre ganze Aufmerksamkeit dem Redner zuwandte, nahm der hinter ihr stehende oder auch sitzende Täter die Besudelung vor, um bei der nächsten Gelegenheit zu verschwinden. Die ganze Handlungsweise, erinnert sich Gernot, ließ auf das Treiben eines Menschen schließen, der an diesen Orten gewissen Neigungen huldigte. Auf Ersuchen der Veranstalter wurden allabendlich mehrere Kriminalbeamte, die ohnehin anwesend gewesen wären, in der Nähe auffallend blonder Frauen plaziert. Schließlich konnte Gernots Freund festgenommen werden. Gernot will nicht sein Freund gewesen sein. Während der Ansprache eines vietnamesischen Kommilitonen beobachtete Hauptwachtmeister Stanizek den Täter, wie er sich unterhalb der Restaurationsterrasse in auffälliger Weise an eine Frau drängte und im Schutz des Halbdunkels die in Frage kommende Handlung vornahm. Natürlich, sagt Dieter dem Amtsrichter, hat mich jedesmal die Reue über mein Tun gepackt. Gernot berichtet uns jedoch, zu einer Entschuldigung habe Dieter sich nicht durchringen können.

Eine Erscheinung aus dem Nachtgebiet

Am nächsten Tag geschieht es. Schon morgens sagt sie: heute abend will ich sehen, wie Sie sich dazu stellen. Später sagt sie in der Küche, wenn man in einem Verhältnis wie dem unseren sei und per Sie spreche, habe das keinen Stil. Nach drei Wochen sagt sie: Sie vergessen es ganz. Ich sage: ich bin nicht so darauf versessen. Du bist doch ein junger Mensch, sagt sie, das kann ich nicht aushalten, laß uns hinaufgehen. Aber es ist zuerst nicht im Bett, sondern in der Küche geschehen, danach immer im Bett. Wenn er zu ihr komme, komme er nicht wie ein Mensch, sie hätte keine Empfindungen wie bei mir, sondern Schmerzen wie ein Vieh. Er sei für sie viel zu stark, und sie könne hinterher das Wasser nicht lassen. Am nächsten Abend sagt sie, ihre Natur blähe sie so sehr, daß es ihr beinahe den Boden ausdrücke. Ich habe schon mehr verloren, als du zu mir bringst. Nachdem du ins Bett gegangen warst, nahm er sein Essen und fragte, wo das Fleisch wäre. Ich sagte: wir haben heute keins gehabt, also kann ich dir keins geben. Dann sagt er: so, jetzt will ich zu dir und will es von dir runterarbeiten, und wenn du dich rührst, schlage ich dich, daß du verreckst. In der Morgendämmerung gehe ich aus meinem Zimmer, da kommt er gerade von der Hochzeit, nimmt seinen Mantel und sagt, er müsse seinen Bruder nachhause begleiten. Ich muß mich zu ihr ins Bett legen. Es dauert keine Viertelstunde, und schon ist er wieder zurück. Zwar kam ich noch zur Zeit aus dem Bett, aber die Tür war verschlossen. Gesagt hat er nichts. Bis nachts habe ich gearbeitet, dann ging Jürgen zu Bett. Seine Augen glitzern wieder so, und ich sage: machs nicht so toll, die Chefin mag die Flecken nicht. Kurz vor Mitternacht kommt ihr Mann endlich. Als ich schlafen gehen will, hält er mich auf und sagt, er habe ein schönes Buch, die Geographie, sagt mir noch, wieviel Einwohner Frohburg vor fünfzig Jahren gehabt hat, daß der Bahnhof zwei Kilometer außerhalb ist und so weiter. Dann legt er seine Pfeife beiseite, stützt den Kopf und liest leise. Das Beil liegt unter seiner Hobelbank, ich muß nur danach langen. Wie es dahingekommen ist, weiß ich nicht. Aber die Schlafzimmertür steht auf. Ich höre zwei laute Seufzer von ihr, die man nicht als Zeichen verstehen muß, aber ich weiß Bescheid: die Herstellung von Kisten ernährt ihren Mann. Das wäre doch etwas für dich, hat sie am Vortag gesagt. Oder etwa nicht. Allerdings, ich habe es gleich gewußt, die Kiste wird von niemandem in Anspruch genommen. Der große Lagerraum nimmt sie auf. Dort steht sie nun und verpestet die Luft. Schließlich sprengen die Behörden den Deckel ab. Die Beine fehlen, sie hätten in der Kiste keinen Platz gefunden, sie sind in den Gelenken abgenommen worden. Der Expreßgutbeamte stellt fest: irgendwann ist auch diese Kiste in Warschau gewesen. Deutlich gehören die Reste zu einem Mann von vierzig Jahren. Wie, wenn es Wandrei wäre, das Beil lag in Reichweite. Wir müßten nicht an unserem Verstand zweifeln. Er saß zwischen der Wand und dem Tisch auf dem Fußboden und blutete stark aus der Nase. Hinter ihm war der Ofen. Den nächsten Schlag versetzte man ihm auf das linke Ohr. Aus dem Schlafzimmer kamen Seufzer und trieben mich an. Die Kiste ist in Warschau gewesen und zurückgekommen, wer hätte das gedacht. Als der Wärter mich mit kaltem Wasser abspritzt, erwache ich. Er sieht mich an wie eine Erscheinung aus dem Nachtgebiet. Heute abend will ich sehen, wie Sie sich dazu stellen, sagt er.

Kino ·

Hinter dem Fenster singen die Kinder andauernd geistliche Lieder. Ich weiß, bald stirbt jemand im Haus. Die
großen Augen jenseits der Scheiben haben viel verloren. Der
Regen. Ich wachte auf und glaubte mich gerufen. Auch der
mit Wäsche behangene Zaun: zeigt den Tod an. Wohin mit
den Händen. Im Regen gehe ich über die Straße, weiß mich
beobachtet und ziehe das Bein nach. Kann jemand einen bestimmten Weg nicht finden, kommt bald ein Leichenzug.
Plötzlich stand Gernot wieder vor der Schonung, er drückte
das Taschentuch gegen den Hals, wegen des Windes konnte
ich nicht verstehen, was er rief. Ich sah ihn im Fernglas dicht
neben dem Baumstumpf stehen, der mir als Markierung die-
nen sollte. Die Fußspitzen, die Knie, sein Mund, die Augen.
Will er mir angst machen. Da kann noch allerhand auf dich
zukommen. Ja, sagt sie, aber da war er schon eine Weile tot,
die Fische hatten die Augen herausgefressen. Menschen, die
bald sterben sollen, haben weiße Flecke auf der Haut der
Hand. Sie schicken Telegramme ab. Wohin mit den Händen.
Eine tausendstel Sekunde vor dem Schuß glaubte sich Gernot
gerufen. Dann suchst du den Ausgang. Kann jemand einen
bestimmten Weg nicht finden, kommt bald ein Leichenzug.
Hochzeiten kündigen Todesfälle an. Tote kündigen Hochzeiten an. Wie wahr. Ich kann nicht den Platz einnehmen, auf
den ein anderer sich gesetzt hat, hörst du. Einigen wir uns
gütlich. Aber Gernot brütete hinter mir am Tisch und kreuzte
mit dem Bleistift, den ich ihm gegeben hatte, einen Punkt auf

der Landkarte an. Eine Begegnung, ein Treffen, mit wem. Vor allem alte Leute gelten als Glücksleichen. Werden einem im Traum die Zähne gezogen, bedeutet es einen Todesfall, und zwar in der nächsten Verwandtschaft, wenn die Schmerzen groß sind, in der entfernteren, wenn sie nicht so groß sind. Sobald er das Unterholz erreicht hat, passe ich auf. Notfalls muß der Rückzug gedeckt werden. Nach zwei Tagen gehe ich, die Hände in den Taschen, über die Dorfstraße. Wo ist der Feuerteich, frage ich die Kinder. Es gibt keinen, lautet die Antwort. Aber dann sehe ich doch drei Männer mit langen Stangen durch das Dorf gehen. Das trübe Licht ließ die eisernen Haken schimmern. Kann jemand einen bestimmten Weg nicht finden, kommt bald ein Leichenzug. Ich konnte wegen des Windes nicht verstehen, was er rief, aber er drückte ein Taschentuch gegen den Hals, das rot war oder rot wurde. Meine Hände sind nicht wie sonst. Ihr Zittern. Der Ausschlag. Was man die erste Nacht in einem fremden Haus träumt, trifft ein. Dann war er beunruhigt, weil er den Zaun hinter dem Gasthof voll weißer Tücher gesehen hatte. Ich weiß nicht, welche Fehler er in seiner Verfassung gemacht hat. Schon vor drei Tagen, als wir ankamen, regnete es. Ich weiß nicht, wer die Kinder bezahlt, damit sie singen. Wo ist Gernot. Ich habe ihn nie im Leben gesehen.

Abermals der Porträtmaler

Dieser uns gutbekannte Regensburger macht sich von neuem der Entwendung eines Federmessers im Wert von drei Mark schuldig. Auf dem Revier bekennt er Hauptwachtmeister Stanizek sein Vergehen, in der öffentlichen Verhandlung dagegen stellt er es in Abrede, was das Gericht nicht hindert, auf dreizehnmonatige Einsperrung zu erkennen. Später gerät die Sache nach Celle. Seidenfaden, der eifrige Erzieher des Malers, dient als Dolmetscher. Auch jetzt leugnet der Angeklagte, doch kann er nichts widerlegen und muß die neuerliche Verurteilung hinnehmen. Der Maler wird von Seidenfaden in Kenntnis gesetzt und scheint das Urteil mit Zufriedenheit zu hören. Plötzlich nimmt der eifrige Erzieher die Stellung eines Gefesselten an und gibt dem Sträfling zu verstehen, daß, wenn er abermals in die Hände der Justiz falle, er nur Strenge von ihr werde erwarten können. Seitdem malt Dieter nichts anderes als seine gefesselten Hände.

Wieviel

Zu Weihnachten bringen wir Gernot Soldaten mit: sechzehn Panzergrenadiere und achtzehn Reiter. Gregor hat auch welche bekommen. In seiner Schachtel sind achtzehn Panzergrenadiere und zwanzig Husaren gewesen. Aber ein Fußsoldat und zwei Reiter sind schon am ersten Abend kaputtgegangen. Wie viele Panzergrenadiere und wie viele Reiter hat er noch. Gregor geht am zweiten Weihnachtsfeiertag zu Gernot. Sie spielen mit den Soldaten. Jeder hat auch eine kleine Kanone zum Schießen. Gernot stellt seine Reiter in drei Reihen auf. In die erste kommen siebzehn Reiter, in der zweiten steht ein Hauptmann. Wie viele Husaren bleiben für die dritte Reihe. Die Panzergrenadiere stellt er so auf, daß vorn in der ersten Reihe neun kämpfen, die anderen kommen ins zweite Glied. Wie viele. Gregor stellt seine siebzehn Panzergrenadiere so auf: vorne vier, dann noch vier Soldaten, und hinten der Hauptmann. Die übrigen Fußsoldaten behält er in der Kaserne. Sie sollen helfen, wenn die Not groß ist. Woraus bestehen seine Reserven. Von den Reitern führt er nur sechzehn in den Krieg. Wie viele bleiben zuhause. Jetzt fängt das Schießen an. Gernot wirft von Gregors Reitern drei und dann vier um. Gregor hat auf Gernots Panzergrenadiere gezielt. In der ersten Reihe fallen fünf, in der zweiten drei. Wie sieht das Schlachtfeld aus. Wenn die Soldaten nicht ganz umgefallen sind, sind sie bloß krank. Sie kommen ins Lazarett. Von Gernots Soldaten sind nach und nach acht, von Gregors neun verwundet. Heidrun ist Krankenschwester.

Wie viele Verletzte muß sie pflegen. Sie hat aber nur zwei Betten. Wie viele Soldaten liegen also auf Stroh. Von den siebzehn Verwundeten werden vier gesund. Wie groß ist der Rest. Gernot und Gregor haben jeder eine Fahne aufgestellt. Wenn die umfällt, ist das ganze Heer besiegt. Gernot hat achtzehn Kugeln. Gregor auch. Gernot hat schon neun davon verschossen, ohne zu treffen. Gregors Verbrauch beläuft sich auf zehn. Der Krieg steht vor dem Abschluß. Gernot hat nur noch drei, Gregor vier Granaten. Wievielmal hat jeder schon geschossen. Wenn jede Granate zehn Pfennig kostet, wieviel Geld ist bisher für Munition ausgegeben worden. Endlich liegt die Fahne von Gernot am Boden. Er muß alle umgefallenen Soldaten als Gefangene hergeben. Es sind ihm neun Panzergrenadiere und sieben Reiter umgestürzt. Wie viele Gefangene bekommt Gregor. Gernot hat sechzehn Panzergrenadiere gehabt. Kommen welche aus dem Krieg nachhause. Er hat achtzehn Reiter mit ins Feld genommen. Sieben hat Gregor gefangen. Wie viele bleiben. Wie viele Soldaten haben Gernot und Gregor überhaupt noch.

Nummer eins

Wer in der Öffentlichkeit Symbole des Nazireiches zeigt, anbringt oder verbreitet, wird bestraft. Und wenn das Symbol fehlerhaft dargestellt ist. Was dann. Aber schon tritt Hildegard in mein Leben. Ich nenne sie Nummer eins. Nach zehn Minuten ließ sie sich küssen: Hildegard. Nie habe ich sie anders gekannt. Das zugespitzte Ende des Samenleiters, der Spritzkanal eben, durchbohrt die Vorsteherdrüse und mündet auf dem Samenhügel. Damit Ihnen der Stoff nicht zu trocken wird, liebe Kollegen, sei an dieser Stelle de Gaulle erwähnt. Hildegard zog die Lippen von den Zähnen und stützte den Hinterkopf auf die Banklehne. Doch weiter: hier vereinigen sich die ableitenden Harn- und die Samenwege, weshalb die Harnröhre von hier ab den Namen Harnsamenröhre führt. Mein Vater verdrischt mir den nackten Arsch, zieht das Höschen weg, seine kalte Hand kommt immer von unten über den Bauch durch die Haare und legt sich um meinen Oberschenkel. Die Titten meiner Tante Kurio bestehen nur aus Warze, sage ich, um mitzuhalten. Ich küsse Hildegard und höre sie schnaufen. Da wäre wohl was zu machen. Abends habe ich Schmerzen in den Hoden. Ich ziehe den Schlafanzug an, der hat einen tiefen Schritt. Du bist überreizt, Junge, sagt Gernot. Frau Brey, geborene v. Törne, gibt Deutsch. Sie setzt sich immer auf das Pult, die Kante in den Kniekehlen. Da müssen die Schenkel ja klaffen. Sechs Monate Faust regen an. Zwei oder drei von uns haben die hellblaue Pumphose gesehen. In der Mitte war sie gelb, ich habs gesehen. Natürlich vermuten alle in den gelben Flecken nichts anderes als den Mythos der Mütter. Hildegard erwartet mich schon. Gehen wir ins Wetteraumuseum. Gehn wir. Wie die Leute früher Feuer gemacht haben. Laß das Visier in Ruhe, macht Lärm. Kerle he. Ein Himmelbett, wie kommt das hierher. Hildegard legt sich ins frischbezogene Bett, ich lege mich zu Hildegard und ziehe den Vorhang vor. Der Wächter schreitet durch die leeren Räume. Leg deine Hand rein. Wie ham die das damals gemacht in den harten Betten. Die Hohlräume des Schwammwerks sind mit Blut gefüllt, das durch Erweiterung der Arterien und Drosselung der Venen gestaut wird. Eine derbe Hülle umgibt die Schwellkörper und ermöglicht ihre Verhärtung durch Erhöhung des Innendrucks. Wissen wir alles. Als es an der Zeit ist, die Hose aufzuknöpfen, knöpfe ich sie auf. Erfahrungen müssen gemacht werden. Ich reibe mich an Hildegard. Die Befreiung des Menschen ist notwendig. Damit ich alles gut fühle, ziehe ich die Haut nach hinten. Wenn wir als Kinder um die Wette in die Wyhra pinkelten, konnte ich mir nie vorstellen, wie das mit der Haut war. Tut das nicht weh. Die Öffnung der Vorhaut kann so eng sein, daß sie sich nicht über die Eichel zurückstreifen läßt, dies nennen wir Phimose, Kollegen. Jetzt hilft mir Hildegard beim Eindämmen der Haut. Ich habe beide Hände frei. Ich stecke beide Hände über den Rand des Schlüpfers. Aber da klingelt vorn der Wächter mit dem Schlüssel. Hak mal die Öse zu, sagt Hildegard. Der Wächter warnt: am Ende macht ihr noch ein Stück Marke Museum. Ich mach nur auf dem Scheißhaus, was, ist mir egal, sagt Hildegard. Gehn wir ins Rosenschon, trinken wir einen Kaffee auf den Schreck. Er hätte ja auch noch zehn Minuten warten können, jetzt müssen wir von vorn anfangen. Am nächsten Sonntag befinde ich mich auf dem Land. Der Weg neben den

Schienen ist geschottert. Auf geschotterten Wegen habe ich mich noch nie wohlgefühlt. Eine Mark zwanzig Fahrgeld, lohnt sich das denn. Hildegard kommt um die Ecke und küßt mich. Komm komm. Es gibt keinen Bahnhofsvorsteher hier, der nächste Zug hält in vier Stunden. Wir gehen in die Halle. Hildegard steigt aus ihrem Höschen und klappt den Rock hoch. Komm komm. Es ist an der Zeit, die Hose aufzuknöpfen. Die Bank ist kalt und hat Ritzen, durch die es zieht. Irgendwie fühle ich mich schutzlos. Komm komm. Ich lege mich auf Hildegard und überlasse ihr die Führung. Mein Kopf hängt zur Seite. In die Bohle unter meinen Augen ist ein Hakenkreuz geritzt. Die Haken zeigen in die verkehrte Richtung. Daran kannst du sehen, wie lange das schon her ist. Da kam jemand und übernahm die Führung, das geschah nicht von ungefähr. Heute kann man sowas viel besser. Hildegard macht das schon. Los, beweg dich. Ich habe mich in Hildegard gestülpt. Ganz blutleer ist mein Kopf. Luft habe ich noch genug. Der Sport hält einen fit, jetzt merke ichs. Guter alter Pöh. Ich bin erleichtert: wieder was gelernt. Ich zeige Hildegard das Hakenkreuz. Mit ihrer Nagelfeile ergänzt sie es zu einem Fenster. Ich nenne sie Nummer eins.

Heimat Göttingen

Es ist nicht nötig, auf Tatsachen zurückzukommen, die zur zeitgenössischen Geschichte gehören. Andererseits muß man wissen, daß ich seit Spätherbst dreiundsechzig in der Stadt lebe. Ich erinnere mich an eine unwohnliche Stube ohne andere Aussicht als den Nußbaum, die Wolken, ein Klofenster und die ganz verödete Straße. Es war ein Zimmer wie alle Zimmer in der Provinz, kahler kalter Raum mit feuchten Tapeten. In einem Land, das nie eine fortschrittliche Verschwörung, eine große nützliche Intrige erleben würde, dem der allgemeine Untergang drohte und droht. Schon bei der Ankunft vor dem Haus kam mir mein Kammernachbar eher neugierig als zärtlich entgegen und lachte mir in die Zähne. Ich wurde im zweiten Stock untergebracht. Zum erstenmal hatte ich hundert Mark in der Tasche. Nachts um vier drang der einäugige Nachbar ohne Klopfen bei mir ein. Er saß vornübergebeugt auf dem Bettrand. Haben wir über die Knotenschrift mancher Indianerstämme gesprochen. Wenn ich damals gewußt hätte, was ich heute weiß. Später ging er nach Frankfurt. Aber die Reise ins polnische Gouvernement hätte er vorher machen sollen. In Fällen wie dem seinen hat kontinentales Klima ja geholfen. Wir sehen die Kutsche bergab rasen, hören das Rasseln der Räder, das Klappern der Hufe, am Fensterrahmen liegen drei gekrümmte Finger, nichts weiter. Ein unscharfes Bild, das letzte, bevor uns der Freund genommen wurde. Ich kann mir die zerstoßenen Wege voller Geleisspuren und Schlaglöcher vorstellen, die unfreundlichen Gastwirte, die schmutzigen Betten. Einmal schickte er mir einen Brief, von der Weichsel oder vom Main. Die Minen in San Domingo und Sankt Andreasberg, wo die Aufseher die unglücklichen Ureinwohner, die ihre Messer nicht gestochen, ihre Wolfshunde nicht zerrissen hatten, zur Arbeit peitschten, sollen erste Brutstätten der Syphilis gewesen sein. Das zum Beispiel versucht man uns einzureden. So schrieb er. Nie wieder habe ich etwas von ihm gehört. Ich machte die Lüge bekannt. Aber das Auswerfen der Kettenbriefe veranlaßte den Oberstadtdirektor von Göttingen zu einem Mahnruf, in dem er ausführte, daß diese Briefe, die rot auf weiß geschrieben würden, von nichtswürdigen Elementen verfaßt wären und die Einwohnerschaft der Stadt wichtigere Aufgaben habe, als sich mit solchen Machwerken zu befassen. Wenn der Unfug nicht bald aufhört, werde ich die Drahtzieher durch Veröffentlichung ihrer Namen anprangern. Vielleicht heißt der Oberstadtdirektor Busch. Und sagen wir es ruhig, er ist Mitglied der besseren schlechten Partei. Gewesen, jawohl. Der Nachbar war abgereist. Vorher kein Wort zu mir. Und keine Zeile zurückgelassen. Ich fand nur die Spuren der Kutsche im Schlamm vor dem Haus. Zwischen Oder und Neiße brach der Winter ein, Schneewehen wie Hügel und Rudel von Wölfen hielten ihn auf. Diese Ebene am Nordrand der Beskiden, hat er die wirklich gesehen. Möglich ist alles. Aber dann endet er doch auf eisglatter Straße an einem Baum. Ganz in der Nähe. In der gleichen Nacht, in der das Geschwür aufbrach. Die Schmerzen kamen immer deutlicher vom Magen. Es wurde schlimmer und schlimmer. Mein Gesicht war weiß. Schon begann die Todesangst. Da erklärte sich der Druck, und der Feind nahm, weil er die Tür zu beschwerlich fand, durch ein Fenster den Abzug. Das hatte ich zehn Jahre nicht erlebt. Später kamen die

Verwandlungen. Frag mich besser nicht. Unter die Dinge, die nicht mehr sind, gehört die sogenannte alte Garde von zehn oder elf Mann, die ich neunzehnhundertfünfundsechzig noch im Kenter sah, deren Reste ich einundsiebzig in der Apex wiederfand und die mir so burlesk vorgekommen ist: in blau und gelb abgesetzter Livree, roten Westen, Mützen und Strümpfen. Sie glich einem Haufen Bedienter, dem man zum Spaß Bratenspieße gegeben und auf die Suche nach Fleisch geschickt hatte. Als ich in der Burgstraße den Verschlag über der Garage bezog, wohnten hier und in der Nachbarschaft noch der Lutz und der Otto Dubbe und der Heinz Raumschüssel und der Lothar Baier und der Christoph Derschau und der Wolf Wondratschek und der Michael Schulte und der Hugo und natürlich Gernot Grötzebach, der wichtigste von allen. Jedes Jahr einmal kamen Stomps, Bobrowski, Heißenbüttel in die Stadt und wurden vom Bahnhof abgeholt. Während wir zum Hotel gingen, unterhielt Christoph gewöhnlich den Besucher. Wir hatten einen, der sang mit besonders heller Stimme Vaterlandslieder. Aber als er Soldat werden sollte, schlich er über die nächste Grenze davon. Das muß Gernot gewesen sein. Wie kann man daran zweifeln, wenn man sich klargemacht hat, daß er, verfolgt wie er war, wegen Mangels an Freunden und Schlafgeld nächtelang im Freien übernachten mußte und keine ruhige Minute mehr erlebte, wildes Tier, das er spielte. Armut lehrt geigen. Trotzdem verdirbt viel Kunst in eines armen Mannes Beutel. In jener Nacht sah ich den Nachbarn erstmals aus der Kutsche steigen und auf mich zukommen. Der Tag danach so ziemlich verloren. Es wurde nicht richtig hell. Das sind die Schatten der Zukunft, des Alters und der restlosen Vernichtung, sagte Heidrun und legte mir die Zeitung aufs Bett. Dabei ist es geblieben. Was sonst.

Nebengeräusche

Im Bett liest der General die Landkriegsordnung. Wissen ist Macht. Der Leutnant stolziert wie ein Pfau durch die Zeltstadt. Am Anfang hieß es: der Krieg ist wie ein Vater zu uns. Wenn der Pfau rot sieht, schreit er. Den Sonnenuntergang empfindet der General gerade an unserer Front als Schauspiel. Er steht vor dem Quartier. Die Abendlage ist vorüber. Er hat einen Angriff festgesetzt. Der Soldat pflegt in ausgefahrenen Geleisen anzugreifen. Der Angriff ist die Mutter des Kampfes. Er hat sich um das Vaterland verdient gemacht, manchen Wörtern müßte der Singular verboten werden. Mittags wurde Specksuppe gekocht. Aus den Obstgärten lassen sich Amseln hören. Es ist noch früh im Jahr, aber sind nicht schlesische Äpfel weltbekannt. Der Wetterbericht klingt feindselig: in einem Meer von Feinden. Mit Wunschträumen allein kann man keinen Feldzug gewinnen. Und wenn auch, das hielte nicht vor. Schon gab es Desertionen. Zum Teil liegt die Feuertaufe hinter uns, zum Teil liegt sie vor uns. Wer desertiert ist, verzehrt die Nahrungsmittel des Feindes. Solche Manöver gehen nie zu Ende. Gegen Läuse wenigstens hat sich die Armee wappnen lassen. Der Gegner soll genügsam sein, das läßt auf geringe Bildung schließen. Ich wollte, ihr wäret saudumm und würdet siegen, hat der Oberbefehlshaber an den General geschrieben. Wieder einmal ist Verrat im Spiel. Überhaupt würfeln wir nicht mehr gegen einen Feind, uns steht die Steppe ins Haus. Viele Soldaten erhalten jetzt Orden. Gott sei Dank entspricht die Anzahl der

Soldaten noch immer der Anzahl der Generale. Wie schnell ist ein General abgenutzt. Manchmal wird ihnen Ersatz nach hinten geschoben. Mit Tatsachen allein ist nichts getan. Früher oder später kommt meine große Stunde. Die Lage erscheint niemals feindseliger als der Feind. Oben steht man über den Dingen, die Dinge stehen über uns. Noch gibt es heilige Werte. Das Glühen der Sterne vermag dich in Taumel zu versetzen. Gibs zu, Gernot, gibs zu. Im Biwak erreicht uns die Manöverpost. Hugo schickt uns das neue Buch von Strauß, Strauß schickt das neue Buch von Ganghofer, wo bleibt das neue Buch von Hugo. Was der General sagt, klingt neutral. Fast möchten wir glauben, er sehne sich nach seinem Landgut. Wir haben alle Aussichten. Der Angriff hat sich festgefahren. Jaja, die ausgefahrenen Geleise, wird gesagt. Ansätze für einen neuen Sturm sind in Vorbereitung. Der Korporal zeigt sich großzügig. Wenn es aufklart, bekommt jeder eine Patrone zusätzlich. Gehören wir nun zur zweihundertzweiundfünfzigsten oder gehören wir zur zweihundertsechsundfünfzigsten Infanteriedivision. Der General ist im Zweifel. Gernot weiß, was los ist, die eine hielt stand, die andere ist zurückgeflutet. So geht es immer. Jedenfalls haben wir alle Aussichten. Den Ausgang eines Krieges soll man auch gar nicht vermuten. Es gibt da Beispiele. Denkt an das Wunder von Tannenberg, an die Ardennenschlacht. Wenns heute nicht klappt, ruft der General, kommen wir in der nächsten Generation wieder. Ein Hoch der Exzellenz, rufen wir. Unser Offizier freut sich auch. Der Sonnenaufgang wird ein Schauspiel werden.

Kriegerdenkmal ganz hinten

Endlich darf eine große schwere Arbeit unserer männlichen Jugend nicht unberührt bleiben, welche die allgemeine Pflicht auf ein Jahr unter die Waffen ruft: der Militärdienst. Die Entwicklung der Operationen verbietet augenblicklich noch eine Beschreibung der bisherigen schweren inneren Kämpfe. Soviel kann aber bereits heute gesagt werden: unser Land darf stolz sein auf seine Söhne, die unter unerhört schwierigen Verhältnissen ihren harten Dienst erfüllen. Die feindliche Besatzung erwiderte das Geschützfeuer zwar, doch vermochte sie den Belagernden nicht zu schaden. Ich weiß mich außerordentlich verletzlich und fühle, wie Metall mein Fleisch zerreißt. Noch heute aber stecken die Mütter ihren Söhnen vor der Musterung eine Schachtel Tabletten zu. Alles Gewohnte soll anders werden. Sofort verließ der Feind Eschefeld und Frohburg und zog sich in der Richtung gegen Lausick zurück. Sein Versuch, die Brücke über die Wyhra anzuzünden, wurde verhindert, und so erreichte man ihn bei Steinbach und Flößberg. Das Rittergut Flößberg besaß hundertfünfzig Hektar Land und zeichnete sich durch einen weitläufigen Gutshof aus. Der Markierer jedoch glaubte eine Rüstungsfabrik unter sich zu haben und begann gegen drei Uhr am Morgen Christbäume zu setzen. Scheune um Scheune stürzte in sich zusammen. Mittags hätten die Polen sich des überraschend angefallenen Fohlenbratens erbarmt. In den letzten Krieg zogen Tausende mit gedruckten Schutzbriefen, die kugelfest machen sollten und

Himmelsbriefe hießen, weil sie vom Himmel herabgefallen zu sein vorgaben. An der Wolga angekommen, begriffen viele die Wunschträume ihrer Hinterbliebenen kaum noch. Und aus der Ferne, was hören wir. Selbst das auf seine Freiheit so stolze Amerika, die von ihren Errungenschaften überzeugte Sowjetunion trennen Kinder von ihrer Mutter und verkaufen sie einzeln, wenn sie nicht die Familien samt und sonders unterbringen. In den Arbeiterstädten unserer alten Welt sind ganze Familien zu harter Arbeit verdammt, ohne dadurch auch nur bleibend vor Mißgunst bewahrt zu sein, dieser Mutter der Verzweiflung, dieser Lehrerin des Verbrechens. Als Kampfschwimmer ist er der Prototyp des modernen Soldaten. Serien werden nicht nur entwickelt, sondern auch präsentiert. Das erste Stipendium erhalten Sie bei uns für ein Studium in moderner Führungspraxis. Das zweite Stipendium bewilligen Sie sich selbst durch Ihre geldliche Abfindung. Wir gewähren sie Ihnen für den Fall, daß Sie nur eine Zeitlang bei uns Erfahrungen sammeln wollen. Außerdem, wie viele stehende Szenen von Krieg, Metzelei und Schrecken reichen nur mit einer fernen Ahnung in unsere glücklichen Gegenden. Als der Bauer S. vor Rostow eine Mine an seinen Nebenmann weiterreichte, explodierte diese und zog ihn in Mitleidenschaft. Daher ist er für eine Idylle ungeeignet. Er kann seinen Kindern nicht über die Haare streichen. Er hat weder Kinder noch Hände. Der General fuhr wie ich in der Ersten Klasse. Herr General, hätte ich gerne gesagt, ich überlasse Ihnen das Abteil, ich weiche der Gewalt. Hinter Kassel bot er mir von seiner Wiener Mischung an. Will er mich für das gewaltsame Austragen von Streitigkeiten gewinnen. Als der Kaiser den Kraftwagen verließ, wurde er mit drei donnernden Hurras begrüßt. Die Soldaten umringten und umjubelten ihn und stimmten dann die Lieder: Heil dir im Siegerkranz und Deutschland Deutschland über alles an. Es war eine tiefergreifende welthistorische Szene. Der Kaiser kommandierte nun: stillgestanden und hielt eine kurze markige Ansprache an seine lautlos ihn umgebenden Soldaten. Hinter dem Kaiser ragte als Ruine die ziegelrote, im Ordensstil erbaute Kirche auf, deren mächtiger Turm völlig ausgebrannt und deren Dachstuhl zerstört war. Die Häuserreihen rechts und links von Seiner Majestät waren bis auf die Grundmauern niedergebrannt. Verkohlende Balken ragten in einen trostlosen Himmel. Inmitten dieses Bildes der Zerstörung war nur eines erhalten geblieben: das Kriegerdenkmal. Meinem Bruder wurden achtzehn Monate lang Erfahrungen vermittelt, die in Wolokolamsk hätten gesammelt worden sein können. Gestern der Russe und heute der Russe. Er kann jetzt endlich ein Schießkino bedienen. Wer hätte das vor einigen Jahren gedacht. Nach zehn Tagen wurden in einer Scheune zu Möckern hundertvierundsiebzig französische Soldaten gefunden, die verwundet dahin gebracht worden waren und die nun verblutet und verhungert dalagen. Außer einer Katze, die zwischen den halbverwesten Leichnamen bemerkt wurde, hatte sich kein lebendes Wesen zu ihnen gesellt. Schon damals gab es Gründe, verlegen zu werden.

Na endlich

Wir wissen schon, die Eule heißt Leichenhahn. In der Totenkammer: schnell entfernbare Gegenstände. Mehr nicht. Wegen des Durchlaufens liegt die Leiche auf Stroh und kurz vor der Beerdigung auf dem Schlachttisch. Großmutter, warum zwängst du ihm ein Gesangbuch unter das Kinn. Als er starb, lagen die Bohlen schon in der Garage bereit. Der Tischler maß ihn mit einer aus dem Holunderstrauch geschnittenen Stange ab. Die Gäste wollen einen Imbiß, Zigarren und Schnaps werden gereicht. Sie blasen der Leiche Rauch ins Gesicht. Großmutter, eben hat er geblinzelt. Der Hauslauch blüht nicht zufällig. Ich lege einen Lappen auf die offenen Augen und werde geschlagen. Nimmt eine Leiche Blut von einem andern mit ins Grab, vielleicht wenn ein Verwandter Nasenbluten hat, so stirbt der Betreffende. Großmutter hat am Sterbekissen genäht und läßt die Nadel darin stecken. Sie weiß warum. Wenn die Lider starr sind, wird die Münze abgenommen und an ein bedürftiges Kind gegeben. Schon damals hatte ich verschiedene Leiden. Bettnässen heilt man dadurch, daß man ein Glas mit meinem Urin in seinen Sarg legt. Ich hätte auch ins offene Grab machen können. Von den Juden berichten einige Schriftsteller, daß sie vier bis fünf Steine mit in den Sarg bekommen, damit sie Christus steinigen können. Wir haben gestern alle die Wäsche abgesucht. Man hat Feinde, und wenn im Totenhemd unser Name steht, kommt er aus dem Haus, das heißt: stirbt aus. Ich schlafe nie mit den Füßen zur Tür. Wir machten uns große Mühe mit ihm, trugen ihn dreimal um die Kapelle, indem wir sie rechts liegenließen, also von Westen über Norden nach Osten und Süden zogen. Auf dem Weg nach dem Totenhaus und zurück darf ich nicht sprechen. Ich trat, nachdem ich die Tür verschlossen hatte, schweigend und ohne daß es jemand sah an die Leiche. Mit der Totenhand streicht man dreimal über das entblößte Geschlechtsteil. Wenn man wüßte, wogegen das hilft. Hat die Leiche das Haus verlassen, muß der Tisch umgekippt werden. Die Totenfrau geht mit dem Sargtischler neben dem Wagen, ebenso die Nachbarn, die Großvater gewaschen haben. Aus Schmerz und voll Trauer vergessen wir das Gesangbuch. Großmutter hat sich das ungewaschene Bettuch der Hochzeitsnacht umgehängt. Lacht jemand im Zug, folgt bald ein Todesfall. Schlägt eine Turmuhr, bevor der Sarg im Grab ist, folgt ein schlimmer Todesfall. Wenn die Glocken heulen, folgt sehr bald ein sehr schlimmer Todesfall. Großmutter, habe ich gefragt, stirbst du jetzt auch.

Spätvorstellung

Zwei Nächte hatte sie schon ohne Schlaf und ohne das Bedürfnis nach Schlaf zugebracht. Als es klingelte, ging sie zur Tür. Kläffender Hund. Ein Aufschrei. Denn wie sich herausstellte, bestand die erste Bedingung darin, daß beide vollständig nackt sein sollten. Nach langem Verhandeln setzten sie sich zurecht und starrten einander an. Schläfrig geworden, bemerkte sie, wie zwischen den kalkweißen schweren Schenkeln der Besucherin eine Art Dampf aufstieg, der sich zunehmend verdichtete und schließlich eine gestreckte schlangenartige Form annahm. Das Gebilde kam näher. Wie ein Automat spreizte sie die Beine und ließ es ein. Der Zapfen sei eiskalt gewesen, er habe sich nach Glas angefühlt. Sie hat ihren Muttermund schmatzen gehört, dagegen ließ sich nichts machen. Sie erinnert sich noch, wie überwältigende Scham sie befiel. Gleichzeitig gab sie sich hemmungslos der Lust hin. Diese Mischung. Wie damals, als sie das erstemal unter den Augen eines Mannes über dem Nachttopf gehockt hat. Dann schließt sie die Augen und beginnt zu reden. Sie erzählt, der König habe auf seinem Pferd gesessen. Der Schulze war aus dem Amtshaus getreten und hatte die Begrüßung gesprochen. Als es gleich darauf zu regnen begann, setzte sich der Zug wieder in Bewegung. Zwei Männer in Uniform zogen das Pferd des blinden Königs an langen weißen Fäden hinter sich her. Bevor sie noch mehr sagen kann, wird sie von der Besucherin zu sich gebracht. Sie benimmt sich, als habe man ihr das, woran sie sich im Leben am meisten klammert,

entrissen. Ihr Gesicht verzerrt sich. Wir hören das bodenlose Wimmern der Verzweiflung und verabschieden uns
schnell.

Fortschreitend Lina

Wenn man das Bett besteigt, fallen die Teile auseinander. Dieser Lärm. Oder die vielen kleinen Glocken, die unter das Bett gehängt werden. Der festgeklemmte Klöppel befreit sich erst bei den heftigen Bewegungen, wenn es zu spät ist einzuhalten. Laß mich nur machen. Anderntags besehen sich ihre Eltern das Laken. Hui, wie die Äuglein da flitzen. Das Kaninchen kam ums Leben, weil Blut gebraucht wurde. Wer von den Brautleuten verwitwet ist, muß auf der schwarzen Rückseite des Altarkissens knien. Ebenso die Braut, wenn sie gefallen ist. Darf man sagen, daß der Sturz weich war. Diese Trauungen finden halb eins oder halb zwei statt, während ehrliche Paare um eins getraut werden. Auf dem Altar steht kein Leuchter. Ich gebe zu, daß ich vor vierzehn Jahren an einer Hochzeit teilgenommen habe, auf der die Braut, die Ilse hieß, einen kasernierten Volkspolizisten, der Werner hieß, heiratete, nachdem das Kind schon da war, aber ihre Mutter, die Else hieß, hatte auch erst endgültig zu ihrem Mann gefunden, als Ilse drei Monate alt gewesen war. Bei der Feier im alten Gutshaus der Grafen Helldorf in Kreudniz eignete ich mir einen spanngroßen Fußballspieler aus Blei an, der mir gefallen hatte. Da der Graf nicht mehr auf seinem Landsitz lebte, waren sie eingezogen und hatten den Sportler auf den furnierten Sekretär gestellt. Oder war der Graf ausgezogen, weil sie eingezogen waren. Jedenfalls habe ich die Figur eingesteckt. Den ganzen Abend ließ ich die Finger über die glatten Rundungen gleiten, die wärmer und wärmer wurden. Ich machte die Augen auf. Auf, jawohl. Und was habe ich gesehen. Zuerst kam jemand mit der Brautkuh und begehrte Einlaß: die Kuh zum Bullen. Der Schleier steht für anderes. Bei der Haubung soll er zerrissen werden. Muß bei der Trauung einerseits schon ein Einriß vorhanden sein, so wird es andererseits als Unglück gedeutet, wenn die Braut mit schadhaftem Schleier vor den Geistlichen tritt. Nachts zwölf Uhr geht man bei sieben Nachbarn links und bei sieben rechts der Reihe nach Kaffee trinken. Ist ein Paar unehrlich aufgeboten worden, wird das nach der Niederkunft des Mädchens vom Pfarrer in der Kirche berichtigt. Der Aushang wird mit Kot beworfen. Nach beschrittenem Ehebett, sieht der Vertrag vor, soll einer des anderen Erbe sein, auch wenn keine Kinder erfolgen. Den Fußballspieler in der Tasche, lernte ich die Schwester der Braut kennen. Auswärtige Gäste bringen ihr Bettzeug mit, wenn man nicht in langen Reihen auf dem verdunkelten Heuboden schläft. Linas Bekanntschaft gelang mir, weil sie sich eine Nacht fremd gefühlt und sich aus diesem oder einem anderen Grund neben mich gelegt hatte. In der Mädchenkammer vollzog Werner an Ilse die Ehe. Meine Glöckchen läuten zur Mitternacht. Ein Mann, dem mehrmals die Frau stirbt, hat eine weiße Leber. Wir wissen nicht, was das heißt, aber Lina sagte am nächsten Mittag zu mir: sieh dir Ilse an, die machts nicht lange, auf Altväterart im Heu gehts eben doch am besten. Ich habe in der Nacht viel gelernt und sage: Schaumgummimatratzen sind für mich böhmische Dörfer, kennenlernen möchte ich sie schon. Sollst du haben, sagt Lina, die Kammer ist gerade frei.

Adieu Warschau

Im März achtundsechzig begannen die Geräusche aufs neue. Das war abends, als man sich zur Ruhe begeben wollte, und die Familie suchte lange und erfolglos. Die Mädchen, die schon im Bett lagen, schnippten mit den Fingern, und siehe, das Geräusch war ebenso. Hierauf rief die eine: nun klatsche mit mir in die Hände: lang lang kurz kurz kurz. Indem sie bei jeder Silbe in die Hände schlug, tat das Phänomen das gleiche. Frau Stanizek fuhr nun fort in ihren Fragen, bis sie in Erfahrung brachte, daß die Geräusche in einem Mann gewohnt hatten, der Hauptwachtmeister der Göttinger Polizei und vorher Eisenbahner gewesen war und am Leinekanal eine Vierzimmerwohnung gehabt hatte. Er habe eine Frau und fünf Kinder hinterlassen, von denen erstere ein Jahr nach ihm ums Leben gekommen sei. Auf welche Weise, war ihm unbekannt. Manchen Vorfällen stand Frau Stanizek von jeher hilflos gegenüber. Die Nachbarn schienen aufgelegt, die Familie auszulachen, verstörten aber zusehends, als das Phänomen ihnen allen ihr genaues Alter angab. Der nächste Morgen dann sah ganz Treuenhagen vor dem Haus versammelt. Aber die Geräusche blieben aus. Montag, den fünfzehnten April, in den Abendstunden machte die Erscheinung sich erneut bemerkbar und sprach mit tiefer Stimme die ganze Nacht fort, wobei sich zu Zeiten mehr als fünfhundert Zuhörer einstellten. Er stamme aus einer mittellosen Familie und habe nur eine ganz dürftige Bildung empfangen. Als der Zug in den Bahnhof einlief, fand er die Nachricht vom Ableben seiner Mutter vor. Sie ist tot, sagte ich mir, ich weiß es. Wir gingen in die Halle zurück und wollten mit der nächsten Gelegenheit nach Dresden. Ans Sterben dachte sie gar nicht. Mein Vater saß neben ihr und las einen Brief vor. Wir kamen erst Montag gegen elf Uhr nach Dresden. Lina liest längere Zeit, steht dann auf, geht langsam mit etwa zwölf Schritten zum Rednerpult, nimmt sogleich das Heft mit dem roten Umschlag in die Hand, patscht mit der Rechten darauf, geht langsam zurück und reicht es unserem Bruder Herbert über den Tisch hinweg mit kurzer Verbeugung. Im Sessel macht sie noch darreichende Bewegungen gegen ihn und versucht zu sprechen: bu bu. Eine Viertelstunde später nehme ich das Heft und trage es an seinen Ort zurück. Sie steht auf und bringt es wieder. Ein zweites und drittes Mal wird es zurückgelegt, aber sie holt es jedesmal, gibt es dem Brey und klagt leise: lies meine Leiden. Auf dem Markt wird Frau Stanizek von einem älteren Herrn angesprochen, dem das Leben in der Stadt nicht bekommt. Tagsüber hält er sich vorzugsweise an den Weichselufern auf, die Nächte verbringt er in den Parks. Es ist der alte Herr Hölz, Frau Stanizek erinnert sich an ihn. Dann ruft Stanizek sich die Sommerfrische ins Gedächtnis zurück, in der er das Jahr zuvor gewesen ist. Auf der Wiese vor seiner Villa spielen Kinder Ball. Besonders gefällt ihm ein kleines Mädchen mit einem Gummiball, größer als sein Kopf. Ich glaube, das weiße Kleid zog meine Aufmerksamkeit auf sich. Mir ist, als sei es eine Tochter der Grönwohls gewesen. Ferner bemerkt er, daß die Köchin in der Küche einen Hammelbraten röstet und daß der Knabe in die Küche geht, wo ihm die Köchin zu essen gibt. In der Phantasie kann es ruhig ein bißchen scheußlicher sein, dann möchte ich, daß das Kind zappelt. Dann würde ich anfangen zu schneiden. Das Hafenkonzert alle zwei Wochen höre ich übrigens auch immer. Ich

wußte gar nicht, daß es schon seit neunzehnhundertneun-
undzwanzig läuft. Als er auf dem Bahnsteig stand, war seine
Mutter längst tot. Er war bei der Reichsbahn und bediente
die schweren alten Dampflokomotiven, die endlose Güter-
züge voller Menschen auf Nimmerwiedersehen bis zum
Nordrand der Beskiden schleppten. Bei seiner Rückkehr will
er die Fesseln gelöst und sein Opfer gezwungen haben, aufrecht zu stehen. Er will dem Jungen mit dem Messer in die
Nieren gestochen und ihm die Kniesehne links durchschnit-
ten haben. Daraufhin soll der Junge schreiend in der Höhle
umhergesprungen sein. Vermutlich, meint er, war das Opfer
tot, als ich anschließend den Schnitt führte, der die Bauch-
höhle öffnete. Brey machte folgende Angaben: es ist eine
schwarze Schachtel. Sie enthielt früher ein Dutzend photo-
graphischer Platten. Eine dieser Platten wurde zerbrochen.
Der Rest fand eine seiner Bestimmung gemäße Verwendung.
Man sah auf dem Glas die ungeheuerlichsten Dinge abgebil-
det, Gott sei Dank seitenverkehrt. Die Schachtel befand sich
an einem Ort in der Nähe der Chmielnastraße in Warschau,
doch kam sie aus dem Ausland. Stanizek, der damals jeden
zweiten Tag einen Transport fuhr, hatte sie auf dem Führer-
stand seiner Lokomotive mitgebracht. Ich verstehe nicht,
sagte Brey, welcher Zusammenhang zwischen der Schachtel
und einer Gerichtsverhandlung bestehen soll. Aber es ist so.
Der Kranke, von dem die Rede war, mußte sich einer Locke
seines Haares entäußern und dieselbe brieflich einsenden.
Herr Seidenfaden, äußerte Frau Stanizek, ich bin überwäl-
tigt. Sie können aber die Gründe meiner Verwirrung unmöglich erraten. Vor nunmehr zwei Jahren ließ mich der Tod
meines Mannes mit den noch unerzogenen Kindern in Not
zurück. Da wandte ich mich an vermögende Leute, Besitzer
einer Zeitung, mit der Bitte, mir zu helfen, meinen und der

Kinder Lebensunterhalt mit meinem Talent zu verdienen. Ich gelobte ihnen, mich im Fall des Gelingens nach drei Jahren dem Dienst ihrer Sache und dem Beweis ihrer Lauterkeit zu widmen. Es stimmt einfach nicht, daß Herr Wurm seit dreiundzwanzig in der Partei war. Meine Bitte wurde erhört. Ich werde nunmehr alles tun, um sie zufriedenzustellen. Ich sage einer Frau Grötzebach: er ist nur noch Brei, er ist vollständig zermalmt, sein ganzer Körper ist nicht größer als dies hier. Ich zeige eine Höhe von zwanzig Zentimeter. Aber ehe Ihrem Sohn der Kopf abgerissen wurde, war er schon tot. Der andere ist vielleicht eine Stunde Busfahrt weiter oben im Tal in Seulingen. Derselbe heißt Vollbrecht, ist kurz angebunden, treibt Landwirtschaft und Bienenzucht. Er kann zu jeder Tageszeit besucht werden, nur sonntags nicht, um keinen Preis. Der Ort ist katholisch und Wallfahrtsort. Bei diesem war ich auch schon einmal vor etlichen Jahren wegen meines Sohnes Herbert. Zudem weiß ich einen Fall, der unbedingt wahr ist: während des Krieges hatte ich in meiner Abteilung der Zünderfabrikation ein braves, tüchtiges und ehrliches Mädchen, für dessen Aufrichtigkeit ich die Hand ins Feuer gelegt hätte. Jetzt ist es längst tot. Es hatte eines Tages im Garten der Hausfrau seine Monatswäsche aufgehängt. Als es abends nach dem Geschäft die Wäsche abnehmen wollte, waren einige Sachen gestohlen. Niemand wollte dem Mädchen glauben. Erst viel später, nachdem die Hausfrau gestorben war, wurde offenbar, daß ausgerechnet diese sich der fehlenden Stücke bemächtigt hatte mit der Absicht, sie zu tragen, um so, wie sie gehofft hatte, ihren außer Haus gehenden Mann an sich zu fesseln. Wieviel Unglück. Welche Niederlagen. Doch liegt das wahre Warschau auf dem anderen Ufer, sie werden Warschau nicht einnehmen. Ähnliches begibt sich privat. Ich ging dann zu dem kranken Knaben. Er starb in der folgenden Nacht. Zu dieser Zeit sprach das Phänomen von mehreren Seiten des Zimmers her. Manchmal kam die Stimme von der Decke und dann wieder aus einer der Ecken. Bevor er gestorben ist, berichtet Frau Stanizek, hat der Knabe die Spule mit einer Trockenbatterie verbunden, um Verwandten elektrische Schläge geben zu können. Die beiden Handgriffe wurden von den Leuten gehalten, denen die Schläge zugedacht waren. Auch diese wenigen Personen wußten kaum, daß es sich um ein Weihnachtsgeschenk handelte. Karel Grötzebach kaufte zum Beispiel im Sommer dreiundvierzig photographische Platten in Dresden und reiste dann in die Gegend der Beskiden, wo er mit Stanizek zusammentraf. Zwei Freunde begleiteten ihn. Näheres wurde nicht bekannt. Es ist zu vermuten, daß Brey der Wahrheit nahekommt, wenn er annimmt: Frau Stanizek wurde in einen Käfig gesperrt, der aus Holzrahmen mit starken Eisengittern und Maschen von zwölf bis dreizehn Millimetern bestand. Der Käfig wurde verschlossen, und sowohl die Scharniere als auch das Schloß wurden mit Siegeln versehen. Nach Ablauf einer Stunde, glaubt Dr. Brey, hat Stanizek Licht gemacht und den Käfig untersucht. Obgleich verschlossen und unversehrt, war er dennoch leer. Erst neunzehnhundertsechzig fand Stanizek seine Frau in Göttingen wieder. Es blieben ihnen ganze acht Jahre. Im März achtundsechzig begannen die Geräusche aufs neue.

Außerhalb und innerhalb

Sie sehen einem Menschen doch ziemlich ähnlich. Nur unterscheiden sie sich auf den ersten Blick durch das olivfarbene Tuch und die Spuren, die sie zurücklassen. Man gewahrt sie recht häufig in den feuchten Brüchen und Sümpfen der Wälder, da sie nicht nur in der Dämmerung auffliegen, um Frauen und Kinder zu suchen. Ihr Flug ist sehr rasch und ruckweise, ihre Anwesenheit wird von großem Lärm begleitet. Mit eindrucksvoller Leichtigkeit schwenken sie um Bäume und Büsche. Wenn sie abgesessen sind, sondieren sie den Boden, stecken lange feinfühlige Schnäbel tief in Erdlöcher und Tierexkremente, um etwa einen ihrer Feinde zu finden. Beim geringsten Geräusch legen sie sich flach ins Moos nieder. In großen Trupps ziehen diese merkwürdigen Wesen im Oktober und April durch das Revier. Hin und wieder bleiben einige von ihnen liegen. Das Feuer wissen sie sehr wohl zu gebrauchen. Sehr oft erleiden sie Knochenbrüche, die sie mit bewundernswürdigem Instinkt heilen, indem sie sich ganz ruhig halten. Vor allem sind sie kein spezifisches Element der betreffenden Region, sondern vielmehr Schiffbrüchige, Verschlagene, Angetriebene, eben Kuriositäten, die nicht einheimisch sind und andere Kontinente vorziehen würden, aber doch notgedrungen das Gemälde schmücken. Nachdem sie gefrühstückt hatten, stiegen sie in die Maschine und flogen ab. Die Reise ging schnell und glücklich vonstatten. Als sie sich Hannover näherten und Gottfried sein väterliches Haus erblickte, klopfte ihm vor Erwartung das Herz.

Aber auch unten kam alles in freudige Erregung. Gottfrieds Mutter und seine Geschwister standen schon an der Bahn. Alle Einwohner des Dorfes liefen zusammen. Wahrhaftig, sie bringen ihn, riefen sie. Als Gottfried ausstieg, erhob die Menge ein Jubelgeschrei. Er hatte die Uniform wieder angelegt, und ein kleiner Orden blitzte, als er mit der verbliebenen Hand winkte. Die Mutter benetzte sein Gesicht mit Freudentränen: o Gottfried. Die kleineren Geschwister aber kannten ihren Bruder Gottfried nicht mehr, und seine fremde Tracht machte sie anfangs etwas scheu und schüchtern gegen ihn. Allein die Eltern ermunterten sie, ihn freundlich zu begrüßen, und so wurden sie bald zutraulicher. Gottfrieds Mutter war sehr begierig, seine Geschichte zu hören. Als nun alle still waren, fing er an zu erzählen. Anfangs war er ängstlich, als ein Knabe vor so vielen Menschen reden zu müssen, allein sein volles Herz machte es ihm leicht. Er erzählte, wie er mittellos in das große Land gekommen war, wie er beinahe verhungert wäre, wie er krank wurde, wie aber Gott, auf den er vertraut habe, ihn in die Gemeinschaft der olivfarben gekleideten Männer gebracht und also gerettet habe. Er beteuerte mit weinenden Augen und zum Himmel erhobenen Händen, daß er den Aufenthalt unter seinen seltsamen Freunden als die größte Wohltat Gottes ansehe, daß ihm in den unwegsamen Dschungeln das schönste Glück aufgeblüht sei, das Glück nämlich, den Herrn und Meister näher kennenzulernen, ja daß ihm diese Zeit eine hohe Schule gewesen sei, auf der er gelernt habe, seine Fehler abzulegen und ein ganzer Kerl zu werden sowie zu überleben. Außerdem sei die Frage der Familiennamen endlich erledigt. Grötzebach oder Stanizek. Er wisse nun, wie er heiße. Alle seine Zuhörer bezeigten Gottfried während der Erzählung durch Kopfnicken, Tränen und zuweilen mit lautem Zuruf die herzlichste Teilnahme an seinem Schicksal, stimmten am Ende in seinen Dank mit ein und gingen, Gott lobend und preisend, auseinander. Gottfried begab sich nun mit Eltern und Geschwistern ins väterliche Haus, wo sie zu ihrer Verwunderung eine festlich gedeckte Tafel vorfanden. Der reiche Wandrei hatte eine Freudenmahlzeit veranstalten lassen. Gottfried mußte sich zwischen seine hocherfreuten Eltern setzen. Ei, diese Eltern. Neben ihnen saßen rechts Wandrei und links Gernot. Ei, dieser Wandrei. Ei, dieser Gernot. Dann folgten Lina und Herbert und die übrigen Kinder. Ei, diese Lina. Ei, dieser Herbert. Ei, diese vielen übrigen Kinder. Es wurden mancherlei Speisen aufgetragen, dergleichen Gottfried seit drei Jahren nicht mehr zu sehen bekommen hatte. Als man nach der Mahlzeit aufgestanden war, holte er seine Tasche, lächelte still und öffnete sie. Alle Umstehenden erstaunten über die Menge silberner Münzen und grünen Papiers, mit denen die Tasche angefüllt war. Fürwahr, sprach Wandrei, da hast du großen Reichtum heimgebracht, lieber Gottfried. Und ihr guten Eltern könnt nun die Schulden, mit denen ihr euer Landgütchen belastet habt, vollends abtragen und noch dazu eure Kinder reichlich ausstatten. So trat Gottfried also wieder in die menschliche Gesellschaft ein. Was er im Dschungel gelernt hatte, das übte er nun aus. Er wurde das Muster eines verdienstvollen Mannes und die Freude, Stütze und Krone nicht nur seiner Eltern. Voll Liebe zu Gott und den meisten Menschen, galt er als der rechtschaffenste Bürger und der größte Wohltäter der Ortschaft.

Ruhe bitte

Er fuhr mit der Bahn nach Helmstedt, wollte in die DDR auswandern, trat als Doktor der Chemie auf und wurde zurückgewiesen. Wieder in Göttingen, war er sehr gereizt, verkehrte brieflich mit seinen Eltern, forderte große Geldbeträge zur Ausführung seiner Zukunftspläne, ohne indessen genauere Angaben zu machen. Vorher hatte er Jungen von zehn und mehr Jahren mit auf sein Zimmer genommen. Tür und Fenster hatte er stets sorgfältig verschlossen. Er führte lange Gespräche, ehe er nach den Geschlechtsteilen griff. Als er Soldat werden wollte, wurde er wegen einer geringfügigen Verkrüppelung der rechten Hand abgewiesen. Fast täglich begab er sich zur Zeit des Schulschlusses mit einem Opernglas ausgerüstet auf einen Baum im elterlichen Garten. Manche Nachmittage verbrachte er in öffentlichen Bedürfnisanstalten. Nach langen Auseinandersetzungen war er endlich bereit, einen Arzt in Tiefenbrunn aufzusuchen, benutzte aber dort die Unachtsamkeit eines Wärters, um nach wenigen Tagen zu entweichen. Man solle ihn, bat er, nicht in eine Anstalt geben, sondern ihn, da er zur Vernunft gekommen sei, an einer gefährlichen Expedition in ferne Länder oder doch noch einmal an einer der kriegerischen Unternehmungen in Asien teilnehmen lassen. Sehr beunruhigend muß unter diesen Umständen eine Reihe von Aufzeichnungen wirken, die dem Vater zufällig in die Hände kommt. Er sucht im Zimmer des Sohnes einen wie er glaubt von diesem entwendeten Zwanzigmarkschein und findet vier Schulhefte voll Schönschrift. Die Aufzeichnungen enthielten unter anderem ein umfangreiches Verzeichnis von Landhäusern und Mietskasernen in den verschiedensten Teilen Europas und Amerikas sowie eine Aufzählung des zahlreichen Dienstpersonals vom Hausmeister an aufwärts und des Besitzstandes an Pferden, Autos, Kurieren, Jachten und so weiter. Als Gesamtwert waren einundvierzig Millionen dreihundertachtzigtausend Dollar angegeben. Dazu kamen Betriebe und Aktien im Wert von fünfzehn Millionen Dollar, ein eigenes Backhaus mit sieben Filialen, Kreuzer und Jagdbomber, eine als Sarg bereitgehaltene Rakete, die mit seinem Leichnam zur Sonne fliegen sollte. Auch eine Berufung nach Bebenhausen im geheimen Auftrag des Kanzlers wurde geschildert, an die sich die Aufnahme in die Marine und das Aufrücken zum Kapitänleutnant in zwei Jahren neben der Verleihung des Verdienstkreuzes anschlossen. In seinem bestausgerüsteten Teppich- und Spiegelzimmer werden zwei Knaben auf dem mit einem weichen hohen Kopflager versehenen Boden nahe beieinander festgebunden, so daß sie einander im Spiegel sehen, sich aber nicht aufrichten können. Sie schreien. Zunächst kniet er bei dem älteren nieder, zieht dessen Amor mit Hoden, wie er schreibt, hervor und masturbiert ihn, läßt ihn dann, Hosen unten, Hemd zurückgeschlagen, Amor offen, liegen und macht dasselbe bei dem anderen Knaben: mit großer Wonne. Unter Beihilfe zweier anderer Jungen wird nun das Spiel in zahllosen Wandlungen von ein Uhr fünfunddreißig bis sechs Uhr fortgesetzt, wobei die Dauer jeder einzelnen Handlung wie etwa der Stärkungspausen genau verzeichnet wird. Weiter findet der Vater auf der Suche nach seinem Geldschein eine tabellarische Übersicht der gesetzeswidrigen Erlebnisse des Sohnes. Mittels eines eigens entwickelten Zeichensystems, das im Anhang erläutert wird, lassen sich der Aufstellung weitgehende Einzelheiten entnehmen. Nach Körperregionen aufgeteilt, werden die Vorzüge der Knaben mit Punkten bewertet. Ein Plan Göttingens und Umgebung weist mit vielen roten Kreuzen aus, wo die unmündigen Freunde wohnen. Merkwürdig scheint dem Vater die Schilderung einer Fahrt von Heidelberg nach Schloß Berlepsch zu sein, die der Verfasser der Niederschrift in einem Abteil Erster Klasse unternommen hat. In Frankfurt, wo der Kammerdiener zur Berichterstattung zusteigt, wird ein Junge in den Wagen gerufen und zur Reise eingeladen. Er erhält ein Betäubungsmittel und wird masturbiert. Das Sperma wird in einem sogenannten Schälchen für Amors Ergüsse aufgefangen. Das verschlossene Gefäß findet später seinen Platz in einer umfangreichen Sammlung gleichartiger Behälter, die als mein Weinkeller bezeichnet wird. Der Vater bemächtigt sich der Aufzeichnungen und macht noch einen Versuch, den Sohn Chemie studieren zu lassen. Wissen wir nicht alle, wie dünn bestimmte Krusten sind. Wenn er Gäste hat, sagt er wiederholt: bitte Ruhe.

Dr. Brey

Er wurde an solchen Tagen nicht müde, uns huckepack zu tragen und mit uns zu spielen. Er war Lokomotivführer. Später wurde er Polizist. Ich liebte ihn, bis eines Tages Mutter ihn mit den Worten begrüßte: wir haben eine Diebin in der Familie, Marion hat beim Bäcker Geld aus der Kasse genommen. Mein Vater war leicht erregbar. Er hat damals in unser aller Gegenwart furchtbare Justiz an meiner Schwester genommen. Wir mußten zusehen, wie sie ganz unmenschlich mit einem dicken Seil zerschlagen wurde. Monatelang sagte mein Vater, wenn er zum Frühdienst ging: steh mit auf und spring von der Leinebrücke, dann sind wir dich los. Mich hat eine gewisse Angst, da sehr sensibel, nie losgelassen, denn sie war meine Lieblingsschwester, und ich sah sie oft weinen. Über diesen Fehltritt meiner Schwester hat der Vater seine nette Art zu uns verloren. Jedenfalls entsinne ich mich keiner Spielstunden mehr mit ihm. Später traf ein Schlag nach dem anderen meine Eltern, indem das Schicksal ihnen fünf Kinder nahm. Ein Schwesterchen starb als ganz kleines Kind vor meiner Geburt, ein Bruder mit fast sechs Jahren neunzehnhundertneunundvierzig an der Lungenentzündung innerhalb drei Tagen. Ich mußte damals, obgleich erst elf Jahre alt, oft aus der Schule bleiben und Mama helfen, die viel Arbeit hatte, da meine anderen drei Schwestern teils in fremden Haushalten, teils in der Lehre untergebracht waren. Ich hatte auf meine jüngeren Brüder aufzupassen. Als ich eines Tages im Dezember neunzehnhundertneunundvierzig in Mamas

Abwesenheit putzte, lief mir mein Bruder Eberhard ohne Mantel und Mütze weg an die Leine, um Vater aus dem Dienst abzuholen. Er hat am Fluß gewartet und sich die Erkältung geholt, die ihn drei Tage später sterben ließ. Aller Schmerz und aller Haß meiner Mutter entluden sich auf mich. Immer wieder sagte sie: du Aas bist schuld an Eberhards Tod. Ich durfte als einzige nicht mit zur Beerdigung gehen. Die Kämpfe und Gewissensplagen, die ich in den folgenden Jahren mit mir auszutragen hatte, haben mich über meine Jahre hinaus alt und einsam gemacht. Ich geriet auch mehr und mehr in ein Schuldgefühl hinein, und oft habe ich damals gedacht, wie schön es im Himmel wäre. War schon infolge der Vatergebundenheit meine Stellung zu Mutter nicht die fruchtbarste für mich, so wurde Mamas innere Einstellung zu mir in der Folgezeit untragbar. Sie hatte zehn Kindern das Leben gegeben, war selbst noch jung, durch die Kinder Tag und Nacht mit Arbeit überladen, hatte nicht nur vier Räume und acht Kinder zu versorgen, sondern noch die Hühner zu betreuen und Gartenarbeit zu verrichten. Die Erträgnisse unseres Gartens mußten auch zum Markt geschafft und verkauft werden. Das alles oblag den zwei Händen meiner Mutter. Ich denke heute noch mit Bewunderung an ihre Schaffenskraft. Sie war seelisch und körperlich viel zu gesund und viel zu überlastet, um sich mit jenem Kind beschäftigen zu können, das anders geartet war als ihre übrigen Kinder. Und das war leider ich. Meine Mutter verstand nicht, daß ich als Kind so gern für mich in einer Ecke saß, mit Puppen und Lappen stundenlang spielen konnte, ohne mich um die anderen zu kümmern, daß, wenn Samstag abends der Sonntag eingeläutet wurde, ich mir die Ohren verstopfte. Das Glockengeläut tat mir körperlich weh. Ebensolche Gefühle hatte ich, wenn im Herbst oder Frühling der Wind in den Bäumen lärmte. So wurde ich, weil mir meine Haltung viel Schläge einbrachte, immer verschlossener. Es hat eine lange Zeit in meinen Jugendjahren gegeben, wo Vater mich jedesmal, wenn er aus dem Dienst gekommen war, fragte, ob Mutter mich geschlagen hätte. Meiner Mutter war strengstens verboten, mich zu strafen. Ich habe, obwohl Mama mir wegen eines Krautbutterbrotes ein Messer nachwarf, daß es mir im Arm steckenblieb, obwohl sie mir mit einer Kleiderbürste wegen eines Schmutzfleckens an meinem Kleidchen zwei Schneidezähne einschlug, nie meinem Vater gesagt, wie sie mit mir umging. Es hätte mir auch wenig genutzt zu sagen: Papa, so geht die Mama mit mir um. Ich habe jedenfalls für meine Jahre viel Haus- und Gartenarbeit verrichten müssen. Nach meinen Eigenheiten ist nicht gefragt worden. Neunzehnhunderteinundfünfzig verunglückte ein Bruder von mir mit sechzehn Jahren in seiner Lehre. Als bei Lautenthal die Bleigrube einstürzte, war er unter den Toten. Er war Mamas Abgott und Vertrauter gewesen. Er hatte nach der Lehre studieren sollen, und noch heute höre ich deutlich, wie sie ihn immerzu meinen Hüttendirektor genannt hat. Über seinem Tod hat Mama fast den Verstand verloren. Auch mein Vater war hart getroffen. Nun will ich wahrheitsgemäß schildern, wie ich zu der geworden bin, die ich bin. Wir hatten damals einen Studenten bei uns wohnen, der jeden Samstag betrunken aus der Stadt kam. Ich teilte mit meiner älteren Schwester Hildegard ein Schlafzimmer. Wir warteten immer, bis der Untermieter nachhause gekommen war. Im Lauf der Zeit hatte sie mich so weit beeinflußt, daß ich auf ihr Wecken hin aufstand, hinunterlief, durchs Fenster kletterte und dem Schlafenden die Geldbörse leerte. So habe ich auch zum ersten Mal undeutlich ein männliches Geschlechtsorgan gesehen. Das Geld brachte ich meiner Schwester, die mir oft ein bis zwei Mark abgab. Damals verlor ich den Sinn für Ehrlichkeit. Ich hasse meine Schwester heute noch. Neunzehnhundertzweiundfünfzig fragte mich mein Vater, was ich werden wollte. Ich sagte ihm: Schauspielerin oder Modezeichnerin. Für den ersten Beruf konnte Vater, für den zweiten meine Mutter sich nicht erwärmen, ich durfte mich für keinen entscheiden, war todunglücklich. Über meine Lebenswünsche war bestimmt worden. Ich sollte bei der Mutter bleiben, die mich und meine Art nicht verstand. Jetzt kam meine Schwester und mußte heiraten. Mutter kaufte auf Vaters Geheiß hin die Aussteuer. Vaters Segenswünsche waren: hier deine Möbel, und nun stirb und verdirb, komm mir nie wieder unter die Augen. Er hat diese Schwester und selbst deren unschuldige Kinder bis zu ihrem Tod mit Ablehnung verfolgt. Sie ist neunzehnhundertsechzig im dritten Wochenbett an den Folgen eines Eingriffes gestorben. An ihrem Sterbelager hat mein Vater nicht gestanden. Oft hat sie die Jugendfehler bereut und bei mir geweint. Mein Vater ist seinerzeit an diesem ihrem Diebstahl hart und egoistisch geworden. Ich habe noch fast zwei Jahre meine seelischen Nöte mit mir herumgetragen. Eines Tages im Frühjahr vierundfünfzig bin ich von zuhause weggegangen. Ich suchte mir eine Stelle als Kindermädchen, kam mit Familienanschluß bei zwei Kindern unter und war zufrieden. Monate nach meiner Flucht spielte ich mit den Kindern im Herrenhäuser Garten, als meine Mutter auftauchte. Sie schimpfte in ihrer Mundart und schlug auf mich ein. Ich mußte zur selben Stunde fort und mit nachhause. Da ich Angst vor Schlägen hatte, lief ich meiner Mutter wieder weg. Ich war in Kleid und Zierschürzchen, so lernte ich in Kassel in der Karlsaue ein Kindermädchen kennen, dem ich meine Not schilderte. Es nahm sich meiner an, ließ mich in seinem Zimmer eine Nacht schlafen. Ich habe ihm, um zu meinen Verwandten fahren zu können, eine Mark und einen Hut gestohlen. Später habe ich das über meine Schuld hinaus ersetzt. Das war mein erstes Strafdelikt und brachte mir die Fürsorgeerziehung ein. Ich bin dann bis zum Ungarnaufstand etwa eineinhalb Wochen bei Verwandten geblieben, fuhr anschließend nachhause zu meiner verheirateten Schwester. Mutter wurde benachrichtigt. Sie holte mich mitten in der Nacht und schloß mich im Keller ein, bis morgens Vater von der Nachtschicht kam. Dann mußte ich mich in der Küche ganz entkleiden. Es blieb mir als fast Sechzehnjähriger nichts, um meine Scham zu bedecken. Mutter durfte nicht herein, und Vater griff mir mehrmals an die Brust und den Hintern und lachte. Dieses Gefühl des Ausgeliefertseins an den Zorn und die Begierde meines Vaters ließ mich die körperlichen Schläge kaum als Schmerz empfinden. Ich haßte in diesem Augenblick meinen Vater. Das hatte mit Strafe nichts mehr gemein. Er hat mich mit einem dicken Seil so zerschlagen, daß mein ganzer Körper eine einzige entzündete Stelle war. Danach durfte meine Mutter wieder kommen und mußte die Schere geben, und mein Vater schnitt mir die langen Zöpfe ab. Dann legte er sich auf das Sofa, um zu schlafen. Ich war wie erstarrt, wurde auf meinem Zimmer eingesperrt. Am Abend kam unser Pfarrer, der mit meinen Eltern beriet, in welche Besserungsanstalt ich zu bringen wäre. Über meinen kahlen Kopf machte Mutter Bemerkungen, die mich hilflos werden ließen: hat dir der eigene Vater den Kranz geraubt, was. Das Kloster wurde mir so beschrieben, als bekäme ich jeden Tag Schläge und müßte bis zum Schiefwerden arbeiten. Und das alles nur, weil ich, unverstanden wie ich war, versucht hatte, meinen Lebensweg zu gehen. Ich war damals bei Gott unberührt und hatte mir Arbeit gesucht. In den folgenden Tagen habe ich meinen Eltern einen Hundertmarkschein gestohlen, bin vom ersten Stock aus durchs Fenster gesprungen, nach Kassel gefahren, habe mich dort eingekleidet. Sie waren mir doch nicht gewachsen. Ich habe später, als es mir gutging, meinem Vater diese hundert Mark unzählige Male zurückerstattet, das Gefühl der Erbärmlichkeit bin ich nie losgeworden. Ich hatte aber Geld, um für die erste Zeit bescheiden leben zu können. Eines Tages fuhr ich in ein kleines oberhessisches Dorf am Vogelsberg zu Verwandten, lernte einen Wehrdienstverweigerer kennen, der mich überredete, mit auf sein Zimmer zu gehen, er wolle an seine Mutter schreiben, die mich aufnehmen würde. In Wirklichkeit gab er mir Schokolade und Likör und machte mir unsittliche Anträge. Ich habe ihn nachweislich furchtbar zerkratzt, habe geschrien. Aus Zorn über die Vergeblichkeit schloß er mich ein und kam kurze Zeit später mit einem Beamten wieder, vor dem er behauptete, ich hätte versucht, ihm Geld zu stehlen. Das traf aber nicht zu, und dieser Mann hat im Juli neunzehnhundertsechzig im Weender Kreiskrankenhaus auf seinem Sterbebett der damaligen Schwester Oberin mitgeteilt, daß er die Beschuldigungen aufgrund einer augenblicklichen Verärgerung formuliert hätte und sie vor seinem Gott nicht verantworten könnte. Ich sollte auf Anraten dieser Oberin dem Mann schreiben. Das habe ich abgelehnt, denn durch die Sache bin ich ja unter Fürsorge gekommen. Darüber packte mich eine furchtbare Verbitterung, ich ging andauernd laufen, floh aus den einzelnen Klöstern und Anstalten mehr, als ich dort war. Oft war ich Jahre draußen, allerdings ohne irgendwelche Straftaten zu begehen. Damals nahm mein Onkel Franz, der eine Porzellanfabrik im Zonenrandgebiet hatte und gut auskam, sich meiner auf Vaters Anraten hin an. Ich habe für seine Fabrik Porzellandekors entworfen, für Zeitungen kleine Novellen geschrieben und mich ehrlich und bescheiden durchgebracht. In all diesen Jahren habe ich mein Eigenleben geführt, tat manches für meine Allgemeinbildung. Wohlweislich hütete ich mich vor einem tieferen Erlebnis. Ich glaube, ich war noch gar nicht reif. Wie groß und auch verhängnisvoll eine Bindung werden kann, die aus diesen Gefühlen geboren wird, habe ich erstmalig neunzehnhundertsiebenundfünfzig bis neunzehnhundertneunundfünfzig und dann wieder neunzehnhundertdreiundsechzig bis neunzehnhundertachtundsechzig erfahren. Ungewollt bringt mich die Liebe in ein Abhängigkeitsverhältnis, was in meiner harten Jugend begründet sein muß. Ich erwarte von einem Mann stets mehr Liebe, als er seiner Natur nach zu geben imstande ist. Zu jener Zeit im April neunundfünfzig erfuhr ich auch, daß mein Bruder Herbert, der zuhause Hacketeuer genannt wurde, weil er so viele Schuhsohlen verschliß, sich freiwillig zu den Panzergrenadieren gemeldet hatte. Ich besuchte ihn in Neustadt, wo sein Regiment, bevor es abrückte, im Scharfschießen ausgebildet wurde. Er freute sich, er klagte mir seine seelischen Nöte, er war froh, Soldat zu sein, um nie mehr nachhause zurück zu müssen. Er hatte in seiner Lehre als Bäcker und Konditor einen kleinen Fehltritt begangen. Mein Vater war dafür, daß er sich freiwillig meldete. Es war auch sein eigener Wunsch. Ich hatte von Onkel Franz siebzig Mark geschickt bekommen, die ich während der Tage bis zu seinem Ausrücken fast restlos für ihn hergab. Wir sind abends in die Stadt gefahren, haben gut gegessen, in Mundart unsere Jugenderinnerungen ausgetauscht, mit Gott und der Welt gehadert, Pläne aufgeworfen, Anklage gegen unsere harte Jugend erhoben, Schlüsse gezogen, wie es hätte sein können, wie es nicht mehr wurde. Denn eine harte Jugend schleppt sich wie ein dunkler Schatten durchs ganze Leben, und wir sahen uns oft an. Mein Bruder Herbert war ein netter großer

Junge, er hatte ein bitteres Lächeln, das seinem jungen Gesicht so alte Züge gab, die von Leid zeugten, das überwunden, aber nicht vergessen war. Am letzten Abend saßen wir im Grill-room, und ich bestellte zweimal Schnitzel Roi Charles. Meinen Bruder ritten tausend kleine Teufel, denn er sagte: ich wünsch mir ein Stück Fleisch, größer als ein Klosettdeckel, und wenn ich mirs genau überlege, bist du es, die ich mir wünsche. Ich tat alles für ihn, ich wollte ihm den Abschied leicht machen. Am anderen Morgen war ich früh draußen am Stadtrand von Neustadt. Ich hatte frische Blumen gekauft für sein Gewehr und für seine Brust und Wollsachen und ein Paket. Heute noch freue ich mich darüber. Ich ging stolz an seiner Seite, die Kapelle spielte, die Soldaten, alles junge Frei-willige, sangen. Für einige wie auch für meinen Bruder sollte es ein Abschied fürs Leben sein. Er wurde in den Herbst-manövern neunzehnhunderteinundsechzig vor Baumholder vermißt und ist es heute noch. Einmal, viel später, habe ich ihn im Traum mit einer amerikanischen Uniform gesehen. Bevor das Regiment verladen wurde, hielt der Hauptmann eine Ansprache. Er redete von Vaterlandsliebe, Heimat, Tod für die Freiheit und unsere Art zu leben, meine Augen such-ten oft den Bruder. Seine Züge waren hart wie Stein. Ich war stolz auf ihn und neidisch. Dann fuhr der Zug bald. Ich stand noch lange. Zwischen meinem Bruder und mir bestand bis zu seinem Tod oder Verschwinden eine rührende Geschwister-liebe. Eines Tages kamen ein Brief und ein Päckchen zurück mit dem Vermerk: vermißt, nähere Nachrichten fehlen. So heißt es heute noch. Das war mein Bruder Hacketeuer. Kurz vor dem November neunzehnhundertsiebenundfünfzig lief ich wieder aus dem Kloster weg. Ich flehte damals meine Mutter an, bettelte und bat, mich nachhause zu nehmen. Sie behielt mich, bis Vater abends aus dem Dienst kam. Er war sichtlich ergriffen wegen meines Loses, sagte aber zu meiner Mutter: hol Lina hundert Mark, und dann muß sie sehen, wie sie weiterkommt, wir dürfen sie nicht behalten, sie ist noch keine einundzwanzig Jahre. Mutter sagte mir: wolltest ja immer fort von zuhause, jetzt sieh zu, wie du mit der Welt fertig wirst. Das war recht gesagt, denn ich war dieses Leben leid und hätte mich gewiß in mein Elternhaus eingefügt, aber nun war es zu spät. Dann fuhr ich nach Kassel hinüber und brachte die Tage ohne Mut und Arbeit zu. In jener Zeit habe ich viel gelitten, das weiß ich. Hätte ich damals einen guten Menschen gefunden, wäre ich sicher zu meiner Malerei zurückgekehrt, und das Leben hätte mich nicht überfordert. So aber geriet ich in schlechte Hände, an einen Mann, der Emil Spalthafer hieß. Ich war froh, als er sich meiner annahm, wußte aber nicht, daß er Jahre Zuchthaus hinter sich hatte und nur von Betrug und Diebstahl lebte. Er hatte schon während der Besatzungszeit große Stoff- und Wollgeschäfte gemacht, die, wenn nicht unehrlich, so doch sehr gewagt gewesen waren. Ich beteiligte mich an den Geschäften. Das brachte mir neunzehnhundertneunundfünfzig drei Monate ein. Im Laufe des Verhältnisses war ich so schlecht geworden, daß ich mein Tun nicht zu entschuldigen suchte. So rettete die Haft mich vor dem Untergang. Meine Mutter und die Geschwister fanden diesen Spalthafer schön und nett. Sie haben hinter ihm nichts Böses gesehen. Sie nahmen es wie selbstverständlich, wenn ich mit vollen Händen für alle sorgte. Ich glaube, selbst dann, als sie diesen Mann zu allen möglichen Tageszeiten bei mir vorfanden, vermuteten sie nichts. Auch seine beiden Freunde waren häufig da. Nach meiner Haft bin ich vor diesem Mann geflohen. Die Oberin des Gefängnisses in Moringen hat das Gute in mir täglich gefördert. In den folgenden Jahren bin ich oft zu ihr gegangen. Sie wurde nie müde, mir ein gutes Wort zu geben. Ich trennte mich immer gefestigt von ihr. Zu meiner Mutter sagte sie: Frau, Ihre Tochter ist mir von meinen hundertfünfzig Gefangenen die wertvollste, nehmen Sie sie nachhause. Am Entlassungstag holte Mutter mich ab. Vor dem Tor stand auch ein gewisser Schmitz, ein Freund des Spalthafer. Er hatte gerade eine längere Freiheitsstrafe verbüßt. In sein Delikt war ich ebenfalls verwikkelt gewesen. Mutter hatte ihn bei uns aufgenommen. Mit diesem Kerl und mir ging sie ins Cafe, bestellte Kaffee und Kuchen, mir schlug das Herz bis zum Hals. Ich glaubte, nun nähme sie mich mit nachhause, statt dessen legte sie mir fünfzig Mark hin und sagte zu mir: nun sieh, daß du ordentlich wirst, ich darf dich nicht nehmen. Zu Schmitz sagte sie: Albert, bleibt noch etwas zusammen, ich muß nachhause, sorg, daß du zum Abendessen da bist. Er hat später meine Familie bestohlen und ist verschwunden. Die Nöte, die dann an einen herantreten, sind so schlimm wie die Haft, aber entehrender. Nach fast einem halben Jahr nahm sich die älteste Schwester meiner an. Ich hatte nun Gott sei Dank ein Zuhause, war glücklich und zufrieden. Meine ganze Liebe gab ich den zwei Nichten. Wir waren bis zu ihrem Tod eine Familie. Leider starb sie neunzehnhundertsechzig im November mit vierunddreißig Jahren an einer Frühgeburt. Ihre Kinder habe ich liebbehalten und in guten und schlechten Zeiten für sie gesorgt. Im Dezember gab mein Onkel Franz mir viel Geld, damit ich mich in Göttingen selbständig machen konnte. Vorausschicken muß ich, daß ich neunzehnhundertachtundfünfzig in Kassel einen gewissen Karel Grötzebach kennengelernt hatte, mit dem ich mich zwölf Monate später verlobt habe. Nachweislich habe ich dem Vater dieses Verlobten in den Jahren achtundfünfzig bis einundsechzig im ganzen einundzwanzigtausendsechshundert Mark für laufende Verpflichtungen zur Verfügung gestellt. Ich habe dann, als ich alles hergegeben hatte, unter meinem Namen Sachen auf Eigentumsvorbehalt gekauft, diese versetzt und Grötzebach eine Hypothek und Zinsen erledigt. Die geschädigten Firmen hat mir Grötzebach senior dann auf den Hals gehetzt. Sie brachten mir die Strafdelikte neunzehnhundertsechzig bis neunzehnhunderteinundsechzig ein. Mein Onkel Franz hat zusammen mit anderen Gläubigern Lohmanns Haus versteigern lassen, nachdem Grötzebach mir eine Sicherheitshypothek von fünfundvierzigtausend Mark überlassen hatte. Ich habe alle Firmen bezahlt. Das geht aus den Akten hervor. Für mich haben auf der Hinterlegungsstelle in Kassel neunzehnhunderteinundsechzig bis neunzehnhundertzweiundsechzig dreiundzwanzigtausend Mark gelegen. Mit den Gläubigern, die unseren Anspruch an Grötzebach gepfändet hatten, verglich sich mein Onkel, und uns wurden dreizehntausend Mark ausgezahlt. Von diesem Geld bekam ich erst achtzehnhundert und neunzehnhunderteinundsechzig tausend Mark. Den ganzen Anspruch hatte ich meinem Onkel abtreten müssen, er hat diese zehntausend Mark in seiner Fabrik angelegt. Das Geld sollte für mich vereinbarungsgemäß zehn Jahre unangreifbar sein. Er ist neunzehnhundertzweiundsechzig gestorben. Ich habe seinen Tod schmerzlich empfunden. Nach der Trennung von Karel Grötzebach lernte ich neunzehnhunderteinundsechzig Herrn Gutsbesitzer Grönwohl kennen, der in sehr guten Verhältnissen lebte, bedeutend älter und schuldlos geschieden war. Es verband uns bald eine innige Freundschaft. Er förderte meine Arbeitsfreude, wanderte, musizierte mit mir, wir besuchten Konzerte. Aus diesem Verkehr fühlte ich mich Mutter. Herr Grönwohl freute sich darüber, er wollte für das Kind sorgen. Von einer Ehe ist nie die Rede gewesen. Ganz gegen seinen Willen jedoch besuchte ich seinerzeit Masken-bälle. Einmal vertrat ich mich, fuhr mit Schmerzen nach-hause und mußte im Laufe der Nacht einen Arzt aufsuchen, der den Abort feststellte. Ich konnte Gutsbesitzer Grönwohl nur noch vor die vollendete Tatsache stellen. Ich glaube, er litt sehr. Die Kosten habe ich selbst getragen. Obgleich er mir seine Hilfe anbot, sind wir durch meine Verhaftung im Win-ter neunzehnhunderteinundsechzig äußerlich auseinandergekommen. Ich habe wohl Jahre hindurch seine Nähe gesucht, bin aber nie störend in seinem weiteren Leben aufgetreten. Herr Gutsbesitzer Grönwohl wohnt heute in Hildesheim. Aus dieser Zeit jedenfalls stammt meine Sehnsucht nach einem Kind. Ich habe alle, auch meinen Ehemann, im Glau-ben gelassen, ich wäre aus jenem Verhältnis tatsächlich Mut-ter. Das Kind, sagte ich allen, befände sich in der Schweiz. Später verlangte mein Mann, ich müsse das Kind zurückho-len und Herrn Grönwohl verklagen, von dem Geld könnten wir uns vielleicht ein Häuschen kaufen. Während ich anfangs glaubte, von meinem Mann aus Liebe geheiratet worden zu sein, hat mein Onkel Franz mit seiner Logik recht behalten. So mußte ich mich von meinem Mann trennen. Ich ließ mir im Krankenhaus eine Zehe abnehmen, die Hammerzehe, und vertraute mich meinem Onkel Franz an, der mir natürlich zur Trennung riet. In der Folgezeit schlug mich mein Mann auf offener Straße. Obwohl er in seinem Dienst ein anständi-ger Mensch ist, lehnte ich seine Art ab. Ich löste meine Bezie-hungen zu ihm vollends, als er mir die Kriminalpolizei auf den Hals hetzte und kein gutes Haar an mir ließ. Kleiner Geist. Mein Onkel Franz gab mir tausend Mark. Für einige Wochen fuhr ich ins Eichsfeld, versteckte mich später im Gasthaus auf dem Hohen Hagen. Nach meiner Rückkehr machte ich mich in Münden selbständig, wo ich bis zum Ende meiner Scheidung blieb. Nie habe ich Herrn Gutsbesitzer Grönwohl in dieser Zeit um Geld gebeten. Im Jahr neunzehnhundertzweiundsechzig erhielt ich wegen Unterschlagung in Göttingen sechs Monate, in Münden drei Monate Gefängnis, zum Teil waren die Verhandlungen von meinem Mann inszeniert worden. Ich verbüßte die Strafen bis Februar dreiundsechzig. Aus dieser Haft bin ich krank, aber innerlich gefestigt entlassen worden. Ich bemühte mich sofort um Arbeit, ließ mich in Duderstadt nieder und machte mich aus kleinsten Mitteln selbständig. In dieser Zeit dann lernte ich Dr. Brey kennen. Wir hatten uns schon öfter auf der Straße gesehen, aber erst, nachdem ich schon einige Monate in der Stadt war, wurde ich eines Samstag nachmittags von ihm angesprochen. Wir tauschten unsere Gedanken bei einer Tasse Kaffee aus, aßen zusammen zur Nacht, gingen anschließend ins Konzert und fuhren mit dem letzten Bus nachhause. Er begleitete mich zu meiner Wohnung und bat mich um eine Verabredung. Ich war ihm monatelang aus dem Weg gegangen, hatte das Gefühl der seelischen Schicksalsverwandtschaft. Seine Frau war Lehrerin in Göttingen, man hatte sie mir schon früher aus der Ferne gezeigt. Ich war ihm gegenüber irgendwie unfrei, mich befiel eine unbegründbare Angst. Jedenfalls nahm ich mir fest vor, ihn nicht mehr zu treffen. Ich wollte nicht über meine Vergangenheit sprechen müssen. In der Folgezeit aber wußte Herr Dr. Brey sich fast täglich Eingang bei mir zu verschaffen. Er fand meine Arbeiten geschmackvoll. Mehr noch war er von meiner Art und Stimme eingenommen. Nach längerem Bitten nahm ich eines Tages eine Einladung in seine Wohnung an. Durch seine väterliche und gütige Einstellung wurde ich so eingefangen, daß ich Vertrauen zu ihm gewann, und noch am gleichen Abend nahm er mich. In Zukunft flog die Liebe hin und her.

Oft stand ich nach der Vereinigung mit ihm am Fenster, wir lachten, plauderten, hatten den grauen Herbstabend in den grübelnden Augen. Wir spürten die Liebe in uns, wir waren so jung, und das war unser Geheimnis. Ich habe immer unter dem Herbst gelitten, aber der des Jahres neunzehnhundertdreiundsechzig ist mir leicht geworden. Ich hatte ja ihn und seine Liebe, ich fühlte sein Leben oft wie mein eigenes in mir. Wir sahen uns täglich, es war ein nahes enges Zusammensein, kein Gestehen, kein Versprechen, nur ein heimliches und großes Vertrauen von Mensch zu Mensch. Ich habe jede freie Minute bei ihm oder mit ihm verbracht. Wir saßen abends bis in die Nacht hinein am Mikroskop. Er weihte mich in die Geheimnisse der Natur ein. Wir tümpelten, wir sezierten Blumen, Blätter, Algen, kleine Lebewesen. Ich war reich und glücklich in diesen Stunden. Wir lösten Kreuzworträtsel, und er lobte meine Gedankenschnelle. Ich saß neben ihm, während er mir mit seiner klingenden Stimme irgendwelche Bücher vorlas. Dann aßen wir bescheiden zur Nacht und stellten das Fernsehen an oder hörten das Dritte Programm. Er freute sich immer, wenn ich sagte, er hätte eine Stimme wie Hans Werner Richter. Oft sagte er: Linakind, wie jung du bist, und ich guckte zurück und sagte: wir sind beide noch sehr jung. Ich gestehe, daß ich, wenn ich nach solchen Stunden endlich heim in meine Wohnung gefunden hatte, oft gebetet habe: Herr, laß mir diese Liebe. Eines Tages überraschte er mich mit einem Heiratsantrag. Alles, was ich bis dahin mühsam in die Vergangenheit gedrängt hatte, stand vor mir auf. Man ist sich durch solche Schatten mehr als einmal selbst im Weg. Ich habe ihm gesagt: ich kann und will nie mehr heiraten, ich habe leider eine Vergangenheit, damit du guter Kerl klarsiehst. Das Geständnis hat mich aufgewühlt, weil ich wußte: nun war das Schönste in unserer Liebe vorbei. Ich bin dann heimlich aber schnell aus seiner Wohnung gegangen, bin in die Nacht hinein gewandert, nur um unterwegs zu sein, bin alt und einsam nachhause gekommen und hatte dennoch zugleich ein Gefühl des Stolzes in mir. Ich hatte mich selbst angeklagt. Ich würde auch die Kraft finden, diese Liebe zu verschmerzen. Ich stand nun wieder allein, und meine Gedanken gingen auf absonderlichen Bahnen. Ich dachte an alles Gewesene, hörte noch nach Tagen seine Stimme, fühlte das Blut in mir stärker als jemals zuvor, ich wollte arbeiten und vergessen. Dann kam Dr. Brey zu mir und sagte: ich kann ohne dich nicht mehr sein. Ich war glücklich, und wir schlossen bei Wein und auf Handschlag einen Vertrag: wir führen eine Freundschaftsehe, in der ich nichts tun darf, was irgendwie strafbar ist. Alles was ich tue, muß von Liebe und Verantwortung ihm gegenüber getragen sein. Ich mußte ihm meine kleinste Verpflichtung nennen, und für jede Gläubigerfirma legten wir einen namensmäßigen Schnellhefter an, den ich jeden Monat vorzeigen mußte. Ich durfte niemandem sagen, daß Dr. Brey meine Vergangenheit kannte. Ich sollte meine Vergangenheit überhaupt verschweigen. Er stellte mir dann auf Treu und Glauben fünfhundert Mark als Betriebskapital zur Verfügung. Ich war nun sehr dankbar und glücklich und habe mich an diese Abmachungen gehalten. Meine besten Arbeiten fallen in diese Zeit wiedererwachter Liebe. Im Oktober neunzehnhundertsechsundsechzig stellte mich Dr. Brey vor die Tatsache, daß seine Liebe zu Ende war. Ich litt deshalb, sagte ihm aber die Trennung zu. Er riet mir, eine Heiratsanzeige aufzugeben. Ich tat dies und entschloß mich, da sehr kinderlieb, für einen Witwer mit drei größeren Kindern. Dr. Brey zog über diesen Mann Erkundigungen ein. Er bezeichnete ihn als Ehrenmann. In Wirklichkeit war der Witwer verschuldet und krank. Weihnachten feierte Dr. Brey noch mit mir. Am ersten Feiertag brachte ich ihn zur Bahn, er fuhr nach Sankt Moritz. Es sollte unser Abschied sein. Ich versuchte mich an den Witwer und seine Kinder zu gewöhnen. Ich ging tagsüber schon in die Wohnung, versorgte seinen Haushalt, arbeitete überhaupt viel, um zu vergessen. Dann kamen furchtbare Briefe von Dr. Brey. Er hatte Sehnsucht nach mir. Er beschwor mich, ihm zu schreiben. Nach tagelangem Kampf tat ich es. Der Brief war ein Bekenntnis meiner Liebe. Als er nach vierzehn Tagen zurückkam, fand er mich armselig und krank vor. In der Sauna hatte ich mir eine Bronchitis mit Gefahr der Lungenentzündung und ein ekelhaftes Ekzem an der Innenseite der Oberschenkel geholt. Er ließ den Arzt kommen, der mich sofort ins Krankenhaus einwies. Dr. Brey sagte zu dem Witwer: sie kann Sie nicht heiraten, denn ich liebe sie, und sie liebt mich. Er war ganz Sorge, kam oft zu mir. Ich verliebte mich wieder in ihn und war glücklich, als er mich in seine Arme nahm. Diesen Schritt habe ich büßen müssen. Ich hatte nämlich dem Witwer gesagt, daß ich auf Dr. Breys Geheiß hin Fronleichnam fünfundsechzig einen Eingriff erlebt hätte. Als ich mich nun in meiner Sorge Dr. Brey anvertraute, geriet er in solch maßlose Wut, daß er wie wahnsinnig auf mich einschlug. Dabei muß meine Lunge gerissen sein, denn in der folgenden Nacht wäre ich an der großen Menge Blut, die ausgetreten war, beinahe erstickt. Hausbewohner holten am Morgen den Arzt, der mich in einem Anfall vorfand. Er setzte mir eine Klauden zehn Kubikzentimeter. Er wollte mich auch ins Krankenhaus bringen lassen, aber ich sträubte mich dagegen. An jenem Tag habe ich noch vier Anfälle gehabt. Den nächsten Morgen holten die Hausbewohner dann unseren Kaplan, der mir die Sterbesakramente gab. Mit der letzten Heiligen Ölung mußte er warten, da mich wieder ein

Blutsturz überkam. Der Arzt setzte mir wieder eine Klauden, riet mir nun dringend, mich ins Krankenhaus schaffen zu lassen. Dann kam Dr. Brey, der sehr erstaunt tat, mir eine Blume brachte und auf meiner Überführung bestand. Meine Freundin fuhr mich ins Krankenhaus. Sie hatte mich schon seit Tagen gepflegt. Gründonnerstag, Karfreitag und auch noch am Samstag verlor ich viel Blut. Dr. Brey war über die Ostertage an die Mosel gefahren. Er schrieb mir und wünschte gute Besserung. Er ist damals wegen seiner Rückendeckung zum Verräter an mir geworden. Zudem verbreitete er in der Stadt das Gerücht, es sei gar nicht mein Blut, das Schwierigkeiten mache, vielmehr hielte er mich für eine Hysterika. Davon erfuhr ich aber viel später. Der Arzt besuchte mich im Krankenhaus. In meiner Not habe ich ihm gestanden, wer mich so geschlagen hatte. Nach vierzehn Tagen wurde ich auf eigene Gefahr entlassen. Dr. Brey hat später die Krankenhausrechnung bezahlt. Am Entlassungstag hat Dr. Brey auf offener Straße auf mich eingeschlagen, weil ich ihm gesagt hatte: du wärst beinahe zum Mörder geworden. Er warf mich auf die Erde, kniete sich auf mich und versetzte mir Faustschläge auf Brust und Kopf. Dr. Brey wurde dann von Stadtamtmann Becker und anderen Männern weggebracht. Trotzdem scheute er sich nicht, noch am gleichen Tag zu meinem Arzt zu gehen. Mit der Bemerkung, daß ich, die angeblich so kranke Frau, ihn geschlagen hätte, wies er einen Abwehrkratzer von mir vor. Ich bin wenige Tage später auf seine Anordnung hin nach Göttingen gezogen. Vorher habe ich mich in Münden drei Tage erholt. Ich mußte zusehen, wie ich mit dem Leben fertigwurde. Oft beschlich mich wegen meiner Ohnmacht eine wahnsinnige Wut. Ich hatte mich verraten und beleidigen lassen und mich dann doch wieder in seine Arme gelegt. Aber immer aufs neue feierte meine Liebe zu ihm trotz aller guten Vorsätze und Versprechungen, die ich besonders jenem Witwer gab, oft nur eines freundlichen Wortes wegen rauschende Feste. Im Juli siebenundsechzig verliebte sich Dr. Brey noch einmal in mich, bis ich hinter das Doppelleben kam. Durch Briefe, die ich aus seinem Schreibtisch an mich nahm, erfuhr ich, daß er zu allen möglichen und unmöglichen Frauen Beziehungen unterhielt. So kannte er eine Frau aus Göttingen, die ihre Nichte Ella an ihn verkuppelte. Er nahm zuerst dieses Mädchen, dann die Frau selbst, bezahlte beide und ließ schon am nächsten Tag die Frau wieder in seine Wohnung kommen, um sie in unser Schlafzimmer zu führen. Das seit Jahr und Tag gegen diese Frau schwebende Kuppeleiverfahren versucht Dr. Brey mit allen Mitteln zu verzögern, weil er die Aussage der Beklagten fürchten muß. Ich habe, als ich zufällig erfuhr, daß Dr. Brey wieder einmal mit der Frau, diesmal in der Wohnung des ehemaligen Ortsgruppenleiters Seidenfaden, zusammenkam, von meinem und Dr. Breys Namen Gebrauch gemacht. So ist es zu erklären, daß unsere Namen im Prozeß gegen die Frau stehen. Das Verfahren selbst schwebt schon lange, dazu habe ich keinen Anlaß gegeben. Im Prozeß sollte ich verschiedene Male vernommen werden, ich habe mich jedoch auf Dr. Breys Geheiß hin jedesmal den Vernehmungen entzogen. Im September neunzehnhundertsiebenundsechzig bin ich nach Bayern gefahren. Ich hatte den festen Vorsatz gefaßt, mich von ihm zu trennen. Ich wollte mich in München niederlassen. Nach wenigen Tagen bat Dr. Brey mich wieder zu sich. Ich habe diese Angaben besonders über meine Beziehungen zu Dr. Brey ausführlich gemacht, weil es, wie ich meine, endlich einmal Klarheit in meinem Leben geben muß. Wenn man bedenkt, wie Herr Dr. Brey an mir gehandelt hat, kann es keinen Zweifel mehr geben, daß ich sein Opfer geworden bin.

Erst nach Monaten sind meine Bindungen an Dr. Brey allmählich geschwunden, und ich schäme mich nun tatsächlich, diesem Mann immer wieder geglaubt zu haben. Unter seinem Einfluß stehend, habe ich auch verschiedene Briefe nach seinem Diktat geschrieben und an ihn selbst geschickt. Ich ahnte nicht, daß Dr. Brey mit seinem Neffen Derschau alles bis ins kleinste vereinbart hatte. Das erfuhr ich erst, als ich Ende August achtundsechzig an seine tagebuchmäßigen Eintragungen gelangte. Ich nahm sie aus seinem Schreibtisch. Ich bin Dr. Brey in allen Punkten in seine Fallen gegangen, wie ich heute weiß. Ich habe über die Mißhandlungen am siebenundzwanzigsten März neunzehnhundertachtundsechzig geschwiegen, die mir das Kind abtraten. Auf sein Bitten hin habe ich den Zustand, um den viele wußten, weiterfingiert. Fortwährend habe ich mich, von ihm gedrängt, um ein Adoptivkind bemüht. Am zwölften Mai neunzehnhundertachtundsechzig habe ich das Kind dann angemeldet, nachdem er mir monatelang unter Tränen gesagt hatte: Kind, wir haben beide eine angekratzte Seele, wir werden einem armen Wesen Vater und Mutter sein. Dazu ist es nun nicht gekommen.

Falten

Man denkt bald so, bald so. Manchmal kommt es mir ganz anders vor, manchmal ist es, als wenn es geträumt, manchmal, als ob es Wirklichkeit wäre. Meist war sie ziemlich erregt, redete abgerissen mehr oder weniger unverständlich, weinte, lachte, hob den Rock auf, nahm Fremden das Taschentuch aus der Tasche, gab ihnen unversehens einen Stoß, lief mit nacktem Unterkörper umher, rief: Deutschland erwache, masturbierte, zerriß Kleider und Bettzeug. Dann wurde sie in einem Siechenhaus untergebracht. Grund war die unliebsame Erscheinung, daß sie fast jedes Jahr ein Kind gebar, bisher seit ihrem zwanzigsten Lebensjahr acht, von denen nur zwei gestorben sind. Das letzte hat sie von einem Wärter des Arbeitshauses. Daher soll sie verlegt werden. Sie ist damit einverstanden, sieht ihre Verfehlungen ein. Endlich habe sie auch dem Herrn Fürsorger in die Hand versprochen, so etwas solle nicht mehr vorkommen, und er habe gesagt, er wolle ihr dieses Mal noch verzeihen. Daß man sie einsperren müsse, wenn sie jedes Jahr ein Kind bekomme, begreife sie ganz gut. Aus Göttingen wird berichtet, er sei dort unangemeldet in eine Sitzung der Theologischen Fakultät eingedrungen und habe sich als künftigen Kirchenpräsidenten bezeichnet. Später begann er die weißen Blätter aus den Büchern herauszureißen, um sie zu beschreiben, ließ rücksichtslos Blähungen abgehen, nahm anderen das Essen weg, sammelte alles mögliche fremde Eigentum in seinen Taschen an, wurde grob und aufdringlich, predigte laut, redete ganze

Nächte hindurch und machte einen verwirrten Eindruck. Noch immer wissen wir nicht, wer die Schüsse abgegeben hat. Außer den immer wieder von ihm vorgebrachten Bildern von Himmel und Hölle, Jesus und den Erzengeln sind es die Erinnerungen an seinen Berlinaufenthalt und die Jahre in Asien, die ihn erfüllen: Bindearbeiten schwarz weiß rot, zusammen weben, backen, Stiegen putzen, Garten säubern, gut Teig anmachen, Versammlungen, Gott beten, sodann der Besuch seines früheren Kompaniefeldwebels, den er sogleich begrüßt. Das Geld kennt er bis zu einer Mark. Wenn einer wissen will, kann gut rechnen, zum Beispiel wenn einer fragt, wieviel ist dreihundert Pfennig, da besinne ich mich, ja, muß aufpassen, da sagt man drei Mark, wenn einer fragt achthundert Pfennig, da sagt man acht Mark, tausend Pfennig, da sagt man zehn Mark. Das Land, in dem wir leben, kann er nicht nennen. War nicht genug Zeit. Ebensowenig kennt er den Namen des Bundespräsidenten: haben sie draußen nicht so gesagt. Namentlich werden ihre Mutterteile, wie sie berichtet, nach außen gekehrt. Man legte ihr Eis auf die Brust, trieb Milch in ihren Darm, ließ Luftballons in ihrer Scheide anschwellen, vergewaltigte sie anal. Später nahm sie keine Nahrung mehr zu sich und hielt den Urin zurück. Sie zog sich nackt aus, hockte auf dem Boden oder legte sich unter das Bett. Erst nach einer Woche fing sie plötzlich zu sprechen an, entschuldigte sich für die Umstände, die sie gemacht habe, und schrieb einen langen Brief nach Duderstadt. Anschrift: Herrn Dr. B., postlagernd. Bei einem Besuch in München hatte er das Gefühl, als ob auf den Straßen über ihn gesprochen würde. In einer Gastwirtschaft hörte er eine anzügliche Bemerkung vom Nachbartisch, auf die er verärgert antwortete. Am nächsten Tag fürchtete er, daß seine Entgegnung als Majestätsbeleidigung aufgefaßt werden könnte. Er hörte in der Pension, wie Studenten vor der Tür nach ihm fragten, und verließ München so schnell wie möglich unter allen erforderlichen Vorsichtsmaßnahmen. Seitdem erfährt er viel über Leute, die ihn erschießen, sein Haus anzünden, seine Schwester Lina entführen wollen. Wie bewegt man sich dann. Um nicht erschossen zu werden, durfte er nur bestimmte Wege gehen. So oder so wird allerhand erlebt. Von einem zweiundsechzigjährigen Autohändler kommt mir zu Ohren, daß er als junger Mann nach Amerika gegangen ist, dort manches, wir wissen was, durchgemacht und schließlich in Quito gelebt hat, wo es ihm gelang, durch Gebrauchtwagenhandel ein kleines Vermögen anzusammeln. Damit kehrte er vor sechzehn Jahren zurück, wurde aber beim Verkauf des Geschäftes um bedeutende Gelder betrogen. Hier lebte er zunächst von seiner Barschaft, verbrachte die Jahre mit Gesprächen, Fernsehen, Zeitunglesen, Billardspielen, Spazierengehen. Dann wurde der Horizont weiter. Er begann allerhand zu planen, wovon er sich Anerkennung und Nutzen erhoffte. So trug er dem Entwicklungshilfeminister anhand einer Karte den Vorschlag an, eine Reihe noch unbefriedeter Gebiete der Erde, namentlich Nigeria, Vietnam und vor allem die Galapagosinseln, die der Staat Ecuador gern abgeben werde und die nach Vollendung des zweiten Isthmuskanals große Bedeutung gewinnen würden, für Deutschland in Anspruch zu nehmen. Kurze Zeit darauf, erzählt der Händler, reiste jener Minister nach Washington, und nun begann die neue deutsche Kolonialpolitik, freilich ohne daß dem Urheber gebührender Dank zuteil geworden wäre. Einmal auch machte der Mann, als er an einem abgelegenen Haus im Hunsrück vorbeiging, die Wahrnehmung, daß hinter den halbgeschlossenen Läden eine Faustfeuerwaffe auf ihn gerichtet wurde. Zugleich rief jemand: Attentat, Attentat. Nach einer Warnung, die ihn

stolpern und den Hut verlieren ließ, fühlte er, wie ein Streif-
schuß seine Schläfe schrammte. Unmittelbar neben ihm stand
plötzlich der Bewohner jenes Hauses, ein ihm feindlich ge-
sonnener pensionierter Parlamentsvorsteher, mit einem Messer in der Hand und sagte, er habe ihn zeichnen wollen, da er
seiner Frau allzu nahe getreten sei. Dabei sei die Frau Trinke-
rin. Wie der Mann annahm, hatte der Vorsteher die Absicht,
den Hut mit dem Durchschuß durch einen anderen zu ersetzen und der Leiche, an deren Vorhandensein er glaubte,
das Gesicht zu zerschneiden. Wieder wird eine Täterschaft
geleugnet. Als sie gelegentlich religiöse Zweifel äußerte,
schickte man sie zum Geistlichen, auch in einen Wallfahrtsort. Jeder Gegenstand, den sie sieht, erinnert sie an männliche
Geschlechtsorgane: ein Griff, ein Bleistift, ein Dragee und
dergleichen. Beim Anblick einer Binde müsse sie daran denken, wie akkurat sie diese um das Glied wickeln würde. Ein
Kruzifix löst in ihr die Vorstellung aus, den Schurz zu entfernen. Sie verdiene es nicht, daß man sie gut behandle, und
könne es nicht ertragen, wenn man sie als Menschen betrachte, während sie sich in Wirklichkeit verstelle. Angefangen hat alles mit allgemeiner Leistungsverminderung und
Schmerzen im Knie. Deswegen zur Kur geschickt. Von anderen Gästen wird sie auf einen Arzt hingewiesen, der durch
innere Massage zahlreiche Erfolge habe. Ohne diesbezügliche Beschwerden geht sie zu ihm. Angaben über ihre Vorgeschichte weist der Arzt zurück. Er finde selbst heraus, was
ihr fehle. Diese Bestimmtheit beeindruckt sie. Der Arzt stellt
eine Knickung fest, spült die Patientin im Sudabad und
nimmt einen Monat lang viermal wöchentlich je eine Stunde
intragenitale Massagen vor. Wie sie in der Wanne lag, an den
Sattel gefesselt, auf den Katheder gespießt, und das Wasser
aus sich herausströmen sah. Wie der Arzt im Kittel sich vor-

beugte. Was er wissen wollte. Seither viele sexuelle Träume. Noch während der Kur begegnet sie auf einer einsamen Wanderung einem Fremden, der sie durch Vorzeigen seiner Geschlechtsteile zum Verkehr auffordert. Sie ist davongelaufen. Die Träume noch lebhafter. An die Stelle des Wasser in sie pumpenden, sie massierenden Arztes tritt zunächst jener Fremde, dann ein Lehrerkollege ihres Mannes, den sie nicht mehr als drei Mal in fünf Jahren gesehen hat. Ißt kein Fleisch mehr. Heftige Vorwürfe wegen der Abhängigkeit, in die sie bestimmtes Auftreten anderer bringt. Wie schon ihr Eingehen auf das Bad, die Massage zeigen. Merkwürdigerweise aber treffe, was sie gesagt habe, nicht auf das Zusammenleben mit ihrem Mann zu. Herzensguter Kerl. Zudem Vegetarier und Pazifist. Sie werde sich selbst zum Rätsel. Aber auch als Bäcker hielt er sich nicht lange, begann ein Landstreicherleben, das er bis jetzt mit kurzen Unterbrechungen fortgesetzt hat. Anfangs ging er in Begleitung anderer, die ihn, da er eine zarte Gestalt hatte, freihielten und geschlechtlich mißbrauchten. Später blieb er mehr für sich. Vor einigen Jahren erwarb er in der Haft die Fertigkeit, aus Brot Blumen und Figuren zu kneten. Wenn er mir seine kleinen Früchtekörbe, Baumgruppen mit Zweigen, Jagdszenen, Schlachtenstücke vorführt, gerät er in eine gewisse Begeisterung. In meiner Sache, da fühle ich, daß ich soviel wert bin wie ein anderer, da kommt Selbstgefühl anstelle des früheren Knechtssinns. Es ist mir jetzt zur Gewißheit geworden, daß nur meine Kunst das Mittel sein kann, das so heiß ersehnte Ziel zu erreichen. Ich verlange nichts weiter, als ein Mensch unter Menschen sein zu dürfen. Auf materielle Genüsse lege ich gar keinen Wert, im Gegenteil, ich verachte Luxus und Bequemlichkeit. Der älteste Sohn des Pfarrers, von dem fast nie die Rede ist, wurde in Wien aufs neue verurteilt und hat sich einige Jahre danach als Doktor und Kollege sehr zudringlich Einlaß in meine Wohnung zu verschaffen gesucht, wurde leider abgewiesen, bevor ich ihn sprechen konnte. Wir laden einen Gast ein. Wir lassen ihn seine Biografie enthüllen. Wir erfahren, daß er mit sechzehn Jahren das Gymnasium beendet hat, zunächst in die Marine eintrat, dann in Chikago, in Straßburg und Leipzig Medizin studierte, das Physikum in Heidelberg bestand. Die Gesichtszüge sind faltig, die Kiefer fast zahnlos, die großen Ohren stehen vom Kopf weit ab, die Ohrläppchen sind angewachsen. Die rechte Pupille ist deutlich erkennbar weiter als die linke, das Sehvermögen verringert. Was einem für Sachen nachgeredet werden. Aber wir kennen unseren Besucher doch gar nicht. Er wurde Straßenschauspieler in Göttingen, gab dort Vorstellungen auf dem Wall neben dem Bismarckhäuschen, stemmte Koffer, wenn er Hunger oder kein Geld für ein Zimmer hatte. Nacheinander war er Fremdenführer in Jühnde, Kellner, Kutscher, Straßenkehrer in Duderstadt, wo er dem Dr. Brey freundschaftlich begegnete, Goldgräber am Rande New Yorks. Dort lernte ihn ein russischer Großgrundbesitzer kennen, der ihn mit auf sein Landgut nahm. Er hatte die Möglichkeit, Russisch zu lernen, und ging als Dolmetscher an den Hof nach Teheran. Er schwärmt von Soraya. Der Thronfolger blieb aus, weil die Kommunisten es so wollten. Er kam erst dahinter, als die Ehe schon Risse hatte. Sein Eingreifen hätte nichts gerettet, der Kaiser war schon fixiert. Wenigstens mußten sich die Knaben erst bei ihm vorstellen, bevor er sie in das Schlafzimmer ließ. Soraya ist ihm heute noch dankbar. Dann kam er nach Berlin, wo er in der Not Kofferträger wurde. Als solcher machte er die Bekanntschaft von Schütz. Schütz ist mir heute noch dankbar. Er bot ihm die Stelle eines Direktors der Festspiele an. Nach einem längeren Gespräch mit sich selber mußte er ablehnen. Nachdem er das große Glück gehabt hatte, einem Herrn Wandrei anläßlich einer Autopanne sachkundigen Rat erteilen zu können, wollte der ihn gleich zum Bürgermeister einer mittelgroßen Stadt in Südniedersachsen machen. Unser Gast heiratete lieber eine Frau aus guter Familie, die ihm vier Kinder schenkte. Sämtlich starben sie binnen kurzer Zeit. Natürlich ergeben sich aus seinen Angaben grobe Widersprüche. Unser Gast erkennt dieselben auch ohne weiteres an und löst sie durch neue Erzählungen, nachdem er erklärt hat, daß er aus Rücksicht genötigt gewesen sei, manche Einzelheit zu verschweigen. Aber auch die folgenden Ausführungen erweisen sich als widersprüchlich, und so erhalten wir von unserem Besucher zahlreiche aufeinander aufgebaute Versionen seines Lebens, deren jede vieles für sich hat. Man muß es erlebt haben. Ein Fall wird berichtet. Wie bekannt ist, tritt bei ihm, vor allem wenn er sich in größerer Gesellschaft, Versammlung, Formation befindet, unter heftigem Kopfdruck die Angst auf, er könne vielleicht unanständige Reden, besonders Angriffe auf eine gewisse vielberedete Grundordnung, ausstoßen, obgleich das seiner Gesinnung durchaus widerspreche. Bisweilen werde der Zwang so groß, daß er sich das Taschentuch vor den Mund halten müsse. Doch habe er noch nie etwas Strafbares wirklich ausgesprochen. Deswegen habe er in den letzten Jahren vorzugsweise im Ausland gearbeitet, wo er nicht habe befürchten müssen, wegen einer Äußerung sofort verhaftet zu werden. Siebzehn Tage, nachdem sie zum zweiten Mal geboren hatte, unterlag sie durch einen Zimmerbrand starken Schockeinwirkungen und wurde nun ängstlich und unruhig, sah Flammen, schwarze Vögel und Hunde, hörte Pfeifen und Schreien, fing an zu beten, rief zum Fenster hinaus, klagte über ihre Sünden, versprach, gehorsam zu sein, schlief nicht mehr. Er meinte, das Fleisch, das man ihm vorsetzte, sei Menschenfleisch. In den Zeitungen gehe alles auf ihn. Die Ermordung des Senators, die Vietnamtribunale stünden mit ihm in Zusammenhang. Den Arzt bezeichnete er als den Präsidenten, der seine Frau verstoßen und Sprecherziehung bekommen habe. Er wiederholte immer wieder den Satz: einer für alle und alle für einen, und zwei für alle, und drei für alle, hier und da und dort, und Ohnmacht und Macht und Allmacht. Der Nächste teilt mit, daß er Lehrer war, verheiratet ist und zwei Kinder hat. Eines ist den Atomtod gestorben. Von seiner Ehe meint er, das sei kein Verhältnis gewesen, kein Mann und keine Frau, die Kinder seien lauter Wahngebilde. Er habe doch früher von allen Seiten gewußt, jetzt aber sei nichts mehr davon da. Er ist viel herumgekommen, war zuletzt in Bonn, da standen aber nur noch der Bahnhof und der Portier. Ich kann mir gar nicht erklären, wo die ganze Welt hingekommen ist, die fünf Erdteile. Das alles hat keinen Platz in meinem Gehirn. Die Zunge zu zeigen lehnt Gernot ab. Er habe sie durch eine Geschlechtskrankheit verloren. Nicht durch Erbanlagen, lediglich durch die Berührung mit faulem Fleisch sei er im Kopf verwirrt geworden. Es scheine, daß eine Anklage wegen Mordes gegen ihn vorliege, den er vor Jahren im Harz begangen haben solle. Er sei aber nur als Kind einmal in Lautenthal gewesen. Er könne sich an den Lehrer Schrader da erinnern, der immer die gleichen Rückenschmerzen gehabt habe. Unser Erzieher mit Namen Seidenfaden dagegen stammt aus gesunder Familie und war selbst gesund bis zum Feldzug einundvierzig, in dem er mehrere Gefechte mitmachte. Bei der Erwähnung dieser Erlebnisse erhellt sich seine Miene etwas. Er weiß noch viele Einzelheiten anzugeben und meint, er sei einer von den ersten, ein ganzer Kerl gewesen. Im Februar fünfundvierzig erkrankte er an schwerem

Typhus und wurde deswegen nachhause geschickt. In der Nacht träumt er lebhaft vom Militär, beißt sich dabei oft die Zunge blutig, fiel auch schon aus dem Bett und schlug sich die Vorderzähne ein, brach sich das Nasenbein. Wir nicken uns zu und fragen: wo soll das enden. Einmal wurde ich bei Dunkelheit auf einem fremden Hof angetroffen und versetzte einem Ehepaar, das mich anrief, sogleich mehrere Messerstiche. Während meines Nachdenkens bittet er wiederholt ums Wort, spielt auf studentische Belange an, zitiert Goethe und bringt gelegentlich auch selbst einen Reim zustande. Als der Vorsitzende der Universität uns zu duzen beginnt und wir ihm unser Erstaunen darüber ausdrücken, bricht er in eine Flut von Schimpfworten aus, steigert sein verbales Bemühen immer mehr, um schließlich mit schallendem Gelächter zu schließen. Pferde besitzt er, die keinen Hafer fressen, außerdem hundert Schlösser mit Schlüsseln aus dem gleichen Material, das in kugelsichere Westen genäht wird. Er hatte bereits große Erfindungen gemacht, dem Kaiser eine Burg für hundert Millionen gebaut, mit ihm auf du und du gestanden, vom Großherzog vierundneunzig Orden und Ketten bekommen, bevor er seinerseits jedem Bedürftigen ein Scheckbuch schenkte. Man hat ihn fünfmal ermorden wollen, Krahl aus Grone saugt ihm jede Nacht zwei Kübel voll Blut aus dem Hintern. Jetzt baut er sich endlich eine Dampfguillotine. An einem anderen Abend war die ganze protestantische Gemeinde in der Kirche zu einer Feierlichkeit, deren Mittelpunkt ein Korpsstudent bildete, der vor Beginn des Gottesdienstes mit fünfzig Kommilitonen auf etlichen Konsumverkäuferinnen eine Art Vorstellung gab. Später bemerkte der Verfasser, daß seine Frau sich, von einem Verwandten begleitet, in einen Kirchenstuhl zurückzog. Mit einer Schwester beobachtete er, hinter der Orgel versteckt, wie die beiden das Heiligtum entweihten. Anderntags, als Umzug der SA war, befand er sich in der Gastwirtschaft. Er mußte mitwirken, indem er während des Absingens von Liedern der Bewegung im Nebenzimmer der Alten Krone auf eine Unzahl am Boden liegender goldener Brillen treten mußte. Bei jedem Tritt hörte er einen Genickschuß. Über die Bedeutung ihrer Schwangerschaft ist sie völlig im unklaren gewesen. Sie sei vom vielen Essen immer dicker geworden und habe schließlich die Kleider nicht mehr zugebracht. Die Mutter habe sie sonntags nicht mehr in die Kirche mitnehmen wollen, da habe sie sich auf einen Schemel gestellt und aus dem Fenster gebetet. Ihr Kind habe sie von ihrem Vater. Jemand sei nachts ans Bett getreten und habe gesagt, sie bekomme keine Schläge, sei ein braves Mädchen, hätte vom Vater ein Kind. Mit einem Nachschlüssel sind sie im Winter eingedrungen, haben ihn auf den Mund geschlagen und betäubt. Warum wird einem das Gesicht eingedrückt und der Leib aufgeblasen, bis die Winde abgehen. Unsere Feinde haben eine Maschine, wie sie der Optiker vorzeigt, nur viel größer, einen runden gläsernen Apparat, aus dem Röhren ragen. Wir sollten uns vielleicht eine Preisliste bestellen, um zu sehen, wie die Maschine arbeitet. In den Zeitungen werden ganz ähnliche Apparate angeboten, also sehen wir die Anzeigen durch. Wir suchen uns selbst zu helfen, indem wir uns die Wärmflasche an den Kopf legen. Deutlich ist das Ticken vernehmbar, aber wir haben Ruhe. Noch lieber freilich wäre uns ein festgeschlossener Raum mit Bleiwänden. Eine unserer Tanten sehen wir mit ihrem Wärter geschlechtlich verkehren. Sie zwingt auch unsere elfjährige Schwester dazu. Wir hören das Kind schreien und die Tante ihm zureden. Wir rufen, sie solle wenigstens nicht so starke Männer aussuchen. Ein anderes Mädchen wird ebenso und anders behandelt. Unsere

Tante spricht die Männer auf der Goßlerstraße an und führt sie zu dem Bett, in dem die Mädchen liegen. Auch ein Mord wurde begangen und schnell vergessen. Das Militär schoß, und die Polizei spritzte dazwischen, so daß fußhoch Wasser auf dem Asphalt stand. Im Ausland sehen wir Fische im Badewasser, hören Schüsse, Stimmen. Dringend fordern wir nun einen abgeschlossenen Raum. Auf Befragen gab er an, im Himmel sei es genauso wie auf der Erde, nur sei die Frucht besser und die Leute äßen nur die Hälfte, hätten daher besseres Einkommen. Man müsse ordentlich arbeiten und dürfe nicht faulenzen. Man habe ihnen befohlen, Gutes zu tun und die letzten drei Ulmen in Göttingen zu bewachen. Alle reichen Leute, sagt er, die das Geld gefressen haben, müssen helfen. Gelegentlich verweigerte er die Nahrung. Der Heilige Geist speise ihn, er brauche nichts zu essen. Er erzählt. Ein Teil Menschen sagt: hinlegen, da legt sich der andere Teil hin und spielt Leiche. Hitler ist in Rußland von Stalin zur Unzucht gebraucht worden, hat Eicheln und Hoden neugeborener Kinder vorgesetzt bekommen, ist dadurch zum Mannweib geworden, hat Unglück auf sich gezogen und lebt jetzt als Zuchthausaufseher in Bruchsal. Er war hellsichtig. Den Bürgermeister und den Gemeinderechner zeigte er wegen Notzucht an, da sie seiner Frau im Rathaus unsittliche Anträge gemacht hätten. Gegen einen Nachbarn, der ihn auf ganz bestimmte Weise derart mißhandelt habe, daß sein Tod bevorstehe, lief eine Anklage wegen fahrlässiger Tötung. Er fuhr auf fremdes Feld, pflügte über die Ackergrenze hinüber, ließ seine Kühe den Klee des Nachbarn fressen, erntete Gelände ab, das er verkauft hatte, schmuggelte beim Heuwiegen schwere Ketten ein und entleerte vor der Tür des Nebenhauses den Jauchewagen. Als er älter wurde, verunreinigte er in der Nacht die Türschwellen im Dorf, beschmierte Klinken und Fenster mit Kot, heftete erotische Pamphlete an die Kirche, zertrümmerte ein vor seinem Hof geparktes Auto, drohte mit Brandstiftung. Mit der Zeit wurden einundachtzig Strafverfahren gegen ihn bearbeitet, desgleichen einundsechzig von ihm erstattete Anzeigen und einhundertzehn zivile Streitsachen. Er blieb unvergessen. Trotzdem kann ich sagen: das Bild ist nicht deutlich ausgemalt, alle Augenblicke steht bald hier bald dort einer mit dem Revolver. Wenn ich die Augen aufmache, verschwindet er.

Annähernd Moskau

Ziemlich eintönig ist der Weg dorthin. Jeden Morgen führte der Kutscher die Pferde vors Haus, dann warfen wir den Wirten Geld in die hohlen Hände und stießen einen Schrei aus. Sechs Wochen unterwegs. Noch höre ich das Eis unter den Rädern. Das Handelshaus Peek und Cloppenburg, das wir so schätzen. Es hat uns mit einem Schafspelz aus den Armeebeständen des Königs von Schweden versehen. Nichts kann uns aufhalten, auch nicht das Heulen der Wölfe. Unter den Nachtlagern aus Lumpen und Stroh lassen wir Briefe zurück, in denen von meterhohen Schneewehen auf der Ebene, von wilden Tieren und bösen Menschen die Rede ist. Immer im Bewußtsein, daß wir nicht wissen, wer später einmal liest, was wir geschrieben haben. Aber wenn niemand uns nachforscht, wird niemand die Kuverts erbrechen müssen. Dann tropft das Schneewasser von den Dächern. Es ist Frühjahr. Der Wirt holt die Papiere aus dem Geldkasten, wo er sie aufbewahrt hat. Er erinnert sich nämlich. Ein bleicher Mann mit Lücken im Gebiß und unsteten Augen ist abends angekommen und morgens weitergefahren. Der Wirt weiß auch, daß der Kutschkasten einen gelben Anstrich hatte. Mehr nicht. Nicht weniger. Achtzehnhundertneun an einem Spätnachmittag langte Lord Bathurst in Perleberg an, mühte sich aus dem Fahrzeug, saß im Posthaus, wurde im Vorzimmer des Kommandanten bemerkt und verschwand. Die Unsicherheit hat zugenommen. Der Einsatz wird größer. Es steht mehr auf dem Spiel. Elf Jahre später, am dreiundzwanzigsten Januar, stürmten Regen und Schnee an die Fenster des Gasthofs in Nowogrudok, als Stimmen und Hufschläge auf dem Hof gehört wurden. Es war kurz vor Mitternacht, die Gegend unsicher und der Wirt besorgt. In die Küche mit euch. Und weg mit dem Licht. Dann guckte er durch eine Öffnung in der Tür nach draußen. Was hat er gesehen. Er ist in die Stube getaumelt und zu Boden gesunken. Geradenwegs zieht sich die Wagenspur bis zum Horizont. Noch könnten wir alles in Erfahrung bringen, doch geht niemand ins Freie. Und am nächsten Morgen ist Neuschnee gefallen. Erst wenn man unter der Schwelle des Holzstalls ein Gerippe gefunden hat, wird man sagen: so also. Aber wo hat er den Engländer denn totgeschlagen. Hat er den Mann oder die Leiche des Mannes mit nach Osten geschleppt. Wir kennen die Feldwege, den Schlamm, den Schnee, Hitze und Frost. Wenn wir Briefe verstecken konnten, ist uns das wie ein glücklicher Umstand vorgekommen. Aber dann. Von den Reisenden, die einundvierzig die Riesenstadt aus der Ferne sahen, haben uns einige Zettel mit Notizen erreicht. Das Leuchten der Türme. Blendende Helle. Augenfehler. Linsen. Die Schreiber sind verschollen oder ohne Gedächtnis nachhause gekommen. Ihre Spuren, auf die wir nach so langer Zeit überall stoßen: Frauen laufen ins Haus und kommen mit einer verrotteten Jacke wieder, die sie vor uns am Straßenrand ausbreiten. Das habe ich mir nicht vorgestellt. Millionen, sagt der Chauffeur, der uns abholt. Helme, Kreuze, Wagenspuren. Danach fällt neunundzwanzig Jahre lang Neuschnee. Wir hätten alles in Erfahrung bringen können. Der Fahrer sagt: das ist vorbei.

Wandrei zurück oder Der Henker von Warschau

So ist es gemeint, aber wir wollen nicht streiten. Alles beginnt mit Tanz und Fröhlichkeit. Fabrikarbeiter und Buchhalter feiern ein Fest im Garten ihres Prinzipals. Jeder möchte Wandrei heißen, ist ermittelt worden. Herr Wandrei ist in den sechs Jahren, seit er aus den Anden zurückgekehrt ist, der Wohltäter der Landstadt geworden, in der er sich niedergelassen hat. Dadurch allerdings hat er sich Neid und Eifersucht der ansässigen Honoratioren zugezogen, namentlich des ersten Justizbeamten am Ort, der sich Dr. Brey nennt und der verschiedener Demütigungen wegen, die er durch die Liebe des Volkes zu Wandrei erlitten hat, dessen Todfeind geworden ist. Auch Dr. Brey hat seine dunklen Punkte. Ähnliches bringt das Handwerk mit sich. Während der Belustigung erscheint nun Wandrei selbst mit seiner bemerkenswerten Tochter Irma, welche vom Sohn Gottfried des Stadtrats Grötzebach geführt wird. Jubel und Vivatrufe empfangen sie. Sogleich verteilt Wandrei Geschenke unter die Bediensteten. Er selbst bleibt in Gedanken stehen. Ein Monolog verrät uns, daß alles Geld, Glück, alle Macht der Stadt ihn nicht die Vergangenheit vergessen lassen können, ja ihn nur noch empfindlicher machen. Nun tritt der alte Diener Hubert ein. Sofort merken wir: das ist ein kluger Kopf. Seine Rede schweift und sucht. Was suchst du denn, fragt sein Dienstherr ungehalten. Hand und Fuß sind die wichtigsten Teile, sagt der Diener unruhig. Wir erfahren, nachdem Hubert noch lange gesucht hat, daß er Wandreis Vertrauter ist, dessen Vorleben aufs genaueste kennt und die Befürchtungen doch für unbegründet hält. Die Tochter bittet den Vater, zum Fest einige Freundinnen einladen zu dürfen. Noch in der Tür begegnet Irma Gottfrieds Vater, der mit seinen Assistenten erscheint. Wandrei empfängt die Gruppe mit erheblicher Ehrerbietung, beinahe die Vertraulichkeit des Stadtrats abwehrend, obgleich der seine Achtungsbezeigungen, sein Schulterklopfen damit beschließt, daß er um Wandreis Zustimmung zur Verbindung ihrer Kinder bittet. Wandrei erklärt in der höchsten Agitation, einer Ehe zwischen Gottfried und Irma könne er nichts Gutes ansehen. Obgleich nun der Stadtrat, in die Enge getrieben, andeutet, die beiden seien sich bereits einig und durch die intimste Zärtlichkeit verbunden, dringt er vergebens in seinen Partner. Dies fehlte noch, ruft Wandrei aus. Da wird die Tür aufgerissen, und Irma befindet sich erneut in der Wohnhalle. Dichtauf folgt ihr ein junger Mensch, der beim Anblick der alten Herren zwar betroffen den Schritt verhält, sich aber schnell sammelt, mit der Geistesgegenwart eines Mannes von Geld sein Betragen überdies wortreich zu rechtfertigen sucht. Als der Stadtrat verächtlich nach seinem Namen fragt, entgegnet er, diesen wolle er gern nennen. Er heiße Derschau und sei erster Sekretär beim Abgeordneten Rock, der soeben in die Tiefgarage eingerollt sei, um in den nächsten Tagen den Zustand der kommunalen Kassen zu prüfen. Wie, fragt der Stadtrat, höflicher werdend, dann ist Beeilung am Platz, wird Seidenfaden doch bei mir wohnen. Ich denke, er heißt Rock, fragt Wandrei. Nur wenn er das Land bereist, sagt der Stadtrat. Er ist ein lebenslustiger Mensch, und es gibt genügend Zeitungen und Privatleute, die daraus Kapital schlagen möchten. Ich bin, fährt er fort und wendet sich Derschau zu, hiesiger Stadtrat, und dies ist der Unternehmer Wandrei, der Vater der jungen Dame. Derschau verbeugt sich leicht, tritt auf Wandrei zu, diesem seine Entschuldigung wiederholend, bleibt aber sprachlos stehen, als er dessen Gesicht erblickt. Doch auch hier gewinnt er schnell seine Fassung wieder. Er schiebt seine Verwirrung auf die peinliche Situation und eilt unter der behenden Formulierung einiger Höflichkeiten zum Fahrstuhl. In der Tür hat er sich noch einmal unbemerkt umgesehen und nach einem sorgsamen Blick auf den wieder mit seiner Tochter beschäftigten Wandrei gemurmelt: beim Himmel, er ists. Die Szene verändert sich. Wer wollte das bestreiten. Wir sehen ein erlesen ausgestattetes Gemach, welches Seidenfaden, vom Stadtrat geführt, aufsucht. Was aber tut der Diener Hubert am Fenster. Man ist bestürzt, ihn vorzufinden, doch nichts klärt sich auf. Dieser Hubert, denken wir sogleich, sicher sucht er noch immer. Nach einiger Konversation über die Verfassung der öffentlichen Dinge, an der sich auch Hubert beteiligt, als die Rede auf die von Aufrührern zerbrochene vielhundertjährige Rathaustür kommt, berichtet Grötzebach von Wandreis Verdiensten um die Region. Gut verdient, gut verdient gemacht, sagt er und lacht. Während dieser selbstlosen Ausführungen haben wir den jungen Derschau höhnisch lächeln sehen. Jetzt tritt er vor und meldet die höchsten Behörden der Stadt zur Aufwartung eingetroffen. Dabei wird offenbar, daß der erste Justizbeamte am Ort, ebenjener Hauptfeind Wandreis, zugleich der Onkel des Sekretärs ist. Zuspitzung deutet sich an, wir fühlen es. In einem Rapport, den Derschau nun erstattet, beschuldigt er Wandrei öffentlich, ein raffinierter Ruhestörer zu sein, der unter der Maske eines Fabrikherrn das Volk zu verführen suche. Endlich gibt er den Anwesenden zu verstehen, Wandrei könne sehr wohl im Sold einer auswärtigen Macht stehen. Seidenfaden, von dem nun alles abhängt, zeigt sich ruhig und kalt, aber wohlwollend. Er mahnt Einigkeit und gemeinschaftlichen Eifer für das allgemeine Beste an, entläßt die Behörden nebst seinem Gastgeber und wendet sich mit Strenge an den Sekretär, dem er die Verwerflichkeit seines Betragens im Haus Wandreis eindringlich vor Augen hält. Derschau bittet um Verzeihung, fügt aber an, daß sein allerdings tadelnswertes Gebaren zu der bedeutenden Entdeckung von Wandreis Identität geführt habe. Nun, und wer ist er, fragt Seidenfaden gespannt. Der Henker von Warschau, antwortet Derschau. Der Abgeordnete schlägt wahrhaft erstaunt die Hände zusammen und ruft bewegt: so lebt er. Wir verstehen nichts mehr. Doch der Sekretär läßt sich nicht aufhalten und beginnt seine Erklärungen: während des vergangenen Krieges war mein Vater, dem Sie durch meine Berufung in Ihre Dienste das ehrenvollste und freundschaftlichste Gedächtnis bewahrt haben, als Direktor eines Metallkombinats in Warschau eingesetzt, wie Sie wissen. Sie kennen seine enorme Tüchtigkeit und übergroße Erfahrung. Nachdem er die dortige arbeitsfähige Bevölkerung einmal rekrutiert und an die Maschinen gebracht hatte, besaß er viel Muße und ließ seine kleine Familie ins fremde Land kommen. Meine Mutter und ich wohnten in einem herrlichen Stadtpalais. Als siebenjähriges Kind entwendete ich dort in unbewußter Spielerei meiner Mutter eines Tages den kostbarsten Brillantring. Lange wurde er vergeblich gesucht, bis schließlich der Verdacht auf zwei achtzehnjährige Mädchen fiel, die im Hause zur Hand gingen. Sie wurden in die Keller der Ermittlungsbehörde gebracht und waren, wie ich heute weiß, nach acht Tagen tot. Einige Zeit später, als ich den Ring schon vergessen hatte, fand ihn meine Mutter beim Aufräumen im Bücherregal. Um mich von einer so üblen Gewohnheit zu heilen, verfiel sie auf ein eindrucksvolles Mittel. Sie ließ den Mann, der die Untersuchung gegen die Ukrainerinnen geleitet und in einer Weise, die er sich später mehr und mehr angewöhnen sollte, auch selbst Hand angelegt hatte, mit seinen Gehilfen und in seiner Amtskleidung zu uns ins Haus bitten. Kaum wurde der hochgestellte Beamte meiner gewahr, so rief er, mich ergreifend: in die Grube mit dir, wenn du noch einmal dem Drang zu stehlen nachgeben solltest. Damals hat mich eine wohltuende Ohnmacht von aller weiteren Erschütterung entfernt. Aber nie ist mir das Angesicht dieses schwarzgekleideten Sachwalters einer fremden Welt aus dem Gedächtnis geschwunden. Sie sehen selbst, Herr Abgeordneter, auch nach mehr als zwanzig Jahren erkannte ich den Mann heute auf den ersten Blick, freilich, wie ich gern zugeben will, nicht ohne inneres Schaudern. Seidenfaden weiß nicht recht, ob er sich freuen oder betrüben soll. Fürs erste beschließt er, sich ungläubig zu zeigen. Er hebt hervor, daß eine Erinnerung der frühesten Kindheit nach so langer Zeit kaum mehr zuverlässig sein könne, und gebietet dem Sekretär bedingungsloses Stillschweigen. Und schon sind wir wieder im Hause Wandreis. Gerade gesteht Irma ihre Liebe zu Gottfried und bittet dringend um die Einwilligung des Vaters in diese Verbindung. Etwas drängt sie, es ist nicht zu übersehen. In der folgenden Szene teilt Wandrei alles dem Diener Hubert mit. Dieser läßt die Entdeckung der Geheimnisse als so gänzlich unmöglich erscheinen, daß Wandrei endlich äußert, sich noch nie sicherer gefühlt zu haben, und unter Tränen den Befehl gibt, das junge Paar zu holen. Nachdem er seinen Segen gesprochen hat, formiert sich die Gesellschaft zu einem Bild der Freude und des Glücks. Selbst der hinzugekommene Stadtrat zeigt sich befriedigt und lädt Vater und Tochter auf ein Essen zu Ehren des Seidenfaden. Hofft er doch bei dieser Gelegenheit, seine künftige Verwandtschaft dem Abgeordneten vorstellen zu können. Da der Ehrengast einem Gremium für die

Ausstaffierung des Militärs vorsitzt, könnte besonders der Fabrikant Wandrei aus der Begegnung Nutzen ziehen. Dafür wird Gottfried in die Unternehmungen des Schwiegervaters aufgenommen. Das Leben ist einfach, sagt der Stadtrat, ich sehe keine Widerstände. Widerstände, sagt Wandrei, nehmen wir gar nicht zur Kenntnis. Tugend setzt sich durch, sagt der Stadtrat. Wir wissen: es ist ihm Ernst damit. Einige Stunden später treffen alle zusammen. Seidenfaden verneigt sich vor Irma und sagt: eine solche Jugend ziert jeden, von welchem Stand er auch sei, von welchem auch immer. Bewegt kehrt er Wandrei den Rücken zu. Der kann seine Bestürzung nicht verhehlen, während der seitwärts stehende Derschau kein Auge von ihm wendet und die Tochter ihn fragt, ob er nicht einen Schwächeanfall habe. Er verneint und regt an, Gottfried solle ihr aus dem Haus helfen. Anscheinend keiner Überlegung fähig, steht Wandrei noch immer auf seinem Platz. Derschau tritt aus einer dunklen Ecke, richtet seine Krawatte und sagt, Wandrei auf die Schulter schlagend: was haben Sie in einem Raum mit einem Mitglied des Parlaments zu schaffen, haben Sie nicht durch Ihr Ungeschick schon ausreichend Verwicklung gebracht. Diese Worte zeitigen Wirkung, die uns ergreifen will. Wandrei hebt die Hände, ringt sie, greift nach der Brieftasche, die er vergeblich aufschlägt, denn schon ist der Sekretär verschwunden. Ist denn Kains Zeichen auf meine Stirn gebrannt, schreit Wandrei und läßt ein nunmehr gänzlich vereinsamtes Zimmer zurück. Woran soll man sich halten, fragen wir, als wir Wandrei in seinem Haus sehen, der Tochter ein Geständnis seiner Vergangenheit machend, das auszusprechen er nicht die Kraft hat. Er muß sich eines Zettels bedienen. Auf Wandrei, wir wissen es, hat in den vergangenen Jahren die doppelte Last der damals allgemein behaupteten Unehrlichkeit seines Handwerks und der Tatsache gelastet, jenes Handwerk heimlich aufgegeben zu haben. Mit seltenem Glück bei allen seinen späteren Unternehmungen hat er in den Anden ein beträchtliches Vermögen gewonnen und endlich gehofft, wenn er nach so langer Zeit zurückkehrte, würde er unerkannt bleiben und könnte seinen Lebensabend im Vaterland verbringen. Diese Details entnehmen wir einer Unterredung zwischen Wandrei und Hubert, der ähnliche Verfolgung wie sein Arbeitgeber fürchten muß und Wandrei zur Flucht zu drängen versucht. Währenddessen liegt Irma, von der väterlichen Offenbarung augenscheinlich betäubt, noch immer am Boden. Wandrei, unfähig, den Anblick länger zu ertragen, verläßt das Zimmer. Wir hören, wie er sich mit undeutlichen Worten darauf beruft, Ehrenbürger der Ortschaft zu sein. Irma kommt zu sich, ordnet ihr Haar, wirft sich dann auf einen Stuhl, stützt den Kopf in beide Hände und kann endlich weinen. Es handelt sich um eine minderjährige Person, vergessen wir das nicht. Fassungslos sieht Irma dann, wie Derschau durch ein offenes Fenster in das Zimmer dringt. Ihre Anstalten, um Hilfe zu rufen, werden überflüssig, als er ihr Beistand und die Rettung Wandreis anbietet. Sie müsse ihn dafür auf der Stelle lieben. Da er jedoch mit ebensoviel Kälte wie Würde zurückgewiesen wird, führt er in losbrechendem Zorn aus, er wisse sehr wohl, wer ihm im Weg stehe. Aber Gottfried solle ihm nicht entgehen. In diesem Moment ruft die Geängstigte um Hilfe. Wandreis Fabrikarbeiter brechen die Tür auf, doch Derschau ist verschwunden. Sodann wenden wir uns nochmals der Villa des Stadtrats zu. Dort geht Gottfried auf und ab. Irmas Hausdame überbringt eine Botschaft, die ihn in den Garten beordert, da ein grausames Schicksal Irma zwinge, alle Rücksichten aus dem Auge zu setzen, um ihn noch einmal sprechen zu können. Gottfried folgt der Botschafterin und erlebt eine Abschied nehmende Irma. Zugleich warnt sie ihn vor Derschau, der sein Verderben in Szene zu setzen bemüht sei. Gottfried aber glaubt, Derschau sei die von beiden Wandreis begünstigte Ursache der Trennung. Kaum hat er angesetzt, der hilflosen Irma Vorwürfe zu machen, da teilt sich die Taxushecke und fünf, sechs Justizbeamte springen hervor, ihn festzunehmen. Warum wehrst du dich nicht, ruft Irma. Gottfried sagt: wir sind nicht im Wilden Westen. Woher weiß er das so genau, könnte man fragen. Wenig Zeit vergeht, und alle wissen, daß Gottfried angeklagt ist, die Kassen der öffentlichen Wohlfahrt und Barmherzigkeit, die ihm anvertraut sind, um Hunderttausende geschmälert zu haben. Seidenfaden rechnet gut. Nach langer Nacht wird Gottfried abschließend verhört und des Unterschlags für schuldig befunden. Die Richter unter dem Vorsitz von Derschaus Onkel beschließen, ihn umgehend in ein sicheres Gefängnis überführen zu lassen. Das empörte Volk hat die Geschehnisse einer Zeitung entnommen, mißt jenen Kassen keine Bedeutung weiter zu und sprengt die Türen, um Gottfried zu retten. Der Abgeordnete beschwichtigt aber die Aufrührer mit einer energischen Ansprache, in der er sagt, neun von zehn im Volk seien nach der neuesten Umfrage für Ruhe und Ordnung gewesen, und er bitte herzlich, diese kostspielige Erhebung nicht Lügen zu strafen. Außerdem stehe das Gesetz über allen. Noch sei nicht jede Hoffnung gänzlich verloren, habe er doch Gottfrieds Vater in die Hauptstadt geschickt. Jeder wisse, daß das Oberhaupt ein Recht der Begnadigung besitze. Gottfried wird ohne weitere Störungen in eine sichere Zelle überführt, und wir hören beinahe, wie er die Ausstattung lobt. Mehrere Stunden vergehen ereignislos. Der erste Justizbeamte des Ortes sitzt in seinem Büro und klagt der Sekretärin handgreiflich sein Leid. Schließlich ist am Morgen die Rathaustür zum zweiten Mal innerhalb zweier Monate zertrümmert worden. Woher nur immer wieder das alte Eichenholz, ruft er, wir können doch nicht jedesmal ein Fachwerkhaus niederlegen. Die Sekretärin müßte sich als Strohhalm fühlen. Als der Abgeordnete ins richterliche Büro hastet, gibt es jedoch keinen Grund für Argwohn. Gleich darauf gesellt sich auch eine Ordonnanz zu den Versammelten und schwenkt einen Brief des Stadtrats aus der Kapitale. Rettung, Sieg, ruft der Abgeordnete, doch verfinstert sich während der Lektüre sein Gesicht. Großer Gott, stöhnt er, das Oberhaupt ist auf Reisen. Zwar schreibt der Stadtrat, er sei dem Oberhaupt sogleich nachgereist, doch wisse er nicht, wo er es antreffen werde. Vielleicht, daß sich das Oberhaupt auf dem Luftwege in eine gewisse Siedlung begeben habe, was er des öfteren mache. So steht einem Schnellverfahren ja nichts mehr im Wege, sagt der oberste Richter und verläßt mit Derschau das Büro. Anderntags schon sehen wir Gottfried vor dem Gericht. Volkshaufen sammeln sich, die Öffentlichkeit der Verhandlung auszunutzen. Wilde Drohungen gegen das Gericht werden laut. Alles artet in Empörung aus. Schon beginnt der Hausmeister um die wiederhergestellte Rathaustür zu fürchten. Woher das Holz so schnell. Und richtig wird sie erneut zertrümmert. Tumult und Gefecht erfüllen den Gerichtssaal. Das ist nicht schön, ruft Seidenfaden. Der Richtertisch wird gestürmt und besudelt. Militär rückt an. Dr. Brey hat die neuen Gesetze nachgeschlagen. An der Spitze des Detachements stellt er die Ordnung wieder her und beschließt angesichts der Sudelei, die Verhandlung nunmehr unter freiem Himmel zu führen. Ein Pädagoge wird er sein. Nur der Abgeordnete ist im Saal geblieben. Wie in der Jungfrau von Orleans gibt ihm der alte Diener vom Fenster aus einen Bericht der augenblicklichen Ereignisse. Hubert hat einen Sinn für Parallelen. Vielleicht hat er sie sein Leben lang gesucht, seine Stimme jedenfalls klingt erregt. Militär mit gefälltem Bajonett räumt den Rathausplatz. Tische und Stühle werden ausgerichtet. Gottfried setzt sich auf die Bank. Der erste Justizbeamte öffnet den Mund. Doch als er zu sprechen anfängt, erklingt von ferne ein Martinshorn, Reifen quietschen. Unter dem Ruf: Gnade, Gnade entspringt der Stadtrat dem ausrollenden Auto. Dann sinkt er erschöpft den Umstehenden in die Arme. Der aufgeschreckte Gottfried ergreift das Papier und verliest laut seine und Wandreis Begnadigung. Der oberste Justizbeamte, der Sekretär des Abgeordneten finden sich beurlaubt. Das Volk jubelt, warum auch nicht. Wandrei, Gottfried, der Stadtrat, Seidenfaden, Irma, der noch immer erregte Hubert bilden eine ergreifende Gruppe. Sie sind sich einig. Wir sehen sie noch vor uns, als der Vorhang schon gefallen ist. Aber wir wollen nicht streiten.

Unten im Schwarzwald. Eine Talgeschichte

I

Bei der Begegnung mit dieser Geschichte wird passieren, was in jeder heftigen Erschütterung geschieht. Niemand gibt den Worten, während er sie hört, einen anderen Sinn als den, den er im Herzen trägt. Was erzählt wird, ist lange vorbei und fängt gerade erst an. Es gibt keine Spuren, keine Vorzeichen. Man sieht der Landschaft, den Dörfern und Häusern nichts an, sie wirken so deutsch, so friedlich, sauber und schön. Aber dicht unter der scheinbar festen Erde liegen die großen Höhlen, du weißt schon, aus denen es Tag und Nacht nur einen Namen schreit, der unserem ganz ähnlich klingt: die immer wachsende unendliche Schuld.

II

Mit Schaudern hören alle Fremden, die durch das Tal kommen, die Erzählung von der armen Monika und den Günzbergleuten, und jeder, der sie hört, merkt, daß hier ausgleichende Gerechtigkeit am Werk gewesen ist und für ein furchtbares Verbrechen eine schreckliche Strafe ausgesprochen hat, wie in unseren wunderbarsten und verkehrtesten Träumen.

III

Am Abend war der alte Finanzrat aus dem Erdgeschoß gestorben. Seine Frau kam gleich nach oben. Aber in der Nacht habe ich mich nicht ein einzigesmal daran erinnert, daß im selben Haus, drei Stockwerke tiefer, ein toter Mensch lag. Schon beim Abendessen hatte Heidrun gesagt: ich muß an meine Kinderzeit in Steinheim denken, bei jedem Todesfall in der weiten Umgebung zogen damals Erregung und Trauer von Haus zu Haus, die Leute traten in die Türen und unterhielten sich über die Gasse hinweg, und beim Läuten der Totenglocke brach man die Feldarbeit ab. Ich konnte nicht schlafen. Aus der entgegengesetzten Ecke des Zimmers ihr ruhiger Atem. Nur die Kerze brannte. Sein Glück auf dem Unglück der anderen aufbauen. In der Morgendämmerung sind wir aufgestanden und in Göttingen abgefahren. Ungeduldig und voll trauriger Erwartung. Wir werden fünf, sechs oder acht Stunden brauchen. Was wir dann sehen und hören, was wir empfinden. Im Strom der Autos rasen wir nach Süden, an Kassel vorbei, über die Höhen des dünnbesiedelten nordhessischen Berglands, durch tiefeingeschnittene Waldtäler, vorüber an abgelegenen Dörfern, Einödhöfen, kleinen Landstädten, dann durch die Wetterau, Steinheim bleibt links liegen, Frankfurt in der Ferne. Darmstadt, Heidelberg. Stunde reiht sich an Stunde. Je näher wir unserem Ziel kommen, desto gleichgültiger, bedeutungsloser erscheinen uns die großen weißen und schwarzen Städte, die letzten Reste der Industrien zu beiden Seiten der Autobahn, der wimmelnde Verkehr. Wenn jemand bei uns im Dorf, erzählt sie, vor seinem Haus mit einer Arbeit beschäftigt war, so verlangte es das Herkommen, daß der Vorübergehende sich mit einer Frage oder Ansprache darauf bezog. Statt die Tageszeit zu entbieten, sagte man: na, Futter schneiden. Guten Abend habe ich nie gehört, immer nur: noch nicht bald Feierabend. Und wenn der Nachbar sich am Sonntag oder überhaupt in der Freizeit auf der Bank vor dem Haus ausruhte, hieß es: gut sitzen, was. An solche Bemerkungen knüpfte sich beinahe immer ein längeres Gespräch. Zur gleichen Zeit konnte es aber auch geschehen, daß Seidenfaden, ein Mann von sechzig Jahren, vorbeikroch. Er wohnte im Armenhaus, im zweiten Eingang, und hatte, wohl als einziger im Dorf, keinen verwandtschaftlichen Anhang. Er war sehr arm, nicht nur, weil er nichts besaß, sondern weil er nicht arbeitete, denn er war gelähmt. Mit seinen steifen Beinen vermochte er kaum an zwei Stöcken zu gehen. Aber in früheren Jahren, bevor ich in die Schule ging, konnte er sich noch zu den Häusern der Bauern hinschleppen, bei denen er im wöchentlichen Wechsel sein Mittagessen bekam. Später war er nicht mehr imstande, die Stöcke zu halten, und mußte beinahe kriechen, die Leute drehten sich kaum um. In der Gegend von Baden-Baden steigen wir auf einem Parkplatz aus. Ratlos stehen wir einen Augenblick in der milden Frühlingsluft der Oberrheinischen Tiefebene. Ratlos und unsicher. Bis ich die Meßtischblätter, Karten, Notizen, die Dokumente und Akten, alle Papiere über das Achertal und den Günzberg auf die verwitterte Tischplatte lege. Was wollen wir hier. Ich erinnere mich. Die schlaflose Nacht im Herbst. Die alte Zeitung. Und der eine Satz, der lebte und der Anfang einer längst vergangenen und ganz neuen Geschichte war: er vertierte allmählich. Eine Scherbe, an der man sich geschnitten hat. Angst. Schmerz. Und die Gier, alles zu wissen. Ob man im Bericht vom Gespenst am Schrofenfelsen den eigenen Urgroßeltern, Großeltern, Eltern, sich selber ins Gesicht sieht. Sind uns, frage ich dich, die Gefühle, Gedanken, Handlungen, von denen gesprochen wird, wirklich fremd, erkennen wir die Bilder nicht wieder. Weshalb erschrecken uns die Ahnungen, Erinnerungen, die alten Gewohnheiten und die alten Worte so stark. Das ist der Anfang. Dann erzählt man das Ganze noch einmal. Und richtig. Jetzt erkennen wir auch die Bedeutung, die alles hat, jetzt erkennen wir vielleicht sogar das eigene Gesicht im Spiegel der mit einer Geschichte überzogenen Landschaft, die diesmal ein kleines Tal unten im Schwarzwald ist. Nur wenn dieser Spiegel uns auf allen Seiten umgibt, wenn wir im Tal stehen und die Geschichte noch einmal und neu erleben, können wir nicht mehr zur Seite gucken oder die Augen schließen. Das bin ich. Das bist du. Die alten Geschichten. Wir davor und in sie verwickelt. Sie steigen aus Höhlen auf, die dicht unter der Erde oder in uns gähnen, als geheime Drohung. Er vertierte allmählich. So beginnt und endet beinahe immer, was uns bedrückt.

IV

Wer um die Mitte des Monats August achtzehnhundertachtundvierzig von der Eisenbahnstation Achern am Westrand des Schwarzwalds aus den unvergeßlichen Ausflug zu den romantischen Ruinen des Klosters Allerheiligen und seinen herrlichen Wasserfällen gemacht hat, wird ganz besonders das Wegstück genossen haben, das durch das reizende Kapplertal führt, immer längs der rauschenden Acher, die, eingesäumt von Felswänden und Erlen, ein bevorzugtes Standgewässer riesenhafter Forellen ist. Die Bewohner jener Gegend leben unterschiedlich gut von der Landwirtschaft, vom Weinbau und, weiter das Tal hinauf, von der Holzwirtschaft. Wie überall, wo der Reichtum der Erde ungleich verteilt ist, sei es durch starke Unterschiede in der Güte des Bodens, durch klimatische Bevorzugung unten im Tal und Benachteiligung weiter oben, sei es durch besondere Erbsitten, die den Besitz zerstückeln, durch viele Kinder oder aus ganz anderen Gründen, so wohnen auch im Achertal arm und reich dicht beieinander. Zum Beispiel liegt am Eingang des malerischen Tales, überragt von einer alten Burg, der Marktflecken Kappelrodeck. Mitten im Ort führt eine Brücke über die Acher, auf der jeder Wanderer einen Augenblick stillsteht und aufwärts nach dem Flüßchen schaut, das über große Felsblöcke weißschäumend und laut tosend hinunterstürzt und pfeilschnell unter der Brücke hindurchschießt, deren hölzerne Pfeiler der wilden Strömung nur unter Zittern Widerstand zu leisten vermögen. Dicht am Ufer, noch vor der Brücke, befindet sich das Löwenwirtshaus, zwar nur von hölzernem Überbau, aber zweistöckig, mit vielen Fenstern und hellem Anstrich und freundlich anzusehen. Der ganze Flecken macht den Eindruck einer Idylle, wie sie in unserem Land auch in den unruhigen Zeiten des Jahres achtzehnhundertachtundvierzig zahlreich zu finden waren und auf die sich, gefördert durch den unsicheren und fragwürdigen Gang der öffentlichen Dinge, die Blicke besonders der gebildeten und wohlhabenden Schichten begeistert und entspannt gerichtet haben. Leute, die damals in der Lage waren, Arbeit Arbeit sein zu lassen, vielleicht gar keiner Beschäftigung nachgingen und reisen konnten, den Harz entdeckten, die Alpen erschlossen, den Schwarzwald in Mode brachten: höhere Staatsbeamte, bevorzugte Hofbedienstete, wohlhabende Rentiers, reiche Erben, Professoren, der Adel, auch wenn es ihm nicht so gut ging, hofierte und erfolgreiche Künstler, privilegierte Nichtstuer. Aber auch wir. Suchen das Dach über dem Kopf.

Weil in den Städten der grollende Donner in Bewegung gerate-
ner Zustände zu hören war und bis in den Untergrund alles
leise erzittern ließ, kam es, daß gerade in jenen Sommer-
monaten, von denen die Rede ist, häufiger als früher kleine
und größere Gruppen von Reisenden das Tal der Acher hin-
aufstiegen. So mancher der Ausflügler, der zuhause den Un-
terhalt nicht durch seiner Hände Arbeit verdienen mußte,
sondern am Katheder stand, in der Behörde saß, inspizierend
über seine Felder ritt oder am Sekretär in der Wohnstube
Koupons schnitt und Kapitalzinsen berechnete, hat im Gespräch mit den Talbewohnern einem leichten Gefühl des
Neides, ja der Sehnsucht Ausdruck gegeben. Wie wunderbar
einfach ist es doch hier bei euch, ihr guten Leute. Er wußte
nicht oder wollte nicht wissen, daß seinen Gesprächspartn-
ern, den Bauern im Tal, manchen Winter, jeden fünften vielleicht, das Vieh aus Mangel an Heu zu verhungern drohte
und abgeschlachtet werden mußte, daß die Menschen selber
nicht satt wurden.

VI

Die Straße führt nach Osten, zuerst eine Strecke durch die
zersiedelte Rheinebene, dann ins Tal hinein, das anfangs breit
und von Hügeln begrenzt ist. An der Landstraße und auf den
Hängen stehen alte Apfel- und Birnbäume. Die vielen Wasserschößlinge und verdorrten Äste. Was das Pflücken allein
schon kostet, heißt es auch hier. Zwischen den sich selbst
überlassenen Plantagen in ihrem Reiz der Verwahrlosung er-
strecken sich vergessene Weinberge mit herabgebrochenen

Mauern und verfallenen Häuschen. Links der Straße, im Talgrund, viel Brachland, bereitgehaltene Erde im Wartezustand zwischen bäuerlicher und baulicher Nutzung. An manchen Stellen ist die Pflanzendecke schon abgeschält, über nackter Erde erheben sich Betonbrücken ohne Rampen, ohne Zusammenhang mit dem, was noch ist, was bald nicht mehr sein wird. Hier baut die Bundesrepublik Deutschland. Meterhohe Schilder. Eine Schnellstraße zur restlosen Erschließung des Gebirges wird auf den Schwarzwald zugebaut und in das sich verengende Tal getrieben. Schon haben sich beiderseits der Trasse, deren Verlauf nur an den Brücken, den übergroßen auf der Landschaft lastenden Gewichten, zu erkennen ist, Produktionshallen und Lagerhäuser kleinerer und mittlerer Betriebe angesiedelt. Der graue Beton leuchtet im Sonnenlicht durch die Bäume. Dann Kappelrodeck. In einer Gasse halten wir vor einem Schwarzwälder Holzhaus. Die Gardine am Fenster bewegt sich. Eine alte Frau kommt nach draußen. Sie hat Tracht an, der schwarze Rock hängt wie eine Glocke am Körper. Ihr graues Haar ist zu einem Zopf geflochten und kreisförmig auf dem Kopf festgesteckt. Sie hat einen braunen Milchkrug auf die Hausbank gesetzt und guckt uns unverwandt an. Einen Herzschlag lang habe ich die Hoffnung, die alte Frau mit dem selbstbewußten Blick, am Ende eines langen überschaubaren Lebens, könnte das letzte unüberwindliche Hindernis für das sein, was sich mit Baggern, Planierraupen, Betonmischern und Asphaltmaschinen das Tal hinaufarbeitet. Aber sie geht ins Haus zurück. Die Brücke über die Acher, aus Beton, hat keine hölzernen Stützpfeiler mehr. Und doch ist das Bild flußabwärts in hundertdreißig Jahren unverändert geblieben, bis heute: wildschäumendes Gebirgswasser über und zwischen rundgeschliffenen Steinen, ganze Polster von Stauden, die aus den Ritzen der

Ufermauern wachsen und beinahe den Wasserspiegel erreichen. Überhängende Bäume. Breite Büsche. Die kleinen Täler im Land. Jedesmal, wenn wir eins gesehen haben, erwähnen wir den abgeschiedenen Winkel in langen Briefen an
Freund und Feind. Vor der Brücke macht die Straße eine
scharfe Kurve. Zurückgesetzte Häuser bilden eine Art Platz.
Dort, links von der Straße und dicht am Bach, das Löwenwirtshaus. Kein hölzerner Überbau mehr. Alles gemauert,
verputzt. Im Keller eine Discothek: Schmiedledick. Die Wa-
genräder, Sandsteintröge, aufgesägten Bierfässer voller Gera-
nien verraten ebenso wie ein Wegweiser für Fußgänger vor
dem Löwen, daß man in Kappelrodeck vom Fremdenverkehr lebt. Schilder weisen zum Kurpark, zum Minigolf und
zum Trimmdichpfad, zu Schwimmbad, Stadion und Wasser-
tretstelle, zum Fremdenverkehrsamt.

VII

Auf der mäßig ansteigenden Landstraße kommt man in kaum
einer Viertelstunde nach Furschenbach, einem kleinen, aus
etwa dreißig zerstreuten Bauernhöfen bestehenden Dorf.
An der Straße steht eine Mühle, gegenüber das Rebstockwirtshaus, und ungefähr fünfzig Schritte von diesem entfernt
befindet sich das niedrige rotangestrichene Rathaus. Die
Höfe liegen auf Vorhügeln oder in schmaleren Seitentälern,
jeder ist ein größeres oder kleineres Reich für sich mit Wiesen, Feldern und Weinbergen, zu denen die tannenbestande-
nen hohen Schwarzwaldberge einen schönen Hintergrund
bilden.

Aus der Mühle ist eine Papierfabrik geworden. Den Steinbruch daneben gab es früher nicht. Wirtshaus und Rathaus sind leicht zu finden. Auf dem Vorplatz spielen Kinder. Sie grüßen freundlich und lassen sich ausfragen. Das Dorf habe sich sehr verändert in den letzten Jahren. Die Schule sei nach Kappelrodeck verlegt worden. Auch die Bücherei. Die Geschäftsleute, nämlich der Bäcker, der Fleischer, der Lebensmittelhändler, hätten keine Nachfolger gefunden. Die großen Supermärkte unten in der Ebene. Sogar der Tischler habe sein Handwerk abgemeldet. Der Schuster ist beim Wasserwerk beschäftigt. Einen Gesangverein gebe es seit zwei Jahren nicht mehr, der Fußballklub habe sich aufgelöst. Im Dorf sei nichts mehr los. Aber der Verkehr auf der Straße werde immer stärker. Ein alter Mann, der mit einem Hund an der Leine die Straße heruntergekommen ist, stellt sich zu uns. Es seien noch ein paar Bauern im Dorf. Die meisten Leute arbeiten außerhalb, in der Stadt oder weiter weg. Man vermietet auch Zimmer. Aber der Ertrag daraus ist noch mehr als die Landwirtschaft vom Wetter abhängig. Ein Tag Regen, und alles reist ab. Manche Männer sind im Winter beim Holzeinschlag beschäftigt. Was einer heute auch immer macht, womit er sein Geld verdient, sagt der alte Mann, wenn er noch einen Acker in seinem Besitz hat, fühlt er sich immer als Bauer. Ob es reiche Landwirte im Dorf gibt. Ja, die gibt es. Wer der reichste ist. Der Günzbergbauer. Dem gehört das ganze Land da oben.

IX

Der reichste aller Höfe ist seit jeher der Günzberg. Links von der Landstraße liegt er auf einem sanft ansteigenden Hügel. Das große Wohnhaus, Scheune und Stallungen unter demselben mächtigen Strohdach. Etwas seitwärts, neu gebaut, das Leibgedingshäuschen. Oberhalb schöner Wald von gemischtem Schlag, kaum dreihundert Schritte vom Hof entfernt. Rings um das Gehöft und über den breiten Abhang des Hügels hinab die üppigsten Felder, ein sorgfältig gepflegter Weinberg nach Süden zu und darunter bis tief in das kleine Seitental hinein wohlkultivierte, von Bergwasser durchflossene Wiesen, die bis an die Straße reichen.

X

Man fährt durch Furschenbach. An der Straße ein Wegweiser: Haus Günzberg, Fremdenzimmer, fließend kalt und warm Wasser. Der geschotterte Weg biegt links ab, geht an einer Sägemühle vorbei und führt zwischen Bach und Waldrand ein kleines Seitental hinauf. Die Wiesen sehen saftig, aber nicht sauer aus. Nach einigen hundert Metern verschließt Wald das Tal. Der Weg wendet und führt nun den Hang hinauf zum Hof. Du siehst nur Wiesen, Wald und Apfelbäume. Über dir ein weiter Himmel. Stille. Keine Felder. Der Weinberg ist verschwunden. Auf den Dächern des Hofes Ziegel statt Stroh. Das Wohnhaus ist frisch gekalkt und hat ein ausgebautes Dachgeschoß. Der Bauer heißt Kapp und will von nichts wissen.

Mitte August achtzehnhundertachtundvierzig war der Bauer Johann Kapp Eigentümer des Günzberges, der seit vielen Generationen der Familie gehörte und stets auf den ältesten Sohn vererbt wurde. Johann Kapp, ein starker und gesunder Fünfziger, hatte mit seiner Frau, der Marianne Doll, Tochter des wohlhabenden Dollebauern vom Sohlberg, durch angestrengten Fleiß und ruheloses Schaffen den Günzberg zum Gedeihen gebracht. Er zählte zu den angesehensten reichsten Bauern im Tal, und im Gemeinderat galt seine Stimme am meisten, obwohl er gar nicht Bürgermeister war, sondern dieses Amt abgelehnt hatte. Ich vertrete meine Interessen viel lieber im stillen, hatte er seinem Schwiegervater gesagt, und ich will auch nicht, daß jeder Dahergelaufene auf den Günzberg kommen und herumschnüffeln kann, nur weil ich der Bürgermeister bin und er mich zu sprechen wünscht. Die vielen Landarbeiter mit ihren schnellen Augen und frechen Mäulern machen mir schon genug zu schaffen. Je mehr Leuten ich Lohn und Brot gebe, desto weniger bin ich Herr im eigenen Haus. Wie oft habe ich mir schon einen ganz kleinen Hof irgendwo im Verborgenen gewünscht. Kapp hielt die Augsburger Nachrichten und wußte, was in der Welt vorging. Außerdem bekam er manchmal Briefe aus Karlsruhe, von einem entfernten Verwandten seiner Frau. Der Oberrechnungssekretär an der Hofkanzlei hatte ihn erst kürzlich auf die keimenden Bestrebungen des mittellosen Landvolks und gewissenloser Politiker hingewiesen, den großen Landbesitz aufzuteilen. Wer sagt Dir denn, daß sie vor Deinem Günzberg haltmachen. Darum Achtung. Die Hofbäuerin, damals dreiundvierzig Jahre alt, erfreute sich ebenfalls eines unbescholtenen Rufes. Sie war früh und spät am Werk, rastlos fleißig und tätig. Im ganzen Tal galt sie als unersättlich im Zusammenraffen und Anhäufen und hatte darüber hinaus den bedenkenlosen Hochmut der Großbauern, der auf Unbemittelte, Landlose und Landarme mit deutlicher Geringschätzung und Verachtung hinunterschaut. Land. Land, rief die Bäuerin immer wieder. Land muß einer haben. Wer das nicht hat, wer davon nicht genug hat, der ist arm dran, ach Gott. Wer ist der schon. Ein Nichts. Ein Niemand.

XII

Aus der Ehe waren zehn Kinder hervorgegangen, von denen aber nur drei Söhne am Leben geblieben waren. Der Älteste, Johann, dreiundzwanzig Jahre alt, hatte bereits achtzehnhundertsechsundvierzig die wohlhabende, acht Jahre ältere Löwenwirtin in Kappelrodeck geheiratet. Der zweite Sohn, der neunzehnjährige Bernhard, und Xaver, der Jüngste, zwölf Jahre, lebten bei den Eltern auf dem Hof. Bernhard, in Aussicht genommener Hoferbe, galt als einer der tüchtigsten und fleißigsten Bauernsöhne im ganzen Achertal. Wenn man, erinnerte sich der Untersuchungsrichter später, durch das Tal fuhr und hoch oben den Hof sah, kam er einem wie eine Burg aus Reichtum und Glück vor. Und selbst Staatsdiener wie ich, die durch ihre Tätigkeit bei Gericht gelernt haben, hinter die Masken und Vorhänge zu sehen, konnten sich eines Neidgefühls nicht immer erwehren. Ich muß sogar gestehen, daß ich gerade im Jahr achtundvierzig manchen merkwürdigen Gedanken gehabt habe, wenn ich am Günzberg vorbeikam. Denen da oben nützt also deine Arbeit, das sind die Nutznießer der Ordnung, die wir aufrechtzuerhalten uns so angestrengt bemühen. In der Art. Aber mit den Zeiten haben sich auch meine Gedanken wieder gemäßigt.

XIII

Neben dem breiten gut unterhaltenen Fahrweg zum Günzberg, der nicht weit vom Schrofenfelsen mit seinem Bildstock von der Landstraße abbiegt, gibt es noch einen zweiten Zugang zum Hof. Unweit des Furschenbacher Rathauses zieht sich nämlich ein Fußweg den Hügel hinauf und zum Günzberg. Dicht hinter dem Dorf führt er an einer niedrigen zerbröckelnden Mauer entlang, dem letzten Rest eines ärmlichen Häuschens, das zwei Jahre nach dem schrecklichen Ereignis auf Betreiben der Günzbergleute abgebrochen worden ist. Der Knecht erzählt, daß es von einem Tag auf den anderen ganz billig angekauft wurde. Der Stall muß weg, hatte die Bäuerin immer geschrien. Kaum waren sie mit dem Kaufvertrag in der Tasche vom Notar zurück, da mußte ich mit drei Mann und Hacke und Schaufel losziehen und das Häusle demolieren.

XIV

Die Hütte hatte nur zwei kleine feuchte Stuben und eine winzige Küche. Achtzehnhundertachtundvierzig wurde die rechte Stube von der Witwe Priscilla Schnieder, die linke aber von der ledigen Landarbeiterin Monika Scheible bewohnt. Die Scheible Monika war viel jünger als ich, erzählt die Witwe Schnieder, so um die neunundzwanzig, aber alle, die sie gekannt haben, beschreiben sie wie ich. Kräftig, blühend. Von schönstem Körperbau. Mit stets fröhlichem anmutigem Gesicht. Beide waren wir ganz arme Tagelöhnerinnen. Arm, aber fleißig und ehrlich. Während ich, obwohl allein auf der Welt und ohne jede Verantwortung für irgend jemanden, oft niedergedrückt war von den Umständen, in denen ich so gut wie die Monika leben mußte, war sie trotz ihrer beiden Kinder ein viel unbeschwerteres Gemüt, sie lachte gern und häufig. Dabei hatten wir nicht immer satt zu essen. Sie so wenig wie ich. Im Winter, wenn es keine Arbeit gab. Aber schon im Herbst, kaum waren die letzten Felder abgeerntet, mußten wir bis in den April hinein an den Hoftoren klopfen und um Arbeit betteln. Was wir da gehört haben. Je größer der Hof, desto gotteslästerlicher die Worte. Die Monika ist dann oft in die Stadt, nach Achern, hinuntergegangen. Wenn sie mit einem Laib Brot zurückkam, den ihr irgendwelche mitleidigen Menschen geschenkt hatten, wenn sie ihn auseinandergeschnitten und mir die Hälfte gegeben hatte, war sie schon wieder fröhlich und guter Dinge. Nur einmal, im letzten Winter, als es gegen Abend in ihrer Stube ganz ungewöhnlich still war, fand ich sie am Bett der Kinder unbeweglich auf dem Stuhl sitzend. Ich bin sehr erschrocken und habe ihr die Kerze vor die Augen gehalten, die offen und ganz stier waren. Ich mußte sie mehrmals anrufen, ehe sie zu sich kam. Damals sagte sie: kommt der Tag, so bringt der Tag, und nach einer Pause: aber wann. Dann hat sie sich an mich geklammert und bitterlich geweint. Ein elendes Leben ist das. Da kann einer denken und sprechen und fühlen und singen und ist doch schlechter dran als die Tiere. Die können sich, was sie brauchen, nehmen, wo sie wollen. Und wir. Haben nur uns selbst, unser elendes Bett in der Kate und dürfen nichts anderes tun, als daß wir versuchen, die Kraft in unseren Armen und Beinen zu Geld zu machen. Wenn wir Glück haben, fährt die Witwe fort, sind wir ebenmäßig und schlank gewachsen und haben ein anmutiges fröhliches Gesicht. Wie die Monika. Aber wo hat das hingeführt. Monika Scheible hatte bereits zwei uneheliche Kinder von im Tal unbekannten Vätern und war erneut schwanger. Ich habe, sagt die Witwe, ihr immer zugeredet. Geh nur und sei lustig, habe ich zu ihr gesagt. Man kann ja nicht immer so elend leben, das hält man nicht aus. Wie konnte ich denn ahnen, was für ein Ende das nehmen würde. Dagegen behauptet der Untersuchungsrichter, der leichte Sinn der Scheible habe sich weder wegen ihrer Armut noch wegen der Schwangerschaft, am wenigsten wegen der Hilfsbedürftigkeit der beiden Kinder große Gedanken gemacht. Sie lebte, sagt er, wie es ein hier vorliegendes nachträgliches Zeugnis des Ortsgeistlichen feststellt, nach dem Motto: kommt der Tag, so bringt der Tag. Kommt Zeit, kommt Rat. Ich mußte beinahe lachen, als ich die launige Ausdrucksweise des Pfarrers las, denn sie wurde ja tatsächlich tageweise beschäftigt und auch tageweise bezahlt. Im Sommer, meine ich. Wer weiß, wovon sie im Winter gelebt hat. Man kennt diese einfachen einfältigen Mädchen auf dem Lande einerseits und die sittenlosen Zustände dort andererseits. Dem gefälligen Mädchen macht der Bursche schon einmal Geschenke. Er bringt schon einmal eine Wurst mit zum Stelldichein. Wurde Monika Scheible auf die dritte Schwangerschaft hin angesprochen, so gab sie den Bernhard Kapp, den mittleren Sohn und Hoferben des Günzberghofes, als Vater an. Sie nannte die Bäuerin ihre Schwiegermutter.

So geht das nicht weiter, rief die Bäuerin, als sie in die Stube trat, in der die Söhne am Tisch saßen, die Karten in der Hand. Wie ich vorhin vom Markt gekommen bin, hat das Weib vor seiner Tür gestanden. Guten Tag, Frau Schwiegermutter. Da bin ich aber an sie gegangen. Du hast dich doch nicht etwa an diesem hergelaufenen Bettelweib vergriffen, fragte der älteste Sohn. Ohrfeigen machen die längst nicht mehr still. Und ihr seid doch meine Schwiegermutter, hat sie mir hinterhergerufen. Jetzt ist Schluß. Dann stopfen wir ihr das Schandmaul, sagte Johannes. Wie, fragte Bernhard, sie läßt mich nicht los. Mit Geld. Nimmt sie nicht. Verklag sie auf Ehrabschneidung. Hab ich doch. Dann droh ihr. Womit. Ja fällt dir nichts ein. Nein. Prügle sie durch. Große Reden hat er geführt, rief die Bäuerin, und als es soweit war, als er sie mit einer Tracht Prügel zu Verstand hätte bringen können, hat er ihr lieber den Rock hochgehoben. Dann häng sie ab, sagte Johannes. Wie, abhängen. Wirf sie in ein Loch, das liederliche Weibsstück. Tu sie ab, es fragt kein Aas nach ihr. Denn ehe die mit ihren Bankerten hier oben in mein Vaterhaus einzieht, komme ich zurück. Und übernehme den Hof. Dann sitzt du schön da. Keinen Kreuzer bekommst du dann. Du bist doch der Löwenwirt. Richtig, schrie Johannes, ich bin der Löwenwirt. Aber ich bin auch der Älteste auf dem Günzberg. Vergiß das nie.

Solche Gespräche fanden auf dem Günzberg beinahe täglich statt, meist kurz vor dem Schlafengehen, wenn der Bauer, der von nichts wußte, noch einmal über den Hof ging und nach allen Tieren sah und alle Tore verriegelte. Dann saßen die drei, Bäuerin, Johannes, Bernhard, am großen Tisch, Ellbogen auf die weißgescheuerte Platte aus Lindenholz gestützt, vornübergebeugt. Eine einzelne Kerze brannte, und die Wanduhr tickte überlaut. Nach einer Weile kam der Bauer zurück ins Haus, nickte der Runde zu und tappte über die Treppe nach oben ins Schlafzimmer. Das Gespräch ging weiter, stundenlang, jede Nacht. Gegen eins stieg Johannes Kapp endlich ins nahe Kappelrodeck hinunter. Im großen Haus auf dem Berg lagen Mutter und Bruder noch lange wach. Sie starrten in die Finsternis und hörten das Vieh in den Ställen und die Eulen am Waldrand und fühlten, wie ihr Herz von Ahnungen zusammengepreßt wurde, die sich nicht in Worte fassen ließen, aber etwas mit der wachsenden Erkenntnis zu tun hatten, wozu dergleichen Gespräche jemanden, der sich über längere Zeit hinweg an ihnen beteiligt, würden bringen können. Wenn die einzieht, klang es Bernhard im Ohr, könnt ihr die Sachen packen. Dann übernimmt die hier die Macht. Und mit ihr das ganze dahergelaufene Arbeitsvolk. Ich kenne das Miststück. Sie muß weg. Tu sie ab. So oder ähnlich erzählt sich die alte und doch ganz neue Geschichte, in der Johannes, Bernhard, die Bäuerin, du und ich vorkommen, unsere Gedanken, Gefühle, das Gurgeln des Alltags, der grausamen Gewohnheit.

XVII

Der fünfzehnte August war ein Sonntag, sagte die Witwe Schnieder. Schlimme Nacht mit Zahnschmerzen. Ich stand früh auf, weil ich Futter für meine Ziege schneiden wollte, ohne dem Feldhüter in die Arme zu laufen. Der Kerl hat es auf mich abgesehen. Vor Tagesanbruch war ich in der Küche und schnitt mir ein Stück Brot ab. Da hörte ich die Kinder der Monika laut weinen. Ich ging auf den Flur und in die Stube, wo ich nur die Kleinen fand. Sie schrien nach der Mutter und waren sehr hungrig. Stuben- und Haustür standen offen, auch der Fensterflügel mit dem papierverklebten Loch in der Scheibe war nicht eingehakt. Ich gab den Kindern das bißchen Brot aus dem Schrank, schickte sie wieder ins Bett, nahm Sichel und Sack und machte mich auf den Weg. Als ich mit dem Gras zurückkam, waren die Kinder immer noch allein.

XVIII

Hast du schon gehört. Was. Wer verschwunden sein soll. Wer. Die Scheible. Welche Scheible. Die Monika. Was. Die Schnieder läuft herum und erzählt es. Ist sie aus dem Weg. Vorsicht. Was die Bäuerin wohl für ein Gesicht macht. Ich habe sie schon gefragt, die Monika Scheible ist verschwunden, habe ich gesagt, man sucht überall nach ihr. Da ist für keinen Groschen Ware verloren, hat sie zur Antwort gegeben.

XIX

Anfangs dachten alle, die Scheible habe irgendwo im Wald mit einem Liebhaber übernachtet, aber dann suchte man doch nach ihr und fragte, immer besorgter, überall im Dorf und auf den Einzelhöfen nach, vergeblich. Am Abend stellte der Bürgermeister von Furschenbach einen Suchtrupp zusammen, der die ganze Nacht hindurch und auch am Montag noch Felder und Wälder durchkämmte. Aber erst am siebzehnten August gegen ein Uhr mittags fand Paul Köninger, der Hexenmeister von Furschenbach, wie er genannt wurde, die Leiche der Scheible im Bergwald etwa dreihundert Meter oberhalb des Günzberghofes. Die Tote hatte nur Rock und Hemd an. Unterkörper entblößt. Um den Hals war ein Kälberstrick geschlungen. Das Ende des Strickes hatte man so an eine in der Nähe stehende junge Buche geknotet, daß der Strick Hals und Kopf der Leiche einige Zentimeter über dem Boden hielt, während der übrige Körper fest auflag. Der Gerichtsarzt sprach schon am Fundort von Gehirnschlag, hervorgerufen durch Strangulation, und davon, daß die Scheible allem Anschein nach durch Erhängen ihrem Leben ein Ende gemacht habe. Sie war, wie sich herausstellte, im fünften Monat schwanger.

XX

Kaum war die Leiche der Scheible gefunden, kamen die ersten Gerüchte auf. Was die Bäuerin wohl zu der Sache sagt, fragte die Witwe Schnieder. Für keinen Groschen Ware verloren, antwortete die Magd. Denn kein Mensch ist mißtrauischer als der Landbewohner, und keiner ist argwöhnischer als der Arme, wenn der Verdacht eines Verbrechens einen Reichen trifft. Der Arme, sagt der Untersuchungsrichter, kennt den Einfluß des Wohlhabenden in der Gemeinde ganz genau, er selbst muß sich dauernd vor der Macht des Geldes und des Besitzes beugen. Darum kann er sich auch des Gedankens nicht erwehren, daß für den Reichen ein anderes Gesetz gelte als für ihn, den Armen, und daß der Reiche sich aus jeder Klemme und Verlegenheit herauszuhelfen wissen werde. Diese alten und ganz neuen Geschichten, diese alten und ganz neuen Gefühle. Ob das Recht oben oder unten ist. Und das unzerstörbare Bild des Guten, das wir in uns tragen.

XXI

In der zweiten Augusthälfte des Jahres achtzehnhundertachtundvierzig wurde im ganzen Tal geflüstert. Sie ist ermordet worden. Man hat sie aus dem Weg geschafft. Nur vom Günzberg konnte das Unglück gekommen sein. Hatte Monika Scheible nicht den Bernhard Kapp als Schwängerer angegeben. Hatte er sie nicht als Verleumderin belangt. War die Herrin des Hofes nicht im höchsten Zorn über die werdende Mutter hergefallen. Der Untersuchungsrichter äußerte eine andere Meinung. Zwar habe der Hütejunge vom Günzberg seinen seit mehreren Tagen vermißten Kälberstrick am Hals der Leiche gefunden. Und alles, was für einen Mord und damit gegen die Kapps gesprochen habe, sei von der Untersuchung erwogen worden. Aber dann beschwor der Lorenz Falk, Knecht auf dem Günzberg, der Bernhard Kapp, mit dem er in einer Kammer schlief, habe in der Nacht vom vierzehnten auf den fünfzehnten August nicht eine Minute lang Stube und Haus verlassen. Der Gerichtshof, dem wir die

Akten vorlegten, ordnete den Schluß der Untersuchung an. Der Tatbestand eines Verbrechens liege nicht vor. Ich gestehe, daß mir diese Entscheidung in jenem unruhigen Sommer sehr lieb war. Böses Blut zwischen oben und unten, arm und reich, Obrigkeit und Untertanen gab es anderswo genug. In unserer Gegend konnten wir dergleichen nicht auch noch brauchen. Und es war zu hoffen, daß sich die Gemüter, wie schon so oft, bald beruhigen würden. Die Bevölkerung unterwarf sich schweigend. Mußte sich schweigend unterwerfen. Denn die Günzbergherrschaft war schnell zur Hand mit kostspieligen Verleumdungsklagen. In solchen Fällen weicht das Volk aus. Die einfachen Leute setzen ihre Phantasie ein, um die Dinge ins Gleichgewicht zu bringen, um das Recht wenigstens im Traum wiederhergestellt zu finden. Niemand sah mehr mit neidischen Blicken zum reichen Günzberg hinauf. Schweigend und gedrückt gingen die Talbewohner auf der Straße vorbei, ohne wie noch vor kurzer Zeit die prachtvollen Felder und Weinberge, die stattlichen Gebäude zu bewundern. Man beschleunigte auch, wenn es dunkel geworden war, die Schritte, um schnell am Häuschen der sang- und klanglos begrabenen Monika Scheible vorüberzukommen. Vor dem Bildstock des Schrofenfelsens schlug jedermann sogar ein Kreuz. Und bald verbreitete sich im ganzen Tal die Nachricht, um Mitternacht schwebe dort der gespenstische Schatten einer weißgekleideten Frau mit einem Kind im Arm auf und nieder. Das sei die Monika, die im Grab keine Ruhe finden könne, bevor nicht der Mörder gefunden wäre. Die Sage wurde immer farbiger und genauer, immer länger auch, immer verwickelter. Nach wenigen Jahren hörte ein durchreisender Privatgelehrter aus Sankt Ingbert namens Oberhauser sie ausgerechnet im Löwenwirtshaus zu Kappelrodeck, wo er über Nacht untergekommen war und sich vor dem Schlafen-

gehen noch auf einen Schoppen und ein Käsebrot in die Gaststube gesetzt hatte. Er durchwandere die Lande und suche
Stoffe für einen deutschen Sagenschatz, den er veröffentlichen
wolle. Oh, sagten die Einheimischen, da kenne man auch so
eine Sage, nicht alt freilich, dafür aber wahr. Und wißt ihr,
Herr, wer da abseits am kleinen Tisch an der Wand sitzt, stundenlang ohne ein Wort vor sich hinstarrt und ein Glas nach
dem anderen trinkt, bis Frau und Hausknecht ihn ins Bett
bringen. Wißt ihr, wer das ist. Das ist der Wirt hier, der Älteste
vom Günzberg. So die Einheimischen. Spät in der Nacht noch
schrieb der Reisende, bei Kerzenschein und auf der Bettkante
sitzend, die Sage vom Gespenst im Kapplertal auf, wie gehetzt, um nur ja nichts zu vergessen. Dann kam ein Poltern
die Treppe herauf, eine grobe Stimme lallte laut, dieses Leben,
dieses Leben, konnte er ganz deutlich hören, eine Tür fiel zu,
und es wurde still. Oberhauser blies die Kerze aus, legte sich
hin und hörte das Rauschen der Acher unter dem Fenster.

XXII

Als die Sage vom weißen Gespenst im Deutschen Sagenschatz
des Privatgelehrten endlich erschienen war, hatten die Talbewohner ihre Geschichte schon so weit fortentwickelt und
ausgeschmückt, daß der abgedruckte Text wie ein plumper
simpler Entwurf wirkte. Das Volk ist schneller als die Kunst,
sagte Oberhauser seufzend zu seiner Frau, nachdem ihn ein
Brief des Untersuchungsrichters, mit dem er seit seiner Fußreise befreundet war, davon in Kenntnis gesetzt hatte. Natürlich, schrieb der Untersuchungsrichter, drang das Gerede bis
an mein Ohr. Zumal ich das auf höhere Weisung hin weit
offenhielt. Kam es doch darauf an, die weitere Entwicklung

zu verfolgen und sie notfalls zu lenken. So ließ ich von Zeit zu Zeit Leute aus dem Tal, wenn sie hier bei Gericht zu tun hatten, auf mein Büro führen und fragte sie aus. In Kappelrodeck hatten wir auch zwei, drei zuverlässige Leute sitzen, die einmal alle vier Wochen zum Rapport kamen. Und der dortige Pfarrer verfaßte mir jedes Vierteljahr einen Bericht, der in zwei Teile gegliedert war. Der erste schilderte stets den weiteren allgemeinen Verlauf der Sache, der zweite ging auf die augenblickliche Lage aller verwickelten und betroffenen Personen ein und nahm selbst die Kinder der Toten nicht aus, die übrigens, nachdem sie im Dorf herumgestoßen worden waren und niemand sie wirklich haben wollte, weil sie zur Arbeit noch nicht taugten, nach Karlsruhe in das Waisenhaus gebracht wurden, Leben, die im Sand versickern. Durch diese Berichte erfuhr ich manches. So auch, daß der Verkehr der Talbewohner mit dem Günzberg, der nie sehr stark gewesen war, fast ganz aufgehört hatte. Höchstens an hohen Feiertagen ließen sich die Günzberger in der Kirche sehen. Nach dem Gottesdienst traten sie dann als geschlossene Gruppe sofort den Heimweg an. Endlich, zwei Jahre nach dem Tod der Scheible, kauften die Kapps das Armenhaus, setzten die Schnieder auf die Straße und ließen es abreißen. Auch wegen des Ankaufs des Schrofenfelsens wurde verhandelt. Er sollte gesprengt werden, angeblich, um die Landstraße erweitern zu können. Dann ließ achtzehnhunderteinundfünfzig der Knecht Lorenz Falk vom Günzberg über seine Bäuerin bei uns anfragen, ob wir ihm die Auswanderung nach Amerika gestatten würden. Da es mehrmals im Rebstockwirtshaus zwischen dem Alibizeugen Bernhard Kapps und der Dorfbevölkerung zu tätlichen Auseinandersetzungen gekommen war, bei einer derselben hatte Falk sogar notgedrungen sein Messer ziehen müssen, hielten wir nach Rücksprache mit unserer vorgesetzten Behörde seine Entfernung aus dem Tal für günstig und gestatteten nicht nur sein Vorhaben, sondern versuchten es auch nach Kräften zu fördern. Was hier gebrannt hat, schloß der Untersuchungsrichter, ist längst zu Asche geworden. Ein Jahr später starb auf dem Günzberg Johann Kapp, der Hofbauer. An jenem düsteren Nachmittag im November, an dem er begraben wurde, jagte ein eisiger Wind den Schneeregen fast waagerecht über den Boden. Noch einmal versammelte sich das ganze Tal, arm und reich, hoch und niedrig, auf dem Hof. Die stolzen alten Bauern mit ihren silbergeknöpften Bratenröcken standen neben Tagelöhnern in Arbeitskluft, man sah Bettler, die Dorfarmen, sogar fahrendes Volk. Jedermann hatte den bäuerlichen Patriarchen hoch geachtet, und niemand hätte es gewagt, keinem wäre es in den Sinn gekommen, an den Toten den Makel des geringsten Verdachtes zu hängen. Der nicht. Nie im Leben. Aber die andern. Der letzte gute Geist ist vom Hof. Jetzt hat die Alte das Regiment. Nur wenige Wochen vergingen, und der Pfarrer konnte wieder Neuigkeiten melden: die verwitwete Bäuerin hatte sich dem Trunk ergeben. Sie zieht wie eine Furie durchs Haus, heult und lärmt. Beim Tischgebet, wenn Mägde und Knechte am Tisch versammelt sind, stürzt sie fluchend aus der Stube und schlägt mit den Türen. Den ganzen Tag bis spät in die Nacht nur Schimpfen und Toben. So verstrich die Zeit. Vier Jahre gingen ins Land. Das Gespenst war in aller Munde und fing an, in ganz Süddeutschland vom Bodensee bis zum Main eine Berühmtheit zu werden. Vom Pfarrer und einigen Gerichtspersonen aus der Stadt mit der Drohung unverzüglicher Entmündigung erschreckt, übertrug die Bäuerin den Hof ihrem zweitältesten Sohn Bernhard, zu dessen Gunsten der Löwenwirt auf seine Rechte verzichtet hatte. Kaum war das Anwesen überschrieben, heiratete Bernhard Kapp die Tochter des Bürgermeisters aus Seematt. Das war am zehnten Februar achtzehnhundertsechsundfünfzig. Die Dienstleute auf dem Günzberg staunten und trugen ihre Verwirrung ins Tal. Die Hochzeit war nicht, wie sonst bei uns Sitte, im Wirtshaus. Auch nicht in Seematt. Auf dem Günzberg wurde gefeiert. Die Braut war reich, der Bräutigam war reich, es gab nur vom Besten, aber Brautpaar und Gäste blieben still und trübselig, schlimmer als auf einem Leichenschmaus, wo doch auch einmal gelacht wird. Bei der Hochzeit: nichts davon. Der Bernhard saß bleich am Tisch und hatte nur Augen für die Alte, die Glas auf Glas trank und mit Gewalt aus dem Saal geschleppt werden mußte. Der Löwenwirt konnte auch nicht allein ins Schlafzimmer hinaufgehen. Und die Braut machte immer nur ein ganz trauriges Gesicht. Du armes Mädchen, mußte ich immerzu denken. Ja hat die denn nicht gewußt, was da los war, riefen die Leute. Ihr denkt wohl, die ist viel gefragt worden, der Vater hat mit dem Bernhard verhandelt, entgegneten Knechte und Mägde.

XXIII

Wenn man heute in der Abenddämmerung auf dem Fahrweg zum Günzberg steht, wenn man diese Gegend, dieses Tal und diesen Hof gefunden und mit den Menschen gesprochen hat, dann bekommt alles ein anderes Gesicht. Dann sieht man vielleicht aus dem Talnebel eine lange Reihe schwarzer Kutschen mit schönen Pferden die Landstraße von Furschenbach heraufkommen und nach dem Günzberg einbiegen. Man hört die großen Räder mit den eisernen Reifen im Kies mahlen, die mächtigen Pferde schnauben, die ledernen Zuggeschirre knirschen, die Silberbeschläge klirren, und man sieht ganz deutlich im ersten Fahrzeug einen ernsten schwergewichtigen, müde blickenden Bräutigam, eine schmale bleiche, schneeweißgekleidete Braut. In der nächsten Kutsche sitzt eine alte Frau mit gelblicher Haut und dünnem Haar, der Mund muß hart sein, neben sich hat sie einen ganz jungen Mann, der ihr den Arm um die Schulter gelegt hat und sie stützt. Dann kommt der Löwenwirt mit seiner Familie, dann die Leute aus Seematt, dann sind sie vorüber. Und alle haben in dem Moment, in dem sie von der Straße herunter und auf den Weg gefahren sind, den Kopf gedreht und mit ängstlichen oder trotzigen Blicken in Dämmerung und Nebel den Schrofenfelsen gesucht.

XXIV

Johannes und Bernhard sitzen in der großen Stube. Stundenlang hat ein später Schneesturm ums Haus gelärmt. Jetzt ist es draußen still. Gegen zwei am Morgen zerreißen die Wolken, der Mond steigt über dem Wald auf. Harte Schatten auf den Dielen. Füße im Licht. Meine Frau ist in Illenau gewesen, sagt Johannes, in der Irrenanstalt. Die würden sie nehmen, wenn das Gericht zustimmt. Es ist, wie es ist, antwortet Bernhard. Nach einer Weile sagt Johannes: wo sind nur die schönen, schönen Zeiten hin. Dann, nach einer weiteren Pause: weißt du noch, wie wir immer zusammen angeln waren. Pause. Endlich: wie schön das war, wenn wir an den Sommerabenden mit einer Flasche Wein oben am Waldrand gelegen und ins dämmrige Tal geguckt haben. Das ist vorbei, sagt Bernhard. Wenn ich daran denke, wie freundlich die Welt war. Sei still, das ist vorbei. Bernhard steht auf und holt aus der Küche einen neuen Krug Bier. Als er wieder am Tisch sitzt, sagt Johannes: ich muß dich was fragen. Ja. Ist es wahr, was in Kappelrodeck erzählt wird. Was. Daß der Falk aus Amerika zurückgekommen ist. Scheint so, hier hat er sich noch nicht gezeigt. Hast du nicht einen Brief von ihm bekommen. Wegen Geld, ja. Und. Was und. Hast du ihm welches geschickt. Ich. Geld. Keinen Kreuzer.

XXV

Am dritten März achtzehnhundertsiebenundfünfzig gegen Abend betrat der ehemalige Günzbergknecht Lorenz Falk das Löwengasthaus in Kappelrodeck und blieb mehrere Stunden. Zwei Tage später ging durch den Ort die Kunde, der Löwenwirt habe sich hoch oben in seiner Scheune aufgehängt. Zwischen der Rückkehr des Falk und dem Selbstmord des ältesten Kapp sah die Bevölkerung Zusammenhänge. Die allgemeine Unruhe wurde endlich so stark, daß man Ausschreitungen und Selbsthilfe der Talbewohner befürchten mußte. So sah sich das Gericht gezwungen, die Untersuchung wieder zu eröffnen. Man konnte nun nicht mehr übersehen, was im Tal allgemein bekannt gewesen, aber nicht aktenkundig geworden war. Daß die Leiche der Scheible nämlich an den Beinen Verletzungen gehabt hatte. Daß ein zerbrochener Kamm und ein zerrissenes Band gefunden worden waren. Wir mußten, hören wir den Untersuchungsrichter sagen, die Magd vorladen, was sollten wir machen. Die Frau wollte lange nicht sprechen. Endlich gab sie an, der junge Bauer sei immer ganz trübselig, oft sitze er allein in der Stube und weine still vor sich hin. Man kann sich das nicht vorstellen. Einmal habe ich ihm tröstend über das Haar gestrichen, da hat er sich umgedreht und gesagt: ich habe gefehlt. Und die Mutter. Und die Monika. Wenn das Kind von mir war, soll ihr Tod über mich kommen, wenn aber nicht, soll er auf ihre eigene Seele fallen. Jetzt erschien auch, weit über seine Jahre hinaus gealtert, Lorenz Falk in der gleichen Gerichtsstube, in der er vor neun Jahren das Alibi Bernhard Kapps beschworen hatte. Hast du, fragen die Leute einander, den Lorenz schon gesehen. Dem seine Messerfaust, die Schwurhand, du weißt schon. Der ganze Arm ist schlaff und hängt runter. Zweimal soll er ihn drüben gebrochen haben. Not und Elend haben ihn zurückgetrieben. Die Menschen dort sind ganz kalt und herzlos, hat er gesagt, nicht so wie hier. Warte nur ab, habe ich zu ihm gesagt, deine alten Freunde sind auch nicht mehr das, was sie mal waren. Dem ist nicht wohl in seiner Haut, sagten alle, das sieht ja wie das Werk der Vorsehung aus. Dieser Hinweis, vom Untersuchungsrichter an den Anfang des Verhörs gestellt, reichte aus, den Zeugen tief zu erschüttern. Gerade ging über den heimatlichen Bergen der Mond auf. Große helle Wolken flogen über den Himmel. Das laute Rauschen der alten Bäume vor dem vergitterten Fenster. Sturm aus Westen. Amerika. Mein Schwur damals, sagt Falk, ist falsch gewesen. Es war ein Meineid, ich will es nur gleich zugeben. Er hat zu mir gesagt: bei dir, Lorenz, ist mein Leben, du kannst mir heraushelfen, du kannst mich aber auch hineinbringen. Er war mein Freund. Seine Leute haben das nicht gerne gesehen, aber er hat zu mir gehalten. Was sollte ich machen. Wir schliefen in der gleichen Kammer, und wenn einer von uns Kummer hatte, haben wir nebeneinander im Bett gelegen und uns getröstet. Ich hatte nur ihn, und er hatte nur mich. Sein größter Wunsch war immer, fliegen zu können, wie die Vögel in der Luft. Manchmal wünschte er sich auch den Tod, denn, sagte er, die Seele, die zu Gott fliegt, ist wie ein großer ganz weißer müder Vogel, der mit sanftem Flügelschlag von der Erde aufsteigt. So hat er geredet. Weiter. Ich habe mich oft gefragt, woher er das alles hatte. War er jähzornig. Nicht ein bißchen. Wie ist er denn mit den Tieren auf dem Hof umgegangen. Lammfromm. Mit einer Engelsgeduld. Kaum, daß er den Knüppel schwingen und die Schweine aus dem Stall treiben konnte. Was war mit der Nacht nach dem vierzehnten August. Ich habe nicht die Wahrheit gesagt. Also war er fort. Er hatte mich gebeten, ihn um eins zu wecken. Hast du gefragt, warum. Das ging mich nichts an. Nachdem ich ihn geweckt hatte, ist er durchs Fenster aus der Kammer. Ich habe geguckt, es stand eine Leiter draußen. Nach vielleicht zwei Stunden kam er zurück. Er hat schnaufend geatmet und war wie verscheucht. Lag mit den Sachen auf dem Bett und konnte nicht einschlafen, schien mir. Er hat mich aber auch nicht angesprochen. Kaum dämmerte der Morgen, hat er die Leiter weggenommen, dann ist er vom Hof gegangen. Zum Frühstück war er wieder da. Man hat ihm nichts ansehen können. Wieviel Geld hast du bekommen. Er war mein Freund. Raus mit der Sprache. Alles auf dem Günzberg wäre zusammengebrochen.

XXVI

Der Untersuchungsrichter verhaftete den Lorenz Falk und ließ auch Bernhard Kapp und dessen Mutter festnehmen. Noch im späten Alter erzählte er lebhaft: die Mutter, eine kleine abgemagerte Frau mit hohlen, vom Trinken geröteten Wangen und mit stechenden Augen, erging sich in einer Flut von Schimpfworten, kaum daß ich den Namen Monika Scheible erwähnte. Mitleid hatte ich nicht mit ihr. Denn wenn wir auch durch unsere Tätigkeit die Ordnung der Welt bewahren helfen, ja als Gerichtspersonen sie in erster Linie aufrechterhalten, so müssen wir doch unbarmherzig eingreifen, falls Personen, die jeden Vorteil aus dieser Ordnung ziehen, sei es durch Geburt, Ausbildung oder Besitz oder durch alles zusammen, diese Ordnung außer Kraft setzen wollen, sobald sie ihnen nicht mehr in den Kram paßt. Man kann nicht mir nichts dir nichts hingehen und Leute aus der Welt schaffen. So einfach ist die Welt nicht. Da muß man sich schon mehr Gedanken machen, da muß man sich schon etwas Besonderes einfallen lassen. Und ein gleich wohlhabender Stadtbewohner, dessen bin ich sicher, hätte das auch getan. Aber diese Bauern hier draußen, und wenn sie noch so gut gestellt sind, noch so viel Land und Geld haben, bleiben doch immer irgendwie Bauern, engstirnig, unbeweglich. So kam es auch, daß der Mörder selbst, ein stattlicher Mann mit allerdings düsteren Zügen, aus einer größeren Sicherheit heraus, als wir erwartet hatten, und beinahe voll Hohn jede Schuld oder Mitschuld am Tod der Scheible von sich wies und dringend seine Freilassung verlangte. Lorenz Falk, Bernhard Kapp und seine Mutter wurden in Einzelzellen gebracht. Der Wärter bekam den Auftrag, die Gefangenen sich selbst zu überlassen. Er gab nur das Essen aus. Am dritten Tag schlug Kapp von früh bis nachts an die Zellentür, nach einer Woche war er ganz apathisch, am Ende der zweiten Woche bat er darum, verhört zu werden. Er erklärte, er fühle sich gedrungen anzuzeigen, daß sein verstorbener Bruder, der Löwenwirt, die Monika erdrosselt und ihm dies später anvertraut habe. Man unterbrach die weitläufige Erzählung mit keinem Wort, ließ ihn vielmehr ganz ausreden, nahm alles zu Protokoll und brachte ihn dann in seine Zelle zurück. Mit dieser Aussage hätte er nur als Beihelfer gegolten. Wieder wurde er eine Woche abgesperrt, wieder ließ er am Ende um ein Verhör bitten. Sagen Sie einmal, begann der Untersuchungsrichter, hat Ihnen der Löwenwirt auch erzählt, daß er die Scheible in jener Nacht mit Gewalt genommen hat. Bernhard antwortete mit einem erstickten Schluchzen. Oder war ihr jeder recht. Wars ihr egal, wenns nur ein Mann war. Nein. Nein, rief Bernhard, ich will ja alles sagen.

XXVII

Ich habe die Monika umgebracht. Wie das geschehen konnte, begreife ich nicht. Bernhard dachte nicht zum erstenmal über die fehlende Erinnerung nach, aber in dieser Nacht, in dieser Stunde war alles klarer und schrecklicher. Nicht er allein lebte ein solches Leben, sondern Hunderte, Tausende Menschen, das fühlte, das wußte er. Es kommt mir so vor, als wäre ich das gar nicht gewesen, als hätte ich nur davon gehört, als hätte es mir jemand beschrieben. Sie gefiel mir sehr. War immer guter Dinge, während ich oft trübe Gedanken hatte. Ich fühlte mich von ihr angezogen. Weiter habe ich nicht gedacht. Zuhause war immer alles so ohne Freude. Nie lachte mein Vater, nie habe ich gehört, daß meine Mutter ein Lied sang. Nachdem ihr Zustand auch auf dem Günzberg bekannt geworden war, bekam ich von der Mutter und vom Löwenwirt Vorwürfe über Vorwürfe zu hören. Schande und Spott würden über Hof und Familie gebracht. Wenn ich sie heiratete, was ich ja wollte, würde sie auf dem Günzberg die Herrschaft an sich reißen und alles ihren Freunden, den Armen, zustecken. Es waren höllische Monate. Tagein, tagaus, früh und spät diese Reden. Bis ich beschloß, entweder die Monika oder mich selbst umzubringen. Am vierzehnten August steckte ich nachmittags den Kälberstrick in die Tasche. Mein Entschluß stand fest: entweder sollte sie, oder, wenn das nicht ging, ich selbst an diesem Strick hängen. Nachts weckte mich der Falk. Ich lief zu Monikas Wohnung und rief sie ans Fenster. Dann lockte ich sie unter dem Vorwand, ihr die versprochene Abfindung zu geben, aus dem Haus. Von Heirat war nämlich nicht mehr die Rede. Wir gingen zusammen den Fußweg zum Wald hinauf, es war eine warme schöne Sommernacht, ich liebkoste sie, und auf der Stelle, wo sie später als Leiche gefunden worden ist, legten wir uns hin, küßten und vereinigten uns. Als sie anfing, vor Lust mit den Armen um sich zu schlagen, warf ich ihr den Strick über den Kopf, sprang schnell auf und zog mit aller Kraft. Sie griff sich mit den Händen an den Hals, es nutzte aber nichts, ich zog mit aller Kraft weiter am Strick und schlang ihn dann um ein Bäumchen, das dicht bei ihrem Kopf stand. Sie gab schon gar kein Lebenszeichen mehr von sich. Ein unsagbares Grauen überfiel mich. Wo war ich, was hatte ich gemacht. Ich rannte, ohne die Monika zu bedecken, so schnell ich konnte zum Hof, wo ich schweißnaß und atemlos ankam. Niemals ist bei uns auf dem Günzberg der Name Monika Scheible wieder ausgesprochen worden. Nicht die leiseste Frage haben sie mir gestellt, aber Mutter und Bruder wußten Bescheid. Es war furchtbar mitanzusehen, wie die beiden ihr Gewissen im Branntwein ertränkten. Die schönste Zeit meines Lebens war vorbei. Zwischen mir und der Welt hatte sich ein trostloser Abgrund aufgetan, und ich habe ihn nie mehr überbrücken können.

XXVIII

Gegen Morgen wurde seine Frau, die auf dem Flur die Nacht verbracht hatte, in das Verhörzimmer geholt. Sie stand, das sah der Untersuchungsrichter gleich, mit beiden Beinen im

Leben. Sie wußte, daß alles verloren war. Er konnte vor Rührung kein Wort sagen. Sie rief: aber warum ist denn früher nicht ordentlich untersucht worden, jetzt bringst du auch noch Frau und Kind ins Elend. Es wäre wohl besser gewesen, mehr brachte er nicht heraus. Dann weinte er lange. Großer kranker Vogel, der mit langem Flügelschlag zum letztenmal von der Erde aufsteigen und für immer wegfliegen will. Vergessen die Wände der Höhle, der harte Stein. So schlug sein Kopf gegen die Mauer. Und sie rief wieder: wie konntest du mich nur heiraten, mit deinen blutbefleckten Händen. Der Untersuchungsrichter ahnte, das war ein Auftritt, wie man ihn nie wieder vergißt.

XXIX

Am ersten Juli achtzehnhundertsiebenundfünfzig gaben die Geschworenen ihren Schuldspruch ab. Da die Todesstrafe in Baden während der Revolution abgeschafft und erst drei Jahre später wieder eingeführt worden war, verurteilte das Gericht Bernhard Kapp und seine Mutter zu lebenslänglicher Zuchthausstrafe. Seitdem hat niemand mehr das weiße Gespenst am Schrofenfelsen gesehen.

XXX

Wie berichtet wird, hingen die Gedanken, Erinnerungen und die ganze Sehnsucht des Gefangenen jahrein, jahraus am Günzberg.

XXXI

Erst als er eines Tages gehört hatte, daß seine Frau ihm untreu geworden war und ein taubstummes Kind zur Welt gebracht hatte, begann er abzustumpfen und vertierte allmählich.

XXXII

Noch bei Ausbruch des Ersten Weltkrieges soll er gelebt haben.

XXXIII

Er konnte nur noch lallen und aß aus seinem Napf auf allen vieren, wie ein Tier.

XXXIV

Was überlegst du.

XXXV

Wer wir sind.

Nördlich der Liebe und südlich des Hasses

Das Heute ist nur der jüngere Bruder vom Gestern.
Balzac

Wie oft hätte es zu einem Totschlag gereicht und hat doch
bloß zum Betteln um einen Kuß geführt.
Aragon

1 Ein Vormittag auf dem Land

Es ist Sommer und vormittags elf Uhr. Steinheim am Vogelsberg. Das Dorf ist noch still. Die Leute arbeiten in den Betrieben oder auf den Feldern, die Kinder sind in Schule und Kindergarten. Nur manchmal brüllt eine Kuh, kommt eine alte Frau in dunklem Kleid auf dem Weg zum Kaufmann die Gasse herunter. Schon das Frühstück mit Schwartenmagen. Ich blättere den Gießener Anzeiger durch. Gestern war Sängerfest im Ort, und heute kann ich die Fotos vom Festzug angucken. Die Gesichter sind so ernst, das ist mir gar nicht aufgefallen. Auch die schöngemalten Bilder auf den Traktoranhängern wirken undeutlich; ein grobes Raster. Die Wirklichkeit, und wie man sie wiederfindet. Oder Kunst und Wirklichkeit. Als die kleinen, glühenden Bimssteine wie ein Wolkenbruch auf Pompeji niedergingen, hatten die Einwohner keine Augen mehr für Statuen und Fresken. Ein weiterführender Satz fällt mir nicht ein. Wie schnell der Vormittag vergeht, wenn man am Schreibtisch sitzt. Man fängt an, nach der Uhr zu sehen. Habe ich in einer Stunde nichts geschrieben, beginne ich schon zu verzweifeln. Sechzig Minuten. Was da alles passiert. Vor vierzig Jahren hätte ich sagen können: Viertausendsechshundert Menschen sterben, und fünftausendvierhundert werden geboren. Während zwölfhundert Paare heiraten, stehen fünfundachtzig vor dem Scheidungsrichter. Durst und Sorgen einer Stunde spült die Menschheit mit eineinhalb Millionen Liter Wein, fünfhunderttausend Liter Bier und fünfzig Millionen Tassen Kaffee weg. Es geschehen zehn Morde, siebzehn Menschen werden überfahren und siebentausend Autos hergestellt; die gute alte Zeit. Fünfunddreißigtausend Pelztiere sterben. Schon damals. Während die Erde eintausendsiebenhundertsechsundsiebzig Kilometer zurücklegt, dabei einem Erdbeben und vier Gewittern ausgesetzt ist, reisen auf ihrer Oberfläche einskommaeins Milliarden Briefe und Postkarten mit Portokosten in Höhe von siebzig Millionen Mark, werden aus ihrem Inneren hundertzweiundzwanzigtausend Tonnen Steinkohle geholt und wird ihre Schönheit, der Wald, dadurch verringert, daß einskommasechs Millionen Zeitungen und Zeitschriften mit Fotos voller ernster Gesichter und undeutlicher Genremalereien gedruckt werden. Die Wirklichkeit so spiegeln, daß sie wahr wird. Aber die Zahlen für den 4. August 1978 kenne ich nicht.

Immerfort berufen wir uns auf Daten, Merksätze, Bücher, die zehn, vierzig, hundert Jahre alt sind. Wir sollten wissen, was um uns ist, was geschieht, wer wir sind, das vor allem. Daher ein Versuch. Das Festhalten an ihm. Daher der Versuch, seit vier Jahren immer wieder begonnen und immer wieder abgebrochen, einen Katalog von Stichworten aufzustellen, die ich mir auf Bahnfahrten, Spaziergängen, nachts im Bett überlegt habe, und meine dauernde Hoffnung, es könnten die Gedanken, Erinnerungen, Erlebnisse, Befürchtungen, Geschichten, die ich unter diesen Stichworten aufschreibe, schärfere Wiedergaben der Wirklichkeit werden. Wahr oder banal. Wahr und banal. Weder wahr noch banal. Wie ein Kaleidoskop eine annähernd unendliche Reihe verschiedener Bilder erzeugt, die aber aus immer gleichen Teilen bestehen und deshalb ähnlich sind, gehe ich in Gedanken mit den Wörtern meiner Liste um. Schreibfehler. Heimat Göttingen. Ich. Schubladen. Stadtrand. Novalis. Aus einer kleinen Stadt. Heimat und Fortschritt. Eine Wolfsjagd. Caruso. Das Dorf entlang. Reise in eine verhangene Landschaft voller Katastrophen. Eduard. Geräusche beim Entsichern der Pistolen. Weiße, schneeweiße Zimmer. Ein blinder Passagier steigt zu. Die Kette der tagtäglichen Luft- und Bodenkämpfe und die tödliche Ermüdung durch sie.

Die Anzahl der Fragmente ist beschränkt, ihre Auswahl zufällig, von Aufbau und Anordnung hängt nichts ab, und über ein Dorf in Oberhessen, über Eduard schreibe ich wie über mich. Allerdings, ich kann mir Mühe geben, meine Hände dressieren, den Gang kontrollieren, die Worte wählen, ich kann so viel Stendhal und Balzac lesen wie ich will, mein Leben bleibt banal, alltäglich und beiläufig, das ist auch gar nicht anders möglich, aber müssen meine Texte es darum ebenfalls sein.

Ich bin siebenunddreißig, meine Frau heißt Heidrun und ist Lehrerin, wir haben ein Kind. Das ist das eine. Doch was sagst du dazu: Es ist schon lange her, da geriet ganz Steinheim in große Erregung. Ich kann mich gut an die heftigen Unterhaltungen in den Gastwirtschaften und auf den Gassen erinnern. Der Bürgermeister ließ damals nämlich den alten Dorffriedhof einebnen und die Einfassungssteine und Grabmäler beim Bau der Fundamente für das Sportlerheim verwenden. Dann, vor vier Jahren, tranken in diesem Heim fünf junge Burschen aus dem Dorf bis in den Morgen. Als es draußen schon hell wurde, hatte jemand den Einfall, eine Totenmesse abzuhalten. Der Sarg wurde gebaut, die angebliche Leiche legte sich hinein, einer spielte den Pfarrer, die anderen waren die Leidtragenden. Alles mit der Bierflasche in der Hand. Endlich wurde dem betrunkenen Auftritt durch den vernünftigen ersten Vorsitzenden des Sportvereins, der gerade nach Gießen zur Arbeit hatte fahren wollen, ein jähes Ende gesetzt. Das war am 15. Juni 1974, morgens kurz nach vier.

Und nun geschieht folgendes, der Stift sträubt sich, es hinzuschreiben. In der Nacht vom 2. auf den 3. Juni 1975 erleidet einer der jungen Leute, Gastwirtssohn und die Leiche jener Nacht, einen Motorradunfall, er rennt sich den Schädel an der Friedhofsmauer in Rodheim ein und ist sofort tot. Ein weiteres Jahr später, ebenfalls im Juni, stürzt der zweite Sohn des Gastwirts, der in der Luftwaffe dient, bei einem Nachtflug mit dem Hubschrauber in der Gegend von Schotten ab und bricht sich den Hals. Die Jahresmitte 1977 rückt heran. In der ersten Juninacht verunglückt einer der Leidtragenden, wieder gegen Morgen, mit dem Motorrad und kommt ums Leben. Das war der dritte und letzte Sohn des Gastwirts. Der arme Vater hat sich später erhängt. Man kann sich leicht denken, wie aufgeregt und gespannt das ganze Dorf nun dem Juni dieses Jahres entgegengesehen hat. Und was soll ich sagen. Am zweiten Sonntag im Monat fahren die beiden letzten Überlebenden der Feier im Sportlerheim abends auf das Feuerwehrfest in Hungen. Dort lernen sie zwei Schwestern aus Wölfersheim kennen, die sie gegen Morgen nachhause bringen. Unterwegs biegen sie von der direkten Strecke ab, sie wollen noch auf einen Waldweg. Da verliert der Fahrer in einer Linkskurve die Herrschaft über das Auto. Das Fahrzeug prallt gegen ein steinernes Brückengeländer und geht in Flammen auf. Die Mädchen laufen wohlbehalten in das nächste Dorf nach Hilfe. Als Leute an die Unfallstelle kommen, sind die jungen Männer längst tot, verbrannt.

Vielleicht sind solche Geschichten, die offen beginnen und offen enden, sich aber eng erzählen lassen, und das, was ich über mich sage, Wohnsitz, Kindheit, Träume, Zustand der Ehe, Bilder des gleichen Kaleidoskops, das sich in meinem Kopf dreht. Wissen wollen, wer man ist. Es sagen wollen. Man muß weit ausholen.

Allmählich wird das Dorf lebendig. Der Schulbus ist vor einer halben Stunde gekommen. Das Mittagsflugzeug aus Berlin war pünktlich. Jetzt fährt das Bierauto vor, der Fahrer klappert mit den Kästen, während der Schreiner nebenan seinen Enkel ermahnt. Hinten im Garten gackern die Hühner. Das Hoftor geht. Hans, der Briefträger, spricht mit Heidruns Mutter. Ein Paket für die Göttinger. Was ist das schwer. Dann höre ich, wie er in der Gastwirtschaft mit lauter Stimme die Einuhrnachrichten kommentiert. Gestern abend ist das Bündnis der Grünen für die Hessenwahl auseinandergebrochen. Ach, die närrischen Kerle, ruft Hans, wer nicht hören will, muß fühlen. Und Filbinger will auch nach dem neuen Todesurteil nicht zurücktreten. So ein Gewitteraas. Ich stehe auf und gehe ans Fenster. Der schöne Fachwerkgiebel da drüben. Die silbergrauen Balken. Die fünf verschiedenen Arten Füllung: rote Ziegel, schwarzbraune Ziegel, Lehm, gebrannte Tonstücke, Feldsteine.

11 Die Sprache der Augen

Du hast, sagt jemand, unter den langen Wimpern schöne braune Augen, in denen ich lesen kann wie in einem offenen Buch. Andere machen durch ihr Verhalten auf mich den Eindruck, als wollten sie beklagen, sie wüßten zu wenig von mir. Unsere Verhältnisse sind klar, aber in den letzten Verästelungen schwer zu durchschauen. Auch für mich selbst. So sitze ich zum Beispiel, umgeben von früher Dämmerung, auf der Weide hinter den Gärten am Herbstfeuer, in das ich Kartoffeln gelegt habe. Plötzlich ein Rascheln von Zweigen, und eine massige Gestalt, die sich vom dunklen Hintergrund löst, kommt schwerfällig auf mich zu. Ich erschrecke, bis ich sehe, daß es mein Schwiegervater ist. Trotz der Erleichterung Abwehr wie bei einem Unbekannten. Setz dich doch her. Vier Worte, die anstrengen. Auch das tiefe Atmen, das geräuschvolle Trinken aus der Bierflasche stören mich.

Bei aller Klarheit bleibt ein Rest, der zu denken gibt. Schriftsteller, Lehrerin, verheiratet, ein Kind. Was einfach klingt, muß nicht einfach sein. Heidrun kann morgens zu Fuß in die Schule gehen, in einem Schwarm von Kindern. Nach drei Stunden ist sie wieder da. Inzwischen habe ich in die Zeitungen geguckt, telefoniert, den Kindern vorgelesen. Eine Nachbarin besucht mich und trinkt mit mir Kaffee.

Von ihr höre ich vielleicht: Eben hat Harald angerufen. In der Firma hat die Maschine einem älteren Arbeiter zwei Finger der rechten Hand weggerissen. Es war kurz vor neun, und der Betriebsarzt fängt erst Punkt neun an. Niemand hatte den Unfall gesehen. Da die Wunde stark blutete, hat der Arbeiter auf dem Klo gewartet, von dessen Fenster aus er den Parkplatz sehen konnte. Dann war der Arzt endlich da. Das werden Sie wohl verbinden müssen, sonst versaue ich den ganzen Fußboden. Der Sprechstundenhilfe wurde schlecht. Tut es Ihnen denn weh, fragte der Verletzte erstaunt. Solche Leute, sagt die Nachbarin, sind besser dran als wir. Sie spüren weder die eigenen noch fremde Schmerzen.

Aber man darf sich auch nicht zu wichtig nehmen, man darf sich nicht zu gut kennenlernen wollen, wende ich ein. Auf meiner letzten Gebirgswanderung mußte ich in einem Bauernhof übernachten, der hoch über dem Dorf lag. In der Nacht wurde es unruhig im Haus, die Leute weckten einander; das Dorf unten brenne. Ich zog mich an und lief ins Freie, um das Feuer zu sehen. Wie groß war meine Enttäuschung. Von Feuersbrunst keine Spur. Die Schornsteinfunken der Bäckerei hatten den Nebel gerötet. Mißmutig legte ich mich wieder hin. Am nächsten Morgen war mir ganz übel. Hatte ich wirklich bedauert, daß ich um das Schauspiel eines Großfeuers gekommen war. Oder hatte ich gehofft, die fremden Menschen würden mir auf ihren Brandstätten näherkommen.

Hör zu, sagt die Nachbarin. Es war in der vorigen Woche. Ich stand mit Eva in unserem Garten am Leineufer. Nach dem ersten Frost fiel das Laub. Wir befanden uns unter einer sehr hohen Kastanie und sahen den Blättern zu, die zu Boden sanken. Meine Tochter war schweigsam und in sich gekehrt. Sie hatte nämlich eine schlechte Rechenarbeit zurückbekommen und war vor Schulschluß in die Stadt gefahren. Du weißt ja, daß die Lehrer sie in ein Heim einweisen lassen wollen. Es heißt, sie habe weder Begabung noch Sozialgefühl. Alles Unsinn, glaub mir. Guck, sagte ich zu Eva, wie der Baum seinen

Mantel wegwirft, obwohl doch der Winter naht. Denn langsam, entweder geradeaus oder von Ast zu Ast fallend, kamen die breiten Blätter nach unten. Nur eines schwebte von der Krone des Baumes zur Seite, ganz hoch oben, und sank dann langsam, ganz langsam auf uns zu. Eva hob das Blatt auf und sah es genau an.

Was ist denn, habe ich sie erstaunt gefragt. Ein Fallschirm, gab sie zur Antwort und untersuchte das Blatt, es zeigt uns, wie Fallschirme funktionieren und wie man sie bauen muß. Das Kind, so ein Kind, hat keine Begabung von außen, vielleicht, es mag sein, aber hin und wieder leuchtet Licht in der Dunkelheit, da sehe ich die Aufgabe der Schule.

Heidrun stellt die Tasche ab und setzt sich zu uns. Was es in der Schule Neues gibt. Gestern abend ist Bert endgültig ausgezogen, er ist zusammen mit seiner Studentin ganz plötzlich zur Tür hereingekommen, sie hatten Koffer mit und haben die Bücher aus dem Regal genommen und eingepackt. Vera war ganz starr, hat sie gesagt, sie brachte kein Wort heraus und ist aus dem Zimmer gestürzt. Jetzt will sie sich endlich scheiden lassen. Das Haus wird verkauft, das wäre etwas für Reiner und Evi. Schon steht Heidrun auf und geht zum Telefon.

Seit neun Jahren diese Anekdoten über andere Ehen, Problemkinder, Lebenskrisen. Wie das einsickert und sich ausbreitet. Dabei höre ich in mir das Wort Ehe zum Beispiel gar nicht, ich sehe nicht drei Buchstaben, sondern ich sehe zwei Menschen und das, was sie machen. Ob sie sich liebevoll oder haßerfüllt begegnen. Erst bei einem Begriff wie Liebe gerate ich aus den Bildern in die Sprache. Aber ein bloßes Wort ist Liebe auch nicht. Wenn ich daran denke, stellt sich ein Zustand der Beruhigung ein und der Wunsch, diesen Zustand auszudehnen, irgendwie zu gestalten, wirklich zu machen.

Das Geld, hat Heidruns Vater vor langer Zeit zu uns gesagt, kriegt ihr erst nach der Heirat. Bevor ich nicht den Trauschein gesehen habe, gibt es keinen Pfennig. Er hatte gerade das leerstehende Haus in Steinheim am Vogelsberg verkauft, Hinterlassenschaft einer Pflastererwitwe und Dank der Neunzigjährigen für Besuche, Ämtergänge, Briefe an Behörden.

Drei Jahre später, das Kind war da, hörten die kurzentschlossenen Fahrten nach Berlin, nach Wien, in die Lombardei, hierhin und dorthin auf. Fünf Stunden Autobahn, nur um im Antiquariat Kitzinger ein Buch für drei Mark zu kaufen. Für zehn Minuten am Grab Kaspar Hausers einen ganzen Tag unterwegs gewesen. Der Ausflug nach Vionville in Lothringen, wo wir im Frühherbst gegen Abend anlangten, im Licht der untergehenden Sonne über die abgeernteten Felder, Schlachtfelder liefen, uns fotografierten, Gedichte von Freiligrath aufsagten, Lieblingsgedichte, nämlich Die Revolution und Die Trompete von Vionville, mit weichen Knien aus einem kahlen Gehölz kamen, uns ins Auto setzten und heimfuhren, die Nacht durch.

Das hörte auf, und die Wohnung war zu klein geworden. Seitdem haben wir ein Haus am Stadtrand. Erster Wohnsitz, für acht Monate im Jahr, die Luxemburgstraße in Göttingen, zweiter Wohnsitz, vier Monate, die Hintergasse in Steinheim. Wenn ich in Göttingen bin, fällt es mir schwer, mich an Steinheim zu erinnern, in Steinheim vergesse ich Göttingen manchmal ganz.

iii Stadtrand

Steht man auf den Hügeln im Westen, liegt die Stadt unten im Tal und am jenseitigen Hang. Eduard, als er die Topografie zum erstenmal sah, vermutete gleich, das müsse die nördlichste Föhnlage Deutschlands sein. Sind deshalb deine Briefe manchmal so konfus. Oder liegt es mehr an dir und den Menschen, die um dich sind. Wer das wüßte, wüßte viel von dir.

Die hundertdreißigtausend Einwohner leben in der engen Altstadt, im benachbarten großzügigen Ostviertel, seitab in den Siedlungen des sozialen Wohnungsbaus, in umgrünten Reihenhausvierteln oder in Dörfern, zehn Kilometer draußen im Land. Zu den zwei Warenhäusern, den beiden Theatern, der ausufernden Fußgängerzone und den achtzehn Kriegerdenkmälern, versteinerten Nebeln auf deutscher Geschichte von Langensalza bis Stalingrad, kommt das neue Rathaus mit zwanzig Stockwerken, das seinen Schatten schon in die Einkaufsstraßen, über die Türken- und Studentenquartiere wirft.

Es gibt noch Gerüchte. Wenn ich auch die Persönlichkeiten, die sie betreffen, nicht in jedem Fall kenne. Die Prominentenzirkel, Cliquen, Klüngel durchdringen einander. In ihnen werden Geschäfte, Karrieren vereinbart. Wer baut das neue Schulzentrum, wer wird Kulturdezernent. Kriegt die Partei eine Spende, wenn die Verwaltung das durchgehen läßt. Wie können wir dem Kämmerer aus städtischem Besitz einen Bauplatz von doppelter Größe zum halben Preis verschaffen. Der Oberstadtdirektor spielt in der Kellerbar mit dem Chef der Lokalredaktion Karten, der Oberbürgermeister macht seine Sonntagsmärsche zum Hainberg in Gesellschaft mehrerer Bauunternehmer. Also gut, die Gewerbesteuer wird nicht erhöht, dafür bekommt unser Freund aber den Ausschußvorsitz.

Heine hat über die Stadt und ihre Bewohner einmal knappe und böse Worte gesagt, in der Harzreise. Weil die Zeiten, die Fassaden gewechselt haben, ist das Zitat ein Bonmot in aller Mund geworden. Und Bürger, Lichtenberg, die hier gelebt, gearbeitet und den Namen der Stadt in die Literaturgeschichten geschrieben haben. Auch ein Beitrag zum Thema Provinz und Talent. Über den buckligen Lichtenberg haben die Spießer gelacht, Bürger wurde von der besseren Gesellschaft in Acht und Bann getan. Das alles soll lange her und längst vergessen sein. Von den zwei Zeitungen aus dem Anfang der sechziger Jahre ist nur die Stadtredaktion der einen übriggeblieben.

Zehn Jahre ist es her, daß ich vor der Eingangstür des Verlages in der Prinzenstraße gestanden habe. Vom Nabel bis zu Wiederholdt war alles voller Studenten. Wir kannten die Schlagzeilen auswendig, mit denen das Tageblatt nach dem Dritten Reich gerufen hatte. Schon 1924 ganz schrill. Eine Abordnung verlangte von den Besitzern eine Seite je Ausgabe nur für uns. Angenommen, riefen die drei vom Balkon herunter. Der Jubel. Wie stark man war, einfach dadurch, daß man mit tausend anderen dastand. Gleichzeitig halb unterdrückte Ahnungen, die Vollversammlungen, in die wir gingen wie ins Kino, könnten auch von den fünf, sechs Dauerrednern nur einberufen werden, um eine Arena zum Kampf um den längsten Beifall zu haben. Morgens zwischen vier und fünf kamen wir nachhause, brieten in der Gemeinschaftsküche Eier mit Speck und vergegenwärtigten uns, auf den harten Hockern vor Riesenportionen sitzend, mit heiseren Stimmen die Höhepunkte der Nacht. Das Haus schlief noch, aber wir waren hellwach. Wir sahen die Sonne über Nikolausberg aufgehen und hörten den besonders eindrucksvollen Frühgesang der Vögel. Die ersten Leute ließen ihre Autos an und fuhren zur Arbeit. So aufgekratzt, so ausgelassen waren wir. Alles klar. Dagegen das Zwielicht heute.

Die beschreibenden Sätze fallen mir noch am leichtesten. Dem Stadtkern werden die schönen Fachwerkhäuser ausgebrochen wie einem alten Gebiß die mürben Zähne. Jenseits der Wälle soll der Gürtel der vierspurigen Schnellstraße, ein Halbkreis, endlich geschlossen werden, während drinnen ganze Straßenzüge der sogenannten Flächensanierung anheimfallen. Anderswo hat die Flächenbombardierung ähnliches vollbracht. Zum erstenmal seit Wochen nimmst du den Weg wieder durch die enge, wohnliche Straße, und plötzlich sind um dich Weite und Licht. Aber was für Weite, was für Licht. Die Weite der Leere, das Licht der Fremde. Man muß sich nicht daran gewöhnen. Die Baubuden stehen schon; Umsatz und Rendite des Kommenden waren längst berechnet, da tapezierten die ahnungslosen Bewohner noch ihre Zimmer neu.

Zwar haben vor einigen Jahren, als aus Bonn Gelder zur Altbausanierung kamen, fast alle Gebäude der Hauptgeschäftsstraße einen Anstrich in leuchtender Farbe erhalten, zwar renoviert die Stadt jetzt drei Häuser hinter dem Markt, in denen Mieter noch voriges Jahr ohne Bad und mit Hofklo gewohnt haben, aber was sind solche Unternehmungen, ein Platz begrünt, zwei Häuser hergerichtet, die Ladenfronten angestrichen, gegen die lange Liste der Verluste. Und keine Anzeichen dafür, daß diese Liste demnächst geschlossen wird. Parkhaus, Warenhaus, Ärztehaus, Apartmenthaus sind zeitgemäßere Nutzungsformen zentraler Grundstücke.

Wer heute in den alten Häusern lebt, tut es auf Abruf: Ausländer, Studenten, Greise. Innenstadt als Durchgangslager. Zwischenstation auf dem Weg zum Holtenser Berg. Und die beiden Hauptstraßen haben sich in Haupteinkaufsstraßen verwandelt, so wie überhaupt aus der Stadt etwas ganz anderes, nämlich eine Einkaufsstadt, geworden ist. Kronzeuge August, ohne Wohnung und mit ausgebeulten Taschen. Alles nur Bonbons, sagt er zu Wölfchen und steckt ihm eins zu. Oft finde ich ihn im Lesesaal, eingenickt über dem Großen Brockhaus, Stichwort Alter. Er sagt auch, die Stadt, seine Stadt, habe sich in den letzten dreißig Jahren stärker verändert als in den dreihundert Jahren davor. Dabei sind nicht mehr als fünf Bomben gefallen. Und wir, fragt er dann mit erhobener Stimme, was wird aus uns. Ja was.

Wer wir sein sollen, wer wir schon sind: unsere Siedlung liegt weit vor der Stadt, sechs Kilometer. Sie gleicht einer Insel; auf zwei Seiten wird sie von Autobahnen, auf der dritten von der Bahnlinie mit ihren dreihundert Zügen pro Tag begrenzt. Wie der Wind auch steht, man hört das eine oder das andere. Eine einzige Straße, die Autobahn überbrückend, führt in die Siedlung und aus ihr heraus. Der dauerhaft geteerte Verbindungsweg zum eingemeindeten Nachbardorf mit seinen Läden, Kneipen und Handwerksbetrieben ist für den Privatverkehr gesperrt und darf nur von Stadtbussen befahren werden.

Das Viertel ist in den vergangenen acht Jahren auf die grüne Wiese, auf Äcker betoniert worden. Ringsum freies Feld. Abgestufte, bis zehn Stockwerke hohe und mehrere hundert Meter lange Häuserzüge. Aber was heißt in diesem Zusammenhang Haus. Baukörper müßte man sagen. Breite, recht-

winklig sich kreuzende Straßen. Innenhöfe, so groß wie Fuß-
ballfelder. Autos über Autos. Wenn du da durchgehst, hast
du nicht den Eindruck, das könnte Heimat sein. Wenn du die
öden Spielplätze, die siechen Baumkarikaturen, die sinn- und
nutzlosen Grasplätze vor dem Hintergrund der Wohnungen
siehst, wenn du weißt, daß die vielen Kinder nur im verdreck-
ten Sand spielen oder mit den Kettcars auf und ab fahren
können, daß sie, älter geworden, nicht viel mehr als der Fernseher erwartet, wenn dir bewußt ist, daß die Gestaltungs-
möglichkeiten der Erwachsenen über das kollektive Anlegen
schräger Trampelpfade zu den Blocktüren nicht hinausge-
hen, fragst du dich, was die Menschen, die hier für immer
wohnen müssen, befähigt, eine solche Umgebung auszuhal-
ten. Und was wird aus den Kindern, die in diesen Siedlungen
aufwachsen, in dieser vollgeräumten Leere immer gleicher
Gegenstände, gleicher Formen, gleicher Lebensweisen. Die
alten Apfelbäume an den Feldwegen im Norden des Viertels
sieht das Auge bald kaum noch, und die Wildkaninchen, die
sich zwischen die Häuser verirren, werden zu Zielscheiben,
vom Wohnzimmerfenster aus: Junge, hol den Hasen rauf,
den ich erwischt habe.

Klein-Chikago, so nennt man auf der anderen Seite der
Stadt in den gepflegten Ein- und Zweifamilienhäusern des
Ostviertels mit den behüteten Anlagen vor Fenstern und
Türen dieses Neubaugebirge des sozialen Wohnungsbaus.
Wer wohnt hier. Das Industriegebiet ist zu Fuß zu erreichen.
Nach vier, wenn die Betriebe Feierabend machen, rollen
überfüllte Busse ins Viertel. Und von aller städtischen Promi-
nenz hat sich nur das Ratsmitglied der DKP in solcher Umge-
bung niedergelassen.

Die Isolation in den Blocks, die Scheu vor Berührungen.
Die Situation der Nachbarn könnte die eigene Situation deut-

lich machen. Und die Abwehr, das Mißtrauen, wenn Fremde Fragen stellen. Oh, es geht uns gut. Es fehlt an nichts. Aber was denkt man, wenn man sonntags das Auto nimmt und ins Ostviertel rüberfährt und dort spazierengeht, vorbei an Einfamilienhäusern, die nie unter vierhunderttausend Mark gehandelt werden. Das frage ich mich.

Die Widersprüche der Wirklichkeit, ihre Vielfalt. Das Zögern vor jedem Versuch einer Beschreibung. Auf der anderen Seite die einfachen Wahrheiten. Einfach und brutal wie diese Viertel, aus denen man nur in umgekehrter Richtung fliehen kann, ins neue, größere Auto und in die Wohnung, deren Tür man hinter sich verriegelt, in die Sitzecke, die mit den Tapeten gewechselt wird, vor den Fernseher. Oder in die Ehescheidung, die unerklärliche Depression, die rätselhafte Allergie. In das Nichtwissenwollen.

Zwischen den letzten Blocks und der Autobahn ist vor vier Jahren eine Reihe Gartenhofhäuser gebaut worden. Hier wohne ich. Von hier aus sehe und erlebe ich das Viertel, von hier aus beschreibe ich es auch; die Menschen in den Hochhäusern und die unmittelbaren Nachbarn in ihren Bungalows mit hundertfünfzehn Quadratmeter Wohnfläche, von denen stets dreiundvierzig auf das Wohnzimmer, je zehn auf die beiden Kinderzimmer kommen. Haus an Haus auf kleinen Grundstücken. Fußwege zu den Eingängen. Weißgekalkte Mauern. In den Vorgärten hier ein Weißdorn, dort ein Sandkasten. Eine Bank neben der Haustür, ein Schaukelstuhl. Stockrosen, Waldreben. Nachmittags die Kinder, mit Rollern, Schaufeln, Pappkartons, mit Brettern, Ziegeln, Kreide und Fingerfarben. Die Mütter, die Väter stehen dabei, helfen mit, die meisten Anfang bis Mitte Dreißig, Lehrerinnen, Wissenschaftler, leitende Angestellte kleinerer Firmen, Geschäftsleute. Man erzählt sich was, alle duzen sich. Beinahe wie auf dem Dorf, soll eine Besucherin gesagt haben. Aber über allem der Lärm der Autobahn, die keinen Steinwurf weit entfernt ist. Und es gibt keinen Horizont. Man sieht nur die weißen Wände, die Gehwegplatten, die Büsche, die Kinder, den Himmel. Keine Landschaft, man ahnt noch nicht einmal die nahen Hochhäuser, deren Bewohner nie zwischen unseren Häusern spazierengehen. Auch die Kinder, die Halbwüchsigen halten sich fern.

Einem Fremden muß das wie eine nach innen gewendete Idylle vorkommen. Jedoch: mehr als ein Viertel der Häuser hat nicht nur Ein-, sondern auch Auszüge erlebt. Extrem das Haus neben den Garagen mit vier Familien in vier Jahren. Für die einen war die Siedlung lediglich Durchgangsstation, sie haben von Anfang an ein richtiges Haus bauen wollen. Andere sind versetzt worden, konnten woanders besser Karriere machen. Mindestens eine Familie hatte sich übernommen; diesen war die Autobahn zu laut, jenen der Garten zu klein. Ohne Wimpernzucken wird der Möbelwagen bestellt. Oder die Zahl der Kinderzimmer hat nicht ausgereicht.

Außerdem geben die Gerüchte, Geständnisse, halbunterdrückten Schreie zu denken, dieser Schutt, der Weltbilder bestätigt. Die dritte Tochter der Nachbarn, elf Jahre, Vater Geschäftsführer einer Eisenwarenhandlung, wird demnächst in ein Heim auf dem Land gegeben. Sonst bricht die Familie auseinander, heißt es. Das Kind hat hysterische Anfälle und versucht immer wieder, per Anhalter zu den Großeltern nach Korbach zu kommen. Nachbar auf der anderen Seite ist ein alleinlebender Mann in meinem Alter. Erst sind seine Eltern mit dem Auto tödlich verunglückt, dann hat er im eigenen Schlafzimmer die Frau mit einem Freund ertappt. Seit der Scheidung bringt uns der Briefträger von Zeit zu Zeit seine Einschreibbriefe mit der Forderung nach schriftlicher Stellungnahme. Er werde auf Schritt und Tritt überwacht, selbst im Wald, sogar an der Arbeitsstelle mache man ihm Zurufe, das ganze Haus sei mit Wanzen bestückt, andauernd werde bei ihm eingebrochen, die Kripo sei schon informiert, ob wir etwas wüßten.

Dann gibt es den Angestellten des Kulturamtes, der unsere Kinder zum Weinen bringt, indem er ihnen mit scharfer, gepreßter Stimme den öffentlichen Rasen hinter seinem Haus verbietet. Kaum ist für ihn am Freitag nachmittag um drei der Dienst zu Ende, geht sein Klopfen, Bohren und Sägen los, das wir auch sonnabends und sonntags hören. Zuerst hat er die Betonplatten der großen Terrasse gegen Waschbeton ausgetauscht, dann waren Klinker doch schöner; anschließend wurde der Vorgarten gepflastert und ein Schuppen gebaut; jetzt täfelt er die Zimmerdecken mit Kiefernholz. Ich kann nicht ruhig sitzen, was soll ich machen, hat er lächelnd gesagt. Im nächsten Haus wohnt der Prokurist mit den stillen, intelligenten Töchtern, der so stolz auf seinen auch im August dunkelgrünen Rasen ist. Vorige Woche hat er in der Augenklinik das Urteil gehört: beginnende Netzhautablösung. Die sozialen Sicherungen sind ja gut und schön, sagt die Frau, als wir uns an den Mülltonnen treffen, aber wie soll ich es mit ihm aushalten, wenn er bald den ganzen Tag im Wohnzimmer rumsitzt.

Und das Ehepaar mit dem Doppelnamen, Arzt und Lehrerin. Sechstausend Mark Monatseinkommen, und trotzdem handgreifliche Auseinandersetzungen wegen des Geldes. Vor jeder Einladung gibt er die Devise aus: Aber gefrühstückt wird zuhause. Sie nickt nur. Der Betriebsleiter, der immer von Zucht und Ordnung geredet hat und am Ende mit der neunzehnjährigen Freundin der Tochter zusammengezogen ist. Seine Frau geht von Tür zu Tür und zieht Erkundigungen über das neue Scheidungsrecht ein. Weiter die Lehrerin mit den Beklemmungen, eine Art seelische Atemnot, hat sie gesagt, die abends ihren BMW mit Vollgas über die Autobahn nach Kassel jagt.

Schließlich Jan. Die Eltern, Direktionsassistentin und promovierter Historiker, kommen erst gegen Abend nachhause. Ich weiß, daß das schlimm ist, sagt die Mutter, aber meine eigenen Interessen sind mir wichtiger. Habe ich nicht auch das Recht auf Selbstverwirklichung. Der Junge geht nach der Schule in den Hort, und nach dem Hort ist er ziellos mit dem Fahrrad unterwegs. Er stottert, macht ins Bett und erzählt kleineren Kindern blutige Märchen. Zwei Wochen vor der Einschulung sind die Eltern für einen Monat ins Ausland geflogen und haben ihn bei Nachbarn zurückgelassen, die ihrerseits nach zehn Tagen in Urlaub fuhren. Kann ich nicht bei euch wohnen. Ich habe seine Stimme noch im Ohr. Zur gleichen Zeit wurde der Spielplatz unten am Lärmschutzwall eingeebnet. Der bärtige Politologe mit dem freundlichen Blick, Spezialgebiet Minoritätenprobleme, hatte das mit Unterschriftenliste, dauernden Protesten und Anwalt erreicht.

Sind wir das, ist von uns die Rede. Wir haben uns an den Stadtrand gedrängt und drängen lassen. Wenn wir in den Spiegel gucken, wissen wir nicht, wessen Gesicht wir sehen. Erstaunen. Erschrecken. Mein Kinn ist ja ganz schmal. Was ist denn mit meiner Nase los. Und von unseren Träumen ist auch nichts zu erkennen. Das sollen wir sein. Sehen wir wirklich so aus, oder machen wir nur zufällig eine Grimasse, oder ist mit dem Spiegel etwas nicht in Ordnung. Irgendwann sind über diesen Fragen vielleicht die Tage und Jahre vergangen, und die Antworten interessieren mich nicht mehr. Davor habe ich Angst.

iv Heimat

Beinahe vergessen, woher ich komme, was um mich ist, wer ich bin, Heute das Viertel am Stadtrand, gestern ist es ein Wohnblock für vierzig Familien in bevorzugter Lage gewesen, und vorgestern war ich Mieter in einem Hochhaus mit fünfhundert Einzelzimmern in der Nähe der Kliniken. In drei Jahren ziehe ich zwölfmal um und bin nicht traurig. Warum ist das so. Warum gehen wir überallhin, nach da, nach dort, nach Grone Süd und auf den Holtenser Berg oder notfalls, notfalls bis ans Ende der Welt, wenn nur die Umsetzer am Ort der Ankunft einige Mietshäuser, ein Stück Schnellstraße, Supermärkte, eine freie und eine Markentankstelle und mindestens einen Fernsehsender aufstellen lassen. Von wem aufstellen. Von uns selbst. Von wem bezahlen. Von uns selbst.

Über der Frage brüten, wer uns Heimat aus dem Wortschatz gestrichen hat. Sind wir daran ganz unbeteiligt gewesen. Haben wir nicht eben noch im zehnten Stock gewohnt, in der kalten, ja eisigen Luft des Gebirges gelebt und einen Blick gehabt, der war großartig, aber für Einzelheiten nicht geeignet. Er ging weit über die Stadt hinaus, tief in das Land hinein. Manchmal wie nebenbei gefragt: Sind die Blätter schon von den Bäumen. Nein, haben wir uns gleich geantwortet, die großen Flächen auf den Hügeln und Hängen leuchten noch grün. Zuviel vergißt, übersieht man beim Zählen von dreiundzwanzig Kirchtürmen. Entfernung von den Menschen, Ereignissen und Dingen macht einen Aufenthalt zum Träumen ungeeignet. Eine Stadt wird um so weniger Heimat, je mehr zehnte Stockwerke sie bekommt.

Das Zittern der Hände wahrnehmen. Überlegen. Nachdenken über die Ursachen der kurzfristigen Verstimmungen und andauernden Verstörungen. Selbst wenn wir gewöhnlich umhertaumeln und meist irgendwo Halt suchen, wissen wir doch: wer manches vergißt, wem manches aus dem Blick gerät, fällt vielem anheim. Wie die Gegend, die Stadt, in der wir leben, wie unser Viertel vor hundert, vor fünfzig, vor zehn Jahren ausgesehen hat, was mit den Menschen losgewesen ist, wissen wir nicht und wollen wir nicht wissen. Notfalls, am Ende, lassen wir viel mit uns machen und machen selbst beinahe noch mehr mit uns. Wir klagen kurz über das schlechte Wetter, die hartnäckigen Kopfschmerzen, das Ziehen in der Brust, über die leere Brieftasche, den Alltag im Bett.

Und weiter. Der Eindruck von Leere. Das Vakuum wird kaum wahrgenommen, weil es im Zug seiner wachsenden Ausdehnung gleich wieder aufgefüllt wird. Leider bin ich daran ganz unbeteiligt. Die Affekte wuchern, aber unsere Gefühle, Liebe, Haß, werden kleiner, weil wir selbst kleiner werden, schrumpfen, auf unbegreifliche Weise hineinschrumpfen in Rituale: wie man ein Faß Bier anstich, eine Wohnung einrichtet, das Finanzamt überlistet, eine Stadt verwaltet, einen Gehweg pflastert, die Rendite eines Hauses berechnet, eine Praxis eröffnet, mit Kindern spricht. Die Träume muß man abschütteln. Das sagt man uns nicht, es wird uns auf wortlose Art beigebracht. Womit sich wehren. Mit unseren Erinnerungen, Erfahrungen, Gefühlen, Wünschen. Wäre das möglich. Könnte man sie als Reste und Bruchstücke einer privaten und allgemeinen Geschichte verstehen. Der Versuch, sie nachzuerzählen und dabei die Lücken zu schließen, Stichworte für die neue Fassung unserer

Berichte und Fabeln zu finden, das Kaleidoskop in Bewegung zu setzen.

Wo hat zum Beispiel das Haus gestanden, in dem wir geboren wurden. In einer ruhigen Hainbergstraße mit einer Akazienallee vielleicht, Schlegelweg, Primelweg, Grotefendstraße, Corvinusstraße, im Vordergrund Jahrhundertbäume, weite Gärten, Efeu, Musik von Chopin. Es könnte aber auch das kleine Wohnhaus eines Bauernhofes in Steinheim gewesen sein. In der überwiegenden Anzahl der Fälle denke ich an Mietshäuser, an Gartenstraße, Leineberg, Ebertal, Grone Süd. In welchen Teilen der Stadt gibt es die meisten Kinder.

Jetzt, sagt Heidrun, wo das Tageblatt die Ergebnisse der innerstädtischen Stimmbezirke für die Wahlen zum Landtag veröffentlicht hat, merke ich erst, daß ihre Wähler hauptsächlich dort wohnen, wo die SPD die Spielplätze verkommen läßt. Seit wir hier draußen leben, ist der Sand nicht ein einziges Mal ausgetauscht worden, und das Unkraut wuchert die Flächen zu. Oder der Kletterturm, die Seile fehlen schon vier Jahre. Auf der anderen Seite die Gegend von Roon und Schillerwiese. Die Leute dort wählen CDU, und doch lassen die Verwaltungsspitzen alle Spielplätze mit einer Sorgfalt betreuen, richtiggehend liebevoll, als wären es ihre eigenen. Und tatsächlich, es sind die eigenen. Im Telefonbuch stößt du auf ihre Adressen: Corvinusstraße, Hainholzweg, Grotefendstraße.

Wenn wir im Bett lagen, war bis zum Morgen das Dröhnen der Nachtschicht zu hören, sagt jemand und meint Alcan, Novopan. Oder die Züge, die nachts in Abständen von fünf Minuten durchkommen. Aber, sagt ein dritter, auch wenn niemand von uns erster Klasse nebst Zuschlag reist, wir brauchen die neue Trasse, die Schnellbahn der Zukunft muß durch unsere Stadt führen, und sollte der Lärm der Blitzzüge auch noch so groß werden. Ja, wirft ein weiterer Zuhörer ein, der im Maschmühlenweg hinter dem Güterbahnhof eine städtische Einfachwohnung mit Außentreppe hat, wer in der Grotefendstraße Hausbesitzer ist, kann ruhigen Gewissens in Frankfurt, Hannover und Bonn antichambrieren, um für sich und die Seinen die Streckenführung durch das Leinetal zu erreichen. Das obere Ostviertel war ruhig und wird ruhig bleiben.

Die dort oben, meldet sich der erste wieder zu Wort, haben manches, vielleicht Häuser in Keitum, Wohnungen in Westerland, Segelboote an der Riviera, auf jeden Fall Pferde in den Dörfern südlich der Stadt. Von da aus kann man so schön durch die Wälder galoppieren. Wir wandern auch viel, mit Kind und Kegel, sagt der redselige Mann noch, und wenn es am Waldrand zu einer Begegnung kommt, rufen wir schon von weitem unser Gutenmorgenherroberstadtdirektor und treten aus der Spur. So ist das, jawohl. Woher diese Unterschiede. Ihre Bedeutung liegt darin, daß sie selbst noch die Gedanken und Worte beeinflussen, mit denen jemand Abschied von der Welt nimmt. Wie wars. Was hast du gesehen. Dies. Oder das.

In meinem Geburtshaus, wird dann oder ein paar Jahre vorher erzählt werden, lebten hundertsechsundneunzig Bewohner an einem Treppenhaus auf zehn übereinandergesetzten Ebenen, und wenn ich eine stille Minute hatte und mich in eine Ecke setzte, hörte ich zu jeder Tages- und Nachtzeit aus dem ganzen Haus, was los war. Sie glauben gar nicht, wieviele verschiedene Geräusche die Leute hervorrufen können. Dann die Gardinen. Ihre Anbringung unterlag der Norm. Ein weißer Schleier aus leichter Gaze, gerahmt von unauffälligen Vorhängen, wurde auch dort verlangt, wo wegen der Höhe des Stockwerks kein Gegenüber in die Fenster sehen konnte, hinter denen ohnehin ähnliche Menschen zwischen ähnlichen Möbeln in gleichen Grundrissen vor ähnlichen Tapeten und Bildern ein ähnliches Essen zu sich nahmen oder vor dem gleichen Fernsehprogramm saßen. Morgens hingen regelmäßig kleine Zettel mit verstellter Handschrift im Fahrstuhl: Welcher Dreckfink schüttelt sein Staubtuch denn auf dem Balkon aus. Barry hat wieder in die Eingangshalle gepinkelt. Wer hat meine Wäsche einfach aus der Maschine genommen, so eine Frechheit.

Dagegen stand meine Großmutter, frisch verheiratet, im Mai jeden Morgen um fünf auf und säuberte den Gehsteig vor dem unscheinbaren ebenerdigen Haus von den Blüten, die über Nacht von der Akazie gefallen waren. Diese Akazie hatte Großvater als blutjunger Mensch gesetzt, weil ihm die Allee der neuen Villenstraßen am Hainberg so gut gefallen hatte, daß er sagte: Besser ein Baum als gar keiner. Genauso im Leben: besser, es geht wenigstens einem gut.

Und was ist mit den Wohnungen. Wir werden hineingeboren und halten sie aus. Bei uns gab es eine Wanduhr in der Küche, eine Ameisenstraße vom Fenster zum Zuckerfach des Küchenschranks und einen ausziehbaren Spültisch, an dem Vater sich rasierte. Früh saß er da, mit weißem Gesicht, und machte mit Arm und Hand, in der er den Rasierpinsel hielt, eine weitausholende, schlagartige Bewegung, so daß Seifenwasser auf den Fußboden und manchmal bis in unsere Kaffeetassen spritzte. Antreten zum Waschen, hatte es vorher halb im Spaß, halb im Ernst geheißen. Nach der Schule Ähren lesen. Und wenn die Felder leer waren: Pilze suchen. Zur Einschulung bekam man ein ganzes, wirklich ein ganzes Brot geschenkt. Komm mal her. Sag schön Danke zu Onkel Karl. Mach einen Diener. Bück dich. Angucken mußt du ihn. Auf, das ganze noch mal.

Aber wo es keinen Vater mehr gab, war es auch schlimm. Zwei Familien in einem Zimmer. Davon haben wir alle gehört, haben wir es uns auch vorgestellt. Noch Anfang der fünfziger Jahre bewohnte ein Freund mit zwei Geschwistern und junger Mutter ein Zimmer. Die arme Kriegerwitwe, hieß es bei uns, und damit war der Freund salonfähig. Sie hatten eine Leine quer durch die Stube gespannt und mit Decken behängt. Heute müssen wir still sein, der Onkel mit dem Schifferklavier kommt.

Oder auf der großen quadratischen Sommermaschine in der Wohnküche herrschte ungeheure Unordnung, trockneten Kamille und Kräuter, die eine ganze Familie durch Sommer und Herbst für den Apotheker am Markt gesammelt hatte, neben den Pilzen, Apfelringen, Kürbiskernen für den eigenen Verbrauch. Wehe, wenn man da was fortnahm. Das ist bares Geld, Kinder. Finger weg.

Einmal im Winter, meist zwischen den Jahren, drehte die Mutter meines besten Freundes durch. Ich hatte viele Freunde, einige gute Freunde und einen besten Freund. Dessen Mutter, eine Oberlehrerstochter, die ein dickes Album voller kolorierter herzlicher Grüße aus Oberwiesenthal aufhob, fing an zu schreien und warf alles, was ihr unter die Hände kam, aus dem Fenster. Weg mit dem Mist. Raus damit. Jetzt wird reiner Tisch gemacht. Wir fangen ganz neu an. Das Album war nie dabei. Beide, Mutter und bester Freund, haben sich später das Leben genommen.

Wenn es im Haus Straße des Friedens 21 in Frohburg gemütlich wurde, lehnten wir uns in die Klubsessel mit den rissigen Lederbezügen und lächelten einander an. Vater sagte dann: Zum Wohl, ihr Lieben. Als ich zehn war, kaufte er den Großen Brockhaus von 1906, das Jahr darauf wurde der Lesezirkel abonniert, dann kam sogar ein Fotograf und nahm erst die ganze Familie, anschließend jeden einzeln auf. Ich ließ mir vorher die Klemme aus dem Haar ziehen und nahm ein aufgeschlagenes Buch in die Hand.

Noch heute schreibt Tante Erna aus Frohburg: Im Winter große Schwierigkeiten, das Klo hinter dem Haus zu erreichen. Das Glatteis auf der Grubenabdeckung muß überwunden werden. Seidel und ich binden noch vor Eintritt der ersten Fröste einen Strick von der Hintertür bis zum Abort. Sitzen wir dann endlich, haben wir durch die Bretterwand hindurch gute Gespräche. Oder wenn ich seinen kleinen Enkel antreffe, lasse ich alte Frau mir erzählen, wie es bei den Jungen Pionieren zugeht. So die Tante.

Die Häuser, die Familien. In die einen wie in die anderen hineingeboren. Von frühester Kindheit an gibt Mutter, die herzensgute lebenskluge Seele, mir einen Spruch mit. Wissen ist Macht. Vielleicht kann ein solcher Spruch, der ja keinesfalls aus der Luft gegriffen ist, erklären, was die Stadtväter von Göttingen, ehrwürdig wie alle wahren Väter, dazu bringt, in einem Italo-Western mit dem Titel Hundert gegen Hunderttausend aufzutreten, indem sie als bestellte Hüter der Ordnung, freilich ohne blinkenden Stern auf der Brust, hinter dem Rücken der arbeitsamen und arglosen Einwohnerschaft die Stadt an auswärtige Eisenbahngesellschaften und Drugstore-Kompanien verschachern. Leben wir denn im Kolonialzeitalter, wird manchmal schüchtern gefragt. Und das geht vor sich, während die Leute Chopin spielen, im Kino sitzen, verreist sind, Tauben züchten, Rosen verschneiden und vor allem, allem arbeiten.

Der Vater und die Mutter sahen sich lange und tief in die Augen, dann sagte Mutter: Du Schwein. Und Vater antwortet.

Das haben wir als Kinder erlebt, das können wir nicht nach

hinten schieben, in Göttingen nicht und in Steinheim am Vogelsberg auch nicht. Außerdem habe ich noch im Ohr, wie bei uns in Frohburg beinahe jeden Tag von einem Familienvorstand gesprochen wurde, der wöchentlich eine Mark neunundneunzig zur Sparkasse brachte und sagte: So haben alle angefangen. Haben sie auch so weitergemacht.

In einer anderen Familie, einer aus unseren Tagen, über die ich nur sagen will, daß sie im Nansenweg in Göttingen wohnt, steht ein Sekretär von Bohm. Gemeint ist jener Antiquitätenhändler, dem es nicht allein geglückt ist, von der Stadt das kunsthistorisch wertvolle Badehaus im Park zu bekommen, sondern der darüber hinaus auch noch ein Handgeld in Höhe von zweihunderttausend Mark zur Renovierung erhalten hat, der gleiche, der in der Frankfurter Allgemeinen anzeigt, er biete zwanzigtausend Mark und mehr für einen Barocksekretär. Ein solcher Sekretär von diesem Mann steht in besagter Wohnung aus sieben Zimmern. Und in einer der zahlreichen Schubladen liegt ein Lederbeutel, dorthinein tut der fürsorgliche Vater, drei Jahre älter als ich, jeden Abend ein Goldstück: sich einstellen auf die Wechselfälle des Lebens, der Unsicherheit Rechnung tragen, sparen in der Zeit; bürgerliche Tugenden, die nackter Notwendigkeit entspringen und bis in die höchsten, allerhöchsten Kreise geübt werden oder vielmehr gerade dort zur Vollendung gelangen.

Weiß ich denn wirklich nicht, wer ich bin. Einmal im Vierteljahr, wenn ich lange nicht einschlafen kann, durchzuckt es mich siedendheiß. Was hast du aus deinen, was hat die Stadt aus ihren Möglichkeiten gemacht. Aber schon am nächsten Morgen weiß ich wieder: da waren gar keine Möglichkeiten.

V   Armut nimmt die Stelle der Seelen ein

Das Haus. Die Familie. Dein Gesicht, sagte mein Vater einmal, gehört nicht dir. Ich habe ihn sicher erstaunt und fragend angeblickt. Es war an einem Sonntag morgen. Ich hatte vor dem Frühstück vom Fenster aus mitangesehen, wie ein Pferd zusammengebrochen war. Dein Gesicht, wiederholte der Vater, gehört nicht dir. Es gehört anderen Leuten. Alle guckten zu ihm hin. Er wartete einige Zeit. Ich wagte nicht weiterzukauen. Es gehört anderen Leuten. Wieder Stille. Die müssen es ansehen. Nicht du. Vergiß das nicht, so lange du an meinem Tisch sitzt. Dann vergehen siebenundzwanzig Jahre, der Vater hat recht behalten, mehr, als er dachte, ich habe den Satz immer noch nicht vergessen, ich habe ihn nicht vergessen können. Diesen Satz und andere Sätze. Kein Schriftsteller hat uns seine eindrucksvollsten Passagen so ins Gehirn gebrannt.

Was früher war. Wie alles begonnen hat. Frohburg. Wenn ich auf die kleine Stadt zugehe, will ich sagen können: Es ist eher Kino als Traum. Diese halbvergessenen, in Kleinigkeiten grellen Filme mit Titeln wie Heimat. Oder ich lese wieder Der Fremde aus Indien. Im Sächsischen Erzgebirge, zwischen einzelnen Bergkuppen und weitgedehnten Höhenzügen, zwischen einsamen Wäldern und Hochmooren, lag unweit von dem kleinen Dorf gleichen Namens das Schloß Helfenstein, ein alter Herrensitz. Zur Zeit, da diese Erzählung beginnt, in den sechziger Jahren des 19. Jahrhunderts, beherbergte das Schloß nur noch einen vorzeitig gealterten

Einsiedler, Herrn Bernhard v. Helfenstein, und seine zwei Kinder, die achtzehnjährige Ulrike und den kleinen, dreijährigen Robert, den jüngsten Sproß und Stammhalter.

Mit den ersten Sätzen dieses wunderschönen Buches im Kopf fahre ich bei Duderstadt über die Grenze. Hinter Langensalza verliere ich viel Zeit auf Feldwegen und abgelegenen Sommerstraßen. Auf dem Beifahrersitz Fontanes Bericht über den Preußisch-Deutschen Krieg von 1866, elfhundert Seiten stark. Ich suche das Schlachtfeld, auf dem das Königreich Hannover untergegangen ist, in einem Blutbad. Von Göttingen aus war die hannoversche Armee planlos nach Südosten gezogen, an der Spitze der blinde König, dessen prächtigen Schimmel die Adjutanten an dünnen weißen Fäden lenken mußten. Im Troß sechzig Wagen des Hofes, das Porzellan des Königs, sein Tafelsilber und die Kriegskasse, die jetzt im Göttinger Museum steht. Die Suite auf dem Pferd umkreisend der Kronprinz, ein gutaussehender Narr. Und am Ende saßen alle am Straßenrand und kauten die Äpfel, die sie aus dem Gras gelesen hatten. Dann fahre ich in die Gegend von Großgörschen. Die weite Ebene südlich von Leipzig. Im Getreide versteckt drei Dörfer. Hier wurde im Frühjahr 1813 gemetzelt, als Napoleon die Heere der verbündeten Monarchen aus seiner Flanke treiben ließ. Ich gehe an den schönen großen Kornfeldern entlang, an Weißdornhecken, durch Hohlwege, der Tag ist heiß, Windstille und flirrende Luft, am Ende der Welt steht auf einem kleinen Hügel das Denkmal. Kaum kann ich mich durch das Gestrüpp drängen und die Bronzetafel lesen. Worte, hinter denen sich der Despot und die Heilige Allianz verstecken. Zugewachsen, wie gut. Gegen Abend komme ich in Altenburg an.

Ich sitze mit dem Gastgeber im Wintergarten und trinke Limonade. Tee können wir nicht kochen, das Wasser ist abgestellt. Die neuen Stadtteile auf den Hängen. Vierzigtausend Menschen müssen dort versorgt werden, sonst. Letzten Sommer hat es Krawalle gegeben. Dann schneidet der alte Mann ein anderes Thema an. Er will mir schon seit Jahren die Meinung sagen. Der Willy Brandt, also, wie der in Erfurt war. Gut, daß er nur dorthin gefahren ist. Bis Altenburg wäre er nie gekommen. Der wäre unterwegs totgeschlagen worden. So ein Russenknecht.

Am nächsten Morgen gehe ich gleich nach dem Frühstück auf der staubigen Landstraße in Richtung Frohburg. Rechts Windischleuba. Ein Turm, höher als die hohen Wipfel der uralten Bäume. Freiherr Börries v. Münchhausen und sein Schloß in Wiesen. Die gleiche Hand, die überdauernde Balladen geschrieben hat, konnte auch eine Pistole halten. Im Mai fünfundvierzig hat er den Lauf der Waffe in den Mund genommen und abgedrückt. Das leise, metallische Knacken oder Klicken, das Geräusch beim Entsichern der Pistolen kommt in jeder zweiten Geschichte vor, die erzählt wird.

Aber wie es weitergeht, weiß ich noch nicht. Zuerst, auf der alten Grenze zwischen dem Herzogtum Sachsen-Altenburg und dem Königreich Sachsen, steht im Deutschen Holz neben der Straße der Gedenkstein. Hier hat ein Soldat wegen nichts einen schlafenden Handwerksburschen erschlagen. Zwei Groschen Beute. Das Opfer war auf der Wanderschaft bis nach Norditalien, an den Lago Maggiore, gekommen und hatte sich, wenige Kilometer vor seiner Heimatstadt Altenburg, um sich für die Heimkehr zu stärken, zu einem kurzen Schlaf ins Gras gelegt. Es war ein schöner Tag im Altweibersommer, über den Feldern trillerten noch die Lerchen, auf dem Waldboden warme Sonnenflecke, die ersten Blätter fielen von den Bäumen, und in der Ferne hatte der Heimkehrer schon die Altenburger Kirchtürme sehen können. Glücklich schlief er ein, mit einem Lächeln auf den Lippen.

Doch ferne, wo er zuhause, da sitzt beim Abendbrot ein Vater, ein Vater voll banger Ahnung und sagt: Gewiß, er ist tot. Da sitzt eine weinende Mutter und schluchzt ganz laut: Gott helf, er hat, er hat sich abgemeldet, die Uhr blieb stehn um elf. Da starrt ein blasses Mädchen hinaus ins Dämmerlicht: Und ist, und ist er dahin und gestorben, meinem Herzen stirbt er nicht.

Eine Flut von Bildern. Filme, wie rasend abgespult. Bekannt und fremd zugleich. Das dauernde Gefühl, alles, alles schon erlebt zu haben. Als würde man nichts Neues, nichts wirklich anderes sehen, hören, denken, sagen, fühlen, tun.

Das erste Dorf hinter der Grenze heißt Eschefeld. Seine reichen Bauern legten Ende des 19. Jahrhunderts in ihren fruchtbaren Feldern Gruben auf Braunkohle an, in einer Gegend, in der Bauern immer mehr verdient haben als Bergwerksbesitzer. Aber die Faszination der Industrie. Inzwischen sind die Hoftore verschwunden, die Vorgärten haben keine Zäune mehr. Man ahnt was von neuen Zeiten, wenn man die vielen Autos, die schweren Erntemaschinen, die langgestreckten Ställe, die Wohnblocks für die Genossenschaftsbauern der zweiten Generation sieht. Jedes Jahr fällt die Unterscheidung zwischen vertraut und fremd, alt und neu schwerer, schreibt eine regelmäßige Besucherin der Gegend. Links von der Straße, einer Chaussee zwischen Apfelbäumen, liegt der Große Teich. Kinder wie ich lernten schon vor fünfundzwanzig Jahren an seinen Ufern als Junge Naturforscher, wie Schwimmender Hahnenfuß aussieht. Namen wie diesen und das Flugbild der Rohrweihe vergißt man nicht wieder. Unten im Tal sehe ich die Dächer der Abtmühle. Dort hat der Mühlknappe Martin Müller gearbeitet, bevor er beim Müller von Fockendorf in Dienst trat und ihn ermordete.

Während einer langen Winternacht hat er den Mann der Geliebten im Alkoven erdrosselt. Auch die Müllerin mußte sterben. Unweit von Fockendorf wurde sie vier Wochen später in einen Sack gesteckt und in der Pleiße ertränkt. Viel Zeit ist vergangen, aber die Geschichte kannst du überall in den Dörfern hören. Was sind für so einen Stoff dreihundert Jahre. Hinter der Stadt, im Norden, ragt der Schornstein der Brikettfabrik über den Horizont. Der Direktor lag in Bansin einen Strandkorb weiter und blies mir das Schlauchboot auf. Lies sowjetische Romane, sagte er. Wie der Stahl gehärtet wurde. Ein wahres und ehrliches Buch mit einer Stelle, die hier und heute ganz besonders wichtig ist, für dich, für mich. Das einzige, geht der Satz, was der Mensch besitzt, ist das Leben, und nutzen soll er es so. Ich habe das Zitat nie gefunden.

Die kleine Stadt entdeckt man auf einer Anhöhe, die den Fluß zu einer Schleife zwingt, und am Fluß selbst. Eine Vorstadt heißt Auf dem Wind. Die Anfänge sind dunkel, aber 1753 wurde der Ort zerniert. Eine Viehseuche war ausgebrochen. Soldaten zogen an den Verbindungswegen auf. Halt. Wer da. Parole. Dann hielt sich Alexander, Kaiser von Rußland, eine Nacht in der Stadt auf. Am 1. Mai 1813 rasselte seine Kutsche spät in der Nacht über das Pflaster des Schloßhofs, und spät in der Nacht ging der bleiche hochgeborene Besucher im Park auf und ab. Der Kies knirschte unablässig unter seinen Schritten. Es war die Nacht vor der Schlacht bei Großgörschen.

Zwei Tage darauf verpflegte Frohburg fünfundsiebzigtausend Mann. Die Stadt war an allen Enden mit Schlagbäumen versehen, die Brücken mußten verbrannt, die Hintertüren zugenagelt werden. Die Einwohner hatten schon Anfang April in den umliegenden Wäldern kleine Verstecke alter Kartoffeln angelegt. Das rettete vielen das Leben. Man schlich sich, immer in Gefahr, angeschossen zu werden, vor die Stadt und wühlte die seltener und seltener werdenden Kartoffeln aus dem feuchten Lehm, um sie gleich mit der Schale zu essen. Im Juni steckte jemand Schulhaus und Kirche in Brand. Alles floh in die Wälder. Nur die Ortsarmen blieben, sie glaubten, nichts verlieren zu können. Und doch wurden zwei Greise halb totgeschlagen.

Im Herbst zweiundfünfzig führte uns der Geschichtslehrer bei Nieselregen, Nebel und großer Kälte aus der Stadt. Auf schlammigen Äckern eilten wir unter seiner Führung von Hügel zu Hügel: Das ist der Angriffsstreifen der Österreicher. Hier und da versammelte er uns und beschrieb mit langem Arm Halbkreise vor der dunstigen Ebene. Von dort zog Vandamme heran, durch jene Pappelallee kamen Bennigsens Russen. Nach so vielen Jahren wieder ein großes Gefühl, endlich. Man hörte wie abwesend zu. Im Flößberger Dorfgasthof wurde Rast gemacht. Der Wirt brachte die Gläser, das Wasser und gab an der Theke Brausepulvertüten aus. Der Lehrer ließ eine Tafel aus der Schule holen und bedeckte sie mit bunten Zeichen, rot die Franzosen, blau die Verbündeten, Stand vom 18. Oktober 1813. Avantgarde, Gros, Arrieregarde; Kavallerie, Infanterie, Artillerie, Genie, Train. Man hörte wie abwesend zu, noch immer. Sein Großvater war General in Dresden gewesen. Von der Schlacht an der Marne kein Wort, sagte er auf Fragen. Er hatte dem Baumeister ein möbliertes Zimmer abgemietet, und mein Freund zeigte mir die vielen Bücher auf dem Nachttisch, Der Krieg in Böhmen, Die Reiterschlacht bei Vionville und Mars-la-Tour, Königgrätz als Moltkes größter Sieg, Langensalza, Der Deutsche

Krieg 1866 von Theodor Fontane, illustriert. Wir wußten nicht, wer Theodor Fontane war, aber die Bilder gefielen uns.

Auch das Jahr 1864 brachte viel Neues. Im Norden wurden die Düppeler Schanzen gestürmt, und in Frohburg fand man Brandbriefe. Am Morgen lagen sie auf der Straße, wie hingeweht. Niemand weiß, wer sie ausgeworfen hat. Die meisten Häuser haben noch Strohdächer. Eile tut not, in allen Straßen werden Handschriftensammlungen gemacht, Haus für Haus, aber vergeblich. Man merkt nur, wer alles nicht schreiben kann. Am 23. Mai, mitten in der Nacht, ertönt die Sturmglocke. Das Anwesen des Seilermeisters Crede an der Peniger Straße steht in Flammen. Auch die beiden Nachbargebäude brennen ab. Knapp vier Wochen später, beinahe zur gleichen Stunde, nämlich um eins in der Nacht, erneut Feuer. Diesmal gehen der Stall des Gastwirts Vogt, dessen Wohnhaus der ersten Brandstelle gegenüberliegt, das Hinterhaus des Kirchenvorstehers und Webermeisters Göllnitz und die alte Schule in Rauch auf. Die Abgebrannten rufen nach Rache, aber der Täter bleibt unentdeckt und hinterläßt Rätsel für Generationen. Die Sorgen nehmen zu.

1864 gab es hundertsechsundfünfzig Webermeister am Ort, zehn Jahre später nur noch fünf. Die Zahl der selbständigen Töpfermeister verringert sich innerhalb von fünf Jahren von achtundzwanzig auf neun. Die neuen Zeiten. An einem Tag im September 1860 war bei strahlendem Sonnenschein mit der Mittagspost aus Borna ein Herr in Gehrock und Zylinder angekommen, hatte sein Gepäck in den Roten Hirsch befohlen und einen Gang durch den Ort gemacht. Am nächsten Morgen ließ er den Bürgermeister rufen, zwei Monate später war die Frohburger Cattundruckerei eröffnet. Auch hier die Faszination der Industrie.

Die Stadt hinein das fünfzehnte Haus ist die Schmiede.

Noch immer sitzt Großmutter mit mir am Tisch in der Stube und erklärt die Holzstiche der Gartenlaube, Jahrgang 1871. Bilder von Bismarck und Moltke. Der Kanzler auf einem Kirchturm. Er späht mit dem Fernglas in das belagerte Paris. Die Leute essen schon Ratten. Aus so großer Entfernung kann er das natürlich nicht erkennen. Er sieht nur das fabelhafte Häusermeer. Der ungeheure Steinhaufen muß endlich fallen. Auch dein Urgroßvater, höre ich, hat mit vor der Stadt gestanden, als junger Mann. Später, wenn du größer bist, lese ich dir einmal seine Briefe aus dem Felde vor. Gott sei Dank ist er heil zurückgekommen.

Großmutter blättert gedankenverloren weiter. Ein neues Bild; die Greueltaten der Kommune nehmen als Berge von Leichen Gestalt an, jeder einzelnen Figur hat der Künstler eine gewisse Anmut des Todes gegeben. Geistliche, Kinder, Frauen und Greise liegen besonders schön da. Guck nur, was ihnen widerfahren ist, sie sind füsiliert, erschlagen, zu Tode getreten worden. Mehr weiß Großmutter auch nicht. Denn irgendwo zwischen Paris und Frohburg geht jeden Tag aufs neue das Testament der Kommunarden verloren, ihr Traum, in dem unentwegt von einer experimentierenden, positiven, wissenschaftlichen Politik gesprochen wird. Was dagegen in den kleinen Häusern, bei den kleinen Leuten ankommt, ist wirr gehalten, so klingen Nachrichten aus dem Chaos. Sie haben gehaust wie die Wilden. Überall an den Mauern rote Anschläge; die Farbe verlaufen, das Papier aufgeweicht vom weggespritzten Gehirn der Kinder, die sie an den Beinen gepackt und mit den Köpfen gegen die Steine geschmettert haben. Ich bin sprachlos.

Wenn Großmutter das schwere Buch zuklappt, tritt jedesmal eine alte, krumme Frau ins Zimmer, die Bonbonfrau aus Lunzenau. Großmutter verhandelte mit ihr am Schreibschrank, flüsternd, Rücken mir zugekehrt, und ich mußte am Tisch sitzen bleiben. Dann bekam ich endlich die lindgrünen, hellgelben, blaßroten Bonbons in die Hand gelegt, Stück für Stück.

Einmal hat Großmutter eine Ansichtskarte geschrieben. Die Karte ist am 19. Februar 1932 um neunzehn Uhr zwanzig in Frohburg abgestempelt worden: Herrn Hermann Kreil, Dresden Altstadt, per Adresse Herrn Brummer, Humboldtstraße zwei, dritte Etage.

Lieber Hermann, die herzlichsten Glück- und Segenswünsche zu Deinem Geburtstag. Wir wünschen Dir recht viel Glück und Gesundheit und Erfolg bei Deinem Lehrgang zum Schmiedemeister. Sei vielmals gegrüßt von der Mutter, den Geschwistern und Iwan. Bitte grüße Deine Wirtsleute von uns.

Der Text in steiler Schrift, mit schwarzer Tinte. Auf der Rückseite das Foto, gelbstichig und ausgeblichen. Die Schmiede. Vorderfront. Zweistöckiges Haus. Drei Spalierbirnen. Über der Tür ein Hufeisen. Der Putz abgeblättert, dunkle Flecke, schadhaftes Dach. An der rechten Hausecke ein Wegweiser: Nach Chemnitz. Darunter ein Mauerring zum Festbinden der Pferde beim Hufbeschlag. Die Tür zu ebener Erde etwa in der Mitte der Front. Türstock und Bogen aus Sandstein, ebenso alle Fensterstöcke. Rechts von der Tür drei Fenster mit Läden, die Wohnstube. Links ein breites Fenster mit eisernen Sprossen, dahinter und hinter der Haustür der Schmiederaum, aus dem es seitlich in die Wohnstube, geradeaus in den Hof geht. Sonne auf dem Haus, am Schatten der Bäume erkennbar. Das Dachfenster, eine Eigenart der Gegend, gleicht einem halben Auge. Im ersten Stock fünf regelmäßig angeordnete Fenster. Aufnahmejahr des Fotos: ungefähr 1925. Das erste Fenster rechts von der Tür ist geöffnet. Dort steht Großmutter im Schatten, damals vielleicht Ende Dreißig. Sie hat ein dunkles Kleid an, die halbentblößten Arme hängen nach unten, Unterarme und Hände sieht man nicht mehr. Was macht sie so alt. Vielleicht hat sie zu viele Briefe gelesen. Aber sie hat nur einen bekommen. Er sah aus wie jeder andere. Nur die Briefmarke war ungewöhnlich. Sie hat den Umschlag geöffnet, das Doppelblatt auseinandergefaltet und gelesen, was sie auch später immer wieder gelesen hat.

Sehr geehrte Frau Kreil. Leider ist es mir erst heute möglich, Ihnen persönlich zu schreiben, da in Folge des Vormarsches ein ganzer Berg dringender Arbeiten dienstlicher Art vorlag und in erster Linie erledigt werden mußte. Zu dem schweren Verlust Ihres lieben Gatten spreche ich Ihnen mein tiefgefühltes Beileid aus, um so mehr, da sie eine Hoffnung und Aussicht hatten, Ihren lieben Gatten längere Zeit bei sich zu haben, am Schluß des Briefes komme ich noch auf Ihr Gesuch zurück. Ende Juni wichen die Russen, unter dem Druck bei Stanislau, auch vor unserer Front, die Verfolgung wurde sofort aufgenommen. Durch ein Schrapnell wurden drei Mann der Kompanie verwundet, zwei Mann, Ihr lieber Gatte und Soldat Uhlig, getötet. Als ich am nächsten Tag mit dem Rest der Kompanie nachfuhr, fand ich Ihren lieben Gatten nebst Uhlig unweit der Straße tot vor. Ich sah sofort nach den Wunden und fand, daß das tödliche Sprengstück von oben in den Kopf eingedrungen war, während ein zweites, größeres Sprengstück das Kinn und den Unterkiefer stark verletzt hatte. Eine Flut von Bildern. Die ohrenbetäubenden Geräusche. Ich veranlaßte sofort seine Beerdigung durch eine Abteilung, die noch von der Kompanie zurückgeblieben war. Leider war es nicht möglich, Ihnen sofort Nachricht zu geben, da wir auf dem Vormarsch von Post und dergleichen nichts gesehen und gehört haben.

Doch ferne, wo er zuhause, da sitzt beim Abendbrot eine Frau, eine Frau voll banger Ahnung und sagt: Gewiß, er ist tot. Da sitzen die weinenden Kinder und schluchzen laut: Gott helf; er hat, er hat sich abgemeldet, die Uhr blieb stehn um elf. Da starren sie alle, sie alle hinaus ins Dämmerlicht: Und ist, und ist er dahin und gestorben, unseren Herzen stirbt er nicht.

Der Vormarsch ging in Eilmärschen, so daß weder Verpflegung noch Munition herangebracht wurde. Was nun Ihr Gesuch betrifft, so wundere ich mich sehr, da es laut Poststempel doch gleich von Ihnen abgeschickt war und erst am 13. August, also vorgestern, bei der Kompanie zur Äußerung und Begutachtung vorlag. Das Gesuch ging durch die Unterschriften der Bauern anstandslos durch. Leider war es zu spät. Sehr geehrte Frau Kreil, sollte ich Ihnen fernerhin mit Rat und Tat zur Seite stehen können, so bin ich jederzeit gerne dazu bereit. Sie werden allerdings den entgegengesetzten Eindruck von mir gewonnen haben, doch ich muß Ihnen versichern, daß man nur mit strengster Schärfe gerecht sein kann, denn tausendmal wird man sonst täglich hintergangen und belogen. Mit allen, aber auch wirklich mit allen Mitteln tritt man an meine Person heran, um sich Vorteile zu verschaffen, doch ich bin und bleibe fest. Nur so kann ich meine Stellung bekleiden. Hochachtungsvoll Karl Madelung, Offiziersstellvertreter, 15. August siebzehn.

Kann, wer das gelesen hat, jemals wieder einen Brief öffnen, ohne daß die Hände zittern. Großmutter und ich, im Sommer, gegen Abend. Wir sind gerade vom alten Friedhof zurückgekommen, wo Großvaters Gedenkstein steht. Draußen werden die Kühe vorbeigetrieben. Aus der Werkstatt hört man das Pingping der Hammerschläge. Ich darf mir das Realienbuch aus der Truhenbank unter dem Fenster holen.

Am liebsten lasse ich mir den Artikel über Wölfe vorlesen: Zeigten sich zu Hunderten auf den Schlachtfeldern in Lothringen. Großmutter spricht laut und deutlich, ihrer Stimme ist nichts anzumerken.

Heute hat das Haus kaum noch Ähnlichkeit mit dem auf der Ansichtskarte von 1932. Das Dach ist neu gedeckt, die Dachfenster sind verschwunden. Die große Tür zugemauert, das Spalierobst gerodet. Die Schmiede ist in eine angebaute Werkhalle verlegt worden. Acht Gehilfen werden von den Verwandten beschäftigt. Blasebalg und Schutzfell sind vergessen, die Herstellung schmiedeeiserner Zäune und Gitter wirft Gewinn ab. Man hat zwei Häuser für die Töchter hochgezogen und verreist ab und zu nach Prag, Leningrad. Hätte Großmutter auch gesagt: Handwerk mit goldenem Boden.

Jetzt hat die Stadt sogar einen Frauenarzt. Die alten Landärzte sind in den Westen gegangen, das ist vor beinahe einer Generation gewesen. Ihre jungen Nachfolger betreuen die Ambulanz neben dem Posthotel im Schichtdienst für zwölfhundert Mark im Monat. Seit es eine Umgehungsstraße gibt, ist es in Frohburg noch ruhiger geworden. Ruhig war es schon immer. Nur die Aufmärsche und Gegenaufmärsche Anfang der dreißiger Jahre erzeugten Unruhe. Nachts wurde am Bismarckdenkmal ein Färbereiarbeiter erstochen.

Bei einer Zusammenkunft im Roten Hirsch hatten die Geschäftsleute der Stadt ein Telegramm an den Führer ihrer Bewegung aufgesetzt. Weiter voran für Deutschland, Ihre Frohburger. Auf dem Nachhauseweg begegneten sie einer Gruppe von Arbeitern der Stoffdruckerei, die aus der Windschenke kam, dem proletarischen Versammlungslokal. Ein Wortwechsel entstand. Weg frei, Kommune. Drecksburrschua. Man geriet ins Handgemenge. Es war gegen Morgen, die Laternen brannten schon nicht mehr. Die Schlägerei ging bei

Mondlicht vor sich. Der Textilwarenhändler Blose, als Unteroffizier vor Verdun mit dem Kreuz dekoriert, stieß das festgestellte Klappmesser, mit dem er gewöhnlich Zigarren anschnitt, in das Knäuel der Leiber. Er hörte das Reißen von Stoff und einen leisen Schrei. Sofort tat ihm der Stich leid. Sie kriegen eine neue Jacke von mir, sagte er ins Dunkel hinein. Zuhause sah er das Blut auf der Klinge. Nach drei Tagen starb der Arbeiter im Kreiskrankenhaus in Borna. Blose fiel später unter die Dreiunddreißigeramnestie.

Schon vorher hatte es Fälle von gewaltsamem Tod in der Stadt gegeben. Arbeitsunfälle. Jedes Jahr ein paar, in der Cattundruckerei, im Steinbruch, beim Brunnenbohren, auf dem Bau. Was das hieß damals. Für die Familien, meine ich. Ohne Versicherung. Man bekam höchstens einen Apfel, ein Ei, den Zuschuß zum Sarg. Der Fabrikbesitzer wollte nicht, der Handwerksmeister oder Kleinunternehmer konnte kaum. Und dabei die vielen Kinder. Armut nahm die Stelle der Seelen ein.

An Winterabenden trat ein Unbekannter auf. Zuerst schlug er mit einem Beil dem Viehhändler den Schädel zu Brei. Wie die Landbevölkerung das hinnahm, nach den jahrelangen Übervorteilungen. Die Bauern hatten den Toten bis aufs Blut gehaßt. Aber hinter seiner Leiche müssen wir hergehen, wurde gesagt, jetzt sind wir ja quitt. Dann schnitt der Vermummte, kaum, daß er auf sein nächtliches Pochen hin eingelassen worden war, einem alten Ehepaar, das vom Wucher lebte, die Gurgeln ab. Die Stadt konnte so klein sein wie sie wollte, einen blutsaugerischen Geldverleiher gab es allemal. Der Mörder stand noch nicht richtig im Flur, schon ging es los. Er zog das aufgeklappte Rasiermesser aus dem Ärmel und fing an. Anschließend schleifte er die blutleeren Körper in die Küche und kramte in allen Schränken. Alle Schubladen zog er auf. Inzwischen war die Haushälterin von einem Besuch bei ihrer Schwester zurückgekommen und läutete. Lange nichts. Plötzlich wurde die Wohnungstür aufgerissen, ein Mann, den weichen Filzhut tief ins Gesicht gedrückt, Mantelkragen aufgestellt, sprang auf sie zu, schlug sie mit einem Hammer auf den Kopf und lief die Treppe hinunter. Die Frau wankte in den Flur, suchte ihre Dienstherrschaft, fand die Ermordeten und riß das Küchenfenster auf: Hilfe, Feuer. Die Sirene ließ nicht lange auf sich warten. Der Feuerwehrmann aus dem übernächsten Haus stülpte sich im Laufen den Helm auf, schnallte das Koppel um. Wo brennts denn, man sieht ja gar nichts, rief er nach oben. Es war der Mörder. Er hat sich später in der Haft erhängt. Obwohl Tante Frieda schon eine Karte für die Verhandlung hatte.

Mein Großvater, der Tierarzt, wohnte zwischen dem Wucherer auf der einen und dem Mörder auf der anderen Seite. Irgendwann bin ich allein zuhause gewesen, erzählte Tante Frieda gerne. Alle anderen machten einen Ausflug zum Lindenvorwerk. Tiefe Stille in den Zimmern, auf den Fluren, im Treppenhaus. Mit einemmal das Geräusch. Ganz fremd. Ein Scharren an der Hauswand. Ich schleiche mich zum Hinterfenster. Im Garten steht der Mörder und versucht, die eiserne Essenkehrerleiter anzulegen. Das war natürlich vor seiner Verhaftung. Herr Zweigler, was machen Sie denn da, rufe ich hinunter. Bei uns ist das Dach kaputt, gibt er zurück. Der Lärm hat mir das Leben gerettet, schloß Tante Frieda ihren Bericht immer.

Ein Neubauviertel entsteht. Die acht Einfamilienhäuser werden auf den Wiesen der Wyhraniederung in Höhe der Schafbrücken gebaut. Wenn der Bauherr hilft, kostet das Haus achtzigtausend Mark. Dann gibt es noch die Wohnblocks bei Haufs Villa, jetzt Kindergarten, und hinter dem

Schloß. Dort wohnen Mitglieder der Landwirtschaftlichen Produktionsgenossenschaft, Lehrer und städtische Angestellte. Das Schloß gehörte vor hundert Jahren einem Freiherrn und Minister in Dresden und war nur die Sommermonate hindurch bewohnt. Wird es wärmer, geht bei Balzac so gut wie bei Fontane der Adel aufs Land. Der Weg vom Schloß zur Kirche führte über den Damm des Schloßteichs und dann steil bergan. Sonntags standen die Frauen am Fenster und warteten auf die vornehmen Sommergäste. Die Kleider, die Hüte. Sich so anziehen können. Die Frauen machten begeisterte Gesichter. Was wir uns dagegen überwerfen müssen. Wieviele Welten dürfen dazwischen sein. Zur An- und Abreise der Herrschaft mußte die Schuljugend zwischen Bergen von Koffern und Kasten im Schloßhof singen. Bis in den Oktober hinein gingen die Kinder der Gutsarbeiter barfuß.

1862 hatte der Minister eine große Kiste im Gepäck. Der Sommer war diesmal der Beschäftigung mit Akten und Papieren über eine Reihe unmenschlicher Verbrechen gewidmet, die im Jahr zuvor ganze Provinzen in Panik versetzt hatte. Den Preußen saß der Schreck noch in den Knochen. Das Ministerium in Berlin ließ dem Ministerium in Dresden Kopien zugehen, zur Belehrung. Da ein Neffe des Freiherrn und Ministers, Klaus v. Zenge nämlich, in Berlin mit dem Versand des Materials befaßt gewesen war, besaß der sächsische Minister auch eine Abschrift zahlreicher Aufzeichnungen des Verbrechers, die den anderen Residenzen vorenthalten worden waren. Mehrmals wurde abends der Frohburger Pfarrer auf das Schloß gerufen, ein ausgemachter Kenner der menschlichen Natur; der Freiherr bekam nach dem Essen oft Lust, über seine Vermutungen, den Fall betreffend, zu plaudern. Der Verbrecher wurde übrigens in den offiziellen Dokumenten mit einer Buchstabenzahlenkombination bezeichnet, in den von Zenge beigelegten Papieren aber hieß er Eduard. Dieses saisonale Interesse für Mord und Totschlag, als es unten in der Stadt bekannt wurde, steckte an, und die Expedition des Wochenblattes, die solche Geschäfte besorgte, brachte einige Bücher über die Nachtseiten des Lebens in die wenigen Salon genannten Wohnzimmer und in die einzige Leihbücherei am Ort. Der Neue Pitaval, wievielen wurde er vorgelesen. Und wieviele haben ihn nicht als Nachricht aus dem Chaos verstanden.

Die Kleinbahn ist stillgelegt. Im Schwimmbad hat man die Liegewiesen vergrößert, bis in die Berliner Zeitungen wird für seinen Besuch geworben. In der Marktgasse ein Schild; die Malermeister nennen ihre Produktionsgenossenschaft Picasso. Draußen, vor der Stadt, um die Dörfer herum, sind die Felder viel, viel größer geworden, richtige Schläge. Im Wald wird ein Kinderheim gebaut, und die Schule, seit fünfundzwanzig Jahren Zentralschule für die umliegenden Orte, bekommt ein zusätzliches Stockwerk. Nach endloser Stagnation, die allerdings durch einen kurzen Aufschwung während der Nazizeit unterbrochen wurde, weil Fahnentuch gefragt war, dehnt sich sogar die Stoffdruckerei über den Fluß aus. Trotzdem finde ich mich leicht zurecht.

Blumenbeete mildern die Weite des Marktplatzes. Hier haben wir als Kinder an Herbstabenden Fußball gespielt. Ball war ein Knäuel Lumpen in einer Tuchhülle. Unsere Rufe hallten über den weiten staubigen Platz. Schreie wie Feuer, wie Eis. Einmal war vieles möglich, alles. New York. Chikago. Liebe. Haß.

Bilder über Bilder. Eine Flut von Bildern, ein ungeordneter Strom: Heimat, Eduard, Der Fremde aus Indien, Lotte, ein Rasiermesser voll Blut. Und die Gestalt da am Ufer, bin ich das.

Dann stehe ich vor dem Haus am Fluß. Großvater hat es 1894 als junger Mann gekauft. Der neue Besitzer baut gerade um, die Haustür hat er schon zugemauert. Aus dem Garten ist ein Garten wie jeder andere geworden. Brehms Tierleben und die Präparate des Tierarztes, Knochengerüst der Katze, Schädel vom Dachs, haben sich verloren. Nur die Wanduhr, die Großvater jeden Tag im Vorbeigehen aufzog, soll noch im Flur hängen. Wenn ich gegen Abend zum Bahnhof gehe, werden die Glocken läuten. Zwei Frauen werden sich über die Straße hinweg von Fenster zu Fenster unterhalten. Die Kleinstadt ist Kleinstadt geblieben. Aber ich.

Meine Unsicherheit. Meine Zweifel an mir selbst. Die Bereitschaft zur Unterordnung und die jahrzehntelange Furcht vor den Eltern und dem Bild, das sie von mir hatten. Schweigsamkeit, wenn ich mir über- oder unterlegen vorkomme. Die unerfüllbaren Wünsche, ein arglos guter Mensch zu sein, tiefere Empfindungen als andere zu haben, diesen Empfindungen auch Ausdruck verleihen zu können. Mein Verhalten, wenn ich krank bin. Meine Launen. Der Neid. Wovon rede ich immer wieder. Anhänglichkeit an Frauen, umso stärker, je fremder die Frauen sind. Meine Urteile. Gesinnungen. Kleidung. Die Art zu gehen. Lieblingsstars. Die Alpträume vom Ende der Isadora Duncan. Wie sie bei Nacht im offenen Wagen die Küstenstraße entlang nach Nizza jagt. Wie die flatternden Enden des langen, blendendweißen Schals sich im Hinterrad verfangen und sie erdrosseln. Wie vorher ihre Kinder tödlich verunglückt sind. Wie Jessenin sich umbringt, der beste Freund. Und von Anita Berber träume ich. Auch sie göttlicher Bewegungen fähig. Verbringt nach Ekstasen des Irrsinns und der Enthemmung auf der Bühne den Rest der Nacht betrunken und berauscht am Spieltisch, Abtritt mit dreißig.

Meine Figur, mein Gesicht, meine Gesundheit, meine politische Lage. Keine Pläne außer dem einen, in Neapel das Grab Carusos zu suchen. Finde ich ihn noch im kleinen Mausoleum, im gläsernen Sarg, wird der einbalsamierten Leiche noch je nach Jahreszeit ein passender Gesellschaftsanzug, weiß, grau, schwarz, angezogen. Mit wem bin ich zeitlebens umgegangen, wo gewesen. Was esse ich gern.

Wenn Heidrun bis hierhin gelesen hat, wird sie sagen: Was du da schreibst, ist wirklich entsetzlich, das ist alles so furchtbar eitel. Aber die anderen, sage ich, die auch lange gebraucht haben. Manchmal sogar die Vermutung, es habe das Leben noch gar nicht richtig angefangen. Als müsse erst ein Vorhang aufgezogen werden. Ein solcher Vorhang könnten die äußeren Verhältnisse sein, in denen ich mich befinde, oder frühgehörte Geschichten, die zwischen mir und der Wirklichkeit stehen und den Blick trüben. Wie ist meine Sinnlichkeit erwacht. Was ich zu Heidrun diesbezügliches gesagt habe. Überprüfen, überprüfen.

Das Thema der alten Filme, und warum ich von Zeit zu Zeit einfach sehen muß, darauf angewiesen bin zu sehen, wie jemand aus dem Taxi steigt, ohne den Fahrer zu bezahlen, ein Restaurant verläßt, aber die Rechnung nicht verlangt. Dann die Bereiche der Beleuchtung, der Ästhetik, des Sozialen. Jemand geht mit einer Kerze in ein stockdunkles Zimmer, sofort wird der Raum so hell, als sollte in ihm eine Premierenfeier stattfinden. Jeder, der etwas schreibt, hat nicht nur eine wunderbare Handschrift, sondern den Stil erfolgreicher Mittelschüler. Leute gehen durch den ganzen Film, sie sind uns nicht als reich vorgestellt worden, wir erfahren aber auch nicht, wovon sie leben; andere haben zwar einen Beruf, wir wissen sogar welchen, allerdings scheinen sie ihn nicht auszuüben. Einmal war vieles möglich, über unsere Sucht nach Rekonstruktionen sollte sich niemand wundern.

Der Blick vom Sitz in der dritten Reihe aus geht schräg nach oben, das genügt vielleicht nicht, aber ein bißchen besser als traumloser Schlaf ist es doch. Und jedesmal das Fallen aus der Welt der Bücher, Bilder, Filme in unsere tagtäglichen

Luft- und Bodenkämpfe, an deren Ende immer alle verloren haben, aber der am schlimmsten, der New York am nächsten steht. Manchmal dreht es sich nur um einen halben Meter Differenz in den Positionen. Dein, mein Standpunkt. Dein Traum. Mein Traum. Am Ende die Erfahrung: Reden wir nicht darüber, lassen wir lieber die Finger davon.

Erwartungen an das Leben. Die ich hege, jawohl. Meine Liebe zu unversehrter Landschaft und die Fähigkeit, sie in Ausschnitten vorzufinden. Die Abneigung gegenüber allem, was aus Plastik ist. Oder doch das Weggucken. Eine schwarzglänzende Plane über der Rübenmiete stört mich schon. Auch ein Nistkasten aus Kunststoff. Und wie mich die Wegwerffeuerzeuge aufregen, die jetzt jeder aus der Tasche zieht. Das Bewußtsein, daß es keine großen isolierten Räume mehr gibt, weder für die Seele noch draußen. Überall Rückstände, Spuren. Überall Voraussetzungen.

Wer mich interessiert: Heidrun, Eduard, Novalis mit seinen lüsternen Gedanken, Kleist natürlich, Lotte, Kinder zwischen zwei und acht, Heine, den ich immer besser verstehe, der Pitzewirt, August, Kaspar Hauser, Dellebachmarie. Franz Mehring noch, erst Verfasser von Hetzartikeln in der Gartenlaube gegen Karl Marx, dann sein wichtigster Biograf. Das Rätsel der Linie zwischen zwei Punkten: wer ich war, wer ich bin, und das dunkle Gebiet dazwischen.

Mein Leben in Steinheim und Göttingen. Die Physiognomien der Freunde. Aufgedunsen oder abgemagert. Wir haben ein Erlebnis gehabt, welches, sagen wir nicht, das ist uns in nicht wiedergutzumachender Weise aufs Gemüt geschlagen. Was aus ihnen geworden ist und wird. Willi A. Koch. Günter Stahlmann. Jochen Schröder. Die verschiedenen Charlotten. Wenn Hannelore gestorben wäre. Gernot im Untergrund oder im Morgenland. Christoph. Frank. Marlis. Renate. Gottfried. Ludwig. Nichts. Nichts bekannt. Die vielen Sommer, die vielen, vielen Nächte, das zahllose Ankommen, das zahllose Abfahren, Tränen und Schluchzen, Berührungen, kurze oder lange, Erschrecken über Erschrecken, Gefühle von Kälte, Hitze, Verpflichtungen zum Haushalten, zum Schweigen, was müßte ich dazu nicht alles sagen.

Ich komme, sagt Gernot, nachdem ich den überraschenden Besuch eingelassen habe und er hastig Windfang, Diele und Wohnzimmer durchquert, sich in einen Sessel geworfen und lange auf Böcklins Toteninsel an der Wand gegenüber gestarrt hat, ich komme, sagt er tonlos und mit zuckendem Mund, direkt vom Friedhof in Adelebsen. Gerade war das Begräbnis. Sie ist nun unter der Erde, ich kann es kaum glauben. Du siehst hier meinen schwarzen Anzug, die schwarze Krawatte, die schwarzen Schuhe, und sicher macht mein Gesicht einen ergriffenen Eindruck. Aber ich fühle wenig, die Nachricht ist noch nicht eingedrungen. Erst allmählich, ganz langsam wird die blutige Geschichte mir überhaupt bewußt und zur Gewohnheit werden. Guck dir unser Land einmal an, seine Städte, Industriegebiete, Verkehrsadern, die Fabriken, Wohnstraßen, Parks, alles ist bevölkert von Menschen, die klein, unbedeutend, gewöhnlich aussehen. In Wirklichkeit haben sie einen großen Verlust erlitten, spüren aber erst das Vorgefühl eines tiefen Schmerzes. Von Kraft noch keine Spur. Ich weiß heute, genau in diesem Moment, in dem ich, durchfroren, einem unkontrollierbaren Rededrang ausgesetzt, hier bei dir in der Wohnung bin und das Bild da drüben bemerke, daß es mir nicht anders geht. Man kann mit diesem Bild leben, ohne es jemals wahrzunehmen. Genauso meine Geschichte.

Gernot lehnt sich zurück. Ich ahne, das hat nichts mit Wohlbefinden zu tun, es ist die Folge einer erheblichen Anspannung. Die gleichgerichtete Stellung der Füße, die gekünstelte

Haltung der Hände bestätigen meine Vermutung. Er schweigt immer noch. Jetzt schließt er die Augen. Ich kann sein angenehmes Gesicht ohne Rücksicht betrachten. Die dunkle Kleidung macht die an sich blasse Stirn noch blasser. Der starke Hals, das kräftige Kinn und die breiten Jochbeine geben ihm etwas Athletisches Dagegen lassen die weichen Lippen und die langen Wimpern ihn sanft erscheinen. Das sonst lockere, volle Haar, von Brillantine glänzend, liegt eng am Schädel an und ruft mit einemmal den Eindruck der Strenge hervor. Auch der Mund, fällt mir nun auf, ist nicht frei von Bitterkeit, wenn die Augen ihn nicht ergänzen. Überhaupt die Augen. Ohne sie bin ich diesem Gesicht gegenüber ratlos.

Ich habe, sagt Gernot mit geschlossenen Augen, nie von ihr gesprochen, weil unvollendete Geschichten beim Zuhörer gewöhnlich eine Sucht nach Gewißheit entstehen lassen, die dann in bohrenden Fragen zum Ausdruck kommt, denen es um das Gleiche geht, was man selbst oft und oft hat wissen wollen. Soll ich zulassen oder gar herausfordern, daß ein anderer sich in meinen Problemen wälzt. Gernot beugt sich nach vorn, öffnet die Augen, richtet den Blick auf die Toteninsel, schließt die Augen schnell wieder und läßt sich zurückfallen. Im Zimmer Stille. Wir hören nur den Lärm der Autobahn durch die Fenster und Vorhänge; es ist Freitag nachmittag.

Sie hieß Lotte, fängt Gernot an. Wenn du weißt, daß Adelebsen fünftausend Einwohner hat, kennst du die Hälfte ihrer Geschichte. Als ich Lotte 1969 zum erstenmal begegnet bin, war ich achtzehn, sie sechsunddreißig. Nach unerfreulichen Jahren im Harz, wo mein Vater Mitte der sechziger Jahre als Revierförster in der Nähe von Sieber einen Wilderer aus dem Ort erschossen hatte, in Notwehr, und wir alle, Vater, Mutter und drei Söhne, vom ganzen Dorf geschnitten wurden, nach dem dauernden Ärger mit eingeworfenen Scheiben, zerstochenen Reifen, Anrufen mitten in der Nacht kündigte Vater, als die beiden Dackel eines Morgens vergiftet hinter der Scheune lagen, den Staatsdienst auf, weil die Forstbehörde ihn nicht versetzen wollte, man kann doch, mußte er sich in Hannover anhören, diesem Gesindel nicht zu einem so billigen Triumph verhelfen, und nahm im Spätherbst die Stelle eines gräflichen Privatförsters in Adelebsen an. Du kennst die Hauptstraße mit ihren zehn Geschäften und die sich bergan ziehenden Seitengassen, Fachwerkhaus an Fachwerkhaus. Über allem, weithin sichtbar, das Schloß des Grafen.

Am Anfang, wenn ich nach zehn abends mein Tagebuch weggeschlossen, das Verwaltergebäude verlassen hatte und fröstelnd durch die menschenleeren Straßen ging, hatte ich immer die Vorstellung, im Jahr 1930 oder höchstens 1950 zu leben. Hier und dort schien durch die Gardinen in den oberen Stockwerken trübes Licht, ein oder zwei Mal knarrte auch ein Haustor, irgendwann hörte ich sogar einen Anlasser, wieder und wieder, bis der Motor stotternd lief und das Auto, in dessen Scheinwerferlicht das erste Eis auf den Pfützen schimmerte, langsam an mir vorbei und aus der kleinen Stadt in Richtung Göttingen fuhr. Ich stellte mir die Menschen vor, wie sie einsam in ihren schweren Ehebetten lagen und stöhnten. Was sie umgab, würde sie für alle Zeiten umgeben und festhalten. Als seien die verschneiten Felder, die sich jenseits der letzten Häuser und Gärten unter einem frostklaren Himmel bis ins Endlose ausbreiteten, sicherer Schutz und unüberwindliches Hindernis zugleich. Und dann der Eindruck, es müßte in solchen Nächten, an diesem Ort zunehmend verschwimmen, ob vor Jahren der Erste oder der Zweite Weltkrieg verlorengegangen war, ob es schon wieder Soldaten gab, von wo bis wo sich Deutschland erstreckte.

Aber davon will ich nicht weiter reden. Ich bin nicht unbefangen. Eine tote Straße, gurgelnde Laute aus halbgeöffneten Mündern, die Wärme der erschlafften Körper in dunklen Stuben, man kann, was die eigenen Wünsche angeht, nie sicher sein.

Ich wiederholte damals die elfte Klasse. Folgende Ostern übrigens mußte ich abgehen und fing als Lehrling in der Buchhandlung Deuerlich in Göttingen an. Im Winter neunundsechzig saßen wir Schüler den ganzen Nachmittag in der Milchbar neben dem Rathaus. Dort sah ich Dagmar. Sie war fünfzehn und fiel mir weniger durch das blasse, zarte Gesicht und die leise, volle Stimme als vielmehr durch schmale Hände und Gesten auf, die ich nicht anders als würdevoll nennen kann. Solche Mädchen warten ab, wenn man sie kennenlernt. Später sind sie um so anhänglicher. Ich setzte mich zu ihr. Lange Gespräche. Jeden Tag. Meist gingen wir dann noch ein Stück. Bald machten wir lange Spaziergänge durch die Bergwälder. Jetzt lachte sie manchmal. Wir haben uns auch an der Hand gefaßt.

An einem Spätnachmittag Anfang Dezember nahm sie mich zum Aufwärmen mit nach oben. Wir saßen in ihrem Zimmer zwischen Puppen und Stofftieren und blätterten in einem Bildband über die Hopi-Indianer. Auf dem Schreibtisch brannte eine rote Kerze. Daneben ein Tagebuch, das ich nicht anfassen durfte. Über dem Bett hing ein großes Foto ihres Cousins. Sie hatte mir von ihm schon erzählt, ehemaliger Korpsstudent, als Kind ein Auge verloren, herausragende Rolle im Frankfurter SDS. Manchmal machte er auf seinen Reisen nach Hamburg, Hannover und Berlin einen Abstecher und besuchte sie. Daher der Adorno, der Reich, die Broschüren, die überall herumlagen.

Meine Mutter will dich sehen, sagte sie nach einer Weile, blieb aber sitzen. Wir rauchten erst unsere Zigaretten zu

Ende. Sie führte mich über einen düsteren Flur vor eine schmale Tür mit Kastenschloß und Messingklinke. Sie klopfte leise. Von drinnen ein halberstickter Laut. Wir traten ein. Dämmerlicht, die Vorhänge anscheinend zugezogen, irgendwo im Hintergrund brannte eine Lampe. Der niedrige große Raum, in dem wir standen, war vollständig Jahrhundertwende. Sogar die Luft roch anders als noch auf dem Flur. Dabei nichts von Museum. Eher eine Insel zwischen Mauern. Blattpflanzen in Kübeln und auf Säulen, Portieren, ein Flügel mit Notenstößen, kleine weiße Statuetten auf Borden und auf der Kredenz, Vitrinen voll Glas und Porzellan. Der geheizte Kachelofen. Eine Goethe-Büste. Der schwarzgebeizte Bücherschrank, dessen Türen geöffnet waren.

Ich machte zwei Schritte vorwärts und sah neben dem Tisch mit der Lampe die Chaiselongue. Dort lag halb auf der Seite eine junge Frau in einer Art Negligé, Kopf in die rechte Hand gestützt, den linken Zeigefinger in einem zugeklappten Buch. Hier ist er, sagte Dagmar halblaut. Ich hörte Stoff rascheln. Die Bewohnerin des Zimmers schob die Füße in die Pantoffeln und gab mir die Hand. Dann die Kante eines Stuhls. Worüber wir gesprochen haben, weiß ich nicht mehr. Ich achtete ausschließlich auf ihre Art, den Oberkörper, den Kopf, die Hände zu bewegen. Noch nie hatte ich eine interessantere Frau gesehen. Dagmar wäre besser gegangen.

Die Mutter erwähnte ihre Kopfschmerzen. Dann lassen wir dich lieber allein, sagte Dagmar. Am nächsten Nachmittag, es war der zweite Advent, luden sie mich zum Tee ein. Dagmars Vater, ein großer Mann mit rotem Gesicht und dem leichten Dialekt des Göttinger Umlandes, drückte mir fest die Hand. Eine alte Frau trug das Gebäck auf. Wir saßen im Eßzimmer. Der Mann sprach nur von der Jagd und wollte mir seine Gewehre zeigen, Dagmar erzählte von einer Reise an den Lago Maggiore, die sie als Kind mit ihren Eltern gemacht hatte. Die junge Frau sagte wenig.

Ich besuchte Dagmar beinahe jeden Tag. Meist hörten wir Musik. Ich ließ mir sogar die alten und neuen Briefe aus Frankfurt vorlesen. Der Mutter begegnete ich nur sonntags beim Tee. Stets war auch der Mann anwesend. Bei jedem Besuch bin ich in höchster Erwartung den Flur entlanggegangen, aber die Tür mit der Messingklinke war immer geschlossen und wurde nicht geöffnet. Nach und nach konnte ich mir aus dem, was ich von Dagmar und sonst erfuhr, ein genaueres Bild der Familie machen. Aber vieles war ungereimt und ist immer ein Rätsel geblieben.

Als Dagmars Vater, zweiter Sohn eines großen Bauern am Sollingrand, fünfundvierzig aus dem Krieg kam, hatte sein älterer Bruder den Hof übernommen. Nach zehn Jahren Arbeitsdienst, Wehrpflicht und Krieg war der Heimkehrer dreißig und ohne Beruf. Zuerst half er zuhause und verschob sein Deputat nach Hannover, dann versuchte er, den Bauern gegen ein Entgelt in Naturalien Kästen unter die Betten zu stellen, die gegen sich kreuzende Wasseradern schützen sollten und die er von einem Kunsttischler in Göttingen zusammenklopfen ließ. Nebenbei handelte er mit gewildertem Fleisch, Versicherungen und landwirtschaftlichen Maschinen aus zweiter Hand. Das ging sieben Jahre. Er hatte ein möbliertes Zimmer unter dem Dach des Gasthofs Zur Deutschen Eiche in Adelebsen. Er hielt sich über Wasser, mit viel freier Zeit. Die Abende im Winter waren besonders lang. So saß er nachts in den Gastwirtschaften, wie er tagsüber in den Wohnküchen der Bauern hockte. Bald war er Sänger, Schützenbruder, Turner, Kegler, Skatklopfer, Feuerwehrmann, eben Mitglied in allen Vereinen, die es am Ort gab. Da sein Name in der Gegend noch von Vater und Großvater her einen guten Klang hatte, dauerte es nicht lange, bis er im Gesangverein Schriftführer, bei den Keglern Kassenverwalter, im Turnverein Gerätewart und im Skatclub sogar Vorsitzender wurde.

Anfang der fünfziger Jahre, Adenauer stand kurz vor seiner Wiederwahl, machte er gegenüber verschiedenen Seiten Äußerungen, die auf Heiratsabsichten schließen ließen. Mehr als einmal wies man ihn auf das Herrenausstattungsgeschäft im unteren Drittel der Hauptstraße hin. Guck dir nur das Haus an, frisch gestrichen, neu eingedeckt, und zur Straße die Siebenfensterfront. Eine bessere Partie als Lotte, die einzige Tochter dort, findest du nicht. Und die beiden Alten treten bald ab.

Auf dem Sängerball kurz vor Weihnachten lernte er Lotte kennen. Sie war neunzehn, sehr blaß, wunderbar gewachsen. Vielleicht hat sie ein bißchen zu viel gelesen, dachte er, war aber begeistert. Er brachte sie noch vor elf nachhause, ganz Fürsorge schon, und wurde zwei oder drei Mal eingeladen. Musizieren auf dem Flügel, das war neu für ihn. Wenn man im großen Zimmer mit den alten Möbeln saß, sprachen hauptsächlich Mutter und Tochter. Was hörte er. Fremde Namen. Novalis, Kleist, Hölderlin. Die Mutter, die bei Lottes Geburt vierundvierzig gewesen war, sieben Jahre jünger als der Mann, stammte aus Göttingen, ihr Vater hatte dort zwischen dem Deutsch-Französischen Krieg und dem Ende des Kaiserreichs eine feinmechanisch-optische Werkstatt zu einer Fabrik ausgebaut. In Verbindung mit der Universität war der Betrieb großgeworden, durch Lieferungen an die Armee warf er lange Zeit unglaubliche Gewinne ab.

Die Einladungen schliefen ein. Das Mädchen war vielleicht noch zu jung. Wahrscheinlich las sie auch viel zu viel. Außerdem war sie nicht die einzige, die für ihn in Frage kam. Ein stattlicher Mann. Immer guter Dinge. So geradezu, offen und ehrlich. Trägt das Herz auf dem rechten Fleck. Und gehören ihm nicht nach Wibbecke zu einige achtzig Morgen Land.

Dann starben Lottes Eltern. Im Januar zweiundfünfzig legten sie sich abends ins Bett, am Morgen waren sie tot. Giftige Gase aus dem Kanonenofen im Schlafzimmer. Lotte wußte nicht weiter. Er bot seine Hilfe an. Er kannte Hinz und Kunz und erledigte die amtlichen Formalitäten, bereitete das Begräbnis vor und regelte die Erbschaft. Alle Papiere gingen durch seine Hände, Lotte sah kaum hin. Er saß oft bei ihr in der Küche. Bis auf die, ihr eigenes Zimmer und die Kammer der alten Frau hatte sie alle Räume abgeschlossen. Auch das Geschäft lag hinter heruntergelassenen Rolläden, nun schon seit Monaten. Dabei läuteten jeden Tag Bauern an der Haustür, und Lotte mußte ihnen die dringend verlangten Anzüge im Hinterzimmer vorlegen. Sie hatte keine Zeit mehr für Bücher und Musik. Wollen Sie nicht, fragte sie ihn, das Geschäft weiterführen. Er wollte. Aber nur unter einer Bedingung. Im Sommer war Hochzeit.

Über die nächsten sechzehn Jahre, fährt Gernot fort, kann ich im Grunde wenig sagen. Dagmar kam zur Welt und wuchs auf, allein in ihrem Zimmer oder in der Küche bei der alten Frau, die dageblieben war. In das große ruhige Haus an der Hauptstraße kehrte ein dauerhafter Alltag ein. Das Leben verlief bald in endgültig abgesteckten Bahnen. Als ich die Familie kennenlernte, bot sie ein erstaunliches Bild. Jeder der drei hatte seine Geschichte, aber wo diese Geschichten ineinanderliefen, war Nichts oder besser eine tiefe, spannungslose, ganz und gar erschlaffte Stille. Gerade sie, die ich auf außergewöhnliche Umstände zurückführte, verwirrte und beunruhigte mich.

Im dämmrigen Laden hingen die Anzüge und Mäntel reihenweise auf den Stangen. Geruch von Mottenkugeln, überall dunkles Holz, flache Schubladen für Taschentücher und Handschuhe, kleine Vitrinen voller Krawatten, Reklameschilder aus fernen Zeiten. Seit den dreißiger Jahren war die Einrichtung nicht verändert worden. Den ganzen Tag, schien es, stand der Mann hinter der Schaufenstergardine und sah auf die Straße. Punkt sechs kam er nach oben. Wieder keine Abrechnung zu machen, wieder kein Kunde. Er saß mit dem Tageblatt und einem Bier am Küchentisch und wartete auf das Abendessen, das die alte Frau zurechtmachte. Zwei Stunden später verließ er die Wohnung. Er ging in die Gastwirtschaft, zu einem Verein und blieb bis nach Mitternacht aus. Klopft er dann oft an Lottes Tür. Ich wagte nicht, Dagmar danach zu fragen. Von Zeit zu Zeit verkaufte er ein paar der zahlreichen Aktien, die der Göttinger Fabrikbesitzer hinterlassen hatte und die alle gut über die Jahrzehnte gekommen waren, oder eine Wiese, ein Waldstück aus seiner Erbschaft, das würde gehen, so lange es mußte, er war schon vierundfünfzig.

Lies nicht so viel, sagte er zu seiner Frau. Und das ewige Grübeln macht dich auch nicht gesünder. Lotte stand erst mittags auf. Sie lief dann im Morgenmantel durch das Haus, planlos, wie um sich Bewegung zu machen. Den restlichen Tag, die Nacht verbrachte sie in dem großen Zimmer, das von den Eltern ihres Vaters kurz nach der Hochzeit eingerichtet worden war, 1898. Sie las, spielte Klavier und schrieb Briefe, viele Briefe. Die meisten wurden nie abgeschickt. Oft stand sie am Fenster. Sie sah nicht, wie zur gleichen Zeit der Mann ein Stockwerk tiefer, die Hauptstraße und die vorbeikommenden Leute, ihr Blick ging über rote Dächer hinweg auf die Talhänge und Buchenwälder. Anfangs dachte ich, das Leben, das sie führte, seien Akte des Widerstandes. Es waren Reflexe.

Zu Weihnachten schenkten mir Dagmar und ihre Eltern die Gedichte von Rilke. Lotte hatte die Widmung geschrieben. Und zwischen den Jahren sang Dagmar mit der Kantorei in Göttingen. Das konnte ich doch vergessen haben. Also klopfte ich abends an das Haustor. Die alte Frau machte auf. Sie grüßte kaum und brachte mich nach oben. Das Klavierspiel hatte ich schon auf der Treppe gehört. Die Alte öffnete die Tür mit der Messingklinke und ging weg. Wie eine Lawine kam mir die Musik entgegen, es ist sicher Beethoven gewesen. Ich trat halb in das Zimmer und sah die beiden Kerzen auf dem Flügel und zwischen ihnen ihr Gesicht. Ich stand und dachte an nichts, ich fühlte nur, wie ich den Boden unter den Füßen verlor. Dann war das Stück zu Ende. Sie legte sich auf die Chaiselongue, die Pantoffeln fielen zu Boden. Ich nahm einen Stuhl. Über Dagmar kein Wort. Ein Winken mit der Hand. Ich rückte näher. Sie spielen so schön, sagte ich.

Sie hielt mir ein Buch entgegen, das gleiche, das sie mir geschenkt hatte. Lesen Sie, sagte Lotte. Ich nahm das Buch, schlug es auf und las laut, sieh dir die Liebenden an, blätterte weiter, las wieder, blätterte, las, ich fand kein Ende, ich konnte nicht aufhören. Als ich ihr endlich das Buch zurückgab, war ich schweißnaß, völlig erschöpft, restlos verausgabt. Mein Kopf leer und ausgepumpt wie nach einem Erguß. Sie haben eine schöne Stimme, sagte sie halblaut. Es klang ruhig und gelassen, beinahe unbeteiligt. Soll ich uns Tee machen, fragte sie lebhafter und ging in die Küche. Uns.

Auf den Dielen das Geschirr. Wir Auge in Auge. Rede und Wechselrede. Worüber. Musik, Literatur. Was hörte ich. Novalis, Kleist, Hölderlin. War das möglich, nach sechzehn Jahren in diesem Zimmer, diesem Haus, dieser kleinen Stadt solche Namen. Mein Gefühl, Darsteller in einem von ihr ausgedachten Stück zu sein. Aber Lottes Hand zitterte, während sie die Tasse hielt. Mir wurde schwindlig, ich mußte auf die nackten Beine, die Hüften, die Brust gucken. Sie hat das bemerkt. Wir sollten uns duzen, sagte sie und strich über meine Hand. Dann griff sie nach einem Blatt Papier. Es hatte, unter ein Buch geschoben, die ganze Zeit neben der Lampe auf dem kleinen Tisch bereitgelegen.

Die Gedichte haben dich müde gemacht, jetzt bin ich an der Reihe, sagte sie. Das Blatt war eng mit Bleistift beschrieben. Erwartungen an die Zukunft. Das konnte nur die Überschrift sein. Ich hatte Mühe, sie zu verstehen, sie las, als summte sie ein Lied. Warum, las sie, heiße ich nicht Rahel. Du würdest Varnhagen sein. Den ganzen Tag ist mir nicht aus dem Kopf gegangen, was ich über die beiden gelesen habe: Oft, wenn wir gegen Abend in großer, aber erlesener Gesellschaft bei Mendelssohns im Garten saßen, in fruchtbare Gespräche vertieft oder schweigend in den Anblick der Natur versunken, Stimmungen hingegeben, meldete der Diener von der Terrasse aus mit lauter Stimme Rahel und Varnhagen. Alle Unterhaltung verstummte. Nach einiger Zeit öffnete sich die Tür erneut, und der junge, strahlende Varnhagen trat heraus, die kleine, breite, mühsam gehende Frau am Arm. Er trug zwei bestickte Kissen und führte Rahel, die freundlich, aber stumm nach allen Seiten grüßte, zum Lehnstuhl, den der Diener schon zurechtrückte. Kein Wort im ganzen Garten. Nur lautlose Aufmerksamkeit. Rahel ließ sich nieder, und Varnhagen, kniend, schob ihr eines der Kissen unter die Füße. Das andere legte er zwischen Rücken und Lehne. Ein liebevoller Blick von ihr belohnte die Mühe. Bescheiden stand er da und strich sich eine Haarsträhne aus dem Gesicht. Dann trat er hinter den Stuhl und zog ein Notizheft hervor, um jedes ihrer Worte gleich aufzuschreiben. Als das Gespräch mit anderen ihn einmal in eine entferntere Ecke des Gartens gelockt hatte und er in der Nähe seiner Frau Sprechen und Lachen hörte, stürzte er hastig zurück. Was hat sie gesagt, rief er, was hat Rahel gesagt. Das Heft aufgeschlagen, den Stift in der Hand, ganz aufgeregt. Daran muß ich heute immer denken. Wenn ich Rahel hieße. Was für Möglichkeiten für dich, durch Selbstvergessenheit und Unterwerfung aufzusteigen.

Du kannst dir nicht vorstellen, sagt Gernot zu mir, wie verwirrt ich war, wie total durcheinander. Draußen dieses bis zum Unsinn geschäftige Land, auf dem Kalender die Jahreszahl 1969, und vor mir im schwachen Licht zweier Kerzen die in einem unglaublichen Maß vom Gewohnten abweichende Lotte, um mich ihr Zimmer, von dem ich ahnte, daß es kein Kuriositätenkabinett, sondern Panzer und Korsett in einem, ihre nach außen gewendete zweite Haut war, lebensrettend.

Hör nur zu, sagt Gernot, meine Halserzählung geht noch weiter. Sie holte ein Buch aus dem Schrank. Den Titel habe ich vergessen. Ich habe ihn gar nicht beachtet. Sie stand nämlich dicht hinter mir. Schlag Seite zweiunddreißig auf. Ich öffnete das Buch dort, wo das silberne Lesezeichen in Form einer Lyra steckte, und las die dünn angestrichenen Worte: Nimm mich.

Als ich aufsah, lag Lotte wieder auf der Chaiselongue, in einer Stellung, die ich schon kannte, halb auf der Seite, Beine leicht angezogen, Kopf in die Hand gestützt. Nur ihre Augen waren jetzt geschlossen. Es kam mir vor, als hätte ihr Gesicht einen erwartungsvollen Ausdruck, weich und hingebungsbereit. Ich habe sicher zehn Minuten wie gelähmt dagesessen. Ich brachte kein Wort heraus und wagte nicht, mich zu bewegen. Es war furchtbar. Wie in allen Bekenntnissituationen, in die ich unvorbereitet gerate, fühlte ich mich, als hätte ich auf einen Schlag alle Kleidungsstücke verloren. Mein Körper mit seinen Muttermalen, Warzen und unsauberen Stellen wurde mir aufgedrängt. Ja oder nein. Und je länger ich wartete, desto schmutziger war ich.

Irgendwann bin ich aufgestanden. Lotte rührte sich nicht. Zimmertür, Flur, Treppe, Einfahrt, Haustor. Hinter dem Rathaus mußte ich mich übergeben. Das Würgen nahm kein Ende. Ein Mann kam vorbei und sah zu. Der Kerl kotzt sich ja die Seele aus dem Leib, rief er.

Der Abend vor neun Jahren. Nie wieder bin ich in das Haus gegangen. Aber wie oft war ich kurz davor, an wie vielen Abenden habe ich gegenüber im Schatten gestanden und zu den drei schwach erleuchteten Fenstern hinaufgeguckt. Panzer und Korsett. Oben saß Lotte, allein, und schrieb Briefe an mich, die zu Stößen und Bündeln werden würden. Immer die gleichen Sätze, wohin das führt, weiß ich erst jetzt.

Im Sommer nahm ich in Göttingen ein Zimmer. Dagmar besuchte mich alle Monate. Wir schliefen zusammen. Sie hatte sich verändert, seit ihr Cousin nachts auf eisglatter Fahrbahn irgendwo in Nordhessen tödlich verunglückt war, sie wurde zögernder, schreckhafter, sprach wenig. Vor allem gab sie keine Antwort auf Fragen, die mit dem Tod des Cousins zusammenhingen. Ich war sicher, er hatte in der Unfallnacht nach Adelebsen fahren wollen. Während ihrer Besuche wechselten wir manchmal keine zwanzig Worte. Lotte wurde nie erwähnt.

Dann hatte ich ausgelernt und mußte zum Ersatzdienst. In der Küche des Christophorusheims half eine Witwe aus Duderstadt. Alter ungefähr Mitte fünfzig. Ihren Vornamen kenne ich heute noch nicht. Sie hatte einen Brotschrank, den sie verkaufen wollte. Ich fuhr sonntags rüber. Auf dem Couchtisch standen Likör und Kekse. Ich hörte ihrer Lebensgeschichte zu, deren Höhepunkt die Dienstverpflichtung ins besetzte Prag war, wo man sie Stern der Casinos nannte. Zum Abschied, an der Tür, nahm ich sie in die Arme, um den vollschlanken Körper und die großen Brüste zu fühlen, die ich stundenlang vor mir gehabt hatte. Sie tat erstaunt.

Ich durfte sie nur besuchen, wenn ich vorher anrief. Dann badete sie, machte belegte Brote, stellte Wein in den Kühlschrank, setzte neue Kerzen in die Leuchter, knipste die gemütliche Lampe an, legte Operettenplatten zurecht und deckte das Ehebett auf. Jedesmal mußte ich tanzen. Ich küßte sie auf den parfümierten Nacken und legte den Kopf in ihren Schoß. Komm, sagte sie verschämt, und wir zogen uns, Rücken an Rücken, im Schlafzimmer nebenan schnell aus. Das Licht, das durch den Türspalt fiel, genügte nicht, um sie genau zu betrachten. Ich durfte nicht rauchen.

Einmal habe ich nach dem Essen ein Bad verlangt. Das brachte den ganzen Abend durcheinander. Wasser einlassen, die Wanne saubermachen, den Boden wischen; sie zog das gute Kleid aus und dann wieder an, ordnete die Frisur, legte neues Rouge auf. Inzwischen ging ich nackt durch die Wohnung. Das hat mir gutgetan. Solange wir uns kannten, plante sie ein gemeinsames Wochenende im Harz, in einem Hotel mit Schwimmbad und Bar. Dort hatte sie gearbeitet.

Ich zog nach Kassel und erlebte das finanzielle Fiasko mit meinem Antiquariat. Ich kam nicht zur Besinnung. Bis ich Anfang des Jahres zufällig einen ehemaligen Mitschüler traf, der die väterliche Tankstelle in Adelebsen übernommen hatte. Was gibt es Neues, fragte ich arglos. Sag nur, rief er, und ich hatte den Eindruck, daß er dankbar für die Gelegenheit war, sag nur, du hast noch nicht gehört, was mit Lotte los ist. Welche Lotte, habe ich erschrocken zurückgefragt. Mit unserer Lotte, rief er, es gibt nur eine. Das ganze Gespräch mitten auf der Königstraße in Kassel. Ich zog ihn in eine Passage.

Was ist mit Lotte. Die acht Jahre seit dem Abend bei ihr waren auf ein paar Tage zusammengeschrumpft, ich fühlte mich von der Vergangenheit eingeholt, mein Herz klopfte stark, und ich hätte gerne gesessen.

Du weißt selbst, fing der Tankstellenpächter an, daß Lotte sich auf der Straße oder im Laden kaum blicken ließ. Ich zum Beispiel kannte sie gar nicht. Sie könnte erst vor zwei Jahren nach Adelebsen gekommen sein. Seitdem vergeht nämlich keine Kirmes, kein Vereinsjubiläum, kein Ball oder Tanzabend ohne sie. Sie kommt mit ihrem Mann, zieht ein wie eine Königin, aber der Alte hat seine Freunde. Sie inzwischen auch. Der halbe Ort läuft hinter ihr her. Alles, was einen Schwanz und Lust auf was Schnelles hat. Jeder, der sich die Mühe macht, wenigstens eine Stunde auf sie einzugehen, kriegt sie. Ich bin auch in den Genuß gekommen. Und nicht nur ich. Letzten Sonntag hat mein Schwager sie hinter dem Kirmeszelt im Stehen gebumst. Ich war zum Pinkeln rausgegangen und mußte zugucken. Ich kann dir sagen. Da wird einem der Schwanz vielleicht munter, alles was recht ist. Jedenfalls macht sie keine Umstände; es war kaum zehn vorbei, die Kinder saßen noch mit an den Tischen. Sie kam dann wieder ins Zelt, Schlamm an den Schuhen und am Rock, Haare durcheinander, aber wie sie durch die Bankreihen gegangen ist, als hätte sie sich eben mal die Nase nachgepudert, das hat mir bis heute zu denken gegeben. Hut ab, kann ich nur sagen.

Gernot macht eine lange Pause. Ich habe den Eindruck, er schläft. Heidrun kommt ins Zimmer. Wollt ihr einen Tee. Ich lege den Finger auf die Lippen und schüttele den Kopf.

Wie hättest du dich gefühlt, fragt Gernot plötzlich, ohne die Augen zu öffnen. Ich habe Lotte noch am gleichen Abend einen Brief geschrieben. Gab es einen anderen Weg. Nach zwei Tagen hatte ich ihn wieder. Annahme verweigert. Er blieb eine Woche in der Garderobe liegen. Dort fand ihn Dagmar. Sie hat nur die Adresse und den Vermerk des Briefträgers gesehen. Der Brief selbst war ja noch verschlossen.

Trotzdem wurde ich am übernächsten Tag aus Göttingen angerufen. Der Pförtner einer Klinik war am Apparat. Schlafmittelvergiftung. Anschließend Monate, die jenseits aller Beschreibung furchtbar waren. Wir trennten uns kaum eine Stunde und blieben tagelang im Bett. Die Wohnung verließen wir nur, um schnell einkaufen zu gehen. Sogar Pläne für die Zukunft haben wir gemacht. Und dann fuhr sie zurück nach Göttingen und versuchte erneut, sich das Leben zu nehmen. In einem halben Jahr fünfmal. Du kannst nicht wissen, was das heißt.

Die Folge war, daß ich Lotte wieder vergaß. Aber nicht für lange. Denn jetzt, nach ihrem Begräbnis, denke ich an nichts weiter. Schon wegen der Frage, welche Kraft der Schmerz hervorbringt. Das Rasiermesser an den eigenen Hals setzen und sich die Gurgel auch wirklich abschneiden können. Diese Kraft ist meine einzige Hoffnung.

Die Vorstellung, wie das Zimmer ausgesehen haben muß, in dem ich noch heute sitze und endlich ja sagen will, wird immer genauer. Seit ich von ihrem Tod gehört habe, legt sich das Muster der Pfützen von Blut, der Spritzer und Schmierflecke wie eine ekelhafte Deckfarbe über das Bild. Längst ist das Blut auch von hinten in die Geschichte geflossen. Zum Glück habe ich sie in dieser Fassung noch nicht ganz begriffen. Davor habe ich die meiste Angst. Was dann aus mir wird.

Komm, sage ich zu Gernot, die frische Luft wird uns guttun. Obwohl es schon dämmert, blendet das Licht draußen. Wir gehen an den Hochhäusern vorbei und über die Felder auf den Wald zu. Es ist ein Spätnachmittag Ende Oktober. Nach dem nassen Sommer sind die Bäume nicht bunt geworden. Das Laub sieht gelb aus, es tönt die Landschaft. Die feuchte Erde, das hüfthohe verwelkte Unkraut riechen schon nach Moder. Nebel in den Senken, zwischen dem Unterholz, und drüben die Hügel vom Dunst verhangen. Am Waldrand bleiben wir stehen. Die Stille überrascht uns. Als könnte man jedes Blatt fallen hören, jeden Schrei kilometerweit vernehmen. Sogar die Autobahn mit ihren Lichterketten ist jetzt weit weg, lautlos gleiten die Fahrzeugströme von Horizont zu Horizont.

VIII Soll und Haben

Die Zeitung liegt noch neben mir auf der Bank. In der Schule der texanischen Kleinstadt New London sind durch die Explosion einer unter dem Gebäude verlegten Erdgasleitung über zweihundert Schüler und mehrere Lehrer ums Leben gekommen. Bei den Aufräumungsarbeiten hat man eine Wandtafel gefunden, auf der stand: Öl und Erdgas haben unser Land zu dem gemacht, was es ist, ohne sie würde es unsere Schule nicht geben, würden wir hier nicht lernen können.

Diese Tafeln kenne ich, das Leben meiner Freunde, mein eigenes, Stadt, Dorf und das ganze Land sind voll davon, solche Sätze finde ich überall, in Tagebüchern, auf Wohnungstüren, in Liebes- und Hausbesitzerbriefen, an Mauern, in Anzeigen aller Art, auf Autos, in den Kalkulationen großer und kleiner Spekulanten, in Kinderzeichnungen, auf Schmierzetteln von Kleinbauern, sogar in Romanen stoße ich auf sie, die eben fertiggeworden sind und den Weg des Verfassers von unten nach oben, von oben nach unten in dürren Worten beschreiben, ähnlich einer Anklageschrift, die ihrem Urheber den Sprung vom Staatsanwalt zum Oberstaatsanwalt einbringen soll.

Das ist nur die eine Seite der Wahrheit, sagt August, der aufmerksam zugehört und dabei die Passanten beobachtet hat, die es trotz der sommerlichen Witterung eilig haben, das Stück Fußgängerzone zwischen Geschäft und Geschäft, zwischen Arbeitsstelle, Behörde, Geschäft und Bus hinter sich zu bringen, die andere Seite besteht aus der Tatsache, daß es absolut keine Sicherheit, daß es für uns nur Unsicherheit gibt und geben kann. Wenn es dir wirklich um das Verständnis geht, mußt du beide Seiten sehen. Nimm nur den Umgang mit Zahlen. Die Zahlen, die wir von den Dingen ablesen, nach denen sich die Dinge in unseren Augen ordnen, die alle Menschen in ihre einfache Gewalt bringen, diese Zahlen, ihr Reich, das mindestens müssen wir kennen. Aber nicht in unabsehbare Weiten hinein. Wer von denen, die ich hier meine, rechnet denn mit Millionen, mit Hunderttausend oder auch nur mit Zehntausend. Und muß es doch einmal sein, dann genügt es, wenn schwerfällig gesagt wird: Hier falln föftigdusend Mark hen.

Dagegen sollten wir mit Zeiten, Summen und Maßen hantieren, mit Fahrplänen, Zinsen, Prozenten und Lohnsteuertabellen umgehen, ein einfaches Rechnungsbuch führen können. Dauernde Übung muß uns befähigen, Überschläge zu machen, kleine Vorteile, wenn von großen doch nicht die Rede sein kann, zu erkennen, Einnahmen und Ausgaben zu übersehen. Was verdiene ich als Maurer, als Schlosser, als Lehrer, als Monteur, als Leutnant, Krankenschwester, Busfahrer, Verkäufer in der Woche, im Monat, im Jahr. Wieviel davon geht ab an regelmäßigen Ausgaben, so für Essen und Kleidung, Wohnung, Heizung, Beleuchtung, Schuhwerk und Wäsche, Zahnpasta, Rasierzeug und Friseur, für Versicherungen und Steuern, für Bücher, Wohltätigkeit, Vereine und Fahrten zur Arbeit. Was an Unterstützung für Vater und Mutter oder für die Geschwister. Und was bleibt dann übrig für Tabak und für das Vergnügen.

Mit den einfachen Zahlen, fährt August fort, müssen wir umgehen, mit Zahlen, die einen Inhalt haben, hinter denen das Leben, unser eigenes Leben steht. Nicht immer bloß das

Leben der Tauben auf dem Dach oder das Leben des Kauf-
manns, der Heringstonnen, Ölfelder oder ganze Industrien
handelt, in dessen Geschäftsräume du und ich aber niemals
kommen werden. Glaub mir, die nackte Wahrheit der Tatsachen muß auch in unserem Umgang mit Zahlen sein. Wenn
wir, statt dies und jenes zu wünschen oder einfach zu schlafen, diese Aufgabe endlich begreifen würden, es wäre der erste Schritt heraus aus den ewigen Ungewißheiten, die uns so
zu schaffen machen, aus der Sphäre des kleinen Mannes, der
nie weiß, hat er nun festen Boden unter den Füßen oder das
Gegenteil.

Was du da sagst, antworte ich, erstaunt mich. Wir machen
doch gerade die kleinen und genauen Zahlenaufstellungen.
Und wir behalten sogar im Auge, daß wir mit sogenannten
Milchmädchenrechnungen operieren. Das unsichere Leben
der Maden im Speck. Anders kann ich unseren Alltag nicht
nennen.

Meist ist die Bilanz ungünstiger, fast trostlos. Aus vielen
Fällen will ich nur den eines Buchhändlers mit vierköpfiger
Familie herausgreifen. Dieser Mann hat im Lauf der fünf
Jahre, die er als Geschäftsführer eines Taschenbuchladens in
Göttingen arbeitet, auf mehreren Girokonten bei verschiede-
nen Banken ein Minus von zusammen fast zwölftausend
Mark entstehen lassen. Und keine Aussicht, es bei gewöhn-
lichem Gang der Dinge jemals auszugleichen. Es sei denn,
der Vater, ein Bergmann in Rente, spart heimlich und vererbt
ihm an den drei Brüdern vorbei das Geld.

Und wir. Vielleicht, daß wir bei unserem Tod ein schulden-
freies Anwesen hinterlassen. Und ein paar tausend Bücher.
Wir fühlen uns durch die dauernde Rechnerei beengt und
haben doch nur Flugsand unter den Füßen. Immer fehlen
hundert Mark, immer ist irgendein Rechnungsposten in Un-

ordnung, du glaubst nicht, wieviel Kraft das kostet, und für diesen Kraftverlust entschädigen wir uns damit, daß wir uns für jeden Wunsch, der sich durch Kauf oder Vergessen erledigt hat, zwei, drei neue einfallen lassen. So vergeht das Leben mit Kleinigkeiten, anstatt über uns reden wir über unser Geld, anstatt auf uns zu achten, achten wir lieber auf die Kontoauszüge. Hier ist doch wieder ein Loch von acht Mark. Weißt du, was das für ein Scheck über dreiundneunzig Mark fünfzig war, der gestern abgebucht worden ist.

Ich frage dich, beherrschen wir die Grundrechenarten vielleicht zu gut. Balzac, der so oft und genau vom Geld spricht, weiß selbstverständlich weiter; der wahre Vorteil der Reichen bestünde in Einkünften, so hoch, daß sie ohne weiteres auch noch einen betrügerischen Rechnungsführer ernähren könnten. Dahin ist es für uns sehr weit. Wir rechnen und rechnen, führe ich meine Gedanken weiter aus, und kritzeln die Zahlen und erläuternden Sätze auf eine große, nicht zu übersehende Tafel und ziehen den Schlußstrich. Was dann. Dann sind wir müde und legen uns hin. Wir wärmen uns aneinander und sind so erschöpft, daß es uns vorkommt, als würde die Bettstelle wackeln. Nicht einmal hier sind wir sicher.

IX Ein blinder Passagier steigt zu

Von allen Vorhaben beschäftigt mich der Plan einer ausgedehnten Erzählung am meisten. Ich kenne von ihr nicht mehr als die Überschrift. Ein blinder Passagier steigt zu, er ist aber nicht stumm und hilft träumen. Mit diesem Satz beginnt oder endet die Geschichte, das weiß ich. Und irgendwo im Text sagt oder notiert jemand die Worte: Eine düstere Allee hinunter und dem Ende zu. Was ich dann noch schreibe, wird wie von selbst ernst und traurig und verbindlich sein. Falsche Töne sind nicht möglich, wenn ich die Linie zwischen den beiden Sätzen einhalte und ihnen einen dritten an die Seite stelle, etwa: In die Stadt findet man schwer hinein, doch ist man einmal drinnen, scheint auch kein Weg wieder herauszuführen.

An so viel kann ich mich noch erinnern: die Landschaft wurde immer leerer, abgeräumter, zuletzt auch dunkler, je weiter ich nach Süden kam. Ich hatte den Eindruck, mich über eine hochgelegene Ebene mit kleinen Teichen und Bächen zu bewegen. Wenige Gehöfte lagen seitab und verstreut. Die anfangs noch vereinzelten Wälder schienen zusammenzuwachsen und sich gegen die Straße vorzuschieben. Ein starker Westwind schleifte Regenwolken über die Hügelketten, auf mich zu und dem Horizont entgegen. Dann wieder riß der Himmel breit auf und wurde tiefblau, weit bog er sich über dem Ödland nach oben. Ich habe etwas vergessen. Was, fällt mir nicht ein. Jedenfalls etwas ganz Wichtiges.

Irgendwie hat es mit der Erinnerung an meine Mutter zu

tun, die in der Winterzeit oft erst am Abend aufstand. Sie lag in ihrem Zimmer im Bett und las, las, sie las ununterbrochen, wie besessen, umgeben von Zigarettenstummeln, mit denen sie das ganze verrauchte Zimmer übersäte. Einmal versuchte sie, mir die erschütternde Melancholie der letzten Stunden der letzten Nacht darzustellen. Im folgenden Morgengrauen fiel die Hitlerwehrmacht in der Sowjetunion ein. Eine Nacht zum Ersticken. Bei jedem Atemzug die Hitze als Messer in der Lunge. Am späten Nachmittag habe der Generalstabschef Franz Halder das künftige Schlachtfeld überflogen; völlig deprimiert von dem Eindruck der riesigen öden Flächen, die er gesehen habe, sei er zurückgekommen. Und Manstein. Er hat den Abend und einen Teil der Nacht des 21. Juni bei Freunden in Ostpreußen verbracht, erzählte Mutter. Seine Gastgeber hatten ihn allein gelassen. Lange, endlos lange blieb er still auf der Veranda sitzen und starrte in die Sommernacht. Mit diesen Bildern hat zu tun, was ich vergessen habe, woran ich mich nicht erinnern kann.

Gegen Mittag erreichte ich die Stadt, in der jemand gesagt hat: Nachts sitzt das Finstere auf der Lampe und brüllt. Ich war durch landstrichgroße Nadelwälder gefahren, lange Berge hinauf und hinunter, dann hatte ich die breite, aber wenig benutzte Straße verlassen, einen schmalen Fluß überquert und auf Einbahngassen mühsam die Altstadt erreicht. Es schneite naß, der Himmel war ganz grau geworden. Ich frage dich, soll man da seine Füße aus dem Auto heben und auf das Pflaster setzen. Ich drehte mich nach dem Gerichtsgebäude aus Sandstein um, das ich aus den alten Büchern kannte, in dessen Eingangshalle ein Zettel in Spiegelschrift den Besitzer gewechselt und den letzten, der ihn in der Hand hielt, draußen im Hofgarten ums Leben gebracht hatte. Die Stadt, die mich auf allen Seiten dicht umgab, war wie ausgestorben.

Hinter mir, vom Wind bewegt, schlug einige Male eine Haustür gegen die Mauer. An der Mauer eine ovale Tafel: Hier starb Kaspar Hauser.

Woher habe ich meine schweren Träume, die Träume von Aufstiegen, Abstiegen, Untergängen und Wiederbelebungen. Wenn sie nicht bösartige, lähmende Arabesken des Alltags sein sollen, müssen sie mit der Ferne zu tun haben, mit Kindesunterschiebung, Flaschenpost, unterirdischen Gefängnissen, gedungenen Meuchelmördern, Spiegelschriftzetteln, rätselhaften Stammbäumen. Vor solchen Kulissen gehen sie auf und ab, heftig gestikulierend, verwirrt und überstürzt ihre Geschichte erzählend: der falsche Demetrius, die Eiserne Maske, die Gräfin von Eishausen, der Uhrmacher Naundorff. Auch einen ganz jungen Menschen sehe ich unbeholfen von rechts nach links über die Bühne taumeln. Auf halbem Weg bleibt er stehen, dreht sich zum Publikum, zieht den Hut und streckt die Hand aus. Dann tritt er ab. Den Zuschauern stockt der Atem; er zieht einen Kometenschweif von fünftausend Büchern hinter sich her; man weiß gar nicht, wie das Bild zustande kommt, wie sich die Erscheinung erklärt; aber jeder im Saal, der das Kind von Europa sieht, weiß auch, daß alle diese Bücher, Broschüren und Hefte nur von ihm handeln. Auf den Handzetteln und Aushängen wird der Junge Kaspar Hauser genannt.

Ich kenne das Bild. Großmutter hat es mir in einem Buch aus der Leihbücherei gezeigt: Ein Findelkind. Wie groß seine Augen sind, guck nur. Hut in der rechten, Brief in der linken Hand, so kam Kaspar Hauser in unsere Welt; woher, das ist bis heute dunkel geblieben, ist eins der großen Rätsel des 19. Jahrhunderts gewesen. Ein Findling taucht auf, das muß nichts bedeuten, das hat nicht viel zu sagen, Menschen verschwinden, Menschen finden sich wieder ein oder werden gefunden, daran ist nichts Besonderes. Aber die Betreuer, Interpreten, Traumdeuter, denen Kaspar Hauser in die Hände fällt. Sie erzählen an seiner Statt die Geschichte, und je länger sie reden, desto genauer hört alles hin: Einzelhaft von Kindesbeinen an, jahrzehntelange Trennung von jeder Gesellschaft, reine, reingebliebene Seele, Somnambulismus und übernatürliche Kräfte.

Auf einem Spaziergang war Professor Daumer zurückgeblieben, Hauser ging, in ein Gespräch mit Hermann vertieft, ruhig an meiner Seite. Plötzlich ein Zusammenzucken, unwillig die Worte: Was machen Sie denn mit mir, Sie stoßen mich ja. Daumer, mehr als fünfzig Schritte hinter uns, hatte nur die Hand gegen Kaspar ausgestreckt. Wir gingen dann weiter. Nach einiger Zeit rief er: Das ist schon wieder der Herr Professor. Er stolperte und wäre gefallen, hätte ich ihn nicht am Arm genommen. Auf meinem Zimmer legte ich später, bevor Kaspar hereinkam, einen goldenen Ring, einen Zirkel aus Messing und eine stählerne Schreibfeder unter ein großes Blatt Papier. Nun, ist Metall auf dem Tisch, fragten wir ihn. In einigem Abstand bewegte er die Hand über dem Papier hin und her und sagte bestimmt: Hier zieht es wie Gold, hier wie Messing, hier wie Stahl.

Und weiter, immer weiter. Kaspar Hauser als Abkömmling eines ungarischen Magnaten, als Grafensprößling, als illegitimer Sohn Napoleons, als Thronerbe von Baden. Ein Wasserstrom durchbricht den Damm, eine Lawine geht zu Tal; so stürzt über Nürnberg, das südliche und das nördliche Deutschland, über Europa, über die Welt, soweit sie Zeitung liest, die bizarre Geschichte. Mitreißenderes hat man noch nicht gehört: zehn, fünfzehn Jahre Isolation und Dunkelhaft, Opiumtränke, eine Flaschenpost im Oberrhein, Nürnberger Mordversuch, Adoption durch einen teuflischen Lord, tödliche Verletzung im Ansbacher Hofgarten, Spiegelschriftzettel. Ein im Wahnsinn gipfelnder Roman, den sich ein wirres Gehirn ausgedacht hat. Jahrelang werden die Knoten der Handlung geschürzt, die Lösung ist unabsehbar, die Abonnenten der Zeitungen beginnen ungeduldig zu werden, sie wollen wissen, wie alles endet. Die Flut der Briefe, die in den Redaktionen eintrifft, wächst von Tag zu Tag.

Irgendwann fragt der Verleger die Autoren, wie lange der Roman denn noch laufen solle. Wenigstens noch vier Jahre, bekommt er zu hören. Um Gottes willen, ruft er erschrocken, das wäre unser und nicht sein Ende, Sie müssen kurzerhand Schluß machen. Unmöglich, wird ihm nachdrücklich geantwortet, es sind zwei kleine Söhne des Großherzogs gestorben, und bisher auch nicht die leiseste Andeutung, daß sie vergiftet worden sind. Der Appellationsgerichtspräsident muß aus der Welt, aber der Mörder ist noch nicht einmal eingeführt. Ein anderer Mann, vornehmer Engländer, soll vor aller Welt entlarvt und endlich geächtet werden. Freilich lebt der Schurke bis jetzt noch mit Lust und Freuden in Griechenland und hat vorgestern erst einen hohen bayerischen Orden bekommen. Und die Hauptperson. Wer kann im Augenblick absehen, was sich aus ihr alles machen läßt. Das Ganze muß sich entwickeln und läßt sich nicht übers Knie brechen.

Einerlei, ruft der Verleger, die Phantasie ist allmächtig, lassen Sie eine Seuche grassieren oder ein Großfeuer wüten. Mein Herr, rufen die Autoren wie aus einem Mund, Sie verstehen nichts von Erzählkunst.

Aber schon am übernächsten Tag wankt Kaspar aus dem Hofgarten nachhause, in Brust und Bauch die tiefe Stichwunde, an der er drei Tage später stirbt. So endlos der Roman war, so packend ist sein Schluß gewesen, sagt selbst der Verleger bedauernd und gibt eine neue, noch märchenhaftere Geschichte in Auftrag. Leser, Zeiten sind das, die alles für möglich halten. Im Kleinen.

Am zweiten Pfingstfeiertag 1828 wird gegen Abend in Nürnberg ein etwa siebzehnjähriger Bursche aufgegriffen. Er ist alltäglich gekleidet, kann kaum sprechen und hält einen Brief in der ausgestreckten Hand. Der Brief ist an den Chef eines am Ort stationierten Reiterregiments gerichtet. Der Rittmeister liest den Brief und läßt den Fremden der Polizei übergeben. Auf der Wache stellt sich heraus, daß der Arrestant nur zwei Wörter, den Namen Kaspar Hauser, schreiben und einige wenige Redewendungen sprechen kann. Er faßt mit der Hand nach der offenen Flamme einer Kerze und lehnt es beharrlich ab, angebotenes Fleisch zu essen. Dazu der unwahrscheinliche Brief. Ein Pflegevater will den sonderbaren Menschen als Säugling auf seiner Schwelle gefunden und insgeheim aufgezogen haben; jetzt bietet er ihn sogar dem Militär an. Wenn das keine Sensation ist.

Im gleichen Maß, in dem der Sprachlose reden lernt, wuchern die Gerüchte. Dann fängt er zu erzählen an, Bruchstücke, Fragmente, Beschreibungsversuche, die erste Fassung der Geschichte entsteht, Kerker, Gefangenschaft, Aussetzung, das sind die Fingerzeige in Richtung Verbrechen. Und er träumt, von einem Schloß, von Bogengängen, Brunnen, prächtigen Sälen, drin er als Kind, eine weißgekleidete vornehme Dame beugt sich über sein Bett. Wer ich bin. Wer ich sein soll.

Stunden, Tage, Wochen, Monate dauern die Befragungen durch die Traumdeuter, den Bürgermeister, die Ärzte, den Professor, den Gerichtsrat. Frage, Antwort, Nachfrage, Antwort, Ergänzungsfrage, endgültige Antwort. Was Verhöre leisten, das wissen wir. Wie wars, Kaspar. Wars nicht so. So muß es gewesen sein.

Rätsel. Verwirrspiel. Das Hin- und Herschieben der Teile, bis sie passen. Anziehungskraft und Faszination. Der große Kriminalist Feuerbach, vom Münchner Hof als Präsident des Ansbacher Appellationsgerichts in die öde Provinz verbannt, erwacht aus seinem schützenden Dämmerzustand, spricht mit Hauser und veröffentlicht eine Schrift, Titel: Beispiel eines Verbrechens am Seelenleben eines Menschen, der er, für die Königinmutter in der Residenz bestimmt, ein Memoire über Kaspar Hauser und dessen badisches Prinzentum folgen läßt.

Zwei Jahre lebt der Dahergelaufene in gebildeten und hochgestellten Familien der runtergekommenen Reichsstadt Nürnberg, erhält Privatunterricht, lernt Reiten, Tanzen, Klavierspielen, wird nach Knigge zurechtgeschliffen, besucht das Gymnasium, soll erst Akademiker, später Künstler, endlich nur noch Buchbinder werden. Er lügt ja so furchtbar. Und je mehr er sich bei uns eingewöhnt, desto stärker läßt seine geistige Spannkraft nach.

Die großen Verheißungen des Anfangs scheinen sich nicht zu erfüllen. Ist die Geschichte umsonst erzählt worden. Das Gefühl, aus einem Spielzeug zu einer Last zu werden. Vor allem nimmt das Interesse ab, darunter würden wir auch am meisten leiden. Selbst die grellste Sensation darf nicht zu lange dauern, sonst bekommt sie alltägliche Züge. Meine Herren, sagt dann der Verleger, es muß endlich wieder etwas passieren. Folglich wird Hauser, auf dem Abtritt sitzend, durch einen Hieb auf den Kopf verletzt. Das ganze Haus voll Blut. Man findet ihn unten im Keller, in eine Ecke gekauert. Wem unter uns drohen vermummte Mörder nicht manchmal im Traum, wer hört nicht von Zeit zu Zeit ihr dumpfes: Du mußt doch noch sterben, bevor du aus der Stadt kommst.

Das Opfer Kaspar, mißhandelt, verfolgt, bedroht, um den

Thron gebracht, beinahe totgeschlagen, wird nun erst richtig zum Kind von Europa. Die da oben. Ihnen wird manches, alles zugetraut. Die Friedhofsruhe der Restauration, der Druck der Heiligen Allianz verhindern Gerüchte nicht, im Gegenteil. Und das 18. Jahrhundert mit seinen absolutistischen Abstrusitäten ist auch noch nicht weit. Demokraten, nach 1830 in die Schweiz und anderswohin geflüchtet, und der bayerische König, dem die Lust auf Annexionen nicht vergeht, schwärzen den regierenden Zweig des Hauses Baden und namentlich bezeichnete Helfershelfer an. Das hat politische Funktion. 1812 soll ein gerade geborener Erbprinz von Baden, Sohn des Großherzogs Karl und der Adoptivtochter Napoleons, gegen ein sterbendes Kind ausgetauscht und verschleppt worden sein. Die Seitenlinie wollte und kam so zur Macht, wird gesagt und geschrieben.

Auf Befehl Feuerbachs mußte Hauser, inzwischen an Kindesstatt angenommen von einem den Kontinent rastlos bereisenden Lord mit Namen Stanhope, der sich eilig ins Ausland entfernte, nachdem er seinen Adoptivsohn gierig auf ein Leben ganz oben, ganz nahe an der Sonne gemacht hatte, in das enge Ansbach umsiedeln, 1831. Die Schreiberlehre im Appellationsgericht war seine Endstation. Diese mörderischen Kleinstädte.

Kaspar, der sich einerseits vor seinem Lehrer und Logiesgeber eines zerbrochenen Leuchterhenkels wegen endlos rechtfertigen mußte, der andererseits in den provinziellen Salons, im Haus des Regierungspräsidenten verkehren durfte, starb am 17. Dezember 1833 an den Folgen eines Messerstichs.

Drei Tage vorher hatte er sich, aus dem Hofgarten kommend, bei hereinbrechender Dämmerung durchs Schneegestöber nach seinem Quartier geschleppt, schwer verwundet. Am Tatort, nahe dem Denkmal des Dichters Uz, blieb ein kleiner Beutel zurück. Ein Zettel wurde gefunden, in Spiegelschrift: Hauser wird es Euch ganz genau erzählen können, wie ich aussehe und woher ich bin.

Der wunderbare Findling, der flackernde Stern, der lebendig gewordene Traum, dem alles zu versanden drohte, war ins Messer, in irgendein Messer gestürzt und hinterließ, als er starb, ein kunstvoll kunstloses Arrangement aus Fragmenten, Bruchstücken, Rätseln, Geheimnissen, eine große, wunderbare Möglichkeit.

Auf dem Sterbebett sagte er: So abkratzen müssen in Schimpf und Schande. Aber bereits am Anfang hatte er mehr gewußt: Nachts sitzt das Finstere auf der Lampe und brüllt.

An Sätze wie diesen glaube ich, wenn ich die Gasse entlangkomme, durch niedrige Torwege, an gelben Wänden und knotigen Maulbeerbäumen vorbei aus der Stadt gehe und durch eine schmale Pforte in den verwilderten, schlammigen Park trete. Eine trostlose Allee durchschneidet ihn. Sie kann nur ein trostloses Ende haben.

Ich fand den Stein in den Büschen nicht gleich. Das Regenwasser rann über seine senkrechten Flächen. Hier wars. Der Stein sah aus, als sei er am Vortag gesetzt worden. Im Erdreich die Spuren vieler Füße. Den Dolch fand ich auf der nahen Wiese, die Spitze in den Boden gestoßen. Hinter dem Stein lag auch der violette Stoffbeutel, und das Blut der kleinen Lache konnte ich ganz deutlich von den Schneewasserpfützen unterscheiden. In dieses unbegreifliche Stilleben am Ende einer düsteren Allee kam mit einemmal eine unbestimmte Bewegung. Es war, als hätte der Wind wieder zu wehen begonnen. Die Luft blieb aber ruhig. Statt dessen hörte ich Schritte. Platsch, platsch, durch Wasser und Schlamm, schnell und langsam, leicht und schwer, kurz und weitausgreifend. Dann brach jemand durch die kahlen schwarzen Büsche und lief vornübergebeugt, wie stolpernd, auf die Stadt zu.

Ich gehe schnell zurück und setze mich ins Auto. An der ersten Straßenecke verfahre ich mich und muß lange suchen. Kaum habe ich das letzte Haus hinter mir, sehe ich ihn. Er steht am Straßenrand. Eigentlich hockt er. Die linke Hand hat er auf den Bauch gepreßt, mit der rechten macht er eine winkende Bewegung.

Ich tat, als hätte ich ihn nicht gesehen, dann stieß ich aber doch zurück. Sein Haar war naß, das Gesicht schlammbedeckt und blutverschmiert. Er zeigte auf das Blut. Hilfe. Ich konnte nicht anders, ich nickte. Ein blinder Passagier ist zugestiegen. Er ist aber nicht stumm und hilft träumen. Hilft träumen. Träumen. Ich will Kaspar ins Gesicht sehen und erkenne Eduard. Er sagt irgend etwas, dann fahren wir lange, er schweigt, ich schweige, dann leise Worte von seiner Seite, gelöst, sanft, eine Flut von Worten, wie ein zartes feines Gewebe, und die Form, die Falten sind, wie ich sie mir schon immer gewünscht habe, so schön, so leicht, und in ihrer Schönheit doch von großem Gewicht, zwingend. Was er sagt, ist die Geschichte, die ich schreiben will, Wort für Wort, Satz für Satz, das weiß ich genau, aber ich kann ihn nicht verstehen, es bleibt unklar, was er meint, ich muß wissen, wovon seine Erzählung handelt, ich umklammere seine Schultern und schüttele ihn und werde selbst geschüttelt, er gurgelt und röchelt und kämpft um Luft, und ich gurgele und röchle auch und kämpfe wie er um Luft und reiße am Kragen und fühle schon ganz deutlich, daß ich wieder allein bin, mein eigener Passagier, und nie hören, schreiben werde, was er hätte sagen können. Später die vielen Versuche, selbst zu sprechen. Aber mit welchem Ergebnis.

X   Botenfrau Briefträger Wochenblatt

In Steinheim angekommen, lasse ich die Feierabendglocke
läuten, damit die Bauern, ihre Frauen und Kinder das
Feld verlassen, auf allen Wegen in Richtung Dorf gehen, die
Geräte beiseite legen, das Vieh versorgen, sich waschen und
zu Abend essen. Dann sollen die Frauen vor der Haustür
stehen, die Männer im Gasthaus sitzen, und die Kinder dürfen sich darüber freuen, daß sie an einem so heißen Tag später ins Bett geschickt werden. Ein großer Junge spielt Hand-
harmonika, die Jugend sitzt neben ihm auf der Mauer am
Löschteich und singt mit. Der Tag morgen wird wieder
schön. Über der Gasse sind Fledermäuse gegen den helleren
Himmel zu sehen, aus den Wiesen steigt kühle Luft, die
Sternschnuppen fangen an zu fallen, es ist ja Anfang August,
und langsam werden die vollblühenden Gärten feucht vom
Tau.

Ludwig Richter geht durch das Dorf. Die Leute gucken
ihm nach und erzählen sich was, nicht müde, aber mit langsam gesprochenen kurzen Sätzen. In Westindien ist eine
ganze Insel im Meer versunken. Nach der Ernte im Spätsommer will der Großherzog das Land bereisen, über Friedberg
und Echzell soll er auf dem Weg nach Schotten auch durch
Steinheim kommen. Ei, was für ein Schauspiel das gibt.

Endlich wird es still. Alles schläft. Nur der Mond scheint
in die toten Gassen. In den kleinen Kammern ein Bett für
Mann und Frau, ein Bett für die Kinder. Leichtes und schweres Atmen. Schmerzen. Träume. Die bösen, bösen Träume.

Zum Beispiel von der unendlichen Dauer dessen, was ist, wie es ist. So lange du lebst auf Erden.

Auch sonst: Am 26. Oktober ackerte der Käsperschneider genannte Wilhelm Dietz aus Steinheim sein in der Weidesecke gelegenes Grundstück, da stößt er mit dem Pflug an einen rechten menschlichen Fuß. Gleich ahnt er, daß auf dem Platz eine Leiche verscharrt ist. Diese Erkenntnis treibt ihn unter Zurücklassung des Pfluges und der Kühe ins Dorf, und sofort eilt der Ortsvorstand mit den meisten Einwohnern zur Weidesecke. Nachdem man im Acker zwei eingesunkene Stellen bemerkt hat, beschränkt man sich auf ein oberflächliches Abtragen der Erde. Schon diese Maßnahme legt vier Füße bloß. Damit begnügt man sich fürs erste. Aber bereits am 27. Oktober, einem unfreundlichen Herbsttag, strömen aus den umliegenden Ortschaften zahlreiche Fußgänger nach den schrecklichen Fundgruben. Mehrere Männer, alles Familienväter und alle aus Steinheim, schoben, auf dem Bauch liegend, vorsichtig die lockere Erde zur Seite, bis die beiden Leichen, eine kleinere und eine größere, freigelegt waren. Man einigte sich schnell darauf, daß ihre Kleidung städtischen Zuschnitts sein müsse. Zwar waren, wie sich bald herausstellte, die Gesichter nicht mehr zu erkennen, das weibliche Geschlecht der beiden ließ sich aber feststellen, und die Körper, der eine wie der andere, zeigten mehrere deutlich wahrnehmbare Ein- und Ausschußlöcher.

Noch in der Weidesecke trat ein Bauer aus Rodheim vor und gab an, er habe Mitte August spätabends, als er gegen zehn aus der Gastwirtschaft gekommen sei, mehrere Schüsse gehört, sich jedoch, weil er anderntags schon vor drei aufs Feld gewollt habe, um einige Erdanhäufungen einzuebnen, die ihm Übelwollende in die Wintergerste gesetzt hätten, nicht weiter um die Ursache der Schüsse gekümmert, zumal der Gedanke an Wilderer, und da müsse er von seinem Haus aus gar nicht weit im Dorf herumdenken, Wilddieberei und Haufensetzen seien einander nicht fremd, in den gegenwärtigen Zeiten naheliege. Mehr wurde nicht bekannt. Wer die beiden Ermordeten waren, wer sie in der Weidesecke vergraben hatte, keine Ahnung. Die Leute sahen sich an und schüttelten die Köpfe. Noch nach Jahren. Man mußte sich mit dem begnügen, was der Augenschein lehrte, was Gerüchte daraus machten.

Konnte es sein, war es denn möglich, daß der schreckliche Eduard auf der Reise vom Lago Maggiore an die Oder seinen Weg durch den Steinheimer Wald genommen hatte, daß er in Begleitung hineingegangen und allein wieder herausgekommen war. Hatte er am Kaltenrain stehen und auf das Dorf hinunterblicken wollen, wo er Lehrer gewesen war und glücklich, wie er jetzt vielleicht einsah. War er über solchen Gedanken in wütende Verzweiflung geraten.

Aber auch Schäferlouis, blödsinniger Sohn des gestorbenen Gemeindehirten, geriet in Verdacht. Im Armenhaus an der Neuen Fahrt sollte sich ein merkwürdiger Vorfall ereignet haben. Der Schäferlouis ist in die Kammer gegangen und hat sich an das Kopfende des Bettes gestellt, in dem die blutjunge Frau, im sechsten Monat schwanger, freilich nicht von ihm, lag und vor sich hinträumte. Er hat die Abscheulichkeit gegenüber seiner Frau so weit getrieben, daß er mit fünf Fingern in ihren Mund fuhr, die Finger zur Faust zusammenschloß und herauszuziehen versuchte, was er festhielt. Jenseits der mürben Fachwerkmauer schien Sonne. Das sagen alle. Diese Niederträchtigkeit, begangen an einer wehr- und schutzlosen Frau, die beinahe noch ein Mädchen war, so frische Gedanken hatte sie, wiederholte er an zwei aufeinanderfolgenden Regentagen. Es kann also nicht am Wetter gelegen haben. Von Mal zu Mal bekam er mehr zu fassen. Schon vorher hatte er der Bettlägerigen Einläufe gemacht, die über jedes Maß hinausgingen. So viel Wasser. Die Arme hat hinterher immer einen ganzen Tag und eine ganze Nacht geschlafen, aus Entkräftung. Hat er ihr nicht sogar eine zurechtgeschnittene Runkelrübe in den Hintern getrieben, nachdem sie sich beschwert hatte. Ich will mirs schon einrichten, soll er gerufen haben.

Schäferlouis wurde auf dem Leiterwagen nach Hungen und von dort nach Gießen gebracht. Die Frau hatte aber trotzdem keine Ruhe. Bei Dunkelheit bekam sie viel Besuch. Morgens lagen Eier, Obst, Geflügel auf Fensterbrett, Tisch und Herd. Zwischen den Jahren ließ auch das nach, ergab sich, daß der Mann die Handlungen an ihr gar nicht ausgeführt, daß alles falsch dargestellt worden war. Eine Rübe wurde in der ganzen Hütte nicht gefunden, konnte also nicht in Benutzung gewesen sein, wenn sich im Protokoll das Wort auch noch lange hielt. Die Tatbestände fingen an undeutlich zu werden, undeutlich schwamm allen alles vor Augen. Nur der Gefangene war da, an ihn konnte man sich halten. Bis er entfloh.

Auf dem Rücktransport sprang er bei Nieselregen und stürmischem Wetter in Riesensätzen über den Sturzacker auf den rettenden Wald zu. Unaufhörlich, so laut er konnte, schrie er: Hopphopphopp. Was nun, die Meinungen darüber gingen auseinander. Für die Steinheimer wurde die Angelegenheit je länger, desto mehr eine Art Justizirrtum. Aber Schäferlouis, nach einem Monat im Winterwald, konnte, ins Armenhaus zurückgekehrt, auch nur sagen, was er immer gesagt hatte: Es gibt keinen Ausweg. Dann hat er zum Strick gegriffen, wie der Lehrer, Eduards Nachfolger, der nach fünfundvierzig Dienstjahren in Steinheim erst 1915 starb, in die Dorfchronik schrieb. Wieder hatte sich in den Leuten etwas festgesetzt und dehnte sich aus.

Die bösen, bösen Träume. Wie sollte sich dagegen behaupten, was jenseits des Horizonts lag und gar nicht oder nur vom Hörensagen bekannt war. Schon Gießen hatten nicht alle, die Residenz des Großherzogs hatten die wenigsten gesehen. Regelmäßig aus dem Dorf kamen die beiden Fuhrleute, Bippkutscher und Rollenjung, und die Botenfrau, die Beckerliese. Der Pfarrer, beispielsweise, mag er nun so oder so geheißen, mag er nun zu Anfang oder zu Ende des Jahrhunderts gelebt haben, reiste nur jedes zweite Jahr. Dann die Gezogenen. Durch die Gitter der Kasernenhöfe in Gießen und Darmstadt und bei Manövern in der Wetterau und im Vogelsberg sahen sie viel von der Welt, viel Rätselhaftes. Daheim kannten selbst die Kinder Weg und Steg, Busch und Baum und wußten auch, was in den Häusern vorging. Sehr weit, allerdings, führte das nicht, bis zur Gemarkungsgrenze vielleicht, darüber hinaus in zwei, drei Nachbardörfer und in die eine Stunde entfernte Landstadt Hungen. Da fing der Nebel schon an. Er hing mit dem Amt, dem Gericht, der Poststation, der Gendarmerie, der Steuerbehörde zusammen. Durch diesen Nebel, in dem sich alles oder nichts verbergen kann, dringen nur Anordnungen, Forderungen, Befehle, manchmal der Lärm großer Katastrophen zu uns, und geraten wirklich einmal zwei fremde Leichen in fremdartiger Kleidung hierher, bleibt das an Steinheim und seinen Bewohnern hängen.

Fremd, ein Wort, auf das man achten muß. Das für mich übrigens in enger Beziehung zu anderen Wörtern steht, zu Fremdkörper, Befremden, Fremdwort, fremdeln, Fremdenpolizei, Fremdenverkehr, fremdgehen; meine Wünsche haben doch nicht etwa damit zu tun, dann könnte es nämlich sein, daß ich am Holtenser Berg und in anderen Babelbabels am Platz und zuhause wäre. Damals jedenfalls war fremd, was man selten oder nie sah, was von draußen kam, der lange Arm der Regierung, der unbegreifliche, als Faust immer möglich, als Werkzeug nie denkbar. So ging unser Blick angesichts der Nebelwände teils nach innen, teils glitt er zur Seite.

Noch vor fünfzehn Jahren hat es im Dorf den Hexerfranz gegeben. Seiner Nachbarin, Beckerkonrads Hermine, ist die Hand abgefallen. Wenn das auch eine Gangräne war, sicher kann niemand sein.

Außerdem spielt die Gräberpflege eine große Rolle. Mein Mann ist nun schon ein Jahr tot, und doch lagen gestern, als ich zum Grab kam, zehn mir unbekannte Sträuße dort. Und erst die Blumen, die ich gesetzt habe. Dagegen gefällt mir der leblose Hauswurz auf der benachbarten Grabstelle in keiner Weise, ja ich sage sogar, der trostlose Eindruck beginnt auf mein Grab abzufärben.

Dorf und ländliche Kleinstadt, beider Bewohner sollten jeden Abend Die Bauern von Balzac aufschlagen. Man liest, wie die Landstadt auf dem Dorf ruht, wie alle Gewerbe, Geschäfte, Postenstellen vom Bauern leben und wie der Dorfbewohner durch den Kleinstädter in das ihm an sich unverständliche allgemeine Leben eingebunden und mit einer Weltanschauung in Form von Exempeln versehen wird. Damals nahm, wer Sprechstunden abhielt, Termine veranstaltete, Produkte annahm und abgab, oft Bücher zur Hand, und immer war es über Jahre und Jahre, über Generationen hinweg Soll und Haben.

Was hört der Bauer also, während er wartet: Oben in der ersten Etage eines Hauses sitzt der junge Mann am Tisch und verzehrt sein Abendbrot. Schilderung der bescheidenen Stube irgendwo in der Obertorgasse in Hungen und der einfachen Lebensumstände des Mannes. Die Mutter ist vor sechs Wochen gestorben. Entwicklungsaussichten für den Sohn.

Da klopft es an die Tür, und der Briefträger ruft: Ein Brief. Briefe, und daß sie notwendig oder nicht notwendig sind, je nachdem. Der junge Mann erhält den Brief eines Onkels, der in Chikago lebt. Wer weiß, wo das ist, Chikago, aber gehört haben wir schon davon. Der Onkel bittet den Empfänger inständig, unverzüglich nach Nordamerika zu kommen und in das Geschäft einzutreten. Gang der Geschäfte überhaupt und ihre Möglichkeiten und Gefährdungen zu dieser oder jener Zeit, unter diesen und jenen Bedingungen. Der Onkel, selbst nicht mehr der jüngste, braucht einen sowohl tatkräftigen als auch zuverlässigen Beistand und will zugleich, das Angenehme mit dem Nützlichen verbindend, dem einzigen Sohn der einzigen Schwester unter die Arme greifen. Wozu große Familien doch gut sind. Die Nachricht vom plötzlichen Tod der Schwester, so schreibt der Selfmademan, habe ihn heftig erschüttert. Erschütterung kann heilsam sein und Veränderung zum Guten bewirken. Das Reisegeld liegt dem Brief gleich bei. Gute und schlechte Eigenschaften des Geldes. Die nun folgenden Tage verbringt der junge Mann, indem er seine Verhältnisse ordnet. Wir sind nicht allein auf der Welt, auch wenn es manchmal so scheint, daraus erwachsen Verpflichtungen gegenüber der Allgemeinheit. Dann sieht man den Reisenden an Bord, das große Dampfschiff pflügt das Meer förmlich, und alle, die an der Reling stehen, haben Tränen in den Augen, vielleicht singen sie sogar ein herzergreifendes Lied nach dem anderen. Bedeutung eines Wortes wie Heimat.

So weit bin ich, und als nächstes schließe ich die Beschreibung der nordamerikanischen Riesenstädte und der Möglichkeiten an, die sie dem Regsamen bieten. Der Bauer hört andächtig zu, das weiß ich. Er spricht wenig, aber zuhören kann er, stundenlang. Dann rede ich noch über Kapitalverzinsung, Landerträge, Gesellschaftsaufbau, Wahlpflicht, Wachstum, Fortschritt, alles eingekleidet in den oben angedeuteten Reise- und Bildungsroman. Dieses Genre, nebenbei gesagt, wird es geben, so lange Menschen einander etwas zu erzählen haben, und für meine nicht einfachen Absichten, aber einfachen Ausführungen, die auch der weniger Gebildete verstehen soll, eignet es sich besonders gut.

Nach mancherlei Irrung und Wirrung bewährt sich unser junger Freund, was den Bauern freut, man sieht es ihm an, der Onkel stirbt, gleich macht auch der Bauer ein ernstes Gesicht, der Junge erbt das umfangreiche Geschäft, es hält ihn aber nichts in der Neuen Welt, verständlich, denn was sollte es auch sein, das ihn dort halten würde, er verkauft alles und kehrt, ein reifer Mann geworden, in die Heimat, nach Hungen, zurück. Der Bauer nickt. Er weiß oder ahnt, daß sich das Ganze endlich doch auf wenige Grundmuster reduziert, gegen die man nicht ankann. Steht denn im Nachbardorf, auf der Kirmes, etwa kein Neger vor seiner Bude und ruft den Kindern zu: Hereinspaziert, oder eure Nasen und Ohren, die schneide ich ab.

Trotzdem haben sich die alten Bilder aufgelöst, ist mit ihnen der Hunger verschwunden, werden die bösen, bösen Träume heute anders geträumt. Aber in den Gesichtern der Enkel erkennst du noch die Not der Eltern, Großeltern, Urgroßeltern, ist etwas von kurzen Mahlzeiten, Enge, Mißtrauen und Angst zurückgeblieben.

Daher das schwere Gewicht des Wortes Land, Land hat man, oder man hat es nicht, Land muß einer haben, Land heißt Leben, ohne Land bist du tot, und die Bestrebung aller Erben, kleinste Flächen zu zerstückeln, die Tragödie der Parzelle, daher auch das gegenwärtige Bedürfnis vierköpfiger Familien nach Bungalows mit sechs, sieben, acht Zimmern, daher die Festessen über Stunden, die ungeheuren Mengen Braten und Wein. Und das mißtrauische Inachtnehmen, was die Behörden in Hungen und Gießen, die Regierungen in Wiesbaden und Bonn angeht.

Die. Die da. Die da oben. Das sagt, denkt, fühlt man und guckt weiter ungerührt die Tagesschau und Heute an, Löwenthal, Zimmermann, liest weiter in der Bildzeitung, im Gießener Anzeiger, im Hungener Wochenblatt: Am Samstagmorgen ereignete sich in der Gießener Straße ein aufsehenerregender Vorfall, der fast zu einem schweren Unglück geworden wäre. Das vor eine ländliche Kutsche gespannte Pferd scheute plötzlich, konnte nicht mehr gezügelt werden und ging mit dem Gefährt durch. Ein beherzter Mann sah, daß sich das Gespann mit großer Geschwindigkeit auf eine Gruppe Straßentennis spielender Kinder zubewegte. Er sprang kurzentschlossen aus der Menge und brachte mit vieler Mühe und unter Aufbietung aller Kräfte das Pferd zum Stehen.

Bereits gestern hatte sich eine ähnliche Rettungstat ereignet. Ein auswärtiger Personenwagen geriet beim Wenden zu nahe an das gemauerte Ufer der Horloff und stürzte ins Wasser. Zwei Männer erkannten augenblicklich die Gefahr und sprangen in den dieser Tage Hochwasser führenden Bach. Sie schlugen das Fenster ein und befreiten den bereits mit dem Tod ringenden Fahrer sowie seinen bewußtlosen Sohn von vier Jahren. Ohne das entschlossene Handeln der Männer wäre großes Unglück entstanden. Alle drei gehören dem sa-Sturm 32 an. Die Bevölkerung und mit ihr jeder Leser dankt ihnen von ganzem Herzen.

Weißt du überhaupt, lieber Landmann, daß die Zahl der Regenwürmer in einem Hektar Ackerland zwischen zweihunderttausend und fünfhunderttausend schwankt. Die Behauptung, eine bestimmte Bodenfläche würde von diesen Regenwürmern in ungefähr zwanzig Jahren ohne unser Zutun bis in den letzten Winkel umgepflügt, ist nicht übertrieben.

Der Pilot und die Schwalben. Wegen des vorzeitigen, ungeahnten Kälteeinbruchs hat Herr Flugkapitän Bauer mehrere Male Schwalben, je fünfzehnhundert Stück, über die verschneiten Alpen in den sonnigen Süden geflogen. Wem war nun dieses barmherzige Werk zu verdanken. Herrn Flugkapitän Bauer, gewiß. Aber doch auch dem Manne, bei dem Herr Flugkapitän Bauer in Lohn und Brot steht und der ihm erst die Mittel zu einer solchen Guttat in die Hände gegeben hat. Herr Flugkapitän Bauer ist der Pilot Adolf Hitlers, lieber Leser, nicht wahr, da wunderst du dich.

So hat der Bauer in Steinheim gelesen, und ein paar Jahre später ist er auf seinen Acker gegangen, einen Knüppel in der Hand, dort lag ein amerikanischer Flieger, der beide Beine gebrochen hatte. Den hat der Bauer totgeschlagen. Und in der Gastwirtschaft höre ich, wie ungeheuer stark der Mann sein wird, der bald, aber sehr bald den Karren aus dem Dreck ziehen muß, denn so geht es nun wirklich nicht mehr weiter.

Mein Lieber, sagt der Pitzewirt zu mir, als lange nach Mitternacht die letzten Gäste gegangen sind und mein Unterhemd langsam wieder trocken wird, mach es dir um Gottes Willen nicht zu leicht. Da liegt nämlich der Fehler, man macht es sich leicht und ist schnell bei der Hand. Und dann weist er, belesen, auf eine Bemerkung Tolstois hin, derzufolge jemand nie gut oder schlecht, sondern zu verschiedenen Zeiten ein bißchen mehr gut oder ein bißchen mehr schlecht sei. Vergiß in dem Zusammenhang auch nicht, fährt er fort, ohne mir Gelegenheit zur Antwort zu geben, unsere Frauen zu beobachten. So viel Empfindungsfähigkeit, wirkliche Herzensgüte, Bereitschaft zu Verständnis, nicht der Schimmer einer Verhärtung. Aber wenn du sie hörst, sind sie alle todkrank, die Wirbelsäule, der Magen, die Galle, Rheuma, Asthma, die Klagen nehmen kein Ende, irgendwas ist mit ihnen los, das gleiche, was auch mit meinen Gästen, mit dir, mit mir los ist.

Bedrückt gehe ich die dunklen Häuserfronten der Hintergasse entlang nachhause. Vielleicht, daß irgendwo aus einer schmalen Brandgasse eine Katze kommt und sich gegen mein Bein drückt. Dann wird mir wohler.

XI Das Dorf

Steinheim hat fünfhundert Einwohner, vier Gastwirtschaften und ein Denkmal für seine Kriegstoten. Es liegt am
Rand der Wetterau, dort, wo die fruchtbare Ebene in die
steinigen Hänge des Vogelsbergs übergeht. Die winkligen
schmalen Gassen im Dorfkern, Vorder-, Langen- und Hintergasse, sind ohne Gefälle, während sich das Neubauviertel
schon hügelauf schiebt, dem Waldrand zu. Die Häuser dort
oben sind breite flache Kästen mit überhängenden Dächern
und großen Kellern, die für seltene Stunden der Gemütlich-
keit eingerichtet sind. Vor jedem Haus eine angeschüttete
Terrasse, und durch die überbreiten Wohnzimmerfenster
kann man bei klarer Luft über die Ebene hinweg den Feld-
berg sehen. Der hat auch ein Mordshaus gebaut, heißt es in
den engen Kleinbauernhäusern des Altdorfes respektvoll
und neidisch, das Wohnzimmer ist riesig. Aber dann spielt
sich das Leben doch in der Wohnküche ab.

Das Dorf ist voller neuer, starker Traktoren und komplizierter Erntemaschinen. Meist macht einer den Anfang, er
kauft einen noch größeren Mähdrescher oder die schwere
Zugmaschine mit Allradantrieb und setzt Maßstäbe. Wo früher fünfundzwanzig Kuhgespanne und achtzehn Einspänner
mit Pferd die Felder bearbeitet haben, sind heute nur noch
zwei Männer den ganzen Tag mit der Landwirtschaft befaßt,
der eine ist neununddreißig und unverheiratet, jeden Winter
eine Reise nach Thailand, der andere zerbricht sich mit sechsundsechzig den Kopf, wem er die Äcker verpachten könnte,

wegen der Landabgaberente. Der dritte Bauer liegt seit voriger Woche auf dem Friedhof; 1907 bis 1978. Der Viehhändler ist schon durch den Kuhstall gegangen, die Witwe will nur die Schweinezucht behalten, um die Rente von dreihundert Mark aufzubessern. Zwei Bauern noch. Die anderen müssen pendeln.

Ganz alte Leute, der Engelopa, Dellebachmarie, sagen dir, daß das schon vor der Jahrhundertwende angefangen hat. Die winzigen Felder, der ewige Hunger, und dann wurden plötzlich beinahe zur gleichen Zeit der Basaltbruch in Oberwiddersheim und der Braunkohlentagebau Friedrich in Trais eröffnet, konnte man sich Geld beim Eisenbahnbau der Linie von Hungen nach Nidda, der Nebenstrecken von Hungen nach Friedberg und von Friedberg nach Nidda verdienen. Die Männer gingen bei Tagesanbruch zu Fuß aus dem Dorf und kehrten erst in der Nacht zurück. Fahrräder waren eine große Erleichterung. Sie kamen nach neunzehnhundert auf und waren, wenn sie nicht täglich benutzt wurden, steuerpflichtig. Eine schlimme Zeit, sagen die Alten, aber andererseits. Und dann ist immer noch viel alter Wein in neuen Schläuchen, meinen sie.

Arbeitsplätze im Dorf gibt es gar nicht mehr. Die beiden Läden, Lebensmittel und Geschenkartikel, Lebensmittel und Textilien, bieten nicht einmal allen Familienangehörigen der Inhaber ein Auskommen. Schon in Hungen rumoren zwei Supermärkte. Wenn etwas zwei Mark billiger ist, fahren junge Väter im Ascona oder Granada sogar die vierzig Kilometer zum Handelshof in Dutenhofen hinter Gießen. Ihre Frauen dagegen kaufen am liebsten im Dorf ein, jeden späten Vormittag oder gegen Abend bei Meyerkarls Adolf, zweimal die Woche in der Verkaufsstelle für Fleischwaren, die von einer kleineren Hungener Metzgerei unterhalten wird, täglich am Bäckerauto, freitags am Fischbus, donnerstags am Gemüselaster. Die Kinder laufen dem klingelnden Eiswagen nach. Die Preise sind hoch, und die Händler fahren an einem Tag zahlreiche Dörfer an. Schon wieder hat der Bäcker weder Brötchen noch Stückchen gehabt.

Das Dorfhandwerk ernährt gerade seine Meister, den Tischler, den Schuhmacher, den Installateur und den Weißbinder. Aber wie. Früher einmal hat es am Ort gleichzeitig vier Schneider, zwei Schneiderinnen, fünf Händler von Eiern, Geflügel und Butter, zwei Schuster, einen Sattler, drei Pflasterer, zwei selbständige Maurer, zwei Schreiner, zwei Weißbinder und fünf Gastwirte mit drei Kegelbahnen und vier Tanzsälen gegeben.

Heute kommt unter der Woche halb fünf der Werksbus und fährt Männer und Frauen über sechzig Kilometer Landstraße zur Arbeit nach Frankfurt. Die Leute vom Land schaffen besser, wird in den Personalbüros der großen Werke gesagt. Anderthalb Stunden später verläßt der Rest der einhundertzweiundvierzig Erwerbstätigen das Dorf im Auto nach allen Seiten. Nun sind die Frauen unter sich; die jüngeren teilen ihre Kraft zwischen Haushalt, Kindern und Landwirtschaft, die älteren sagen: Hoffentlich bricht kein Brand aus, wenn es mal brennt, wer soll dann löschen. Die Parzellen, Handtuchäcker genannt, über die sie kraftstrotzende Traktoren hetzen, sind steinig und müssen stark gedüngt werden.

Seit das Dorf zu einem Stadtteil von Hungen gemacht worden ist, seit alle Kinder dort zur Schule gehen, gibt es in Steinheim weder Bürgermeister noch Lehrer. Der Pfarrer hat schon immer in Rodheim gewohnt. Es gibt auch keine Bücherei, keine Tanzabende, keine Theaterspiele, keine Filmvorführungen, keine Vorträge über Gefriertechnik und Bienenzucht mehr. Was war das in der Adenauerzeit ein Leben hier. Heute sind wir uns selbst überlassen, auch gut, kann man hören. Nachdem 1974 die Ortstafeln ausgewechselt worden waren, als der Name Hungen plötzlich am Ein- und am Ausgang des Ortes stand, haben Unbekannte über Nacht frische Ochsenköpfe an die Schilder gehängt. Wie das Blut über die neuen gelben Tafeln gelaufen ist. Davon wird oft gesprochen. Mancher hat sich auch in vier Jahren nicht an die anderen Zustände gewöhnt. Ja, die Jungen, die können schnell mal mit ihren Autos in die Stadt, zum Amt fahren. Aber wir Alten. Der Bahnbus kommt nur einmal am Tag.

Wenn man wie ich vier Monate im Jahr hier lebt, gilt man nicht mehr als völlig fremd, es folgt mir, gehe ich den Feldweg zum Kaltenrain und zum Wald hinauf, kein Auto im Schritttempo mehr. Und nicht alle Leute auf den Feldern unterbrechen die Arbeit und sehen mir nach. Begegnungen, Berührungen ergeben sich, mit dem Briefträger, dem Ladeninhaber, mit den Nachbarn, den Männern am Stammtisch. Man gehört aber auch nicht ganz dazu. Man versteht den Dialekt nicht. Die Gesprächspartner müssen hochdeutsch reden. Manches läßt sich so eben nicht sagen. Über das Wetter, die Ernte wird zwar gesprochen, über die zwei Toten beim Unfall auf der nahen Horloffbrücke neulich und die damit zusammenhängende Vorgeschichte. Auch Politik ist ein Thema, freilich. Die da oben eben. Und in der Gastwirtschaft geben noch immer die Kriegsteilnehmer den Ton an. Es sei denn, es spielt einer besonders gut Fußball, der findet kurzes Gehör, vielleicht. Gesprächsstoff ist genug vorhanden, die und wir, hier und dort, früher und heute. Aber die eigenen Gedanken, Probleme, Widersprüche bleiben ausgespart. Woher dafür die Worte nehmen.

Hast du gehört, was der Schomber heute nacht wieder veranstaltet hat. Polizei, Krankenwagen sind aufgefahren. Bis halb fünf ist das gegangen. Ich bin ganz voll Blut, ich habe Magenbluten, schnell, schnell, hat er ins Telefon geschrien. Oder es wird über die alte Dorfschule gesprochen. An der Front das Wort Bürgerhaus, aber sonst ein Märchenschloß, wie aus Dornröschen. Nur drinnen, im Keller, läuft Tag und Nacht, Sommer wie Winter die Ölheizung und läßt sich nicht regulieren, läßt sich nicht abstellen. Kaum ist das Öl alle, hält schon der Tankwagen auf dem Hof, wer das wohl veranlaßt und bezahlt.

Oft kommt die Rede auf das Wasserwerk in den Wiesen bei Ulfa. Dort nennt sich noch der letzte Erdarbeiter Angestellter im öffentlichen Dienst, sagen die Pendler. Während der Arbeit fahren die mit dem Laster nach Friedberg und Nauheim und bauen den Ingenieuren die Häuser, schweißen ihnen die Ziergitter, richten ihnen die Zäune auf. Das ganze Wasser wird nach Frankfurt gepumpt, während hier der Boden zwei Meter tief aufreißt und die sumpfigen Wiesen zur Steppe vertrocknen.

Die Störche sind weggeblieben, und wann siehst du noch Reiher, die früher beinahe auf jeder Eiche saßen. Käuzchen, Hirschkäfer, Fledermäuse, Feuersalamander, Gabelweihen, Steinmarder, es gibt zu viel, was unsere Enkel nicht mehr erleben werden. Alles wird kaputtgemacht. Der Wald abgeholzt, die Feldwege unter Teer verschwunden, die Obstbäume verkommen oder umgemacht, das Land zersiedelt, besprüht, gespritzt, überdüngt, vergiftet. Dazu der Tagebau, der immer näher kommt. Schon kann man nachts die Bagger hören, ihre Scheinwerfer sehen. Das ganze Grundwasser läuft dorthin. Und wenn die Kohle aus dem Boden ist, gibt es einen See wie den bei Inheiden. Wer dort Land hat, es muß nicht am Ufer liegen, verkauft Fetzen von dreißig oder fünfzig Quadratmeter an Interessenten aus Frankfurt, Offenbach und Gießen.

Und eines Tages macht sich der Bauer, der Mann, der den Boden verkauft hat, auf den Weg zum See, um nachzusehen, was aus seinem Feld geworden ist. Erstaunt, völlig verständnislos durchquert er die zusammengedrückte, übervölkerte Siedlung. Und dabei haben die doch schmiedeeiserne Zäune, schöne Laternen, das würde mir auch gefallen, sogar ein paar Schwengelpumpen habe ich gesehen, genau die gleichen hat es früher bei uns im Dorf gegeben. Andererseits der unglaubliche Gestank aus der stehenden, dunkelblauen Horloff, der Krach, die vielen Hunde, die Grills. Wenn da einer die Arme ausbreitet, kriegen seine beiden Nachbarn Kinnhaken. Wie müssen die Leute in der Stadt leben, wenn das hier besser sein soll. Das viele Geld. So die Gespräche.

Hans allerdings, der Briefträger. Er zieht mit den Briefen und Drucksachen einen kleinen Zettel aus der Umhängetasche. Ich verfasse doch auch Gedichte. Sie wissen schon. Und da wollte ich fragen, was Sie von dem hier halten. Es ist für das Sängerfest, für den Frühkommers, die Ines Krick soll es aufsagen. Mit diesen Worten stellt er die Tasche ab, setzt die Brille auf und fängt an vorzutragen. Und der Pitzewirt. Vormittags versieht er die Landwirtschaft. Nach dem Essen, bevor er gegen halb fünf die Wirtschaft aufsperrt und die ersten Gäste einläßt, die auf dem Nachhauseweg von der Arbeit ein Bier, einen Schnaps brauchen, sitzt er im Gastzimmer am Fenster, von dem aus er die Vordergasse übersehen kann, und liest. Jeden Nachmittag drei Stunden. Keine Heftchen, kein Schmierblatt, nichts für den Tag. Ich lese nur Bücher. Sogar aus der Universitätsbibliothek in Gießen habe ich mir welche holen lassen, du glaubst gar nicht, wie schwierig das war. Landwirtschaft, Bienenzucht, die großen Realisten, Bücher über Rußland, das ich im Krieg kennengelernt habe. Besonders oft greife ich zu Tolstois Werken. Ich habe sie alle.

Ein Bauerndichter sei Tolstoi, sagt der Pitzewirt, aber die Bauern in seinen Büchern wären doch anders als die Steinheimer Bauern, das müsse an den verschiedenen Bedingungen liegen. 1941 ist er in Jasnaja Poljana gewesen, das hat ihn nicht wieder losgelassen. Eine Woche lang bin ich nachts bei unvorstellbarer Kälte als Posten durch den tiefen Schnee um das alte Gutshaus gewandert, meinen Karabiner hatte ich zusammen mit heißen Ziegelsteinen in eine Decke gewickelt. Es gab im Haus auch eine deutsche Ausgabe von Krieg und Frieden, und ich durfte sie mit offizieller Genehmigung des Generals in der Küche lesen, so ist es losgegangen. Von Jasnaja Poljana nach Steinheim ist der Weg weit, es hat Jahre gedauert, aber ich habe den Faden nicht verloren. Und nun überlege ich.

Ist es nicht erstaunlich, daß die Leute hier im Dorf, nur von denen kann ich reden, weil ich kaum noch herauskomme, daß wir alle, durch die Bank weg wohlhabend geworden, wenn man unsere Verhältnisse mit den alten Zuständen vergleicht, die bei uns noch in den fünfziger Jahren geherrscht haben, als es keine Wasserleitung, keine Kanalisation, keine Gehsteige und nur geschotterte Gassen gab, ist es nicht seltsam, daß wir Steinheimer, mit mehr Brot und auch mit mehr Zeit versehen als früher, nun nicht öfter ein Buch, ein Musikinstrument, den Zeichenstift in die Hand nehmen, durch die Felder, den Wald gehen und uns wirklich unterhalten, ich meine miteinander sprechen und nicht gegen eine Wand reden. Alles das machen wir nicht öfter, sondern kaum noch, das gibt mir zu denken. Aber ich habe die Sache noch nicht zu Ende überlegt, und wenn ich jetzt mehr dazu sage, mache ich mir das Ganze zu leicht.

Hans, der Briefträger. Der Pitzewirt. Aber sonst. Genaugenommen sehe ich das Dorf von außen, die Menschen vor allem. So, als würde ich abends von der Gasse aus durch die Fenster in die erleuchteten Stuben gucken. Vieles bleibt rätselhaft. Vieles vermute, errate, ergänze ich auf Verdacht, auf gut Glück. Wie nähert man sich der Wirklichkeit. Und wie beschreibe ich diese Annäherung und die Wirklichkeit selbst. Unablässig das Problem der Wahrheit. Ich gehe nahe heran, oder ich beschreibe, was in der Nähe liegt. Die Hintergasse.

Hier habe ich unter dem Dach ein Zimmer ganz für mich, Bett, Stuhl, Tisch, eine Musiktruhe mit drei Platten, die ich immer wieder höre, immer wieder. Nur wenn es regnet, stelle ich den Plattenspieler ab. Aus der Dachrinne tropft Regenwasser auf das Hofpflaster, stundenlang. Wo ich lebe, wie ich lebe. Wer ich bin. Darüber vergehen die Tage am schnellsten, das kostet die meiste Zeit und die meiste Kraft. Manchmal gehe ich ins Nebenzimmer, setze mich vor den Frisiertisch und gucke in den Spiegel. Die Falten, die Bartstoppeln. Und die müden Augen. Monatelang Steinheim, ohne Briefe, Telefongespräche, Freunde, manchmal glaube ich die Nebelwand vor dem Dorf deutlich zu sehen, einen riesengroßen Filter über den Wiesen, hinter dem ich mich in Sicherheit gebracht habe und in dem alles Laute, Bunte und Plötzliche hängenbleibt. Dann wieder Unruhe. Ins Auto und nach Frankfurt. Heißt das Leben für mich.

Neulich wollte mir der Antiquar am Börsenplatz ein Buch zuschicken, kaum hatte er meinen Namen gehört, nahm er einen jahrealten Literaturkalender aus dem Regal und klappte mein Foto auf. Ich habe Sie an den langen Wimpern und den großen Augen erkannt. Die Angst, daß von mir mehr nicht übriggeblieben ist, werde ich auf der Rückfahrt nicht los.

Weil die Hintergasse am Dorfrand liegt, stoßen ihre Gärten mit der Rückseite an Weiden und freies Feld und sind daher größer als gewöhnlich. Es handelt sich um Bauerngärten, wie sie vor zwei-, dreihundert Jahren nicht anders ausgesehen haben. Zuerst kommt der Teil, in dem Bank, Tisch und das Gartenhaus stehen. Sein Rasen wird sehr kurz gehalten und ist mit Rosenbeeten eingefaßt. Dann folgt, in den Garten hinein, eine übermannshohe immergrüne Hecke. Hinter ihr erstreckt sich der große Nutzgarten, dessen Beete und Rabatten auf das akkurateste gepflegt werden. Da wachsen die für das Haus bestimmten Sommerblumen neben den Salatköpfen; ein knappes Viertel der Fläche ist mit Erdbeerpflanzen bedeckt. Bohnen und Erbsen wechseln mit Küchenkräutern und Beerenobst ab. Ein Stück nutzbar gemachte Natur, aber auch schön. Die hintere Hälfte des Grundstücks, die von einem Feldweg begrenzt wird, nimmt der sogenannte Obst- oder Grasgarten ein. Er besteht vor allem aus alten Apfel- und Birnbäumen, deren Kronen voller Wasserschößlinge und zum Teil schon dürr sind und deren Stämme schief und rissig aus dem hüfthohen Gras ragen.

Wenn man in die Hintergasse einbiegt, ist das erste Gebäude auf der linken Seite ein Siedlungshaus, dessen ursprüngliches Aussehen die zahlreichen An- und Umbauten nicht mehr erkennen lassen. Im Vorgarten nur festgetretene Erde, in der Zaunecke über das ganze Jahr ein Haufen Plastikspielzeug, verbogene Schubkarren, zerbrochene Autos, ausgeblichene Schaufeln. Leute ohne Äcker. Hier wohnt die Dorffriseuse mit Vater, Schwiegereltern, Mann und fünf Kindern. Ihre Kundinnen aus dem Ort, die sich mit Handtuch und Shampoo versehen einfinden müssen, sagen ihr Einnahmen von drei-, vierhundert Mark die Woche und ein unangemeldetes Gewerbe nach. Man sitzt im vorderen Teil des Wohnzimmers und läßt sich für zwei Mark die Haare schneiden. Die Kinder kommen, wollen ein Eis, werden wieder vor die Tür geschickt: Hast du keine Augen im Kopf, sag mal, hier ist Kundschaft. In der Eßecke sitzt der Mann, arbeitslos wie manch anderer in Steinheim, seit die Baufirma im Nachbardorf die Zahlungen eingestellt hat. Wenn ich nur genug Geld hätte, hat er in der Wirtschaft gesagt, ich würde mir vom Chef oder vom Konkursverwalter meinen Bagger kaufen und mich selbständig machen, die Stunde hundertsechzig Mark kann das Ding einbringen und steht herum und verrottet. Mit der Haarschneiderei seiner Frau hat er nichts zu tun, man sieht nur seinen Rücken, während er den Wellensittich mit Fleischwurstresten füttert.

Das Nachbarhaus steht leer, eine Hofraite. Die alten Leute sind vor zwei Jahren gestorben. Durch die klaffenden Torbretter hindurch kann man das mannshohe Unkraut sehen, das aus den Pflasterfugen wächst. Ich habe immer gedacht, nur Dschungel wuchert so schnell. Das kleine Haus gegenüber mit den Kletterrosen am Eingang hat die gewöhnliche Raumaufteilung der Bauernhäuser dieser Gegend, unten Stube und Küche, oben zwei Schlafkammern. Ein Bad fehlt, das Plumpsklo ist in der Scheune auf der anderen Hofseite untergebracht, in jedem Zimmer steht ein Kohleofen.

Der junge Bahnbeamte, der hier mit seiner Familie wohnt, bezahlt hundertfünfzig Mark Miete. Er ist seit einem Jahr wegen einer im Dorf nicht näher bekannten Darmgeschichte krankgeschrieben und hat die vergangenen dreizehn Monate wie unter Hausarrest verbracht. Auch die Frau, die seit neuestem als Avonberaterin in jede Wohnküche dringt, tritt nur manchmal mit den beiden Töchtern auf die Gasse. Wer vorbeigeht, wird angesprochen und in ein Gespräch gezogen. Die drei sitzen auf der morschen Milchbank und lehnen sich mit dem Rücken gegen die Bruchsteinmauer des verfallenen Gemeindebackofens.

Auch ein Sommerabend, aber 1978. Langsam wird es dunkel. Das Weiß der Blusen. Der Mond zieht auf. Ab und zu, im Laternenschein, der lautlose Flug einer Fledermaus. Eine Katze überquert die Gasse. Der Blütenduft von den Linden im nahen Schulhof. Ich stelle den Plattenspieler ab und höre das Flüstern und Lachen. Der Kranke zeigt sich nicht.

Das Anwesen daneben ist ein Bauernhof. Die Besitzer, sie Mitte Fünfzig, er Anfang bis Mitte Sechzig, werden vom ganzen Dorf nur Erna und Rudolf genannt, kaum kennt man ihren Nachnamen noch. Meist tragen die beiden Gummistiefel, blaue Jacken und lange Schürzen. Sie bearbeiten zwölf Hektar eigenes und neun Hektar gepachtetes Land. Obwohl die Pachten niedrig sind, gibt es viel Brachland rings um den Ort. So manche Wiese, besonders zwischen Obstbäumen, wird nicht mehr gemäht, immer mehr abgelegene Äcker vergißt der Pflug. Was die Schwere der Arbeit angeht, gibt es zwischen Bauer und Bäuerin keinen Unterschied. Sie stehen beide morgens um fünf auf und arbeiten bis gegen acht am Abend, während der Ernte auch länger. Im Stall stehen zwanzig Kühe, weiter Kälber, Muttersauen, Ferkel, zeitweise auch zwei oder drei Mastochsen.

Keine Zeit zum Fernsehen. Die Frau geht sonntags manchmal in die Kirche, sie hat eine schöne Singstimme. Der Bauer zeigt sich selten in der Wirtschaft. Keine Zeit auch zur Gartenarbeit. So lange die alte Mutter noch lebte, ja. Der lange, aber schmale Garten hinter der Scheune mußte ohnehin einer zweiten Einfahrt geopfert werden. Das Wenden auf dem engen Hof war zu mühsam. Ein Silo soll auch noch gebaut werden. Vor kurzem ist das Wohnhaus frisch abgeputzt worden. Erna hat mit auf dem Gerüst gestanden und den alten Mörtel von den Lehmwänden geschlagen. Wozu das alles.

Die einzige Tochter ist seit langem an den Gastwirt und

Bäcker im nächsten Dorf verheiratet. Der eine der beiden Enkel hat gerade die Lehre als Bäcker abgeschlossen, der andere will die Gastwirtschaft übernehmen und für den Fremdenverkehr am See ausbauen. Es geht nicht mehr lange gut, sagen Erna und Rudolf jedem. Trotzdem hätten sie gerne die leerstehende Hofraite nebenan gekauft und einen Durchbruch von Hof zu Hof gemacht, aber der Erbe in Offenbach wollte hundertzwanzigtausend Mark haben, so ein Wahnsinn. Ich habe mich doch wirklich um die alten Leute gekümmert, habe ihnen die Küche geputzt, die Wäsche gewaschen, ich habe die Straße gekehrt, sogar den Garten habe ich gemacht, sagt Erna, und nun das. Was die beiden denken, wenn sie nachts in ihrem engen Bett in der Wohnküche liegen, weiß niemand im Dorf. Das Licht löschen sie immer kurz vor neun.

Dann ist Freitag und Samstag in der Wirtschaft schräg gegenüber Hochbetrieb. Unter der Woche kommen manchmal keine, meist aber drei, vier Gäste. Die Wirtin setzt sich zu ihnen oder schläft kurz auf einem Stuhl hinter der Theke ein. Der Wirt hält sich im Hintergrund, er sitzt im Halbdunkel und liest noch Zeitung. Abend für Abend geht das so, und was er sagt, klingt nicht sehr freundlich. Sein Bart erinnert an den letzten Kaiser. Auf den Pitzewirt ist er nicht gut zu sprechen. Ein Phantasierer, ein Luftkopf. Ach, sagt die Wirtin träge, hast keine Laune heute. Und sie macht den Gästen ein Zeichen. Die Gäste, ältere Männer, reden über Politik und spielen Skat. Wenn es spät wird, kann man sie im Sommer bei geöffnetem Fenster singen hören. Alte Lieder und alte Stimmen, das gefällt mir.

An anderen Tagen verschließt der Wirt schon gegen acht die Tür und geht schlafen. Trotzdem, und obwohl der Gastraum seit dem letzten Krieg nicht verändert, nicht modernisiert worden ist, obwohl man die Füße zum Beispiel noch auf geölte Dielen setzen muß, kommen die Gäste wieder. Wenigstens haben sie jetzt das Haus abputzen lassen, sagen die Skatspieler. Zwanzigtausend Mark soll das gekostet haben. Aber das grelle Gelb des Putzes gefällt vielen im Dorf nicht, das alte Grün sei schöner gewesen, ein Haus könne man doch nicht wie ein Auto mit so einer Farbe versehen. Da steckt der Sohn dahinter.

Der Sohn lebt mit seiner Familie bei den Eltern. Er fährt für ein Reiseunternehmen in Gießen die Busse und macht meist Butterfahrten an die Küste. Von seinen Abenteuern sprechen die Altersgenossen wie im Einverständnis, auch mit Neid. Einer der Bewunderer wohnt gleich nebenan. Fünfunddreißig, unverheiratet, schütteres Haar, Monteur einer Firma in Friedberg. Er ist schon in Saudi-Arabien auf Arbeit gewesen, wie der rumkommt. Jetzt hat er eine Geliebte in Basel. Endlich. Es soll aber auch ein Kind da sein, weiß das Gerücht.

Sein Vater ist der Dorftischler. Aufträge bekommt er, die reichen für eine Stunde Arbeit alle zwei Tage. Den Rest muß die Landwirtschaft bringen, fünf Hektar, vier Kühe. Vergangenes Jahr hat der Tischler den letzten Baum im Vorgarten mit dem Traktor umreißen lassen. Rudolf hat Nachbarschaftshilfe geleistet. Überhaupt sind die Häuserfronten im Dorf, vor fünfundzwanzig Jahren noch grün beschattet, ganz nackt. Baum um Baum ist gefallen. Zuviel Dreck im Herbst, hat der Tischler gesagt und nur Zustimmung gefunden. Derweil verschwindet der Garten unter einem Meer von Brennesseln. Das Haus verfällt. Der Knöterich hebt die Ziegel vom Scheunendach. Kind, Kind, sagt anklagend und drohend die Frau über den Zaun hinweg zur jüngeren Gartennachbarin.

Das nächste Haus wird nur am Wochenende bewohnt.

Dann stehen Autos aus Frankfurt, sogar aus Heidelberg auf dem Hof. Die jungen Leute haben irgend etwas mit der Universität zu tun. Was genau, ist nicht bekannt. Sie grüßen so freundlich. Der Tischler hat ihnen die Treppe repariert. Alles vom Flohmarkt, erzählt er in der Wirtschaft. Aber doch gemütlich, sagt er, und alle hören ihm zu, weil er der einzige Augenzeuge ist. Die Tatsache, daß die Fremden immer nur kurze Zeit bleiben, macht eingehendere Gedanken überflüssig. So bleiben die langen Haare, Bärte und Kleider ebenso Farbtupfer wie die blaugestrichene Haustür und die roten Fensterrahmen. Was hat der Kaufmann gesagt. Eine Schwalbe macht noch keinen Sommer.

Letzte Woche, berichtet Meyerkarls Adolf, kamen sie in mein Geschäft, kauften Lebensmittel, Bonbons, die Frankfurter Rundschau, die sie über mich bestellt haben, und nahmen auch die Festschrift mit: Hundert Jahre Gesangverein. Während das Mädchen bei mir bezahlte, blätterten die beiden Männer die Seiten durch. Was heißt denn SD, fragte der Blonde meine Frau. Was, fragte meine Frau zurück.

Hier steht doch, erklärte der Blonde, in der Liste der Ehrengäste ein SD Casimir Prinz zu Wittgenstein, Haubenmühle, und ich frage mich, was SD heißt. Das, hat meine Frau geantwortet, ist Seine Durchlaucht, der Prinz. Seine Durchlaucht, haben die beiden gelacht, zu dem sagt ihr doch nicht im Ernst Eure Durchlaucht. Aber ja, sagte meine Frau. Ist das, haben sie weitergebohrt, der gleiche, der in der Rodheimer Kirche oben in der Herrschaftsloge sitzt. Meine Frau war ganz hilflos: Aber der Pfarrer hat von ihm einen Transit bekommen, und was er außerdem für die Großgemeinde getan hat, Sie glauben es kaum, der ganze Stadtrat, durch alle Bänke weg, spricht ihn nur mit Eure Durchlaucht an, das ist er ja auch. Insofern, sagte Meyerkarls Adolf und guckt mich scharf an, muß man mit diesen Leuten eben doch vorsichtig sein.

An ihrem oberen Ende verengt sich die Hintergasse zu einem schmalen Durchgang, der in einen verwinkelten Hof mündet. Vor den Trockenmauern aus Betonstein sind Hasenställe mit verglasten Türen aufgestellt. In ihnen liegen wie hineingeschüttet alte Schuhe, Taschenmesser, Handbohrer, Gürtel, Fahrradklingeln, an der Seitenwand hängt, sorgfältig über einen Bügel gelegt, ein alter Bratenrock. Gestatten Sie, mein Name ist Katschmarek, ich bin der Schuhmacher hier, hat sich der schmächtige alte Mann mit der Nickelbrille und dem dauernden Lächeln mir damals beim Pitzewirt vorgestellt. Im Dorf heißt er Schusterkatschi. Aber Schuster hört er nicht gerne. Lange nach dem Krieg ist er aus der Gegend von Posen gekommen, mit nichts, allein, und das Haus, die Werkstatt und die Schuppen hat er, ohne Bauplan und Genehmigung, selbst hochgezogen und später mit bunten Lehrtafeln beklebt, von denen er bei der Auflösung der Schule zwei Dutzend billig bekommen hat. Stundenlang kann er in seinem Hof sitzen und sich die Bilder ansehen, sogar von der Werkstatt aus hat er sie im Blick: Dorfleben im Winter, Die Pyramiden in Ägypten, Schoßhund und Wachhund, Die Lebensstufen.

Die Leute legen ihm abgetragene Schuhe auf den Arbeitstisch. Zwei, drei Paar, je nachdem. Dafür gibt er ein Paar neue. Die alten Schuhe erhalten die kinderreichen Familien im Dorf. Man hört, daß er hohe Schuhe einmal sogar mit vierzig Mark in Zahlung genommen hat. Für neue Sohlen und Absätze verlangt er auch nicht viel, sechs Mark. Wie macht der Kerl das nur. Was man ihm morgens zur Reparatur bringt, kann mittags abgeholt werden. Manchmal soll er die Schulmädchen tätscheln, das ja. Je älter er wird, desto ausgedehnter und umfangreicher werden seine Geschäfte, neuerdings handelt er auch mit Traktoren, sogar mit Häusern. Ganze Höfe hat er schon gemakelt. Zeitweise müssen fünf Steinheimer Hofraiten in seinem Besitz gewesen sein.

Die bleiben an meiner Hand nicht kleben, hat er, darauf angesprochen, gesagt. Seine Maklergebühr besteht in der Erlaubnis der alten oder neuen Besitzer, Böden und Keller ausräumen zu dürfen. Manchmal wird er gehänselt. Du Spekulant, du machst wohl nicht eher Schluß, als bis du das ganze Dorf samt Feldern und Wiesen aufgekauft hast, bekommt er in der Wirtschaft zu hören. Ich meine es gut, sagt er dann, Steinheim ist meine Heimat. An der zweiten Heimat hält man fester.

Ende Januar, über Nacht war Neuschnee gefallen, verunglückte der Werksbus, kaum daß er die letzten Häuser von Steinheim hinter sich gelassen hatte. Die meisten der achtzig Frauen und Männer schliefen. Tiefschlaf mit aufgeweichten Gesichtern. Es war heiß und dunkel, der Lärm des Motors und die Frühmusik verbanden sich zu einem gleichmäßigen Geräusch.

Als der Bus aus dem Hohlweg am Burgköppel kommt, gerät er in der langgezogenen Linkskurve auf freigewehtem vereistem Belag ins Schleudern. Der aufgeschreckte Fahrer kurbelt wie wild am Steuer. Der Bus schießt über die Bankette und stürzt, sich überschlagend, acht Meter Böschung hinunter. Totenstille. Oben auf der Straße fahren Autos vorbei, die Insassen können die Aufschlagstelle nicht sehen. Das Poltern der Bagger im Tagebau, aus einer anderen Welt. Unten alles ruhig. Nur das Karosserieblech hat hin und wieder geknackt. Dann hastiges Atmen, Stöhnen, dann die ersten spitzen Schreie. Eine Frau macht den Anfang, sie steigt durch ein Fenster, die Scheibenreste reißen ihr Unterarme und Knöchel auf, sie läßt sich in den Schnee fallen und läuft von der Straße weg über die Felder und in den Wald hinein. Meine Tasche, meine Tasche. Am späten Vormittag werden Passanten in Hungen auf sie aufmerksam, wie sie durchnäßt und blutbeschmiert, den Oberkörper gegen das Geländer gedrückt, auf der Horloffbrücke steht.

Drei weitere Frauen klettern durch die hintere Tür. Sie

stützen sich gegenseitig und umkreisen immer wieder den eingedrückten Bus. Nichts zu erkennen. So deutlich hört man ihre schrillen Stimmen in der klaren Winterluft. Inzwischen hat sich der Fahrer die Böschung hinaufgearbeitet. Obwohl beide Handgelenke gebrochen sind, läuft er, die Arme schwenkend, auf der Straße hin und her. Anhalten, anhalten. Zwei Autos, die mit hundertzwanzig aufgeblendet aus der Hohle schießen und merkwürdigerweise in der Kurve die Spur halten, hupen noch, als sie schon in der Ferne verschwunden sind. Ihr Schweine, ihr Verbrecher. Endlich zwei Scheinwerfer aus Richtung Schwalheimer Grund. Ein Kombi, beinahe Schrittempo, kommt näher und hält. Der Busfahrer tritt gegen die Tür und erkennt den Bäcker aus Trais, der die Frühstücksbrötchen zu den Filialen fährt. Er zieht ihn vom Sitz, schleppt ihn zum Straßenrand und zeigt in die dunkle Tiefe. Der Bäcker läuft zum Auto zurück und verschwindet mit aufheulendem Motor im Hohlweg. Zehn Minuten später die erste Sirene, noch in großer Entfernung. Nacheinander treffen siebenundzwanzig Krankenwagen aus Gießen, Marburg, Friedberg, Büdingen, Schotten und Lich an der Unfallstelle ein. Je genauer man das Wrack auf dem Feld untersucht, desto mehr Fahrzeuge müssen angefordert werden. Schon hat sich eine Ordnung hergestellt; die Schwerverletzten liegen neben dem Bus, die leichter Verletzten sitzen oben am Straßenrand, die Schockierten und Geprellten sind sich noch selbst überlassen.

Gleich am ersten Tag muß mir das passieren, ruft der Mann der Steinheimer Friseuse, der eine stark blutende Platzwunde an der Stirn hat, zu den Zuschauern hinüber. Der Widerschein der Fackeln und Blaulichter überall, besonders auf den Gesichtern. Die blinkenden Infusionsflaschen. Knappe Rufe. Die zielstrebige Eile der Helfer. Zuletzt landet der Rettungshubschrauber aus Frankfurt, der das Tageslicht abgewartet hat, und holt ein junges Mädchen. Rückgrat gebrochen, wird weitergesagt. Gegen acht sind nur noch drei Streifenwagen, ein Auto der Straßenmeisterei und die Feuerwehren aus Unterwiddersheim und Steinheim am Platz. Dazwischen und den Hang hinauf- und hinunterkletternd die Leute aus der Umgebung. Der Fahrer soll am Vortag Spätschicht gehabt haben und erst nach Mitternacht zuhause gewesen sein. Wie kann einer keine vier Stunden später schon wieder hinter dem Steuer hocken. Gibts denn niemanden in der Riesenfirma, der das überwacht.

Heidruns Cousine, die Gote, hat unmittelbar hinter dem Fahrer gesessen. Sie wird in das Krankenhaus nach Schotten gebracht. Dort liegt sie vier Wochen mit schwerer Gehirnerschütterung, Rippenbrüchen und Verdacht auf Stauchung der Wirbelsäule. Eine grauhaarige blasse Frau von siebenundfünfzig Jahren, mit chronisch offenen Beinen, Endkontrolle am Fließband, die sich dauernd fragt, wie es daheim und im Betrieb ohne sie geht, und die sich über die täglich stärker werdenden Kopfschmerzen wundert. Der Stuhl an ihrem Bett bleibt selten leer; der Petter, die beiden nach Friedberg und Hungen verheirateten Töchter, der Sohn, die Verwandtschaft, Nachbarn, Arbeitskollegen. Wenn Postkarten von den Enkelkindern gekommen sind, hat sie Tränen in den Augen. Zum ersten Mal seit vielen Jahren versucht sie wieder, ein Buch zu lesen. Im Hause des Kommerzienrates, wie schön, hat die Schwester gesagt, bevor sie es auf den Nachttisch gelegt hat. Aber sie liest nicht nur, sie redet auffällig oft von Krankheit und Tod. Wenn ich nicht mehr bin. Zum Beispiel nimmt sie dem Petter das Versprechen ab, fünfhundert Leichenwecks backen zu lassen. Jeder im Dorf soll an mich denken. Dann bestellt sie den Fotografen aus der Stadt und richtet sich her. Rouge, Lippenstift, Parfüm, mit der Frisur hat sie lange zu tun. Die Schwester muß sie aufsetzen und alle Kissen glattstreichen. Wenn ich nicht mehr bin, wer versorgt mir den Wilhelm.

Der Petter ist zehn Jahre älter als die Gote. Er hat wie der Pitzewirt den ersten Ostwinter vor Moskau gelegen. Den folgenden Sommer in den weißrussischen Sümpfen. Daher die Malaria. Später Frankreich. Erst bin ich dort auf die Jagd nach Hasen und Partisanen gegangen, dann haben die Amis mich selber gejagt. Während der Ardennenschlacht, als er sich noch einmal voll Zuversicht restlos ausgab, ist er in amerikanische Gefangenschaft geraten. Bald darauf hat er eine Kleinstadt am Mississippi kennengelernt. Dort gab es Lumpen und ehrliche Leute, genau wie bei uns. Wenn der Petter das heute sagt, klingt es irgendwie unfreiwillig.

Als er zwei Jahre nach Kriegsende in Trais aus dem Zug stieg, war er sechsunddreißig. War nichts und hatte nichts. Acht Wochen später starb sein Vater. Die Äcker wurden aufgeteilt, im Streit. Er hat mit dem Bruder, der die Hofraite bekam, nie mehr ein Wort gesprochen. Was macht einer mit fünf Hektar Land, wenn er keinen Hof, kein Vieh, weder Wagen noch Pflug hat.

Völlig überraschend wurde der Bruder verhaftet. Irgend jemand hatte ihn mit einem Brief ohne Absender in Gießen angeschwärzt. Er sollte den amerikanischen Piloten, dessen Leiche im Maifeld gefunden worden war, totgeschlagen haben. Amerikaner und ein paar Deutsche fuhren um zwei morgens mit drei Mannschaftswagen in Steinheim ein, riegelten die Gasse ab, umstellten das Haus und holten den Bruder ohne Erklärung aus dem Bett. Was denn, was denn, rief der erschrockene Mann. Er hatte sich fünfundvierzig in einer Jagdhütte oberhalb von Schotten versteckt gehalten und war ein Jahr bei Verwandten in Busenborn Knecht gewesen. Über die Sache muß doch Gras gewachsen sein, hatte er gedacht. Und auf einmal wurde er aus seinem Vaterhaus geschleppt, mitten in der Nacht, Maschinenpistolen im Rücken, Hände gefesselt, wie ein Verbrecher. Acht Wochen hört man in Steinheim nichts von ihm. Aber vor Gericht wußten die Zeugen nur noch ihre Namen. Das Ergebnis waren vier Jahre Zuchthaus. Glück muß der Mensch haben, sagte das Dorf.

Die Gote war damals siebenundzwanzig. Als blutjunges Mädchen hatte sie viel Lob gehört. Einmal war aus Gießen ein Professor mit seinen Gehilfen gekommen. Wie schmuck die ganze Gesellschaft in ihren braunen Uniformen ausgesehen hatte. Allen Einwohnern wurde der Schädel gemessen, ob alt oder jung, ob Männlein oder Weiblein, das dauerte Tage. Zahlen über Zahlen, ein Stumpfsinn. Doch kaum hatte der Professor die Gote gesehen, war er lebhaft geworden. Obacht, die Herren, bellte er, in einem Kopf mit dieser Form stecken mehr als die dreihundert bis fünfhundert Wörter unserer deutschen Bauern.

Die vier Hektar mütterlicherseits, am Kaltenrain und im Maifeld, standen seit Stalingrad auf ihrem Namen. Außerdem gab es noch ein Sparbuch bei der Raiffeisenkasse in Nidda, auf das seit zehn Jahren jeder Pfennig gekommen war, den sie mit Feldarbeit und im kleinen Handel der Familie verdient hatte. Getreidehandlung und Düngemittellager Arno Scheller, stand an der Hauswand. Das galt aber nur für geordnete Zeiten. Kurz vor der Währungsreform hob sie alles ab und beteiligte sich an einer Spekulation ihres Vaters in Kaffee und amerikanischem Büchsenschinken. Wenn sie erzählt, wie eilig die Amis nachts die schwerbeladenen Laster in die Scheune fuhren, wie schnell das Abladen gehen mußte, wie noch in der gleichen Nacht die scheuen Juden aus Frankfurt kamen, die ihre Autos vor dem Dorf stehenließen. Damals saß der Petter abends immer öfter bei ihr in der Küche. Vorher hatte er am Familientisch mitgegessen. Wenn es Eintopf gab, fuhr er mit umgedrehtem Löffel in den Napf. Hockst du auf, so eß ich dich. Zu einem wirklichen Essen gehörten eben Schnitzel, die über den Tellerrand hingen. Und hinterher mußte man sich unter das Hoftor stellen und deutlich sichtbar in den Zähnen stochern können. Das war seine Art, sich beim Gastgeber zu bedanken.

Mit dem neuen Geld wurde geheiratet. Ihre neun Hektar im Rücken, konnten Petter und Gote eine freigewordene Hofstelle pachten und bald auf Schulden kaufen. Scheune, Stall und Wohnhaus, mehr nicht, aber wie viele Jahre haben wir nur für die Zinsen gearbeitet, von früh bis spät, und keine Zeit, sich um die Kinder zu kümmern. Siebenundsechzig, als die Töchter aus dem Haus drängten und eine Aussteuer verlangten, wurde das erste Land verkauft. Ein Jahr später ging die Gote nach Bad Salzhausen in die Kurhausküche. Allmählich wurde das Vieh abgeschafft, der Traktor abgestoßen, der eine oder andere Acker losgeschlagen. Dann wechselte die Gote in das Werk nach Frankfurt. Es gab mehr Geld, aber sie verbrachte jeden Tag vier Stunden im Bus, und halb vier rasselte der Wecker.

Der Petter kommt die Vormittage über kaum aus seinem Sessel. Der Kunststoffbezug der Armlehnen ist schon ganz abgegriffen und speckig. Stunde um Stunde sitzt er da und liest Wild und Hund und jede Zeile in der Bildzeitung vom Vortag. Um sich hat er die gefliese, ungeheizte Küche. Auf dem spiegelblanken Tisch kein Teller, keine Tasse, nichts. Manchmal stellt er sich ans Fenster. Unten der verlassene Hof. Nur die Sperlinge. Wenn er einen Strohhalm, eine Feder auf dem Pflaster liegen sieht, geht er durch den Keller nach draußen und kehrt. Mittags rührt er Granulat zu Griesbrei. Oder er kommt zu Heidruns Mutter, läßt sich einen Knopf annähen und wird zum Mitessen aufgefordert. Punkt vier, das Gewehr auf dem Rücken, Feldstecher umgehängt, Pistole und Messer in den Taschen, wandert er den Stellweg entlang. Endlich im Wald, atmet er auf.

Als junger Mann hat er Förster werden wollen. Woher das Geld nehmen. Seine Eltern haben selten welches im Haus gehabt. Kein Wunder, bei zehn Hektar. Die bringen einen bestenfalls von Ernte zu Ernte. Aber jetzt, im Alter, kann er dreihundertzehn Mark Landabgaberente beanspruchen. Er spart sie beinahe ganz. Die Gote verdient knapp elfhundert Mark und unterhält damit den Haushalt. Sie kauft auch die Zeitung. Er muß nur bis zum nächsten Morgen warten, dann kann er sie umsonst lesen. In die Pacht der Steinheimer Jagd teilt er sich seit Jahren mit drei anderen Dorfbewohnern. Das kostet mich keine vierhundert Mark, sagt er zufrieden, und ich bin, weil ich am meisten Zeit habe, immer der erste und immer der letzte im Wald. Was die Pächter schießen, verkaufen sie in der Regel an ein Feinkostgeschäft in Gießen. So wirft die Jagd noch Gewinn ab, in manchen Jahren genug, damit der Petter sich eine teure Büchsflinte oder ein Zeiss-Glas kaufen kann. Dafür halten sie das Revier auch sauber. Jede Katze, die weiter als zweihundert Meter ins Feld läuft, ist so gut wie tot. Unbekannte Gesichter im Wald werden nicht aus den Augen gelassen. Wehe, sie kommen vom Weg ab oder bleiben bis zur Dämmerung. Wozu ist die Pistole denn da. Auch, was die Leute im Dorf angeht, kennt man seine Pappenheimer. Tatsächlich sind schon Schlingen gefunden worden. Wenn im Gemeindeforst geholzt werden soll und ganz Steinheim sich aufregt, von den Jagdpächtern hört man keinen Ton. Bei Schnee schleppen sie das Kraftfutter säckeweise auf die Lichtungen. Das wird sich, ist die Jagd im Frühjahr erst einmal aufgegangen, bestimmt auszahlen. Und der Förster aus Schotten ist immer noch der Herr Forstamtmann. Manchmal lädt er die vier zum Pitzewirt ein und spendiert jedem ein Bier, einen Korn und ein Rippchen mit Kraut. Auf gute Zusammenarbeit.

Nach drei Wochen im Krankenhaus sind die Kopfschmerzen zwar zu einer dauernden Erscheinung geworden, aber die Gote hat sich daran gewöhnt. Sie nimmt jetzt vier Schmerztabletten am Tag, notfalls legt sie noch zwei, drei zu, die Klinikpackungen erlauben das. Keine Rede mehr von Leichenwecks. Wenn ich wieder zuhause bin, sagt sie jetzt. Schon macht sie Pläne fürs ganze Jahr. Im April wird der Petter fünfundsechzig. Sie zählt und rechnet. Sechzig Gäste kommen sicher. Dann der Gesangverein, die Jagdhornbläser, der Fanfarenzug. Weiter geht es darum, welche Frauen aus dem Dorf um Küchenhilfe angesprochen werden. Da kann man nicht jede nehmen. Nur, wem die Arbeit schnell und sauber von der Hand geht. Dreißig Torten und Blechekuchen sind keine Kleinigkeit. Dazu fünfundvierzig Pfund Braten. Wenn ich an ihrem Bett sitze, kann sie von nichts anderem sprechen. Ihre Augen glänzen. Nachdem ihr jemand verraten hat, daß dieses Mädchen aus Rabertshausen, das im Bus immer neben ihr saß, hirnverletzt und querschnittgelähmt in der Frankfurter Unfallklinik gestorben ist, sagt sie: Das Leben ist ein Geschenk. Der harte Dialekt macht aus solchen Sätzen etwas Ernstes.

Eines Abends sieht sie müde und erschöpft aus. Vor einer Stunde habe sie der Pfarrer besucht und mit leiser Stimme, fast schüchtern, gefragt, ob sie nun nicht öfter in die Kirche kommen wolle. Sie habe ja gesagt. So Auge in Auge könne sie niemanden enttäuschen. Der Pfarrer hat sich auch sonst beklagt. Seit einem halben Jahr sind im Turm der Steinheimer Kirche zwei Scheiben zerbrochen, die Sperlinge fliegen ein und aus und nisten auf den Deckenbalken, sonntags dringt er mit der Predigt kaum noch durch ihr Geschrei.

Um sie abzulenken, erzähle ich lange von Kaspar Hauser und von Eduard. Sie hört aufmerksam zu. Der eine geht zu den Menschen hin, der andere geht von ihnen weg, sagt sie, sterben müssen beide. Aber, fährt sie nach einer Weile fort, ich weiß nicht, ob wir es besser haben. Ob das besser ist, was wir machen. Wenn ich an den Unfall denke. Und das Leben ist wie gewesen. Die ganze Kinderzeit ein einziges Eintopfessen. Prügel in der Schule, Prügel zuhause, nie ein gutes Wort. Arbeit, Arbeit; erst im Haus, dann auf dem Feld, dann in der Handlung. Und nie allein, sogar nachts immer zu zweit im Bett. Später die Suche nach einem Mann. Der will nicht, und jener will auch nicht. Es ist zum Verrücktwerden. Endlich hast du einen, man freut sich, ist richtig glücklich, schon geht die Feld- und Stallarbeit weiter, sogar schlimmer als vorher, denn jetzt läuft alles auf eigene Rechnung. Schließlich die Fabrik. Fang du mal mit fünfzig am Fließband an. Dreh du mal plötzlich im Akkord Schrauben ein, so klein, daß man sie mit der Lupe suchen muß.

Das schaffe ich nie, habe ich zu der Türkin neben mir gesagt und immer an Steinheim, an zuhause gedacht. Es war ein Achtstundenheimweh. Heute ist es gerade umgekehrt. Hat der Urlaub länger als eine Woche gedauert, bin ich froh, wenn ich die Arbeitskollegen wieder um mich habe. Vor allem seit dem Sprung in die Endkontrolle. Solche Posten handeln die Frankfurter sonst unter sich aus. Nur gut, daß ich den Meister kenne. Wenn der sonntags seine Familie ausfährt, macht er im Herbst auch bei uns mal Station und holt sich ein paar Äpfel, einen Krug Wurstsuppe. Das ist keine

Gier, das ist irgendwie Heimweh, auch bei dem. Er sieht ein Dorf, es gefällt ihm, und da will er in ein Haus gehen und Hände schütteln können. Man soll ihn kennen. Dazugehören will er. Wie es jetzt aussieht, bringe ich die zwei Jahre bis zur Rente leicht herum. Aber manchmal, sagt die Gote, manchmal sitze ich abends doch allein in der Küche, nach der Hausarbeit, bevor Wilhelm aus dem Wald kommt, und frage mich, wozu die ganze Mühe, die man tagein, tagaus auf dem Hals hat.

Du hast, sage ich, vielleicht von den beiden Kindern aus Steinheim gehört, die unter Mordanklage vor Gericht gestanden haben. Kopfschütteln. So kommt ein Dorf wie deins in die Literatur. Indem sich ein Richter in Berlin die Akten schicken läßt, vor über hundert Jahren, er schreibt einen Bericht und veröffentlicht ihn. Es könnten noch Enkel der Beteiligten am Leben sein, aber in Steinheim ist von der ganzen Geschichte nichts bekannt. Irgend jemand ist zu früh gestorben oder hat nicht gerne erzählt. Faden verloren. Die Gote nickt.

Jedenfalls verließen Ende Juni 1854 zwei Kinder armer Leute, Heinrich Wohlgemut, zehn Jahre vier Monate alt, und Adam Heinz, neun Jahre zehn Monate, ihr Heimatdorf Steinheim und zogen bettelnd durch die Ortschaften der Wetterau und des Vogelsberges. Ein hungriges Maul weniger. Und zurück kommst du mir erst, wenn die Ernte vorbei ist. Heinrich trug auf dem Rücken seine vierjährige Schwester Anna, ein zurückgebliebenes krankes Mädchen, das kaum sprechen und nicht gehen konnte. Ein mitleiderregendes Bild, hatte die Mutter sich gedacht.

Die drei waren planlos unterwegs. Hierhin und dorthin. Sie schliefen in Scheunen, auf Heuböden oder im Wald und ernährten sich von dem, was sie erbettelten. Das ging drei

Wochen. Am 15. Juli sahen Kinder aus Saasen in der Nähe ihres Dorfes zwei Jungen, von denen einer etwas schleppte. Ein kleines Mädchen, stellte sich heraus, ganz verwahrlost. Oberhalb der Kiesgrube wurde das Mädchen abgesetzt und bekam einen Stoß, daß es den Hang hinunterfiel. Der acht-jährige Kaspar Mann aus Saasen ging zu den Jungen und fragte sie, ob sie kein Mitleid hätten. Daraufhin nahm der ältere der beiden Fremden das weinende Kind wieder auf, trug es zu einem seichten Bach, zog es aus und warf es ins Wasser. Dort lag es auf dem Rücken und rief mehrmals un-deutlich: Hennerchen, Hennerchen. Es sah so aus, als meinte es den Jungen, der es getragen hatte. Der nahm einen Stock und drückte ihm damit auf Bauch und Brust. Der andere Junge war gleichgültig bei der Kiesgrube sitzen geblieben. Dann wurde das Kind aus dem Wasser geholt und angezo-gen. Ohne auf die Vorwürfe der ihnen lange nachgehenden Dorfkinder zu antworten, stiegen Adam und Heinrich mit der weinenden Anna eilig den Hausberg hinauf und bogen in den Fußweg nach Grünberg ein.

Vierzehn Tage später waren sie in der Nähe von Ober-ohmen. Ein Hütejunge sah auf den Steinen am Bach fremde Kinder sitzen. Das Mädchen machte den Eindruck, als sei es mißhandelt worden. Er sprach Adam und Heinrich deshalb an. Ja, sagte Heinrich, wir haben es gehauen, guck mal. Er lüf-tete das Hemd und zeigte auf die blauen und roten Striemen, die den ganzen Hintern des Mädchens bedeckten. Der Hüte-junge ging seiner Herde nach.

Am 10. August kam die Botenfrau aus Hermannspiegel auf dem Weg nach Odensachsen gegen Mittag über die schmale Haunebrücke. In brennender Sonne saß mitten auf der Bach-wiese ein kleines Kind und schluchzte, während am Wald-rand zwei Jungen lachend und schreiend miteinander balgten. Hat die Mutter dich hier hingesetzt, fragte die Botenfrau. Keine Antwort. Erst, als sie ihm ein Stück Brot hinhielt, hörte das Kind auf zu weinen und aß hastig. Die Botenfrau hob den schmutzigen Rock hoch. Sie erschrak über den Anblick des blaugeschlagenen, abgezehrten Körpers. Nur Haut und Röhren. Sie trug das Kind in den Schatten. Dann kamen die Jungen. Warum laßt ihr das Kind allein in der Hitze, fragte die Botenfrau drohend. Hier sitzt es doch gut, gab Adam zurück. Im gleichen Augenblick hörte die Botenfrau das ferne Mittagsläuten. Sie machte sich wieder auf den Weg.

Auch die Kinder aus Steinheim suchten ihre paar Sachen zusammen. Brot, rief Anna, aber Heinrich hielt den Beutel zu. Mein Buckel ist ganz wund, sagte er zu Adam, ich kann das Mensch nicht mehr schleppen. Adam ging schon voraus. Auf der anderen Seite des Baches setzte er sich hin und wartete. Mitten auf der Brücke blieb Heinrich plötzlich stehen. Jetzt schmeiß ich sie rein, sagte er zum Ufer hin. Mit diesen Worten nahm er Anna herunter und stellte sie auf den Steg. Das Kind duckte sich und rief: Hennerchen, laß mich doch gehen. So undeutlich, daß ein Fremder, wenn er in der Nähe gewesen wäre, nichts verstanden hätte. Heinrich gab Anna einen Stoß. Sie verschwand in der beträchtlichen Strömung, ihr Kopf tauchte noch einmal auf, dann blieb sie verschwunden.

Nach neun Wochen Bettelfahrt kamen Heinrich und Adam zurück. Bei Wohlgemuts in der Stube räumten sie die Beutel aus und legten Brot, Speck, Würste, Äpfel und Nüsse nebeneinander auf den Tisch. Und Anna, fragte die Mutter, nachdem sie alles gezählt und weggeschlossen hatte. Ach die, sagte Heinrich, die hat mir in Eschenrod eine Frau abgenommen, die sie euch bringen wollte. Nach zwei Stunden: Ich habe sie in Kerspenhausen sitzenlassen, ich konnte nicht mehr. Am Abend: Sie ist in die Haune gefallen.

Drei Monate später standen die beiden Jungen in Gießen unter Mordanklage vor Gericht. Adam wurde freigesprochen, Heinrich zu zwölf Jahren Zwangsarbeit verurteilt. Das gute Zeugnis Eduards, des zuständigen Lehrers, sein Versuch, nach den Gründen zu fragen, die Eltern dazu bringen konnten, einmal das und einmal jenes ihrer Kinder mit der Aufforderung, sich selbst zu versorgen, für Wochen auf die Landstraße zu jagen, waren kaum gehört worden, hatten nichts genützt.

Du hast recht, sagt die Gote und dreht das Gesicht zum Nachthimmel hinter dem Fenster, ich bin dir dankbar für die Geschichte. Es geht uns viel besser heute. Das weiß man erst wieder, wenn man sich so eine Kindheit vorstellen soll. Wer jetzt arbeitet, verdient auch gut. Wie wichtig das ist. Und sogar mancher, der sich nicht gerne die Hände schmutzig macht, hat sein Auskommen. Seis drum. Aber merkwürdig, daß wir trotz allem nicht glücklicher sind. Man ist satt, das ja. Satter gehts beinahe nicht. Und doch das Gefühl, die Hauptsache fehlt. Was ist das für eine Hauptsache, frage ich dich.

Ich gucke sie an, die bleiche Haut, ihre Falten, die grauen Haare, den alten Mund, ich sehe ihr lange in die schönen braunen Augen und bringe kein Wort über die Lippen.

Schlechten Traum gehabt. Auf der Autobahn gegen einen Brückenpfeiler gerast. Sah alles kommen und schrie. Querschnittgelähmt. Konnte die Arme, Hände, Finger nicht bewegen, keine Zeile zu Papier bringen. Dabei tausend Gedanken im Kopf. Von hinten sagt jemand: Ein Luftballon kurz vor dem Platzen. Ich erwachte wie unter Faustschlägen, kauerte vor dem Bett, Hände und Füße ganz kalt. Ich zog mich schnell an und lief in den Hof, von dort auf die Hintergasse und aus dem Dorf, immer auf der Suche nach etwas, woran ich mich halten, womit ich mich ablenken konnte. Das Friedhofstor stand offen. Die eintönige Augenweide der Schnittblumen und Zierstauden. Zwischen Kriegerdenkmal und Leichenhalle abgesunkene Vierecke, als Gräber kaum zu erkennen. Keine Einfriedung, kein Stein hinter der Weißdornhecke. Der Hauwurz wuchert. Kreuze, wenn es welche gegeben hat, waren aus Holz und sind längst verfault.

Die Frauen, die sich jeden Tag ordnend und verschönernd über die Grabstellen beugen, nennen den Bereich schlimme Ecke. Hier liegen die Selbstmörder. Gewöhnlich ist Herzstillstand im Gespräch, auch Schlagfluß, Hirnblutung, Altersschwäche werden angegeben. Der Pfarrer darf nicht erfahren, daß einer Hand an sich gelegt hat. Daher übernehmen die Nachbarn neben dem Waschen, Ankleiden und Aufbahren der Leiche vor allem die Aufgabe, Flecke von der Familienehre fernzuhalten. Ich habe es selbst gesehen, hört man aus dem nächsten Haus, es war ein friedlicher Tod im Bett. Oder er ist mitten in der Arbeit ohne einen Mucks umgefallen. Was sollen die jungen Leute denn machen, wenn die Alten in ihrer Verwirrung zum Strick greifen. Guck dir die fünf, sechs betagtesten Einwohner doch an. Gehen sie über den Hof, muß man immer Angst haben, sie könnten schon wieder auf dem Weg in die Scheune sein, um das versteckte Seil zu holen und an einen Querbalken zu knüpfen. Woher dieser Drang. Haus, Hof und alle Äcker sind überschrieben, die Rente soll weiterfließen, kein Grund also, jemanden unter die Erde zu wünschen.

Andererseits, in ganz seltenen Fällen, einmal in fünfzig Jahren, atmet das Dorf nach einem Selbstmord auch auf. Wer sich nicht einordnen will, wer unruhig ist und Unruhe macht, geht besser. Wie und wohin, ist egal. Vielleicht liegt deshalb auf einem der verwahrlosten Gräber an jedem Totensonntag ein Gesteck, seit achtzehn Jahren. Das Geld dafür kommt aus der Kasse des Gesangvereins. Dellebachmarie läßt sich die zehn Mark schon Anfang November vom Pitzewirt auszahlen und schreibt alle Kranzbindereien der Gegend an: Wieder rücken die Trauersonntage näher, und erlaube ich mir die Frage, was der Grabschmuck für den Witwenschuster diesjahr kosten soll. Und so weiter. Die Gärtner heben die Briefe als Kuriositäten auf.

Ende Oktober treffe ich Dellebachmarie am Kaltenrain. So klein, so mager und weißhaarig. Und immer knöchellang in altem Schwarz. Das Bücken fällt ihr schwer, aber sie liest Äpfel aus dem Gras. Auf den Wiesen, in den entlaubten Bäumen, überall das leuchtende Obst, das interessiert außer ihr in Steinheim niemanden mehr. Zwei Zentnersäcke lehnen schon am Steilhang. Um sie zum Sprechen zu bringen, sacke ich mit ein. Ihre Hände sind trotz dicker Gichtknoten viel flinker. Was sie erzählt, klingt auswendig gelernt und halb wieder vergessen, es hängt mit dem ewigen Elend des Dorf-handwerks und mit der Schuhzeugfrage zusammen, über der Steinheim in den zwanziger Jahren restlos zerstritten war.

In meiner Kindheit, sagt Dellebachmarie und tastet die Blätterhaufen nach Äpfeln ab, kannte man hier nur die zweiballige Art des Schuhwerks. Stiefel, Arbeits- und sogar Sonntagsschuhe waren breit und formlos, jeder Schuh ließ sich am rechten wie am linken Fuß tragen. Das hatte große Vorteile bei der schweren Bauernarbeit und im Winter, wenn wir zum Schutz gegen Kälte Stroh einlegen und Fußlappen wickeln mußten. Staat konnte man nicht machen.

Der Dorfschuster. Er hieß Johann Missler. Von ihm hing viel ab. Wie die Leute gingen, wie das aussah und was es ko-stete. An Licht, an Feuerung, an Kleidung, am Essen, auch an Schuhsohlen konnte gespart werden und wurde gespart, aber in Grenzen. Bei Frost, bei Schnee und Eis kann man nicht barfuß herumlaufen. Wenigstens mußten die Schuhe billig sein und lange halten.

Der Schuster war ein älterer wortkarger Mann ohne An-hang. Er wohnte beim Müller von Utphe. Die Kammer über der Einfahrt, in der er aß und schlief, diente auch als Werk-statt. Zwischen den Lehmwänden nur Bett, Stuhl, Tisch, ein Brett über der Tür, der Ofen, schließlich Arbeitsbank und Schemel am Fenster, weiter Werkzeug, die Schusterkugel und ein Berg Schuhe. Sonntags wanderte Johann mit einem Le-dersack, den er über der Schulter trug, nach Steinheim und besuchte Haus auf Haus die Kundschaft. Um seinen Hals hing in der ersten Zeit eine Schlange, angeblich eine Kobra. Die Kinder drängten heran. Wenn er durch die Gassen kam, schwenkte er das Tier manchmal wie einen Stock. Später ging es ein. Er lieferte fertige Stücke ab und nahm kaputte Schuhe und Aufträge für neue an.

Als junger Mann war er kurz vor der Jahrhundertwende mit den ersten Bautrupps der Eisenbahn nach Oberhessen gekommen. Die großen Zelte für das Gerät und für die Strohsäcke der Arbeiter standen in den nassen Wiesen zwischen Steinheim und Trais. Abends ein Gedränge in den Wirtschaften. Alles voll von fremden und einheimischen Schotterklopfern und Schienenlegern. Die kleinen Bauern schüttelten die Köpfe. Die Bahn ist nicht für uns.

Johann wurde mit den Verhältnissen im Dorf bekannt. Er verliebte sich in eine junge Witwe. Der Mann war Viehhändler gewesen und hatte den Leuten Geld geliehen. Dreißig Prozent Zinsen. Daher das ansehnliche Haus in der Vordergasse, das größte in ganz Steinheim. Mitbewerber war allerdings der neue Forstgehilfe vom Glaubzahl. Beide Männer gingen ein und aus, die Witwe dachte aber gar nicht an Heirat. Der eine Verehrer kurz angebunden und zupackend, der andere aus guter Familie, was wollte sie mehr. Johann machte ihr in aller Öffentlichkeit Vorwürfe. Er hatte sich gerade im Traum als Anführer der Kreuzfahrer gesehen und war verblendet. Die Witwe wies ihn jedoch mit Recht auf die Hasen hin, die der Besucher im Lodenmantel auftischte. Jetzt mußte Johann einen Rehbock ankündigen, ob er wollte oder nicht. Vorbei an den Gerüchten, die Jäger und Förster in die Dörfer hatten tragen lassen. Das ganze Lager besteht aus Schlägern, Messerstechern und Frauenhelden, die Kerle wildern, was das Zeug hält. Schwer zu bestreiten, daß es einen Graben gab. Im Dorf, wo selbst der Bauernkönig keine sechzig Morgen hatte, waren es die allgemeinen Verhältnisse, die lähmten; beim Eisenbahnbau sah man, wer auf der anderen Seite stand. Die Arbeiter wirkten im Vergleich zur Landbevölkerung selbstbewußt und ungezügelt: Der Himmel gehört uns, die Ferne gehört uns, warum nicht auch die Jagd. Sie wurden beobachtet. Im Forsthaus auf dem Glaubzahl verteilte der Oberförster an der Mittagstafel die Nachtwachen. Draufhalten, draufhalten, schärfte er seiner Mannschaft ein.

Tatsächlich wurde auf Johann geschossen. Die Mondnacht in der Weidesecke. Der Rehbock war nicht ausgetreten. Johann feuerte zurück. Dann lief er durch den Wald zum Dorf. Es war zwei Uhr morgens. Er klopfte bei der Witwe ans Hoftor. Sie ließ ihn ein und nahm ihn mit in ihr Bett. Johann übersah, daß in der Kammer eine dritte Person lag, eine Tante auf Besuch, die gleiche, die seinerzeit die einträgliche Ehe mit dem Viehhändler vermittelt hatte. Auch die Tante war wach geworden. Sie hörte das Flüstern und konnte sogar verstehen, um was es ging. Als das Paar im Bett anfing, Lärm zu machen, schlich sie hinaus, stieg durch das Küchenfenster und pochte den Bürgermeister aus dem Schlaf. Das und das, schnell, schnell. Eine Stunde später wurde Johann mit Kolbenstößen zum Glaubzahl getrieben.

Große Aufregung anderntags. Leute an allen Ecken. Empörte Reden. Die Förster waren nicht beliebt, im Gegenteil; Streit, so lange man denken konnte, um Wildschäden, Leserechte, Gatter. Außerdem hielten sie Spitzel im Ort, besuchten die Wirtschaft nicht, wollten bei jeder Gelegenheit zuerst gegrüßt werden. Und jetzt. Das schlug dem Faß den Boden aus. Was hatte der arme Mann denn groß gemacht. Auch die Witwe war ein Rabenaas. Wen ich mit in mein Bett nehme, den lasse ich doch nicht ins offene Messer laufen. Sie wurde angefeindet und zog bald nach Hungen. Dort war dem Pfarrer eben die Frau gestorben, er suchte eine Haushälterin. Die beiden warteten nur das Trauerjahr ab. Nun hat sie ja wieder einen Alten, sagte der Volksmund.

Johann saß acht oder neun Jahre im Zuchthausschloß Marienburg, das man bei klarer Luft vom Kaltenrain aus sehen kann. Dellebachmarie führt mich ein Stück den Hang hinauf und deutet mit ausgestrecktem Arm nach Südwesten. Richtig, die Türme. Wann der Gefangene entlassen wurde, daran kann sie sich nicht mehr genau erinnern, auf jeden Fall vor dem Ersten Weltkrieg. Er hatte sich gut geführt und durfte zuletzt das Schuhmachen lernen. Als junger Arbeiter im Tagelohn war er hinter den feuchten Mauern verschwunden, ein Handwerksgeselle mit zerfurchtem Gesicht kam wieder zum Vorschein. Was sind dagegen acht, neun Jahre.

Er quartierte sich beim Utpher Müller ein. Der Müller liebte Gespräch und Geselligkeit und litt unter der isolierten Lage seines Anwesens auf halbem Weg zwischen Steinheim und Utphe. Die kleine Kammer stand leer. Man einigte sich auf ein Jahr. Folgenden Michaelistag Verlängerung mit Handschlag. Dieser Handschlag wiederholte sich im Lauf der Zeit dreißigmal. Endlich ein Schuster. Man nahm ihn mit offenen Armen auf. Das wortkarge unfreundliche Wesen, die polternde Redeweise machten niemanden irre.

Da fiel vielleicht mehr ins Gewicht, daß Johann auf seinen Gängen immer eine alte Bibel bereithielt und aus ihr den Kindern, die Kühe hüteten oder Beeren suchten, bestimmte Stellen von solcher Bildhaftigkeit vorlas, wie man sie in einer Heiligen Schrift nicht vermutet hätte. Diese Leidenschaft sprach sich herum. Aber Pfarrer und Lehrer ließen die Sache gehen; der eine wohnte im Nachbardorf und kam nur sonntags für zwei Stunden, der andere wußte nicht, wo ihm der Kopf stand, er mußte am Vormittag neunzig und nach dem Mittagessen hundert Kinder beaufsichtigen. Für die Eltern war die Vorlesewut des Schusters verständliche Folge der Haft und des ledigen Lebens. In den engen Häusern sahen und hörten die Kinder ohnehin eine Menge. Und es war nun einmal so: wer in die Jahre kam, entwickelte wunderliche

Züge. Johann bot Anzeichen genug. Zum Beispiel der Auftritt im Lebensmittelgeschäft. Frühsommer vierzehn. Butter und Brot erklären alles. Mit diesen Worten stürzte er in den Laden. Seit er in der Mühle wohne, fuhr er fort, habe er weder Butter verzehrt noch warm gegessen. Er kaufte einen großen Klumpen Butter und aß ihn, während er die Gasse hinunterging, mit großen Bissen auf. Danach konnte er eine Woche das Bett nicht verlassen. Wenn man in seiner Gegenwart von Butter nur sprach, würgte es ihn. War das ein Spaß.

Johann staunte. Jeder Tag war anders. Es gab Überraschungen. Kaum zu glauben, was er einmal sah, als er am Fenster stand. Der Sohn des Müllers, fünf Jahre alt, hatte im Gartenhaus ein etwa siebenjähriges Mädchen aus Steinheim, das einmal die Woche in der Mühle war, wo seine Mutter die Schweineställe ausräumte, rücklings auf den Tisch gelegt, ihm die Röcke hochgehoben, und nun betastete er den Unterkörper und die Spalte. Das dauerte wenigstens zwei Minuten. Bis das Mädchen den Kopf zur Seite drehte und durch die trüben Scheiben des Gartenhauses und der Schusterstube den Zuschauer bemerkte. Sofort verschwand es aus Johanns Blickfeld. Der Junge erschien im Garten, aber nur, um die offene Tür zu schließen, indem er einen Spaten dagegen lehnte. Dann zwängte er sich vorsichtig, um den Spaten nicht umzuwerfen, nach drinnen. Johann ließ das kleine Gebäude nicht aus den Augen. Und richtig dauerte es nicht lange, bis die Tür wieder aufging, weil das Mädchen, nun auf der bloßen Erde liegend, sie mit einer heftigen Bewegung des hin- und hergeworfenen Kopfes aufgestoßen hatte. Wieder tauchte der Junge auf, wieder setzte er den Spaten an, wieder schlüpfte er in das Gartenhaus. Jetzt war lange nichts zu sehen. Nur der herbstliche Garten, die abgeernteten Felder dahinter. Johann stellte sich die roten Lippen, die dunklen Augenbrauen des

Mädchens vor. Sein Herz wurde schwerer und leichter. Als die Kinder mit argwöhnischen Blicken ins Freie traten und endgültig verschwanden, entlud sich die Anspannung mit einem Schluchzen. Sein Vater kam ihm in den Sinn, er sah ihn am Krankenbett der Mutter sitzen und ihre Hand halten. Er schwor ihr ewige Treue. Bis in den Tod, versprach er. Bis morgen, sagte die Mutter. Wirklich starb sie am nächsten Abend. Johann legte sich hin. Dreihundertfünfundsechzig Freunde haben.

Anfang der zwanziger Jahre ging das friedliche Leben zu Ende. Konkurrenz, wo einer kaum satt wird. Louis Fürst, ein junger Mann mit großer Familie, ließ sich in Steinheim nieder. Von der Viehhändlers- und inzwischen auch Pfarrers-witwe mietete er billig das leerstehende Haus in der Vorder-gasse und hängte einen schmiedeeisernen Stiefel über das Tor. Louis war im Weltkrieg bis kurz vor die Modestadt, das Lich-termeer Paris gedrungen. Außerdem hatte er in Gießen ge-lernt, auch nicht gerade hinter dem Mond. So galt er gleich als Neuerer in Sachen des Geschmacks. Er schwor auf einballige Schuhe. Für jeden Fuß die angemessene Form, sagte er, wie die Natur es vorschreibt. Er hatte schnelle kluge Augen und eine hohe Stirn, aber manchmal sah der Mund schon welk aus. Näherten sich Gespräche über einen Punkt hinaus, den er allein kannte, privaten Dingen, guckte er den Partner fremd und seltsam an und erreichte Themawechsel oder Aus-einandergehen.

Die Steinheimer wurden von ihren Schustern umworben; hier die altbekannte Art des zweiballigen, dort die gefälligere des einballigen Schuhs. Und verschiedene Arbeitstechniken. Johann nähte die dicken Sohlen mit selbstgemachtem Pech-faden auf. Damit der Faden sich nicht ablief und die Sohlen dann klafften, kam die Naht in einen Einschnitt, der während der Anfertigung weggeklappt, später wieder angedrückt und mit Pech verklebt wurde. Anders Louis. Er hielt es mit dem schnelleren Aufnageln der Sohlen und klopfte kleine Holzstifte ein.

Während die jungen Leute begeistert waren und man bald an jedem Tanzbein einballige Schuhe sehen konnte, verweigerten sich die Alten und Älteren der neuen Mode. Überlieferung und der Wunsch nach dauerhafter Qualität blieben stärker. Schuhe müssen von der grünen bis zur silbernen Hochzeit halten und keinen Tag weniger. Jedes Jahr mehr spricht für den Schuster. Solchen Erwartungen konnte Louis nicht entsprechen. Denn seine gestifteten Sohlen fielen oft ab. Jemand sprang beim Tanzen in die Luft und ließ ein Stück Leder auf den Dielen. Oder er ging mit einem Mädchen über die Höckerwiesen zum Kaltenrain und lief plötzlich auf Strümpfen durchs nasse Gras. Wenn es dunkel war, durfte man nach dem verschwundenen Unterteil lange suchen. Ein Stelldichein, aber anders als geplant. Trotzdem war Louis der Abgott der Jugend. Er stellte Bänke in seine große ebenerdige Schusterstube und hatte gegen Abend immer ein volles Haus.

Dann erzählte er: Es gibt eine Möwe, die sich von Austern ernährt. Was Austern sind, wißt ihr ja. Die Auster öffnet sich manchmal, um Luft zu holen. Genau in diesem Augenblick muß die Möwe hacken. Gelingt es ihr, die Auster zu töten, kann sie den Leckerbissen in aller Ruhe fressen. Gelingt es ihr nicht, klappt die Auster zu, und die Möwe verreckt mit festgeklemmtem Schnabel. Und nun die Steigerungsformen des Beiwortes. Neulich hat ein Anarchist in Berlin einen Richter ermordet. Scheußlich. In den eigenen vier Wänden des Opfers. Scheußlicher. Die Pistole, zu groß, um in die Tasche zu passen, hatte der Mörder unter einem Blumenstrauß versteckt. Am scheußlichsten. Jetzt noch ein Wort vom Überleben im Daseinskampf. Während eines Fronturlaubs kam ich in mein Heimatdorf am Oberrhein. Die Gemeinde ist sehr arm. Ungeachtet dieser Tatsache sehe ich schon von weitem, daß das Kirchendach neu eingedeckt wird. Am Dorfrand begegne ich dem Pfarrer und stelle ihn zur Rede wegen der überflüssigen Ausgabe. Das war mein gutes Recht als Grabensoldat. Antwort, er wisse von nichts, das müsse ein eigenmächtiger Beschluß des Kirchenvorstands sein. Ich, um der Angelegenheit auf den Grund zu gehen, zum ältesten Vorsteher. Der glaubt, der Pfarrer habe den Auftrag gegeben. Der zweite Vorsteher, der Bürgermeister, der Kirchendiener, niemand weiß etwas. Am Ende ergibt sich, daß die Dachdecker Landstreicher sind, die ein paar Tage unterkommen wollen. Kühn und entschlossen die Gelegenheit beim Schopf packen, das ist seitdem meine Devise.

Mühlschuster und Witwenschuster. Ihr Verhältnis zueinander. Pfingstsonnabend 1927 verlor der Sohn des Flurschützen auf dem Tanzboden beim Pitzewirt wieder einmal die Sohle. Als Johann am nächsten Tag während seiner Tour davon hörte, konnte er lange kein Wort herausbringen. Er stotterte nur und verstummte dann ganz. Das auffällige Verhalten war auf ein Schwindelgefühl zurückzuführen, das ihn seit einem Jahr in der Erregung erfaßte und augenblickliches Schweigen und Beiseitegehen verlangte. Nachdem er sich beruhigt hatte, schlug er die Faust gegen die Stirn und rief wie erlöst: Das ist gar kein richtiger Schuster, ein neumodischer Pfuschkopf ist das.

Folgender Sonntag. Johann, den Ledersack umgehängt, geht am Haus der Witwe vorbei. Er liebt das Haus sowieso nicht. Louis reißt das Fenster auf, beugt sich weit nach draußen und schreit mit rotangelaufenem Gesicht: Du Verbrecher, du Zuchthausschuster, du unehrlicher Lump. Man hört ihn bis in die Kirche, wo gerade die Sitze versteigert werden. Johann ist taub. So sieht es aus. Nur sein Gesicht zuckt vielleicht ein bißchen, vielleicht schneidet er hinter der Feuerwehrscheune Grimassen. Eine Woche später ist er vorbereitet; kaum fängt Louis an, läßt er die Hosen fallen, hebt das Hemd hoch und zeigt den Hintern. Louis geht nach oben zu seiner Frau. Wenn man, sagt er, um einen Ärger reicher ist, hat der Baum des Lebens einen weniger in Bereitschaft.

Die Leute hatten ihre Freude an dem Kleinkrieg. Mal sehen, wie es weitergeht. Wenn er mir, sagte Louis seinen noch zahlreicheren Besuchern, wieder so kommt, kaufe ich eine Flinte und brenne ihm eins auf den nackten Arsch. Aber woher, fragte man sich im Dorf, wollte Louis, jederzeit knapp bei Kasse, ein Gewehr zaubern. So mußte man die Drohung nicht ernst nehmen und konnte weiter lachen. Plötzlich stellte der Schreiner seinen alten Militärkarabiner zur Verfügung. Jetzt sah die Sache anders aus. Für beide Schuster ging es um viel, um alles. Zuerst um einige Bissen tägliches Brot mehr oder weniger, auf lange Sicht um Leben oder Tod. Steinheim brauchte und ernährte nur einen Schuster, wer hätte das nicht gewußt. Ein böses Ende war möglich. Zwei alte Männer wurden zu Louis geschickt.

Setzt du, sagte der erste Greis, was du vorhast, in die Tat um, und noch dazu am Sonntag, bringst du dich ins Unglück und das ganze Dorf in Verruf. Das ist ein Mordnest, heißt es dann gleich, in dem kein Mensch am hellen lichten Tag seines Lebens sicher ist. Außerdem, gab der andere Abgesandte zu bedenken, hat der Mühlschuster, seit er nachts in den Wiesen beraubt worden ist, eine Pistole im Sack. Schießt er zurück, was dann. Dann liegst du da und bist tot. Und er. Er macht Notwehr daraus und ist dich los. Zum Kinderspott, stellte Louis fest, werde ich nicht. Nein, nein, stimmten die Greise zu, du kannst ihm aber auch Worte wie Zuchthausschuster nicht nachrufen. Ein Pfuschschuster bin ich noch weniger, erwiderte Louis. Abgemacht.

Die beiden Verhandlungsführer fingen Johann am Ortseingang ab. Das Dorf verlange einen Friedensschluß, wurde ihm eröffnet, er dürfe den Witwenschuster, der Witwenschuster dürfe ihn nicht mehr beschimpfen, die Hosen hätten oben zu bleiben, die Flinte käme zurück in den Schrank.

Damit war die äußere Ruhe wiederhergestellt. Einmal saßen Johann und Louis beim Pitzewirt sogar am gleichen Tisch und spielten Karten. Der Witwenschuster, sagte Johann. Der Mühlschuster, sagte Louis. Mehr nicht.

Der Konkurrenzkampf, in den sie verstrickt waren, verschärfte sich von Jahr zu Jahr. Louis, um die geizigen Altbauern zu seinen Schuhen zu bekehren, unterbot Johanns Preise, wo er nur konnte, obwohl die sieben Kinder ausgehungert und barfuß durchs Dorf streunten. Johann stellte unbeirrt, jedoch noch sorgfältiger, das plumpe Schuhzeug her und nahm weiter nur so viel Geld, wie er für die Miete, für Brot, Schmalz und neues Leder brauchte.

War die Zeit auf seiner Seite. Er merkte, daß ihm der Wind mit wachsender Stärke ins Gesicht blies. Jedes Jahr verlor er Kunden an den Friedhof. Der Ledersack wurde immer faltiger. Tage wie das Leben selbst. Er ließ eine Anzeige ins Hungener Wochenblatt rücken: Allen Männern und Frauen in Stadt und Land mache ich bekannt, wie herzlos und ohne Gewissen ein Dorf hiesiger Gegend, dessen Bewohnern ich durch Jahrzehnte in guten und schlechten Zeiten treue Arbeitsdienste geleistet habe, dabei ist, mich verhungern zu lassen oder zum Äußersten zu treiben. Johann Missler in der Utpher Mühle.

Große Empörung. Auch sein Hauswirt fand den Schritt zu

laut. Von einem Menschen, der ins Wasser fällt, verteidigte sich Johann, kann man nicht verlangen, daß die Zuckungen, die ihn retten sollen, die Wellenlinie der Schönheit haben. Schließlich ein Sonntag, an dem er überall vergeblich nach Arbeit gefragt hatte und mit leerem Sack abziehen mußte. Der Müller sah sofort, was los war. Er riet ihm zu einem Brief an den Gauleiter. Warum ausgerechnet an den, wußte niemand. Johann wartete wochenlang auf Antwort. Die Zeit, früher das Wertvollste, jetzt die größte Last. Ohne Tätigkeit die Tage, ohne Schlaf die Nächte. Jeden Morgen das ausgebrannte Gehirn. Welche Bilder sich dort eingenistet hatten. Ein zerschnittener Mensch in der Häckseltruhe. Das war alles. Als auch der Müller keine Hoffnung auf eine Antwort mehr erkennen ließ, ging Johann abends zum Kaltenrain, setzte sich auf die Bank am Waldrand und brachte einen schlechten Kopfschuß an.

Im Dorf war der Knall gehört worden. Diese Jäger. Erst der Lehrer, der wie gewöhnlich vor dem Unterricht einen Spaziergang machte, fand den Schwerverletzten, nagelneue Schuhe an den Füßen, einballig, so elegant, wie sie dem Konkurrenten nie gelungen waren. Louis, mit den anderen im Halbkreis um den bewußtlos stöhnenden Johann stehend, sagte: Man sieht es wieder, wer mit der Zeit nicht mitgeht, nicht mitgehen will, wer stehenbleibt, der richtet sich selbst zugrunde. Gestern, heute, morgen. Daß so einer vernichtet wird, kann gar nicht anders kommen, weil es gar nicht anders sein kann. Worte eines Ahnungslosen.

Johann lag lange in der Klinik und wurde anschließend, blind, beinahe taub und an Armen und Beinen gelähmt, in ein Siechenheim überwiesen, wo er noch eine Weile vor sich hin dämmerte. Keine Erinnerung an Steinheim. Und in Steinheim so gut wie vergessen. Zehn, zwanzig Jahre gehörte das

Dorf Louis. Krieg und Nachkriegszeit als Höhepunkte seines Lebens. Nie hätte er sich vorher von Bezugscheinen für Schuhwerk träumen lassen. Über den Erfolgen wurde er älter.

Koreakrieg. Schon verstand er die Welt nicht mehr. Allein in Hungen eröffneten drei neue Schuhgeschäfte, von denen das eine in Steinheim sogar eine Filiale einrichtete und durch einen Flüchtling betreuen ließ. Auch Reparaturen übernahm der Hundsfott. Die Fabrikschuhe, die das Land zu überschwemmen anfingen, waren viel billiger, genauso haltbar und gefielen den Leuten besser. Überall, wohin man guckte, auf jedem, aber wirklich jedem Gebiet machten sich Industrietalente breit, fühlte Louis, behielt die Einsicht aber für sich. Er saß die meiste Zeit ohne Beschäftigung in der Werkstatt. Die Arbeitsplatte war leer und blieb leer. Ganz nutzlos auch die Bänke. Die Kinder verheiratet und bis auf die Lieblingstochter weit weg. Er sah nicht mehr gut. Auf Handtellern und Fingerspitzen breiteten sich Flechten aus. Seine Frau starb. Er hatte, wenn überhaupt, immer gerne Karl May gelesen. Jetzt verschlang er Im Reiche des Silbernen Löwen fünfmal hintereinander. Was da drinsteckt, sagte er in der Wirtschaft, ihr könnt euch keine Vorstellung machen. Und dann holte er weit aus und beschrieb den Handlungsgang, er verlor den Faden, nahm ihn wieder auf, brachte alles durcheinander, versuchte es noch einmal und schloß begeistert: Immer dieselbe Qual, dasselbe Elend, derselbe Jammer, niemand steigt auf, aber eine Symphonie erlösender Gedanken.

Der Strom wurde abgeschaltet. Die Hausbesitzerin schrieb ihm einen Brief nach dem anderen, er warf alle Post ungelesen in den Ofen. Lautstark stellte er seinen Nachbarn zur Rede, der mit einem Schuhkarton unter dem Arm von der Gießener Bahn kam und kein bißchen verlegen war. Auch anderen Kunden trat er in den Weg. Heftige Wortwechsel, Handgreiflichkeiten waren die Folge. Kaum eine Familie, mit der er nicht zerfiel. Je wütender er auftrat, desto größer wurde seine Sehnsucht nach Ruhe.

Dabei immer seltsamere Aussprüche: Die Kannibalen haben das letzte Ziel am besten begriffen, sie machen schon jetzt, was bald alle tun werden, sich auffressen. Oder: Oben brennt das Haus, im Keller liegt der Sprengstoff, und in der Mitte kämpfen die Leute um das Besitzrecht. Einige Monate lang baute er aus Stangen und Tuch große Drachen und schleppte sie in die Wiesen. Wenn er sie startete, stieß er laute Schreie aus. Manchmal half er dem Schreiner, der damals noch genug Arbeit hatte. Hinter mir nichts, sagte er zu ihm, und vor mir nichts, das ist der Tod. Im Winter fand er beim Holzeinschlag Lohn und Brot. Aber die infizierten Hände vertrugen den festen Griff um den Axtstiel nicht und bluteten. Das war kein Leben. Mit fünfundfünfzig in den Ruhestand gezwungen. Vierzig Jahre Quälerei, und nichts gutgemacht, kaum die Fäden auf dem Leib. Solche Gedanken begleiteten ihn in das kleine Haus der Tochter. Sechs Personen in drei Räumen. Der Schwiegersohn half ihm beim Herrichten der Giebelkammer. Das älteste Kind, ein zehnjähriger Junge, zog mit ein.

Das Zusammenleben verlief unter Schwierigkeiten. Während die Tochter herangewachsen war, hatte eine enge Bindung bestanden. Vor jeder Menstruation die fürchterlichsten Schmerzen. Wenn sie sich zu Louis ins Bett legte und er die Hand auf ihren Bauch schob, ließ das Reißen nach. Die Mutter konnte nicht helfen. Nachts lange Gespräche in der Werkstatt, Sitzen auf dem Schoß und dergleichen. Die Tochter ging nach Gießen in Dienst. Als sie zurückkam, mit übergroßer Freude auf den Vater, lag Louis bei der Mutter im Bett und gab ihr kaum die Hand. Später die Anstellung auf einem Hofgut. Der Major, der sich entschloß, sie erziehen zu lassen, weil ihm ihr schüchternes Wesen gefiel. Das Internat in Friedberg. Louis, der irgendwann dort eindrang und sie auf drei Tage nach Rüdesheim entführte. Aber was für drei Tage. Sie war kaum aus dem Zimmer gekommen. Der Skandal. Der Befehl des Majors, nach Steinheim zu gehen. Die Ehe mit einem Maurer. Vier Kinder. Noch am Vorabend der Hochzeit hatte Louis sie mit in die Werkstatt genommen. Auf was, fragte er, hast du geguckt, als du dir diesen Mann ausgesucht hast. Ob er mich liebt, sagte die Tochter. Nach den Zähnen, hatte Louis gerufen, nach den Zähnen mußt du sehen. Sind die nicht gut, taugt das ganze Knochengerüst nichts, das vererbt sich auf Kind und Kindeskinder. Die Tochter hatte geweint. Küssen müssen, wenn man morden möchte.

Vater und Tochter unter einem Dach, sie erinnerten sich beide. Die Tochter hatte andere Erinnerungen als der Vater. Daher die Kälte, die Unfähigkeit, Louis' Eigenarten zu ertragen. Im Lauf der letzten Jahre hatte er sich täglich mindestens ein Klistier gemacht. Immer größere Mengen Wasser ließ er einlaufen. Das nannte er Darmbad. Dem Schreiner gegenüber, vor dem er keine Geheimnisse zu haben brauchte, bezeichnete er die Angewohnheit als seine einzige Freude. Der Enkel wunderte sich über die nächtlichen Hantierungen. Und dann noch das dauernde treppab, treppauf zur Schlafenszeit. Eines Tages fand die Tochter Schlauch und Topf unter der Matratze. Sie erkannte die Geräte wieder. Wieso. Ihr Mann hatte keine Ahnung. Was machst du mit dem ekelhaften Zeug, fragten sie und der Schwiegersohn beim Mittagessen.

Bei zweckentsprechendem Gebrauch, gab Louis zur Antwort, ist das Darmbad ein ausgezeichnetes Mittel der inneren

Säuberung. Es darf aber niemals in eine Gewaltkur ausarten. Wer ein solches Bad noch nicht versucht hat, wird erstaunt sein, was alles im Darm vor sich gehen kann, und schon mancher, der die Bemerkung, daß sein Darm voller Gärung und Zersetzung sei, in flammender Entrüstung zurückgewiesen hatte, mußte nach einem Darmbad die Richtigkeit des Gesagten anerkennen. Wie viele höchst bedenkliche Krankheitserscheinungen, Kopfschmerzen, dumpfer Druck in den Gliedern, schweres Gefühl, Mutlosigkeit, Verzweiflung und anderes auf festsitzende Kotmassen im Dickdarm zurückzuführen sind, weiß nur jemand, der es an sich selbst erfahren hat.

Von deinem dummen Geschwätz wird man selbst ganz dumm, sagte die Tochter. Jeden Tag hörte er das ein paarmal. Das Reden, sagte Louis, ist neben dem Schuhmachen meine zweite Natur, darin besteht für mich das Leben, denn ein Leben ohne Reden würde kein Leben sein. Mit dem Schustern ist es schon vorbei, aber bevor ich mir den Mund verbieten lasse, gehe ich lieber.

Du hast bei mir alles, nichts fehlt dir, nur die Fresse sollst du halten, rief die Tochter. Wenn du mir die Schande antust und wegziehst und die Leute sagen, der hat es nicht aushalten können, zurück kommst du mir nicht. Trotzdem fiel Louis einem verwitweten Bruder ins Haus, der in Stornfels eine Hofraite mit fünfzehn Morgen Land und zwei Kühen bewirtschaftete. Ich habe dir damals die Einheirat vermittelt, sagte Louis schon auf dem Hof, jetzt brauche ich ein Zuhause. Nach einigen Wochen sagte der Bruder: Die Wäsche kannst du nicht machen, nicht auf Ordnung sehen, ja, wenn du eine Frau wärst, aber so.

Nachts ging Louis in Stornfels los. Mit nichts. Anfangs Regen, Schwüle. Die Bilder in seinem Kopf. Seeleben: das Vorüberfliegen der Schiffe auf dem ungeheuren Meer. An der Reling Matrosen voll kindlicher Freude. Winken. Rufe von Bord zu Bord, Erkundigungen nach dem Woher, Wohin, nach Krieg und Frieden, nach türkischen Ländern. In solcher Gesellschaft nichts wissen. Dauernd zwischen den Kontinenten, an ihrem Saum.

Er kam über den Glaubzahl. Das Forsthaus war dunkel. Nur der Hund schlug kurz an. Dann trat er am Kaltenrain aus dem Wald. Die Ebene unter Nebel. Gedanken an Amerika, wo der Abend dämmerte. Hier bedeutende Helle, im Osten Röte, sonst der Himmel dunkelblau und die Bäume ein grünes Meer. Dreiviertel vier die Sonne, erst klein wie ein Licht, schnell zunehmend. Ihrem Aufgang wehte wie immer schwacher Wind voraus, der sein glühendes Gesicht noch heißer machte. Lange stand er hoch über den Häusern des Dorfes und sah in das Land hinaus. Sechzig Jahre hatten nicht ausgereicht, ihn die Gesetze begreifen zu lassen, nach denen das Leben dort unten ablief. Einzelne Signale wahrgenommen, sonst blind. Diese Ahnung drückte ihn am meisten.

Er drehte sich um, tappte in den Wald zurück und knotete die Schuhbänder aneinander. Monate hing er im Dickicht, Wind und Wetter ausgesetzt. Daß er niemandem fehlte.

XIV Wölfe

Manche Geschichten haben ganz weit weg begonnen und enden hier, andere fangen hier an und enden in großer Ferne. Der Pitzewirt rückt seine Brille zurecht. Er hat mich zum Kaffee eingeladen. Heute ist Tolstois hundertfünfzigster Geburtstag. Draußen fahren die Mähdrescher und Traktoren in dichter Folge am Haus vorbei. Nach zwei Wochen Regen wolkenloser Himmel, die Gerste, der Weizen werden eingebracht. Hast du schon von unserem Wolf gehört.

Es ist fast auf den Tag genau dreißig Jahre her, da gingen Anfang 1948 in der Wetterau und im Vogelsberg Gerüchte um von wildernden Hunden in den großen abgelegenen Wäldern. Aber nach tausendjährigem Reich, Krieg, Zusammenbruch, Besatzung und nach den schandbaren Auftritten der Polen und Ukrainer in unseren Dörfern gab man nicht viel auf das Gerede, man sah es als einen Gruselstoff für die Spinnstuben an. Der Landbewohner hört richtig nur, was ihn selbst betrifft, was unmittelbar seine Interessen berührt. Im Mai wurde von den ersten Viehverlusten gesprochen. Ein paar Schafe. Und dann fielen in kaum unterbrochener Reihe fast jede Nacht in den dünnbesiedelten Gegenden rings um den Hoherodskopf Weidetiere einer reißenden Bestie zum Opfer. Bald gingen die Melker nicht mehr allein auf die Koppeln, Beerensucher und Pilzsammler blieben zuhause, und dabei war der Hunger in den Dörfern für viele nicht kleiner als in der Stadt. Ich meine die Flüchtlinge. Abends wurde das

Vieh, sonst das Sommerhalbjahr über draußen, in die Ställe getrieben. Nach Einbruch der Dunkelheit verödeten die Gassen, niemand wagte sich ins Freie.

Wochen später sickern erste Augenzeugenberichte aus dem Gebirge in die Ebene der Wetterau. Ein Bauer aus Stornfels hat ein kniehohes, anderthalb Meter langes, ihm ganz unbekanntes Tier mit rundem Kopf und steifen Ohren am Steinbügel im Unterholz gesehen. In der Gegend von Schotten beobachtet man am hellen Mittag eine riesengroße, verwildert aussehende dänische Dogge mit furchtbarem Gebiß. Der Züchter, dem sie entlaufen ist, soll ein Metzger in Gießen gewesen sein, der sie mit Pferdefleisch aufgezogen hat. Drei Kinder aus Lauter wollen am Bobenhäuser Kopf auf eine graugelbe Raubkatze mit zwei Jungen gestoßen sein. Die Tiere sind, eins hinter dem anderen, in einer Schonung verschwunden. In beinahe jedem Dorf zwischen Grünberg, Schotten, Nidda und Hungen haben die Einwohner nachts durchdringendes Geheul gehört, das einerseits vom gerissenen Vieh, andererseits von der Bestie kam.

Allmählich erweitert sich der Bezirk des Schreckens. Bald ist auch das Umland von Friedberg nicht mehr sicher. Die reichen Bauern der Wetterau vermuten, daß ein in Tierfelle gehüllter Schwarzschlachter am Werk ist. Die Beinknochen sind doch wie mit einem Beil auseinandergehackt. Oder ein entsprungener Geisteskranker lebt seine Wahnvorstellungen aus. Dann müssen bald Menschen dran glauben. Es können aber auch Polen sein, die sich in den Wäldern zusammengetan haben. Sind in der Weißen Mühle im oberen Horlofftal nicht vom Abend bis zum Morgen alle elf Hausgenossen mit Maschinenpistolen niedergemetzelt worden.

Schon Ende Juni umfaßt die amtliche Liste der gerissenen Tiere achtundvierzig Kühe und Kälber, hundertachtzehn

Schafe, vierzig Ziegen, acht Hunde, zwölf Katzen, einundzwanzig Rehe, vier Böcke, vierzehn Hasen, ein Pferd und den Esel vom Albacher Hof bei Lich. Der kann aber auch einfach weggelaufen oder sogar gestohlen worden sein. Überhaupt ist zu vermuten, daß die Bauern das eine oder andere Stück ohne Erlaubnis selbst geschlachtet haben. Die Erregung der Landbevölkerung war auf alle Fälle ungeheuer. Obwohl wir doch weiß Gott Schlimmeres erlebt hatten, Kaiser verjagt, Geld entwertet, so mancher Hof zwangsversteigert, sechs Jahre Krieg, Söhne, Männer, Väter waren gefallen, in den Städten saßen fremde Soldaten, Flüchtlingselend, Hungersnot, das alles trifft den Bauern natürlich auch, aber sieh ihn dir an, beobachte ihn, wenn er durch seine Ställe geht, egal wie groß, egal wieviel Vieh, dann weißt du Bescheid, dann erkennst du, wo er empfindlich, wo er wirklich empfindlich, an welcher Stelle seine Haut am dünnsten ist.

Zwischen Heuernte und Getreidemahd gruben als erste die Männer in Stornfels ihre Gewehre aus. Dieses Dorf ist auf das schmale Felsplateau eines Vulkankegels gebaut, der sich hoch über das Tal und die umliegenden Berge erhebt. Zwei steile Straßen führen in vielen Kehren zu den aneinandergedrängten schindelverkleideten Häusern. Wenn du oben stehst, siehst du nur Wald. Von dort aus kannst du tagelang unter Bäumen gehen, ohne ein Feld, eine Wiese überqueren zu müssen, ohne auf einen Menschen zu stoßen, heute noch. Du kommst dann vielleicht in der Gegend von Fulda wieder heraus.

Erst in der näheren Umgebung, bald immer weiter nach Norden ausgreifend, veranstalteten die Stornfelser eine Treibjagd nach der anderen. Auf einer von ihnen kam der zwanzigjährige Sohn des Dorfpfarrers, der in der Treiberkette gegangen und unversehens um eine Felswand gebogen war, durch einen Fehlschuß ums Leben. Mit Einverständnis des Vaters vergruben die Bauern die Leiche an Ort und Stelle. Dann wurde der Junge als vermißt gemeldet. Wenn die Zeit das ihre täte, glaubte ganz Stornfels, würde der tragische Unglücksfall allmählich in Vergessenheit geraten. Allerdings weihte der Bürgermeister seine jüngste Tochter nicht ein. Sie wußte als einzige im Dorf nicht Bescheid. Dabei war der Erschossene ihr Liebhaber gewesen. Dabei hatte der Bürgermeister ihn getroffen. Warum ist er fortgegangen. Diese Frage ließ sie nicht zur Ruhe kommen.

Einige Monate später feierte der Bürgermeister, der in der Nazizeit mit einer Abtreibungsgeschichte in Ulfa in Verbindung gebracht, dafür ein Jahr ins Gießener Gefängnis gekommen und deshalb nach dem Krieg von den Amerikanern als Ortsvorstand eingesetzt worden war, auf dem Saal der Gastwirtschaft mit der wohlhabenderen Hälfte des Dorfes, nämlich mit Verwandten, Bauern, dem Pfarrer, dem Polizisten und deren Familien, seinen sechzigsten Geburtstag. Eine Blaskapelle war da, es wurde getanzt, viel Bier getrunken, Haufen von Fleischwurst, Berge von Kartoffelsalat wurden aufgetragen und gegessen. So ein Fest muß man sehen, um daran glauben zu können. Heute noch, und damals erst recht, bei dem Hunger und den Sorgen.

Ich will nicht leichtfertig irgend etwas sagen, aber es sieht für den Außenstehenden tatsächlich so aus, als wären die Teilnehmer an solchen Festen nichts als Magen, Kehle und Geschlechtsorgan. Machst du mit, fällt dir nichts auf, du fühlst dich wohl. Etwas ganz Einfaches und dabei sehr Wildes breitet sich im Lauf der Stunden aus. Wen wundert es dann, wenn draußen in den dunklen Hofecken die Paare, Nachbar und Nachbarin, Schwiegersohn und Schwiegermutter, Schwager und Schwägerin, Vetter und Cousine mit den Kleidern rascheln und stöhnen. Es sind Nächte ungeheurer, ungezügelter Freiheit, und doch erwacht man aus ihnen mit den alten Gedanken an die Äcker, den Brotkasten, das Vieh im Stall. Aber darin liegt vielleicht der Sinn.

Es war schon zwei, als der Bürgermeister den engeren Kreis der Gäste in das Hinterzimmer führte. Auf dem langen Tisch standen zahlreiche entkorkte Weinflaschen, die Etikette mit Zeitungspapier verhüllt, und eine Menge Stilgläser. Weinprobe aus meinen unerschöpflichen Beständen, rief der Bürgermeister, der drei Jahre lang alle Schieberwaren des Dorfes, Schinken, Eier, Butter, Rapsöl, nach Frankfurt und Wiesbaden vermittelt hatte. Wer die teuerste und die billigste Sorte errät, kriegt zehn Flaschen Spitzenlage. Das Probieren, an dem sich auch die Frauen und größeren Kinder beteiligten, dauerte Stunden und zog sich bis in die Morgendämmerung hin. Endlich konnte die ältliche unverheiratete Schwester des Polizisten zur Siegerin erklärt werden, es war alles der gleiche Wein gewesen.

Mit den zehn Flaschen bist du eine gute Partie, sagte der Bruder. Aber ihr Saft, rief jemand, ist ja auch auf Flaschen gezogen, die muß erst einer entkorken. Je lauter die anderen wurden, desto wortkarger saß die jüngste Tochter des Bürgermeisters auf der Bank an der Wand, in der Hand ein halbvolles Glas, das Gesicht unbewegt. Wenn ich dich entkorke, Alte, gibts einen mächtigen Knall, schrie der Bürgermeister und lachte. Wirds auch so laut wie dein Blattschuß auf der Treibjagd, schrie die Verhöhnte zurück und lachte ebenfalls, nur viel schärfer.

Die gedämpfte Musik vom Saal, der Lärm der Betrunkenen dort machten die Totenstille im Raum noch deutlicher. Alle saßen wie erstarrt. Bis auf die Bürgermeisterin. Sie wandte sich nach ihrer Tochter um. Dann guckte sie den

Pfarrer an. Der Pfarrer ging zur Tür, riß sie auf und schrie in den Saal: Her mit der Musik. Das Fest dauerte bis in den hellen Morgen. Am Ende spielte die Kapelle durch das gesamte Dorf und brachte einen nach dem anderen vor sein Haus.

Drei Tage später verließen mit beginnender Dämmerung der Bürgermeister und seine Tochter das Dorf über einen steinigen Fußweg. Sie wollten in den Steinbrüchen am Plattenwald auf das Raubtier ansitzen. Die Bürgermeisterin stand am Fenster und sah den beiden nach, wie sie, die Flinten balancierend, mühsam ins Tal hinunterkletterten und in den Abendnebeln am Bach verschwanden. Als sie in der Nacht nicht zurückkamen, war nur die Bürgermeisterin beunruhigt. Der Pfarrer, der ihr von zehn bis zwölf einen Besuch gemacht hatte und den sie nach drei aus dem Bett klopfte, wies sie auf den Umstand hin, daß dem Bürgermeister bekanntermaßen verschiedene Häuser in den Nachbardörfern jederzeit offenstanden und daß dort auch Bettplätze für ihn freigehalten wurden. Kaum war es hell, fing die Frau an zu suchen. Im Lauf des Vormittags stießen Verwandte zu ihr, und ab Mittag half das ganze Dorf. Aber erst am zweiten Tag bekam man Gewißheit.

Drei Bauern aus Einhardshausen waren auf der Suche nach einem Stück Vieh, tot oder lebendig, in das Dickicht eingedrungen, in dem, was sie nicht wußten, der Stornfelser Pfarrerssohn verscharrt lag. Dort, beinahe genau auf dem mit Laub, Ästen und Buschwerk getarnten Grab, fanden sie den Bürgermeister. Der Schädel durch einen Gewehrschuß aus nächster Nähe gesprengt, Arme, Beine, der Körper verstümmelt, zerfleischt. Wer ihn so zugerichtet hatte, das Mädchen oder der Wolf, darüber ist hier in der Gegend noch lange gestritten worden. Die Tochter wurde nicht gefunden. Erst vor etwa zehn Jahren ist man im Busenbonner Forst auf die durcheinandergeworfenen ausgebleichten Skelettreste einer weiblichen Person in jugendlichem Alter gestoßen.

Und der Wolf, frage ich. Ach ja, ruft der Pitzewirt, der Wolf. Nun, den hat unser Hermann Glatz aus der Vordergasse im Dezember 1948 mit einem einzigen Schuß zur Strecke gebracht. Deshalb heißt er heute noch der Freischütz. Das klingt komisch, wenn man ihn, dreiundachtzigjährig und nach zwei Schlaganfällen, am Stock über die Gasse tappen sieht. Aber Namen leben länger.

xv   Reise in eine verhangene Landschaft
      voller Katastrophen

Ob manche Geschichten ganz weit weg begonnen und
hier geendet haben, ob sie hier anfangen und in großer
Ferne enden, immer habe ich Mühe, Raum und Zeit zu überwinden, die Teile zu sehen, mich auf die wechselnden Distanzen einzustellen und den Zusammenhang nicht zu verlieren.
Wie wenn ein Spiegel von der Wand gefallen ist, und man liest
die einzelnen Teile auf, die großen und die kleinen. Das betrifft Eduard, der einmal Lehrer in Steinheim war, ebenso wie
Göttingen, Steinheim und meine eigene Geschichte. Alles berührt sich, aber die Sprünge. Die Monate in der Stadt und auf
dem Land, Eduards Zustand kurz vor seinem Tod, meine
Angst und überhaupt das Leben, mein ganzes Leben mit den
Erinnerungen, Berechnungen, Nebeln, weißen Wänden, die
endlosen Schwierigkeiten, einen Platz in der Welt, der wirklichen Welt und der anderen, einen Standpunkt ihr gegenüber
zu finden, der dem, was ich empfinde und nicht empfinde,
was ich sage und nicht sage, gerecht wird, hängen eng zusammen oder haben eng zusammengehangen. Die Fahrt nach
Jever zum Beispiel. Reise in eine verhangene Landschaft voller Katastrophen.

    Als ich ankam, ging der trübe Wintertag schon in trostlose
Dämmerung über. Ich ließ das Auto auf den Marktplatz
rollen und stellte den Motor ab. Jever. Der Platz kam mir sehr
groß und leer vor, sein Pflaster schimmerte schwarz im Re-

gen. Es hätte ein Film sein können. Dann hätte ich jetzt aussteigen und in die Sparkasse vor mir gehen müssen. Dann nichts wie raus aus dem Nest.

Statt dessen gucke ich den Mädchen und jungen Frauen nach, die mit bunten Plastiktüten in den Händen zu den Haltestellen der Landbusse eilen. Fast möchte ich auch mit so einem roten Bus aufs Land geschaukelt werden, nachhause in eine abgelegene Gegend. Sehnsucht nach schwerfälligen und doch liebevollen Gesten, nach unbeholfenen Worten in einer kleinen Kammer unter dem Dach. Kann ich mich nicht wenigstens auf den Rücksitz legen und die ganze Nacht durch schlafen. Vorsichtig hole ich die schöne, in Halbleder gebundene Ausgabe des Neuen Pitaval aus der Ablage unter dem Armaturenbrett und lese beim schwachen Schein der Innenbeleuchtung nach, was über den falschen Baron Münchhausen berichtet wird.

1703 hatte der hergereiste Hochstapler in Jever ein großzügiges Haus in der Waagestraße bewohnt, Schulden über Schulden gemacht und den ersten Familien der Stadt rauschende Feste gegeben. Alles auf Pump. Als seien wir wieder Residenz, sagten die Honoratioren angenehm überrascht. Bis die falsche Baronin, eine Vonsoundso aus Halberstadt, die anfangs nicht wußte, daß sie falsch war, böse Ahnungen bekam. Da jagte er ihr eines Nachts, nachdem sie verschwitzt und erschöpft in seinen Armen eingeschlafen war, eine großkalibrige Gewehrkugel quer durch den Kopf. Von diesem Kopf blieb nicht viel übrig. So die Art eines Kühnentschlossenen, der keine Rücksichten kennt, auch keine gegen sich selbst, mit den Fesseln der Familie fertigzuwerden. Eine Katastrophe, aber auch Freiheit. Die Waagestraße muß ich mir zeigen, ich muß mir sagen lassen, was von dem Baron in Jever überliefert wird. Ein Zitat fällt mir ein. Man betrachte die lange Dauer dieser Beziehungen und Verhältnisse, und man wird sich nicht wundern, daß diese Erscheinungen, bei dauernd wirkenden gleichen Ursachen, ihre jetzige extreme Gestalt angenommen haben. August Bebel. Die Frau und der Sozialismus. Kann so ein Satz trösten. Er macht manches leichter. Leider. Sonst hätte sich schon alles geändert.

Nach acht Stunden kann ich meine Kopfschmerzen kaum noch ertragen. Ich habe viel geraucht, und das neue Auto mit dem sparsamen Motor ist zu laut; ich lasse es im Parkverbot vor dem Hotel stehen und nehme nur die kleine Tasche mit. Das Zimmer enttäuscht mich, wie beinahe immer. Das Bett steht nicht so zwischen Tür und Fenster, daß es meiner Erwartung entspräche. Die Bilder hängen viel zu hoch. Die Vorhänge sind gar keine Vorhänge, sondern Schals. Ein Aschenbecher fehlt. Nebenan rückt jemand ein schweres Möbelstück. Gleich drehe ich den Schlüssel im Schloß, immer gerate ich in Hotels, in denen das Abschließen der Zimmertür einen ungeheuren Lärm macht, die Schlösser sind billig, der Raumschall wird weder von Teppichen noch von Vorhängen gedämpft, der große Schlüsselanhänger poltert gegen das hohle Türblatt. Nur in den großen, um die Jahrhundertwende gebauten amerikanischen Hotels, Dunfeys Parker House in Boston, Edison in New York, habe ich andere Zimmer gehabt. Mit schweren Doppeltüren und halbmeterdicken Innenwänden, durch die kein Geräusch drang, wirkten sie wie Höhlen, wie Schutzräume. Anders kannst du die Wirklichkeit gewordenen Kriminalromane und Sozialberichte nicht aushalten, sage ich dir.

Obwohl es erst später Nachmittag ist, trete ich vom Fenster mit seiner Aussicht auf dunstverhangene Viehweiden zurück, ziehe mich aus und lege mich ins Bett. Ähnlich habe ich es gemacht, als ich voriges Jahr zwei Wochen vor Weihnachten in der Sowjetunion gewesen bin, allein. Mittags war ich in Leningrad angekommen; mit meiner Tasche voller Bücher und Schreibhefte habe ich wie im Traum auf dem Flugfeld gestanden; ich fror im scharfen Wind und konnte in der Ferne, im Nebel die Stadt sehen. Beinahe hatte ich vergessen, was ich hier wollte.

Zwei ineinandergehende Räume mit Flur und Bad im Europäischen Hotel am Newskiprospekt. Alkoven. Ein runder Tisch in der Zimmermitte verschwand unter der gehäkelten Decke. Der Diwan. Ich konnte nicht anders, ich mußte Schuld und Sühne aufschlagen und das aufgeschlagene Buch gut sichtbar auf die Kissen legen. Jetzt war das Bild vollkommen. Ich schlief, bis es dunkel war. Im Speisesaal Spiegel und Lüster. Eine Kapelle spielte zum Tanz auf. Nach dem Essen las ich zwei Stunden in Aragons Die wirkliche Welt, ohne die ich nie verreise. Den Bericht von Olga Berggolz über die Belagerung Leningrads ließ ich auf dem Stuhl liegen, Vorderseite nach unten. Keine Kraft, mir zu Sätzen wie diesem etwas vorzustellen: Ich glaube, noch nie haben Menschen Gedichte so aufgenommen wie die Bewohner Leningrads in jenem Winter, als sie hungrig, mit geschwollenen Gliedern und halbtot unsere Lesungen hörten, und das wird wohl auch nie wieder so sein.

Gegen elf verschwanden Musiker und Tänzer. Ich bin dann, die beiden Bücher unter dem Mantel, dem schneidenden Nordwind auf dem Newskiprospekt entgegengegangen. Bruchstückhafte, ahnungsweise Rekonstruktionen des ungeheuerlichen Leningrader Winters einundvierzig auf zweiundvierzig machten mich bedrückt und mutlos. Ich geriet in einen Zustand ohne jede Zuversicht. Mir schien, als seien von mir nur der Mantel, die Bücher unter ihm und vielleicht noch der Notizblock und der Füllfederhalter übriggeblieben.

Wenn es gleichgültig ist, ob ich in dieser norddeutschen Kleinstadt oder anderswo oder zuhause bin, warum das Ganze. Ich weiß zwar, daß ich mich noch gestern auf die Fahrt an die Küste gefreut habe, auf die seitwärts der Straße liegenden Bauernhöfe mit ihren verkrüppelten Eichen, auf die Antiquariate in Bremen und Oldenburg, den Abend in Jever und die Tage am Meer. Aber schon nach einer Stunde Autofahrt waren die unvermeidlichen Kopfschmerzen wieder da. Der Antiquar in Oldenburg hatte sich auf Bilderrahmen umgestellt, und in Bremen fand ich außer Kautskys Vorläufer des neueren Sozialismus, die ich in einer alten Ausgabe schon besitze, auch nichts; Bücher, die man nicht mehr sucht, stehen plötzlich überall zum Verkauf; genauso muß man ausgerechnet diejenige Stadt oder Gegend, die einen zu langweilen beginnt oder die man schon immer gehaßt hat, zunehmend häufig besuchen. Auch in der Ehe: je weniger man sich zu sagen hat, desto näher rückt man. Was gesagt wird, geht nach außen. Was gehört wird, kommt von außen.

Ich liege auf dem Bett und höre, gar nicht erstaunt, wie im Zimmer nebenan ein der Stimme nach älterer Mann sagt: Die bösen Erfahrungen des letzten Jahres, Lärm, Hitze, Massenbetrieb, Nepp, haben uns dazu gebracht, diesmal nicht ins Ausland zu fahren. Statt dessen haben wir uns für eine Sommerfrische im eigenen Land entschieden. Die geruhsamen und gleichförmigen Tage verbringen wir in großer Eintracht und restloser Zufriedenheit. Das Quartier ist zwar einfach, hat dafür aber auch den Vorzug, daß es preiswert ist. Die Bevölkerung begegnet uns wohlwollend. Selbst die Kinder, in der Stadt heutzutage doch eher eine Plage, grüßen freundlich. Dieser Urlaub ist einmal ganz anders. Deshalb sind wir auch mit der Bahn gekommen. Ab Hungen war der Schienenbus bis auf Fahrer und Schaffner leer. Nur wir vier. Wir fuhren bis zur Haltestelle Trais. Dort sind wir ausgestiegen und von den Scheußlichkeiten am See, die wir vom Zug aus gesehen hatten, weg und durch die Wiesen auf Steinheim zugegangen.

Eine Frau, auch älter, sagt: Morgens halb acht steht die frische Milch schon auf dem Tisch. Selbst ein Ei für jeden vergißt die Wirtin nie. Die Tischdecken sind so sauber wie die Betten. Die Möbel machen einen zweckmäßigen und dauerhaften Eindruck. Wenn auch manches Geschmacklose aus dem Versandkatalog Einzug in die Fachwerkhäuser gehalten hat.

Nun meldet sich ein junger Mann, anscheinend der Sohn, zu Wort. Das Haus, sagt er, liegt direkt vor dem Wald, zweitausend Schritte abseits des Dorfes an einem asphaltierten Weg. Die isolierte Lage allein ist schuld, wenn noch kein elektrischer Strom vorhanden ist. Das würde fünfzigtausend Mark kosten, sagen die Wirtsleute, und wie recht haben die beiden Alten, wenn sie diese enorme Ausgabe scheuen. Mich stört das Gaslicht nicht. Und abends, wenn wir uns zusammensetzen, brennen wir ohnehin Kerzen an, auch zuhause.

Ich bin gern einmal allein, höre ich nach längerer Pause ein Mädchen sagen, die Tochter wahrscheinlich. Das ist zwar oft quälend, nur auf sich verwiesen zu sein, kann aber auch Klarheit schaffen. Gestern bin ich gegen halb neun am Abend noch einmal nach draußen gegangen. Ich hatte mich für die Kirschplantage entschieden. Sie liegt auf einem Hügel am Wald und besteht aus zwei Dutzend sehr alter Bäume, die von der Gemeinde im Juli einzelnen bedürftigen Familien zum Pflücken zugeteilt werden; dieses Jahr ist die Zeit schon vorbei, und nur die hier und da liegengebliebenen Leitern und die niedergetretenen Stellen im hohen Gras erinnern daran. Als ich gestern abend aus dem Dorf ging, bin ich niemandem begegnet. Die Dämmerung begann bereits. Es regnete. Nach wenigen Minuten hatte ich nasse Füße. Ich schlug den grasbewachsenen Feldweg bergauf ein und hörte den Regen auf die Rübenblätter klatschen, während er im Getreide nur ein leises Rieseln hervorrief. Über den Wald, der halb im Nebel der Wiesen verschwunden war, trieben niedrige Wolken. In der Plantage das Flattern eines Fasans. Weiter oben stieß ein erschreckter Rehbock heisere Rufe aus. Drei Rehe, die sich im Spiel durch ein Kornfeld jagten, ließen sich nicht stören. Bei meiner Rückkehr schlief das Dorf schon. Nur Vater saß noch bei der Kerze im Wohnzimmer und las Fontanes Deutschen Krieg, eines seiner Lieblingsbücher, von dem er immer sagt, es zeige einen anderen Fontane als den Verfasser der Effi Briest.

Ja, sagt der Vater, hier ist es schön, bevor ich abends ins Bett gehe, halte ich es wie damals, in längst vergangener Zeit, in der ukrainischen Etappe, ich trete unter die Hintertür unseres Quartiers und genieße den Frieden des nächtlichen Gartens, den Duft der Blumen, das verschlafene Zwitschern eines Vogels.

Die Frauen im Dorf, stellt die Mutter fest, sind einfach, doch haben sie eine Art natürliche Klugheit, über die jemand, der die ländliche Bevölkerung insgesamt unterschätzt, oft nicht wenig staunt. Ich jedenfalls fühle mich unter den Menschen hier mit ihrer Herzlichkeit, die nichts damit zu tun hat, daß ich ein zahlender Gast bin, sehr wohl. Auch von meinem Mann glaube ich das sagen zu können. Wie die Landfrauen ihre Ehen führen, wie sie mit ihren Männern und Kindern umgehen, bewundere ich. Da gibt es keine überflüssigen Worte, kein Tändeln, keine Gefühlsausbrüche. Ich meine, alles ist weniger beweglich und dadurch auch weniger zerbrechlich.

Von Zeit zu Zeit, sagt die Tocher, habe ich schlechte Nächte.

Es sind schreckliche Stunden. Ich kann nicht einschlafen, und je länger ich wachliege, desto weniger Sinn scheint mir in dem zu sein, was ich getan habe, tue und noch tun werde. Sehr schnell fügt sich diesem Eindruck das Gefühl großer Angst bei. Es äußert sich in Form einer tiefgehenden Beklemmung, das Herz fängt unregelmäßig zu schlagen an, ich bekomme keine Luft. Ich habe akustische und optische Phantasien. In anderen Nächten schrecke ich aus tiefstem Schlaf auf, ein alltägliches Versäumnis fällt mir ein, der Gedanke daran durchzuckt mich blitzartig und heiß. Eine solche Angstnacht läßt sich schwer beschreiben.

Ich habe den Eindruck, die Mutter hat gar nicht zugehört. Sie ruft nämlich: Was wahr ist, muß wahr bleiben, ich kenne keine glücklichere Familie.

Wir fühlen uns glücklich und zufrieden, stimmt der Vater zu, weil wir im Lauf der Jahre ganz bescheiden geworden sind, weil wir uns nach innen, einander zugewendet haben. Wir versuchen nicht mehr, wie noch vor zehn, fünfzehn Jahren, die Zustände, die uns umgeben, die sozusagen jenseits der Schwelle beginnen, zu beeinflussen oder gar zu verändern. Das hat keinen Zweck. Man reibt sich nur auf. Man wird ganz wund davon. Ganz wund. Heute haben wir eine Einstellung, die viel bescheidener und darum auch realistischer ist. Das Gute nehmen wir, wie es kommt, als angenehme Überraschung; was wir schlecht oder schmerzlich oder bedrückend finden oder, genauer gesagt, finden würden, beachten wir nicht oder sperren wir aus. Nur so kann man leben, ohne ganz krank zu werden. Was ich nicht in den Griff bekomme, muß ich hinnehmen, gleichzeitig aber auch in seiner Bedeutung für mich herabdrücken. Am besten, ich übersehe es ganz.

Es gibt, wirft die Mutter ein, viel Schönes auf der Welt, immer noch. Deine Handbewegungen, ergänzt der Vater, dein Eifer beim Ausprobieren neuer Kochrezepte, der Stolz auf die dann gelungene Mahlzeit rühren mich tief an. Dazu unsere Tochter. Wie sie lacht. Wie die Sonne ihr Haar zum Leuchten bringt. Auch der Sohn ist doch ein herzensguter Kerl. Laß nur, Vater, ich hol das schon. Wie viele Male am Tag sagt er das nicht.

Kommst du nachhause, bestätigt die Frau, sehe ich gleich, ob du Ärger gehabt hast. Deine Augen sind dann ganz trübe. Du hast so kalte Hände. Das stammt von innen. Aber keine halbe Stunde später sitzen wir fröhlich beim Abendessen. Schon machst du Pläne für den Abend. Wir verdanken dir viel. Wenn ich, sagt der Vater und atmet tief, wenn ich dich nicht hätte. Und ohne die Kinder wäre es auch trostlos, setzt er nach einer Weile hinzu.

Jetzt rufen die anderen durcheinander. Unsere Familie, höre ich den Sohn, das ist etwas, was sich kaum beschreiben läßt. Gleich unterbricht ihn die Tochter: Sie ist so ganz, ganz anders, denke ich. Ein richtiger Vergleich, ergänzt der Sohn, fällt mir gar nicht ein. Und die Mutter sagt: Es gibt einfach keine glücklichere Familie.

Nach kurzer Überlegung setzt der Sohn zu längeren Ausführungen an. Vielleicht, sagt er, ich bin mir aber nicht sicher, gleichen wir dem Mädchen auf dem Foto, das irgendwann in den letzten Kriegstagen in einer zerbombten deutschen Großstadt aufgenommen worden ist. Das Mädchen sitzt auf einer Bordsteinkante. Von links nach rechts ist der Hintergrund mit Ruinen und Trümmern angefüllt. Der Schutt reicht bis an die Füße des Mädchens und berührt fast seinen Rükken. Das Mädchen ist allein. Es ist vielleicht zehn Jahre alt. Die Kleider sind zerrissen und staubbedeckt. Was macht das Mädchen, fragt man sich. Aber dann sieht man, daß es in seinen Armen eine Puppe, die Reste einer Puppe hat und sie betrachtet. Ich kann mich an das Foto sehr gut erinnern und weiß auch noch, wie sehr mich die unglaubliche Konzentration des Kindes beeindruckt hat. Wenn ich mich recht besinne, war sogar die Andeutung eines Lächelns erkennbar. Wie ist so etwas möglich.

Es war, antwortet der Vater, nicht vorbereitet. Der Schock. Die Weigerung zu begreifen, was geschehen ist. Ich, läßt sich die Mutter vernehmen, ich finde, das Mädchen tut das einzig Mögliche; inmitten des Grauens, der Zerstörung, der Hoffnungslosigkeit wendet es sich seiner Puppe zu. Seiner Liebe zu dieser Puppe, ruft die Tochter heftig.

Die Mutter sagt: Das Mädchen wendet sich nach innen. Es zieht sich ganz zurück, sagt der Vater. Und überlebt, betont die Mutter. Aber wozu, fragt die Tochter. Es überlebt, das ist die Hauptsache, stellt der Vater fest.

Du darfst nicht vergessen, sagt die Mutter, wie absolut alleingelassen das Kind ist. Weit und breit kein menschliches Wesen. Aber der Fotograf ist doch da, gibt der Sohn zu bedenken. Die Wendung nach innen, sagt der Vater, ist das einzig Richtige, der Fotograf, was kann der helfen. Sie arbeiten doch, sagt der Sohn, ich meine, sie arbeiten doch zusammen. Das Mädchen wiegt die Puppe, der Fotograf hat das Kind vor den ausgesuchten Hintergrund gesetzt und stellt die Blende ein: Gut so, Achtung, jetzt. Und das Ergebnis der Zusammenarbeit ist das Foto.

Der Vater scheint böse zu werden, ich höre es an seiner Stimme, als er sagt: Das Kind ist ein Motiv, ein Objekt, mehr nicht. In einer so entvölkerten, zerstörten Stadt wäre auch der Mann mit dem Fotoapparat ohne das Kind einsam, sagt der Sohn. Der Vater wird laut: Er geht seinem Beruf nach, basta. An wen will er das Bild denn verkaufen, beharrt der

Sohn, es ist ja niemand mehr da. Schluß jetzt, ich will nichts mehr hören, ruft der Vater erregt.

Ich verstehe nicht, versucht die Mutter zu beschwichtigen, warum ihr euch streitet. Ihr müßt mir doch zustimmen, wenn ich sage, daß das Bild einfach deshalb wahr ist, weil das Mädchen das einzig Mögliche tut. Der Sohn sagt: Aber es ginge doch zugrunde. Es müßte doch sterben. Kein Essen, kein Bett, keine Hilfe, Es geht zugrunde oder wird wahnsinnig. Diesen Unsinn, ruft der Vater, kann ich nicht mehr hören.

Jetzt sagt auch die Tochter etwas. Wenn die Angst, sagt sie. Pst, sagt die Mutter. Ruhe jetzt, schreit der Vater noch lauter.

Nach einer Weile höre ich, wie die Tochter leise erzählt: Am Donnerstag, nachdem ich am Morgen zum Kaufmann gegangen war und vergeblich nach dem Stern für die Eltern gefragt hatte, der hier immer erst am Sonnabend einzutreffen scheint, ging ich noch in den Garten, um nach den Brombeeren zu sehen, ob unsere Wirtin vielleicht Grund zum Pflükken hätte. Ich war schon auf dem Rückweg zum Haus, da sah ich auf der kleinen Wiese neben der Bank vier ganz junge Igel. Zuerst dachte ich, sie schliefen oder hätten sich aus Angst vor mir eingerollt. Aus Angst. In Wirklichkeit waren sie tot. Erfroren. Aber das ist nicht das einzige. Mitten in den Feldern auf einer kleinen Erhebung befindet sich ein dichtes Weißdorngebüsch, Köppel nennt man das hier in der Gegend. Als ich dort am ersten Nachmittag vorbeiging, hörte ich, nicht plötzlich, sondern eher, als hätte ich darauf gewartet, mehrere hohe, nicht sehr laute Schreie, dann wurde in dem schmalen Gang zwischen den Büschen ein etwa zehnjähriges Mädchen sichtbar, das, als es mich sah, erst stehenblieb, beide Hände zum Kopf hob und dann an mir vorüber in Richtung Dorf lief. Kurze Zeit später, ich war schon ein Stück weitergegangen und wollte dem Kind nachsehen, kam ein älterer Mann aus dem Gebüsch. Es war der Mann, bei dem wir wohnen. Er klopfte sich den Schmutz aus der Lodenjacke und kam auf mich zu. Ich drehte mich weg und ging, auf seine Schritte horchend, immer schneller. Aber dann überholte er mich doch. Ich hörte seinen Atem hinter mir pfeifen. Er sah mich nicht an und verschwand nach einer Viertelstunde drüben im Wald.

Ich sage es jedem, der es hören will, unterbricht sie der Vater, die Zeiten werden immer schlechter. Das hat gar nichts mit Politik zu tun. Das meine ich gar nicht. Aber die Sitten. Wie die verwildern. Man kann kaum noch vor die eigene Haustür gehen, ohne auf die böseste Überraschung gefaßt zu sein. Nicht nur bei Dunkelheit. Daran habe ich mich gewöhnt. Auch am Tage. Auf nichts kann man sich mehr verlassen. Die Preise steigen von Woche zu Woche. Gewissenlose Funktionäre ohne Überzeugung und Weltanschauung kommen in hohe und höchste öffentliche Ämter. Wer gestern noch dein Freund war, muß es morgen nicht mehr sein. Vorsicht. Vorsicht. Vorsicht. Man soll sich das hundertmal am Tag sagen. Vorsicht, sonst bist du derjenige, welcher. Der blühende Verfall überall. Pilzkrankheiten, die nicht heilen. Depressionen, Schlaflosigkeit, Betäubung. Und doch eine ganz undefinierbare und regellose Zufriedenheit, Apathie oder Resignation.

Der Vater macht eine Pause und sagt dann: Wenn irgendwelche Schwierigkeiten auftreten, flößen uns nur die neuen, ungewohnten Angst ein, die vertrauten überwinden wir leicht. Mit allem können die Kinder zu uns kommen, das wissen sie. Wir setzen uns im Eßzimmer um den runden Tisch, abends, wenn wir ruhig, aber noch nicht müde sind, und sprechen uns aus. Und da wir nach außen mit unserer Kraft sparsam umgehen, weil wir eigentlich dort gar keinen Ansatzpunkt für sie sehen, können wir uns ganz aufeinander konzentrieren. Hier lohnt sich der Einsatz. Für unsere Mühe wird noch gedankt. Hier werden wir noch als Vater, als Mutter, als Sohn oder Tochter wahrgenommen. Natürlich muß der Vater ganz klar herauskommen. Aber das ergibt sich wie von selbst. Das Feld, auf dem wir agieren, ist ja beschränkt. Man ist Vater und sonst nichts. Eine andere Möglichkeit besteht nicht. Ich bin ein guter Vater.

Ich, ergänzt die Mutter, bin eine gute Mutter. Das ist nicht anders zu erwarten, sagt der Vater, es ist gar nicht anders möglich, wenn man Schauspieler, Regisseur, Bühnenbildner, Beleuchter, Souffleur und Maskenbildner zugleich ist. Von Probe zu Probe werden wir immer besser, und bei so intensiver Arbeit und bei so viel Einsatz muß das Ergebnis einfach ausgezeichnet, muß die Familie glücklich sein. Sonst ist alles umsonst gewesen. Heutzutage hört man ja, daß alles auseinanderbricht; man hört es nicht nur, man beobachtet es auch, man bekommt es sogar am eigenen Leib zu spüren. Es bricht auseinander, aber wie es sich neu zusammenfügt, ist nicht erkennbar. Wahrscheinlich gar nicht. Also. Also hält man sich besser an das Bewährte. Es ist meine unerschütterliche Überzeugung, daß nach der Euphorie der letzten Jahre und nach der schon eingetretenen Abkühlung der Begeisterung mehr und mehr Menschen zu dieser Erkenntnis gelangen werden. Ich brauche nur an das Gewimmel der Bürgerinitiativen, an die wirtschaftliche Situation, an die innere Sicherheit zu denken. Dann bin ich ganz gewiß, die nächste Wahl bringt die Quittung.

Die Mutter sagt: Das Schönste, was ich mir vorstellen kann, nämlich glückliche Familien, trifft man hier auf dem flachen Land in großer Zahl an. Vielleicht wünsche ich mir für meine eigene Familie eine etwas stärkere Äußerung und

Mitteilung der Gefühle, als es bei den einfachen Leuten üblich ist. Jedenfalls keinen Haß, keine Lüge, keine Gemeinheit, keine Gleichgültigkeit. Das alles gibt es natürlich mehr als genug, darf aber in der Familie keinen Platz haben und muß draußen bleiben. Auch die Sommerfrische hier, mein Kind, ist für uns alle, besonders für Vater und mich, eine so große Erholung. Aller Ärger, die ganze Alltäglichkeit bleiben hinter uns, und sieh dir Vater abends einmal an, wenn er seinen Fontane von oben geholt hat und lesend auf dem Sofa sitzt. Hat er nicht ein viel sanfteres Gesicht als zuhause.

Natürlich weiß ich, wissen wir, daß alles ganz anders, daß das Draußen nicht ohne das Drinnen, das Drinnen nicht ohne das Draußen möglich ist, daß sie einander widerspiegeln. Aber wenn wir uns genau beobachten, ertappen wir uns doch dabei, daß wir das Gefühl des freigehaltenen Rückens herbeiwünschen. Die Familie hält uns den Rücken frei. Sie sitzt uns im Rücken. Manchmal macht man Urlaub; dann liegst du im Hotelzimmer auf dem Bett und hast Zeit. Du nimmst einen Punkt, der liegt vielleicht zehn Jahre zurück, und versuchst, diesen Punkt, der ein stürmischer Herbstabend sein kann, ein Kinobesuch, eine schlaflose Nacht, ein Telefongespräch, mit der Gegenwart zu verbinden. Was will ich hier. Auf den Verlauf der Linie kommt es an, darauf, was zwischen gestern und heute liegt und wie es auf dich eingewirkt, dich beeinflußt, verändert hat: die Menschen, denen wir begegnet sind, die Bücher, die wir gelesen, die Filme, die wir gesehen, die Tätigkeiten, die wir ausgeübt und mit denen wir unser Geld verdient haben. Die Umstände, unter denen ich heute lebe, habe ich sie vor zehn Jahren vorausgesehen, gewünscht, geplant; würde ich sie, wenn ich die Linie, die Entwicklung zwischen damals und jetzt vergessen könnte, abrupt gutheißen. Das ist die Frage, die jemand, uns wachrüttelnd, in unser Ohr schreit. Unsere Antwort kommt, wenn sie kommt, wie im Traum und undeutlich: Überall die verhangene Landschaft voller Katastrophen. Man betrachte sie nur, die lange Dauer dieser Beziehungen und Verhältnisse durch viele Jahre und Jahrzehnte, und man wird sich nicht mehr wundern, daß die Erscheinungen, bei dauernd wirkenden gleichen Ursachen, ihre jetzige extreme Gestalt angenommen haben. Vor zehn Jahren hätte ein Koffer genügt, wo heute ein Möbelwagen erforderlich ist. Das Hotelzimmer als Möglichkeit für zwei, drei Tage. Von mir aus auch Wochen. Im übrigen sind wir tief in ein Netz von Verpflichtungen verstrickt. Als Kinder in einer Familie aufgewachsen, die gewesen sein kann wie sie will, haben wir, endlich entkommen, nichts Eiligeres zu tun, als selbst eine zu gründen, zu heiraten, Kinder in die Welt zu setzen, zu arbeiten, Steuern zu zahlen, unsere Kinder zu erziehen. Aber wie. So, wie wir erzogen worden sind. Und mit welchem Ergebnis.

Wenn wir im Hotelzimmer auf dem Bett liegen und, schräg nach oben in den dunklen Himmel guckend, einmal ehrlich uns selbst gegenüber sind, gestehen wir uns ein, daß die Zukunft, von der wir morgen oder in zwei Jahren, ob wir es aussprechen oder nicht, eine grundsätzliche Veränderung unserer Verhältnisse zum Guten hin erwarten, allein darin bestehen kann, das, was wir vor zehn oder zwanzig Jahren begonnen haben, fortzusetzen. Der Aufenthalt in einem Hotelzimmer in Jever, dessen Einrichtung mich enttäuscht, stellt unter günstigen Umständen eine Art Atempause dar. Wie oft wünsche ich mir intensiv und halbherzig zugleich den völligen Neuanfang, den Rückzug mit oder ohne Schmerzen aus dem ganzen Krempel, den Möbeln, Büchern und Bildern, diesen Sachen und Sächelchen, die man erarbeitet, sorgfältig ausgewählt und arrangiert hat und hütet wie seinen Augapfel. Alles hat seinen Platz in einer spielerisch wirkenden, tatsächlich aber vollständig beherrschten Unordnung. Das einzige, was in unseren Wohnungen die Standorte verändert, sind die Bewohner. Aber die Veränderung erfolgt auf abgesteckten Bahnen. Wo die Möbel Raum lassen. Trampelpfade auf dem Teppichboden. Zahl und Art der zur Verfügung stehenden Gesten und Positionen sind beschränkt. Das gleiche gilt für unsere Worte, Gefühle, Meinungen. Auch hier die enger werdenden Schranken. Das Interesse am Inhalt eines Buches, an der Qualität eines Bildes, an den Linien eines Möbelstücks oder einer Vase ist längst an die Stelle der Aufmerksamkeit, der selbstlosen Aufmerksamkeit für unsere Gesprächspartner getreten. Warum überraschen mich neue Bücher eher als neue Menschen. Von einem Gespräch kann gar nicht mehr die Rede sein, wo kurze Sätze, Stichworte und Andeutungen genügen. Ein Wort fällt, es ist wie ein Signal, und schon sieht man klar und richtet sich danach.

Vielleicht fühle ich mich deshalb in einem Mobiliar, das meine Aufmerksamkeit nicht beansprucht, vorübergehend wohl. Vielleicht kann ich deshalb, wenn ich im Sommer in Steinheim bin und acht Wochen in den beiden Hinterzimmern wohne, die sonst nicht benutzt werden, so intensiv arbeiten, lesen, schreiben. Das Schlafzimmer mit den beiden lila gefärbten Schaffellen, den hochglanzfurnierten Schränken, den massigen Betten, dem roten Linoleumbelag und der aus Eisendraht gebogenen Madonna an der Wand neben Heidruns gerahmtem Konfirmationsspruch fordern meine Beachtung so wenig heraus wie nebenan die flauschigen Cocktailsessel, die Musiktruhe aus imitiertem Nußbaum, der leere Zeitungsständer, die scheintoten Blattpflanzen. Kaum bin ich einen Tag da, hat sich der runde Eßtisch mit Büchern, Blättern, Zettelkästen, Heftern und Landkarten bedeckt. Dazwischen Aschenbecher, Kaffeetassen, meine kleinen Spielzeugautos. Nichts lenkt mich ab. Mit den Menschen, die um uns sind, geht es wie mit den Möbeln. Unsere Stellung ihnen gegenüber ist ein eigenartiger Prozeß der Fixierung. Je mehr wir uns auf sie konzentrieren, in unserer Art auf die eine Frau, das eine Kind, desto enger wird das Verhältnis zu ihnen; am Ende macht die Enge jedes Interesse, jede Teilnahme überflüssig und bereitet Atemnot. Ich denke an Chikago. Vor anderthalb Jahren.

Allmählich hatte ich vergessen, wie ich in die Stadt gekommen war. Es schien sehr lange her zu sein. Ich konnte mich auch an die Gründe meiner Anwesenheit nicht mehr erinnern. Mein ganzes früheres Leben kam mir, kommt mir wie ein langer, langer Traum vor. Manchmal denke ich noch an die dreitausend Bücher und an die beiden Märklinbaukästen mit den zehntausend Teilen, aber ich habe das Gefühl, das ist alles schon in andere Hände übergegangen, oder ich habe es nie besessen. Meist liege ich im schmutzigen Hotelzimmer auf dem ungemachten Bett und höre dem Rauschen der Klimaanlage zu. Neben der Tür stehen die beiden schweren Koffer, die ich nicht ausgepackt habe. Rasierapparat, Valium und Alcos anal, Notizbücher, Schlafanzüge, Kriminalromane, Mehrings zweibändige Geschichte der deutschen Sozialdemokratie, Hemden, zwei gläserne Aschenbecher mit Aufschrift, die ich in Boston aus Dunfeys Parker House, Home of the Goodnight Guarantee, mitgenommen habe; ich verstehe nicht, welche Rolle das alles einmal gespielt hat. Jetzt sind nur die drei Riegel an der Zimmertür, die Sicherheitskette, die lichtundurchlässigen Fenstervorhänge, das Telefon von Bedeutung. Ihre Bedeutung ist überragend; so wie auch mein Wunsch, am Leben zu bleiben, alle anderen Wünsche längst überragt. Unten im Hotel bin ich letzte Woche C. begegnet. Er stand mit seinem starren Lächeln breitbeinig und stark in der Halle und schien auf den Fahrstuhl zu warten. Draußen hielt eine schwarze Limousine mit laufendem Motor. Montag nachmittag hat sich im Loop D. vor mir in ein Taxi gedrängt, das ich im Schneetreiben schnell aus den Augen verlor.

Wie bald hat man hier den Wunsch, jemanden bei sich zu haben. Von den dreieinhalb Millionen Einwohnern sehe ich nicht viel, aber es sind immer andere Männer, die mir nachgehen. Abends, wenn es in den Straßen ruhiger ist, kann ich sogar die Schritte hinter mir hören. Sonst sehe ich nur Gesichter. Die Gesichter sind ganz verschieden, stets zwanzig Meter entfernt und ähnlich in bezug auf die Augen. Wie Knöpfe. Was näher als zwanzig Meter ist, übersehe ich zunehmend. Zuerst habe ich mich in das schwarze Getto geflüchtet. Ich hatte zufällig bemerkt, daß mir dorthin niemand nachkam. Ein Ausländer wird in den Slums eher geduldet. Frank sagte mir, viele schwarze Männer seien in Deutschland stationiert gewesen und hätten gute Erinnerungen, merkwürdigerweise. Bald wußte ich, daß man mich zwar im Getto nicht bewachte, aber seine Ausgänge standen unter lückenloser Beobachtung. Wozu sich von der Leine lösen, wenn es nur für drei, vier Stunden ist. Und doch hat es mir gutgetan. Morgens und abends, selten mittags, verlasse ich das Zimmer. Auf dem Gang muß alles ruhig sein. Ich betrete den Fahrstuhl nur, nachdem ich im Spiegel rechts oben gesehen habe, daß er leer ist. Sobald sich im Parterre die Tür öffnet, mache ich zwei Schritte nach vorn, sehe mich aufmerksam um und durchquere schnell die Halle. Ich gehe schräg über die Straße und betrete den Coffee Shop an der Ecke durch die Hintertür. Bevor ich mich auf meinen Hocker am Tresen setze, von dem aus ich die beiden Straßen und den Eingang überblicken kann, mustere ich sorgfältig die Gäste. Dann esse ich, was schnell auf den Tisch kommt, meist drei Hamburger. Man weiß nie, wann das nächste Mal sein wird. Während ich esse, klingelt im Hinterzimmer öfter das Telefon. Der Wirt, ein magerer bleicher Grieche, verschwindet nach hinten. Ich höre höchstens ein schwaches Murmeln und kann nicht weiteressen. Gleich muß ich mich übergeben. Anfangs habe ich die restlichen Hamburger hastig in eine Serviette gepackt und mitgenommen.

Einmal in der Woche treffe ich Frank. Er ist so alt wie ich. Ich kenne ihn, seit er als Soldat in Wiesbaden war. Er ist die einzige Verbindung zur Vergangenheit und kann mir auch jetzt viel nützen, weil er, von der Zeit in Wiesbaden und Vietnam abgesehen, immer in der Stadt gelebt hat und ihre Regeln kennt. Wir verabreden uns nur über das Telefon. Er läßt es elfmal klingeln. Ich warte dann zehn nach drei Freitag morgen hinter der Garage. Die Garage ist die ganze Nacht durch geöffnet, und man hat wenigstens das Gefühl, es könnten schnell Leute zur Stelle sein. Ich übergebe ihm meine Post zur Besorgung und bekomme Zeitungen. Neulich fand ich zwischen ihnen das Chicago Magazine mit einer stadtplanähnlichen Doppelseite unter der Überschrift Ganglandmarks. Capone und Dillinger, las ich und mußte lächeln, sollen längst tot sein. Ich weiß nicht, welche Rolle Frank spielt und wer ihn bezahlt; leben muß er. Neulich hat er mir eine Serie Ansichtskarten besorgt. Sie liegt wie eine Patience auf dem Bettvorleger. Die Stadt ist ganz anders, viel härter und viel trostloser, viel Kino, aber doch nicht genug. Weites flaches Land und ein langgezogener Fleck von sechzig Kilometer Durchmesser am Lake Michigan, ein Fleck aus Vorstädten, Slums, Fabrikanlagen, Bürovierteln, Einkaufsstraßen, gruppiert um das höchste Haus der Welt, den Sears Tower, und gemustert vom rechtwinkligen Gitter unzähliger Straßen. Bei minus zwanzig Grad entspricht die Stadt sich selbst. Hier muß immer Frost herrschen. Darüber hinaus habe ich den Eindruck, es gibt keinen einzigen Baum.

Immer öfter denke ich daran abzureisen. Die Ebenen im Westen und Süden dehnen sich weit, aber wenn man sie überwunden hat, bieten die Gebirge Sicherheit. Stundenlang liege ich auf dem Bett, rauche und starre auf die Reflexe des Farbfernsehers an der Decke. Die ewigen Schmerzen im Magen. Dabei träume ich von meiner Flucht. Ich male mir den mühsamen Marsch mit Rucksack, Zelt und Schlafsack durch das verschneite Land aus. Zuerst schießen die langen Autos auf der Landstraße noch an mir vorbei. Dann wende ich mich querfeldein und kämpfe Tage, Wochen mit Stille, Frost und Monotonie. Vorgestern hat mir Frank versichert, daß die großen Schlachthäuser abgerissen worden, die prächtigen alten Bahnhöfe verfallen sind. Zwischen den geborstenen Fundamenten und verrosteten Schienen, über den Legenden und Mythen soll schon Gras wachsen. Verändern sich die Gegenstände unserer Träume so schnell und restlos. Die Stadt muß tatsächlich anders geworden sein, wenn an der Stelle, wo Capones Hauptquartier stand, nur noch ein leeres Grundstück ist. Und im Kino, vor dem Dillinger nach der Spätvorstellung von sechzehn Polizisten erschossen wurde, laufen heute Filme über Dillinger. Sagt Frank.

Frank schwört auch, Chikago sei eine saubere Stadt, die sauberste überhaupt, aber darauf verlasse ich mich lieber nicht. Trotzdem werde ich müde. Ich fange an, dem Griechen im Coffee Shop und dem Portier zuzunicken. Neulich habe ich Frank zum Abschied umarmt. Ich bitte ihn um drei Tafeln Vollmilchschokolade und habe auch einige Ansichtskarten aus der Chikagoserie nachhause geschrieben; ich verlange einen wärmeren Pullover, das neue gelbe Hemd und meinen Montblancfüller. Vielleicht kann ich mir später die elektrische Eisenbahn kommen lassen und im Zimmer aufbauen. Ich schreibe wieder Gedichte. Aus Boston habe ich noch das große, solide eingebundene Buch mit dem Rückentitel Cash und den leeren hundertachtundfünfzig Seiten. Seite zwei ist schon vollgeschrieben. Jedesmal, wenn ich jetzt anfange zu schreiben, habe ich eine unerklärliche Zuversicht. Ich werde genau das sagen, was ich sagen will, ich werde meine Gefühle in den Texten wiedererkennen. Es wird keine leeren Stellen und falschen Sätze geben.

Gestern abend, nach dem Essen, habe ich mich in die Innenstadt und zum Sears Tower gewagt. Als ich im hundertdritten Stockwerk aus dem Fahrstuhl kam, wehte mir der ungeheure Luftzug aus dem Schacht meinen weichen taubenblauen Hut vom Kopf. Später stand ich ganz allein auf der östlichen Plattform. Mehrere hundert Meter unter mir begannen die zahllosen schnurgeraden Parallelstraßen. Sie endeten erst am Horizont und wirkten mit ihren gelben und weißen Laternenreihen wie die Startbahnen riesiger Flugzeuge. Ich weiß, wenn ich zur richtigen Stunde da bin, werde ich die starren donnernden Vögel steil in den schwarzen Himmel wuchten und im Westen verschwinden sehen. Ich weiß, eines Tages werde ich an Bord sein. Dann setzt mein Herz einen Schlag lang aus, vor schrecklicher Freude, und ich presse mich mit aller Kraft in den Sessel; am Leben, immer noch, und frei, endlich.

Nebenan wird wieder gesprochen. Der Sohn hat den Anfang gemacht. Es ist ein so schöner Abend, sagt er, wir könnten etwas spielen. Gut, sagt der Vater. Ich spiele die Mutter, sagt die Mutter, Vater möchte sicher den Vater spielen. Der Vater sagt: Gut, ich bin der Vater und heiße Christian Rouille.

Dann spiele ich den Sohn, sagt der Sohn. Und du, fragt der Vater, willst du nicht die Tochter sein. Ich weiß nicht, sagt die Tochter. Du bist die Tochter, sagt die Mutter.

Wenn ich in Steinheim bin. Was da los ist. Schon morgens um zehn kommt der Nachbar auf einen Schnaps herüber und bespricht mit meinem Schwiegervater die Anschaffung neuer Feuerwehrschläuche. Dann bringt mir Hans ein Bücherpaket und setzt sich zu den beiden. Nach einer Weile gehen alle drei zum Gastwirt hinüber. Dort soll auch schon der Freischütz sein. Heidruns Mutter bringt von Meyerkarls Adolf die Nachricht mit, daß es in Rodheim gebrannt hat. Ausgerechnet beim Pfarrer. Sie hat aber keine Sirene gehört. Also muß sich der alte Scharmann wieder in Gießen herumgetrieben haben. Ein sogenannter Verschönerungsbrand, wie sie jetzt überall ausbrechen, ist es jedenfalls nicht gewesen. Du weißt schon, eine Kerze ins Heu stellen und nach Frankfurt fahren.

Für den Nachmittag haben sich Gote und Petter angesagt. Der Petter kann abends nicht kommen. Seine Jagd, du weißt schon. Überhaupt die Jäger hier. Abends nach sechs gehst du besser nicht mehr in den Wald. Sonst tauchen sie plötzlich hinter dir aus dem Gebüsch auf und drücken dir den Pistolenlauf in den Rücken. Woher, wohin, und wehe, du hast keinen Ausweis bei dir. Dann stoßen sie dich den Feldweg ins Dorf hinunter und schleppen dich in die Wirtschaft. Kennt jemand den Kerl da.

Später ist Wim Thoelke im Fernsehen. Nachbar und Nachbarin werden eingeladen und gucken eine Stunde zu, aber mehr nebenbei. Wichtiger ist, was Erna von ihren Schweinen erzählt, wie sie die Zucht vergrößern, die leerstehende Hofraite nebenan doch noch kaufen oder dazupachten will. Meine Schwiegermutter träumt auch, von neuen Dielen fürs Wohnzimmer, sonst sackt eines Tages der Schrank durch den morschen Mist in den Keller, sagt sie, und weiter wünscht sie sich, daß endlich das alte Klavier aus dem Haus kommt. So ein Stuß, sagt Heidruns Vater, das Klavier bleibt da. Es hat vierhundert Mark gekostet, und die muß man erst mal verdienen. Halb elf gehen wir alle schlafen. Auf dem Nachttisch habe ich ein Buch über die utopischen Kommunen in der Neuen Welt liegen. Man liest sich richtig fest in so einem Buch, man kommt sich richtig wie zuhause vor. Vielleicht deshalb, weil diese ganz anderen Lebensformen aus dem 19. Jahrhundert, die Träume der Rappisten, Amaniten, Hutteriten, Fourieristen, Shakers und Ikarier für uns gar keine Alternative, keine Herausforderung mehr sind. Im Dorf ist nichts davon bekannt, aber möglicherweise haben auch hier Amaniten gewohnt und sind vor über hundertdreißig Jahren nach Amerika gegangen. Den Familiennamen Metz gibt es häufig. Metz hieß der Zimmermann, der voller Begeisterung, geradezu verzückt dreihundert Hessen über den Atlantik geführt hat. Eine Stadt der Gerechtigkeit und Eintracht, hieß die Losung, nachdem auf den Gütern Ronneburg, Engelthal und Marienborn, die nur wenige Kilometer südlich von Steinheim liegen, 1842 ein Versuch auf deutschem Boden an der ablehnenden Haltung der Behörden und am Neid der Nachbarn mißlungen war. Jede Nacht, bevor ich das Licht ausmache, blättere ich in dem kleinen blauen Buch. Es beruhigt mich, vom Scheitern jener teils genauen, teils ungenauen Pläne zu lesen, die, groß durch den Schwung der Naivität und die unbedenkliche Kraftentfaltung, weit über das hinausgegangen sind, was ich selbst, undeutlicher bedrückt und dadurch viel weniger sicher, träume. Immer wieder sehe ich mir im Bildanhang die Tafel mit den Möbeln der Shaker an, einer aussterbenden religiösen Vereinigung mit Zölibat und Gemeinschaftseigentum. Die Fotos zeigen Sekretäre, Regale,

Lesetische, alles Möbel, die was mit Büchern, mit Schreibarbeit zu tun haben. Keine Verzierung. Rohes Holz. Die geraden Linien vom Zweck bestimmt. Mit diesen Bildern vor Augen schlafe ich gerne ein. Oder ich stelle mir fruchtbare Landstriche vor, jungfräuliche Erde, Sonne. Und dann muß ich oft an Fort Conger im Polarmeer denken, dessen nordamerikanische Besatzung 1883 zum dritten Male im Eis überwintern mußte. Von fünfundzwanzig Expeditionsteilnehmern überlebten sechs. Wochenlang, ein halbes Jahr, neun Monate klirrende Kälte und Nacht, neun Monate Diebstahl, Verrat, Wahnsinn, Standrecht. Orgien des Hungers. Die Toten ernährten die Lebenden. Immer mehr Tote, immer weniger Lebende. Kein ausreichender Trost, daß ein Krüppel, dem man die erfrorenen Hände und Füße amputiert und einen Löffel an den Armstumpf gebunden hatte, Fürsorge erfuhr und erst als neunzehnter verhungerte. Sterbend, wie Männer, getan, was zu tun war, flüsterte Leutnant Greely, der Kommandant des Forts und nachmalige General, den späten Rettern als erstes zu.

Ich hielt mich für den glücklichsten Familienvater, sagt der Mann durch die Wand zwischen zwei Hotelzimmern hindurch, und daran, daß er in der Vergangenheit spricht, kann ich erkennen, wie schnell er die Rolle des Rouille angenommen hat. Rouille war Pfarrer in einem Dorf bei Göttingen, fällt mir ein, der Haushalt bestand aus seiner Frau Elisabeth Christiane, seinem Sohn Friedrich Gottlieb, seiner Tochter Johanna, dem Knecht Georg Heinz und den Mägden Regine Gumbert und Christine Ranke. Bis zum Mai des Jahres 1850 hielt Rouille sich für den glücklichsten Familienvater, seine Frau für eine gute Mutter, seinen Sohn, der erst kürzlich als Kandidat der Rechte ins Vaterhaus zurückgekehrt war, für einen wissenschaftlich gebildeten jungen Mann und seine

Tochter für das unbescholtenste Mädchen. Die Familie bot ihm ein Bild des Friedens und der Freude. Tragische Ereignisse zerstörten seinen Wahn.

Nicht jedem werden durch ein unerwartetes Fiasko die Augen geöffnet und die Lebensumstände so skelettiert, daß er ihre Trost- und Hoffnungslosigkeit zur Kenntnis nehmen muß. Selten bekommen wir eine Ahnung, was um uns ist. Was in uns ist. Wir klagen kurz über den unerklärlichen Husten, das Ziehen in der Magengegend, das leere Konto, das unfreundliche Wetter; ein tiefergehendes Unwohlsein verspüren wir, wenn wir uns nicht gerade in einem tristen Hotelzimmer verschanzt haben, ebensowenig, wie von uns normalerweise der trübe Schleier über unseren Lebensumständen, dieser Filter aller Eingebungen und Gefühle, wahrgenommen wird. Vielmehr schmücken wir ihn im Zuge seiner wachsenden Ausdehnung und Verfärbung mit künstlichen Blumen vom letzten Feuerwehrfest, mit Gehaltsstreifen, mit bargeldlosen Lyrikpreisen, mit einem Händedruck vom Oberbürgermeister und hübschen, aber toten Bildern aus dem Album.

Ende Mai 1850. Über Rouille und seine Angehörigen brach eine Katastrophe herein, wie sie niemand für möglich gehalten hätte. Innerhalb weniger Tage war die Familie aufgelöst, zerstört, zertrümmert, Rouille in hohem Maße geistesverwirrt, seine Frau tot, die beiden Kinder erst flüchtig, dann eingesperrt. Auf den ersten Blick konnte es scheinen, als sei das Unglück eine angestiftete Explosion. Bei genauerem Hinsehen aber wurde schnell deutlich, daß nur die Zündung von außen erfolgt war, die zerstörerische Energie selbst sich dagegen im Verhältnis der vier Menschen untereinander angesammelt hatte.

Hin und wieder, berichtet die Tochter, in letzter Zeit aber

immer häufiger, verbringe ich schlechte Nächte. Ich kann dann lange nicht einschlafen, und je länger ich wach liege, desto trostloser, vergeblicher, unsinniger scheint mir zu sein, was ich getan habe, tue und noch tun werde. Ich habe das Gefühl einer ganz großen Bedrängnis. Eine allgemeine Angst tritt auf, deren Folgen tiefgehende Beklemmung, unregelmäßiger Herzschlag, Atemnot sind. Zu meiner Entschuldigung möchte ich deshalb anführen, daß eine solche dauernde und allgemeine Angst es schwer erträglich macht, auf sich selbst verwiesen zu sein. Je länger dieser Zwang anhält, desto eher schließen wir uns an den ersten besten an, ohne seine Absichten zu prüfen. Ist es nicht so. Die selbsterzeugte Enge der Verhältnisse, das Bestreben, fremden Bildern zu entsprechen, das Fehlen aller tiefen Gefühle, der Eindruck, mit Puppen statt mit Menschen umzugehen, machen mich müde und krank.

Ich heiße, sagt der Vater, Christian Gottlieb Rouille, bin 1790 in Göttingen geboren und habe dort und in Halle Philologie und Theologie studiert. Ich bin Pfarrer in Jühnde. Nach dem Abgang von der Universität war ich als Rektor der höheren Schule in Göttingen angestellt. Damals habe ich meine spätere Frau Elisabeth Christiane Pfitzner kennengelernt. Jetzt ich, sagt die Mutter, ich bin die Tochter eines pensionierten Dragonerwachtmeisters und 1795 in Hannover geboren. Meine Mutter, eine ausgesprochen fromme Frau, lebte nach dem Tod meines Vaters mit uns vier Kindern in sehr dürftigen Verhältnissen, da sie durch eine Erkältung mit nachfolgendem Brand ein Bein verloren hatte. Trotzdem entwickelte sie eine so kluge Sparsamkeit, daß einer meiner Brüder Arzneiwissenschaft studieren konnte. 1812 ging ich bei der Witwe des Superintendenten Weinreich in Göttingen als Zofe und Gesellschafterin in Stellung. Dort lernte ich Rouille kennen, ein unerhörter Glücksfall für mich, wenn mir auch ein gefälliges Äußeres, ein heiteres, fröhliches und offenherziges Naturell zugute gehalten werden müssen.

Ach Mutter, sagt der Vater begütigend. Die Mutter sagt: Wir haben 1814 in Göttingen geheiratet. Dort sind auch, außer drei Kindern, die frühzeitig starben, 1817 unser Sohn und drei Jahre später die Tochter zur Welt gekommen. Bald nach der Geburt meiner Tochter wurde Rouille als Pfarrer erst nach Imbsen, dann ins einträglichere Jühnde versetzt.

Ein ganzes Leben lang habe ich auf strenger Moral und Sitte bestanden, sagt der Vater. Mein Verhalten im Amt, ich darf das behaupten, ist vorbildlich. Ich gelte nicht nur als guter, ja sehr guter Kanzelredner, sondern darüber hinaus noch als ausgezeichneter Philologe. Und mein Ruf als Schriftsteller kann durchaus bedeutend genannt werden. Nach dem Studium wars, da wachte ich eines Morgens in Göttingen auf mit dem festen Vorsatz, mich zu einem der bekanntesten Schriftsteller zu machen. Als wäre das so einfach. Aber ich habe es doch geschafft. Vielleicht, weil ich darauf geachtet habe, was die Leute hören wollen. In Sachen der Malerei wird oft ganz überflüssig gesagt, nicht der Gegenstand, die Malerei selbst sei das Wichtige. Ein gut ausgeführter Kretin sei wertvoller als ein schlecht dargestellter Engel. Unsinn. Das Publikum will beides nicht. Kretins sind in jedem Fall widerlich; und schlechtes Handwerk bleibt schlechtes Handwerk, unabhängig vom Inhalt. Der Ausweg: gelungene Engel. Wobei allerdings zu bedenken ist, daß auf die Tendenz der Dichtung wenig ankommt. Heute kann ich noch ultramontan schreiben und morgen schon nationalliberal. Ich lasse mir zwei, drei Zeitungen der betreffenden Richtung kommen und lese mich ein. Schon kann ich ins Horn blasen. Heute liegen die Meinungen und Urteile in jedem Rinnstein, du brauchst sie nur aufzuheben und kannst dich schon für einen Experten halten. Mit den handwerklichen Fähigkeiten geht das nicht so leicht. Studiere den Stil, bevor du zur Feder greifst, kann ich nur sagen. Die Philologie, immer wieder.

Kaum jemand hat die Frau gekannt, bevor Rouille sie heiratete. Naturgemäß verkehrte sie in den gesellschaftlichen Zirkeln Göttinger Professoren und Geistlicher nicht, sie soll aber unter einem Pseudonym Gedichte veröffentlicht und auch einen reichen Schloßherrn aus Nordhessen als großzügigen Gönner gehabt haben. Jedenfalls vernachlässigte sie bald die, zu denen sie gehört hatte, und drängte sich hektisch in das Vertrauen derjenigen, denen sie gleich sein wollte. Man bemerkte an ihr eine mühevolle Pflege der schon nach der zweiten Geburt verblühten Schönheit, ein Beharren auf dem Recht, sich vornehm zu kleiden, und ein wetteiferndes Staatmachen. Dies eine Stimme aus dem Freundeskreis.

Und ein Amtsbruder: Je unbeteiligter Rouille war, desto zurückhaltender beurteilte er die von ihm selten wahrgenommenen Fehler anderer. Nur als Philologe war er streng. Wenn er daher, was selten genug vorkam, einmal die Kleidung seiner Frau rügte, so geschah dies auf eine Weise, die keinerlei Erschütterung zur Folge hatte. Die Frau sprach von ihren Schwächen sehr häufig, weil sie Widerspruch hören wollte, ein Lob, das sie sich selbst nicht zu geben wagte. In Jühnde wurde alles noch schlimmer. Rouille schrieb viel, und die Frau war sich selbst überlassen. Ein Irrtum zieht den anderen nach, der ersten Unordnung folgen bald andere, ein Laster kommt auf das vorhergehende. Die Tochter war als Kind ein Engel. Aber leider. Leider kommen gerade gefühlvolle und liebenswürdige Menschen leicht in Gefahr, einen unwahren Charakter zu entwickeln. Dann die Sinnlichkeit; sie ließ die besten Grundsätze, die der Vater ihr predigte, auf sandigen Boden fallen. Güte und Sittenlosigkeit. Sie sind oft dicht benachbart. Zwischen ihnen tobt der Strom der Verführung. Ich muß mich hüten, daß er mich mitreißt. Der Sohn mit seinem verrohten Bauerngemüt war ohne intellektuelle Bildung.

Das Hotelzimmer wird immer enger, der Himmel immer dunkler. Ich schwitze. Erinnerungen an Gespräche, Geschrei, Getobe: Das Geld ist schon wieder alle. Was. Ja, alle. Das darf doch nicht wahr sein. Wieso. Gestern waren doch noch hundert Mark da. Die Windeln, das Nedina, der Elektriker, was weiß ich, es ist alle. Das ist ja einfach Scheiße, du schmeißt das Geld zum Fenster raus. Du hast ja keine Ahnung. Quatsch nicht so blöde. Du machst ja keinen Finger krumm. Was weißt du denn. Hau ab, laß mich in Ruhe, zieh Leine, zieh Leine, sage ich. Das kannst du hundertmal erleben, und es regt dich allmählich gar nicht mehr auf, prallt an dir ab, es ist, als würdest du eine Rolle spielen und dir dabei zusehen. Aber in letzter Zeit schreit sie am Ende immer. Vielleicht kommt bald ein neuer Akzent in unser Verhältnis, irgendwas Neues, vielleicht. Schon höre ich manchmal: Ich kanns nicht mit dir machen, mit so einem wie dir kann ich doch nicht ins Bett gehen, als wäre gar nichts gewesen.

Auf solche Sätze antworte ich in der mir eigenen Art. Die stillen Feiertage am Jahresende verbringe ich damit, ihr wieder einen Brief zu schreiben. Ich fülle schwarze Tinte ein, nehme das schönste Papier, das ich finden kann, und setze erst ein Konzept auf. Den fertigen Brief stecke ich in ein rotes Kuvert. Wo soll sie erstaunt auf den leuchtenden Umschlag stoßen, ich überlege lange. Dann fällt mir ihr Bett ein, das Kopfkissen. Auf weißem Untergrund wird das Rot gut zur Geltung kommen. Abends, bevor ich ins Kino fahre, stehle ich mich in das Zimmer. Sie hat die Bilder abgenommen, das sehe ich zum erstenmal. Und dann die vielen Bücher, Carolinens Leben in ihren Briefen und Rahel Varnhagen, ein Frauenleben. Nachdem der Vorhang aufgegangen ist, während ich, im kalten Luftzug fröstelnd, der in den Saal weht, schon bereit bin, über einem beliebigen Film alles zu vergessen, sehe ich sie noch, wie sie halb ausgezogen in ihr Zimmer kommt, das Bett machen will, wie sie den Umschlag sieht, erstarrt, den Brief aufreißt und im Stehen überfliegt. Der Zustand meiner Gesundheit, muß sie lesen, der mich zu wiederholten Malen dazu gezwungen hat, mich mit einem Brief an Dich zu wenden, läßt mich heute den letzten Schritt tun. Ich gehe. Die inzwischen immer noch gewachsene äußerste Schmerzhaftigkeit meines Kopfes, die immer größer gewordene Einbuße an Zeit, welche ich durch die mehrtägigen Anfälle erleide, die von neuem, nun auch durch Friedrich, festgestellte erhebliche Abnahme des Sehvermögens, die mir kaum noch zwanzig Minuten ohne Schmerzen zu lesen und zu schreiben erlaubt, dies alles zusammen bringt mich dazu einzugestehen, daß ich meinen Aufgaben nicht mehr genügen, ja ihnen überhaupt von nun an nicht mehr nachkommen kann, nachdem ich schon im letzten Jahr mir manche Unregelmäßigkeit nachsehen mußte. Ich bin der Sache nicht gewachsen. Auch habe ich keine Aussicht, in kürzerer Zeit auf eine Besserung in dem chronisch gewordenen Zustand meines Kopfleidens rechnen zu dürfen, da ich nun seit Jahren, wie Du weißt, Versuche über Versuche gemacht und mein Leben auf das strengste danach geregelt habe, unter Entsagungen jeder Art, umsonst, muß ich mir heute eingestehen, wo ich den Glauben nicht mehr habe, meinem Leiden noch lange widerstehen zu können. Aus der Stadt zurück, denke ich kaum noch an den Brief. Aber neben der Schreibmaschine liegt ein Zettel, aus dem Ringbuch gefetzt, die Schrift schwer zu lesen: Empörung und Enthusiasmus, das könnte Dir so passen, das möchtest Du wohl gerne, was.

Mein Beruf, sagt der Vater, läßt mir viel Freizeit, ich arbeite angestrengt an den letzten beiden Kapiteln über den Satzbau des Sallust. Die Mutter stöhnt auf: Das Haus, die Mädchen, der Knecht, die Landwirtschaft, die gesellschaftlichen Verpflichtungen, das alles hält mich in Atem. Das Geld muß stimmen. Das vor allem. Dann muß das Bild stimmen. Das ist auch ganz wichtig. Das Bild nach außen, meine ich. Wir, sagt der Vater, wir sind die Pfarrersfamilie, wir leben genau wie die anderen Pfarrer mit ihren Frauen und Kindern. Ein Familienvater, sagt die Tochter, besonders, wenn er den gebildeten, den besseren Schichten sich zurechnen kann, eine tatkräftige und doch herzensgute Frau, freundliche und kluge Kinder, das würfelt sich zu einem atemberaubenden Bild zusammen.

Das strengt an, sagt die Mutter, und wie. Das hält man am ehesten durch, wenn der Rücken frei ist, wenn in der Familie Frieden herrscht, wenn wir vier glücklich sind. Wir haben ja auch gar keine Probleme miteinander, sagt der Vater.

Im Herbst, sagt die Tochter, werde ich dreißig, was dann, Langsam solltest du wissen, wohin du gehörst, stimmt der Bruder zu. Das müssen wir uns beide sagen, ruft die Schwester, du bist auch vierunddreißig. Und ich. Seitdem Krüger mich sitzengelassen hat, was soll ich machen. Wenn Vater mir Geld geben würde. Aber sie halten mich hier fest. Soll ich einen Bauern heiraten. Sieh dir die Ehen im Dorf an. Das Kind kommt, und die Frau hat einen Grund, mit der Arbeit aufzuhören. Was dann. Sie sitzt den ganzen Tag in ihren zwei oder drei Zimmern, Feldarbeit macht sie nicht mehr, das hat sie schon vor der Hochzeit gesagt; sie sitzt da, legt Puzzles, geht einmal die Dorfstraße rauf und wieder runter, kauft dazwischen im einzigen Laden am Ort ein, empfindet das Kind als Last und wartet auf den Abend, den Mann und den neuen Tag. Da sind fünfzehn Jahre schnell vorbei, so lang der einzelne Tag sich auch dehnt.

Die besten fünfzehn Jahre, sagt der Sohn nebenan. Die besten fünfzehn Jahre, führt seine Schwester weiter aus, können auch die schlechtesten werden. Neulich, als wir mit unseren Wirtsleuten ins Dorf zum Fernsehen eingeladen waren, als dieser Film mit Gregory Peck gezeigt wurde, diese Verwicklungsgeschichte um die Einemillionpfundnote, habe ich gesehen, daß unsere Wirtin an der spannenden und rührenden Geschichte keinen Anteil nahm. Sie schlief ein, um später ganz interessiert dem Grand Prix Eurovision zuzusehen. Verstehst du. Die dürre Handlung war zu viel für sie. Ich glaube, sagt der Sohn, mir geht es ähnlich. Ich glaube, aus dem gleichen Grund habe ich damals bedauert, daß wir zur Hitparade zu spät gekommen waren. Sportschau, Beruferaten, alles Fragmente, Bruchstücke, die dir nichts abverlangen, wenig Konzentration, es ist, wie wenn du von einer Brücke auf das Wasser guckst. Man hat was zu sehen und sieht doch nichts.

Wahrscheinlich bilden sich zwischen zwei Menschen, die in einer Wohnung zusammenleben, Verhaltensmuster aus, die mit dem Verhalten der Betreffenden außerhalb nicht sehr viel zu tun haben. Wenn ich ein Ehepaar genau beobachte, sind bestimmte Untertöne, Gesten, kurze Sätze Indizien für die Interna. Aber gibt das ein gültiges Bild. Was soll das sein: ein gültiges Bild. Ist es zum Beispiel charakteristisch für unser Verhältnis, wie wir sind, wenn wir zusammen schlafen oder uns anbrüllen, den Weihnachtsabend feiern, um Geld oder um das Auto streiten, Besuch haben, uns zu zweit betrinken, in der Badewanne liegen. Oder wenn ich die Nachricht einfach nicht über die Lippen bringe: Heute sind dreitausend Mark gekommen, ist das nicht schön; ich habe ein neues Buch mitgebracht, guck mal rein; also das Bedürfnis nicht habe, sie an meiner Freude zu beteiligen. Jedenfalls ist das Bedürfnis, wenn im Ansatz vorhanden, nicht sehr groß. Unsere augenblickliche Aufführung gegeneinander besteht aus Rollen in Stücken wie Weihnachtsfeier, Freunde kommen oder Badewannengeilheit und sagt nichts über die Grundstimmung, über die Antriebslosigkeit in bezug auf den anderen, die viel eher durch das bezeichnet wird, was wir nicht tun, allenfalls noch durch kurze Sätze in eingeübtem Tonfall: Sei nicht immer so. Du bist immer so.

Zerrüttete Ehen sind auf dem Land viel seltener als in der Stadt, hat die Mutter inzwischen gesagt. Der Mann muß schon ein Säufer oder Psychopath sein, fährt sie fort, materieller Notstand muß eintreten, wenn die Ehe grundschlecht sein soll. Was in den Städten, besonders in den Assistenten- und Lehrerehen, das Glück meist verhindert, leere, feinste Nuancen in der Psyche, die leicht zu Abneigung, Gleichgültigkeit und Aggression führen, kennt man auf dem Land nicht. Die einfachere Lebensweise stellt die Beteiligten auch vor andere Anforderungen. Die Erhaltung und, wenn möglich, der Ausbau der bäuerlichen Wirtschaft stehen im Vordergrund, und dieser Aufgabe ordnet man sich mit Hintanstellung persönlicher Wünsche unter. Die Frauen im Dorf sind einfach. Doch haben sie eine Art natürlicher Klugheit, über die jemand, der die ländliche Bevölkerung insgesamt unterschätzt, oft nicht wenig staunt. Ich jedenfalls fühle mich unter den Menschen hier mit ihrer Ursprünglichkeit und Herzlichkeit sehr wohl. Gut, die Leute können manches nicht so sagen, wie es gemeint ist. Als meine Tochter noch kein Jahr alt war, ich habe das nicht vergessen, weil es mich sehr lange beschäftigt hat, sah die Frau des Gastwirts das Kind und sagte: Da sitzt ja der Dicksack. Das war aber gut gemeint. Inzwischen habe ich mich daran gewöhnt und weiß, daß solches Unvermögen mehr erfreuliche als schlechte Seiten hat.

Die Familie des Pfarrers Rouille war städtisch und ländlich zugleich. Städtisch aufgrund der Bildung, des Herkommens, der Art, wie alle sprachen. Ländlich waren die Umgebung über viele Jahre, die Kontakte, die Aufgaben, die das zur Pfarre gehörende Bauerngut stellte. Es war im Jahr 1850.

Am 22. Mai abends gegen sechs erstattete der Gendarm Baar aus Jühnde im Auftrag des Schultheißen Häßner dem Gerichtsamt in Göttingen eine Anzeige. Jühnde. Das liegt westlich von Göttingen oben in den Hügeln des Berglandes, ein wenig abseits; wenn der Boden der Felder auch steinig ist, drängt der unbeschädigte Anblick des Dorfes einem Betrachter wie mir doch die Vermutung auf, es seien glückliche oder mindestens zufriedene, vielleicht beneidenswerte Menschen, die in solcher Ruhe bei ordnungsgemäßem Gang der Dinge in einer verhältnismäßig gut erhaltenen Welt leben können.

Die Anzeige, die Baar in Göttingen machte: Im Dorf hält sich seit vielen Wochen das Gerücht, daß die ledige Johanna Rouille, deren Bauch im letzten Winter zunehmend dicker geworden ist, schwanger sei. Am Sonntag nachmittag, gestern, hat der Knecht des Pfarrers in der Gastwirtschaft behauptet, er habe eben, ehe er aus dem Haus gegangen sei, aus demjenigen Teil des Pfarrgebäudes, in dem das Bett der Tochter stehe, ein durchdringendes Schreien und Winseln gehört. Und heute hat die Magd im Gasthof Wein verlangt. Er soll für die Johanna gewesen sein, es ginge ihr viel besser. Die Frau Pfarrer hat es gesagt. Endlich stürzt das Blut, hat sie gesagt.

Gendarm Baar hatte, was er angab, auswendig gelernt. Er schloß mit der Bemerkung, dies alles lasse auf eine verheimlichte Geburt schließen, denn von einem Kind sei nichts bekannt. Die Anzeige hatte einen regen Verkehr zwischen Göttingen und Jühnde zur Folge. Hin und her. Her und hin. Das Gerichtsamt ließ nämlich die Magd Ranke durch Baar vorladen. Baar war am Dreiundzwanzigsten wieder in Göttingen. Der Pfarrer hat mich abgewiesen. Die Ranke, sagt der Vater genau auf das Stichwort, erklärte mir, sie wisse keinen Weg nach Göttingen, man dürfe eine Magd aus unbescholtenem Haus nicht mir nichts, dir nichts vorladen.

Am nächsten Tag, es war der 24. Mai, suchte der Amtsdiener Hempel aus Göttingen die Ranke. Der Pfarrer machte Ausflüchte. Er sagt: Die Ranke. Wo ist die Ranke. Ja, sie ist nach Dransfeld gegangen. Ist es nicht so. Sie will nicht allein auf das Amt. Ihr Vater soll mit. Ich schicke sie schon, wenn sie wieder hier ist.

Nun gerät der Sohn ins Erzählen. Am Fünfundzwanzigsten, berichtet er, kam der Richter Krüger aus Göttingen herauf. Er nistete sich bei Häßner ein und verhörte wahllos Freund und Feind. Das war illegal. Er hatte nicht die allergeringste Veranlassung. Ich habe mich beschwert, aber da mein Gönner gleichzeitig ein sehr enger Freund des Richters Krüger ist, habe ich meine Grenze gesehen. Die Aufführung des Richters im Dorf war skandalös und förmlich darauf angelegt, Aufsehen zu erregen. Damit ich es gleich sage: ich bin mit Krüger auf dem Gymnasium in Göttingen gewesen. Er versuchte damals, den Verdacht eines kleinen Diebstahls auf mich zu lenken, machte sich aber selbst stark verdächtig. Jetzt hat Krüger die Gelegenheit zur Rache wahrgenommen. Von unserem Knecht konnte er nur erfahren haben, daß meine Schwester in letzter Zeit sehr blaß gewesen ist.

Die Mutter ruft: Ich habe eine Schlange an meinem Busen genährt. Die Fischer, das Miststück. Ich lade sie jede Woche zum Kaffeetrinken ein, damit sie mal einen Nachmittag bei gebildeten Menschen verbringen kann. Und was macht sie. Schon im Winter will sie einen dicken Bauch gesehen haben. Nichts hat auf eine Entbindung hingewiesen. Nichts. Und für niemanden. Nur euer Freund Krüger. Der Krüger ist ein Schwein. Das wußte ich immer. Wer sich von dem ausquetschen läßt, kommt mir nicht mehr über die Schwelle.

Die Magd Gumbert wurde verhört. Sie war, nachdem die Ranke nicht aufzufinden und die Familie des Pfarrers vorerst mit Vorsicht zu behandeln war, Krügers wichtigste Zeugin. Als sie das Hinterzimmer betrat, einen bis auf zwei Stühle und den blankgescheuerten Tisch leeren weißgekalkten Raum, bot der Richter, wie aus schwierigen Überlegungen gerissen dastehend, Platz an. Die Magd war klein und verwachsen, hatte aber schöne schmale Hände, die sie gefaltet auf die glatte Tischplatte legte. Es war ein warmer Maiabend, dicht vor dem Fenster bewegten sich die Zweige einer Linde sehr sacht, und als Krüger endlich anfing zu sprechen, sprach er durch das Läuten der Feierabendglocke hindurch.

Ich bin seit Herbst bei Rouilles, sagte die Gumbert. Der Pfarrer ist gut, die Frau ist gut, man muß sie getrennt nehmen. Beide sind sehr auf ihren Ruf bedacht. Wie faßt man das im Dorf auf, hört man alle Augenblicke, was werden die Freunde in Göttingen, die Amtsbrüder in der Umgebung dazu sagen. Seit Herbst wurde die Tochter dicker. Eine Geschwulst, sagte die Frau. Den ganzen Winter, das ganze Frühjahr hindurch. Vor vierzehn Tagen oder drei Wochen ist das Bett des Pfarrers in die obere Etage gestellt worden; von da an schlief die Tochter in der kleinen Kammer, die vor dem Abtritt liegt. Am 21. Mai habe ich die Johanna nicht gesehen. Sie ist nicht aufgestanden.

Die Magd hatte stockend und mit langen Pausen gesprochen. Inzwischen war es beinahe dunkel geworden. Der Richter stand auf, klopfte an die Tür und verlangte Licht, das er nicht auf den Tisch, sondern hinter sich auf das Fensterbrett stellte. Dann setzte er sich wieder. Sein Oberkörper war nur als Silhouette sichtbar und warf einen breiten Schatten bis zur Tür. Er sagte nichts. Irgendwann fing das Mädchen von selbst an zu reden: Ich kann mir nichts Unrechtes vorstellen. Aber die Frau hat mit dem Sohn geflüstert. Sie hatten beide viel zu tun, und doch war es ganz still im Haus. Den ganzen Tag. Dem Pfarrer mußte ich das Essen nach oben tragen. Er saß am Fenster und schrieb wie gehetzt. Als ich nachmittags wiederkam, schrieb er immer noch und hatte das Essen nicht angerührt.

Der Richter unterbrach die Vernehmung bis zum nächsten Morgen, forderte Häßners Frau auf, ihm ein Bett zu machen, und ging langsam durch das Dorf. Die Fenster des Pfarrhauses waren dunkel. Nur in der Dachstube schien ein schwaches Licht zu brennen. Am 26. Mai in der Frühe kam ein Bote aus Göttingen und brachte ein Bündel Papiere. Krüger machte sich in Häßners Begleitung unverzüglich zum Pfarrhaus auf und verlangte dort Johanna Rouille zu sprechen. Die Gesuchte war in der Nacht mit ihrem Bruder nach Hannoversch Münden gegangen. Krüger verließ daraufhin Jühnde. Von Göttingen aus leitete er die Verfolgung der Geschwister ein. Bei allen in Frage kommenden Familien in Münden wurde dringend nachgeforscht. Vergeblich. Obwohl das Jühnder Pfarrhaus von einheimischen Wachen, die Häßner verpflichtet hatte, umstellt war, arbeitete die Frau viel im Garten. Man sah ihr nichts an. Drei Tage später, um zehn Uhr abends, wurde von zwei Gerichtsgehilfen, kaum daß sie in Jühnde angekommen waren, Haussuchung gemacht. Die Frau war sehr ungehalten, der Pfarrer lag krank im Bett und schien nicht ansprechbar zu sein. Ich bin, sagt der Vater, ich bin der Herr Pastor und singe euch was vor, und wenn ich nicht mehr weiter weiß, dann sag ich bloß noch: Scheiß, Scheiß, Scheiß.

Gegen zwei Uhr in der gleichen Nacht meldeten die ausgestellten Wachen, Johanna Rouille und ihr Bruder, von denen man seit vier Tagen weder etwas gesehen noch gehört hatte, hätten eben einen Versuch gemacht, in das Pfarrhaus zu kommen. Die zahlreichen Männer fanden bis zum Morgen im Dorf und auf den Feldern nicht mehr als zwei aufgeweichte Frauenschuhe. Schon um neun hielt sich Krüger wieder in Jühnde auf und ordnete das Durchkämmen der ausgedehnten Wälder an. Dann setzte er sich mit dem Arzt, der ihn begleitete, in die Gastwirtschaft. Beide waren tief in Gedanken und beachteten das aufgetischte Frühstück kaum, was vielleicht daran lag, daß sie dem inzwischen auch in Göttingen bekanntgewordenen bedenklichen Zustand des Pfarrers nachgrübelten. Da trat der gutmütige und weichherzige Pastor Bartholomäus aus Barlissen ein. Sogleich führte er aus, daß er, weit davon entfernt zu glauben, Rouille, ein Mann von so aufrechtem Charakter und so ausgezeichneten geistigen Gaben, könne ein Verbrechen begangen oder auch nur eine Verschleierung veranlaßt haben, unverweilt nach Jühnde geeilt sei, um zu trösten und zu beruhigen. Aber ach, ich bin zu spät gekommen, sagte Bartholomäus, kein Wort des Trostes erreicht Rouilles zerrissenes Gemüt, keine Zusprache wirkt auf den zerrütteten Verstand. Der Sturz vom Gipfel seines schönen Glücks ist tief.

Richter und Arzt begleiteten Bartholomäus noch einmal

ins Zimmer des Kranken. Rouille war tief erschüttert und aufs höchste verwirrt. Er sah furchtsam um sich, als befürchte er alles und jedes. Kaum bemerkte er die Besucher, fing er an zu sprechen: Hier steh ich auf der Kanzel und predge wie ne Amsel; des Morgens kräht der Hahn, da geht die Predigt an, des Mittags plärrt das Kalb, da ist die Predigt halb, des Abends pfeift die Maus, da ist die Predigt aus. Arme, arme Maus.

Der Pfarrer wurde ins Dachgeschoß gebracht, seine Frau verhört. Am Ende einer erneuten, sehr sorgfältigen Haussuchung, die auch den Abtritt, die Mistgrube, den Kalkhaufen im Hof und den kleinen Teich im Garten nicht ausgelassen hatte, reiste Krüger, nachdem er die Fortsetzung der Wachen angeordnet hatte, am Abend des Dreißigsten wieder ab, erhielt aber, zuhause angekommen, schon kurz vor Mitternacht eine neue Botschaft durch einen Reiter aus Jühnde. Die Gesuchten seien im Garten des Bauern Fritz festgenommen und in ein Zimmer des Gasthofs gesperrt worden.

Früh um sechs Uhr begegnete Krüger der Rouille zum erstenmal seit acht Jahren.

Guten Morgen, sagte Krüger. Haben Sie Mitleid, sagte die Tochter.

Sie sind, sagte Krüger, der Kälte und der Nässe ausgesetzt gewesen und haben tagelang nichts zu sich genommen, wo sind Sie gewesen. Ich bitte Sie, schonen Sie mich, rief die Tochter. Die Gewährung dieser Bitte hängt vorzugsweise von Ihrem künftigen Benehmen ab, sagte Krüger. Sehen Sie mich an, rief die Tochter, so sehen Sie mich doch an.

Ich mache Sie, sagte Krüger eindringlich, auf die Vorteile aufmerksam, die mit einem reuevollen Geständnis verknüpft sind. Nur wenn Sie mir, ich betone mir, rückhaltlos alles gesagt haben, nur dann kann ich versuchen, die Katastrophe zu verhindern und der Sache eine günstige Wendung zu geben. Die Tochter schrie auf: Ausgerechnet Ihnen. Also, sagte Krüger.

Ihnen, lieber Freund, sagte die Tochter nach langem Überlegen, Ihnen als einzigem kann und will ich es gestehen: ja, ich habe wirklich geboren. Ach, wie leid tut mir mein armer kranker, bei Gott unschuldiger, ganz und gar ahnungsloser Vater. Das Kind ist auf dem Abtritt hinter meiner Kammer zur Welt gekommen. Als die Wehen stark wurden, ich habe Erfahrung, Sie wissen es, ging ich auf den Abtritt, hockte mich über die umgelegte Klappe und wartete in dieser Stellung. Das Kind fiel auf den Mist. Ich lief später in den Hof und deckte das Kind, das keinerlei Lebenszeichen von sich gegeben hatte, mit Stroh zu. Am nächsten Tag habe ich die kleine Leiche auf der Tenne vergraben. O Gott. Was für eine Katastrophe. Liebe Freundin, sagte Krüger leise. Ich werde Sie jetzt in Ihr väterliches Haus begleiten. Ihr Vater ist geistesgestört, Ihr Bruder tobt. Ihre Mutter liegt apathisch auf dem Sofa. Bitte, sagen Sie nicht mehr als vielleicht: Ach meine gute Mutter.

Ach meine gute Mutter, sagte die Tochter auch wirklich. Weg, du Miststück, rief die Mutter. Aber Mutter, sagte die Tochter nur. Ich wollte, du wärest tot oder nie geboren, rief die Mutter.

Grabt hier, sagte Krüger zu den Arbeitern im Hof. Dann fragte er: Was macht die Alte. Sie läßt uns nicht aus den Augen, sagte einer der Arbeiter.

Bitte, forderte die Mutter Krüger auf, nehmen Sie Kaffee. Nein danke, sagte Krüger. Aber Herr Krüger, so nehmen Sie doch, rief die Mutter. Nein, sagte Krüger.

Wir haben das Kind, riefen die Arbeiter wie erlöst. Trinken Sie doch endlich, drängte die Mutter. Jetzt nicht, sagte Krüger. Und dann: Was ist das für ein Pulver auf dem Kaffee, warum trinken Sie so hastig, Frau. Ah, gurgelte die Mutter. Es klang furchtbar. Ah.

Lieber Freund, mein guter Herr Krüger, rief die Tochter. Ich höre, sagte Krüger, sich ihr zuwendend. Nun, sagte die Tochter, nun ist meine Mutter tot, und ich könnte alle Schuld auf sie schieben. Ich kann das aber mit meinem Gewissen nicht vereinbaren. Allerdings ist meine Mutter während der Entbindung bei mir gewesen. Ich hatte ihr schon in der Nacht, in der ich die ersten Wehen spürte, alles gestanden. Angeblich hatte sie meinen Zustand vorher nicht bemerkt, was ich nicht glaube, weil sie mich im April, als sie mir in der Küche beim Baden half, nackt gesehen hat. Meine Mutter war nach meinem Eingeständnis sehr böse auf mich, sie schrie: Zum dritten Male, du Hurenluder. Sie wissen ja, Herr Krüger, so gut wie ich, was das vor neun Jahren für eine Badereise nach Hamburg war. Auf Ihren Rat hin habe ich mich Madame Falk genannt.

Krüger sagte: Lassen Sie das. Auf Ihren Rat hin, wiederholte die Tochter. Schweifen Sie doch nicht dauernd ab, mahnte Krüger mit Nachdruck, jede Erpressung oder Nötigung wäre überflüssig, ich stehe ohnehin auf Ihrer Seite. Aber, rief die Tochter.

Hören Sie zu, sagte Krüger, hören Sie genau auf das, was ich jetzt sage. Sehr genau, wenn ich bitten darf. Eine Erpressung, auch nur der Versuch, würde mich zu Ihrem unbedingten Gegner machen. Ob ich will oder nicht. Das Gesetz läßt sich nicht bestechen oder erpressen. Ich bin ein Diener des Staates. Der Staat weist jeden Ansatz, seine Autorität zu untergraben, mit äußerster Härte zurück. Sie wissen, was das heißt. Auf Kindesmord steht die Todesstrafe. Auch wenn Milderungsgründe vorhanden wären, würden Sie lebenslänglich eingesperrt. Wer sich wie Gesindel benimmt, wird wie Gesindel behandelt. Denken Sie an die engen, dunklen, feuchten Zuchthauszellen. Wie lange würden Sie dort wohl noch am Leben sein. Sie setzen alles aufs Spiel.

Ich habe damals, beharrte die Tochter, den wahren Vater des Kindes nicht angegeben. Erinnern Sie sich, was Sie gemacht haben. Sie haben mich beschuldigt, ein Fremder sei im Spiel, und gesagt, damit ginge die ganze Sache sie nichts mehr an. Sie halten jetzt sofort den Mund, rief Krüger, Sie vergessen das Ganze, oder ich lasse jede, ich sage jede Rücksicht Ihnen, Ihrem Vater, der Stellung und dem Ruf Ihrer Familie gegenüber fallen. Dann werden Sie alle durch den Dreck gezerrt, mit Dreck beworfen; es ist, als würden Sie nackt durch Göttingen getrieben. Wollen Sie das. Ich rate Ihnen, überlegen Sie gut. Fallen Sie nicht aus der Rolle.

Sie haben ja recht, sagte die Tochter. Ich habe mich mit dem jungen Fritz von nebenan eingelassen. Es war sonst niemand da.

Gut so, sagte Krüger, weiter so. Im Herbst, flüsterte die Tochter, hinten im Garten. Wieder ging ich für drei Monate nach Hamburg, wieder als Madame Falk. Jetzt, beim drittenmal, habe ich meiner Mutter vorher nichts gesagt. Ich wäre aus dem Haus gejagt worden. Ich hockte auf dem Abtritt. Meine Mutter fing das Kind auf und führte mich in die Kammer zum Bett. Dann ging sie zurück. Nach einer halben Stunde stand sie plötzlich vor mir. Das Kind sei totgeboren. Am nächsten Tag konnte ich aufstehen und nachsehen. Es lag auf dem Abortsitz und war mit alten Röcken zugedeckt. Am 22. Mai vergrub meine Mutter das Kind auf der Tenne, während ich im Hausflur Wache hielt. Das Kind war tot, bevor es auf die Welt kam.

Ja, sagte Krüger, ja, das Kind war tot. Lieber Freund, rief

die Tochter, es ist wie ein Traum, träume ich, oder wache ich. Krüger sagte: Sie werden sehen, in einem Jahr sind Sie frei. Alles wird gut. Ihr Vater, völlig wiederhergestellt, wird in Münden seine Rente verzehren und ganz der Schriftstellerei leben. Er wird justizkritische Sprüche verfassen. Mit mehr Recht als andere. Sie und ihr Bruder werden bei ihm wohnen. Alles wird gut. Sie werden eine glückliche Familie sein. Sie werden sehen.

Johanna atmet mehrmals sehr tief und sagt: Was sich auch ereignet mit uns, welche Erschütterungen, Zerstörungen, Verkrüppelungen wir auch aushalten müssen, eines Tages finden wir uns doch in glücklichen Umständen, in einem Kreis von lieben Menschen wieder, und ich meine, es ist die allgemeine Angst, die immer eine deutliche Grenze, eine Schwelle zwischen uns und den anderen, zwischen drinnen und draußen fordert. Die Angst vor dem Alleinsein, der Dunkelheit, den Katastrophen, vor einem alten Mann, der, hinter einem kleinen Mädchen aus dem Gebüsch kommend, sich die Hosen zuknöpft.

Ich habe, sagt Krüger, die Angelegenheit auf sich beruhen lassen. Mit weiteren Ermittlungen wäre niemandem gedient, ihr nicht, mir nicht, der Justiz auch nicht, dem Staat schon gar nicht. Viele kleine Halsbandaffären und Skandale können am Ende auch einen dieser katastrophalen Stürme hervorrufen. Man betrachte nur die lange Dauer unserer Beziehungen und Verhältnisse, und man wird sich nicht wundern, daß diese Erscheinungen, bei dauernd wirkenden gleichen Ursachen, ihre jetzige extreme Gestalt angenommen haben.

Dann höre ich kein Wort mehr von nebenan. Die Tür wird geöffnet und wieder zugeworfen, laute Schritte gehen den Gang entlang und die Treppe hinunter. Es scheinen nur drei Personen gewesen zu sein. Ich lege das Ohr an die Wand. Flüstern, eine Matratze quietscht, unterdrücktes Lachen. Das Herz schlägt schneller, ich kann nicht mehr richtig atmen, meine Haut, vor allem in den Achselhöhlen und an der Innenseite der Oberschenkel, bedeckt sich mit kaltem Schweiß. Für den Bruchteil einer Sekunde muß ich an Charles Manson denken. Dann liege ich auf dem Bett. Ich drücke die Zeigefinger in die Ohren. Leicht fällt mir das nicht. Endlich schlafe ich ein. Später gehe ich über den Marktplatz in Jever. Das Pflaster glänzt im Regen. Niemand begegnet mir, es ist kurz vor elf. Der Abend, die Autorenlesung vor sechzig Zuhörern und das anschließende Gespräch über meine Texte haben mich nicht angestrengt. Hundertfünfzig Mark reicher. Leute wie ich sind hier schon wieder oder immer noch Dichter. Die Einladung meiner Gastgeber habe ich abgelehnt; man sitzt ein oder zwei Stunden zusammen und erfährt nichts voneinander. Während der Lesung habe ich manches rätselvolle Gesicht, in der Unterhaltung danach manche rätselhafte Stimme verzeichnet. So jemanden möchte man selbstvergessen oder selbstbewußt unterhaken, mit dem möchte man die ganze Nacht hindurch um den Marktplatz gehen und alles hören, alles. Und alles sagen, alles. Welche Möglichkeiten wir hätten. Welche Möglichkeiten, zwei Arme zu entfalten, sie auszubreiten und wunderbar aufzusteigen. Frei zu sein. Statt dessen gehe ich zurück ins Hotel. Unterwegs halte ich nach einer Telefonzelle Ausschau. Morgen mittag bin ich zurück, ich freue mich, werde ich zu Heidrun sagen, und ich werde nicht lügen, in diesem Augenblick wird es die Wahrheit sein.

XVI Telefonat eins

Langsam in Richtung Hotel. Die Schaufenster sind noch beleuchtet. Vor mir sehe ich ein höchst unangenehmes Gesicht im Profil. Wer soll das sein. Es ist mein eigenes Bild, das von mehreren gegeneinander geneigten Spiegeln in der Auslage eines Rahmengeschäfts zurückgeworfen wird. Begegnung mit wem. Mit einem Türken der Intelligenz.

Ich muß an den Kritiker Claude Vignon denken, den Balzac über seinen Grübeleien einschlafen läßt, der, zufrieden damit, alles durchdrungen, verstanden zu haben, das Tatsächliche verachtet und, wenn es darum geht zu handeln, voller Zweifel nur Hindernisse sieht, ohne vom Schönen entzückt und hingerissen zu sein, und weil er so viele Gedanken an die Mittel verschwendet, steht er mit hängenden Armen da und bringt nichts zustande. Der Wunsch, schöner zu sein, interessanter, weniger alltäglich, und wie weit ich dafür zu gehen bereit bin. Meine Angst, wenn trivial, ist es in dem Maß, in dem meine Zuneigungen, Abneigungen banal sind. Aber muß es das Reden über das unabsehbare Panorama der Vorstellungen ebenso sein.

Einerseits: jeder Dritte stirbt an Krebs, von hundert Neugeborenen erreichen keine fünfundsiebzig das neununddreißigste Lebensjahr. Und: die grünen Inseln werden immer kleiner, das zeigt mir jeder Spaziergang, statt dessen wachsen die Häuser über das Land, und Straßen breiten sich aus, beinahe wie von selbst. Weiter: manches, was mich vor wenigen Jahren noch erschüttert hätte, bemerke ich kaum, anderes freut mich nicht mehr richtig. Aber: der berühmte Südpolarforscher Shackleton, der in der Antarktis Temperaturen von minus fünfzig Grad, rasende Schneestürme, Hunger und Durst ohne weiteres überstanden hatte, ging eines Abends bei nebligem Wetter in London aus, erkältete sich und starb wenige Tage später an einer Lungenentzündung. Der Flieger Henry Stamford, der während des Ersten Weltkrieges über sechzig Einsätze geflogen hatte, ohne ein einziges Mal verwundet zu werden, obwohl die Tragflächen der Maschine nach jeder Landung wie Siebe aussahen, fiel auf dem Landgut seines Vaters von der Schaukel und brach sich das Genick. Ferner George Whitney, einer der bekanntesten Alpinisten seiner Zeit, vielleicht der bekannteste überhaupt, dessen Erstbesteigungen im Kaukasus und im Himalaja Sensationen gewesen sind. Er stolperte nach einem Vortrag beim Verlassen des Podiums und war eine halbe Stunde später tot. Außerdem hat es einen Artisten gegeben, William Leach hieß er. Dieser Leach ließ sich in ein Eichenfaß sperren und so den Niagarafall hinunterstürzen. Als er aus dem Faß kletterte, hatte er nicht die kleinste Schramme. Aber in Brisbane, wo er nach einer Vorstellung leicht angetrunken auf dem Rückweg zum Hotel war, ist er in einen Straßengraben gerutscht und im Schlamm erstickt.

Am Ende: ich habe einen Freund. Er ist im gleichen Alter wie ich, Physikprofessor in Göttingen. Er geht mit Lichtjahren und Zerfallszeiten und Computerstatistiken um, errechnet im Nu die Chancen eines Spiels oder die erforderliche Lage und Größe von Fenstern, die etwa den Innenraum einer Kirche auch am 21. Dezember, mittags zwei Uhr, selbst wenn der Himmel bedeckt ist, ausreichend mit Tageslicht versorgen sollen, er lenkt sein überschweres Motorrad so gut wie sein Sportflugzeug, führt den Fachbereichsrat am langen Seil und verwaltet kunstvoll und erfolgreich das beträchtliche, von einer amerikanischen Tante geerbte Vermögen. Nur wenn er Seelenprobleme hat. Dann kommt er in der Nacht wortlos an mein Bett und legt seinen Kopf in meinen Arm. Wir mit unserer unbeschreiblichen Angst.

Ich kehre um, stehe wieder in der Zelle und hebe den Hörer ab. Noch eins, sage ich zu Heidrun, als 1925 die deutsche Regierung mit der Sowjetregierung wegen dreier deutscher Studenten verhandelte, die in Moskau verhaftet und zum Tode verurteilt worden waren, telegrafierte Ernst Thälmann an Stalin, er solle die Verurteilten hinrichten lassen. Ein Urteil wurde tatsächlich vollstreckt, die beiden anderen Studenten, der eine hieß Kindermann, schob man ab. Dieser Kindermann besuchte viele Jahre später den inzwischen seinerseits in Deutschland verhafteten Thälmann. Du ahnst schon, das war in der Nazizeit. Kindermann betritt den kleinen, kahlen Raum mit den Worten: Sie sind ja hier wie in einem komfortablen Hotel untergebracht. Dann, nach bohrendem Blick: Ich bin Kindermann, sagt Ihnen der Name etwas. Ich verweigere jede Aussage, soll Thälmann bleich gelispelt und die Lippen zusammengepreßt haben. Oder waren die Studenten nicht vielmehr zu ganz anderer Zeit und in Südamerika verhaftet worden, hatte möglicherweise ein Herr Wandler oder Tandler das Telegramm auf den Weg gebracht.

Heidrun antwortet nicht. Eine zweite Frage, sage ich, sie hat damit zu tun, daß unsere Freunde zum Teil dieser und zum Teil jener Überzeugung sind. Die einen sagen: Unsere Kinder bekommen keine Wasserpistolen, und wenn sie sich auf den Kopf stellen, das hat mit der revolutionären Gewalt, die wir bejahen, gar nichts zu schaffen. Die anderen meinen: Wir lehnen Gewalt in jeder Form ab, aber ein Kind mit Pfeil und Bogen oder einer Zündblättchenpistole stört niemanden, am wenigsten sich selbst.

Immer noch Schweigen am anderen Ende der Leitung. Du hast dich doch längst entschieden, sage ich. Totenstille. Ich sage: Die Art, wie du die Stopfnadel hältst, den Füller aufschraubst, wie du in das Klassenzimmer trittst, eine Kurve durchfährst, mich umarmst, spricht Bände. Wie Gottfried Keller sagt. Alles ist Politik. Mit diesen Worten drücke ich die Gabel nach unten. Alles ist Politik. Aber das bringt einen auch nicht weiter. Das dauernde Bemühen um Zusammenhänge. Die nutzlose Kraftvergeudung. Wissen wollen, endgültig, woran man ist. Warum. Aus Schwäche, sage ich, aus Bequemlichkeit, merkwürdigerweise. Dagegen erzählt Louis Aragon im ersten Band seines Romans Die Kommunisten von der Tochter eines Pariser Bankiers, die in den Jahren vor Ausbruch des Zweiten Weltkrieges in einem Klima der Konspiration und verdeckten Gewalt zur Frau wird. Sie erlebt den Sommer neununddreißig auf dem Landgut der Familie bei Biarritz. Während die Verschwörer einzeln oder in Gruppen beinahe jedes Zimmer des Schlosses mit den Geräuschen erfüllen, die beim Entsichern der Pistolen entstehen, sitzt die junge Frau im Park, Tag für Tag, Woche für Woche, und liest den ganzen Balzac. Und nichts konnte sie ihrer Lektüre entreißen, schreibt Aragon. Aber wahrscheinlich kennt Heidrun das Buch schon.

XVII   Telefonat zwei

Zwei Minuten später habe ich erneut gewählt. Warum, fragt Heidrun, die sofort abgehoben hat, stirbt Eduard schon 1861, man erkennt ihn kaum. Er ist, antworte ich, ein Typus, und dazu wird er nicht infolge seiner Durchschnittlichkeit, aber auch nicht durch seinen nur, wie immer vertieften, individuellen Charakter, sondern dadurch, daß in ihm alle menschlich und gesellschaftlich wesentlichen, bestimmenden Momente eines geschichtlichen Ablaufs zusammentreffen. Aber du zitierst ja Georg Lukács, sagt Heidrun.

Ich habe zitiert, richtig, doch nun die eigenen Worte. Als Tolstoi Krieg und Frieden schrieb, waren die Probleme Rußlands, die der Roman darstellt, noch nicht gelöst. 1812, 1868 und weitere neunundvierzig Jahre. Ähnlich, Eduard betreffend, die Zeit nach 1861. Wie groß uns Veränderungen erscheinen, hängt von der Weltanschauung ab. Nimm einem Unternehmer ein Prozent seines Reingewinns, und schon schreit er Mord. Wir dagegen würden das Zehnfache noch für zu wenig halten. Was mich angeht, ich sehe Eduard deutlich genug, er ist aber auch so weit nach hinten gerückt, daß er nicht den ganzen Horizont verdeckt und mich damit ohne größere Bezüge dem Chaos der Gefühle überließe. Außerdem kann ich aus mäßiger Entfernung sein Gesicht erkennen, während es, unmittelbar vor meinen Augen stehend, wie alles Nahe in Fragmente zerfallen würde.

Und aus der Geschichte kann man doch lernen, sage ich noch. Man muß den Menschen auch woanders sehen als dort, wo man geboren wurde. Sich aus dem gewohnten Dasein lösen. Dann empfindet man besser seine Größe und sein Elend. Leute, die immer in Persien gelebt haben, sind daran gewöhnt, auf den Straßen inmitten von Sterbenden und Leichen zu sein.

Es gefällt mir auch nicht, fährt Heidrun fort, wie du unser Leben enthüllst. Da die Wirklichkeit, sage ich, als Ganzes immer reicher und vielfältiger ist als selbst die reichste erzählte Geschichte, können ein genau der Wirklichkeit nachgezeichnetes, also biografisch echtes Detail, eine echte Episode so, wie sie faktisch sind, niemals an die Wirklichkeit heranreichen. Um einen den Reichtum der Wirklichkeit erweckenden Eindruck zu erzielen, muß der ganze Kontext des Lebens umgebaut werden, muß die Komposition eine ganz neue Struktur erhalten. Wenn dabei biografisch echte Details, Episoden so, wie sie sind, benutzt werden können, ist das ein glücklicher Zufall. Ganz unverändert werden sie auch in solchen Fällen nicht gelassen, denn ihre Umgebung, ihr Vorher und Nachher hat sich eben entscheidend geändert.

Das hört sich wie ein neues Zitat an, sagt Heidrun und legt auf. Ich überquere den dunklen Platz, Schritte hinter mir, Eduards Geschichte als rasend abgespulter Film, was habe ich herumtelefoniert, oder habe ich die ganze Zeit nur von ihm gesprochen, ich bekomme Angst, gehe schneller, dicht an den Häuserwänden entlang, die Schritte folgen mir um alle Ecken. Eduard hört nicht auf, mich zu beschäftigen, auch wenn ich tausendmal den Schlußsatz unter seine Geschichte zu setzen versuche.

XVIII Eduard

Eduard, so nannte sich ein schöner schlanker Mann Anfang Dreißig mit feingliedrigen Händen und sanfter Stimme, Eduard kam eines Abends müde aus dem großen, gegen das Tal und den Bach hin abfallenden Garten herauf. Er hatte die Rosen verschnitten, und nun legte er die Schere auf den Tisch, streifte die schützenden Handschuhe ab und setzte sich auf die Bank aus Sandstein, die neben der Hintertür des Schulhauses stand. Wie mild die Luft war. Gedankenverloren blätterte er im Hyperion, in dem er vor Stunden gelesen hatte. Sein Gesicht sah sorgenvoll aus. Denn er wußte immer besser, daß zwischen dem einnehmenden Wesen, der vornehmen Art, die er an den Tag legte, und seinem Beruf eines Volksschullehrers auf dem Land ein gewisser unüberbrückbarer Gegensatz bestand, der noch stärker ins Auge fiel, wenn man Eduards außerordentliche Bildung bedachte. Heftig interessiert an Kunst und Wissenschaft, war er in seiner abgeschiedenen Lage unter Bauern und anderen einfachen Leuten ganz auf sich und die gedruckten Nachrichten und Meinungen jener großen lebensvollen Welt verwiesen, die für ihn Berlin verkörperte und in der er sich nur besuchsweise aufhalten konnte, bei seinem Freund Ludwig, einem studierten Juristen und angehenden Schriftsteller, mit dem er übrigens in intensivem Briefwechsel stand. Eduard, das sei noch angemerkt, wurde von den wenigen Menschen, die ihm, überwiegend seit der Zeit im Seminar, nahestanden, für einen empfindungsreichen Schöngeist und extremen Ästheten gehalten. Lebte er im Hyperion nicht mehr, als daß er ihn las. Und Kleists Erzählung Michael Kohlhaas, die er in einer sehr frühen Ausgabe besaß. Er hatte sie an die achtzigmal gelesen. Der Pferdehändler tut, was er tun muß, ich verstehe ihn gut. Solche Worte Eduards, den zwei, drei Vertrauten gegenüber ausgesprochen, die er hatte, waren die Ursache freilich kurzfristiger Zweifel an seiner Fähigkeit zu alltagstauglicher, existenznotwendiger Kompromißbereitschaft.

Dieser Eduard also, nachdem er zwei Jahre versucht hatte, den Dorfkindern seine Gedanken und Empfindungen nahezubringen, war plötzlich verschwunden. Ein Mittwochmorgen Ende April, und die Schultür bleibt verschlossen. Die Kinder toben noch eine Weile im Hof herum, dann zerstreuen sie sich. Der Lehrer ist über alle Berge. Die kahle Stube, ein aufgeschlagenes Buch (Goethes Gespräch mit Eckermann vom 12. März 1828), eine angebissene Birne sind die bald vergänglichen Zeichen, die er zurückgelassen hat. Weder die Dorfbewohner noch seine vorgesetzte Behörde wußten oder ahnten auch nur, wohin er sich mit welchen Plänen gewendet haben konnte. Als sei er in der Mitte eines abgrundtiefen Sees, rätselhaften Kräften ausgesetzt, untergetaucht und nie wieder zum Vorschein gekommen. Armer Eduard. So dachten viele. So las es Charlotte, Ludwigs Frau, die sich vorübergehend im südlichen Ausland aufhielt, in einem Brief ihres Mannes. Armer, armer Eduard. Was mag aus ihm geworden sein.

Eduard hinterließ bedrückte Freunde. Ludwig zum Beispiel. Immer wieder blätterte er ratlos in der alten Korrespondenz. Gab es keinen Fingerzeig. Irgendwo mußte er doch auf einen Hinweis stoßen, der alles mit einemmal erklärte. Erst allmählich wurde ihm bewußt, daß die Folge sämtlicher Briefe, die er von Eduard bekommen hatte, Dokument einer fortschreitenden Veränderung war. Nach zweimonatigem Aufenthalt auf dem Land hatte Eduard noch geschrieben: Hin und wieder etwas Gutes tun, weil das auch ein Genuß ist, arbeiten, damit man genießen und wirken kann, andern das Leben geben, damit sie es wieder so machen. Am Ende des ersten Jahres hieß es schon: Dadurch, daß ich mit Schönheit, Gerechtigkeit und tiefen Empfindungen seit meiner frühen Jugend in enger Berührung gestanden habe, bin ich so empfindlich geworden, daß mich die kleinsten Angriffe, denen das Gefühl jedes Menschen nach dem Lauf der Dinge nun einmal ausgesetzt ist, doppelt und dreifach schmerzen. Und im folgenden Sommer: Wirklich, es ist sonderbar, wie mir in dieser Zeit alles, was ich unternehme, zugrunde geht, wie sich mir immer, wenn ich mich einmal entschließen kann, einen festen Schritt zu tun, der Boden unter den Füßen entzieht. Dann, einige Wochen später: Du mußt, was ich Dir auch sagen werde, nicht mehr nach dem Maßstab der Welt beurteilen. Die Zeit hier draußen, in der ich über die Welt im großen frei nachdenken konnte, hat mich dem, was die Menschen Welt nennen, sehr unähnlich gemacht. Ich trage eine innere Vorschrift in meiner Brust, gegen welche alle äußeren, und wenn sie ein König unterschrieben hätte, nichtswürdig sind. Daher fühle ich mich ganz unfähig, mich in irgendein konventionelles Verhältnis der Welt zu passen. Ich finde viele ihrer Einrichtungen so wenig meinem Sinn gemäß, daß es mir unmöglich wäre, an ihrer Erhaltung oder Ausbildung mitzuwirken. Dabei wüßte ich doch oft nichts Besseres an ihre Stelle zu setzen. Weiter: Mich ekelt vor dieser Gesellschaft, und doch kann ich mich nicht losringen aus ihren Banden. Mein einziges und höchstes Ziel ist gesunken, ich habe keins mehr. Seitdem widern mich die Bücher an, ich lege die Hände in den Schoß und suche ein neues Ziel. Aber ich finde es nicht. Endlich hatte Eduard geschrieben: Komm, laß uns etwas Gutes tun und dabei sterben. Einen der Millionen Tode, die wir schon gestorben sind und noch sterben werden, als ob wir aus einem Zimmer in das andere gehen. Und zuletzt: Das Leben, das vor mir ganz öde lag, gewinnt mit einemmal eine wunderbare, herrliche Aussicht. Ich will meinem Herzen ganz und gar, wo es mich hinführt, folgen und auf nichts Rücksicht nehmen.

Monate, Jahre vergingen. Eduard war lange vergessen, Charlotte längst aus Italien zurück, da stieß man, am 10. März 1858, auf die nicht leicht zu lesenden Spuren einer menschlichen Existenz. Sollte etwa unser Eduard, dein Eduard. Aber so fragte Ludwig seine Frau erst später. Zu unsinnig wäre es gewesen, die Entdeckung in einem der Waldgebiete östlich der Oder mit dem verschwundenen Eduard in Verbindung zu bringen.

Alles begann damit, daß der Mühlenbesitzer Abel aus Beyersdorf, einem Ort in der Ebene zwischen Posen und Küstrin, vom Freiherrn Klaus v. Zenge, dem Eigentümer mehrerer Rittergüter der Umgebung, einige Meter Holz kaufte; sie lagerten im Pyritzer Forst. Am 10. März, einem klaren, sehr kalten Wintertag, gut für dergleichen Fuhren, wollte Abel das Holz abtransportieren lassen. Während der Knecht das erste Gespann nach dem Hof führte, blieb der Müller im Wald. Auf der Suche nach einem Stock, den er sich schneiden wollte, kam er auf ein welliges, mit jungen Buchen bestandenes Gelände. Am Abhang eines Hügels, etwa hundertfünfzig Meter vom Waldrand und der dort verlaufenden Landstraße entfernt, war der Schnee zusammengetreten. Nachdem Abel sich weiter in die Büsche gedrängt hatte, sah er einen Haufen Laub ohne jede Schneebedeckung. Wie merkwürdig. Zuerst dachte er an ein Tier. Er wühlte mit einem Ast im Laub. Das

Laub fiel nicht auseinander, sondern verschwand in einem Erdloch. Das konnte ein Fuchsbau sein. Als Abel allerdings ein weiteres Loch fand und außerdem feststellte, daß die Erde unter ihm hohl klang, wurde er mißtrauisch. Bevor er sich aber ein neues Bild gemacht hatte, sah er, wie aus einer der Öffnungen ein dicker Knüppel geschoben wurde, dem sofort der Kopf eines bärtigen Mannes folgte. Während Abel, nachdem er einen langandauernden lauten Schrei ausgestoßen hatte, in Richtung Holzplatz floh, lief der Bärtige tiefer in den Wald hinein.

Leute kamen. Die Höhle war entdeckt. Ein mit Erde getarntes Brett verschloß die Anlage. Der schmale Einstieg setzte sich in einem Gang fort, durch den man kriechen mußte, so niedrig war er. Die eigentliche Höhle, zwei Meter breit und drei Meter lang, lag tief unter der Erde. Sie konnte nur von zwei Mann auf einmal besichtigt werden. Abel ordnete die lange Schlange der Neugierigen, die bald bis auf die Landstraße außerhalb des Waldes reichte. Wer, mit nassem Lehm beschmiert, wieder ans Tageslicht kam, gab den Wartenden Bericht. Lumpen über Lumpen. Klamotten. Werkzeuge, Messer, Beile, was du willst. Und geschickt muß sein, wer so was baut. Es dämmerte schon, als der Freiherr mit seinem Gerichtsschreiber und mehreren fackeltragenden Knechten vorfuhr. Die Dörfler wurden zurückgedrängt. Es liegt hier, diktierte v. Zenge dem Schreiber nach eingehender Besichtigung, der Fall einer von Unbekannt auf grundherrlichem Boden angelegten Höhle vor. Die Wände, mit starken Balken fragwürdiger Herkunft abgestützt und mit Lehm ausgestrichen, tragen Querhölzer, auf denen die Decke liegt, eine zwei bis drei Meter dicke Schicht Erde, die mit zahlreichen Buchenschößlingen bepflanzt worden ist. Das Ganze erinnert an eine gedeckte Verschanzung, einen Pulverkeller etwa, wie ihn die Mineure beim Militär anzulegen lernen. An langen Nägeln, die überall in den Balken stecken, hängen Speckseiten, Würste, Netze mit Brot, Kleidungsstücke. Die Herkunft dieser Sachen ist ungewiß. Ein behauener Klotz soll offensichtlich den Stuhl, ein Brett an der Wand den Tisch darstellen. Als Bett hat wahrscheinlich der Heuhaufen in der Ecke gedient. Der Unterschlupf, welchen Zweck er immer erfüllt haben mag, macht einen höchst verdächtigen Eindruck. Es drängt sich der Gedanke an eine Räuberhöhle aus Grimms Märchen auf. Wir ordnen daher eine Nachtwache an und beauftragen unseren Förster mit einer Nachsuche bei Tageslicht. Gezeichnet und so weiter. Mit diesen Worten sprang der Freiherr in die Kutsche. Auch die Bauern gingen heim. Nur zwei Knechte machten bis zum anderen Morgen zwischen Landstraße, Waldrand und Höhle die Runde.

Der Förster hatte viel Arbeit mit der Höhle, scharfe Auseinandersetzungen mit den Leuten. Was war nicht alles herauszuschaffen. Und zahlreiche Bewohner der Gegend umkreisten das Warenlager und reklamierten dies und jenes Stück als ihr Eigentum. Am Abend waren nur noch die Haufen Lumpen, die Berge Altheu und ein schmieriges, abgegriffenes Schreibheft übriggeblieben. Der Förster trug das Heft ins Herrenhaus, wo er den Gutsbesitzer allein beim Abendessen vorfand. Er bekam den Befehl, die erste Seite aufzuschlagen, und hielt seinem Dienstherrn den Fund in Leseentfernung vor die Augen. Liebe. Zenge las den Titel, brach die Mahlzeit ab und schickte den Förster weg. Er ließ den Kaffee in die Bibliothek bringen. Dort hielt er sich, im Sessel dicht am Kamin sitzend, bis zum Morgen auf.

Klaus v. Zenge. Sein Horizont war weit. Unverheiratet, ungebunden, dreißig Jahre alt, hatte er bis zum Jahreswechsel an verantwortlicher Stelle im Departement der inneren Angelegenheiten gearbeitet. Er war nur wegen seiner Güter ausgeschieden. Was ich geerbt habe, zerrinnt von Jahr zu Jahr mehr und kommt endlich ganz unter den Hammer. Nur wer äußerste Regsamkeit an den Tag legt, kann unter den herrschenden Verhältnissen mit Großgrundbesitz sein Glück heute noch machen, wo alles, Kapital, Unternehmungslust, Arbeit, in den industriellen Bereich drängt. Sein Chef hatte dem zugestimmt und ihm unbefristet Urlaub gegeben. Eilen Sie, Ihr Erbe zu retten, junger Freund. So lebte er nun auf dem Land, in stark empfundener Isolation, und einzig die Tatsache, daß er in völliger Stille, voll absoluter Besessenheit nächtelang lesen konnte, söhnte ihn mit der übernommenen Verpflichtung und den ungewohnten Lebensumständen aus. Schon vormittags, während er den Verwaltern Anweisungen gab, und später am Tag, wenn er die angeordneten Arbeiten überprüfte, ja selbst während seltener Besuche bei benachbarten Gutsbesitzerfamilien mit unverheirateten Töchtern ertappte er sich über einem Abschweifen seiner Gedanken, immer häufiger nahm er für kurze Zeit nicht mehr wahr, was um ihn herum vorging, es interessierte ihn auch nicht, statt dessen dachte er an den langen Abend, die noch längere Nacht in der Bibliothek, die ihn erwarteten, sobald es endlich dunkel und still geworden war. Das und das Buch las er gerade. Und er mußte lächeln. Auch bemerkte er eine gewisse Ungeduld an sich, wenn ein Gesprächspartner zu längerer Erzählung ausholte, einen Widerwillen, sich von dem, was gesagt wurde, fesseln zu lassen. Diese den Verkehr mit der Umgebung hemmenden Erscheinungen wurden stärker, je länger er auf dem Land blieb.

In der Nacht vom 11. auf den 12. März 1858 saß Klaus v. Zenge Stunde um Stunde bis zum Morgen in seinem alten Sessel aus dem Departementsbüro vor dem erkalteten Kamin. Die Hand hielt das Schreibheft aus der Höhle noch lange, nachdem er es ausgelesen hatte. Als hätte ein Freund zu ihm gesprochen. Als würde gleich die Tür aufgehen, jemand eintreten und sich zu ihm setzen, eine Hand sich leicht auf seinen Arm legen. War er wirklich so allein hier draußen. Hatte er wirklich so große Sehnsucht danach, eine ganz andere Art von Leben zu führen. Immer wieder schlug er das Heft auf und las, was dort in flüchtiger Handschrift stand.

Etwa: Das Leben, das vor mir ganz öde lag, hat mit einemmal eine wunderbare, herrliche Aussicht gewonnen. Ich bin meinem Herzen ganz und gar, wo es mich hingeführt hat, gefolgt und habe auf nichts Rücksicht genommen. Oder: Herrlich ist es, in einer unendlichen Einsamkeit am Meeresufer unter trübem Himmel auf eine unbegrenzte Wasserwüste hinauszuschauen. Dazu gehört gleichwohl, daß man dahin gegangen ist, daß man zurück muß, daß man hinüber möchte, daß man es nicht kann, daß man alles zum Leben vermißt und die Stimme des Lebens dennoch im Rauschen der Flut, im Wehen der Luft, im Ziehen der Wolken, im einsamen Geschrei der Vögel vernimmt. Dazu gehört ein Anspruch, den das Herz macht, und ein Abbruch, um mich so auszudrükken, den einem die Natur antut oder schmerzlicher noch die Gesellschaft.

Klaus v. Zenge las: Einmal frei, wanderte ich ohne jede Spur von Bedauern unaufhaltsam durch ganz Deutschland auf die Alpen zu. Ich besaß nicht mehr, als was in die Taschen meines großen Mantels gegangen war, den Hyperion, das Buch von Kleist, ein Messer, mein Geld und die beiden Blankopässe. Ihr Bild. Ich trank aus Bächen und aß, wenn ich an einen Laden, ein Speiselokal kam. Wo mich die Dunkelheit überraschte, schlief ich. Gasthof, Chausseegraben, Heuschober, alles war mir gleich recht. Zu Fragen nach dem Weg, zu irgendwelchen Unterhaltungen mit Einheimischen und Wanderern, die ich auf der Landstraße überholte, hatte ich weder Zeit noch Lust. Ich konnte, ich mußte mich nur mit mir selbst befassen. Tage, Wochen reichten nicht aus. Welche Verwirrung des Gefühls und welche Klarheit zugleich. Nach Süden. Nach Süden. Eine jederzeit gegenwärtige schmerzhafte Sehnsucht nach einem Frühling jenseits der Alpen, jenseits der öden Zone grauer Seelen hatte von mir Besitz ergriffen und wuchs zur unwiderstehlichen Gier, die mich vorwärts hetzte. Immer größer wurden die Strecken, die ich vom Morgen bis zum Abend zurücklegte. Schon brach ich den Marsch während der Abenddämmerung nicht mehr ab, schon dachte ich an eine Fortsetzung meiner Fußreise auch während der Nächte, da gingen nach zwei Wochen in der Gegend von Freiburg Vorsatz und Kraft so weit auseinander, daß ich nur die Wahl zwischen mehrtägiger Pause und Eisenbahn hatte. Ich entschied mich für die Eisenbahn, fuhr mit ihr nach Basel und von dort nach Luzern. Was ging mich die Schweiz an. Ich guckte nicht aus dem Fenster, ich sah ihr Bild, weiter nichts. Als würde ich noch in jenem Dorf, dessen Namen ich beinahe ganz vergessen hatte, in meiner Stube sitzen, als hätte die Stube nur Räder bekommen. Von Luzern aus führte der Weg den Vierwaldstätter See entlang. Nach Süden. Ich ging, so schnell ich konnte. Die wunderbare, einmalige Axenstraße, die ich morgens bei vorteilhaftester Beleuchtung passierte, von der ich in trüben, einsamen Nächten so viel gelesen, deren Bild allein schon mich damals verheißungsvoll getröstet hatte, ich sah sie kaum. Der Weg war steinig, stellenweise bedeckt mit Geröll, ich mußte langsam gehen und wurde aufgehalten, das allein war wichtig. An einem wolkenlosen Tag Ende Mai stieg ich endlich die sagenhafte Schöllenenschlucht hinauf. Sie ist eines der Traumziele des

Dorfschullehrers gewesen. Rechts und links die maßlos hohen, unvorstellbar schroffen Felswände. Die Schneefelder der noch frühen Jahreszeit. Das Donnern, das ohrenbetäubende Donnern der zahlreichen Lawinen nah und fern. Das Toben der Hochwasser führenden Gotthard-Reuß tief unter mir. Der kühne, kunstvoll angelegte Weg. Ein Bild, das Maler und Dichter, seit Menschen die Schlucht betreten haben, machtvoll angerührt, machtvoll aufgewühlt hat. Ich bin kein einziges Mal stehengeblieben. In Andermatt, der letzten Station vor der Wasserscheide des Gotthard, nahm ich mir im Gasthof Zur Post in der Ortsmitte ein Zimmer mit Aussicht auf Straße und Vorplatz. Nach einer Behauptung des Wirtes hatte Goethe das gleiche Bett benutzt, auf dem ich nun lag, zu Tode erschöpft, voller Unruhe. Ihr Bild. Mitten in der Nacht sprang ich auf und schrieb einen langen, endlos langen Brief nach Ferrara. Ich erzählte alles. Ich beschrieb meinen ruhelosen Zustand, meine elende Verfassung durch den ganzen Winter, die Atemnot, die Antriebslosigkeit, die Todesgedanken, dann die plötzliche Veränderung, die mit mir vorgegangen war, den Aufbruch, die Flucht quer durch Deutschland. Charlotte. Kommen Sie, holen Sie mich in den Süden. Allein kann ich das letzte Stück der Reise nicht machen. Ich erwarte Sie. Ich bleibe hier in jedem Fall, ob Sie kommen oder nicht. Aber Sie kommen, ich weiß es. Charlotte. Hochverehrte Charlotte. Geliebte Charlotte. Inniggeliebte, über alles geliebte, mehr als das Leben geliebte Charlotte. Tief im Staub. Ich. Vor Ihnen. Immer. Der dies schreibt. Vielleicht minderwertig. Gewiß unwürdig. Und doch.

Klaus v. Zenge ging in die verlassene Gesindeküche, trank zwei Gläser Wasser, wusch das Gesicht und las fünf Minuten später schon: Wenn ich die Augen hob, drehte sich das Zimmer um mich herum. Die Hände zitterten. Ich konnte den

Federhalter kaum fassen, kaum lesbare Worte zu Papier bringen. Dann hatte ich Mühe zu lesen, was da stand. Waren das meine Sätze, diese Ausweise einer maßlosen Gefühlsverwirrung. Ich schickte den Brief noch in der Nacht mit Kurierpost über das Gebirge in die oberitalienische Ebene. Dort war schon Frühling, mußten sich Liebe und Zärtlichkeit mit der Natur in Übereinstimmung befinden. Und hier. Beinahe täglich, wenn ich als erstes am Morgen zum Fenster trat, sah ich Schneeregen vom Himmel fallen. Nebel verdeckte die Bergspitzen, die Felsen auf halber Höhe, den Schnee auf den Wiesen. Eine Antwort aus Ferrara kam nicht. Und doch wußte ich, Charlotte war dort. Wie viele Tage habe ich von morgens bis abends in der Gaststube am Fenster gesessen und die Straße, den Spannplatz nicht aus den Augen gelassen. Wenn die eine Kutsche, auf die ich wartete, endlich käme, würde ich sofort vor der Haustür stehen und an den Schlag stürzen können. Drei Wochen. Eines Nachts, zu ganz ungewöhnlicher Zeit, hörte ich Räder rasseln, Männer rufen, Türen schlagen. Ein Traum. Am Morgen saß ich beim Frühstück, wieder ein Tag, ich sah aus dem Fenster wie immer, da fühlte ich eine leichte Berührung am Arm. Mein lieber Freund. Die Stimme. Ich drehte mich um. Ach. Sie stand vor mir. Wie hat der Boden unter meinen Füßen geschwankt und gezittert zugleich. Wie bin ich zurückgeprallt, bevor ich in deine Arme sinken konnte, geliebte Charlotte. Ist das damals wirklich so gewesen, hat sich das wirklich so ereignet. Zwei Stunden später fuhren wir schon über den Paß und das Val Tremola, das Tal des Schreckens, hinunter. In Richtung Süden. In Richtung Liebe.

Die folgenden drei Seiten des Heftes waren herausgerissen worden. Sie mußten eng beschrieben gewesen sein, wie die stehengebliebenen Reste zeigten. Trotzdem gab es anscheinend keine Lücke im Text: Die Extrakutsche, die ich gemietet hatte, rollte, im Schritt über das unebene Kopfsteinpflaster polternd, an den Felshängen und Bergstürzen, dann an den Kastanienwäldern, Bruchsteinhütten und italienischen Glockentürmen des Tessin vorbei, und sie saß neben mir, hatte ihre Hand in meine gelegt. Unsere Schultern berührten sich. Wir sahen uns an. Von Zeit zu Zeit, wenn der Wagen langsam durch eine Kehre fuhr und über dem Abgrund zu hängen schien, beugte sie sich nach vorn und sah aus dem Fenster. Ich kannte keine schönere Nackenlinie. Nie waren mir schmalere, zartere Hände begegnet. Eine sanftere Stimme konnte es nicht geben. Aber durch welchen Zufall kam sie in diese Kutsche, an meine Seite, was für Beweggründe hatten sie dazu gebracht, auf einen wirren Brief hin aus Oberitalien ins Hochgebirge zu reisen, nur um jemanden nach Süden zu begleiten, den sie kaum richtig kannte, der ihr in Berlin nicht mehr als viermal begegnet war und den sie gemeinsam mit ihrem Mann für nur ein Wochenende auf dem Land besucht hatte, bei welcher Gelegenheit er allerdings während eines zufälligen Ganges zu zweit durch seinen dämmernden Garten, nach einem Sommerregen, im unbeschreiblichen Duft der Erde und der Pflanzen, von seiner Einsamkeit erzählt und ihr wie unbeabsichtigt, aber voller unterdrückter Wünsche den Arm leicht um die Schulter gelegt hatte. Wir gingen, indem ich sie führte und sie das dünne Kleid raffte, durch das sich ihr vollendeter Körper abzeichnete, immer den gleichen Weg, zum Bach hinunter, zum Haus hinauf und um das große Rondell und wieder zum Ufer, und ich sprach aus, was mich bedrückte. Dieser Abend Ende Juli ist noch so deutlich, ich rede und rede, ohne Pause, ohne Ende, denn wenn ich stocke, zu sprechen aufhöre, werde ich sie an mich pressen, sie küssen, sie nehmen müssen, das weiß ich ohne Überlegung. Also rede ich, von den anfänglichen Illusionen des jungen Lehrers, wie ich mir offene Arme, Hunger nach Erläuterungen, nach Wissen und Interpretation gewünscht und vorgestellt habe. Von meinen Plänen und den Versuchen, sie in die Tat umzusetzen. Irgendwo bei Goethe hatte ich die Sentenz gefunden: Es hört doch jeder nur, was er versteht. Das war, hatte ich den Eindruck, über ein Gefängnis gesagt, dessen Wände ich sprengen wollte. Nach der Schule habe ich die Kinder in kleinen Gruppen zum Mittagessen dabehalten. Zu fünft, zu sechst haben wir in meiner Stube gegessen, was wir gekocht hatten. Dann wurde vorgelesen, der Rheinische Hausfreund, Abschnitte aus Thiers' Geschichte der Französischen Revolution, Kleists Anekdoten und sein Michael Kohlhaas, ich ließ mich vom Augenblick inspirieren, es gab Anlässe, die uns alle betrafen; anschließend haben wir über das Gehörte gesprochen, lange hin und her, ohne Zwang zu letzter Gewißheit, vielleicht noch dies und jenes aus dem Regal geholt, zum Vergleich, zur Verdeutlichung. Ob die Kinder begriffen haben, daß es neben Feldarbeit, Sorge um das tägliche Brot und Christenlehre noch andere Welten gibt. Nachmittags sind wir, im Gespräch lehrend und lernend, durch die Felder, die Wälder, das Dorf gegangen, hier und dort waren eine Pflanze, eine Naturerscheinung, eine ländliche Tätigkeit oder auch ein Ereignis in unserer Gruppe Ausgangspunkt neuer Gespräche. In welcher Welt wir leben. Was wir wollen. Wer wir sind. Mein Vorsatz: mit den Kindern dauernd zusammensein, ihnen alles mitteilen, alles mit ihnen teilen, das viele in meinem Kopf, das wenige um mich herum. Aber gleich hieß es: Der neue Lehrer hält unsere Kinder von der Arbeit ab, er spannt sie in seinem Garten ein, und er hat billige Gesellschaft, wer weiß, was er noch alles mit ihnen macht. Der Pfarrer wurde geschickt und sagte: Lieber Freund. Aber auch: Ein Lehrer soll Lehrer sein und nicht Sonderling oder Philanthrop. Was hier verändert werden muß, verändert sich von selbst oder gar nicht. Hat Charlotte damals erraten, war mir denn bewußt, daß sie an den Platz meiner abgebrochenen pädagogischen Träume rücken sollte. Ich bin sicher, dann wäre sie in Ferrara geblieben.

An dieser Stelle hatte der gescheiterte Lehrer seinen Bericht abgebrochen. Zenge fand auf den folgenden Seiten des Heftes datierte Notizen in zunehmend undeutlicher Handschrift. 24. Juni: Heute am frühen Abend sind wir in Bellinzona eingefahren. Der mittelmeerische Himmel. Die Luft des Südens. Die Burgen über der Stadt. Der Corso. Charlotte. Die erste gemeinsame Nacht. Ein größeres Glück ist nicht denkbar. 25. Juni: Der Wirt hat uns übervorteilt, für das einfache Zimmer verlangte er den doppelten Preis. Aber was liegt daran. Constantin und Friederike von Erbach. So heißen wir jetzt. Kurz vor der italienischen Grenze Achsenbruch, ich gehe beiseite und fülle die Blankopässe aus, die ich mir bei meinem letzten Besuch in Berlin besorgt habe, ohne genau zu wissen weshalb, nur aufgrund einiger Blicke Charlottes, die, schien mir, Ludwig ausschlossen oder umgingen. In Brissago gebe ich die Pässe aus dem Fenster, der Posten sagt Euer Gnaden und verbeugt sich. Wie kann es auch anders sein, wir waten in einem Meer aus Glück. 28. Juni: In Stresa. Endlich haben wir den Lago Maggiore, den Lacus Verbanus der Römer, gesehen. Wirklich, das Wasser im nördlichen Arm ist grün, im südlichen tiefblau. Diese Harmonie und Heiterkeit um uns und in uns. Die Einheit von Gefühltem und Tatsächlichem. Ich darf nicht zurückdenken; zehn Jahre vertan. Wir haben einen Wohnraum und ein Schlafzimmer im Hotel des Iles Borromées. Der Balkon geht auf die Seepromenade. Dort oben sitzen wir abends nach dem Essen.

Ich lese Charlotte aus dem Hyperion vor. Es ist, heißt es, ein hartes Wort, und dennoch sag ichs, weil es die Wahrheit ist: ich kann kein Volk mir denken, das zerrissner wäre als die Deutschen. Handwerker siehst du, aber keine Menschen, Denker, aber keine Menschen, Priester, aber keine Menschen, Herrn und Knechte, Jungen und gesetzte Leute, aber keine Menschen. Ist das nicht wie ein Schlachtfeld, wo Hände und Arme und alle Glieder zerstückelt untereinanderliegen, indessen das vergossne Lebensblut im Sand zerrinnt. 1. Juli: Wer so glücklich der Trostlosigkeit entkommen ist wie ich, dem fällt es leicht, der geliebten Frau an seiner Seite die leisen, unterdrückten Schreie der anderen vorzumachen: Voll Liebe und Geist und Hoffnung wachsen seine Musenjünglinge dem deutschen Volk heran; du siehst sie sieben Jahre später, und sie wandeln, wie die Schatten, still und kalt, sind wie ein Boden, den der Feind mit Salz besäte, daß er niemals einen Grashalm treibt, und wenn sie sprechen, wehe dem, der sie versteht. Wehe dem. 9. Juli: Wir leben in Einklang mit allen großen Gedanken. Die Reinheit und Leidenschaft zwischen uns, und heben wir die Augen, dann sehen wir das idyllische Städtchen mit seinen freundlichen Bewohnern, den heiteren See mit den Borromeischen Inseln in ihrer märchenhaften Vegetation und ganz in der Ferne die Alpen. Gestern kurz vor dem Gewitter leuchteten die losgelösten Berge blaß und verheißungsvoll über den Wolken, die sich in schwarzen Massen durch die Täler und auf den See zuschoben. Wie ganz und gar unwirklich, dachte ich da und sagte es auch Charlotte, ist doch das Gemeine, ist doch die dumpfe Welt im Norden, aus der wir gekommen sind. 14. Juli: Endlich haben wir uns imstande gefühlt, die weltberühmten, traumähnlichen Borromeischen Inseln zu sehen. Wir sind mit dem Dampfboot übergesetzt. Die Isola Bella stieg wie eine Vision des Schönen, wie ein unvergeßlicher, durch nichts zu widerlegender Beweis menschlichen Vermögens vor uns auf. Wir haben geweint, noch lange, nachdem wir von Bord gegangen waren. Fruchtbare Erde meterhoch auf kahle Felsen geschüttet, und dann die gestaltende Hand des Gärtners, so einfach schafft man irdische Paradiese. Die grenzenlose Möglichkeit des Menschen, die Erde zu beherrschen und nach seinen Vorstellungen zu verändern. 20. Juli: Seit zwei Tagen sind wir auf der Isola Superiore am westlichen Rand der Inselgruppe. Unser Glück ist vielleicht noch gewachsen. Ich sitze am Gartentisch und schreibe. Wenn Charlotte auf mich zukommt. Ihr Gang. Wie ihre Augen mich ansehen. Wie sie vor mir steht, spricht, die Hand hebt, sich zu mir beugt. So lange ich lebe, das vergesse ich nicht. 21. Juli: Hier wohnen sonst nur Fischer, ihre Häuser bedecken beinahe die ganze Insel. Die alte Schwester des Pfarrers, die bei ihrem Bruder neben der Kirche lebt, hat uns ihr kleines Haus am Ortsrand überlassen. Es wird Casa in Valle genannt und ist so einfach wie möglich hergerichtet. Auch die wenigen Möbelstücke in den Zimmern lenken nicht ab. Wir haben nur uns, endlich sind wir gänzlich allein und haben nur uns. 25. Juli: Eine geplattete Küche auf der einen und ein größeres, kühles Wohnzimmer auf der anderen Seite des Flurs sind die unteren, zwei Schlafzimmer die oberen Räume. Den Tag verbringen wir auf der breiten, verwilderten Terrasse mit den Topfblumen und der Umrankung aus Waldreben, Blauregen und Glyzinien; man sieht den See und die Isola Madre. Abends schreibe und lese ich in meinem Zimmer, das Fenster ist geöffnet, und wenn ich zu Charlotte komme, sitzt sie vor dem Nachthimmel, das Kinn auf den Handrücken gestützt, und ich kann ihr Profil deutlich sehen.

Zenge erinnerte sich einer halb dienstlichen, halb privaten

Fahrt nach Königsberg, die er vor Jahren mit dem siebzehn-jährigen Sohn seines Chefs gemacht hatte. Irgendwo in einem Gasthof an der Strecke war er, ohne zu klopfen, in das Zimmer seines Reisegefährten getreten, und der hatte gleichfalls am Fenster, vor dem eine hohe Linde stand, gesessen, in der einen Hand hatte er ein Buch gehalten, die andere Hand hatte zwischen seinen Schenkeln gelegen. Warum habe ich die eigene nicht dazugetan, fragte sich Klaus v. Zenge. Wenn ich es gewagt hätte. Ob ich heute weniger einsam wäre.

4. August: Einmal am Tag macht uns die alte Frau die nötigsten Arbeiten. Ich habe mir italienische Sprachbücher kommen lassen und versuche, mich mit ihr zu unterhalten. 20. August: Es ist sehr heiß. Wir verlassen die Schlafzimmer kaum und halten die Läden geschlossen. Lange Gespräche. Vor einigen Tagen hat sie Ludwig erwähnt, zum erstenmal. 30. August: Gestern waren wir beim Pfarrer. Er hatte uns zum Abendessen eingeladen. Von Tischgebeten, bigotten Ritualen keine Spur. Einmal sei der Bischof zu ihm gekommen. Im Schlafzimmer fielen dem Gast zwei Betten auf, da-zwischen eine spanische Wand. Die drohende Frage, wer denn im zweiten Bett übernachte. Oh, hat unser Pfarrer ge-sagt, das ist weiter nichts, dort schläft nur meine Haushälte-rin. Der Bischof zog die Brauen hoch, legte die Stirn in Fal-ten. Die Haushälterin, soso. Und was machen Sie, wenn die Versuchung kommt. Dann tun wir die spanische Wand weg. Der Pfarrer zwinkerte mir zu, und wir lachten lange. Später erzählte er von seiner Jugend. Er hatte als Hauslehrer begon-nen. Eine armselige Existenz, glauben Sie mir. Am Ende des großen Parks, der zur Villa seiner Dienstherrschaft in Como gehörte, lag eine feuchte, tiefe Schlucht, ein Brutnest für Gift-schlangen. Seine Schützlinge, die ganze vornehme Familie, erzählte uns der Pfarrer, hätten den Park nicht benutzen,

kaum betreten können, ohne sich der Gefahr von lebensge-fährlichen Bissen auszusetzen. Er selbst habe sich im Park ganz frei bewegen können, er sei ja auf dem Land aufgewachsen, als armer Leute Kind. Furcht vor Schlangen war da Luxus. Wirklich, nach jedem Regen, wenn die Nattern aus der Schlucht in den Park gekrochen seien, um sich zu sonnen, habe er oft mehr als hundert mit kräftigen Hieben auf den Kopf totgeschlagen, ihnen in seiner Kammer über dem Pferdestall die Haut abgezogen und sie bei einer befreundeten vielköpfigen Kleinbauernfamilie im nächsten Weiler mit zahlreichen Gästen gegessen. Das waren Festessen für das halbe Dorf, sagte er stolz. Ich übersetzte Charlotte Wort für Wort. Sie legte das Besteck neben den Teller, saß ruhig auf ihrem Platz und beteiligte sich nicht am weiteren Gespräch. Wir waren nicht mehr allein, was sollte ich machen. Ich konnte den Pfarrer nicht dazu bringen, wie ich zu denken, zu empfinden, zu formulieren. Er hatte eine andere Geschichte. Charlotte begriff das nicht oder wollte es nicht wissen. Ich versuchte, den Pfarrer von seinen Erinnerungen abzubringen. Was meinen Sie, Herr Pfarrer, wie schätzen Sie unsere elende Welt von heute ein. Oh, oh, oh, sagte er, jetzt wollen Sie mir wohl auf den Zahn fühlen, lieber Herr. Nun gut. Ich vermute, daß es bei allen Kulturvölkern immer wieder Zeiten gibt, in denen, wenn die Kultur zu üppig, zu fett geworden ist, die Leute instinktiv oder mit Absicht einer Verelendung zustreben. Wo die Einschränkung nicht rechtzeitig einsetzt, geht das Volk zugrunde. Denken Sie nur an das Alte Rom, an das Sonnenkönigtum in Frankreich. Riesige Parteien, wahre Heere geheimer Zersetzung sind jetzt tätig, dem Leben nicht nur die Annehmlichkeiten der Bodenständigkeit, des Besitzes, die Schönheiten der Kunst, der Kultur zu nehmen, sondern sogar den Sinn des Lebens zu leugnen, die Zwecklosigkeit des Daseins zu predigen, die Welt denkbar ekelhaft zu machen. Wir anderen, die wir Welt und Leben und die unvergänglichen Werte lieben, mahnen Vereinfachung in der Lebensweise, Enthaltsamkeit, Abhärtung an. Aber mit welchem Erfolg. Wir warnen vor üppiger Fleischkost, vor alkoholischen Getränken, vor Tabak, vor Überreizung in der Kunst, ja sogar vor zuviel Bildung für die Menschen in einfachen Verhältnissen. Dinge alles, die so lange angestrebt wurden, aber wir fühlen, wie schädlich sie im Übermaß sind, was für schwere, unwiderrufliche Vergiftungen sie erzeugen. Denn die Überfütterung des Genußhungers der Menschen, die nie genug haben können, immer noch nach mehr verlangen, führt zu Gewalttat, Revolution, anarchistischen Gelüsten, wenn nicht rechtzeitig eine Reform eintritt. Sehen Sie nur auf unser armes Italien. 15. September: Immer häufiger finde ich Charlotte abends in der gleichen Stellung am verdunkelten Fenster sitzend, in der ich sie mittags verlassen habe. Sie lebt nur noch im Schlafzimmer. Alles voller Bücher, Fußboden, Bett, Tisch, Fensterbrett. Jeden zweiten Tag bringt uns die Alte ein Bücherpaket, geben wir eine neue Bestellung zur Post. Vom Pfarrer haben wir die Adresse des deutschen Buchhändlers in Mailand. Mein Italienisch wird immer besser. 8. Oktober: Ein wundervoller Herbst. Ich sitze allein auf der Terrasse. Wenn ich mit Charlotte sprechen will, passiert es plötzlich, daß ich nicht mehr sagen kann: Möchtest du ein Glas Wasser. Ich habe alle deutschen Wörter vergessen. Das dauert kurze Zeit, genau so lange, wie ich den Satz sagen will. 28. Oktober: Es ist stürmisches Wetter. Die Nächte sehr kalt. Wir schlafen in einem Bett, aber sonst. 15. November: Charlotte ist schwanger. 12. Januar: Ich fühle mich unsagbar elend. 13. Januar: In dem Dorf, in dem ich Lehrer war, fällt mir ein, gab es einen aus Schwaben zugewanderten Mann. Er war wegen seines freundlichen Wesens beliebt, und er wäre noch viel beliebter geworden, wenn er nicht heimtückisch gewesen wäre. Er ist ganz heimtückisch, sagten die Leute. Denn er hatte den Burschen im Dorf das schönste Mädchen urplötzlich und ohne jede Feier vor der Nase weggeheiratet. Niemand außer den beiden war im Bild gewesen. Später starb dem Schwaben ein Kind. Er zeigte das dem Hungener Amt an, in der dritten Nacht trug er den kleinen Sarg auf den Kirchhof und begrub ihn eigenhändig. Am nächsten Tag fing er neben seiner Stellmacherei auch eine Schmiede an. Kein Leuteeinladen, keine Trauerfeier. Die ungehaltenen Nachbarn stellten ihn zur Rede. Was soll ich mich da hinstellen und angucken lassen, das kann ich an solchen Tagen nicht brauchen, lieber nehme ich mir ein neues Ziel vor und lege meine Kraft auf diese Weise an. Wie gut ich jetzt diesen Schwaben verstehe. Morgen will ich nach Lugano fahren.

17. Januar: Ich bin zwei Tage in Lugano gewesen, um Bücher zu kaufen und einen Schweizer Arzt zu einer ersten Untersuchung auf die Insel zu holen. Durch Zufall habe ich einen Deutschen kennengelernt. Lugano ist ein Nest politischer Flüchtlinge aus Italien, Deutschland, Rußland und Frankreich. Sogar Südamerikaner gibt es hier. Eine Welt ganz für sich ist das. Die Casa in Valle im großen. Ich sah die Umstürzler am Seeufer sitzen und heimatliche Zeitungen lesen, ich hörte sie in den Cafés lauthals Gott, die gekrönten Häupter und die Regierungen der halben Welt verfluchen, ich malte mir den Inhalt ihrer gedämpften Gespräche bei der Promenade zu zweit aus, die verstummten, wenn sie in meine Nähe kamen. Der Deutsche nennt sich Becker, ist klein von Gestalt, hat schwarzes Haar, einen struppigen Bart, fleckige Kleider und sieht überhaupt irgendwie unsauber aus. Er hat lange am Rhein gelebt und ist dort in einer Kleinstadt Lehrer

gewesen. Es muß schon Jahre her sein, daß man ihn aus dem Dienst gejagt hat. Angeblich hat er in einer Fabrikschule unterrichtet. Die Kinder dort hätten zehn Stunden am Tag die Drahtzüge bedienen müssen, für Schule sei keine Zeit gewesen. Ich war bald mehr Aufseher im Maschinensaal als Lehrer in der Schulstube im Keller. Sie können sich wohl denken, wie mir zumute war. Dann bin ich in Köln dem Dichter Freiligrath begegnet. Bald darauf wurde ich entlassen, ein Opfer schrankenloser Unternehmerwillkür. Das Lumpenpack muß weg, schrie er. Zum erstenmal begegnet bin ich ihm in der Buchhandlung hinter der Seestraße. Als ich eine Ausgabe von Goethes Gesprächen mit Eckermann bestellte, ich war auf dem Land nur bis zum Jahr 1828 gekommen, mischte er sich ein und meinte, ich solle besser Schriften der maßgebenden neuen Geister lesen. Und er nannte einige Namen, die ich vom Hörensagen kannte. Aber das sind doch gar keine Schriftsteller, keine Dichter, sagte ich. Was wollen Sie, sagte er, heute mit Literatur, die führt uns nicht weiter, die Literatur ist nur eine Legende, nichts als ein bourgeoiser Zeitvertreib. Ihre Heroen sind Leichen, und in ihren Werken kann ich nicht mehr als überflüssigerweise bedrucktes Papier sehen, das die elende Welt eher bestätigt als verändert. Mehrere Stunden waren wir im Park, im Cafe, wo er mich anderen Emigranten vorstellte, und auf seinem möblierten Zimmer im Haus eines mitverschworenen Buchbinders zusammen. Ich habe ihm zum Abschied Geld gegeben. Er wird uns besuchen. 2. Februar: Seit ich aus Lugano zurück bin, hat Charlotte kaum mit mir gesprochen. Sie verbringt die Tage im Bett. 12. Februar: Charlotte hat eine Fehlgeburt gehabt. Was wird die Zukunft noch bringen. 28. Februar: Heute morgen, als ich mühsam aus dem Schlaf in den Tag hinüberdämmerte, hörte ich das Schneewasser vom Dach auf die Terrasse tropfen. Nach zwei Stunden war der Schnee getaut. Die Berge, die wochenlang wie mattes Elfenbein von sehr weit herübergeschimmert hatten, waren plötzlich glasblau und ganz nahe. Deine Augen, wie gierig sie nach der Ferne waren, und dann wandtest du dich mir zu und mußtest blinzeln. 15. März: Becker ist gestern gekommen, mit einer Tasche voller Broschüren. Lesen Sie, lesen Sie, ruft er dauernd. Er hat Charlotte mit großen erstaunten Augen angesehen. 10. April: Becker ist noch da. Charlotte schreibt fast täglich Briefe, die sie mir nicht zeigen will. Sie fährt oft nach Stresa. 12. April: Irgendwo in der Schweiz soll es einen ehemaligen preußischen Offizier namens Beust geben, der laut Becker in Berlin wegen revolutionärer Umtriebe in Abwesenheit zum Tode verurteilt worden ist und nun in Genf oder Zürich eine freie Schule in der Nachfolge Pestalozzis betreibt. Becker rät mir, dort meine pädagogischen Vorstellungen Wirklichkeit werden zu lassen. Ich habe kein Interesse mehr. Kinder. Kinder, was können die mir noch nützen. 14. April: Becker sagt, das Privateigentum müsse endlich aufgehoben werden. Es entzweie die Menschen. Einmal, vor vielen Jahren, erzählt er, machte ich eine kleine Fußreise durch das Bergische Land. An meiner Seite hatte ich einen Einheimischen, der mich nach W. begleiten wollte. Wie kundig er auch in der Gegend war, alle Fußsteige und Wege kannte er doch nicht. Als wir in ein weites Tal kamen, meinte er, es müßte irgendwelche Wiesenwege zur Abkürzung geben. Wo, wußte er nicht. Warten Sie, sagte er endlich nach einer Zeit des Umherirrens, wir wollen den Mann fragen, der dort an der Straße Steine klopft, sicher kennt er hier jeden Baum und Strauch. Der Steinklopfer saß, den Rücken einer löchrigen Strohmatte zugekehrt, die er als Sonnenschutz zwischen zwei Stöcke gehängt hatte, einen alten schmierigen Seidenhut ins Gesicht gedrückt, in bloßen Hemdsärmeln auf einem Stein, die mageren Beine von sich gestreckt, und schlug so mörderisch auf die vor ihm liegenden, schon zerschotterten Pflastersteine los, daß die Splitter bis zu uns zischten. Als wir bei ihm stehenblieben, ließ er den Hammer sinken, sah uns aber zunächst nicht an, sondern griff, ohne sich umzukehren, nach hinten, nach der Schnapsflasche. Dann erst wandte er uns das Gesicht zu. Und ich muß zugeben, daß ich, der ich doch schon manchem Menschen, ehrlichen Leuten so gut wie Schuften, ins Gesicht gesehen habe, vor dieser Visage erschrocken bin. War das denn möglich, konnte jemand wie du und ich so aussehen. Ich verstand gar nicht, was mein Begleiter mit ihm verhandelte, aber ich merkte, daß die rauhe, fast grimmige Art, mit dem heiseren, gepreßten, wild stoßenden Ton der krächzenden Stimme Antwort zu geben, sehr genau zu diesem von den Stürmen der Leidenschaft und des Lasters verwitterten Gesicht paßte, aus dem die blauunterlaufenen Augen wie Kohlen kurz vor dem Verglühen hervorschauten. So wahr ich hier stehe, der Schnapsdunst überzog das graue staubige Angesicht mit einer eigentümlichen Stahlfarbe, die ich später nie wieder irgendwo gesehen habe. Dabei der gedrungene Hals, der zwar magere, aber noch immer sehnige Körper mit den stählernen Armen, die mir wie die Fänge eines Raubvogels vorkamen. Und die Kleidung, das Gelump, das er nicht anhatte, das ihm vielmehr wie auf den Leib geworfen schien. Noch heute, nach Jahren, sehe ich den Steinklopfer vor mir, wie er, nach der mürrischen Auskunft, wieder den Hammer nahm und mit einem gepreßten Fluch in die Steine hineinkeilte, als wollte er ein Stück Welt zerschmettern. Das, schloß Becker, sind unsere Leute, mein lieber Erbach, und das war meine erste Begegnung mit ihnen. Ein Millionenheer steht bereit, glauben Sie mir, wir müssen es nur lenken. 15. April:

Draußen ist Frühling, aber ich habe kein Auge dafür. Mit Becker Gespräche über Gespräche. Die Nächte hindurch, beim Essen, beim Spazierengehen. Dazwischen die Bücher. Eine neue Welt. Alles treibt auf eine Entscheidung zu. 19. April: Wir haben unser Glück nicht vorwärtsgebracht. So Charlotte bei einer Begegnung auf der Treppe. 20. April: Wieder über das Privateigentum gesprochen. Es ist die Grundlage aller Einrichtungen und entzweit die Menschen nicht nur untereinander, sondern auch mit sich selbst. Ich muß Becker zustimmen, wenn ich an ein Erlebnis aus der Seminaristenzeit denke. Ich hatte damals kaum Geld, die Eltern lebten noch und hielten mich sehr kurz. Mein Zimmergenosse war ein Kaufmannssohn aus Leipzig, dem es besser ging. Er hieß Zachäus Zachäus. Ich habe seine Eltern nie begriffen, die dem merkwürdigen Familiennamen einen gleichen Vornamen zugesellten. Jedenfalls, ich mußte ihm irgendwie sympathisch sein, denn er wollte alles, was er von zuhause geschickt bekam, mit mir teilen. Aber mein Stolz war durch dergleichen Freigebigkeit sehr schnell gekränkt. Er ließ sich nichts anmerken. Doch schien er überhaupt zwischen Mein und Dein keine großen Unterschiede zu machen. Mehrmals nahm er zum Beispiel Briefmarken von mir, ohne sich anders zu entschuldigen, als daß seine ausgegangen wären. Dafür schenkte er mir wieder Kuchen, Südfrüchte und Zigarren, die ich mir von meinem schmalen Budget nicht kaufen konnte. Zwar hatte ich ein Sparbuch, auf dem fünfzehn Gulden standen, aber als Notpfennig. Und eines Tages, ich war schnell ins Zimmer getreten, sehe ich Zachäus an meinem Tisch sitzen, das Sparbuch in der Hand. Verlegen tut er es in die Schublade. Was ist denn das nun, denke ich, sage lieber nichts und gehe, nachdem das Mißtrauen einige Tage immer größer geworden ist, zum Kassierer der Sparkasse am

Ort, den ich aus dem Wirtshaus gut kannte. Vorsicht, sagte ich zu ihm, wenn einer mit meinem Buch kommt und Geld abheben will, das ist ein Betrüger. Nach Wochen, Zachäus hatte mir einen alten Mantel, ein Glas Marmelade, ein Kistchen türkischer Zigaretten aufgedrängt und sich dafür hier eine Marke, da eine Schreibfeder und ein Stück Löschpapier stibitzt, war eines Abends mein Sparbuch nicht mehr in der Schublade und auch sonst nirgends im Zimmer. Morgens laufe ich auf die Kasse. Hat jemand mit meinem Buch Geld holen wollen. Aber nein, sagt mein Freund, der Kassierer, ein junger Mann ist gekommen und hat fünfzehn Gulden eingezahlt. Eingezahlt, ich war wie vom Donner gerührt. Ja, es müsse ein Bekannter von mir gewesen sein, er habe das Buch auch gleich wieder mitgenommen. Jetzt, was ist das. Ich laufe nachhause. Zachäus ist nicht da, aber das Buch liegt auf dem Tisch mit einer Einlage von dreißig Gulden. Ich habe Zachäus zur Rede gestellt, mußte allerdings, weil er alles abstritt, das Geld unter der Rubrik Geschenk von Unbekannt behalten. Die Spannungen zwischen uns sind nun natürlich noch größer geworden, ich war gedemütigt, und als wir uns am Ende des Studienjahres trennten, war mir so wild, daß ich aufschrie und ihn küssend in die Lippe biß. Vielleicht, sagte Becker nach einer Weile, wenn Sie kein Sparbuch gehabt hätten und er Ihnen nichts geschenkt hätte, wären Sie heute noch zusammen, und was für ein Mensch könnten Sie dann sein. 21. April: Sie lassen sich immer wieder bestechen, sagt Becker heute morgen beim Frühstück ohne jede Einleitung. Ich, ganz empört, frage nach dem Wieso. Becker schneidet ein anderes Thema an. 22. April: Ludwig ist in Stresa. Er hat an einem Marktstand Orangen gekauft. Ich bin noch einmal zurückgegangen, um ganz sicher zu sein. 29. April: Seit fünf Tagen ist das Haus leer; Becker wollte nach Lugano, Charlotte befindet sich, wahrscheinlich in Ludwigs Gesellschaft, auf dem Weg nach Deutschland. Das Gefühl, als hätte ich etwas verloren, was ich längst nicht mehr gebraucht habe. Tag und Nacht, nur von schnellen Mahlzeiten, von kurzem Schlaf unterbrochen, lese ich, was Becker an Gedrucktem dagelassen hat. Jede Seite, die ich aufschlage, scheint mir Haß zu predigen, Blut und Gewalt zu atmen. Zu lange habe ich mir die Frage gestellt, ob das denn wirklich sein muß. Etwas muß sein. Was, ist egal. Am Glühen meines Gesichts, am Zittern der Hände merke ich in der Morgendämmerung, wenn ich mich hinlege, wie ähnlich ich Beckers Steinklopfer zu werden anfange. Der stärker und stärker werdende Wunsch, die fruchtlosen Reflexionen abzubrechen, Seite um Seite dieses Heftes mit immer dem gleichen Wort zu bedecken. Haß. Haß. Haß. Etwas tun. Etwas muß doch noch möglich sein in dieser Welt der Fossilien. Und dabei sterben. Einen der Millionen Tode, die wir schon, die wir noch. Wie von einem Zimmer ins andere. 15. Mai: Ich habe mich entschlossen, wieder in den Norden zu gehen, zuerst nach Paris und London, dann nach Deutschland. Becker hat von geheimen Gesellschaften in den großen Städten gesprochen. Und wenn ich die nicht finde, gibt es noch die abgelegenen Wälder, aus denen heraus sich schnelle Vorstöße nach Babylon machen lassen.

Gegen Morgen betrat Klaus v. Zenge, nachdem er das Heft endgültig zugeklappt hatte, noch einmal die Küche. Noch einmal goß er ein Glas Wasser ein, noch einmal trank er es mit einem Zug leer. Dann nahm er den Porzellantopf aus dem Schrank und urinierte. Alltägliche Verrichtungen würden auch alltägliche Gedanken hervorrufen. Aber die Erinnerung an das Tagebuch ließ sich mit einer Aufeinanderfolge gewohnter Handgriffe nicht verdrängen. Würde er, Zenge, Ähnliches wie der Mann aus der Höhle erleben, wenn er jetzt die Bibliothek, das ganze Herrenhaus von außen abschloß und spurlos davonging. War er überhaupt imstande, einen solchen Schritt zu tun. Oder war er so in Übereinstimmung mit den Umständen und Bedingungen, seinen und denen der anderen, daß die Sehnsucht auszubrechen schnell wie eine Stimmung kam und ebenso schnell auch wieder verschwand. Er wußte, daß das zutraf.

Sein Nachbar fiel ihm ein, der als verabschiedeter Kammerassessor eine kleine Klitsche von Rittergut mit großer, beinahe unmenschlicher Strenge gegen die Dienstleute bewirtschaftete und seit fünf Jahren davon sprach, man müsse die korrupten, rundum unerträglichen öffentlichen Zustände ändern, notfalls mit Gewalt, notfalls mit der Waffe in der Hand. Seit fünf Jahren diese Reden. Wie ist das möglich. Die Geschichte dieses Hetzers hatte Zenge in ihrem ersten Teil zu der Erkenntnis verholfen, daß man durch Steuerung aus dem Hinterhalt und durch Intrige jemanden zu den wahnsinnigsten Handlungen verleiten könne, während der zweite und letzte Teil lehrte, daß man sich bei solchen Vorhaben so klug wie möglich zurückhielt und die Spielregeln beachtete, um den Gerichten keine Handhabe zu bieten. Das hatte sein Nachbar anscheinend vergessen oder noch nicht gewußt, als er in der kleinen überschaubaren Stadt Dreil am Kammerkollegium angestellt gewesen war. Dort, in Dreil, lief eines Nachmittags die Nachricht von Haus zu Haus, man habe eben auf dem Sandplatz eines tristen, dicht bei der Stadt liegenden Gehölzes die Leiche des Oberleutnants Friedrich v. Kennau neben einer abgeschossenen Pistole gefunden. Zuerst glaubte niemand an einen Erschossenen überhaupt, dann durfte es kein Offizier gewesen sein, dann hofften alle, es könnte doch ein anderer als gerade der heitere, lebenslustige

Kennau sein, der, gutaussehend und vermögend, überall im gehobenen Dreil offene Türen gefunden hatte, beim Kammerpräsidenten, beim Superintendenten, bei den höheren Beamten, auch und vor allem im Haus des Regierungsrates v. Oller, wo der junge Mann einer Verlobung mit der schönen, achtzehnjährigen Tochter namens Marie entgegenging. Aber es war doch Kennau, der tot vor der Stadt lag. Von Feinden wußte niemand etwas. Also Unfall. Nur, der Verunglückte war Soldat und im Umgang mit Waffen geübt gewesen. Dann Selbstmord. So unwahrscheinlich das klang. Als die zur guten Gesellschaft gerechneten Junggesellen, die neben Kennau bei Vater und Tochter Oller, die Mutter war gestorben, verkehrt hatten, nämlich Hauptmann Amberg, Baron v. Linsmar, Oberleutnant Stopfel, Leutnant v. Minzing, Leutnant v. Triebei, Hauptmann Keller, Leutnant v. Kleefeld und Kammerassessor v. Zahn, am übernächsten Abend im Ollerschen Salon saßen, weinte ihnen die Tochter des Hauses unstillbare Tränen vor, was die anfangs trübe herumsitzenden Gäste dazu brachte, einander an Trostworten zu überbieten und dem Fräulein tausend galante Komplimente zur Ablenkung zu machen. Bald konnte man aus dem Saal erst einzelnes, noch zögerndes, später allgemeines und herzhaftes Lachen hören. Zur gleichen Zeit fiel in der Leichenhalle, wo die Stadtarmen das Begräbnis des Selbstmörders vorbereiten, ihn ausziehen, säubern und anziehen mußten, aus der Kleidung Kennaus eine Kugel, die zwar in die Brustwunde des Toten, nicht aber in seine Pistole paßte. Von Selbstmord konnte keine Rede mehr sein. Offensichtlich hatte ein Duell stattgefunden. Wir haben es gleich gewußt, riefen die Offizierskameraden erleichtert, Kennau ist ehrlich gestorben. Und auch Marie v. Oller nahm nun die zwölfhundert Goldstücke an, die ihr testamentarisch vermacht worden waren. Da die Duellgeschichte aber vollständig in Dunkel gehüllt war, ein Zustand, den Behörden, selbst wenn sie bereit und geneigt sein sollten, bei Zweikämpfen als dem Vorrecht höherer Stände ein Auge zuzudrücken, nicht ertragen können, weil sie, um ihre Existenzberechtigung zu begründen, alles wissen und zu den Akten geben müssen, begann das Untersuchungsgericht mit Einverständnis der oberen Militärstellen und Verwaltungsbehörden seine Ermittlungen. Das Ergebnis dieser Nachforschungen, Klaus v. Zenge erinnerte sich noch genau, hatte vor fünf Jahren, er war damals gerade im Ministerium eingetreten, als wochenlanger Hauptgesprächsstoff in der Residenz das wohlige Erschrecken der Salons, Matineen und Picknicks dargestellt. Kennau war an einer teuflischen Intrige zugrunde gegangen, die Zenges Nachbar Zahn, der damalige Kammerassessor, mit großer Kunst und Beharrlichkeit inszeniert hatte. Es ging um die Hand der wohlhabenden, blutjungen, bezaubernden Marie v. Oller. Sowohl Kennau als auch Zahn als auch Linsmar, der, aus altem und begütertem westpreußischem Adel stammend, seit Monaten in Dreil im Gasthof Zum Kaiser drei Zimmer bewohnte und nach Abschluß des Jurastudiums auf eine Anstellung am Kammerkollegium wartete, sprachen Abend für Abend bei den Ollers vor. Sie saßen in den Sesseln, nippten Likör und bewachten einander und die stickende Marie v. Oller mit Argusaugen. Wem hat sie eben zugelächelt. Von wem läßt sie sich den Stuhl rücken. Auf wessen Rede ist sie gar nicht eingegangen. Kennau lag deutlich vorn. Der Vater protegierte ihn ganz unverhohlen; Kennaus großes Gut Felsenwind im nächsten Dorf sprach auch nicht wenig für ihn. Irgendwann hatte die Dreiler Garnison Nachtübung. Zahn und Linsmar waren allein bei Ollers. Plötzlich sagte der Kammerassessor zum Baron, ohne daß die Gastgeber hinhörten, Kennau habe neulich hier im Salon über ihn gespottet. Der Linsmar müsse ja verdächtig lange auf einen Posten warten. Linsmar war erbittert. Gleich am folgenden Tag bat er den ihm bekannten Leutnant v. Kleefeld, Kennau in seinem, Linsmars, Namen zur Rede zu stellen und bei positiver Antwort auf Pistolen zu fordern. Kleefeld kam zurück; Kennau hatte abgestritten. Inzwischen war auch Zahn bei Linsmar. Baron, rief er, Sie lassen sich mit so abscheulichen Manövern bei einer Dame aus dem Feld schlagen. Von einem läppischen Oberleutnant. Was ist das für eine Art, jedenfalls keine adlige. Linsmar, wieder angestachelt, ließ durch Kleefeld erneut Forderungen an Kennau stellen. Diesmal Abbitte in Gegenwart Marie v. Ollers. Kennau, der sich des Mädchens sicher war, lächelte und sagte zu. Ein Tag verging, dann gab Zahn dem Baron neues Gift. Kennau habe am Abend den Ollers die ganze Sache erzählt. Man könne sich denken, wie sie über Linsmar hergezogen seien. Und er habe ruhig zuhause gesessen. Als Betroffener. Linsmar tobte. Zahn mußte Kleefeld heranschaffen und dieser die Forderung auf Pistolen ohne weitere Erklärung Kennau überbringen. Kaum hatte sich jedoch Kleefeld auf den Weg gemacht, kam Linsmar zu Verstand. Zahn, gehen Sie gleich zu Kennaus Freund Stopfel und bitten Sie ihn, die Forderung rückgängig zu machen. Zahn ging. Freilich sagte er nichts in diesem Sinn bei Stopfel. Vielmehr die Frage, ob Kennau sich auch wirklich stellen werde, Linsmar hielte ihn für einen Feigling. Obwohl Stopfel seinerseits v. Zahn im Verlauf des Gesprächs gebeten hatte, Linsmar zur Annullierung des Duells zu bewegen, richtete Zahn dem wankelmütigen Herausforderer aus, Kennau dringe auf den Schußwechsel und sei nicht mehr zur öffentlichen Entschuldigung bereit. Linsmar war ratlos. Was hatte er da in Gang gebracht. Zahn ließ ihn allein und ging noch einmal zu Stopfel. Linsmar bleibe hart. Am nächsten Tag nahm Kennau das unvermittelte Angebot Zahns, ihm zu sekundieren, an, setzte eine Schenkungsurkunde für Marie v. Oller über zwölfhundert Goldstücke auf und schrieb ihr einen Abschiedsbrief. Linsmar verließ sein Zimmer gleichfalls nicht. Früh um vier standen sich Kennau und der Baron auf dem Sandplatz im Hölzchen gegenüber. Kennau schluckte und sagte förmlich: Ich habe Sie, Herr Baron, wissentlich nie beleidigt. Zahn übertönte Linsmars Antwort, indem er von der Seite rief: Meine Herren, ich habe wichtigere Dinge vor, als mir Ihre Deklamationen anzuhören. Ans Werk. Zwei Schüsse krachten, Kennau fiel in den Sand und verblutete innerhalb einer Viertelstunde, während Linsmar, Zahn und Kleefeld bei ihm standen. Dann lief Linsmar geradenwegs zum Posthof, nahm eine Kutsche und fuhr zu seinen Eltern. Vom heimatlichen Schloß aus floh er in die Schweiz. Nun war v. Zahn beide Rivalen los. Aber Stopfel schwieg nicht. Ich kann nicht so tun, als wäre nichts gewesen, mein Freund ist weg, für immer, das darf ich nicht auf sich beruhen lassen. Zahn wurde verhaftet und gestand. Er kam für vier Jahre auf die Festung nach Küstrin. Daher die bitteren Reden, das wußte Zenge, der die ganze merkwürdige Geschichte während der Jahre seines Aufstiegs im Ministerium nie vergessen hatte. Er hielt sie für ein Lehrstück. Nicht zu weit gehen, den Bogen nicht überspannen. Wenn doch, wenn man Pech gehabt hatte und bestraft worden war, nur keine übelnehmerischen Worte, keine verbitterte Einstellung. Es wird bei unsereinem ja nichts so heiß gegessen. Was war die Sache denn weiter als ein mißlicher Unfall, der sich in diesem Lebensbereich so wenig vermeiden ließ wie ein Arbeitsunfall in den Fabriken. Die Gefahr, daß Äußerungen der Unzufriedenheit mit den öffentlichen Zuständen auf unlautere Motive zurückgeführt werden könnten, auf gekränkte Eigenliebe, Querulantentum und Neid, schien Klaus v. Zenge ebenso groß wie die, seine Taten an seinen Worten gemessen zu sehen. War es nicht besser, eine gewisse aufbrausende, ja revolutionäre Stimmung möglichst schnell zu verdrängen. In mir ist Frieden. Unter Frieden verstehe ich die Harmonie zwischen dem, was in uns, und dem, was um uns ist.

Er schob das Heft aus der Höhle unter ein Buch. Morgen, übermorgen, in einer Woche oder in einem Monat würde er es ins Feuer werfen. Vielleicht. Zenge rückte die Regalleiter zurecht und holte einen Stoß Broschüren nach unten, den er im obersten Fach, unerreichbar für die zufällig stöbernde Hand eines Gastes, aufgeschichtet hatte. Das waren die Leichen der Zensur, die Kadaver der Beschlagnahme, Andenken an seine Tätigkeit im Departement. Nachdem er den Staub von den Deckeln geblasen hatte, wählte er ungefähr aus der Mitte des Stapels ein dünnes Buch. Der Lehrer Karl Becker als Opfer der preußischen Justizmaschine, von ihm selbst berichtet. Er nahm die Schrift mit in sein Schlafzimmer, wo er sie unter das Kopfkissen legte. Er zog die Vorhänge nicht zu. Endlich sich ausstrecken können. Das trostlose Licht der winterlichen Morgendämmerung fiel auf sein Gesicht und ließ es noch blasser erscheinen. Die Augen waren fest geschlossen, der Mund zusammengepreßt, Lider und Lippen zitterten leicht. Was für eine irrsinnige Nacht. Schon das Wort Liebe. Wer war der Mann, der davon, erdacht oder erlebt, so verwirrend geschrieben hatte. Die Frage beunruhigte ihn stark. Und doch schlief er ein. Dieser Widerspruch war ihm noch beim Erwachen am Mittag bewußt. Er litt aber nicht unter ihm. So ist das Leben, dachte Klaus v. Zenge, denn er kannte nicht nur sich. Tagelang berührte er weder das Heft in der Bibliothek noch das Buch unter dem Kopfkissen. Statt

dessen besuchte er mehrere Male seinen Gutsnachbarn
v. Zahn. Er hörte die scharfen Worte des Kammerassessors
und machte sich mit Befriedigung klar, daß die Funktion solcher Reden allein darin bestand, irgendwelche Handlungen
überflüssig werden zu lassen. Das war es also.

Damals, Ende März 1858, hatte sich Eduard schon weit
von Beyersdorf und der verlorenen Höhle entfernt. Er wanderte bettelnd und stehlend durch Westpreußen und Pommern. Immer in Gefahr, aufgegriffen und verhaftet zu werden. Was für ein Reichtum an Gedanken und Gefühlen. Und
keine Möglichkeit, diesen Überfluß nutzbringend zu verwenden. Lag das an ihm. Oft saß er am Waldrand und sah auf
ein Dorf. Der kurze Wunsch, er könnte dort leben, als Lehrer, wie früher. Den Sommer verbrachte er in den endlosen
Wäldern, die sich von Stettin bis über Pyritz hinaus ausdehn-
ten. Um sich vor Wind und Regen zu schützen, wühlte er an
abgelegenen Stellen tiefe Kuhlen in die Erde und deckte sich
mit Laub und Ästen zu. Abends hätte er gern in sein Heft geschrieben, Geschriebenes gerne gelesen. Aber das Heft war in
der Höhle geblieben. Und er hatte kein Licht. Manchmal vergingen Wochen, bevor er einen Menschen sah, und meist weit
weg. Wie groß ihm dann die Entfernungen vorkamen. Wenn
ihm die Nahrungsmittel ausgingen, schlich er nachts in das
nächstgelegene Dorf. Während solcher Streifzüge schrieb er
einige Male mit Wagenschmiere das Wort Haß auf Kirchen-
türen. Langsam gewöhnte er sich wieder daran, im Freien zu
schlafen. Der Husten, der ihn am Morgen nach dem Aufwa-
chen immer quälte, wurde seltener. Die Monate vergingen.
Der Herbst kam. So intensiv hatte Eduard den Wechsel der
Jahreszeiten noch nie erlebt. Je kälter es wurde, desto größere
Mühe hatte er, in den erbrochenen Vorratskellern, Abstell-
kammern und Küchen Eßbares zu finden. Er hatte, was

Landwirtschaft betraf, keinen Sachverstand, und dadurch, daß er anderen Leuten aus dem Weg ging, erfuhr er keine Neuigkeiten, aber allmählich merkte er an der Leere der Regale und Schränke, wie schlecht die letzte Ernte gewesen sein mußte; die Bauern und besonders die Landarbeiter hungerten wie er. Eduard wußte, daß früher einmal die Teuerungspolitik, das ist die Summe der Maßregeln, die ergriffen wurden, um eine Teuerung oder gar eine Hungersnot zu verhindern, ein wichtiger Bereich der Regierungstätigkeit gewesen war und daß seit einigen Jahren nichts dergleichen mehr geschah, indem die Überzeugung vorgeschützt wurde, jeder Eingriff in die Freiheit von Verkehr und Preisgestaltung sei nicht allein völlig nutzlos, sondern geradezu schädlich. So machte Eduard sich auf einen harten Winter gefaßt.

Ab Oktober stellte er eine zunehmende Empfindlichkeit seines Magens fest. Der Kopf tat ihm oft weh. Als wollte er zerspringen. Manchmal sah er alles doppelt. Und dann die krampfartigen Schmerzen, zuerst nur im Magen, später im ganzen Unterleib. Er fror nicht nur nachts. Häufig mußte er sich hinhocken, weil er vor Schüttelfrost nicht mehr weitergehen konnte. Wie sehr sich sein Körper veränderte. Er wunderte sich. Sein eingefallenes Gesicht konnte er nicht sehen, dafür stellte er an den Oberschenkeln, den Hüften und auf dem Bauch zahlreiche kleine, parallel verlaufende Falten fest. Ich schrumpfe zusammen. Er schmeckte den bitter gewordenen Speichel und roch den Gestank, der aus seinem Mund kam. Das Urinieren hinterließ rotbraune, scharf riechende Flecke im Schnee. Manchmal dachte er noch an Italien, sogar an Charlotte. So weit im Norden zu sein.

Die starken Nachtfröste setzten ein. Es war erst Ende November. Er scharrte sich tief in die harte Erde, bedeckte sich mit Bergen von Laub, Haufen von Stroh. Wohin. Erst als das Eis auf den Teichen und Flüssen dick wurde, fand Eduard ein Unterkommen. Es war in der entvölkerten Gegend am Berlingsee. Nur ein einsames Gut lag in der Nähe. Einmal in der Woche kam der Gendarm vorbei und machte im Gutshaus Station. Eduard hatte bemerkt, daß der Abflußkanal des Sees in einem aus Feldsteinen gemauerten Tunnel unter dem Chausseedamm hindurchgeleitet wurde. Die beiden Öffnungen der Röhre lagen hinter Buschwerk und waren mit Eisenstäben verschlossen. Er zwängte sich hinein und schlug auf dem Eis des Kanals ein Lager auf. Bevor neuer Schnee niederging, brach er in das Gut ein und holte Essen, Schnaps, Bettstücke und Kleidung. Anschließend mußte er mehrere Wochen in seinem Versteck bleiben. Fußspuren im frischen Schnee hätten ihn verraten. Die schreckliche Zeit. Ohne das Heft. Er wurde völlig apathisch, unterschied Tag und Nacht nicht mehr und glaubte, den Flüchtling Becker, seine Schulkinder oder Ludwig bei sich im Tunnel zu haben. Oft kam es ihm vor, als sei sein Körper, unter dem er so litt, überhaupt nicht mehr da; die gemauerten Wände, das Eis, die Gitterstäbe waren wie durch große Distanzen von ihm getrennt. Niemals wieder würde er Beckers Broschüren studieren, ein Gedicht lesen, seine Lebensgeschichte erzählen oder auch nur den eigenen Namen aussprechen können. Später wurde es noch schlimmer, es gab nur noch das Eis und ihn. Er dachte an nichts anderes. Charlotte vergaß er ganz und gar, sein Haß schien tot zu sein, mindestens eingefroren. Können Gefühle Winterschlaf halten. Wegen der geringen Höhe der Tunnelröhre war er gezwungen, sich kniend und rutschend fortzuschieben. Obwohl er die Knie durch aufgebundene Lederstücke geschützt hatte, schwollen sie gewaltig an. Das Sitzen war noch mühevoller, die waagerechte Stellung der Beine auf dem Eis, die Unbeweglichkeit und Kälte konnte er schon nach wenigen Tagen nicht mehr ertragen. Er hackte sich ein enges Loch in den gefrorenen Schlamm und setzte die Füße hinein. Fast hätte er dadurch die Beine erfroren. Nirgends konnte er den Rücken anlehnen, ohne daß er gleich das eisige feuchte Mauerwerk durch die Kleidung hindurch fühlte. Wenn er stundenlang hustete, rüttelte ihn das vorübergehend auf, und er hatte Angst, sich durch den Lärm zu verraten. Die grenzenlosen Halluzinationen blieben ganz weit hinten, drangen nicht in sein Bewußtsein. Als im Februar der Wetterumschwung kam, bemerkte er ihn lange nicht; beinahe eine Woche saß er noch auf dem tauenden Eis inmitten nasser Lumpen und verstand nicht, was das viele Wasser im Tunnel zu bedeuten hatte. Wie jemand von Stunde zu Stunde aus einer tiefen Bewußtlosigkeit aufwacht, so kam Eduard erst über Tage und Tage allmählich wieder zu sich. Aber was war von dem schönen schlanken Mann Anfang Dreißig mit den feingliedrigen Händen und der sanften Stimme übriggeblieben.

Und doch erholte Eduard sich. Die Magenschmerzen behielt er, als dauerndes Andenken an den furchtbaren Winter. Mit Einsetzen der wärmeren Witterung entfernte er sich in täglich größer werdenden Tagesmärschen vom Berlingsee. Er ging nach Westen, auf Berlin zu. Von allen Gefühlen und Empfindungen war nur sein Haß nach den Monaten im eisigen Tunnel wieder erwacht. Etwas tun und dabei sterben. Einen der Millionen Tode, die wir schon gestorben sind und noch sterben werden. War es möglich, daß eine einzige Tat die Welt so veränderte, wie ein einziger Winter ihn verändert hatte. Dann mußte es eine Tat des Schreckens sein, die der bestehenden Ordnung von Grund auf zuwiderlief. Dann mußte er den König erschießen, den Henker der Revolution, den Kartätschenprinzen. Der Traum, den er beim Kofferpacken in der Casa in Valle gehabt hatte. Er würde sich im Tiergarten aufstellen, Pistolen waren überall leicht zu bekommen, der König würde in der Kutsche vorbeifahren, er würde mit einer tiefen Verbeugung grüßen, der alte König würde den Hut lüften, er würde dem König ins Gesicht zielen, abdrücken, und die Kugel würde den halben Kopf wegreißen. War das so leicht, einen Mann auf das Pflaster zu strecken, sich umzudrehen und die Leiche hinter sich zu lassen. Was macht eine solche Tat aus uns. Bleiben wir uns ähnlich, oder kann es vorkommen, daß wir danach in einen Spiegel gucken und uns nicht wiedererkennen. Mein Mund war doch viel schöner, meine Stirn viel höher, ich sehe ja ganz anders aus, als ich mich in Erinnerung habe. Er dachte an Kleists Aufsatz über das Marionettentheater, den er, als Dorfschullehrer, jedes Jahr einmal, an seinem Geburtstag, gelesen hatte. Anmut und Unschuld der Seele schienen ihm der Grazie des Körpers zu entsprechen, von der die Rede gewesen war, als falle sie der Reflexion und der Erkenntnis zum Opfer, als sei sie der Preis für beides. Auch die Seele war doch gemeint, wenn der Tänzer am Ende sagte, daß sich, wäre die Erkenntnis gleichsam durch ein Unendliches gegangen, die Grazie wieder einfände; so daß sie, zu gleicher Zeit, in demjenigen menschlichen Körper, in derjenigen menschlichen Seele, fügte Eduard ein, am reinsten erscheine, der entweder gar keins oder ein unendliches Bewußtsein habe, nämlich im puppenhaften Gliedermann oder im Gott. Und auf die Frage, ob die Menschen dann also wieder vom Baum der Erkenntnis essen müßten, um in den Stand der Unschuld zurückzufallen, hatte Kleist den Tänzer antworten lassen: Allerdings, das ist das letzte Kapitel von der Geschichte der Welt. Eduard fühlte, daß er bereit war, ein solches Kapitel, was ihn anging, zu schreiben. Oder hatte er damit schon kurz hinter der italienischen

Grenze begonnen, als er das Schreibheft aufschlug und das erste Wort hineinsetzte, Liebe. War das der Anfang gewesen.

Als er in die Gegend von Soldin kam, erinnerte er sich der Sommerferien, die er mit zwölf oder dreizehn bei entfernten Verwandten auf dem nahen Gut Warsin verbracht hatte. War ihr Name v. Zahn gewesen, er wußte es nicht mehr. Hier, in der Grenzgegend zwischen Hinterpommern und Westpreußen, zwischen Stettin, Deutschkrone, Landsberg und Frankfurt, beherrschte der Großgrundbesitz die Verhältnisse. Siebzig Prozent des Bodens gehörten zu Gütern mit mehr als hundertfünfzig Hektar. Die Bevölkerung sprach teils deutsch, wie die Verwandten, teils, besonders wenn sie der arbeitenden Klasse angehörte, eine Abart der polnischen Sprache. Er hatte, ohne um Erlaubnis zu fragen, die ihm verweigert worden wäre, hin und wieder mit einem Hütejungen im gleichen Alter gespielt; wie fängt man die größten Schleien, wie wird eine Hasenschlinge gestellt. Einmal war er mit dem Jungen, der nur gebrochen deutsch sprach, zu dessen Eltern gegangen. Das war ihm wie eine Expedition vorgekommen. Das kleine, aus Lehm gebaute, auf einer Grundfläche von vielleicht zehn mal vierzehn Schritten stehende Haus mit dem grasbewachsenen Strohdach lag tausend Meter abseits des Fahrweges am Waldrand und bestand aus zwei zu beiden Seiten des Hausflurs liegenden Kammern. Rechts wohnte der Junge mit seinen Eltern, einer erwachsenen Schwester und einem vierzehnjährigen, einem elfjährigen und einem achtjährigen Bruder, links waren der alte Bruder der Mutter, die Mutter des Vaters, die noch älter war, und ein weiterer, siebzehnjähriger Bruder des Jungen untergebracht, der, taubstumm und halbgelähmt, von den beiden Greisen betreut wurde. Als Eduard in den Raum kam, erstarrten alle, keiner sprach ein Wort, und der Junge zog ihn zu einem Strohsack neben dem Ofen aus Ziegelsteinen. Er hob den Sack hoch und sah Eduard an. Auf der festgetretenen Erde lagen in einer flachen Mulde drei Glaskugeln und schimmerten trübe in allen Regenbogenfarben.

Meist hatte Eduard freilich im Park gesessen und gelesen. Goethe war erst acht Jahre tot, und der Ruhm wuchs noch. Also las er viel Die Leiden des jungen Werther und weinte viel. An diesen Sommer, den er vollkommen vergessen gehabt hatte, dachte Eduard, sobald er in der Ferne den Kirchturm von Soldin sah. Die Silhouette des Ortes mit den hohen Linden und den niedrigen Dächern war wie ein Signal. Und es fiel ihm ein, daß die Gegend zu mehr als zwei Dritteln mit Wald bedeckt war. Die riesigen Waldgebiete östlich von Warsin. Die über hundert Morgen große Schonung zwischen dem Gut und den beiden kleinen Tagelöhnersiedlungen Jagow und Haustatzkow. Die Bäume waren inzwischen höher geworden, zwischen den zwanzigjährigen Fichten und Büschen der Schonung gab es kaum ein Durchkommen. Lud das Waldstück nicht förmlich zum Graben einer neuen Höhle ein. Er vergaß Berlin nicht, aber ein Unterschlupf als Ausgangsbasis für das Unternehmen konnte sehr nützlich sein. Die Arbeit, Anfang Juni begonnen, nachdem er sich die nötigen Geräte zusammengeholt hatte, nahm ihn mehr als vier Monate in Anspruch. Dann konnte er endlich in den unterirdischen Raum einziehen, der eine Länge und Breite von je fünf Meter hatte, also größer als die meisten Landarbeiterwohnungen war. Die gemauerte, mit einer eisernen Ofentür verschlossene Feuerstelle, die armdicken Luftröhre, der auf dem Eingang liegende und mit Erde, Blättern und Fichtenzweigen beklebte Deckel, die sauber aus gehobelten Brettern gezimmerten Möbel gaben Eduard das Gefühl sowohl der Sicherheit als auch der Behaglichkeit. Beinahe hätte er noch einen Garten angelegt, für das Gemüse. Aber die Jahreszeit war zu weit fortgeschritten. Der folgende Winter war angenehm, mit wenig Schnee und Regen. Eduard verließ die jederzeit trockene Höhle nur, um nachts in den Dörfern nach Eßwaren zu suchen. Er fand genug. Von einem dieser Streifzüge brachte er aus dem Herrenhaus Warsin die siebzehn Bände eines Konversationslexikons mit. Die Leute hatten tatsächlich v. Zahn geheißen. Der Besitzervermerk stand in jedem Band. Vier Wochen später holte er sich noch den großen Goethe letzter Hand von Cotta. Die Bücher vertrieben ihm die Zeit, die frühere Zuneigung zu dem, was er las, stellte sich nicht ein. In der Hauptsache lag er auf dem Bett und malte sich aus, wie der König mit zerschmetterter Stirn aus dem Wagen kippte. Allmählich verbanden sich diese Tagträume mit sexueller Erregung. Er mußte sich immer wilder selbstbefriedigen. Er kletterte dazu aus der Höhle. Mit unbeweglichen, schon toten Augen kauerte er im Gebüsch. Dann wieder stellte er sich vor, wie es wäre, wenn er den König in seine Höhle entführte, ihn lange ausfragte und dann eigenhändig erwürgte. Daraufhin sah er seine Hände genau an. Und was für Gespräche würden sie miteinander haben. Würde der König sagen: Ich muß austreten. Oder würde er sagen: Ich muß mal pinkeln.

Kurz nach Neujahr fand er im Haus des Jagower Dorfschulzen eine Pistole und die erforderlichen Schießutensilien. Er begann sich im Schießen zu üben. Der Band des Lexikons mit dem Buchstaben K war sein Ziel. Fünf Meter Distanz erlaubte die Höhle, weiter würde auch der König nicht entfernt sein. Eduard fühlte sich unter der Erde mit seinen Phantasien wohl. Kein Bedürfnis nach Gesellschaft, Unterhaltung, Zärtlichkeit. Ihm war klar, daß alle Brücken hinter ihm abgebrochen waren. Die große, nicht mehr aufzuhebende Entfernung zwischen ihm und den übrigen Menschen bekam ihren Sinn erst mit der Beseitigung des verhaßten Mannes in Berlin. Die Vergangenheit insgesamt oder in einzelnen Teilen stellte für ihn nicht den Schatten einer Möglichkeit mehr dar. Aber auch das Leben in der Höhle, das wußte er, konnte nur Durchgangsstation auf dem Weg zur großen Tat sein. Große Tat. Als ob wir aus einem Zimmer in das andere gehen. Einen der Millionen Tode. Etwas Gutes. Oder etwas Schreckliches, unerhört Grausames, das die Menschen in die Lage versetzt, gut zu werden.

Inzwischen war Eduards Heft nach Berlin gekommen. Klaus v. Zenge hatte es seinem ehemaligen Vorgesetzten im Departement für innere Angelegenheiten geschickt. Euer Hochgeboren diesen Fingerzeig von Ihrem allergehorsamsten Diener. Das Ministerium konnte mit dem Heft weniger anfangen als der aufmerksame und einfühlsame Zenge. Man berief eine Kommission von Polizeifachleuten, Ärzten und Schriftstellern zur Begutachtung. So wurde Ludwig nachhaltig an Eduard erinnert. Charlotte ahnte nichts. Die Kommission testierte dem Verfasser Intelligenz, Bildung und Irresein. Ludwig dachte an Eduards Vorliebe für den Hyperion, für Michael Kohlhaas, wußte alles besser und hielt den Mund. Wann läuft er endlich ins Messer. Ja, wann.

Am 17. April 1861 wiederholte sich, was schon einmal im März 1858 geschehen war. Zwei Häusler aus Jagow namens Kraschewski und Podlik suchten unter den dichtstehenden Bäumen der großen Schonung Schutz vor einem Gewitterregen. Beim Umhersehen fiel ihnen ein Erdloch auf, neben dem ein anscheinend zum Verschluß des Loches dienender Deckel aus dicken Brettern lag. Kraschewski wollte der Sache nicht auf den Grund gehen, Podlik, der mit der Gutsherrschaft auf gutem Fuß stand und öfter im Wald hatte schlagen dürfen, trat mißtrauisch näher. Der zurückgebliebene Kraschewski sah plötzlich, wie er später aussagte, einen Kopf mit stechenden Augen, schwarzen Zähnen und wüsten Haaren aus dem Loch kommen. Es gab eine Detonation, und Podlik brach, durch den Kopf geschossen, zusammen.

Jetzt war Eduard ganz entwurzelt. Vergessen Charlotte, vergessen Berlin. Der König, wer war das. Er zog landauf, landab. Ohne Scheu ging er mitten durch die Dörfer. Es gab zwar Blumen vor den Fenstern, aber die Strohdächer waren verrottet. Egal. Was interessierte ihn das noch. Was konnte ihm jetzt noch passieren. Ohne Haß, ohne Liebe, war er ein umherstolpernder Automat, den man einmal aufgezogen hatte, der ablaufen mußte, der nur nach Befriedigung seiner Bedürfnisse einfachster Art verlangte und auf ganz verschiedene Anstöße und Reize immer nur die gleiche Antwort geben, die gleiche Reaktion hervorbringen konnte. Die Tat. Die Tat. Einen der Millionen Tode. Von einem Zimmer ins andere. Aber der Zusammenhang war ihm verlorengegangen. Folglich erschlug er am 28. Mai den Freiherrn Dirschau. Der Besitzer des Gutes Hohenziethen hatte ihn nachts beim Einbruch im Arbeitszimmer überrascht. Drei Wochen später wurde auf Dertzow der Haushälterin die Kehle durchgeschnitten. Wieder war Eduard der Täter. Dann kam der Mord im Polizeihaus von Stölpchen. Dort wohnten der Gendarm Brand, dreiunddreißig Jahre, seine Frau Else, neunzehn Jahre, und ein zweijähriges Kind. Brand hatte eine zweimalige Strafversetzung hinter sich, angeblich legte er nicht genug Eifer an den Tag. Seine Frau war lungenkrank und schon wieder schwanger. Am 2. Juli wurde die Familie gefunden. Brand lag ausgeblutet auf den Dielen der Schlafstube, die Frau lehnte am Bett, der Oberkörper war auf die Bettstelle gebogen, mit den Füßen stand sie auf dem Boden. Es war

zwischen fünf und sechs Uhr morgens. Betten und Bretter-
boden schwammen in Blut. Auf einem Faß lag ein Beil, an
dem zahlreiche blonde, von der Frau und dem Kind stam-
mende Haare klebten. Das Kind steckte unter dem Federbett.
Allen dreien war der Hals abgeschnitten worden.

Eine Woche später wurde die Mühle bei Chursdorf Schauplatz eines Blutbades. Der Müller und Dorfschulze Baum-
gart lag halb auf dem Rücken, halb der Wand zugekehrt im
Bett. Er hatte ein Hemd, ein Unterhemd und lange Unter-
hosen an. Das Deckbett war über das Fußende gezogen und
die Brust des Schulzen entblößt worden. Dagegen lagen die
Hände noch unter der Decke. Vor dem Mund stand roter
Schaum, das Gesicht war dunkelrot. Die beiden Kopfwun-
den zentimetertief. Schläge hatten die Schädeldecke vollständig zertrümmert. Am Hals wies die Leiche einen bis zur hinteren Schlundwand reichenden Schnitt auf. Man konnte in
den Schlafkammern der Mühle die Augen nicht öffnen, ohne
ein verstümmeltes Gesicht, Gehirnteile, eine Blutlache zu
sehen. Kehrte man sich von einer grinsenden Leiche ab, fiel
der Blick auf das verzerrte Gesicht der nächsten. Das ganze
Haus war in Blut getaucht, ein Schlachthaus. Betten, Bettstellen, Fußböden, alles dunkelrot. Alle Gegenstände mit Hunderten von Blutflecken und Spritzern wie übersät. An den
Wänden und Dielen klebte Gehirn. Überall in den roten
Pfützen sah man Abdrücke von Schuhen, an den weißen
Wänden Spuren des Versuchs, blutbeschmierte Hände abzu-
wischen. Die Frau lag erschlagen im Bett, bis zum Hals zugedeckt, den Kopf durch Beilhiebe förmlich in die Kissen
gekeilt. Auch die sechzehnjährige Magd war kaum noch zu
erkennen. Beide Leichen schienen mißbraucht worden zu
sein. Dem zwölfjährigen Sohn Emil hatte man Teile des Stirn-
beins abgeschlagen, das Gehirn total zerquetscht. Der Schä-

del des fünfjährigen Rudolf war gespalten, die Hirnmasse ausgetreten und zum Teil auf die Kissen geflossen. Die Tochter Ottilie, zehn Jahre, hatte den Tod nicht im Bett bei den Brüdern, sondern am Fußende des elterlichen Bettes gefunden. Nur die zerschundene Kopfhaut hielt den ausgelaufenen Schädel des Mädchens zusammen. Neben ihr lag ein abgetrennter Finger.

Diese stehende, von Blutgeruch noch gesättigte Szene des Todes und der Vernichtung wirkte auf alle, die sie sahen, wie ein aberwitziges, alles Menschliche nicht nur verneinendes, sondern verhöhnendes Tableau absoluter Unglaubwürdigkeit. Wenn das möglich war. Wenn es in den Bereich des Vorstellbaren rückte. Zwischen Berlin und Posen brach Panik aus. Die Menschen in einem Gebiet von vielen hundert Quadratkilometern erschraken. Das Erschrecken war tief und wirkte lange fort. Nicht jeder neue Tag, wußte man plötzlich, mußte unbedingt die Verlängerung des vergangenen, nicht jedes geschäftliche Unternehmen der Vorläufer eines neuen, nicht jeder Geldhaufen die Grundlage des nächsten sein. Eine Unwägbarkeit ließ das Getriebe knirschen, hemmte seinen reibungslosen Gang. Weniger das Tatsächliche, das Mögliche machte angst. Die Hand, die Kupons von der Aktie schnitt, eine Verordnung unterschrieb, stockte. Nur für den Bruchteil einer Sekunde. Aber ein Stocken war es doch. Und die Landbevölkerung. Raubgeschichten und Mordnachrichten. Bluttriefende Worte. Verriegelte Türen. Schadenfreude. Die eingebildeten Gefährdungen legten sich vor die wirklichen, einer wollte den anderen überbieten, mit einemmal waren die Zungen gelöst, die Leute auf dem Land erfanden sich ihre Märchen wieder. Hier wurde behauptet, in den Wäldern treibe sich eine Bande mit Eduard an der Spitze herum, dort setzte man das Grauen auf das Konto von Werwölfen und

Tiermenschen, die aus dem Osten eingewandert sein sollten. Holzarbeiter sahen in der Dämmerung fellbehangene Ungeheuer in der Tiefe des Forstes, Ängstliche wollten den Bestien sogar auf den Landstraßen und in der Mitte der Dörfer begegnet sein. Dort drüben. Bei uns. Hier. Die Sehnsucht nach einem starken Hans. Wo kam der Ruf nach Standrecht, dem Henker, dem Erlöser her. Immerhin, die Geschichte ist erst im Jahr 1861 angelangt.

Als Klaus v. Zenge hörte, wer der Massenmörder von Stölpchen und Chursdorf war, verbrannte er die Broschüren, ließ sich nach Berlin fahren und meldete sich bei seinem Chef zurück. Sollten die Klitschen verfallen. Ludwig, der gerade eine Artikelserie für die Kreuzzeitung über die Landarbeiterfrage schrieb, war zufriedengestellt. Und Charlotte sagte während einer Schneiderinnenprobe zu ihrer besten Freundin: Es ist ein schreckliches Mittel gegen ungewöhnliche Menschen, sie so tief in sich hineinzutreiben, daß ihr Wiederherauskommen jedesmal ein vulkanischer Ausbruch wird.

Schon nach dem Mord an Brand hatte Zenges Chef bei Roon und Moltke Militär angefordert. Der General der Infanterie v. Steinmetz zog an der Spitze von neun Schützenbataillonen in die Wälder. Chursdorf hatte zur Folge, daß eine doppelt so starke Abteilung unter General der Infanterie v. Alvensleben zu ihm stieß. Durchkämmen. Abschneiden. Einkreisen. Treibjagd. Wochenlang. Von Eduard keine Spur.

Er war in Frankfurt. Einem Flickschuster Riemann in der Scharrergasse hatte er die Gartenkammer abgemietet. Die Tage verbrachte er, indem er auf dem Strohsack lag und an die Decke sah. Nachts ging er am Oderufer auf und ab. Im Norden die Wälder. Im Süden Italien. Vorbei. Er stellte sich den Tod als Mühle vor.

12. Juli 1861. Am späten Nachmittag kam er die Treppe der

Kellerwirtschaft Zum Grünen Baum herauf und schlug sein Wasser an der Hauswand ab. Der Polizeiassistent Räck hielt ihn fest. Es gab einen Auflauf. Er versuchte, einen Revolver zu ziehen. Ist das nicht der Wilde, rief jemand. Er wurde von Räck an ein Geländer gekettet. Räcks Kollegen kamen. Die Militärpatrouille rückte an. Eine Kompanie marschierte auf. Man schleppte ihn durch die Straßen. Ein großer Knäuel Menschen. Gebrüll. Schläge. Er schrie wie ein Tier. Laut und ohne Hoffnung. Auf dem Markt fiel ein Schuß. Mit zertrümmertem Schädel schlug Eduard vornüber auf die Steine. Dort lag seine Leiche drei Stunden. Dann wurde er an den Füßen in die Wache geschleift.

Am gleichen Abend, während Charlotte wie immer am Fenster saß und stickte, befragte der Schriftsteller Ludwig, der jetzt unter v. Zenge im Ministerium arbeitete, seinen kleinen Sohn. Sage mir, mein Sohn, wohin kommt der, welcher liebt, in den Himmel oder in die Hölle. In den Himmel. Und der, welcher haßt. In die Hölle. Aber derjenige, welcher weder liebt noch haßt, wohin kommt der. Welcher weder liebt noch haßt. Ja, hast du die schöne Fabel vergessen. Nein, mein Vater. Nun, wohin kommt der. Der kommt in die siebente, tiefste und unterste Hölle. Das wollen wir nie vergessen, nicht wahr, sagte Ludwig nach einer Weile, nahm ein Stück Konfekt aus der Dose, gab es dem Kind, strich ihm über das Haar, schickte es ins Bett und trat zu Charlotte. Nicht wahr, sagte er noch einmal und war nicht in der Lage zu tun, was er sich eben vorgenommen hatte, sie leicht auf den Nacken zu küssen. Und Charlotte. Wie wäre es, wenn Charlotte den Blick vom Stickrahmen höbe, erst das Zimmer, dann ihren Mann ansähe und sagte: Was für eine Hölle.

XIX   Geräusche beim Entsichern
der Pistolen

A n manchen Tagen ist alles ganz anders. Mutlosigkeit,
Zweifel, Angst, die bösen Träume verwehen, und die
Befürchtungen, die mich sonst gelähmt am Schreibtisch sitzen, angstvoll in mich hinein und auf die Straße vor dem
Haus hören lassen, sind vergessen. Keine Briefe im Kasten,
die zu öffnen ich mich überwinden muß, das Telefon hat
nicht geklingelt. Vielleicht war es ein schöner Vormittag, in
der Innenstadt, sonnabends. Ich bin hierhin und dorthin gegangen, ohne Eile, habe den und jenen getroffen und begrüßt.
Komm doch mal vorbei und hör dir meine neuen Gedichte
an. Gut siehst du aus. Bist du Montag im Nörgelbuff, ich
singe wieder. Wir haben dir Marmelade gekocht, hol sie mal
ab. Und jemand bittet mich freundlich um Feuer und legt mir
zum Dank leicht die Hand auf den Arm.

In der Höltystube wühle ich wie nebenbei in den Bücher-
kisten, ich bin heute nicht darauf angewiesen, etwas zu finden, und stoße doch auf die illustrierte Geschichte der Acht-
undvierzigerrevolution von Wilhelm Blos. Als ich aus dem
Laden komme, treffe ich Reiner und Evi. Wo bist du so lange
gewesen, sagen sie, wir haben dich gebraucht. Und wir gehen
zusammen die Weender Straße hinunter. Die Leute sehen so
fröhlich aus.

Sie haben Zeit, am Brunnen bleiben sie stehen und gucken
den spielenden Kindern zu, alle freuen sich, oder sie werfen

den Straßenmusikanten Geld in die Hüte. Die Leute sind gar nicht so. Sie sind viel besser, als man denkt, viel aufgeschlossener und entspannter, viel froher. Über den Büchern und Gesprächen, über dem langen Brüten am Schreibtisch habe ich nur nicht mehr daran gedacht. Das Leben ist schön. Ich merke kaum, wie meine Füße das Pflaster berühren, eher schwebe ich und muß immerfort lächeln. Heute abend fahre ich endlich nach Ebergötzen an die Baustelle der Umgehungsstraße, grabe den Weißdorn aus, der hoffentlich noch nicht unter die Planierraupen gekommen ist, und pflanze ihn auf die kahle Wiese bei den Garagen. Tage, an denen das Leben Spaß macht. Ich meine nicht das Gefühl des Triumphes über irgend jemanden oder irgend etwas, nicht das Bewußtsein, zwei Schritte vor dem Hauptfeld zu liegen. Vielmehr diese grenzenlose, gleichmäßige Freude.

Dann habe ich wieder den Eindruck einer düsteren Landschaft, auf die vorübergehend Sonne scheint. Nur zu gerne ergibt man sich dem Reiz der Dinge und Zustände. Widerstand würde Kraft kosten, so wie auch Mißtrauen Kraft kostet, Realismus, Illusionslosigkeit, Vorsicht, Wachsamkeit. Wir kümmern uns nur noch um unseren Garten, die Freunde, die Musik, die Schularbeit; wie oft höre ich das jetzt, und wie oft denke ich selbst so. Morgen setze ich mich in den Garten und schreibe die amerikanischen Gedichte. Nächste Woche fahre ich aufs Land, den Verwandten in der Heuernte helfen. Und heute, heute lese ich Rilke; so vergeht der Sonntag. Wir bringen das Kind ins Bett und machen uns Suppe aus den großen italienischen Gemüsezwiebeln, die wir eingeschmuggelt und von denen wir noch einen halben Zentner im Keller haben. Die Suppe schmeckt auch vor dem Fernseher, da schmeckt sie vielleicht besonders gut.

Aber der Reiz der Dinge und Zustände hält nicht vor, und

auf der düsteren Landschaft liegt keine Sonne mehr, wenn ich am Montag nach Münster fahre. Hängen die Käfige noch oben am Dom, in denen die Skelette der Wiedertäufer jahrhundertelang von Wind und Wetter gebleicht worden sind. Kurz vor der Autobahnabfahrt Paderborn werde ich mit der Kelle auf einen Parkplatz gewinkt. Verkehrskontrolle, Ihre Papiere. Gleich suche ich in der Brieftasche mit den vielen Fächern, einem Geschenk von Doktor Döring zur Konfirmation, und habe alle Hände voll zu tun. Wollen Sie den Personalausweis auch. Nimm die Zigarette aus dem Maul, höre ich und sehe gleichzeitig durch das Fenster auf der Beifahrerseite die Maschinenpistole, die keinen halben Meter von der Scheibe entfernt ist und deren Mündung auf mich zeigt. Der Schreck kommt ganz plötzlich und ist groß, ein heißes Gefühl. Wenn ich jetzt eine winzige, aber falsche Bewegung mache. Wenn der mit dem Finger am Abzug etwas mißversteht. So einem Zeigefinger ausgeliefert sein. Aussteigen, heißt es, hierher. Woher kommen Sie. Wohin wollen Sie. Warum fahren Sie über Paderborn, wenn Sie nach Münster wollen, das ist doch ein Umweg. Was für Käfige. Deswegen fahren Sie extra von Göttingen nach Münster. Haben Sie nichts Besseres zu tun. Machen Sie mal die Heckklappe auf. Heckklappe auf, habe ich gesagt. Sagen Sie mal, was war denn das eben für ein zweiter Führerschein in Ihrer Brieftasche, haben Sie zwei Führerscheine. Die sind wohl auf verschiedene Namen ausgestellt, und jedesmal mit Ihrem Foto.

Es ist aber nur der graue Ausweis des Schriftstellerverbandes, und ich kann weiterfahren. Außerdem: seit einigen Wochen klingelt mehrmals am Tag unser Telefon. Die Glocke schlägt kurz an. Wenn ich aus dem Bett oder aus dem Arbeitszimmer stürze und abhebe, höre ich das Amtszeichen. Bis auf den 28. Mai, meinen Geburtstag. Damals hat eine

Männerstimme Schimpfworte gerufen. Gleich wurde wieder aufgelegt. Meine Unruhe den ganzen Tag über.

In letzter Zeit passiert es auch oft, daß wir eine Verbindung wählen, wir drehen die Scheibe jetzt besonders sorgfältig, und die Leitung ist trotzdem tot. Als hätte jemand die Schnur aus der Wand gerissen. Nur, die Schnur ist in Ordnung, der Störungsdienst hat sie ausgewechselt. Das Schlimme, das Schlimmste ist, daß wir wissen, es könnten Zufälle sein, daß wir aber nicht wissen, ob es welche sind.

Dann die fremden Autos. Fortwährend ertappe ich mich dabei, wie ich in unserer Straße nach ihnen Ausschau halte. Ich wünsche sie nicht herbei, nur zeigen sollen sie sich. Hellgrau oder dunkelblau müßten sie sein, in Northeim oder Osterode zugelassen; auf den Vordersitzen Männer ohne Gesichter mit auseinandergefalteten Zeitungen. Ist das Bild aus der Luft gegriffen, entstehen so Widerstandskämpfer. Ich habe Angst, nur von ihr kann ich reden.

Beängstigend auch der Spaziergang am 24. Juni. Ich war halb vier am Morgen aufgestanden und vor die Stadt gefahren. Oberhalb Reyershausen, auf der von Wald umschlossenen Hochebene, von der aus man in der Ferne den Brocken sehen kann, bin ich ausgestiegen und durch die Felder gegangen. Zuerst waren um mich graues Licht und graue Farben. Dann zog über den Harzbergen die Sonne auf, und alles fing zu leuchten an, Lerchen stiegen in die Luft, auch andere Vögel waren zu hören, im hohen Gras der Feldraine funkelte der Tau. Man hatte den Eindruck, allein auf der Welt zu sein. Bis ich das dunkle Auto bemerkte. Es fuhr im Schritt hinter mir her, Abstand dreihundert Meter. Zwei Männer. Das Auto konnte nur aus dem Wald gekommen sein. Gleich ist alles möglich: eine Exekution, ein Denkzettel mit Knüppeln oder Fäusten, das barsche Wassuchensiehier eines Jägers. Ich hätte mich gern umgedreht, ich wäre gern auf das Auto zugegangen: Bitte. Man fühlt sich ganz unschuldig, und der erste Impuls ist, das zu beteuern. Statt dessen bin ich immer schneller gelaufen, und als ich in den kleinen Fußweg Richtung Straße eingebogen war, an dessen oberem Ende mein Auto stand, stiegen sie aus, richteten zwei Ferngläser auf mich und konnten jede meiner Bewegungen so genau sehen, daß ich mir völlig ausgeliefert, restlos preisgegeben vorkam. Im Fadenkreuz. Wie schnell geht man über dergleichen hinweg.

Selbst von meinen Träumen kann ich mich nur schwer erholen. Nicht, daß ich mich fortgesetzt an einen Traum erinnern würde. Aber noch beim Mittagessen zittern mir die Hände, und wenn ein Gegenstand herunterfällt, erschrecke ich mehr als sonst. Ich habe Magenschmerzen, oder die Durchblutungsstörungen im Bein werden stärker, oder ich spüre die Nervenentzündung im Arm wieder. Was ich oft träume: ich bin bei meinen Schwiegereltern in Steinheim. Heidruns Vater, sechzig Jahre, hat einen Malerbetrieb. Weil das ganze Dorf selbst tapeziert und anstreicht und sich bei Schwierigkeiten allenfalls von den Männern, die er in den fünfziger und sechziger Jahren zu Weißbindern ausgebildet hat, schwarz helfen läßt, arbeitet er allein, ohne Gesellen und Lehrling. Auch das ganze Drum und Dran gesetzlicher Auflagen für die kleinen Arbeitgeber sei ihm im Lauf der Jahre immer drückender vorgekommen. Der Schreiner in der Nachbarschaft hat neulich sogar sein Gewerbe abgemeldet. Keine Arbeit. Trotzdem hält er sich den ganzen Tag zwischen den Maschinen, Geräten und Werkzeugen in der umgebauten Scheune auf. Weiß jemand, was er da macht. Nein. Erst gegen fünf, sechs taucht er wieder auf und geht in die Wirtschaft auf der anderen Straßenseite. Dort sitzt der Wirt Abend für Abend mit drei, vier Gästen. Vielleicht heben deshalb die

Leute im Dorf jeden rostigen Nagel, jeden Bindfadenrest und Kronkorken, jede Flasche und jede alte Zeitung auf. Und die Apfelbutzen werfen sie nicht irgendwohin, sondern auf den Komposthaufen. Die Gemüsegärten sind groß geblieben. Wenn Kartoffeln teuer werden, wachsen auf der Hälfte der Beete Kartoffeln. Vorsicht ist immer besser; die Kohleöfen stehen überall noch auf Böden, in Kellern. Man kann nie wissen. Gut sieht es im Land jedenfalls nicht aus.

Was wird aus dem Dorf nur, hat der Nachbar mich gefragt. Und mein Schwiegervater führt alles darauf zurück, daß die Deutschen für die Demokratie nicht reif seien. Ich habe Angst, Angst habe ich um unser Land. Er meint die öffentliche Verschwendung, die Ämterverfilzung, die Parteibuchwirtschaft. Und dann die kleinen und größeren Durchstechereien, von denen er in den Gastwirtschaften der Gegend hört. Vor diesem Hintergrund spiegelt er sein Leben. Das nimmt kein gutes Ende, du wirst sehen.

Vor fünfundzwanzig Jahren hat Heidruns Vater an das alte Haus der Hofraite mit den drei engen Zimmern einen Anbau gemacht. Damals sah es noch so aus, als würde er einen Nachfolger zum Schwiegersohn bekommen, als hätte das Geschäft Zukunft. Der Anbau, der auch schon zu verwittern beginnt, hat zu ebener Erde einen großen Raum, der Werkstatt und Lager für Tapeten, Farben und Altmaterial ist. Im ersten Stock gibt es das Schlafzimmer, in dem die überzähligen Betten dreier Generationen aufgeschlagen sind. Was sonst an Möbeln dort steht, war als Aussteuer für die Tochter gedacht und ist kurz nach der Konfirmation angeschafft worden. Dann das Wohnzimmer mit dem Eßtisch, an dem ich schreibe. Ich gucke entweder auf das weiße Blatt Papier oder auf den sonnenbestrahlten Scheunengiebel gegenüber mit den fünf verschiedenen Füllungen im Fachwerk. Darüber vergehen die Vormittage, die Nachmittage, so schnell, so anstrengend und selbstverständlich auf der Suche nach einer Erinnerung an Schreie wie Feuer, wie Eis.

Nur zu den Mahlzeiten komme ich nach unten. Gegen Abend gehe ich zwei Stunden durch die Felder und den Wald. Ich lasse mir für zwei Mark von der Dorffriseuse die Haare ganz kurz schneiden, der Schuster macht kräftige Sohlen auf meine Schuhe, fünf Mark kostet das, und Meyerkarls Adolf bestellt den Spiegel für mich. Manchmal gehe ich abends auch zum Pitzewirt. Der alte Scharmann und Schützekurt rücken an meinen Tisch, ich gucke den Kartenspielern zu und rede ein bißchen. Die da oben. Oder ich besuche die Gote und lasse mich zum Abendessen einladen. Wie nebenbei höre ich, was es Neues in Frankfurt gibt.

Mein Traum fängt so an: ich stehe morgens im Hof, am Auto sind alle vier Reifen zerstochen. Mein Lieblingsweg zum Kaltenrain ist plötzlich mit einem Schlagbaum gesperrt. Ein bewaffneter Wächter in Uniform steht da. Ich muß umkehren, und als ich ins Wohnzimmer zurückkomme und weiterarbeiten will, ist der Eßtisch ganz leer, alle Manuskripte, Bücher, Zeitschriften, mein ganzes Material, sogar Füller und Kuli sind verschwunden. Ein großes dunkles Auto mit grünen Scheiben ist vorgefahren, es hat kein Nummernschild gehabt, vier Männer mit Sonnenbrillen saßen drin. Es hielt mit leise laufendem Motor in der Gasse, ohne daß die Insassen sich bewegten, erzählt meine Schwiegermutter. Nach einer Weile stieg ein älterer Mann aus, der ein Gesicht wie Frankenfeld hatte, aber kleiner war. Er hat die Haustür geöffnet und sich ohne ein Wort an meiner Schwiegermutter vorbeigedrängt, die aus der Küche kam, weil sie dachte, es sei Hans, der Briefträger. Oben hat er alles, was herumlag, in eine Aktentasche gepackt. Dann ist er wieder zum Auto gegangen. Das Auto ist angefahren und um die Hinterecke verschwunden.

Ich sitze in meinem Traum am leeren Tisch und höre durchs offene Fenster nicht nur die Schwalben zwitschern, das Vieh brüllen und den Tischler in der Nachbarschaft hämmern. Ich höre auch, wie sich zwei Männer in der Gastwirtschaft gegenüber bei anscheinend geöffneter Tür unterhalten. So kann das nicht weitergehen. Der Kerl muß weg. Jaja. Höchstens zwei Tage, hat es nicht so geheißen. Notfalls helfen wir nach. Die Ernte. Unsere Arbeitsstellen. Die Viehseuche letztes Jahr, denk nur mal an diè. Bei Fulda soll sogar ein ganzes Dorf abgesperrt worden sein. Er muß weg. Auf alle Fälle. Heute abend noch.

Ich starre auf die abgeräumte Platte und merke, wie meine Angst größer und größer wird, bis ich aus dem Zimmer stürze, auf den Boden laufe, warum gerade auf den Boden, ich weiß es nicht, und von dort auf das Dach klettere und auf dem First balanciere und meine Arme ausbreite und sie auf und ab bewege, erst langsam und schwerfällig, dann immer schneller, und tatsächlich emporsteige und fliege, so lange, bis das Dorf sehr klein unter mir liegt und bald nicht mehr zu erkennen ist, aber meine Angst bin ich nicht losgeworden, denn ich weiß, wo ich niedergehe, wartet das große dunkle Auto auf mich.

Das Einschreiben neulich kam aus dem nächsten Haus. Der alleinstehende Mann, Monteur für Kühlgeräte. Er werde in seiner Wohnung abgehört. Die Kripo sei schon eingeschaltet. Die Angst würde ihn noch verrückt machen, sie sei so groß, daß sie sich nicht in Worte fassen ließe. Wenn wir Angaben machen könnten, dann schriftlich, eingeschrieben. Wir sitzen lange über dem Brief. Was geht in ihm vor. Was geht in uns vor. Gleich schlagen wir die Augen auf, das kostet keine

Kraft, und der böse Traum ist zu Ende. Das hoffen wir. Aber Gewißheit haben wir nicht.

Gewißheit und einige Überzeugungen, die eng mit der Arglosigkeit zusammenhängen, wo ist das alles geblieben. Ich weiß gar nicht, was und ob mir überhaupt etwas angelastet, zur Last gelegt wird. Aber Unsicherheit, diffuse Bedrohungen erzeugen auch Angst. Wie ein Blinder auf der Verkehrsinsel einer großen Kreuzung. In Gefahr, sich selbst aufzugeben.

Damals in der Sächsischen Schweiz, als Kind. Jedes Jahr fuhren wir dorthin und wohnten in Bad Schandau bei einem alten Maurer und seiner Frau. Mit zwölf, dreizehn kletterte ich am Kuhstall, einer Höhle oberhalb der Stadt, auf einen der hohen Sandsteinfelsen und sonnte mich. Ich lag zehn bis fünfzehn Meter über dem Waldboden und den lodengrünen Wanderern mit ihren Weichselstöcken, die von Zeit zu Zeit zwischen den Kiefern sichtbar wurden. Plötzlich der Überschallknall eines sowjetischen Düsenjägers, und ich konnte mit dem ganzen Körper fühlen, wie der große abgerundete Felsen unter mir, der auf einem noch größeren Felsen auflag, in schwankende Bewegung geriet. Ich drückte mich an den Stein. Ich schmiegte mich an ihn. Gleich würde er ins Tal stürzen. Ich würde mit hinuntergerissen und zermalmt werden. Das stand fest. Das war unausweichlich. Eine erste Erfahrung der Willenlosigkeit, der Unterwerfung. Keine Kraft, keine Reflexe. Ohne Bedürfnis, mich zu retten. Angst, die einen das, wovor man Angst hat, gehabt hat und immer haben wird, beinahe begrüßen läßt. Ob es eine Haussuchung ist oder ein Absturz im Gebirge. Habe ich es nicht immer gewußt, gleich gesagt, von Anfang an geahnt. Der lautlose Ausruf: Endlich. Und dann die um sich greifende, ins Bodenlose reichende Leere, als der Felsen wieder zur Ruhe kam.

Was Angst ist, wie sie entsteht. Wie schnell das geht. Wie unvermittelt sie aufkommt. Ich nehme an einem Podiumsgespräch teil. Es ist der 10. Mai, Jahrestag der Bücherverbrennungen. Übergebe dir, Flamme, dies und das. Wir sprechen über Zensur in der Bundesrepublik. Man hat Erlebnisse gehabt. Man hat was zu sagen. Ein Professor, zwei Schriftsteller, als Gesprächsleiter jemand aus dem Buchladen in der Roten Straße. Im Saal Studenten. Irgendwann kommt die Rede auf Mescalero; der Artikel wird nicht verteidigt, mit keinem Wort, aber die Zeitschrift des Asta soll auch nicht zensiert werden. Im Plenum taucht eine Resolution auf, wird vorgelesen. Bitte um Unterschrift. Natürlich habe ich unterschrieben, bedenkenlos, selbstverständlich.

Erst später der Eindruck, mit rätselhaften Maßstäben nicht fertigzuwerden: aufgeregtes Geschrei über die ein paar hundertmal vervielfältigten Sätze eines Zwanzigjährigen und Blindheit, was das millionenfach verbreitete, von einflußreicher und gutverdienender Redaktionskonferenz beschlossene Foto auf dem Umschlag einer Illustrierten angeht. Ich meine das Titelbild des Stern mit der Leiche des Flugzeugentführers von Mogadischu, diese schamlose Orgie in Farbe, die ekelhafte Mischung aus Blutdurst und Waidmannsstolz, die mich an jedem Kiosk beleidigt hat und vor der ich meinen vierjährigen Sohn in Sicherheit bringen mußte, weil vielleicht, vielleicht die Welt, in der wir leben, doch nicht ganz so mies, so ohne Empfindung und Gewissen ist. Wer hat denn von denen, die jeden Mescalerosatz Wort für Wort nach einem üblen Sinn und Hintersinn durchforscht haben, wenigstens seinen Unmut geäußert, das Bild wenigstens für geschmacklos erklärt. Auch Tabus sind mit der Angst eng verwoben, sie sind ihre Folge so gut, wie sie ihre Vorbedingung sind.

Und heute frage ich mich, was weiter mit der Resolution geschehen ist. Wer hat sich für sie interessiert, auf wessen Schreibtisch hat sie gelegen. Zu welchen Akten ist sie genommen worden. Angst, wie schnell man sie bekommen kann. Hatte nicht der Professor neben mir auf dem Podium schon an jenem Abend Bedenken. Bedenken. Was für ein ungenaues Wort, wenn man Angst meint. Seine Angst war so groß, daß er, der eben noch der Bevölkerung und den Studenten der Jahre 1933 und 1977 Mangel, völligen Mangel an Zivilcourage vorgeworfen hatte, seine Unterschrift nicht hergab. Wortreiche Erklärungen. Und als das nichts half: Nein, nein und nochmals nein. Ein privater Brief, der sei möglich, den böte er an. Er wolle einen privaten Brief mit dem Inhalt der Resolution an den Rektor schreiben. Wie Angst entsteht. Wie man mit ihr lebt. Sollten wir alle nicht besser Tische machen, Häuser bauen oder Bäume fällen. Aber auch Tischler haben Angst.

Freitag vor Pfingsten. Mittags rufen mich nacheinander zwei Bekannte an. Ob ich schon wüßte, was in der Stadt los sei. Alle Straßen voll Polizei. Auf der Suche nach Mescalero und seinen Helfern seit Tagesanbruch neunzehn Wohnungsdurchsuchungen. Die Tür des Buchladens kurzerhand aufgebrochen, Zentner Bücher und Papiere weggeschleppt. Ich lege den Hörer auf und lehne mich zurück. Es ist ein Gefühl, als hätte man Glück gehabt. Als sei man davongekommen. Mein Schlaf ist nicht gestört worden. Meine Bücher stehen noch im Regal, die schöne Halblederausgabe des Kapital in der dritten Auflage, Mehrings Marxbiografie, Kautskys Vorläufer des neueren Sozialismus, sie gehören noch mir. Ich kann sie in die Hand nehmen, mich in den Sessel setzen, sie aufschlagen und in ihnen lesen, in einer aufgeräumten ruhigen Wohnung. Aber. Wieso habe ich Glück gehabt, woher das Gefühl. Ist meine Angst berechtigt oder übertrieben, die Angst, einige Wochen nach der Unterschrift unter eine Resolution aus der Stadt nachhause zu kommen und vor einer aufgebrochenen Wohnungstür zu stehen, in Zimmer, in unsere Zimmer voller Polizisten treten zu müssen.

Die Antwort auf die Frage Polizeistaat ja oder nein hängt nur noch von Stimmungen ab. Je nachdem, wie das Wetter ist. Je nachdem, was ich am Morgen in der Zeitung gelesen habe, was mir jemand im Lauf des Vormittags bei Frau Apitz im Antiquariat, bei Kitschundkunst, auf der Straße oder in der Nachbarschaft erzählt hat. So sitze ich zum Beispiel wie immer auf der Treppenleiter vor der Abteilung Geschichte und lasse mir von Frau Apitz ihre seltsamen Kunden beschreiben, etwa den Direktor des Gymnasiums in Adelebsen; gerade ist bekanntgeworden, daß er die späten Memoiren eines Hitlerverehrers und Naziarchitekten mit einer Einleitung versehen hat. Ein lieber Mensch, sagt Frau Apitz, umfangreiches bibliografisches Wissen, aber hinter dem muß mehr stecken. Hat er viel Hans Grimm gekauft, frage ich; Lippoldsberg ist nicht weit weg, und Holle Grimm druckt immer noch. Die Tür zum Hinterzimmer steht offen, dort sucht ein Mann in hellem Staubmantel die Regale ab. Auch Stammkunde.

Die Glocke im Hausflur schlägt an, und Herr Wulf tritt ein, Verfasser einer Heimatgeschichte von Duderstadt. Sie sind ja gestern verhaftet worden, ruft er schon von der Schwelle aus der Antiquarin zu. Während der Demonstration gegen die NPD, sagt Frau Apitz, fünfundsechzig, verwitwet, eine Tochter, bin ich auf dem Weg zur Bahnhofspost hinter Karstadt an einem Mannschaftswagen der Bereitschaftspolizei vorbeigekommen. Halblaut, wie ich oft spreche, seit ich allein in der Wohnung lebe, habe ich mich gefragt, ob denn den jungen Männern das Herumsitzen Spaß machen könne. Gleich ist der Offizier aus dem Auto gesprungen und hat meinen Ausweis verlangt. Was er sagte, klang nicht einmal unfreundlich. Aber mir ist doch komisch geworden. Und den Ausweis hatte ich auch nicht bei mir.

Draußen auf dem Wilhelmsplatz, wir stehen vor dem kleinen Fenster mit seinen gegen die Scheiben gelehnten Bücherstapeln, frage ich Herrn Wulf nach dem Mann im Hinterzimmer. Was, Sie kennen Herrn Schraube nicht, flüstert Herr Wulf. Was ist mit ihm los, flüstere ich zurück. Ein Jurist, sagt Herr Wulf leise, der aber davon lebt, daß er in England Stiche kauft und sie hier mit großem Gewinn an den Mann bringt. Haben Sie nie mit ihm gesprochen, fragt Herr Wulf nachdenklich. Ich verneine. Sonderbar, meint Herr Wulf, der quatscht doch sonst jeden an. Was ist mit ihm, frage ich. Nehmen Sie sich in acht. Herr Wulf senkt die Stimme noch mehr. Es heißt, er arbeitet für den Verfassungsschutz oder für das BKA oder für beide, auf jeden Fall ist er eine schreckliche Klatschtante. Dann erzählt mir Herr Wulf noch, er wolle das Studium der Geschichte nun endgültig an den Nagel hängen und im Oktober das kleinste Antiquitätengeschäft Göttingens eröffnen. Polizeistaat ja oder nein, das kommt darauf an, was man hört.

Spricht das für oder gegen mich, daß ich labil bin, daß ich meine Meinungen der alltäglichen Zufälligkeit ausgeliefert habe. Und vergleiche ich vielleicht, was sich nicht vergleichen läßt. Oder doch. Manchmal weiß ich nicht mehr, wovor ich Angst habe. Jetzt kann mir nichts auf der Welt mehr Angst einjagen, sage ich dann zu Heidrun. In Wirklichkeit ist die Angst zum allgemeinen uferlosen Zustand geworden, wie bei Eduard, als er nach der Entdeckung der ersten, der zweiten Höhle und den vielen Toten quer durch die tiefen Wälder, die abgelegenen Dörfer floh, gehetzt von Steckbriefen, Spitzeln, einem Heer von Polizisten und Soldaten.

Ich kann nur von Angstgefühlen reden. Ich kann nur immer wieder auf sie hinweisen. Sie sind in mir. Irgend etwas muß sie hervorgerufen haben. Und vielleicht kann ich noch Indizien aufzählen, versuchen, sie so genau wie möglich zu beschreiben. Das und das ist mir aufgefallen, das und das ist passiert. So ungefähr. Aber wen überzeugt das.

Woher meine Angst. Diese Unsicherheit in bezug auf morgen, übermorgen, das nächste Jahr. Wer weiß, was dann ist. Besser keine Verabredungen, Termine, Planungen. Besser jetzt tun, was sich jetzt tun läßt, und an das andere gar nicht mehr denken. Carusos Grab ja, mehr aber auch nicht. Jedenfalls nicht viel mehr. Diese Vorsicht neuerdings. Was habe ich da gesagt. Warum nimmt er keine Texte mehr von mir, warum will er nichts mehr von mir wissen. Kann ich das so schreiben. Darf ich das so schreiben.

Meine Unsicherheit, meine Vorsicht, wieviel sie mit Eduard zu tun haben. Zwar die anderen Zeiten. Weder Monarchie noch Ständestaat, und kein Verdacht, ich könnte irgendeinen Menschen umgebracht haben. Aber. Aber die tiefere Ursache der Angst. Die unerfüllte Sehnsucht nach Frieden. Irgendwo arbeiten Menschen gegen uns. Nicht Feinde, sie kennen uns gar nicht, aber wie Feinde. Daher die Angst, das Gefühl der Bedrohung, ähnlich, wie es Briefe ohne Unterschrift, anonyme Anrufe in mir hervorrufen würden, in mir hervorgerufen haben. Irgendwo ist jemand gegen dich. Riesige Apparate, Behörden, Institutionen, von deren Funktionsweisen, Aufgaben, Beschränkungen, Kontrollen ich im lange zurückliegenden Sozialkundeunterricht einmal gehört habe, ganz abstrakt war das, wie wenn man eine Maschine erläutert und ihren Nutzen; sie bekommen jetzt ein anderes Gesicht, sie wechseln richtiggehend das Wesen. Auf einmal wird mir bewußt, daß ich das Objekt ihrer Arbeit sein könnte. Jetzt bin vielleicht ich es, mit dem sie sich beschäftigen, jetzt liefere ich das Material, jetzt wird über mich eine Stellungnahme abgegeben, eine Art Urteil gesprochen. Und demgemäß wird dann gehandelt. Ich meine die Ferne und Undurchdringlichkeit, es geht schon Monate, du ahnst nicht einmal davon, und eines Tages ist die Wohnungstür aufgebrochen.

Vorher sind Ausleihkarten, Abonnentenlisten, zweihunderttausend Meldezettel aus Hotels durch die Elektronik gelaufen. Über die Briefe will ich gar nicht reden. Balzac sagt: Von allen totgeschwiegenen Untaten, die in den Geheimnissen des Privatlebens eingesargt liegen, ist eines der ehrlosesten das Erbrechen eines Briefsiegels oder das erschlichene Lesen eines Briefes. Weiter schreibt er, daß jeder, wer es auch sei, der, aus welchem Grund auch immer, sich dieser Handlungsweise erdreiste, seine Redlichkeit auf unauslöschliche Weise befleckt habe; und ich frage mich, was aus den Leuten wird, die ihre Scheu vor fremden Briefen, vor Telefonaten und Unterhaltungen anderer überwinden und nachhause gehen und mit ihren Kindern spielen und der Frau ewige Liebe schwören und den Mitmenschen bürgerliche Anständigkeit vermitteln müssen, aus denen, die das Schießen auf Ziele üben, jahrelang, Tag für Tag, und wissen, sie üben, um notfalls an irgendeinen nahen oder fernen Ort gebracht und angewiesen zu werden: Erledigen, und aus denen, die als stille Zuschauer aus Ecken heraus und hinter Zeitungen hervor in die Welt sehen, wie. Gibt es eine Melancholie dieser Männer und Frauen.

Oder, die andere Seite, eines Tages liegen drei tote Polizisten auf dem Pflaster, auf dem gestern Kinder Ball gespielt haben, und ein paar von uns werden im Flugzeug verschleppt, aus dem dann, als es in der Wüste steht, etwas herausrutscht, was uns erschreckt, bevor wir es erkennen. Arglosigkeit und tödlicher Schreck. Vielleicht will ich das sagen. Und ich ahne, irgendwie geht das noch weiter. So, als würde, wenn jederzeit ein furchtbarer Schreck unvermittelt das Ende der Arglosigkeit sein kann, dieser Schreck gar nicht mehr erforderlich sein. Auch ohne ihn gibt es keine Arglosigkeit mehr. Ich bin dann schon vorher, während alles noch aussieht wie immer, bedrückt, unsicher, niedergeschlagen.

Vor drei Jahren bekam ich einen Brief aus dem Ostviertel. Der Verfasser teilte mit, er sei emeritierter Professor der Chemie, zweiundsiebzig Jahre alt, er lebe allein in einer großen Wohnung, schreibe seit Jahren die Geschichte seiner Kindheit und manchmal Briefe an Menschen, die er nicht kenne, denen er Auge in Auge auch gar nicht gegenüberstehen wolle; nur Gedankenaustausch. Vielleicht würde ich manchmal lieber zum Telefon greifen, aber ich höre sehr schwer, so bleibt mir nur die Korrespondenz.

Er habe mein Buch Kriegerdenkmal ganz hinten im Antiquariat gefunden und sei höchst erstaunt gewesen. Erst erstaunt und dann irritiert. Oder erst irritiert und dann erstaunt. Das wisse er selbst nicht mehr genau. Jedenfalls sei er gleich der Meinung gewesen, der Verfasser könne nur jemand sein, der in seiner Kindheit eine lebensgefährliche Krankheit mit bleibenden Folgen durchgemacht habe und der seine Tage, sein Leben in einer großen öffentlichen Bibliothek verbringe. Ich bin sogar, Ihr Buch deutlich sichtbar in der Hand, in der Unibibliothek gewesen und habe nach Ihnen ausgeschaut, leider vergeblich.

Seitdem schreibt er mir einmal im Monat, und ich antworte nach zehn, vierzehn Tagen. Meist geht es um irgendein Thema, das wir kürzer oder länger entwickeln. Über Kindererziehung haben wir fünf, über Kleists und Hölderlins Briefe elf, über die kommunale Mißwirtschaft zwei Briefe gewechselt.

Letzten Herbst schrieb er außer der Reihe: Sie glauben nicht, lieber Freund, wieviel von Interpretation gerade in den gegenwärtigen Zeiten abhängt. Nehmen Sie ein Ereignis, etwas Gesprochenes, Gedrucktes, ein ganzes Menschenleben. Wie wir es sehen, ist allein eine Frage der Auslegung. Aus einem Durchschnittsmenschen mache ich Ihnen im Handumdrehen ein bedauernswertes Opfer oder eine abscheuliche Bestie. Ich deute ihn einfach um, mit ein paar Sätzen, die eng das berühren, was Sie hören wollen. Oder ein anderes Beispiel. Drei Zeilen von Ihnen, und ich bringe Sie in Schwierigkeiten. Ob in große oder kleine, hängt allein von mir ab. Sie glauben es nicht, aber es ist wahr. Nennen Sie mir ein Zitat, irgendeines, und Sie werden über die Abgründe des Rechtsstaates staunen, passen Sie auf.

Die Stunde schlägt keinem Glücklichen, notierte ich. Da habe ich Sie schon, stand in der Antwort. Uns schlägt nämlich die Stunde. Daraus folgt logisch, daß wir unglücklich sein müssen. Also versteht es unsere Regierung nicht, ihre Staatsbürger glücklich zu machen, also muß man so eine Regierung mit allen Mitteln bekämpfen. Aufhetzung gegen die verfassungsmäßige Ordnung. Propagierung von Gewalt. Strafbar nach Paragraph soundso. Seien Sie froh, daß Sie kein Beamter sind oder werden wollen.

Ich machte einen neuen Versuch: Wir haben gebauet ein stattliches Haus. Oho, begann der Zettel, den ich eine Woche später aus dem Umschlag nahm, ich sehe gleich Aufwiegelung der Besitzlosen gegen die Besitzenden. Von stattlichen Häusern reden, wo so viele Familien am Holtenser Berg wohnen. Vorsicht.

Ich wollte die Sache auf die Spitze treiben und schrieb: In einem kühlen Grunde, da geht ein Mühlenrad. Er antwortete postwendend. Was Sie diesmal ausgesucht haben, klingt besonders harmlos. Darum ist es aber auch besonders verdächtig. Denn was kann mit dem kühlen Grund schon gemeint sein. Doch nur, daß unter der gegenwärtigen Staatsform alles zugrunde geht. Und die verdeckte Hindeutung auf das Rad, so mittelalterlich sie vielleicht klingt, ist nicht zu überhören und muß als blutig revolutionär aufgefaßt werden. Paragraph soundso. Und soundso. Ich glaube, nun haben Sie begriffen. Ich kann Ihnen nur raten, hüten Sie sich vor Situationen, in denen Sie, Ihre Worte oder Handlungen ausgelegt werden. Ich sage das aus Erfahrung, aus bitterer Erfahrung. Diesen augenöffnenden Zeitvertreib verdanke ich nämlich dem Dekan der hiesigen juristischen Fakultät. Der nahm das Ganze trotz vordergründiger Ironie einigermaßen ernst. Denn als ich, um ihn aufs Glatteis zu führen, sagte: Deutschland, Deutschland über alles, da brauste der Herr Kollege auf: Was, für dieses scherzhafte, ja nichtige Gespräch, dieses läppische Spielchen profanieren Sie das Deutschlandlied, das wird Sie teuer zu stehen kommen. Und so war es auch; ab 1940 mußte ich ein paar Jahre damit verbringen, im Hainberg spazierenzugehen.

Immer öfter möchte ich flüchten. Das Bedürfnis, mich in Sicherheit zu bringen. Den Ort zu wechseln. Die Zeit. Ich möchte vielleicht jemand ganz anderes sein. Nein, Sie irren sich, das ist eine Verwechslung, ein Versehen. Das bin ich nicht. Damit habe ich nichts zu tun. Sie sehen doch, ich streiche gerade den Gartenzaun an, ich schreibe gerade in mein Tagebuch.

Mein Leben. Man altert mit jedem Tag. Die Anstrengungen werden größer. Ich leiste der Abnutzung, der Abstumpfung schwindenden Widerstand. Immer öfter muß ich die Augen schließen und mit geschlossenen Augen den Kopf schütteln. Dann mache ich die Augen wieder auf und gucke um mich. Ohne Benommenheit, Gewohnheit, Fixierung. Ich staune über das Neue, das mich herausfordert. Aber die Angst, die einem immer vertrauter wird, der man selbst immer vertrauter wird. Mit der man lebt. Die, eine Art grauer Firnis, alles trostlos einfärbt. Wie einer Droge unterliegt man ihr und fängt an, sich in den weiten Bereichen des Schattens zu verlieren. Von allem, was mich beschäftigt, beeinflußt, bestimmt, hat sich eine Vorstellung immer weiter nach vorn und auf mich zu geschoben.

Ich meine ein Geräusch. Das Geräusch ist hart und metallisch, es ist sehr leise, eine Art Knacken oder Klicken. Wer es einmal im Ernst gehört hat, vergißt es nicht. Der Daumen oder der Zeigefinger, je nachdem, ob der Hebel links- oder rechtsseitig angebracht ist, was vom Fabrikat abhängt, bewegt den Hebel von einer Raste in die andere. In bestimmten Situationen ist es dieses kleine Geräusch, das alles in Gang bringt. Es ist ein Teil der Situation und der Auftakt zu allem. Und dann. Dann gibt es kein Zurück mehr. Dann schlägt nämlich der ausgelöste Bolzen zu, die Zündung erfolgt, das Pulver explodiert, der Schlitten schnellt zurück und wieder nach vorn, das Geschoß hat den Lauf verlassen. Die Geräusche beim Entsichern der Pistolen. Das Knacken ist so laut, daß die ganze Welt davon widerhallt. Es ist ohrenbetäubend. Die Ohren dröhnen einem nicht erst, wenn Schüsse fallen, Türen splittern, Menschen auf das Pflaster schlagen. Und ich weiß, eines Tages, morgen oder in einem Jahr, halte ich das nicht mehr aus.

Ich gehe aus dem Haus, setze mich ins Auto und fahre los. Die wenigen Sachen, die ich mitnehme, kommen mir wie Beigaben für ein Grab vor: die blauen Notizbücher voll freudloser, nutzloser Gedanken, mein Füller, das Klappmesser mit dem Holzgriff, das mir beim Aufschneiden der Bücherpakete immer so gute Dienste geleistet hat, der schwere Messinganhänger aus dem Hotel Edison in der 47. Straße, die zerkratzte silberne Rassel aus Frohburg, Mehrings Marxbiografie, in der er so wunderbare Sätze über das begabte Individuum und sein Schicksal in der bürgerlichen Gesellschaft sagt, der alte Gedichtband von Freiligrath und der noch ältere von Heine. Ich fahre, fahre, fahre. Bis ich nicht mehr kann. Ich bin nur noch ein Augenpaar in Richtung Scheinwerfer gewesen. Von all den Landschaften, die ich durchrast habe, konnte ich nicht mehr als das ausgeleuchtete Trapez vor dem Kühler erkennen. Ebenen, Mittelgebirge, Ballungsgebiete, Waldstriche, das ist für mich auf ein kleines Stück Straße, auf weiße Linien und Begrenzungspfosten zusammengeschrumpft. Gegen Morgen muß ich haltmachen. Oben auf der Grimsel klopfe ich den Portier des einsamen, abgelegenen Hotels heraus. Das Hotel mit den meterdicken Mauern. Gebaut vor mehr als hundert Jahren für russische Adelsfamilien in der Sommerfrische und für spleenige, bergsteigende Engländer. Nacht für Nacht bleiben von den dreihundert Betten zweihundertfünfundneunzig leer. Und es ist nur zwei Monate im Jahr geöffnet. Ich höre den Portier hinter dem großen schweren Tor rumoren, dann wuchtet er den Flügel auf und läßt mich ein. Er dreht den Schlüssel dreimal um, und seit langer Zeit fühle ich mich sicher. Diese Einsamkeit. Zwischen Steinhalden und Schneefeldern. Wo es nichts weiter gibt als Sicherheit. Nichts weiter. Soll das meine Zukunft sein. Im Zimmer oben sitze ich auf der Bettkante. Woran denken. Ich erinnere mich an die Kindheit, die Sommer meiner Kindheit. An einen von ihnen, der geeignet gewesen wäre, Furcht zu erwecken.

Wochenlang Sonne, Trockenheit. Der Himmel weit und blau. Grelles Mittagslicht überall. Staub, der zentimeterdick die unbefestigten Straßen der Kleinstadt bedeckt. Wenn man geht, ist es, als würde der Boden federn. Das Fußbad am Abend wird zur Gewohnheit. Wie schwarz das Wasser wieder ist. Dauernd reden die Leute über die kommende Ernte. Alles verbrennt. Das gibt einen neuen Hungerwinter. Und Tag für Tag rollen die Getreidezüge nach Rußland. Pausenlos. Mein Schwager, hört man, wohnt in Görlitz und hat es selbst gesehen. Wir werden ausgesaugt bis zum letzten Tropfen, sagt er.

Die hochgehängten Lautsprecher auf dem Markt und an den Straßenecken verstummen manchmal; keine Märsche und Chöre mehr, die jemand im Laden der Nationalen Front von früh bis spät aussucht. Wiederholtes Knacken, eine Stimme: Waldbrand im Himmelreich. Die Einwohnerschaft wird aufgefordert, sich an die Brandstelle zu begeben zwecks Hilfeleistung beim Löschen. Wertvolles Volkseigentum ist in Gefahr. Und wir klatschen mit langen Zweigen das brennende Gras auf den Kahlschlägen, Sonntag, Montag, bis der Wald verbrannt ist.

Wie mir zumute war damals. Mit Einbruch der Dunkelheit wurde der Strom gesperrt. Weil die Klingel nicht ging, schlugen Fäuste gegen die Korridortür. Wummwummwumm, hallte es durch den dunklen Flur und lähmte jede Bewegung. Kaum, daß ich zu atmen wagte. Noch schlimmer die Gerüchte. Sprungfedermänner. Überall war von ihnen die Rede. Sie hatten große Spiralfedern unter den Schuhen, bewegten sich in unaufhaltsamen Sätzen vorwärts und waren auch in der Lage, uns im Sprung durch die Fenster der oberen Stockwerke zu beobachten. Dann die Plakate. Sie hingen am Rathaus und waren rot. In kurzen Abständen wurden die alten abgerissen und neue angeschlagen. Von Mal zu Mal wurde das Rot blutiger. Immer aber ging es um verschnürte, in Packpapier geschlagene Leichenteile. Die Leichenteile trieben die Flüsse hinunter und wurden aus Mulde und Pleiße gefischt, wie Botschaften aus einem Dunkel, das irgendwo am Oberlauf der Flüsse herrschte und in unsere Gegend drängte. Dazu die fremden Männer mit den weißen, aufgeschwemmten, sorgenvollen Gesichtern, den Schaftstiefeln, Ledermänteln und weichen Hüten. Sind sie aus dem schwarzen EMW gestiegen und schwerfällig über den geschotterten Markt ins Rathaus gegangen, bleibt der Fahrer wie unbeteiligt hinter dem Steuer sitzen und liest im Neuen Deutschland. Wenn der Bürgermeister sie zurückbringt, und man steht am Auto und versucht, sich im Lack zu spiegeln, fahren sie einem vielleicht über den Kopf und fragen: Kriegst du genug Milch, Junge. Und der Sohn der Waschfrau, der mit unserem Mädchen ein Verhältnis hatte. Er war neunzehn und bewachte im Schichtdienst rund um die Uhr mit Pistole und Karabiner die Eisenbahnbrücke bei Niedergräfenhain. Doppelposten mit Häuschen und Funkanlage, und auf und ab, auf und ab von einem Ende der Brücke zum anderen, jahrelang. Fallschirmagenten, sagte er in der Küche, wo er wartete, bis er mit Irmgard in die Dachkammer durfte. In klaren Nächten können wir ihre langsamen tieffliegenden Maschinen sehen. Meist werden sie im Erzgebirge oder in den polnischen Wäldern abgesetzt. Aus den Luken regnen tonnenweise die Kartoffelkäfer, sagte der Geschichtslehrer. Ist es ein Wunder, wenn die Kartoffeln knapp sind, frage ich euch.

Dieser Sommer voller Merkwürdigkeiten, an die ich mich immer besser erinnere. Mitte Juni hatte mir der Sohn des Baumeisters, der mein Freund war, weil er einen Märklinbaukasten, das Karl-May-Buch Der Fremde aus Indien und im Gartenhaus eine alte Pistole hatte, bewiesen, daß er dem Dienstmädchen an die Brust fassen durfte. Er zeigte mir auch den Bücherschrank im Herrenzimmer und hinten in der zweiten Reihe Iwan Blochs Sexualleben unserer Zeit, zwischen dessen Seiten sein Vater Fünfzigmarkscheine versteckt hatte. Willst du auch einen, fragte er mich. Dann las er mir den Fall eines Gasthausknechtes vor, der seine ruhig im Sessel schlafende Dienstherrin vergewaltigt hatte. Anschließend fuhren wir baden. Im Schilf hinter dem Straßenteich machte er mir vor, wie man sich erleichtern konnte. Wollen wir uns heute erleichtern, hieß es seitdem bei jeder Begegnung. Wie traurig man hinterher wurde. Stundenlang lag ich auf dem Heuboden, voll Verwunderung über das weiterschlagende Herz. Nie wieder ging etwas so tief.

Gleich nach der Schule fuhren wir auf die Dörfer und saßen in Greifenhain den ganzen Sommernachmittag in der leeren halbdunklen Stube des Gasthofs. Vor dem Fenster die hohen Kastanien. Wortlos brachte die dicke grauhaarige Mulattin das Bier. Dir und mir Riebeck-Bier. Es gab auch nichts anderes. Ihre schlürfenden Schritte, ihr Keuchen beim Gehen, die Fliegen, die Kühle. Wir guckten uns in die Augen. Wo werden wir morgen sein. New York, mit seinen drei Pfund schweren Sonntagszeitungen. Nimm dagegen die vier Seiten der Leipziger Volkszeitung. Einfach lächerlich. Und so ist es mit allem. New York. Wo die Alte herkommt. Von dort nach hier, was für eine ganz unglaubliche Entfernung. Von hier nach dort ist es nur ein Schritt. Selbst wenn du Kohle schippen oder die Schiffsaborte schrubben mußt, es kommt dir vor, als würdest du fliegen. So schnell vergeht die Zeit.

Zurück rollen die Räder beinahe wie von selbst den Wiesenweg entlang. Wir sind kein bißchen betrunken. Als wir die Verkäuferinnen in der Ferne sehen, steigen wir schnell ab und setzen uns ins Gras. Such dir eine aus. Ich nehme die große

Blonde, die ist meine Kragenweite. Nimm doch die mit den geschminkten Lippen. Quatschst du sie an. Nein, du. Als sie vorüber sind, fahren wir weiter. Was sollen wir auch mit den blöden Weibern. Mal sehen, wer zuerst am Bahnübergang ist.

Immer mehr Leute kommen uns entgegen, je tiefer die Sonne steht, je mehr sich der Himmel rötet, Frauen und Kinder, die in den Gärten, auf den Feldern gearbeitet haben; jeder Fleck Erde wird bestellt. Nur keinen Hunger wieder. Der Krieg liegt ja erst acht Jahre zurück. Dann die Arbeiter. Männer, die wie verbraucht, wie endgültig am Ende aussehen, so grau, so leblos mitten in der Bewegung. Früh um vier sind sie in die Kohlengruben zwischen Borna und Leipzig gefahren. Aktentaschen aus Pappe, hohe Arbeitsschuhe mit Holzsohlen. Winterjoppen, jetzt, im Hochsommer, ist das nicht ganz und gar verrückt.

Ich kann den Kopf nicht zur Seite drehen, ich sehe nur den Rücken des Freundes, der freihändig an den Fußgängern vorbeifährt. Es ist eine Art schlechtes Gewissen. Weil ich jung bin vielleicht. Weil zwischen mir und New York nur ein Schritt liegt. Alles fängt doch erst an, ich weiß es.

Mutter stellt das Abendbrot mit traurigem Gesicht auf den Tisch. Butterbrot mit Birnen. Um mich herum das Eßzimmer aus poliertem Nußbaum, in der Vitrine das Meißner, Feldblumen mit Insekten, und über dem Büffet von Jahr zu Jahr düsterer die Toteninsel. Was ist. Der gute Pfarrer, sagt Mutter, letzten Sonntag hat er noch gegen das Verbot der Jungen Gemeinde gepredigt, und heute ist er verwirrt in der Stadt herumgelaufen. Er hatte nur eine Badehose an, sonst war er splitternackt. Ein Strohhut verdeckte das schöne weiße Haar, in der Hand trug er einen kleinen Koffer, der nichts weiter als Gesangbücher enthielt. Wo bin ich hier, hat er in der Webergasse gefragt. So ein feiner Mensch. An der

Straße nach Penig haben sie ihn von einem Chausseebaum geholt und mitgenommen.

Ich lag im Bett und hörte auf das Poltern der Fuhrwerke unter dem Fenster, die jede Nacht den Kohlenstaub für die Kessel der Stoffdruckerei am unteren Ende des Marktes vom Bahnhof holten. Ich dachte an den Pfarrer. Einmal sollte ich seinem Sohn helfen, einen Handwagen Rüben vom Teichhaus in die Stadt zu ziehen. Ich war dann doch nicht mitgegangen, und der Pfarrer hatte am Sonntag darauf über die Söhne im Weinberg gesprochen, seitdem war er mein Feind. Ich hatte gesehen, wie er am Weihnachtsabend seiner Geliebten in der alten Schnitterkaserne die Kohlen, die der Fuhrmann auf den Bürgersteig zu schaufeln pflegte, in den Keller räumte. Es gab dort ein Kind von ihm, und zuhause hatte er sieben. War er ein schlechter Mensch. Ich hätte gerne gehabt, daß alle meine Feinde schlechte Menschen gewesen wären.

Mitte Juni ging ich herum und lud die Freunde zum Geburtstag ein. Beim Baumeister kam die Frau an die Haustür. Ihr Gesicht war ganz rotgeweint: Sie haben unseren guten Vater abgeholt. Schon wieder einer, sagte Mutter. Fünfundzwanzig Jahre Sibirien oder zehn Jahre Bautzen, meinte der Sohn, wenn ich die Wahl hätte, dann lieber Sibirien. Die Russen sollen viel humaner sein, manchen lassen sie schon nach fünf Jahren wieder raus.

In der gleichen Woche kam mein bester Freund ums Leben, so ein Stiller mit einer Schrift wie gestochen. Seine Mutter und er wohnten bei den Großeltern väterlicherseits, die das Milchgeschäft am Töpferplatz hatten. In den zwei Zimmern neben dem Laden hätte man vom Fußboden essen können. Der Vater war vermißt. Jeden Sonntag saßen Mutter und Sohn an einem Tisch, der für drei gedeckt war. Falls Vater plötzlich heimkommt. Die Frau war im Rathaus beschäftigt. Dort hat sie vor dem Krieg gelernt. Manchmal bekommt sie abends Besuch von unserem Musiklehrer. Irgendwann vergißt sie dabei die Vorhänge. Einfach so. Oder der Duft der blühenden Linden vor dem Haus hat sie verwirrt. Die Leute, die von der Spätschicht aus der Kattunfabrik nachhause gehen, sehen einen Mann und eine Frau, die nackt und selbstvergessen im hellerleuchteten Wohnzimmer Jagd aufeinander machen. Das wird Stadtgespräch, natürlich, und möglicherweise hat sie bei jener Jagd gelacht oder ist sich, was die drei Gedecke jeden Sonntag anging, irgendeiner anderen Schuld bewußt gewesen, jedenfalls findet man sie und ihren Sohn, meinen besten Freund, zwei Tage später tot auf. Schlafmittelvergiftung. Und ich weiß lange nicht, woran sie wirklich gestorben sind. Liegt zwischen hier und New York nur ein Schritt, ist das sicher. Irgendwann verspürt man es das erstemal, ich meine das Gefühl, einen Augenblick lang den Boden unter den Füßen zu verlieren.

Die Leichen werden früh kurz nach sieben gefunden, und wir sehen den Auflauf vor dem Haus auf der anderen Straßenseite, bleiben aber nicht stehen; ich bringe meine Mutter noch vor der Schule zum Bahnhof. Tante Nettchen in Leipzig-Lindenau hat Geburtstag, es ist der 17. Juni. Am späten Vormittag stirbt Großvater. Als ich zum Mittagessen hinkomme, haben ihn die Nachbarn schon auf das Ehebett gelegt, einen kleinen, schmächtigen Mann mit hohlen Wangen und gelblicher Gesichtsfarbe. Tierarzt am Ort seit zweiundsechzig Jahren. Zuletzt hat er sich, wenn man ihn gerufen hatte und er durch die Viehställe ging, hin und wieder verstohlen gebückt und ein, zwei Futterkartoffeln in die Manteltasche gesteckt. Die Bauern haben nicht hingesehen. Er ist doch ein alter Mann, sagte Großmutter. Und was sind das nur für Zeiten, mein Kind. Was ist aus uns nur geworden. Mit Stalingrad hat alles angefangen. Oder schon eher.

Morgens, nach dem Aufstehen, hat er sich nicht wohlgefühlt, er hat sich auf dem Sofa ausgestreckt und war im Nu eingeschlafen. Später hat Großmutter ihm eine Fleischbrühe mit Ei bringen wollen, da war er schon tot. In zwei Wochen wäre er neunzig geworden. Was nun. Wie soll man sich in seinen Papieren zurechtfinden. Und wer soll jetzt den Bauern die Rechnungen für die Fleischbeschauen und die Wurmkuren ausschreiben. Würde man einen Sarg aus Eiche nehmen müssen, oder könnte es auch einer aus Fichte sein. Ja, wenn sich Fichte auf Eiche umfärben ließe. Das wäre die Lösung. So die Tanten und erwachsenen Cousinen. Dazwischen Großmutter in ihrem roten Plüschsessel am Fenster, das Lorgnon an einer Kette um den Hals, immer wieder den Kopf zum Sofa drehend und dann zu dem großen Bild über dem Klavier, einer Schwarzweißzeichnung von Onkel Hermanns Grab, der 1914 vor Ypern gefallen ist. Wann hat alles angefangen.

Ich versteckte mich auf dem Heuboden und schlief bis zum Abend. Als ich in der späten Dämmerung des Juni die Greifenhainer Straße entlang, durch die Brückengasse und über den Markt nachhause ging, sah ich die Leute im Halbdunkel der Haustore zusammenstehen. Geflüsterte Unterhaltungen, auch mal ein Wort wie mit Absicht laut gesprochen. Ist doch wahr. Das mußte ja so kommen.

Im Herrenzimmer war keine Lampe eingeschaltet, meine Eltern saßen dicht am Radio, dem großen Super mit stoffbespanntem Lautsprecher und magischem Auge. Das Zimmer wirkte sehr groß und sehr dunkel. Das Haar meiner Mutter schimmerte schwarz. Mit welchem Zug bist du gekommen. Pst. Von weit her, über den Kanal, über die nordfranzösi-

schen Ebenen, die belgischen Industriegebiete und das Rheinland kam die zurückhaltende Stimme mit dem leichten Akzent
in unser einsames Zimmer: Bitterfeld, Halle, Hennigsdorf.
Weißt du noch, sagte mein Vater. Vor zehn Jahren haben wir
hier gesessen, damals war es Stalingrad.

Nachdem ich mich auf die Couch gelegt hatte, hörte ich,
wie das Radio ausgeschaltet wurde. Sie saßen sich schweigend gegenüber, lange Zeit. Manchmal strich mein Vater ein
Streichholz an. Einmal öffnete Mutter auf seine Bitte hin das
Fenster. Dann sprachen sie mit langen Pausen über Großvater. Irgend etwas hatte meine Mutter auch in Leipzig erlebt,
mit irgend jemandem war sie singend Arm in Arm durch die
Straßen gezogen. Anscheinend waren Schüsse gefallen, Menschen waren verletzt oder getötet worden. Dann schlief ich
endlich ein. Nie wieder ging etwas so tief. Aber Angst habe
ich nicht gehabt.

Und jetzt. Durch das Fenster sehe ich die Steinhalden
leuchten, die Schneefelder schimmern. Aha, das Mondlicht.
Ich strecke mich aus und schlafe kurz ein. Die Nacht. Die
Nächte. Wie soll ich das ertragen.

Oder eine andere Möglichkeit. Ich verdränge den Gedanken an Flucht, ich verzichte darauf, mich in Sicherheit zu
bringen: ich bleibe, wo ich bin, was ich bin. Und dann. Dann
klingelt es früh zwischen sechs und sieben an unserer Tür.
Vielleicht. Oder wahrscheinlich. Oder sicher. Ganz bestimmt.
Was meinst du.

Ich kanns nicht sagen. Aber du mußt doch eine Meinung
haben. Ich weiß nicht. Na hör mal. Ich weiß es nicht, ich bin
mir nicht sicher. Nicht sicher, das meine ich ja, davon spreche
ich doch die ganze Zeit.

Stell dir vor, es klingelt kurz nach sechs, und wir denken, es
sei der Maurer, der eine Tür in die Wand brechen soll. Ich

gehe im Nachthemd den Flur entlang. Durch das geriffelte Glas der Haustür erkenne ich zwei Männer. Weiße Maurerjacken haben sie nicht an. Eher Mäntel. Wer ist da. Es kostet Überwindung, das morgens durch die Tür zu rufen. Machen Sie erst mal auf. Wenn zwei Männer im Morgengrauen so reden, bekomme ich Angst. Vorher will ich wissen, wer Sie sind. Pause, dann: Kriminalpolizei. Als wäre der Wortführer gerade auf eine gute Idee gekommen. Soll man da keine Angst bekommen. Ich habe die Tür nicht im ersten Schreck aufgerissen, das gibt mir das tröstliche Gefühl, in begrenztem Umfang Herr der Situation zu sein. Die Tür ist ziemlich stabil. Ich gehe in die Küche und steige auf die Arbeitsplatte. Im frühen Zwielicht sehe ich die beiden Männer, mittleres Alter, normale Kleidung, irgendwelche Taschen und Geräte. Zeigen Sie Ihren Ausweis, rufe ich durch das geschlossene Fenster. Eine kleine Scheibe aus Metall wird mir mit der Schmalseite entgegengehalten. So kann ich die Marke nicht erkennen. Die Scheibe wird gedreht. Ich erkenne immer noch nichts, aber ich gehe an die Haustür zurück. Was wollen Sie. Wir müssen Sie dringend sprechen. Gleich sind die beiden an mir vorbeigegangen und stehen in der Diele. Die wachen Blicke. Der entschlossene Gesichtsausdruck. Irgendwie Kino. Oder Traum. Wie man es sich schon immer vorgestellt hat. Wie es kolportiert wird. Auch die Fragen überraschen mich nicht. Sind Sie Derundder. Wer wohnt hier. Wer hält sich jetzt in der Wohnung auf. Wir müssen bei Ihnen nach Druckschriften, Papieren und Waffen suchen. Auch diesen Satz höre ich ganz ohne Erstaunen, er wird gesagt, als müßte das so sein, als wäre er untrennbar mit der Morgenstunde verbunden, die ich barfuß, im hellblauen Nachthemd, ungewaschen, ungekämmt, unrasiert, ohne Zigarette, ohne Kaffee erlebe, müde, verschlafen, verwirrt. Das Schriftstück, das sie mir entgegenhalten, ist ganz überflüssig. Ich habe Mühe, es zu lesen. Meine Gedanken haben sich von dem, was um mich herum vorgeht, getrennt. Ein deutscher Morgen. Vor fünfunddreißig Jahren hat ihn mein Vater erlebt, und jetzt erlebe ich ihn. Ich habe es gewußt. Ich habe es für möglich gehalten, und jetzt ist es wirklich passiert. Mir passiert. Jetzt ist eingetreten, wovor ich schon immer Angst gehabt habe. Angst nicht in erster Linie vor der Durchsuchung, Angst davor, daß sie angesetzt wird aufgrund von: Zeugnis des KOK Soundso vom LKA Soundso. Ich stehe in der Diele und habe, vor Kälte zitternd, vor Erschütterung, vor Angst, das Gefühl, als würde mich eine dicke Schicht kalter schmutziger Schweiß überziehen. Den ganzen Tag werde ich die ekelhafte Klebrigkeit der Finger nicht los; ich kann sie waschen, soviel ich will. Obwohl ich friere, ist mein Gesicht ganz heiß. Fühlt sich an, als hättest du Fieber. Alle zwei Stunden muß ich aufs Klo. Dabei läuft mir das Wasser im Mund auf eine Art zusammen, wie ich sie in der Pubertät zuletzt erlebt habe. Ich halte mich am Waschbecken fest. Alles dreht sich um mich, der Boden schwankt. Die Tage mit schwerem Seegang, an denen unser Blick schärfer oder unschärfer, jedenfalls anders wird. Die Sachen, die sie angefaßt, die Stühle, auf denen sie gesessen haben, kann ich nicht ansehen. Auch in Aragons Die wirkliche Welt, sogar in den kleinen blauen Balzacbänden haben sie geblättert. Und der Rasierwasserduft des einen schlägt mir noch entgegen, als ich am Nachmittag ins Arbeitszimmer komme. Weg. Raus. Ich setze mich aufs Fahrrad und hetze die Feldwege entlang das Leinetal hinunter. Über der Vorfrühlingslandschaft geht gerade die Sonne unter. Meine seltsamen Gedanken. Die Vermutung, es könnte unser Unglück sein, daß der Himmel nicht spiegelt, was auf der Erde geschieht. Daß man an seinem Zustand nichts ablesen kann.

Daß er keine Zeichen gibt. Daß wir dadurch allein bleiben. Was dir passiert, passiert nicht mir. Daß wir Verstand und Gefühl nicht auf einen Nenner bringen können. Daß zwischen unserem Bewußtsein und unserem Alltag ein Abgrund liegt. Daß wir deshalb nicht wirklich ehrlich sein können. Daß wir lügen, uns belügen müssen. Liegt das am Himmel. An mir. An dir. Dann höre ich wieder das Geräusch, hart, metallisch, leise. Und ich höre, wie es lauter und immer lauter werdend, von einem Talhang zum anderen geworfen wird und auf mich zu und über mich hinwegrollt wie die infernalische Lärmschleppe eines überschallschnellen Düsenjägers, die alle Gesten, Worte und Gedanken auslöscht, ausradiert, unvorstellbar macht. Angst. Angst.

xx   Der Kampfflieger

Irgendwo in halber Höhe sitzt die Klinke. Ich brauche nicht hinzusehen. Ich mache die Tür auf und gehe in den Raum. Die Wände sind weiß, die Decke ist weiß, der Teppich ist weiß, die Möbel sind weiß, das Licht ist weiß, das Tischtuch, das Geschirr, die Hemden, alles, alles ist weiß, die Gesichter auch. Was gesprochen wird, hat zur Folge, daß das Zimmer seine Bezüge verliert und aufsteigt, ein Ballon. Man sieht sich an und guckt den eigenen Eltern, Großeltern in die Augen. Das Zimmer treibt leise schwankend durch die Nacht. Welche Nacht. Niemand weiß das mehr. Es kann die kalte Nacht vom 30. auf den 31. Januar dreiunddreißig, die heiße Dunkelheit zwischen dem 1. und 2. August vierzehn oder die windstille, schwüle Stunde vor dem Sonnenaufgang des 22. Juni einundvierzig sein. Jedes Datum kommt in Frage. Jeder Ort. Draußen ist alles ruhig und ist es immer gewesen. Ein blinder Passagier steigt zu, er ist aber nicht stumm und hilft träumen. Dieser Passagier muß ich sein. Er spricht und spricht, die ganze Nacht hindurch. Zuerst, um nicht mit dem Schwersten zu beginnen, Fragen über Heimat und Fortschritt. Keine Antworten. Wer wir sind. Schweigen. Wer da eben geschrien hat, Eduard etwa. Kein Ton. Was das für ein leises Geräusch, metallisches Knacken ist. Nichts. Ob man hören könne, wenn jemand verhungert, wenn tausend verhungern, wenn jemand belogen, betrogen, ganz und gar irre an sich gemacht wird, wenn das hundert, tausend, zehntausend, hunderttausend, wenn das wir wären, ob man das hören könne, hören müsse, ob man noch Einladungen zum Abendessen mit weißem Tischtuch und weißem Porzellan in weißen Zimmern, die sich aus der Verankerung lösen, annehmen, die verjüngten Gesichter der eigenen Eltern, Großeltern ertragen, zwanzig, vierzig, sechzig Jahre alte Sätze wechseln und immer noch laut und dünn zugleich lachen könne, ob man nicht vielmehr völlig verrückt werden müsse. Totenstille. Das leichte Schwanken hat aufgehört. Ich hebe den Kopf und sehe das leere Zimmer. Diese Unsicherheit. Diese Zweifel. Diese enormen Abstände. Wie mühsam die Beschreibung war. Wie zweideutig mir alles vorgekommen ist und vorkommt. Was ich vergessen, verdeckt, verschwiegen habe. Wofür mir die Worte fehlen und fehlen werden.

Erschöpft vom Grübeln, fange ich an zu träumen. Der Kampfflieger durchkreuzt mit seiner kleinen einfachen Maschine den Sommerhimmel über dem Grabenkrieg. Von vorn kommt ein englischer Gegner. Der Kampfflieger steht auf, schätzt die Entfernung und zieht eine Handgranate ab. Die Handgranate entgleitet seinen Händen, sie rollt auf dem Bodenrost nach vorn und bleibt unter dem Motor liegen, unerreichbar. Aufrecht stehend, ohne Bewegung und mit erhobenem Kopf erwartet der Kampfflieger die Explosion. Der englische Gegner legt die rechte Hand an die Haube. So fliegen sie, Auge in Auge, aneinander vorbei. Einsehen, endlich einsehen, daß die Geschichte, die ich vor fünfundzwanzig Jahren irgendwo gelesen und nicht vergessen habe, zu tun hat mit dem, was ich einem Mann, der mich auffordert, ihm zu helfen, antworte, nämlich: Es dauert nicht mehr lange.

Der Mann hat sich mir auf einem Spaziergang angeschlossen. Ich weiß auch nicht, wo er hergekommen ist, plötzlich war er da. Er fängt an zu sprechen. Ich habe in einer Sozialwohnung gelebt, führt er aus, in noch einer Sozialwohnung, jetzt habe ich bereits die dritte. Zweimaliger Wechsel der Zimmereinrichtung, und vor dem Haus steht ein Auto, das mir gehört. Bald bin ich fünfundsechzig und gehe in Rente. Wenn ich sterbe, hinterlasse ich Reste für die Türken, den Sperrmüll und den Schrottplatz, ein Leben ganz ohne Spuren, ich rufe nicht um Hilfe, trotzdem wissen Sie Bescheid, und nun warte ich, wie lange noch. Nicht mehr lange, antworte ich, stehenbleibend, mit aufrechtem Körper und erhobenem Kopf. Unser Spaziergang hat erst durch Göttingen, dann durch Steinheim geführt. Immer wehrt der Mann mit vorgestreckten Händen ab. Er wisse noch nicht einmal, was hinter den Mauern sei. Was sich dort abspiele, was dort vorbereitet werde oder sogar nicht vorbereitet werde. Manchmal bleibt er stehen und guckt mich groß an. Nun, fragt er dann, wie lange noch. Bald, antworte ich, sehr bald, Sie sehen doch, daß ich mir Mühe gebe. Ich höre gar nicht richtig zu, vielmehr denke ich an den Kampfflieger. Über welchem Teil der Westfront er wohl so großartig in tausend Stücke gerissen worden ist. Was bedeutet dagegen die endlose Kette meiner tagtäglichen kleinen Luft- und Bodenkämpfe, nichts anderes, als daß sie mich müde macht, daß sie mich erschöpft, zermürbt, abnutzt, verkleinert und daß ich zerschlagen aus meinen Träumen erwache, irgendwo, nördlich der Liebe und südlich des Hasses.

Dunkelkammer

Steglitz

Am zwölften Oktober siebenundfünfzig, einem Sonnabend, wurde ich früh um sechs geweckt. Während wir im Herrenzimmer saßen und frühstückten, fiel kaum ein Wort. Kalter halbdunkler Raum, das Mädchen hatte den Ofen nicht geheizt, am Vortag war es zu Verwandten aufs Land geschickt worden. Ich sah den Vater, die Mutter, den Bruder, wie sie schweigend ihre Brote aßen. Hinter ihnen der Bücherschrank, seitwärts Clubsessel, Stehlampe und Radiotisch, durchs Fenster konnte ich von meinem Platz aus wie immer die Apotheke, das Rathaus der kleinen Stadt erkennen.

Während Vater das Auto, in dem der Koffer, die Taschen schon lagen, aus dem Schuppen am oberen Ende des Posthofs holte und vor die Hintertür fuhr, ging ich noch einmal in unser Zimmer. So lange ich mich erinnern konnte, hatte ich mittwochs vor dem Einschlafen von unten, aus dem Saal, die Lieder des Gesangvereins gehört, Riesengebirge, Guter Kamerad und, später und leiser, das Deutschlandlied.

Zwei eiserne Bettstellen längs der Wand, schmaler Gang zum Fenster. Blick über das zusammengebrochene Dach der Scheune hinweg auf den Kirchturm. Vor dem Bett die Kartons und Kisten mit den Heftchen, den Reclambänden und der Reihe Das neue Abenteuer, mit den Steinen vom Gautenberg, den Briefmarkenalben und der verrosteten Pistole, die ich im Greifenhainer Bach gefunden hatte.

Ich nahm die Mappe vom Fensterbrett und trat in den langen Korridor zurück. Mutter und Bruder warteten schon. Die Türen von Sprechzimmer und Verbandsraum standen offen, so fiel Licht auf die Gesichter. Dann kam Vater durch die angelehnte Wohnungstür. Vorsichtig stiegen wir die breite Treppe ins Erdgeschoß hinunter, durchquerten die Eingangshalle, von der aus man nach links in das Gastzimmer, nach rechts in die Küche des Posthotels ging, und verließen das Haus.

Das dunkelblaue Auto stand dicht an den Stufen. Vor zwei Jahren hatte Vater zum ersten Mal von dem fabrikneuen Opel gehört, der in der Feldscheune eines Eschefelder Bauern unter Stroh versteckt sein sollte, aufgebockt, mit abgenommenen Rädern. Ende August neununddreißig aus Rüsselsheim geholt, war der Wagen im folgenden Monat, als der Sohn einrücken mußte, stillgelegt worden. Nach dem Krieg die Angst vor der Beschlagnahme, man zog das Fahrzeug nachts mit zwei Pferden aus dem Dorf und zur abgelegenen Feldscheune. Dort stand es zehn Jahre. Anfangs erschrockene Ablehnung, woher wissen Sie das. Vater bot einen unauffälligen Kleinwagen aus Zwickau und tausend Mark, der Bauer stimmte zu, er hatte längst andere Sorgen. Vor vier Jahren war er bis zum Juni mehrere Monate im Gefängnis gewesen, Steuer oder Ablieferung, jetzt drängten immer stärker die Werber für die Genossenschaft auf die Höfe.

Wir fuhren durch den engen Torweg und auf die Thälmannstraße. Das Auto rollte über den Markt, die Peniger Straße entlang bis in die Vorstadt Auf dem Wind, zwischen der Schmiede, in der Mutter aufgewachsen war, und dem ehemaligen Amtsgericht mit unserer alten Wohnung im ersten Stock bogen wir in die Straße der Roten Armee ein, rechts die Schule, die wir, zu verschiedenen Zeiten, alle vier besucht hatten, dann die Kirche, die Turnhalle, der Buchhändler, wo mein bester Freund wohnte, lagen schon die Betten im Fenster. In Höhe der Grünen Aue lenkte Vater auf die Chaussee nach Leipzig, am Haus der Großeltern waren wir auf unserer letzten Runde nicht vorbeigekommen.

Nachmittags hielten wir vor dem Bahnhof in Potsdam. Vater schloß den Wagen ab, steckte den Zündschlüssel in einen frankierten Umschlag mit der Adresse des Onkels in Grimma und suchte einen Briefkasten. Inzwischen kaufte Mutter Karten für die Stadtbahn bis Friedrichstraße.

In Griebnitzsee stand der Zug eine Viertelstunde. Vier Polizisten gingen langsam durch den Wagen und ließen sich von Bankreihe zu Bankreihe die Ausweise zeigen. Völlige Stille, wenn sie nicht sprachen. Die Frau neben mir mußte ihre Tasche von der Ablage nehmen und ausräumen, ich guckte aus dem Fenster auf das Brachland, den Draht draußen und hielt die Mappe fest.

Jenseits der Grenze waren, schien mir, alle Häuser weiße Villen mit roten Dächern, die inmitten großer Gärten und im Schatten alter Bäume lagen, man sah Wasser, Inseln, Segelboote, in den stillen Alleen die abgestellten Autos.

Zehlendorf, Steglitz, Geschäft an Geschäft, Gewimmel, Farben, grelle Schrift, am Rathaus stiegen wir aus. Kurzer Fußweg zum Mietshaus aus dem Anfang des Jahrhunderts, in dem die Cousine der Mutter wohnte. Die alleinstehende Frau Ende Dreißig arbeitete in einer Dienststelle der Franzosen und hatte, neben einem dauernden Verhältnis mit ihrem Colonel, alle Vierteljahre einen anderen Freund, immer jünger. Wenn aus der großen sächsischen Verwandtschaft jemand für zwei Tage nach Westberlin kam, um am Gesundbrunnen Geld zu tauschen, in den kleinen schmierigen Wechselstuben, für den Einkauf von Zigaretten, Schokolade und Schuhen, gab es in Steglitz die Übernachtungsmöglichkeit, manchmal im Doppelbett.

Beim Frühstück am nächsten Morgen malte die Cousine die Zukunft der Stadt in düsteren Farben. Der neue Bürgermeister, dessen Name mir nichts sagte, dessen Lebensweg ich nicht kannte, sollte ein ehemaliger Kommunist sein. Außerdem trinkt er, sagte die Cousine. Das Telefon klingelte. Sie stand auf, ging in den Flur und hob ab. Kurzes Gespräch, jaja. Dann kam sie zurück. Der Colonel. Pankow läßt über seine Sender verbreiten, daß in der Zone bis Mitternacht alles private Geld bei den heute geöffneten Banken eingezahlt werden muß, in den nächsten Tagen gibt es neue Scheine.

Vater, ganz blaß, legte seine Brieftasche auf den Tisch, zwanzigtausend Mark, sind morgen nur noch das Papier wert und hätten gestern viertausend Westmark gebracht, ein gebrauchtes Auto. Achtzehn Jahre Arbeit, sagte Mutter, und die Cousine konnte sich die vielen Kuriere schon vorstellen, die jetzt nach drüben unterwegs waren, die Taschen voll Ostgeld.

Eine halbe Stunde vor Mitternacht saßen die Mutter, der Bruder und ich auf der Rückbank eines Autos, das, mit dem Taxifahrer am Steuer, vor einer Sparkasse in Leipzig stand. Nachmittags in Potsdam die Suche nach einem Chauffeur, welchem Gesicht kann man trauen. Dann sprang der Mietwagen lange nicht an. Endlich die Fahrt durch Dämmerung, Abend, Nacht, in einen Nebel hinein, der hinter der Elbe immer dichter wurde, bis Vater in der Gegend von Leipzig ausstieg und mit der Taschenlampe vor dem Auto herging, um dem Fahrer die Abfahrt von der Autobahn zu zeigen.

Als Mutter die Wohnungstür in der Post aufschloß, war es nach eins. Der Fahrer wurde für vier Stunden Schlaf auf dem Sofa im Herrenzimmer untergebracht, das Taxi mit dem fremden Nummernschild stand im Schuppen.

Ich nahm, bevor ich mich hinlegte, von den Kartons und

Bücherstößen die Zettel, auf denen die Namen der Freunde standen. Dann holte ich aus meiner Mappe das Tagebuch, den Finnendolch und die Fotos der Großeltern und räumte die Arbeitshefte und Lehrbücher ein. Am nächsten Morgen saß ich in der Schule, umgeben von vertrauten Gesichtern.

Vier Wochen später waren wir wieder in Steglitz. Wir hatten die Wohnung für uns, die Cousine war mit dem Colonel auf einen Monat nach Straßburg gefahren.

Ein paar Groschen und Mark in der Tasche, durchstreifte ich die funkelnde Stadt, in der jede ausgestorbene Ruinenstraße, jedes düstere Viertel auf Zeilen großer Geschäfte, Versammlungen kleiner Kioske zuführte. Selten erkannte ich wieder, was ich sah. Häuser, Autos, Auslagen, die Menschen und ihre Bewegungen, ihre Kleidung, die Gesichter, alles war fremd und entschieden und als Aufforderung von einer gewalttätigen Stärke, anstachelnd und so unerträglich, daß es, immer auf andere Art, wehtat: mir, den Besuchern für einen Tag und besonders denen, die niemals kamen und kommen wollten.

Jeden Nachmittag das Schauspiel der Beleuchtung. Mit zunehmender Dämmerung immer mehr Lampen, es wurde nie dunkel. Dunst in den Straßen, auf den Plätzen, wie in einer Stadt am Meer. Keine Stille. In der Nähe, der Ferne immer die Brandung, das Tosen. Zitternder Boden. Insel.

Bevor die Geschäfte schlossen und ich aus dem Spätherbstabend in die Wohnung zurückkehrte, holte ich mir von dem Platz an der Schloßstraße mit den bunten uferlosen Ständen andere Heftchen für die Nacht, zuletzt im Tausch, drei alte gegen zwei neue.

Als ich kein Geld mehr hatte, sah ich die Bücher der Cousine durch. In Weltall und Menschheit, fünf schweren Bänden, las ich lange von den Zügen der Nordmeerfahrer, ihrem

Verschwinden im Eis. Dann fand ich, in der Ausgabe eines Buchklubs, die Geschichte eines jungen Mannes, der Robert Jordan hieß. Er war, aus Amerika kommend, ins Spanien des Bürgerkriegs gegangen, um an der Seite der Republikaner zu kämpfen. Großartige Schilderung seiner Verstrickung, seines Untergangs. Leben auf ein Ziel zu, das nichts mit der Besessenheit zu tun hatte, um jeden Preis an einem bestimmten Punkt der Erde zu stehen und ihm einen Namen zu geben, sondern mit Gedanken und Empfindungen, mit der Welt von gestern und der Welt von morgen, mit einer Idee von Gerechtigkeit und der Sehnsucht nach Nähe, ich erschrak, als ich an mich selber dachte, damals, in Steglitz.

Stomps in Gießen

Es ist zwanzig Jahre her. Im Frühsommer dreiundsechzig machte ich den Versuch, in Gießen zu studieren. Wer die Stadt von damals kennt, weiß, daß der einzige erträgliche Ort das bis spät in die Nacht geöffnete Café Deibel hinter dem Theater war. Die ramponierten Möbel, die fleckigen braunen Tapeten, die löchrigen Lampenschirme stammten aus einer anderen Zeit und gehörten ihr weiter an, während das alte enge Gießen mit der Wohnung Büchners und dem Laboratorium Liebigs im Bombenkrieg beinahe restlos in Schutt und Asche gesunken war, nur der scheußliche Bahnhof blieb stehen.

Draußen wurde eine Stadt der späten fünfziger Jahre aus dem zitternden Boden gestampft, und das Deibel bot seinen Gästen alle Zeitungen der Welt, den Gießener Anzeiger gab es in fünf Exemplaren. Durch die dämmrigen Höhlen tappte ein betagter Ober in Schwarz und servierte das Leitungswasser umsonst. Ich glaube an den Menschen, wenn er allein ist. Mehr hörte man selten von ihm. Die passende Geschichte hatte er immer am Vortag erlebt.

Das Café war die Zufluchtsstätte von alternden Schauspielern, von ausgedienten alleingelassenen Kommunisten in der Wüste des Verbots, von Studenten ohne Stipendium und Wechsel und von vier, fünf Zeichenlehrern und Redakteuren, die an mehr gedacht hatten und dachten; Refugium, über dessen Schwelle das monotone Rasseln des Landes, der trostlose Anhauch der öden Provinz nicht kamen.

Nachmittags ruhten sich an den Tischen gleich neben dem Eingang Frauen aus den Dörfern des Umlands vor dem langen Weg zum Bahnhof aus. Die schweren Taschen und Netze mit den Kleidern und Schuhen für ein Jahr verstellten den Durchgang. Kopftücher, schrille Stimmen, dicke Kinder mit großen Augen. Manchmal saß auch ein Buchhändler da. Sein Laden lag gleich um die Ecke. Gehörte zu den Leuten, von denen man wenig weiß. Aber ein Namensvetter, Buchhändler wie er, war Teilnehmer an Weidigs und Büchners verschworenem Treffen auf der Badenburg über der Lahn gewesen. Das gab ihm Bedeutung.

Hin und wieder lud er Schriftsteller ein. Nach Gießen. Was das heißt, ahnt man erst, wenn man dort gelebt hat. Die Leseabende fanden im Café Deibel statt. Einmal wurde Victor Otto Stomps angekündigt.

Ich kam, um Stomps zuzuhören, am Abend mit dem Schienenbus vom Land, wo meine Eltern wohnten. Bis auf den Fahrer war der Wagen leer. Niemand wollte nach Gießen. Das Zittern des halbdunklen Fahrzeugs, das an jeder Haltestelle mit laufendem Motor stehenblieb.

Als ich die Halle des Bahnhofs durchquerte, fiel mir die Nacht vor sechs Jahren ein. Wir waren aus West-Berlin gekommen und mußten ins Lager am Stadtrand. Es war bis zum Morgen geschlossen. Von elf bis sieben saßen wir im Wartesaal, der große Koffer lag unter der Bank. Bleiche Gesichter von Vater, Mutter und Bruder. Fremder Boden. Zugluft. Schmutz.

Im ersten Stock des Cafés wartete der Buchhändler schon neben der Tür. Schnell, schnell. Im Raum Stille. An den kleinen runden Tischen ältere Frauen, fünf Studenten, ein Studienrat der besseren unsicheren Sorte und die drei alten Schauspieler, die frei hatten wie meist und mit ihren Kaffeetassen nach oben gekommen waren. Ganz hinten sah ich Stomps, auf dem Sofa. Gläser, Bücher, Hefte vor sich. Er schrieb auf ein Blatt. Dann stand er auf und guckte zum Eingang. Ein großer, leicht vornübergebeugter Mann. Längeres Haar als am Ort üblich. Machte auf mich einen alltäglichen Eindruck. Man konnte nicht erkennen, was für eine Art Leben er führte.

Ich meine, wir sollten jetzt anfangen, sagte der Buchhändler und schloß die Tür. Stomps las vor, aus Büchern, von Zetteln. Das war so oder so, ich sah den Zuhörern nichts an. Ihr Kommen, ihre Anwesenheit drückten schon das ganze Einverständnis, alle Zustimmung aus.

Nachdem er das letzte Stück Papier weggelegt hatte, ging das Kaffeehausleben seinen nächtlichen Gang. Unter den schweren Schritten des Obers knarrten die Dielen, Gläser klirrten, man hörte das Klimpern von Münzen. Die Frauen brachen auf, Hüte wurden gerückt. Jemand blätterte in der Zeitung.

Ich dachte mir eine Frage aus. So kamen wir ins Gespräch. Er redete langsam, mit Pausen, mit Blicken in den Raum. Über die Eremiten-Presse, das kleine Haus in Stierstadt. Die neuen Autoren, die niemand kannte, interessierten ihn am meisten, sie verlegte er am liebsten. Jede Seite wurde mit der Hand gesetzt. Wenn das Material ausgegangen und kein Geld da war, suchten seine Helfer und er Reste und Abfälle zusammen.

Dann erzählte er von einem Steuerberater oder Wirtschaftsprüfer aus dem Rheinland, der morgens halb fünf, als man sich gerade hingelegt hatte, vor der Baracke in Stierstadt aufgetreten war, ein dickes Bündel Verse unter dem Arm, und alle halben Stunden an den zugeklappten Fensterladen getrommelt hatte. Das war doch ein Beleg für die Macht der Poesie.

Ich mußte zum letzten Zug. Der Buchhändler führte seinen Gast in Richtung Laden. Vielleicht stand im Hinterzimmer ein Bett.

Am nächsten Tag schickte ich Gedichte nach Stierstadt. Ein Zettel mit vier handschriftlichen Zeilen kam zurück, sein Vorschlag, ein Buch zu machen. Im folgenden Herbst oder Winter hat er die Auswahl besorgt, es gibt einen Brief, in dem er die einzelnen Gedichte aufzählt und sie schon angeordnet hat.

Monate später borgte ich mir ein Auto. Das war im Frühjahr. Ein Sonntagvormittag, und die Straßen leer. Nur an der Auffahrt Gießen standen drei Studenten aus Norwegen mit großem Gepäck. Ich lud sie ein. Sie wollten in den Süden. Und du, fragten sie, wohin fährst du. Zu meinem Verleger.

Ich saß an seinem Matratzenlager. Er kroch immer tiefer unter die Decken. Das Raucherbein. Er sprach vom Krieg, von den ersten Jahren der Rabenpresse in Berlin, den Zugriffen der Nazis, von den Anfängen in Stierstadt. Die Gedichte hatte er viele Male gelesen. Notizen gab es nicht. Wir arbeiteten den ganzen Band durch. Alles, was er vorschlug, endete mit einem Fragezeichen. Der Zweiundzwanzigjährige, der neben ihm auf einer Kiste hockte, hörte das genau.

Als ich ging, nahm ich das Bild eines alten kranken Mannes, die Erinnerung an seine Freundlichkeit und die Last der versteckten Begeisterung mit. Fahrplan erschien im Herbst vierundsechzig als vierter Band der Reihe Paßgänge, wurde nicht besprochen und brachte Stomps nichts ein. Er hatte hundertfünfzig Exemplare gedruckt, irgendwo sind sie geblieben.

Das Café Deibel ist längst abgerissen. Der Buchhändler, vor Zeiten schon pleite gegangen, hat in Gießen die Frau und im Solling sich selber erschossen, seine Leiche zerfiel, bevor man die Reste im Unterholz fand.

Stomps war seit zehn Jahren tot.

Laterna magica

Lange Zeit konnte ich abends als Kind nicht einschlafen. Das kleine Zimmer mit Blick auf den Kirchturm lag zwischen dem Schlafraum der Eltern und der Küche, es ließ sich nicht heizen. Bett, Stuhl und Regal. Rissige Dielen, die Wände alle Jahre vom Maler mit der Walze gemustert. Bis spät in die Nacht polterten die Wagen mit dem Kohlestaub für die Kattunfabrik auf ihrem Weg vom Bahnhof zum Markt unter dem Fenster vorbei. Manchmal hörte ich Mutter aus dem Wohnzimmer kommen, dann klirrten in der Küche kurz Gläser, Geschirr klapperte. Ich hatte die Decke über den Kopf gezogen und kratzte mit den Fingernägeln ein Loch in den Putz der Wand. Dabei atmete ich immer tiefer und schneller und stellte mir Abenteuer in den umliegenden Wäldern vor, die mit Höhlen, unterirdischen Gängen, Kriegsschrott, Flugblättern aus dem Westen zu tun hatten und mich zum Herrn über Frohburg machten, zum Freund der Armen, aller Flüchtlinge ohne Wohnung, aller Kinder ohne Vater, der Grubenarbeiter und ihrer Familien, die sich nicht satt essen konnten, unsere Stadt war voll von ihnen.

Bevor ich erschöpft einschlief, schob ich das Federbett nach unten und legte den Kopf aufs Kissen. Selten erwachte ich vor dem Morgen. Ein oder zwei Mal im Jahr mußte ich die plötzliche Dunkelheit begreifen, die mich so fremd umgab, als hätte man mich, während ich schlief, in eine andere

Wohnung, in eine andere Stadt gebracht. Ich tastete nach der Wand, nach dem Fensterbrett und war froh über den hellen Streifen unter der Tür, der mir zeigte, daß das Licht im Flur noch brannte. Unbeweglich, wie starr lag ich auf dem Rükken, es gab keine Phantasien, keine Heldentaten mehr, die meine Erinnerung an die Nacht verdeckten, in der mich das ununterbrochene Läuten der Hausglocke aus dem Schlaf gerissen, in der jemand Doktor Doktor gerufen hatte, immer wieder. Ich war zum Fenster gelaufen. Die morschen Häuser gegenüber dunkel, keine Straßenlampe, das Pflaster glänzte im Regen. Zwischen Stadtgut und Bäckerei eine finstere Schlucht. Auf ihrem Boden Bewegung, dort standen Leute im Kreis, vornübergebeugt, und traten mit Wucht gegen ein Bündel, das als schwarzer Klumpen auf der Erde lag. Keine Schreie, kein Stöhnen. Nur das Sturmklingeln im Korridor. Vater, von hinten, zog mich ins Zimmer, leise, sagte er halblaut. Wohnung ohne Licht, er führte mich an Mutters Bett, ich kroch zu ihr, auch Vater legte sich hin, wir rührten uns nicht und hörten die Klingel im Flur und vor dem Haus den Mann, der wieder nach Vater rief, mit den Fäusten gegen das Tor schlug und an der Klinke rüttelte.

Endlich wurde es still. Vater war noch einmal ans Fenster gegangen. Ich sah ihn im weißen Nachthemd lange am Spalt des Vorhangs stehen und dachte an den Mann auf dem Pflaster. So schlief ich ein.

Als ich frühstückte, war Vater schon aus dem Haus. In seinen Kradmantel gehüllt, lederne Sturzkappe auf dem Kopf, die Augen von der großen Brille verdeckt, fuhr er auf dem Leichtmotorrad bis spät in die Nacht durch die Stadt und über die Dörfer, die Aktentasche mit den Bestecken und Grippemitteln hatte er sich an einem Riemen auf den Rücken gehängt. Abends, nachdem ich mich ausgezogen hatte, ging ich zu Mutter ins Wohnzimmer. Sie saß unter der Stehlampe. Letzte Nacht, fing ich an. Es ist der alte Türpe gewesen, der Nachbar der Großeltern, sagte Mutter. Weil der Rote Hirsch geschlossen hatte, wollte er sein Bier im Brauhof trinken, der Bruder des neuen Bürgermeisters saß mit seinen Freunden auch da, es ging um die drei Morde, um Zeidler, ein Wort gab das andere, du Verbrecher, ihr Verbrecher, man hat ihn nach draußen gedrängt und zusammengeschlagen, es ist nicht das erste Mal gewesen. Mutter brachte mich in mein Zimmer. Türpe war auch kein Lamm, sagte sie. Dann ließ sie mich mit den Bildern allein, die nächtliche Straße vor dem Haus, Faustschläge, Tritte, auf vertrauter Bühne das fremde Stück.

Ich kroch unter die Decke und stellte mir in der knapper werdenden Luft immer deutlicher vor, wie ich Männern ohne Gesicht ihr Opfer entriß, wie ich ihm im Harzberg, dem Wald hinter den Schienen der Bahn nach Kohren, eine Höhle grub und es dort mit Essen versorgte, meine Finger rieben am Bewurf der Wand, ich malte mir die Bestrafung der Männer aus.

Ich wußte nicht alles. Erst ganz allmählich entdeckte ich die Kette der Gewalt, die sich, eine andere Geschichte der Heimat, von Haus zu Haus, von Straße zu Straße, von Ort zu Ort und durch die Jahre, Jahrzehnte zieht, ich sehe die Bilder wieder und neu, sie gehören zusammen, Seite um Seite schlage ich auf in dem Buch mit unserer Beschreibung.

II

An einem Morgen Ende August zweiunddreißig fanden drei Bauern aus Nenkersdorf, die mit ihm Geschäfte machen wollten, den alten Viehhändler Karte in seiner Hütte auf einer Obstplantage am Straßenteich erschlagen vor.

In der Nacht waren starke Gewitterregen über der Gegend niedergegangen, die Müller in Frohburg hatten die Wehre geöffnet, trübes gelbes Wasser wälzte sich an der Stadt vorbei und trat auf die Weiden zwischen Schützenhaus und Café Otto aus, morgens war der Himmel wieder wolkenlos blau.

Das Frohburg von damals, eine zerfallene Stadt. Während jahrhundertelang unter dem herausgehobenen Schloß der kleine Reichtum und die große Armut, Auskommen und Mangel in der engen Nachbarschaft von Häusern, Höfen und Gärten zusammengelebt hatten, liefen längst Grenzen durch den Ort. Vor allem trennte die Menschen, was sie wünschten und wollten. Im Stadtrat saßen vier kommunistische, drei sozialdemokratische und sechs nationalsozialistische Abgeordnete. Der Bürgermeister, auf Lebenszeit gewählt, galt als Monarchist. Die Hälfte der viertausend Einwohner lebte von der und von jener öffentlichen Unterstützung. Gerade war der Kalkbruch im Süden der Stadt geschlossen, waren weitere zehn Familien auf die Listen im Rathaus gesetzt worden. Trotzdem hatte man drei Tage lang Schützenfest gefeiert, in den Zelten und Buden auf den Wiesen am Eisenberg.

Die Bauern hatten nach dem ersten Füttern zu Fuß das Dorf verlassen. Eine halbe Stunde später überquerten sie die Schienen der Bahn von Leipzig nach Chemnitz, ließen den Bahnhof, den staubigen Vorplatz seitab liegen und gingen den Kellerberg mit seinen Landhäusern, mit der Villa des Fabrikanten hinunter. Auf der Roten Brücke blieben sie stehen und sahen dem Hochwasser der Wyhra zu. Dann die enge Bahnhofstraße, der Markt, braunrotes Kopfsteinpflaster, die Kirche, das Amtsgericht, auf der Peniger Straße stadtauswärts. Während die drei Männer an den niedrigen Häusern Auf dem Wind vorbeikamen, beherrschte vom Bismarckdenkmal an ein nächtlicher Vorfall ihr Gespräch, der sich vor zwei Monaten in der kleinen Anlage mit Bank und Papierkorb und Litfaßsäule ereignet hatte. Am dreißigsten Juni waren nämlich zu Beginn der Polizeistunde zehn, zwölf Arbeiter aus der Windschenke auf die Straße getreten. In der Nähe klebte ein Trupp Braunhemden, Inhaber der Geschäfte rund um den Markt, unerlaubt Plakate. Am Denkmal trafen die Gruppen aufeinander. Heil Hitler. Rot Front. Man hatte zusammen auf der Schulbank gesessen, vor langer Zeit, jetzt wurden klirrende Ketten geschwungen, Stahlruten gehoben, Messer aus den Taschen gefischt und aufgeklappt, der SA-Mann Funkhähnel stürzte von der Leiter, die schon an der Säule lehnte, in die eigene oder eine fremde Klinge. Die Männer hörten Stoff reißen, ein Ächzen und Gurgeln, alle machten einen Schritt rückwärts, Funkhähnel blieb liegen. Seitdem saßen die beiden Steinbrucharbeiter Pätzold und Weisig unter Mordanklage im Gerichtsgefängnis Borna und ahnten nicht, daß sie schon auf dem langen Weg nach Buchenwald waren, wo der eine umgebracht, der andere zum Krüppel geschlagen werden würde.

Darüber sprachen die Bauern, als sie kurz vor dem Straßenteich von der Chaussee abbogen. Am Tor zur Plantage blieben sie stehen und riefen nach dem Viehhändler. Nichts rührte sich. Er hat die Dogge nach drinnen geholt, sagten sie und gingen auf die Kirschenbude zu, in der Karte seit dem Tod seiner Frau schon drei Jahre lebte und die aus silbergrau verwitterten Brettern zusammengeschlagen und mit Dachpappe gedeckt war. Großer Raum ohne Wasser und Strom, Boden aus festgetretener Erde, kein Schornstein. Die Tür stand halb offen. Gleich an der Schwelle lag Karte. Er war tot. Weiter hinten die schwere Holzaxt, der Hund. Und alle Behältnisse geöffnet, durchwühlt. Man hatte das Petroleum der Lampe über der Leiche ausgegossen, es abgebrannt, der zertrümmerte Kopf und der Hals waren verkohlt oder von Ruß bedeckt, die Bauern sahen nicht genau hin, mit schnellen Schritten eilten sie auf die Stadt zu.

Ein Raubmörder, so nahe, wartet, die Axt in Reichweite, heimtückisch und geduldig hinter der Tür, bis der alte Mann nachhause kommt, abends, nachts, Frohburg erstarrte. Nach einer Stunde war die Nachricht überall durch und hatte Mißtrauen, Angst, Gerüchte hinterlassen. Erinnerung an eine lange zurückliegende Zeit, an Erzählungen der Eltern und Großeltern. Daß im strengen Winter achtzehnhundertvierundsechzig ein in den Torweg des Gasthofs Drei Schwanen gewehter Brandbrief gefunden worden war, daß noch zweimal, Anfang und Ende März, mit Bleistift beschriebene Zettel auf den Straßen gelegen hatten, daß auf diese Drohungen hin, die Stadt in Schutt und Asche zu legen, das Gerichtsamt in Borna den Bürgerausschuß angewiesen hatte, in allen Häusern vorzusprechen und sich Handschriften der Bewohner geben zu lassen.

Diese Proben und die Drohbriefe waren dem Bauern Hense in Rüdigsdorf bei Kohren geschickt worden, einem Greis, der, nachdem er Jahrzehnte den mitteldeutschen Nachthimmel beobachtet und vielgelesene astronomische Aufzeichnungen veröffentlicht hatte, mit zunehmendem Alter immer besessener das Sammeln aller Arten von Papier, aller Sorten von Tinte und das Vergleichen von Schriften betrieb und jedem Besucher zwei Briefe mit der Signatur Goethes aus dem Schrank kramte, während vom Hof, aus der Küche gewöhnlich die grobe Stimme der kräftigen viel jüngeren Frau zu hören war, sie hatte als Magd begonnen und führte die reiche Wirtschaft mithilfe eines Knechtes, den sie nach dem Tod des Alten zu heiraten hoffte.

Auch nach vier Wochen konnte Hense den Verfasser der

Brandzettel nicht nennen, der Drohung folgte die Tat. Am dreiundzwanzigsten Mai, mitten in der Nacht, heulte die Sturmglocke vom Kirchturm, das Haus des Töpfers Hermann in der Peniger Straße stand in Flammen. Anderthalb Stunden, dann waren auch die Wohnungen und Werkstätten des Seilers Kaupisch und des Klempners Doberenz bis auf die Grundmauern niedergebrannt. Der Bürgermeister, die Stadtverordneten hatten auf der anderen Straßenseite gestanden und die Löscharbeiten geleitet, als die Funken flogen und Windstöße das Feuer anbliesen, war von ihnen der Befehl gekommen, die beiden nächsten Häuser bergauf und bergab niederzureißen und Lücken zu schaffen, zur Rettung der Stadt, auf deren Namen die ganze Gegend wegen der zahlreichen Schilfdächer Strohburg reimte. Am Morgen nach dem Brand wurden drei Einwohner verhaftet, unter ihnen die siebzehnjährige Tochter des Kirchenvorstehers Crede. Aber Zeugen gab es nicht, ein Geständnis blieb aus, zudem rückte die Ernte näher.

Da wurden, am zwölften August, erneut Zettel gefunden. Und auf den Tag genau drei Monate nach dem Brand bei Hermann, Kaupisch und Doberenz, beinahe zur gleichen Nachtstunde, wurde die schlafende Stadt wieder durch Sturmläuten und Hornsignale geweckt. Diesmal war Feuer an den Stall der Windschenke gelegt worden. Die Flammen griffen auf das benachbarte Hintergebäude und dann auf das Wohnhaus der Familie Crede über, als nichts mehr zu retten war, drehte der Wind. Im Jahr davor hatte Sachsen zehn große Feuersbrünste erlebt, in Oberwiesenthal waren mehr als hundert Häuser zerstört worden. So setzte die Gemeinde Frohburg auf die Entdeckung des Brandstifters fünfzig Taler aus.

Aber erst im Spätherbst zeigte Crede die Frau des Webers

Frommhold an. Frommhold wohnte über dem Schlachthaus des Fleischers Börngen, zwischen der ersten und der zweiten Brandstelle. Seit Jahren ohne Aufträge, zog er als Hausierer über Land, monatelang. Dann mußte die Frau für sich und die vier Kinder borgen und betteln. Wenn Crede vergangenen Winter nach Feierabend in die Küche getreten war, hatte die Frommhold oft am Tisch gesessen, während Credes Frau und Tochter schnell die Schüssel, den Becher wegräumten. Kurz nach Neujahr hatte er der hartnäckigen Besucherin das Haus verboten und wenige Tage darauf einen eitrigen Ausschlag bekommen, der sich nach und nach über den ganzen Körper ausbreitete und erst nach der Brandnacht Ende August abheilte. Diese Hexe. Als die Mitglieder des Bürgerausschusses sich auf Credes Fingerzeig hin in den beiden halbleeren Verschlägen der Frau umsahen, stießen sie in der Schublade des Tisches auf Feder, Bleistift und Papier. Mitte Juni achtzehnhundertfünfundsechzig wurde die Frommhold zu sechzehneinhalb Jahren Zuchthaus verurteilt, als dringend verdächtig. Die fünftägige Verhandlung des Bornaer Gerichts hatte in Frohburg stattgefunden, zur Abschreckung einzelner und zur Beruhigung aller.

Seitdem war in der Stadt durch mehr als sechzig Jahre von der ängstlichen Stimmung, von dem Gefühl, aus dem Hinterhalt bedroht zu sein, wie von etwas Zurückliegendem gesprochen worden. Jetzt, im August zweiunddreißig, verriegelte man schon mittags, zur Probe, die Hoftore und Haustüren.

Mit dem Nachmittagszug reisten aus Leipzig vier Mitglieder der Mordkommission an und ließen sich vom Bahnhof zur Plantage führen. Volle starre Gesichter, kalte Augen, starke Kinnladen, Haare kurzgeschoren. Schneller Schritt von Soldaten, Fleischerhände. Alle tief im neunzehnten Jahrhundert geboren, die Vorstellungen, Meinungen von da, aber bereit, sich kommenden Zeiten anzupassen.

Zwei Tage wurden die Bude, das große Grundstück untersucht, Verdächtige befragt, von denen die Mehrzahl in der Webergasse, am unteren Ende des Marktplatzes wohnte. Bei der Abreise ließen die Polizisten im Roten Hirsch verwüstete Zimmer zurück, Kippen auf den Dielen, Ecken voller Bierflaschen, Zeitungen überall, im Abort Fetzen aus Romanen von Hans Dominik.

Die Erregung hielt lange vor und wuchs noch, als vom Morgen des dreizehnten Oktober an auf dem beinahe hundert Meter hohen Schornstein der Grube Himmelreich im Norden der Stadt eine rote Fahne wehte, die man erst im Frühjahr abnehmen konnte. Das sind die Schweine vom Arbeiterturnverein gewesen, mit Zeidler an der Spitze, sagte die SA, die jeden Tag zur Mündung der Esse hinaufstarrte und abwechselnd auf die vereisten Steigleitern, auf den Regen, den Sturm oder den Nebel schimpfte.

Es gibt aufsteigende und niedergehende Leute, schwierig manchmal zu sagen, wen man vor sich hat. Kam früher jemand in eine andere Stadt, war es üblich, daß er sich nach den eigenartigsten und merkwürdigsten Menschen am Ort erkundigte und sich drängte, den Maler, Besitzer einer Sammlung, Erfinder, besonders geschickten Handwerker, Träger einer Mißbildung nicht nur zu sprechen oder zu sehen, sondern seine Lebensgeschichte von ihm selber und aus dem Mund dritter zu hören. Erich Zeidler, gerade dreiundzwanzig geworden und mit einer Kontoristin aus der Braunsbergschen Kattundruckerei verlobt, sah auf den ersten Blick wie ein Glückskind aus. Weil er sonntags zum zweireihigen grauen Anzug, der die Herkunft vom Trödler nicht verriet, meist einen Hut mit breiter Krempe trug, wurde er von den

Altersgenossen Tom Mix genannt, bei der Feuerwehr galt er als wichtiger Mann. Er betreute die neue Motorpumpe, stieg aber auch selbst auf die Leiter. Und wenn er im Saal der Grünen Aue als Vorturner auftrat, reckten alle Mädchen die Hälse.

Er arbeitete als Maschinist im Braunkohlenwerk Böhlen zwischen Borna und Leipzig, der Tagebau war einmalig in Europa. Eine fünfzig Meter tiefe Grube, die sich seit zehn Jahren auf einer Breite von mehreren Kilometern nach Norden durch das Tiefland fraß und Landstraßen, Wälder, ganze Bauerndörfer verschlang. Einer seiner frühesten Eindrücke in Böhlen hing mit dem Einsturz des beinahe fertiggestellten Riesenschornsteins neben dem Kesselhaus zusammen, im April neunzehnhundertfünfundzwanzig.

Die Männer, die in der Halle Leitungen zu den Turbinen legten, hatten nach der Mittagspause ein Knistern und Knirschen, Schreie, ein ungeheures Donnern und Prasseln gehört, der Boden schwankte, sie waren nach draußen und durch die schweren Wolken aus Mörtelstaub ins Feld gelaufen, nach zehn Minuten wurde die Sicht klar, mehr als hundert Meter Schornstein waren verschwunden, seitlich ein haushoher Schuttberg, der elf Essenbauer und ihre Plattform begraben hatte.

Drei Jahre später, im Sommer, ein anderes Unglück, das ihn lange beschäftigte. Südlich des Tagebaus brach einer der Dämme, die, zur Größe eines siebenstöckigen Gebäudes aufgeschüttet, die Spülkippe umgaben, den Schlammteich bis zum Horizont, in den der verflüssigte Abraum gepumpt wurde. Schon aus der Ferne entdeckte er die aufgerissene Schlucht, durch die sich der Brei aus Kohle und Lehm noch schob. Das langsame Ansteigen des schwarzen Schlammes erst in den Gärten und Höfen, dann in den Fluren und Zimmern der Arbeiterhäuser, dem er, hinter der Absperrung stehend, zusah, die Hilflosigkeit der Bewohner, die stechende Julisonne des heißen Mittags und die Lautlosigkeit der unaufhaltsamen Katastrophe, die drei Kinder und zwei kranke alte Frauen erstickte, verbanden sich für ihn zu einem gnadenlosen Eindruck, dem er so stark unterlag, daß er sich nachts mit seinen eigenen Schreien weckte, wochenlang. Seitdem besuchte er gelegentlich die Sitzungen der Roten Hilfe im Hinterzimmer des Brauhofs, Mitglied der örtlichen Parteigruppe, die eine Handvoll Arbeiter vor dreizehn Jahren in der Gastwirtschaft gegründet hatte, war er nicht.

Beim Konzert des Leningrader Geigers Edgar Moersus zugunsten von Pätzold und Weisig und ihren Familien hatte er im Schützenhaus an der Tür gestanden und Karten abgerissen. Überfüllter Saal, Hitze, Zuversicht und Erwartung. Der Musiker, ein Mann im Frack und mit braunen staubigen Schuhen, groß, hellhaarig, sprach von der Bühne herab eine kurze Einleitung, in gebrochenem Deutsch erinnerte er an den bevorstehenden Prozeß gegen die beiden Frohburger Arbeiter und wies auf die neue Justiz seiner Heimat hin, deren Antrieb und Maßstab das mächtige und gelassene Gerechtigkeitsgefühl der zur Herrschaft gelangten werktätigen Klasse sei. Zeidler stellte sich ein Pionierland, das bessere Amerika, mit kühnen Baustellen und mit starken Menschen vor, etwas Neues, das sich durch Worte nicht beschreiben, aber an der Begeisterung der Zeugen ablesen ließ. Am nächsten Vormittag trug er Moersus den Koffer an die Bahn, Frage auf Frage den weiten Weg, der Geiger antwortete immer knapper und hatte bei der Umarmung neben dem eingelaufenen Zug ein Glitzern in den Augen, Tränen vielleicht. Kamerad, rief er nach unten, seltsam bewegt, und Zeidler sah noch lange das weiße Tuch aus dem Abteilfenster wehen. Er stand, eine Hand in der Tasche, die andere erhoben und zur Faust geballt, zwischen den Gleisen, allein.

Er lebte bei seinen Eltern, die Tagelöhner auf dem Hofe gewesen waren. So nannte man in der Stadt das Rittergut, mit tausend Hektar das größte in Sachsen. Es lag im Süden, auf einer Anhöhe über dem Schloßteich. Der Weg vom Markt aus ging die Mühlengasse hinunter, die Schloßgasse hinauf, an Schloßmühle und Schloßbrauerei vorbei und führte auf dem geschotterten Fahrweg zwischen zwei Reihen Pappeln zum Tor. Trat man ein, erstreckte sich rechts fünfhundert Schritt lang der Gutshof, eine Doppelzeile aus Scheunen, Ställen, Remisen und Werkstätten. In Höhe des Mauerteichs das Pächterhaus, gebaut wie ein Landsitz. Eine Ausfahrt in die Felder am oberen Ende, durch den Bogen des Taubenturms. Gegenüber dem Tor die Pforte zum verwilderten Park längs der Wyhra, und linkerhand das wuchtige düstere Schloß aus Bruchstein, ein Viereck um den gepflasterten hallenden Innenhof. Unbewohnte Säle und Zimmerfluchten zehn Monate im Jahr, bei jedem Umschlag des Wetters knackende Dielen und Möbel. Aus den Fenstern nach Norden fiel der Blick auf den Teich und auf die Dächer der kleinen Häuser um Kirche und Rathaus, die Leute da drüben, dort unten hatten, von oben aus, keine Namen, wenig Wert, als von der Mitte des vorigen Jahrhunderts an die Weberei, die zwei Drittel der Einwohner ernährte, bis zum endgültigen Erliegen niederging und die zweihundert Webermeister sich Arbeit in den Kohlengruben, den Steinbrüchen und in der Kattundruckerei suchen mußten, waren allein die Gebäude auf dem Schloßberg mit einer knappen Million in der Brandkasse versichert, wenn die ferne Herrschaft starb, gab es keine Stiftung, kein Legat für die vielen leeren Hilfskassen des Ortes, aber die ganze Stadt holte den Sarg, den man aus der Residenz nach Frohburg geschickt hatte, vom Bahnhof und brachte ihn zur Kirche, wo er in der Krypta verschwand, dort vermoderten seit jeher die adligen Fremden, versteckt vor einer Landstadt, in der das Leben von Jahrzehnt zu Jahrzehnt schwerer und trostloser wurde.

Nach einer späten Heirat und der Geburt des Sohnes hatte Zeidlers Vater, bis dahin einfacher Feldarbeiter, Verdienst zwei Mark vierzig am Tag, das Glück gehabt, dem Schloßgärtner Frommhold als Gehilfe zugeteilt zu werden, Belohnung für den Beitritt zum gerade gegründeten evangelischnationalen Arbeiterverein, dessen Vorsitzender Frommhold war. Die Gründung ging auf eine Anregung des Freiherrn aus Dresden zurück, im August dreizehn hatte der damalige Besitzer von Schloß und Gut, Frohburger Kirchenpatron und Mitglied der Landesregierung, während des üblichen zweimonatigen Sommeraufenthalts mehrmals mit seinem Gärtner gesprochen. Verwirrt hörte der neue Gehilfe, wie Frommhold auf dem ersten Vereinsabend über den Gartenbau im Altertum redete, die nächste Versammlung bestritt der Pfarrer von Greifenhain mit der Beantwortung der selbstgestellten Frage, welche nationale Bedeutung dem deutschen Arbeiter in Stadt und Land mit der Reichsgründung zugefallen sei. Im übrigen mußte Zeidler zwanzig Männer beaufsichtigen, die seit zwei Jahren eine vom Freiherrn erdachte Umgestaltung des Parks zwischen Wyhra und Gut vornahmen, das Labyrinth, die Naturbühne anlegten und eine Orangerie nach den Plänen der Herrschaft bauten.

Bei der Rückkehr von einer Herbstreise an den Lago Maggiore und durch Oberitalien hatte sich der Freiherr, kaum daß die Kutsche ausgerollt war, bei Frommhold beklagt, der mit allen Leuten im Nieselregen auf dem Schloßhof stand. Wenn Sie wüßten, mein Lieber, was das Ausland in Ihrem

Fach leistet, wo ich herkomme, setzt die Umgebung jedes größeren Pächterhauses unseren Gutsgarten herunter. Hören Sie meine Gedanken, es wird viel Arbeit geben. Nächsten Sommer werden wir am frühen Morgen von der Schloßterrasse aus in den Park treten, ihn längs der Wyhra unter den hundertjährigen Kastanien und Buchen durchqueren, auf gekiesten Wegen, linkerhand muß das alte Teehaus weiß aus den Büschen schimmern, rechts will ich die Hecken eines Irrgartens haben, an seinem südlichen Ende soll der Park sich in der Aue mit ihren lichten Birken und Weiden verlieren, wir wollen über die Schleifen des Flusses und die ziehenden Frühnebel hinweg hinter der Kohrener Bahn die Fichten und Kiefern des Harzberges wie eine Wand im Gegenlicht sehen und auf dem Rückweg in der Orangerie das Frühstück nehmen.

Aber schon gegen Ende des Krieges begann der Verfall. In der Schloßgärtnerei wurde nur noch Gemüse gezogen, Zeidler mußte wieder aufs Feld. Manchmal, wenn er nach dem Feierabendläuten von den großen Schlägen vor Wolftitz und Eschefeld zurück ins Gut kam, um die Geräte abzugeben, sah er neben dem Taubenturm die leicht geschwungene Fassade der Orangerie im Widerschein der untergehenden Sonne aufleuchten. Rostzerfressenes Eisengerüst, vom Sockel bröckelnder Putz, heruntergerissene und halb aufgezogene Rolläden. Einer der kupfernen Dachreiter drohte herabzustürzen, und zwischen einer offenen Tür und der Glasfront wuchs auf der Schwelle, vom Regen erreicht und noch immer wie im Treibhaus geschützt, eine schmale Birke von doppelter Mannshöhe. Der riesige gläserne Bau war im Innern völlig verwüstet. Zerbrochene Stellagen, zersplitterte Scheiben, Reste des Plattenbelags und die Scherben der Töpfe und Kübel bedeckten den Boden. In den letzten beiden Kriegswintern hatten Schloß und Orangerie, wie die Familien in der Stadt unten, nur sechsunddreißig Zentner Kohlen jährliche Zuteilung zu verfeuern. Die Männer, die im Streitwald Holz geschlagen oder hinter dem Vorwerk Röthigen nach Kohle gegraben hätten, standen an der Front. So verfielen das lichtdurchflutete Haus, die Glasterrassen voller Orchideen und Rosen, Palmen und Orangen. Und als es wieder Kohlen gab, hatte der Freiherr über Revolution und Thronverzicht seines Königs jede Lust an der Gartenkunst verloren, obgleich es seinem Oberamtmann und Frommhold gelungen war, sich an die Spitze des Landarbeiterrates zu setzen und mithilfe der Greifenhainer und Eschefelder Großbauern, die sich selber bedroht fühlten, alle Forderungen der hundertzehn Tagelöhner gegenüber der Gutsherrschaft zurückzuweisen. Jahre vergingen, bis der Freiherr sich wieder in Frohburg zeigte. Er blieb nur eine Nacht. Dann hieß es, er sei nach Südamerika ausgewandert, habe dort ganze Landstriche aufgekauft, die Pacht kam auf ein Konto in Berlin und verschwand von dort ins Ausland.

Ende einunddreißig verließen die alten Zeidlers den Dienst und lebten von der schmalen Rente, einem Deputat und ihrem Garten. Sie blieben weiter in den beiden Dachstuben des dritten Anwesens in der Greifenhainer Straße wohnen. Der Sohn schlief in der Küche zur Straße hin, die Eltern hatten eine Kammer mit Fenster auf den Hof.

Der Hauswirt im Parterre hieß Türpe. Er bediente in der Drogerie am Kirchplatz, die seinem Schwager Kaupisch gehörte, und war seit zwei Jahren Schriftführer der Ortsgruppe. Zwischen ihm und dem alten Zeidler hatte es einmal Streit wegen der Belegung des in den Hof gebauten Stalles für Ziegen und Hühner gegeben, man gönnte einander den Liter schlechte Milch, die Handvoll Eier am Tag nicht.

Der nasse Januar dreiunddreißig kam, mit immer schrilleren Tönen aus Berlin. Zwei Wochen nach Neujahr machten die Kommunisten den letzten Versuch, der Stadtverordnetenversammlung eine Eingabe an die Staatsanwaltschaft in Borna zur Abstimmung vorzulegen, schärfster Protest, sofortige Freilassung Pätzolds und Weisigs, die Sozialdemokraten fanden die Note zu kämpferisch und enthielten sich der Stimme. Die eine und die andere Partei konnte den Fackelzug nicht verhindern, den es Ende des Monats auch in Frohburg gab, der Markt war schwarz von Menschen. Hinter dem Ortsgruppenleiter Kaupisch und Bürgermeister Liebe stand Türpe auf dem Rathausbalkon. Die Arbeiter waren, noch einmal, zuhause geblieben. Die andere Hälfte der Stadt stand auf der richtigen Seite, jetzt, alles, ganz anders, mit stolzen und drohenden Gesichtern.

Aber acht Tage später, abends kurz nach zehn, riß die Hebamme Wagner das Küchenfenster im Oberstock des Hauses Greifenhainer Straße Nummer fünf auf und schrie Feuer Feuer in die Stille der Nacht. Aus dem Schützenhaus gegenüber liefen die Kartenspieler und Biertrinker auf den Platz, nach zehn Minuten ging die Sirene auf dem Torgebäude der Braunsbergschen Fabrik. Weiter unten in der Straße stürzte der junge Zeidler aus der Tür, Helm auf dem Kopf, Jacke halb übergestreift, Koppel in der Hand. Bei wem brennts denn. Feuer war nicht zu sehen, es gab keinen Rauch. Die Hebamme schrie weiter. Man drang in das Haus ein, stürmte nach oben, im Flur Blut, im Wohnzimmer Blut, in der Schlafstube dicht bei der Tür zwei Leichen mit durchschnittener Kehle. Auch die Hebamme war blutüberströmt. Sie schrie und schrie und mußte ins Erdgeschoß geschleppt werden. Dort lag sie keuchend auf dem Sofa und guckte zur Decke, als würde das Blut gleich ins Zimmer tropfen.

Sie hatte dem früheren Bäckermeister Kränkel und dessen Frau frischen Kaninchensalat bringen wollen. Schon von der Straße aus sah sie, daß bei dem befreundeten Ehepaar noch Licht brannte. Also stieg sie die Treppe hinauf und klopfte. In der Wohnung Stille. Sie klopfte wieder, trotz ihrer Beklemmung, dann noch einmal, stärker, sie rief auch: Frau Kränkel, ich bins. Dabei balancierte sie die Schüssel, über die ein Handtuch gedeckt war. Plötzlich wurde die Korridortür aufgerissen. Jemand warf sich gegen sie. Mehr als den aufgestellten Mantelkragen, den ins Gesicht gezogenen Hut konnte sie nicht erkennen. Ein Hammer, wahrscheinlich, wurde geschwungen, sie fiel, die Schüssel zerbrach, sie hörte das Poltern die Treppe hinunter, das Haustor schlug krachend ins Schloß, dann Ohnmacht, dann Stille. Irgendwann ist sie in den Flur getaumelt, hat das Blut gerochen, eine schwere Luft, hat im Schein der nackten Schlafzimmerbirne die beiden Leichen gesehen und ist in die Küche, zum Fenster gelaufen. Das erzählte die Hebamme immer wieder, immer wieder in das Zimmer voller Leute hinein. Im Hintergrund Gedränge, Drücken und Schieben unter der Haustür, die schmale Treppe hinauf. Lange Blicke in die Schlafstube. Die Bilder sollten reichen für alle Zeit.

Inzwischen klopften sich in der Stadt die Nachbarn heraus. Es ist was passiert, mach schnell. Vor dem Mordhaus große dunkle Menge, die laufend wuchs. Halblaute Stimmen. Gerüchte. Er hat Geld auf Wucherzinsen verliehen. Das wußte man längst. Die Wagner ist seine Geliebte gewesen. Im Streitwald bei Kohren kampieren Zigeuner. Erst hat er seine Alte massakriert, dann hat er sich selber den Hals abgeschnitten.

Spürhunde her, rief Liebe vom Fenster aus. Die Leute liefen auseinander und kamen zurück. Platz da. Aus dem Weg.

Die Tiere zogen in alle Richtungen, den Schützenhausberg hinauf und hinunter, zur Wyhrabrücke, zum Markt, in den Hof und durch das hintere Zauntor ins Hölzchen. Lange nach Mitternacht fuhr endlich die Mordkommission vor. Die Kühlerhaube des schwarzen Autos dampfte im Regen. Da war die Straße fast leer. Die Männer kannte man schon, den Wagen und die Mäntel aus Leder noch nicht. Schwere Gestalten stapften zur Wohnung. Scheinwerfer, Notizblöcke, Hantieren mit Gerät. Zwei Stunden später, die erste Schicht in der Fabrik hatte begonnen, wurde das Fahrzeug angelassen, die Polizisten fuhren zum Markt und holten im Roten Hirsch den Wirt aus dem Bett. Die beiden Doppelzimmer vom letzten Mal waren gerichtet. Jedenfalls brannten die Öfen. Wie lange, fragte der Wirt. Übermorgen, bekam er zur Antwort. Es wurden vier Wochen.

Brüchige Ruhe einer Kleinstadt, deren Einwohnerschaft so empfindet, wie der einzelne lebt, daß es nämlich einen Unterschied zwischen dem eigenen und dem fremden entfernteren Unglück gibt und geben soll. Nachgedacht wird über das, was man darstellt, was einem gehört, der andere, wenn er nicht die gleiche Gesinnung zeigte, wurde als Bedrohung empfunden.

Im ganzen Land, in allen Lagern herrschte noch die Selbstsucht der Hoffnung. Für tausend Jahre nimmt uns niemand die Macht. Der Spuk erschöpft sich von selbst. Wenn alles zusammenbricht, kommt unsere Stunde.

Die Ungeheuerlichkeiten der Zeit kündigten sich durch kleine Zeichen an. Übersiehst du eins, bist du irgendwann schuldig. Nicht jedes Auge war scharf. So stelle ich mir einen Mann vor, er wohnt in einem der einfachen Häuser am Kirchplatz, hat die Volksschule unter kaisertreuen Lehrern durchlaufen, ein Handwerk erlernt, in der nächsten oder übernächsten Straße, hat geheiratet und drei Kinder bekommen, noch wird die Familie satt, aber vielleicht ist die Arbeit nicht von Dauer, wenn Weltverbesserer auftreten, hört er voll Interesse zu. Und dann kommen Leute, halb in Uniform, halb in Zivil, Schulterriemen, Stiefel, sie haben die Macht und sagen, glaubt er, das gleiche, komm her, wird immer wieder gerufen, am Ende geht er. Dazu, aus Abneigung, sich selber als Heuchler zu erleben, die Suche nach den guten Seiten der Sache.

Der Bürgermeister, die Geschäftsleute, die Nazis riefen am lautesten nach dem Mörder der Kränkels. Frohburg wird von Furcht wie von Krämpfen geschüttelt, Sie sind doch Parteigenossen und wissen, was auf dem Spiel steht. Die Kommission betrieb diesmal ihre Nachforschungen in großem Stil. Alle Männer der Stadt, Haus nach Haus und Straße nach Straße, wurden auf die Wache neben dem Rathaus bestellt. Dort drückten ihnen die sechs Gendarmen aus Frohburg und Kohren die Finger aufs Papier. Noch fehlten der Hammer, das Messer. Weiter suchte man, nachdem man mit der Wagner lange durch die Kränkelsche Wohnung gegangen war, eine goldene Taschenuhr, die Geldkatze, zwei seltene Münzen aus Griechenland und kleine Stücke Granatschmuck.

Wo diese Gegenstände waren, mußte der Mörder sein, so gut wie ganz sicher. Fünfzehn, zwanzig Männer kamen in Frage, mehr nicht, man zeigte auf die Windschenke der Sozis, das Brauhaus der Kommune, den Arbeiterturnverein. Wer dort verkehrte, mit dem gaben sich die Gerüchte ab, der zog das Mißtrauen, den Haß mit jedem Tag mehr auf sich, vor dem hatte man schon immer Angst gehabt.

Wenn in jenem Winter die jungen Mädchen abends mit dem Strickzeug bei der Plättfrau in der Brückengasse zusammengesessen hatten und sich gegen zehn auf den Heimweg machen wollten, stand Zeidler am Fuß der Treppe im Hausgang und wartete auf seine Verlobte. Erich, riefen die Mädchen, du mußt uns bringen. Was wollt ihr denn noch, jetzt herrschen doch Ruhe und Ordnung, gab er zurück und dachte an die braunen Jäckchen, die bei manchen Mädchen schon im Schrank hingen.

Bei uns in der Fabrik, sagte die Verlobte, fangen die neuen Zeiten an, Braunsberg kommt immer seltener aus seinem Zimmer, und Kaupischs Freund aus der Buchhaltung wird lauter. Der Herr Fabrikbesitzer, sagte Zeidler. Aber vielleicht kommst du auch an die Reihe. Ich habe Moersus geschrieben, sagte er, mal sehen. Hoffnung, die er hatte, weil er nichts von den beiden Treffen im Eisenberg wußte. Dort waren sich in der Morgendämmerung zwei Männer begegnet, Taschen unterm Arm, Joppen, Schirmmützen. Der Abgesandte aus Borna hatte dem Frohburger Arbeiter im Vorbeigehen einen Zettel in die Hand gedrückt, mit den Frequenzen des Moskauer Senders. Am Abend wurde das Papier an einen Genossen aus Geithain weitergegeben. Nachdem der Mann ein Streichholz angerissen und die Zahlen gesehen hatte, lief er dem anderen nach, ist das alles. Ist das nichts, fragte der andere zurück. Auftritt, der mir manches erklärt.

In der Webergasse, am Markt und Auf dem Wind fanden zweiundzwanzig Haussuchungen in einer Nacht statt. Vorher hatten Liebe und Kaupisch die Angehörigen der SA zu Hilfspolizisten gemacht. Sie fanden keinen Hinweis auf den Mörder und nahmen statt dessen eine rote Fahne, ein Koppelschloß mit eingeprägter erhobener Faust, ein Leninbild und zwei unbrauchbare Jagdgewehre mit. Das war zwei Tage nach den Märzwahlen, die Stimmen für rechts und links hatten sich in Frohburg die Waage gehalten. Eine Schande für die ganze Stadt, schrie Kaupisch in der Drogerie die verschüchterte Kundschaft an und ließ die Aushangkästen der

Sächsischen Arbeiterzeitung in der Amtsgasse und an der Windschenke abreißen.

Sie brauchen hier etwas, sagte im Café Otto an der Weißen Brücke der ältere der beiden Kommissare am Abend vor der Abreise zu ihm. Die beiden Männer saßen seitlich der gläsernen, von unten beleuchteten Tanzfläche und guckten, während sie sich halblaut unterhielten, den gutgekleideten Paaren zu. Wenn wir morgen wieder in Leipzig sind, haben Sie freie Hand, was gehen Sie der alte Wucherer und die Frage an, wer ihn wirklich totgemacht hat. Knöpfen Sie sich lieber jeden Parteigenossen einzeln vor, erwähnen Sie noch einmal die vermißten Sachen, weisen Sie vor allem darauf hin, was deren Besitz bedeutet. Das Fallbeil nämlich. Und nicht nur das, seinen Gesinnungsgenossen kommt die Beziehung zu einem dreifachen Mörder wie ein Mühlstein auf den Hals. Vielleicht haben Sie Glück, vielleicht werden Ihnen Uhr und Börse zugespielt, dann überlegen Sie gut, wo sie plaziert werden müssen. Auf gar keinen Fall eine Suche. Es muß nach Zufall aussehen.

Anmerkung, daß meine Großeltern in der Greifenhainer Straße Nummer vier wohnten. Sie hatten das Haus achtzehnhundertvierundneunzig gekauft. Der Garten mit Laube, Voliere, Rondell, mit den beiden Sitzgruppen unter Flieder und Robinie grenzte an das Kränkelsche Grundstück. Seit vierzig Jahren war Großvater, achtzehnhundertsechsundsechzig geboren, Tierarzt in Frohburg, die Söhne studierten, die Töchter waren noch auf der Suche nach Männern und verbrachten die Abende im Café Otto. Dort trafen sie auf die kommenden Erben aller Geschäfte am Ort und auf die Techniker und Chemiker, die Braunsberg sich für seine Fabrik in den letzten Monaten von außerhalb verschrieben hatte. In den alten verwinkelten Gebäuden zwischen Marktplatz und Wyhra liefen die Maschinen seit Wochen im Schnellgang und

druckten schwarze Hakenkreuze auf rotes Tuch. Aber Braunsberg schickte schon Kuriere mit Geld nach London.

Mitte März dreiunddreißig kam der Nachbar bergab gegen
Abend für eine Stunde zu den Großeltern. Nehmen Sie doch
Platz, Herr Türpe. Er hatte den Hut vor sich auf die Platte
gelegt und ließ sich vom Mädchen einen Kaffee machen.
Dann sprach er von seinem Stall, der eine gemeinsame Rück-
wand mit Großvaters Garage hatte. Der Regen, so Türpe,
liefe in den Heuboden. Wie er glaube, durch eine undichte
Stelle dort, wo die Dächer zusammenstießen. Großvater, den
gerade der Gedanke zu beherrschen begonnen hatte, als alter
Kämpfer anerkannt zu werden, war damit einverstanden, den
Dachdecker zu bestellen.

Am folgenden Montag, früh kurz nach sieben, rückten ein
Geselle und ein Lehrjunge mit dem Handwagen an. Kletterten auf den Dächern herum, suchten sie ab, gossen Eimer voll
Wasser aus. Endlich führten sie Türpe auf den Boden, unter
die Dachluke. Die alten Ziegel. Bröckeln ja schon. Türpe
nickte. Die beiden Männer schwangen sich wieder nach draußen, nahmen die Steine ab und warfen sie in den Hof, wo sie
klappernd auf dem Pflaster zerschellten. Beim Frühstück
saßen sie im Heu. Frühjahrssonne, durch das Loch im Dach,
leuchtete den Verschlag aus. Der Junge sprang auf. Was ist
denn das. Griff hinter einen Sparren und hatte eine Geld-
tasche in der Hand. Dann eine Uhr mit goldener Kette. Dann
einen Ring, eine Brosche und einen weiteren Ring.

Sie liefen ins Vorderhaus und holten Türpe. Wir haben
Sachen gefunden. Türpe wunderte sich, das sah man ganz
deutlich. Ein Portemonnaie, Uhr, Schmuck, das ist doch.
Vorsicht, rief er, Finger weg. Und drängte die Dachdecker die
Stiege hinunter.

Die Beute des Doppelmörders war aufgetaucht. Das kann

doch nur, sagte Liebe schon auf dem eiligen Hinweg, Türpes rote Wanze gewesen sein, die sich seit neuestem totstellt.

Acht Stunden Zeit, den Empfang vorzubereiten. Abends kurz nach sechs lief der überfüllte Arbeiterzug aus den Kohlengruben in den Bahnhof Frohburg ein. Polizei, SA, kläffende Hunde als Kette. Zeidler öffnete die Abteiltür, sah das Aufgebot und blieb auf dem Trittbrett stehen, der Zug rollte noch aus. Vielleicht ist ihm in Sekunden ein schreckliches Licht aufgegangen, vielleicht hat er eine verwischte furchtbare Ahnung gehabt. Es ist manchmal schwer, wirklich zu begreifen, was mit uns geschieht. Hände hoch, wurde gebrüllt, man riß ihn an den Beinen, den Armen nach unten und warf ihn auf den Schotter. Her mit den Handschellen, konnte man hören. Sie schleppten ihn über die Gleise, schleiften ihn durch die Halle und stießen ihn in das mittlere von drei schwarzen Autos. Die Kolonne sauste nach Norden aus der Stadt. Auf dem Platz aber standen die Leute und guckten zu. Was zu sehen war, übersetzte jeder allein, auch dafür haben wir Hitler gewählt, es war nicht ganz dasselbe. Erst vor kurzem hat Vater noch einmal davon gesprochen, wie er damals, nachdem die Autos auf die Reichsstraße abgebogen und schnell verschwunden waren, allein in die Stadt zurückgegangen ist und eine bald vergessene Empfindung, das vorübergehende bedrückende Gefühl einer winzigen Verschiebung zwischen Wunsch und Erfüllung gehabt hat, zum ersten Mal.

Abends saßen die Großeltern am Tisch und unterhielten sich. Großvater hatte wie immer die Tür zur Schlafstube, Großmutter den Kachelofen und das Bild des vor Ypern gefallenen Sohnes im Rücken. In den Gesprächspausen das Ticken der Wanduhr, das Knistern des Feuers im Ofen. Der junge Zeidler, wie merkwürdig. Also hatte man die ganze

Zeit im Haus zwischen dem Mörder und seinen Opfern gewohnt. Ahnungslos und doch in die Sache verwickelt. Denn wie oft war früher, wenn die Zeidler Freitag abends für die Großeltern den Hausflur, die Stufen zum Hof gewischt und die Straße gekehrt hatte, das Kind mit herübergekommen und hatte um eine Vorführung der Laterna magica gebettelt. Manchmal hatte jemand die Lampe angebrannt und das Gerät in einer dunklen Ecke des Treppenhauses auf die Fußbank gestellt.

Bis vergangenen Herbst hatte Zeidler noch von Zeit zu Zeit in der Küche gestanden und darauf gewartet, daß man ihm einen Stoß Bücher lieh, anfangs Karl May, dann die abgelegten Lesebücher aus dem Bornaer Gymnasium, endlich Meyers Klassiker, die im Eßzimmer standen. Er hatte von Bebel gesprochen, dem Drechsler, und einmal zwei Bände Gorki mitgebracht, die auf der Kommode im Korridor liegenblieben und dort verstaubten. War, was man für den Ausdruck der Begeisterung gehalten hatte, das Funkeln von Mörderaugen gewesen.

Später am Abend kamen die Söhne und Töchter nachhause. Auch Großmutters unverheiratete ältere Schwester, die vor drei nie ins Bett ging und nach Mitternacht, wenn alles schlief, die am Tag benutzten Töpfe wieder aus dem Schrank nahm und noch einmal spülte, stieg aus ihrer Mansardenkammer herunter und setzte sich in die Runde. Vor dreißig Jahren hatten ihr die Reiteroffiziere in Dresden zugewinkt, nun lebte sie einem Grab auf dem Frohburger Friedhof entgegen. Letzten Sonntag, erzählte sie, als ihr nach dem Essen alle im Jägerhaus gewesen seid, stand ich in der Küche und machte den Abwasch. Da höre ich an der Mauer ein Scharren. Ich lege das Wischtuch hin. Nichts mehr. Nach einer Weile noch einmal das Kratzen. Ich mache das Fenster auf. Klappern und Klirren. Ich steige aufs Waschhausdach, krieche unter der Wäsche hindurch und lehne mich über die Mauer. Und was sehe ich bei Türpes im Hof. Dort steht der Zeidler, er hat die eiserne Leiter von den Haken genommen und müht sich ab, sie an unsere Hauswand zu lehnen. Herr Zeidler, rufe ich, was machen Sie denn da. Er läßt, ohne den Kopf zu heben, die schwere Leiter fallen und verschwindet im Stall. Er hat mich abschlachten wollen, ich bin ganz sicher.

Nachdem Zeidler ein Geständnis unterschrieben hatte, durften seine Eltern ihn besuchen. Er spricht kaum, lebt aber noch, mehr hörte man nicht von ihnen. Irgendwann im Sommer, gerade waren auch die Sozialdemokraten aus dem Stadtrat gejagt worden, bekamen die beiden alten Leute einen eingeschriebenen Brief aus Leipzig. Nachmittags gingen sie durch den Eisenberg zum Bahnhof, den einsamen Weg, mit schwarzen Binden am Arm.

Der arme Kerl, sagte Großmutters Schwester, warf die Karte für die Verhandlung in den Papierkorb und legte die zwei Bücher vor die leeren Dachstuben im Nachbarhaus. Sie ging auf ihr Zimmer und weinte.

Die Eltern des Toten wurden weiter gegrüßt. Man sprach mit ihnen. Alle taten, als hätten sie nie einen Sohn gehabt. Und sie schienen ihn auch vergessen zu haben.

Erst viel später, als nach dem Einzug der Roten Armee die erwachsenen Einwohner der Stadt im Kino am Markt einen Film über den Alptraum der Lager im Osten hatten ansehen müssen, sprachen sie wieder von ihrem Sohn. Wer weiß, sagte der alte Mann zu Großvater vor dem Haus, wozu es gut war. Und die alte Frau nickte. Wer weiß. Warmer Sommerabend, ich spielte auf dem Gehweg zu ihren Füßen, über dessen Pflaster so viele Menschen, gute und schlechte, gegangen waren, alle hatten die Steine geschliffen, daß sie glänzten und wunderbar glatt unter meinen Händen lagen. Dann wurde ich nach oben gerufen. Ich lief die Treppe hinauf und im dämmrigen Flur am Schrank vorbei, in dem hinter einem Vorhang aus Wintermänteln und Trauerkleidern die Laterna magica stand.

Der Schloßpark

Der Himmel bedeckt, Tag im Juli. Auf der Fernstraße fünfundneunzig verließ ich Leipzig in südlicher Richtung, Schornsteine, Kühltürme, Abraumhalden, die Tagebaue hatten sich bis nahe an die kleine Stadt geschoben. Ich stellte das Auto am Frohburger Bahnhof ab und ging durch den Eisenberg hinunter zum Fluß. Von der Schafbrücke aus der Blick auf Schloßmühle, Mühlgraben und Wehr. Zwei Männer in blauen Jacken kamen aus dem Schuppen, kletterten auf den Steg über dem Rechen und versuchten vergeblich, mit langen Stangen die obere Reihe der Bretter abzuziehen.

Ich hörte ihre Rufe noch, als ich am anderen Ufer, unterhalb des hochgesetzten Schlosses, den neuen Zugang zum Park fand, der in die Mauer gebrochen worden war. Seitwärts hatte man eine Art Kassenhäuschen aus Ziegeln gebaut, längst war das Fenster herausgerissen, auch die Tür fehlte, in den dunklen Ecken lag Unrat. Ich sah die hundert und zweihundert Jahre alten Eichen, Kastanien und Ulmen längs des Schattenwegs, der sich durch den ganzen Park zog, das angestaute stehende Wasser der Wyhra, die kunstvoll aus Bruchstein gesetzten und hier und da niedergebrochenen Stützmauern zur Hangseite hin, alles machte einen verlassenen Eindruck. Zwischen den Büschen entdeckte ich den kleinen Tempel mit den beiden Säulen. Ein Meer von Brennesseln umgab ihn. Hier, auf das alte Teehaus zu, war seit Monaten niemand gegangen. Dann warnte ein Schild vor Einsturzgefahr. Anscheinend drohte der rückwärtige Teil der Gutsschmiede, der über dem Park an seiner schmalsten Stelle hing, herunterzubrechen. Das bogenförmig gemauerte Mundloch einer Grotte war mit Balken und Brettern verschlagen, der Weg wurde immer schmaler und feuchter, ich stieg über die zahlreichen roten und schwarzen Nacktschnecken hinweg und spürte aus dem dichten Unterholz einen Geruch nach Knoblauch, wie ich ihn von den Anemonenwäldern der Kinderzeit kannte.

Lange suchte ich die Treppe im hinteren Teil des Parks. Die Erdstufen zerfallen, Brettchen und Pflöcke verfault, neben dem Pfad lagen zerrissene elektrische Drähte im Schlamm. Endlich stand ich auf der Lichtung. Das ansteigende Halbrund der Bänke für die Zuschauer war unter Buschwerk und aufgeschossenem Unkraut verschwunden.

Fünfunddreißig Jahre war es her, daß wir Kinder der Stadt jeden Morgen von den Lehrern zum herrenlosen Park geführt wurden, eine Woche lang. Wir kamen die Schloßgasse herunter, an Schloßmühle, Schloßbrauerei und Schloßteich vorbei, wir zogen den Schloßberg hinauf und überquerten den Hof des Rittergutes, am Teehaus lagen die Hacken, Schaufeln und Rechen. Unter Anleitung des neuen Bürgermeisters wurden die Wege abgestochen und von Unkraut gesäubert, wir strichen zwei oder drei Bänke, gruben Stufen in den Hang und planierten den Platz für die Freilichtbühne. Einmal zeigte der Bürgermeister einen Hirschkäfer herum, gleich zwickt er, unser Lachen und Rufen, die Stimmung des Aufbruchs, wie in den ersten Jahren, bei der Verteilung der Felder, Junkerland in Bauernhand, wie im Festzug, der den ersten Mähdrescher Stalinez vom Bahnhof holte und zur Maschinenstation brachte. Der Adel ist über die Berge, sagte in der Frühstückspause der Leiter der Schule, der gerade eine der Cousinen geheiratet hatte und ins Haus der Großeltern, unters Dach gezogen war, das alles gehört uns und wird jetzt jedes Jahr schöner. Dann griff er wieder zum Spaten und schlug auf die Wurzeln los.

Am Ende der Woche war Kinderfest. Zwischen den Sandsteinsäulen der Pforte stand ein übermannshoher hölzerner Bogen mit einem Schild unter kleinen aufgesteckten Fahnen, auf rotem Grund schwarze Buchstaben in Fraktur, das Wort Volkspark. Von Baum zu Baum hing ein Drahtseil über dem Fluß. Eine Rolle, zwei Griffe. Die Feuerwehrleute hoben ältere Schüler nach oben, bis sie sich anklammern konnten, dicht über dem dunklen Wasser glitten sie zum anderen Ufer.

Abends leuchteten Lampions unter den Bäumen. Anzüge, Sommerkleider, Kopftücher und Arbeitsschuhe, die halbe Stadt besah sich den Park, das Teehaus war als Kiosk geöffnet, es gab mit Quark und Sirup bestrichene Brote, Limonade und Bier wurden ausgeschenkt, auf der Schloßterrasse brannten Windlichter und Sturmlaternen.

Gegen neun wandte sich alles zur Freilichtbühne. Dort wartete der Bürgermeister und lachte und schüttelte Hände. Er hatte ein weißes Hemd mit aufgeklapptem Kragen an, die Reithosen steckten in Stiefeln. Seine Rede war kurz. Nach dem Abbruch des Taubenturms an der oberen Stirnseite des Rittergutes und nach Beseitigung der engen unteren Einfahrt könne man aus dem Gutshof bald einen Stadtteil wie alle anderen machen, Vorgärten der Neubauern würden das Pflaster ersetzen, jedes Gebäude bekäme eine Hausnummer, nichts solle mehr an das Gestern erinnern, man werde die neue Straße nach Florian Geyer benennen. Auch auf das Schloß und den Park, sagte er noch, haben wir die Arbeiterhände gelegt, beides gehört jetzt endlich dem Volk, das diese Reichtümer geschaffen hat und sie dringend braucht.

Er sprang von der Rampe und setzte sich auf den freigehaltenen Platz in der ersten Reihe. Die Mitglieder des Kulturbunds traten vor die aufgespannten Bettlaken, ihre Kostüme, die Jacken und Überwürfe waren aus alten Säcken genäht. Im Halbdunkel sah ich den Mann der Cousine hinter den Büschen stehen, er leitete das Schauspiel, das von einem Bauernhaufen erzählte, der vor vierhundert Jahren in unserer Gegend die Herrensitze belagert hatte und am Fehlen einer starken Führung gescheitert war. Viel Beifall am Ende, dann baute die Kapelle auf, wir wurden nachhause gebracht, bevor der Tanz begann.

Mit dem Fuß scharrte ich rostige Eisenteile, Kabelreste und zerbrochene Backsteine unter dem Laub hervor, ich stand auf der Bühne von damals, im stillen vergessenen Park, Schloßherrschaft, Krieg, Landverteilung, Volksfest, alles lag weit zurück, Nebelbild und Erinnerung, es gehörte in viele Lebensgeschichten.

Auf der Rückfahrt nach Leipzig, hinter Borna, hielt ich das Auto in Höhe eines Tagebaues an und stieg aus. In der beginnenden Dämmerung sah ich die Lichter tief unter mir auf der Sohle der Grube, ich hörte das Rasseln und Quietschen der Bagger und Förderbrücken, es hängt von uns ab, dachte ich, ob geredet oder geschwiegen wird.

Die Altenburger Geschichte

Mit neunzig anderen Soldaten gerät am späten Abend des fünfzehnten Januar dreiundvierzig im zerwalzten Gorodok südlich des Ladogasees ein höherer Berufsoffizier und begeisterter Anhänger Hitlers in Gefangenschaft. Er heißt Fechner und führt als Oberst ein Grenadierregiment. Das Regiment hat geholfen, Leningrad von den Zufuhren aus dem östlichen Hinterland abzuschneiden. In der Stadt an der Newa gibt es keinen Strom, kein Wasser mehr. Die Wohnungen Eishöhlen, gefrorene Leichen von Greisen und Kindern, Gerüchte über Kannibalismus. Seit vier Tagen ist Fechners Stellung von allen Seiten berannt worden. Er sitzt im Unterstand beim Funker, die Soldaten knien in den Schützenlöchern, bei fünfundzwanzig Grad Kälte. Die Munition geht zu Ende. Soll man sich ergeben, sich totschlagen lassen. Also Ausbruch. Fechner sucht seine Sachen zusammen, Familienfotos, Bleistift, Fernglas. Während er die Maschinenpistole vom Pflock nimmt, wird er gerufen. Er kriecht nach draußen. Im Mondlicht sieht er die Stahlhelme der anderen Seite über den Mündungen.

Fechner, seit fünf Jahren mit der Tochter eines bankrott gegangenen Rittergutspächters aus der Lausitz verheiratet, ist Vater zweier Söhne von drei und vier Jahren. Die Frau lebt mit den Kindern in Altenburg. Vor dem Krieg hat Fechner zur Garnison der ehemaligen Residenz gehört. Die Stadt hat vierzigtausend Einwohner, Schloß, Museum, Theater, hinter den letzten Gärten liegt schon die Braunkohle in der Erde. Im

Norden, auf Leipzig zu, breiten sich mit wuchernden Tagebauen das Meuselwitzer und das Bornaer Revier aus, bei klarem Wetter kann man den Schornstein der Brikettfabrik Neukirchen, die Schlote der Hydrierwerke Böhlen und Espenhain erkennen, in ihrem Schatten pressen fünfzehntausend Zwangsarbeiter und Kriegsgefangene immer mehr Treibstoff für Panzer und Flugzeuge aus der bröckligen Kohle. Es gibt oft Luftalarm, aber die nächtlichen Bomberströme, die aus Westen und Südwesten kommen, drehen über Altenburg nach Norden ein, Leipzig und die großen mitteldeutschen Werke sind gemeint, zuallerletzt ist Dresden an der Reihe.

Ich erinnere mich, Anfang der fünfziger Jahre fuhren Mutter und ich alle drei Monate mit den Rädern über Eschefeld und Windischleuba nach Altenburg. Im Kolonialwarenladen der Verwandten wurden Buttermarken geholt. Die Frauen der Grubenarbeiter gaben sie gegen Margarine und Branntwein ab.

Die Kasernen lagen zwischen dem Speicherviertel am östlichen Stadtrand und dem Bahnhof. Kilometerweit rollten Mutter und ich an der Umfassungsmauer aus gelben Ziegeln, an den Stacheldrahtkronen entlang, über den Einfahrten grüngestrichene Bögen aus Holz, im Scheitelpunkt war der rote fünfzackige Stern angenagelt, und wenn ich den Kopf zur Seite drehte, sah ich in den Stuben die nackten Glühbirnen auch am Tag brennen, auf die unteren Hälften der Fenster hatte man Zeitungspapier geklebt. Manchmal konnte ich den geschorenen Kopf eines Rekruten, die schweren aufgesteckten Zöpfe einer Frau zwischen Kindern erkennen. Wo die Mauern aufhörten, fingen mannshohe Bretterzäune an. Sie sperrten die Querstraßen, die Plätze ab. Der Regen hatte die blaue Farbe schon heruntergewaschen, an vielen Stellen zerbrochene Planken, die den Blick auf Posten, Lastwagen,

Panzer, auf eine andere Welt freigaben, ich war auf die Erklärungen der Eltern, der Lehrer angewiesen, sie widersprachen einander. Warum erschrak ich über manche Gespräche. So hörte ich mit, wie vom Mädchen der Großeltern geredet wurde. An den freien Tagen fährt sie nach Altenburg und geht den ganzen Abend, die halbe Nacht unter trüben Laternen die leere Straße zum Bahnhof hinauf und hinunter. Immer dicht an den Büschen vorbei, ohne Angst, im besseren ihrer zwei Kleider. Mit dem ersten Zug kommt sie zurück und schleicht in die Kammer unter dem Dach.

Ein halbes Jahr nach seiner Gefangennahme beteiligte sich Oberst Fechner in Krasnogorsk an der Gründung des Nationalkomitees Freies Deutschland. Im Offizierslager war er vorher Johannes R. Becher begegnet. Der Dichter lebte seit fünfunddreißig in Moskau. Drückende Jahre. Es gab die Verhaftungen, auch unter Emigranten. Er verstand die Sprache nicht. Der Überfall der Wehrmacht auf der einen, die Sehnsucht nach deutschen Städten, deutschen Landschaften auf der anderen Seite, immer wieder ist er nahe daran, sich umzubringen.

Becher besucht die Offiziere in Susdal. Er staunt. Klappende Hacken, die Stimmen klirren, wie soll man ins Gespräch kommen. Aber nachdem sich herausgestellt hat, daß Fechner, wie Becher auch, in München aufgewachsen ist, daß beide dem gleichen Schwimmklub angehört haben, geht es nicht mehr jawohl jawohl, jetzt sagt Fechner ja und ach so, das ist schon viel. Das Unrecht, die Schuld, darüber reden sie, Bechers Freunde, Fechners Kameraden hören zu, eine große Gruppe Männer, unter Bäumen im Gras, mitten in Rußland. Für zwei Stunden gibt es das Mißtrauen, den Haß nicht mehr, keinen Vorwurf des Verrats. Sag, was du weißt, ich sage, was ich denke, vielleicht. Seitab die Posten.

Der Nachmittag hat Folgen. Fechner ist nun in den deutschsprachigen Sendungen des Moskauer Rundfunks zu hören. Das Tagebuch, das er auf allen Vormärschen und Rückzügen des Krieges geführt hat, stützt sein Gedächtnis, als er daran geht, im Auftrag des Komitees eine Reihe kleiner Aufsätze zu schreiben. Er liest sie vor, auf Schallplatte. Für wen und gegen wen kämpfen wir, was habe ich auf beiden Seiten der Front gesehen, welchen Charakter hat dieser Krieg, wohin wird er uns führen. Und jedesmal auch: grüßt meine Frau in Altenburg.

Fünfzimmerwohnung am Schloßgarten, Mädchen, Aufwartung, für Fechners Frau ist alles beim alten geblieben. Man zahlt ihr den Sold weiter. Niemand befragt sie. Der Sommer im Frohburger Schwimmbad war schön für die Kinder, sonnabends sitzt sie im Kino, sie wird auch eingeladen. Auf die Frage nach Fechner: so viele sind tot. Sie trägt gedecktere Farben.

Mitte Oktober dreiundvierzig bekommt sie zwei Briefe. Die Briefe sind nicht frankiert und haben keinen Absender, auf den Bögen ohne Unterschrift stehen nur wenige Worte. Ihr Mann lebt. Glauben Sie den Lügen nicht. Die Rote Armee behandelt ihre Gefangenen gut. Abgestempelt in Berlin und Breslau.

Dann spricht ein Mann bei ihr vor. Es ist Freitag vor dem ersten Advent. Er trägt eine Joppe, eine Schirmmütze und sieht in jeder Beziehung alltäglich aus, seinen Namen nennt er nicht. Es gehe um den Oberst. Sie bittet den Besucher ins Wohnzimmer und schließt die Schiebetür. Er solle schöne Grüße bestellen, Fechner arbeite für eine große und gerechte Sache, sie dürfe sich keine Sorgen machen. Der Unbekannte läßt sich ihr Radio zeigen, gut so, und notiert Wellenlängen und Uhrzeiten. Er benutzt einen Füller mit Goldfeder, das fällt ihr auf. Sie werden seine Stimme auf Anhieb erkennen, sagt er, nachts, über den stärksten Kurzwellensender der Welt. Und beim Weggehen, schon im Treppenhaus, ruft er überlaut Heil Hitler.

Sie macht der Kriminalpolizei in den Hinterzimmern der Wache am Markt Meldung. Ein Werkmeister der Brikettfabrik Neukirchen wird verhaftet. Sie guckt sich Fotos an und schüttelt den Kopf, es gibt eine Gegenüberstellung, sie ist nicht sicher. Ja wenn er einen Bruder hätte. Eine Haussuchung auf den Füllfederhalter folgt, in ihrem Beisein. Die Frau des Werkmeisters, als sie in der verwüsteten Küche allein sind, spuckt aus. Der Füller wird nicht gefunden.

Jetzt telefoniert sie mit der Kaserne. Sie stößt auf einen Jahrgangskameraden ihres Mannes. Es kommt mir langsam so vor, als würden die Leute am Recht des Stärkeren zweifeln, sagt der Major. Der Nachrichtentrupp legt von der Wohnung zur Kommandantur eine Klingelleitung, auf ihr Drängen muß die Arbeit nach Einbruch der Dunkelheit vorgenommen werden. Die beiden Drähte hängen in den Bäumen des Gartens und kommen an der Rückseite ins Haus, sie enden im Schlafzimmer.

Anfang Januar fällt über Nacht Schnee. Nach dem Frühstück beginnt es zu tauen. Schnell holt das Mädchen den Schlitten aus dem Keller, die Kinder werden eingepackt, das Mädchen zieht den Schlitten zu den Anlagen am Großen Teich. In der Wohnung Stille. Wintersonne auf den Gardinen. Spielzeug. Sie sitzt noch am Tisch. Der Mann, der eine Stunde später vor der Wohnungstür steht, fragt nach der Frau von Oberst Fechner. Sie läßt ihn nicht ein. Irgendwann einmal wird sie erzählen, er habe unangenehm gelächelt, den Fuß in die Tür gesetzt, sie bedroht. Polternd sei er schließlich die Treppe hinuntergestiegen, Hausbewohner hätten sein lautes

Schimpfen gehört, wie er Hitler und den Krieg verflucht habe.

Sie läßt sich mit der Polizei verbinden, schnell schnell, beschreibt den Unbekannten und weist auf den Bahnhof hin. Dort riegeln wir ab, kommt es zurück. Sie stürzt aus dem Haus, weit unten in der Straße ist der Mann noch zu sehen, sie hetzt ihm nach. Warum ist er auch nicht in den Park abgebogen, zwischen den Gärten verschwunden, sagt sie nach Jahren. Der Vater der Milchfrau kommt ihr auf dem Rad entgegen, er quält sich durch den Schneematsch. Sie kennt den alten Mann gut, erst kürzlich hat er den Söhnen Gewehre geschnitzt, ohne Überlegung müsse sie auf den wehenden Mantel gezeigt haben. Der Radfahrer tritt in die Pedale, sie ruft um Hilfe, weitere Verfolger schließen sich an, ein Fleischergeselle in Gummistiefeln und gestreifter Jacke, Ärmel aufgerollt, ist allen voraus. Die Hetzjagd geht um Ecken, über Treppen, durch Gassen bergauf und bergab, dann liegt der keuchende Mann am Boden.

Ein Auflauf, der schnell größer wird, immer mehr Leute, sie reißen den Gestürzten hoch, wie vertraut, wie fremd mir das vorkommt, stoßen und schleppen ihn durch die lange schmutzige Straße zum Bahnhof, dort ist längst alles abgesperrt. Polizisten in Zivil, Hüte, Knickerbocker, Wintermäntel, man stellt es sich vor, der Gefangene drückt die Hand gegen den blutenden Mund, die Frau und er sehen einander an, auf dem Bahnhofsvorplatz einer kleinen deutschen Stadt, zehn Kilometer von Frohburg entfernt, von dem kleinen Kind, das ich damals gewesen bin, in das Augenblicksbild hinein blinkt schon das Fallbeil.

Nach vier Monaten schickt der Verurteilte über seinen Verteidiger ein Gnadengesuch und bittet um ihre Unterschrift, vergeblich. Man hackt ihm in Dresden den Kopf ab.

Ein Zeichenlehrer aus Grimma, siebenundvierzig, kriegsversehrt, nicht verheiratet, ist mit dem Zug nach Altenburg gefahren, ist durch die enge Altstadt den Berg hinaufgewandert, in ihr Haus getreten, hat an der Wohnungstür geklingelt und mit ihr zu sprechen versucht, mehr ist nicht gewesen, jetzt ist er tot. Das ist die Heimat. Das war ihr Gesetz.

Folgen ein hinhaltender Sommer, ein düsterer Winter, der Krieg geht auf sein Ende zu und greift um sich. Am siebzehnten März fünfundvierzig verbreitet sich in der Stadt die Nachricht, daß Börries v. Münchhausen im nahen Windischleuba Selbstmord begangen hat. Der Sohn Mitte der dreißiger Jahre im Rennwagen verbrannt, vor kurzem die Frau gestorben, das Schloß voller Flüchtlinge aus Schlesien und Dresden, polnische Arbeiter, die lauter sprechen, er hat Gift genommen. Wegen der unsicheren Verhältnisse auf dem Gut und in der ganzen Gegend verweigert der Frohburger Pfarrer, der aushilfsweise die Parochie Eschefeld mit Windischleuba betreut, die Beerdigung. Vor kaum einem Monat hat ihn der Balladendichter nachmittags in die Bibliothek und vor eine Kommode mit vier Schubladen geführt. Im ersten Kasten hebe ich die Handschreiben des Kaisers und der Fürsten auf, im zweiten liegt, was ich Ebert und Genossen verdanke, der dritte enthält die Briefe und Telegramme der jetzigen Größen, und das vierte Schubfach, Sie sehen ja, ist leer, für die Herren von morgen.

Oberkirchenrat Krieger aus Eschefeld springt ein, auch als Pensionär steigt er aus wichtigem Anlaß noch auf die Kanzel. Nach dem zwanzigsten Juli hat er seinen Bauern ein Gebet um mehr Hanf für die Feinde vorgesprochen. Ein Leiterwagen, auf ihm der Sarg, der Hofmeister, eine Handvoll Tagelöhnerinnen, zum Dorf hinaus und auf den Friedhof, Krieger macht es kurz, mit der Dämmerung will er im sicheren Eschefeld sein.

Die Fechner kennt in Windischleuba zwei junge Lehrerinnen aus dem Rheinland. Mit drei Kindern und einer alten ausgebombten Mutter wohnen sie in der Schule an der Hauptstraße. Man ist sich im Stadtbad Frohburg begegnet. Die Frauen stehen am Fenster, als der Leichenzug vorbeikommt. Dann schreiben sie der Fechner einen Brief. Der Herr hier hat sich umgebracht, unser verehrter Münchhausen, wenn uns etwas zustößt, dann kommen Sie schnell.

Anfang April ziehen die letzten Soldaten nach Westen, auf eine Front zu, die ihnen immer schneller entgegenrollt. Die Kasernen leer, seit Tagen schon, zwischen den roten Backsteinkästen keine Menschenseele, still liegen die weiten Höfe in der ersten warmen Sonne, das Versorgungslager wird geplündert. Nachts hat man die Tore der hohen fensterlosen Speicher aufgebrochen, vormittags pilgert halb Altenburg vor die Stadt, mit Handwagen, Schubkarren, Fahrrädern. Auch aus den Dörfern, den Kleinstädten kommen die Leute. Man findet Kaffee, Mehl, Zucker in Säcken. Decken. Stiefel. Das Mädchen der Fechner bringt außer Schokolade und Tee ein Gerücht mit heim, die Freundinnen in Windischleuba sollen tot sein, auch die Kinder. Die Fechner macht sich zu Fuß auf den Weg, sie geht über den Markt, zwischen zwei Bombentrichtern hindurch, und kommt am Schloß mit den zerbrochenen Scheiben, dem zerschlagenen Dach, an den verlassenen Kasernen vorbei, niemand begegnet ihr. Landstraße Richtung Poschwitz, die Chausseebäume blühen. Am Eingang des Dorfes ein Bauer, auf der Drillmaschine. Säen, fragt sie. Warum nicht. In Windischleuba wird sie durch ein Haus, das nach Tod riecht, vor die fünf Leichen geführt. Ihre Männer sind Lagerärzte im Osten gewesen, sagt die Mutter.

Am nächsten Tag marschieren die Amerikaner ein. Panzer auf den Höhen ringsum. Granate über die Stadt. Wasserfälle von Weiß aus den Fenstern. In der Nacht wird die Fechner abgeholt. Nach dem Abzug der amerikanischen Truppen hört sie das Fernurteil eines sowjetischen Militärgerichts, sie soll erschossen werden.

Siebenundvierzig kehrt Fechner zurück. Er holt die beiden Kinder nach Berlin, läßt seine Frau für tot erklären und heiratet wieder.

Nach fünfzehn Jahren wird die Fechner aus der Haft entlassen und geht in den Westen. In Hoheneck hat sie genäht, das ernährt sie, als Hauswirtschaftslehrerin an einer oberhessischen Schule.

Im Altersheim von Hungen lebt eine weißhaarige Frau, die Münchhausen zitiert. Jenseits des Tales standen ihre Zelte. Seit achtunddreißig Jahren hat sie ihre Söhne nicht gesehen. Ich vergesse zu fragen, ich ahne deine und meine und die ganze Geschichte und muß den Zusammenhang selber finden.

Erinnerung an ein Foto

Den Sommer sechsundfünfzig habe ich in einem Ferienlager auf Rügen verbracht. Das Lager befand sich in der Nähe des Dorfes Nonnevitz südwestlich von Kap Arkona. Eine Lichtung im Kiefernwald, hinter Büschen und Brombeerhecken. Zelte mit fünfzehn, zwanzig Strohsäcken auf festgetretener Erde, Großstadtjugend.

Einen Tag um den anderen mußten wir auf den Feldern einer Genossenschaft bei der Ernte helfen. Neusiedler, kleine Bauern und Tagelöhner hatten vor drei Jahren ihr knappes Land zusammengelegt und rackerten sich auf den mageren Sandböden ab, sie kämpften gegen Notreife, Unkraut und Kartoffelkäfer. Dabei Mangel an Saatgut, an Geld. Und höhnische und verächtliche Blicke von Leuten im Dorf, die es besser wußten.

Zusammen mit den alten und jungen Bäuerinnen brachte uns ein Fuhrwerk auf die Schläge, von sieben am Morgen an drehten wir Strohseile, banden Garben und setzten Puppen. Dafür bekam man schwere Quarkbrote während der Arbeitspausen und Milchkaffee, der aus großen Kannen in die angeschlagenen Becher geschöpft wurde. Die Späße der Frauen, die in uns schon die Männer ahnten. Ihre Fürsorge. Sie zeigten die Handgriffe, die Kniffe. Mühe, die alles uns machte. Freundliches Lachen darüber.

Gegen Abend gab es ein warmes Essen auf dem Gut. Müde saßen wir im grellen Licht nackter Glühbirnen an den langen Tischen im ehemaligen Saal des Herrenhauses und hörten den Gesprächen zu, jeder Satz hatte einen Hintergrund, den wir nur ahnten. Meine Tochter in Hannover.

Einmal erkundete ich das Haus. Im Oberstock die schrundigen Stellen auf den Wänden. Dort waren die Wannen herausgebrochen, die Rohre der Dampfheizung und die Waschbecken heruntergerissen worden. Schutthaufen in den Ecken, wo die Öfen gestanden hatten. Von Zimmer zu Zimmer der ungehinderte Blick, es gab keine Türen mehr. Einziges Möbel ein Tisch unter dem Treppenfenster. Auf der verquollenen Platte die Reste der Scheiben, ein Einmachglas.

Durch die hinteren Fenster sah ich am Ende des großen Gartens einen ausgelaufenen Teich. Die umgebrochene Pergola, das zertrümmerte Gewächshaus. Mir fiel ein Gespräch mit Vater ein, das Jahre zurücklag. Auf der Fahrt nach Heringsdorf, wo wir im enteigneten Haus eines Berliner Verlegers dem eingewiesenen Schneider für zwei Wochen ein feuchtes Zimmer abmieten wollten, waren mir die ebenerdigen mürben Ziegelkaten der mecklenburgischen Straßendörfer aufgefallen, das faulende Stroh und das rostende löchrige Zinkblech der Dächer, Vater hatte von den Riesengütern im Osten und Norden erzählt und davon, wie die Lebensart des Adels und das elende Dasein der Landarbeiter zusammenhingen. Die Ausweisung der Gutsbesitzer und die Bodenreform hätten mit den alten Verhältnissen Schluß gemacht, leider würden auch die Schlösser und Parks bald verfallen und früher oder später restlos verschwinden. In Benndorf, du weißt schon, ist es schneller gegangen, das Herrenhaus dort hat man einfach gesprengt.

Nach dem Abendessen mit den Genossenschaftsbauern gingen wir durch die Kühle einer Dämmerung am Meer auf Sandwegen zum Lager zurück. Vor uns die Mädchen, untergehakt. Zweistimmig, Lied auf Lied, beunruhigend schön.

Eines Morgens wanderten wir zur nächsten Station der Rügener Kleinbahn. Das Lager leer, bis auf die ausgelosten Wachen, die neben der Fahnenstange im Gras lagen und weiterschliefen. Wer von euch weiß, was Curacao ist, fragte der Lagerleiter. Dann mußte ich Vom Winde verweht erzählen, das die Eltern vor einem Jahr in der Katharinenstraße in Leipzig unter dem Ladentisch des Antiquariats für hundertfünfzig Mark gekauft hatten. Die Mädchen waren ganz Ohr. Mitleid mit denen, die hervortraten. Das waren die Töchter der Plantagenbesitzer und nicht die Sklaven. Reichtum und Schönheit bewundern, ganz früh.

Wir wurden nach Hiddensee übergesetzt. Ich sah das eine Ufer kleiner, das andere größer werden, neben mir stand jemand am Heck des Motorbootes und sagte: heute abend erzählst du mir weiter, nicht wahr. Mittags kamen wir an Spätsommerwiesen und Kartoffelfeldern vorbei, überall Leute, Wagen, der Lagerleiter ließ uns das Aufbaulied singen.

Am Strand nach Westen badeten wir. Die Gelenke schmerzten, so kalt war das Wasser. Wir liefen ins Knieholz und zogen uns an. Ich erkannte den Pferdeschwanz über den Zweigen, heute abend, sagte sie nur.

Später ein Haus, abseits des Ortes. Ziegelmauern, ein Laubengang. Wilder Wein. Wir wurden durch die Zimmer vor einen Schreibtisch geführt, hier hat der große Dichter gelebt und geschrieben. Was ich sah, sagte mir nichts, aber das Foto neben dem Fenster fiel mir auf, es zeigte einen abgemagerten alten Mann, wirres weißes Haar, Haut über Knochen, der im Sessel lag und mit Anstrengung den kleinen Kopf hob, harte schwarze Schatten auf dem zusammengefallenen Gesicht. Neben ihm, größer und breiter, ein Zivilist und ein Soldat, Posten ähnlich.

Am Ende der Ferien die Rückfahrt nach Frohburg. Güterwagen, in die man Bänke geschraubt, in deren Seitenwände man Fenster gesetzt hatte. Wir waren zwei Tage unterwegs, auf der Höhe von Berlin stand unser Zug die ganze Nacht auf einem Abstellgleis des äußeren Rings, während Loren mit Panzern und Waggons voller Soldaten vorüberrollten, in die Manöver nach Abschluß der Ernte. Endlich gehts los, rief jemand, der Lagerleiter sah uns nur an.

Nach einer Stunde fiel die Beleuchtung aus. Wir kletterten in die Gepäcknetze und versuchten zu schlafen.

Zuhause Mutter mit fremden Augen. Prüfte, ob ich verwildert war. Alle Zimmer erschienen mir kleiner.

Vater gab mir ein schmales Buch, Neue Gedichte von Gerhart Hauptmann, es war ein Jahr nach Kriegsende im neugegründeten Aufbauverlag erschienen. Zwischen den Seiten lagen Zeitungsausschnitte vom Sommer sechsundvierzig. Jetzt las ich von dem uralten Mann in Agnetendorf am Rand des Riesengebirges, von seinen letzten Monaten in der Villa Wiesenstein. Es wurde erzählt, wie der dreiundachtzigjährige Hauptmann in der Nacht zum vierzehnten Februar fünfundvierzig, als Dresden im Feuersturm unterging, auf den Höhen von Oberlaschwitz gestanden und endlos lange auf die verglühende Stadt zu seinen Füßen gestarrt hatte. Man konnte keine Schreie, keine Detonationen hören, bis auf ein leises Brausen in der Ferne war es ganz still. Manchmal ein Windstoß talwärts, der in den Zweigen pfiff.

Er war aus dem Haus und durch den finsteren Garten an die Kante geführt worden, unbeweglich stand er da, Stunde um Stunde. Tränen liefen über das alte Gesicht.

Es gibt ein Gemälde Abendstern, sagte Vater, Caspar David Friedrich hat es gemalt, man sieht Dresden von Osten her. Dann zeichnete er mir das Bild nach, eine schwarze Gestalt vor dem seltenen Rot des Nachthimmels, den Greis, der, auf

Frau und Sekretär gestützt, den Untergang der Welt betrachtet, als Verneinung seines Lebens, aller eigenen und fremden Bücher, Sprache richtet nichts aus, macht die Menschen nicht besser. Einmal, als ein Schauspiel zu Ende war, hatte er den dargebotenen Arm genommen und sich vom Minister durch die Doppelreihe der Würdenträger zum Auto führen lassen, war diese Berührung mit Goebbels gemeint.

Am nächsten Tag ist Hauptmann krank, Winterluft, Leichenberge, neuer Angriff, man mietet einen Masseur als Wärter, legt den alten Mann auf eine Trage und reist ab. In Görlitz heben Helfer den Dichter in den falschen Zug, am Abend ist er wieder in der Stadt.

Endlich auf dem Wiesenstein angekommen, bleibt er fünfzehn Monate im Bett, dann stirbt er. Vorher, im Frühjahr fünfundvierzig, zieht die Rote Armee in Schlesien ein, Kampftruppen besetzen Agnetendorf. Was ist los im Ort. Nur von einem Haus wird berichtet. Der Kranke schickt den Soldaten den Briefwechsel mit Gorki in die eiskalte Halle. Die Männer mit den Maschinenpistolen, den Helmen, in lehmverkrusteten ölverschmierten Uniformen reichen die Papiere im Kreis und nicken und lächeln besorgt, der berühmte Dichter ist alt und schwach, still still.

Kommt ein Detail aus der Lebensgeschichte Johannes R. Bechers, eine Episode aus der Zeit des scheinbaren Stillstands zwischen Ende und Anfang. Im Frühsommer fünfundvierzig war Becher aus dem Moskauer Exil zurückgekommen. In Berlin baute er den Kulturbund auf. Er fand den todkranken Fallada, den alten Kellermann. Von Hauptmann war nur bekannt, daß er im entvölkerten besetzten Schlesien krank lag.

Becher, ein Kapitan der sowjetischen Militärverwaltung und ein Frontfotograf wurden mit Papieren versehen und mit Lebensmitteln und Benzin versorgt, die Rote Armee stellte einen Lastwagen. Auf der Ladefläche des Anderthalbtonners sitzend, fuhren die drei Kundschafter in Richtung Süden durch das zerstörte Land, über verödete Autobahnen, Behelfsbrücken, Feldwege, durch zerbombte Städte und zerschossene Dörfer. Manchmal blieb das Auto stehen, der Fahrer reparierte halbe Tage.

Hinter der Oder lag, am frühen Morgen bereift, das verlorene Schlesien, in das die Polen sickerten. Man sah kaum Menschen. Als hielten sich die alten und die neuen Bewohner versteckt. Auch Agnetendorf, das schon Agnieskow hieß, machte einen verlassenen Eindruck.

Aber als Becher und seine Begleiter nach der tagelangen Reise endlich vom Lastwagen kletterten und auf Haus Wiesenstein zugingen, durch den ansteigenden Park mit Tannen und Eiben, sah die große Villa wie eine unversehrte Festung aus.

In der Küche bauten die Ankömmlinge vor Hauptmanns Frau und dem Masseur die Lebensmittel auf. Dann wurden sie zu dem Kranken geführt. Mit welchen Gedanken und Empfindungen Becher, der gerade zehn Jahre unter ganz anderen Umständen verbracht hatte, durch die Zimmerfluchten gegangen ist, an den Wandbildern, den Bücherschränken und Sammlungen vorbei, ahnt man, wenn man sein Leben ab achtundvierzig ansieht, Haus am See, Segelboot, schnelle Autos, das Land hatte noch Mühe, satt zu werden.

Hauptmann, halb sitzend, winkte mit der Hand, zwei Stühle ans Bett, Frage nach seinem Befinden, Schilderung ihrer Reise, Becher sprach lange über das zusammengebrochene Reich und das neue Deutschland.

Sie aßen zu viert im Nebenzimmer. Becher, der Rotarmist, der Krankenwärter und die Frau. Die Frau, ganz in Schwarz, sehr kalt, sagte kein Wort. Sie nahm eine der hauchdünn geschnittenen Scheiben Brot und verließ den Raum. Hinweis des Masseurs: wir haben nur noch die halbe Flasche Rotwein, die auf dem Tisch steht.

Am frühen Nachmittag Fortsetzung des Gesprächs. Vorher hatte man Hauptmann in eine Jacke gesteckt, in eine Decke gewickelt, man hatte ihn aus dem Bett gehoben und für kurze Zeit in den Sessel gesetzt, Becher und der Offizier rückten heran, Blicke von einem zum anderen, der Fotograf nahm das Bild auf, den Beleg.

Da Schlesien an Polen komme, sagte Becher, und die deutsche Bevölkerung, soweit sie nicht geflohen sei, ausgesiedelt werde, müsse auch der Dichter Agnetendorf verlassen, Berlin erwarte ihn schon. Die Hunde unten im Dorf, sagte Hauptmann, bellen mein Haus an. Und nach einer Pause: das ist nur der Anfang. Beim Abschied steckte Becher dem Greis eine Flasche Kognak unter die Kissen, seltsame Szene.

Anderntags fuhr er in Begleitung des Offiziers nach Liegnitz, ins Hauptquartier Rokossowskis. Er verlangte und bekam kaukasischen Weinbrand, zwei Kisten, und trug vor, wie man sich in Karlshorst den Umzug Hauptmanns, der Bibliothek, der Archive und der Einrichtung dachte. Ohne Eile und sorgfältig sollte alle bewegliche Habe verpackt und mit der Bahn abtransportiert werden. Keinerlei Kontrolle oder Aufenthalt an der neuen Grenze.

Wieder in Agnetendorf, gab Becher den Kognak, den dreisprachigen Schutzbrief der Heeresgruppe gegen ein Bündel Manuskriptblätter her, Hauptmanns Neue Gedichte.

Der Band erschien im Frühsommer sechsundvierzig. Damals türmten sich in der Halle, im ganzen Erdgeschoß der Villa Wiesenstein schon die Kisten bis zur Decke. Mein Haus, fragte Hauptmann. Am sechsten Juni starb er.

Der Sonderzug mit zerbrochenen Fenstern, der sich sechs

Wochen später über die Neiße nach Westen müht, durch ausgedörrte sonnenverbrannte Landstriche, befördert die Leiche im gesprungenen Zinksarg und in mehreren Waggons die Hinterlassenschaft.

In Forst, wo jetzt Deutschland anfängt, Gedränge auf dem Bahnsteig, ganz vorn Becher. Reden werden gehalten, der Zug bekommt Trauerschmuck, die Abordnung steigt zu und begleitet den toten Dichter nach Berlin, dort soll er begraben werden. Die Witwe widersetzt sich und besteht auf Hauptmanns Sommerinsel Hiddensee. Tagelanges Verhandeln. Dann Weitertransport nach Stralsund, Trauerfeier, Ansprache Wilhelm Piecks, dann Überfahrt, dann Begräbnis ohne Aufsehen.

Zehn Jahre später stehe ich auf der Schwelle des Arbeitszimmers und weiß von nichts. Das Foto. Eine Ahnung.

Dunkelkammer

Ostern vor meinem sechzehnten Geburtstag erlaubten mir die Eltern den Besuch eines Tanzabends.

Die Tanzabende waren im Frühherbst fünfundvierzig wieder aufgekommen, drei Monate nach dem Abzug der Amerikaner und dem Einrücken der Roten Armee. Am Vorabend der Landverteilung hatte man im Steinernen Saal des Schlosses eine Art Bodenreformball veranstaltet. Seitdem fanden die Tanzabende statt, zwölf Jahre schon, jedes Wochenende, immer auf einem anderen Saal.

In Frohburg gab es die Grüne Aue in der Thälmannstraße, Militärverbot in der Kaiserzeit, und weiter draußen, dem Haus der Großeltern in der Greifenhainer Straße gegenüber, das Schützenhaus an der Wyhra, der Wirt war gleich nach Kriegsende von Unbekannten nachts aus dem Bett geholt und mitgenommen worden, man hatte nichts mehr von ihm gehört. Dann die Dörfer des Umlands, der Gegend zwischen Borna und Kohren, Altenburg und Geithain. Nach Norden Braunkohlenebene mit offenem Horizont, nach Süden zu immer mehr Waldstücke, versteckte Wiesentäler. Benndorf, Neukirchen, Wyhra. Sahlis und Windischleuba. Tautenhain, Eschefeld und Greifenhain. Beinahe jeder Ort hatte seinen Gasthof, jeder Gasthof einen Saal. Jägerhaus. Grauer Wolf. Zeisig.

Wir wohnten am Frohburger Markt. Mutter weckte mich jeden Schultag um fünf, eine halbe Stunde später mußte ich aus dem Haus sein. Sommer wie Winter die drei Kilometer zum Bahnhof, fünf nach sechs ging der Zug in die Kreisstadt. In Geithain kurzer Fußweg zur Oberschule, durch das Viertel der Landhäuser an der Bahn, wenn ich auf halber Strecke an dem mannshohen Bretterzaun vorbeikam, hörte ich die unsichtbaren Hunde schnüffeln, die die versteckte Villa bewachten. Hier ging unser Nachbar ein und aus, der beim Fuhrmann Schramm gegenüber wohnte, verheiratet, ohne Kinder. Manchmal, an hellen warmen Abenden, lag der schwere Mann im Fenster, rauchend, die Unterarme auf einem Kissen, während ich hinter den Gardinen im Erker des Eßzimmers stand und über die Straße hinweg das starre Gesicht in sechs oder acht Meter Entfernung beobachtete. Von der gleichen versteckten Stelle aus guckte ich nachmittags den Frauen und Mädchen nach, wenn sie in ihren dünnen Sommerkleidern aus dem Konsum traten und quer über den Markt zum Bäkker gingen.

Die Eltern fuhren über Ostern in die Sächsische Schweiz. Seit zehn Jahren kannten sie Stephans Elbhotel in Bad Schandau, großer Kasten direkt am Fluß, Park bis zum Ufer, weiße Gartenmöbel. Es gibt das Foto noch, April siebenundfünfzig steht auf der Rückseite, Mutter im Liegestuhl, Gesicht halb im Schatten, Knotenfrisur und Hemdblusenkleid aus dem Wismutladen in Aue. Einmal hatten sie mich mitgenommen. Nach Stunden sah ich durch das kleine Seitenfenster des Autos statt der Sommerlandschaft Schuttberge voll Unkraut, kilometerweit gelbe Wüste unter segelndem Staub. Der Staub drang durch die Ritzen ins Auto und legte sich wie eine zweite Haut auf mein Gesicht, wir fahren durch Dresden, sagte Vater.

An trüben Wintertagen, wenn wir eng an eng im halbdunklen Herrenzimmer beim Mittagessen saßen, wurde vom Elbhotel in Schandau, vom Golfhotel in Oberhof, vom Hotel

Heinrich Heine in Schierke und vom Waldparkhotel am Stadtrand von Dresden gesprochen, von der langen Nacht in der Tanzbar dort. Immer wieder ließen die drei oder vier Russen, hohe sehr hohe Offiziere in Zivil, eine Lage Wodka springen, sto gramm, riefen sie immer wieder, und immer wieder auch kamen sie an den Tisch der Eltern und forderten Mutter auf. Gut sahen sie aus, hieß es jedesmal, alles was recht ist. Und vielleicht noch: aufschreiben müßte man können, was man in diesen abenteuerlichen Zeiten erlebt hat. Wie die Eltern in Oberhof, im Speisesaal des Golfhotels Johannes R. Becher und den Maler Fritz Koch-Gotha aus der Ferne gesehen hatten, wie ihnen in der Hotelhalle in Schierke der hagere Romancier Bodo Uhse gezeigt worden war, auf die Hände müssen Sie achten, sagte der Portier, der Ausschlag. Er erzählte von einer nächtlichen Schlägerei, die auf Uhses Konto ging. In der gerammelt vollen Trinkstube hatten in großer Runde Schieber aus Leipzig gesessen, die immerzu Uhses amerikanische Frau angestarrt und dann die Köpfe zusammengesteckt und gefeixt hatten. Alma Uhse in ihrem gebrochenen Deutsch verbat sich das Glotzen, ein Wort gab das andere, Judenhure, hörte Uhse plötzlich halblaut aber deutlich und legte los, bis Volkspolizei einzog und für Ruhe sorgte und die Schieber abführte.

Damals, im Frühjahr zweiundfünfzig, erlebten die Eltern in Schierke mit, wie über Nacht die Grenze dichtgemacht wurde. Am sechsundzwanzigsten Mai gab es nämlich im überfüllten Saal des Hotels einen bunten Abend. Ein dicker wieseliger Conferencier, nicht mehr ganz jung, eine maskenhaft lächelnde Soubrette und ein Hellseher mit Sprachstörung bestritten das Programm. Der Ansager wurde immer ordinärer und hatte immer mehr Erfolg. Schallendes Gelächter bei jeder Zweideutigkeit, für die Zoten prasselnder Beifall. Am Ende der Servierpause kommt der Mann auf die Bühne zurück, ganz ernst nun, und liest unsicher und stokkend die Anordnung einer Sperrzone vor, in die auch Schierke und das Hotel fallen. Im Saal nachdenkliche Gesichter. Mit der klebrigen Heiterkeit war es vorbei, sagte Vater, das Völkchen wurde sehr still. Man ging betroffen auf die Zimmer und legte sich früh schlafen. Am nächsten Morgen überall Posten. Die Eltern wollen eine Wanderung zur Rabenklippe machen und werden belehrt, daß sie Schierke nur über die Wegekreuzung Stern verlassen dürfen. Man stellt Schlagbäume auf, ein einziger Weg zum Brocken ist noch erlaubt. Beim Abendessen kreisen Gerüchte, angeblich roden die Männer des Dorfes einen Zehnmeterstreifen direkt an der Grenze, auf Braunlage und den Wurmberg zu, der Streifen soll später gepflügt werden. Außerdem würden unten im Ort zahlreiche Ausweisungen vorgenommen, ganze Familien mit Sack und Pack müßten Schierke verlassen. Wieso denn Ausweisungen, kommt es von den Berliner Tischen zurück, es sind nur die Grenzgänger und Schmuggler, die wir evakuieren. Schon um zehn spielt die Hauskapelle Guten Abend gute Nacht, und das Büfett wird geschlossen, die Lichter gehen aus. Das große Hotel, sonst immer voll besetzt, steht halb leer, auch die Eltern fahren am nächsten Morgen ab, nachmittags sind sie zuhause, es ist der achtundzwanzigste Mai, mein elfter Geburtstag.

Als ich am zweiten Feiertag abends vor dem Gasthof Bubendorf vom Rad stieg, hörte ich die Tanzmusik schon. Stimmengewirr, Gedränge auf dem geschotterten Platz, hin und wieder ein verspäteter Laster, der über das Pflaster der Fernstraße polterte.

Drinnen im Saal zusammengeschobene Tische, Bänke ohne Lehnen, unter der Decke hingen noch die bunten Papiergirlanden vom vergangenen Fasching. Rechts saßen die Töchter der reichen Bauern aus Eschefeld und Greifenhain, ihnen gegenüber hatten die Männer von der Wismut ihren Tisch, die Sitzordnung war streng. Oben auf der Bühne, Saxophon um den Hals, ging der Kapellmeister vor seinen Musikern auf und ab, Sonnenbrille, Kreppsohlen, und gab mit schlenkernder Hand den Takt an. Abiturienten aus Borna, die nicht studieren dürfen, was die einmal hören, in Westberlin vielleicht, in der Badewanne oder in der Eierschale, das spielen sie dir gleich.

Nach der Pause war Damenwahl. Vorher der finstere Hof, der Abort. Man hatte eine Rinne in den Boden betoniert und mit Teer ausgestrichen, scharfer Geruch, der einen flacher atmen ließ, das sind wir, zusammengedrängt.

Was ich von nebenan hörte, wo hinter der dünnen Trennwand der Verschlag der Mädchen war. Hing mit den Nachmittagen am Eßzimmerfenster zusammen. Und mit dem Gefühl, das ich eine Viertelstunde später hatte, als die junge Frau quer über die Tanzfläche kam, auf unseren Tisch zusteuerte und mich aufforderte. Blasses schmales Gesicht, Haare dunkelblond, schon stumpf von der Dauerwelle. Wie angezogen. Schneiderinnenkleid wahrscheinlich, Tüll von heller verblichener Farbe, gelb oder rosa. Ich folgte ihr zwischen die tanzenden Paare. Sie war viel kleiner als ich.

Mitternacht wurde der letzte Tanz angesagt. Der Rausschmeißer dauerte mit fließenden Übergängen beinahe eine halbe Stunde, das Mädchen, mit dem man ihn tanzte, durfte man nachhause bringen. Alles stürzte los, hin zu den zwei, drei Saalköniginnen. Ihr Blick herüber. Schon stand sie auf und kam mir entgegen. Eng und langsam, sagte sie.

Der kalte Nachtwind draußen, vor dem Gasthof. Von Neukirchen herüber der gelbe Lichtschein der Brikettfabrik, das Stampfen und Dröhnen der Nachtschicht. Dahinter die stummen Dörfer, im Osten ein ungewisser Himmel. Nachhause bringen, wohin. Sie kam aus Geithain. Die nächste Gelegenheit zurück war der Frühzug, mit dem ich zur Schule fuhr. Wie sie neben mir im schwachen Licht der Straßenlampen über das Blaupflaster stöckelte, eine große Tasche am Arm, schmächtig, bleich, mit verschmierten Lippen. Unter dem Mantel guckte das Tüllkleid hervor.

Für den Rest der Nacht saßen wir in den Anlagen am Bahnhof. Der einzigen Bank fehlten zwei Latten. Seitwärts verkohltes Holz, ein Aschenfleck, die Latten waren ins Feuer gewandert. Auf der festgetretenen schwarzen Erde Überzieher, abgestreift und fallengelassen, Binden und in den Zweigen der Büsche drei, vier Fetzen, die wie Schlüpfer aussahen. Wir, zusammengedrängt.

Sie war neunzehn und verkaufte im Konsum am Markt Schürzen und Unterwäsche, zweihundert Mark Monatslohn, morgen habe ich frei. Mit Mutter und jüngerer Schwester bewohnte sie zwei Zimmer, eine Dachstube in der Leipziger Straße in Geithain. Die Wohnung lag gleich neben dem Untertor, über einer Bäckerei. Der Vater war tot, vor Jahren bei einem Unfall im Betrieb ums Leben gekommen. Sie hieß Irmgard. Irmgard, aha. Und weiter. Irmgard v. Pilgrim. Adlig also. Nicht wie du denkst.

Wenn sie sprach, roch sie nach der langen Nacht, nach Bier und nach Hunger, ich hatte den Arm um ihre Schultern gelegt, langsam wurde es hell.

Mit dem Morgenlicht setzte der Strom der Arbeiter ein, die aus der Stadt heraufkamen und eilig zum Bahnhof gingen, einzeln oder in Gruppen, vornübergebeugt. Sie waren halb vier aufgestanden und fuhren mit dem ersten Zug auf Frühschicht in die Kohlengruben und Brikettfabriken, in die Riesenkombinate Böhlen und Espenhain. Dort arbeiteten drei-ßigtausend, vierzigtausend Menschen rund um die Uhr, auch der Onkel aus Borna, auch der Onkel aus Kohren und Vater und Sohn der großen Familie, die über uns wohnte. Jedes Jahr schleppten die überfüllten verrauchten Waggons der Arbeiterzüge mit den trüben Lampen an der Decke mehr Männer und Frauen in immer größere, immer entferntere Tagebaue und Werke, Dörfer und ganze Städte wurden ab-geräumt, Mammutmaschinen schoben sich über das Land, eine stählerne Krankheit, und wühlten den toten Lehm nach oben, zurück blieb der Mond.

Vierzehn Tage später, am achten Mai, fuhren wir zusam-men nach Leipzig. Das neue Stadion der Hunderttausend draußen am Elsterflutbecken sollte Tagesziel der Friedens-fahrt sein, ihrer sechsten Etappe. Nach der Übernachtung im Chemnitzer Hof würden die Radrennfahrer am Morgen in Karlmarxstadt auf die Maschinen steigen und über Alten-burg, Zeitz und Halle nach Leipzig jagen. Gerade hatte die Junge Welt ein Interview mit Gustav-Adolf Schur gebracht, dem Matador. Was ist Ihr Steckenpferd, Täve. Schießen.

Der achte Mai war Tag der Befreiung, Feiertag. Wolken-loser Himmel, Windstille. Wir nahmen den Bus, der vom Markt abging. Der Bus hielt in Bubendorf, Neukirchen und Zedtlitz, jedesmal stiegen Leute zu. Sie saß gutgelaunt neben mir und hüpfte von Zeit zu Zeit auf ihrem Sitz, ach unser Gast-hof. Zwischen Borna und Kesselshain rückten die Tagebaue und Abraumfelder von Lobstädt und Großzössen immer dichter an die Straße. Espenhain Werk, sagte ich, als der Bus wieder hielt. Ihr Kopf ruckte zur Seite, lange guckte sie nach draußen, auf das Tor und die braunroten Klinkergebäude hin-ter der Mauer, hier war der Unfall, hier hat er gearbeitet, sagte sie leise. Dann beugte sie sich nach vorn und übergab sich.

Der Bus, kaum angefahren, wurde abgestoppt, man half ihr ins Freie, schluchzend hockte sie am Straßenrand. Vor uns das Riesenwerk, gehörte zu den größten im Land, siebeneinhalbtausend Männer und Frauen in Gruben, Schwelerei, zwei Großkraftwerken und Brikettfabrik, aus dem hinteren Teil stiegen die schwarzen Rauchfahnen, die gelben Abgaswolken senkrecht in den tiefblauen Himmel, ein gewaltiges Pochen und Stoßen erschütterte die Luft und ließ den Boden zittern. In langen Reihen standen die verrotteten Busse, die schwarzgestrichenen Lastwagen vor der Einfahrt und warteten auf das Ende der Frühschicht. Die Laster hatten auf der Ladefläche den kastenförmigen Aufbau, eine Art Verschlag aus Brettern und Dachpappe mit einer Tür in der Rückfront, darunter die Trittleiter. Hühnerstiegen wurden die umgebauten Autos der Roten Armee genannt. Sie pendelten zwischen dem Bahnhof in Borna und dem Werk, zusammengedrängt saßen die Arbeiter auf Holzbänken in der rollenden schwarzen Dunkelkammer, Vertrauen müssen.

In Leipzig, im Stadion, während das Tosen näher kam, das die Spitzengruppe des Rennens auf dem letzten Stück Straße begleitete, während der führende Tscheche Vlastimil Ružička aus dem Tunnel ins Rund schoß und der Beifall aufbrauste, während man bekanntgab, Täve Schur sei auf der Kreuzung vor dem Stadion in den Straßenbahnschienen hängengeblieben und gestürzt, dachte ich immer wieder an etwas Gegenstandsloses, das sich nicht in Worte und nicht in Bilder fassen ließ und das auf unerklärliche Weise mit ihr, mit dem Riesenwerk an der Fernstraße und mit dem rhythmischen Klatschen um uns herum zu tun hatte, in einer Farbe, die wehtat.

Auf dem Rückweg zum Hauptbahnhof, im Gewimmel, verloren wir uns. Ich habe sie nicht wiedergesehen.

Letzten Winter fand ich in einem der Archive, in denen wir

Teile der eigenen Geschichte vor uns selber verstecken, ein Blatt Papier. Es war eine Notiz, Besucherbericht überschrieben, die jemand Ende März neunzehnhundertvierundfünfzig in Westberlin in eine schlechte Schreibmaschine gehämmert und dann weggeheftet hatte.

Vergangene Woche, las ich, hat die Ehefrau des Arbeiters Gerhard v. Pilgrim bei uns vorgesprochen. Sie nahm eine Beratung in Übersiedelungsfragen in Anspruch, konnte sich aber zum Umzug nicht entschließen. Pilgrim, dreiundvierzig Jahre alt und Vater zweier Töchter, wohnte zuletzt in der Leipziger Straße in Geithain und war als sogenannter Mühlenwärter in der Brikettfabrik des Braunkohlenkombinats Espenhain beschäftigt, einer sowjetischen Aktiengesellschaft mit russischem Generaldirektor über der einheimischen technischen Leitung.

Am siebzehnten Juni dreiundfünfzig habe Pilgrim kurz vor vier Uhr morgens die Familienwohnung verlassen, um auf Frühschicht zu fahren, er kam weder abends noch nachts, noch am nächsten Tag zurück. Wochenlang konnte die Frau nichts über sein Schicksal in Erfahrung bringen.

Vielmehr erhielt sie Anfang Juli aus Espenhain noch ein Kündigungsschreiben, das an den Mann gerichtet war. Die Belegschaft lehne nach den Vorfällen am siebzehnten Juni die weitere Zusammenarbeit mit Pilgrim ab.

Von den angesprochenen Vorfällen hatte Frau Pilgrim nur gerüchteweise gehört. Anscheinend hatte es Zusammenkünfte, Versammlungen im hinteren Teil des Werkes gegeben, vielleicht waren Ansprachen gehalten, Forderungen erhoben worden. Immer wieder wurde auch eine große Holzkiste erwähnt. Soldaten hätten sie abends aus der Verwaltung geschleppt und mit einem Lastwagen vom Kombinatsgelände gefahren.

Schließlich wandte die Frau sich an die Mordkommission in Leipzig. Dort wurde ihr acht Wochen nach dem Verschwinden ihres Mannes mitgeteilt, er sei am siebzehnten oder achtzehnten Juni standrechtlich erschossen worden. Weitere Auskünfte, von wem, wo, Keller, Sandgrube, im Arbeitsanzug oder nackt mit Decke, bekam sie nicht. Man händigte ihr eine Urne mit der Asche aus und erklärte das Gespräch für beendet.

Wir, zusammengedrängt.

Aus dem Leben der Maler

Zuerst, Mitte des neunzehnten Jahrhunderts, zog ein Einbrötler von außerhalb zu, der sich Landschaftsmaler nannte. Er kaufte eines der hohen engen Häuser in der inneren Peniger Straße und setzte ihm einen verglasten Dachreiter auf, sein Atelier. So hatte er Einblick in alle Straßen und Gassen und konnte im Westen die Schloßtürme von Windischleuba und Altenburg, im Osten den Rochlitzer Berg und die beiden Kirchtürme von Geithain sehen. Der König selber kauft seine Bilder, hieß es am Ort. Alle paar Jahre zeigte der Fremde in einem Zelt auf dem Markt gegen Geld ein neues meterhohes, meterlanges Panorama, achtzehnhundertsiebenundsechzig zum Beispiel Langensalza. Als er starb, wurden keine Pinsel, keine Farben gefunden, die Aussichtsstube war voller Fernrohre, Prismen, Hohlspiegel, auf den nackten Dielen lagen Haufen verstaubter Bücher, Polizeiblätter, Annalen der Kriminalrechtspflege in Preußen und Sachsen, Sammlungen von Steckbriefen, was hat er gemacht, wer ist er gewesen.

Erben traten nicht auf. Die Stadt ließ alles versteigern. Es blieben nur das Namensschild an der Tür, bis zum Abriß des Hauses nach einer Gasexplosion, und im Seitenschiff der Kirche ein Lutherbild von fremder Hand, das der Unbekannte der Gemeinde geschenkt hatte.

Dann brachte die Tochter des Rittergutspächters Meyer einen jungen Mann aus Italien mit. Er hatte eine Feldstaffelei, Jagdgewehre und Tennisschläger im Gepäck und bestellte

einen Tag nach der Ankunft beim Schneider Taubert am Töpferplatz einen Mantel und zwei Anzüge. Ein Bild bekam niemand zu sehen. Kaum war der alte Ökonomierat in seiner
Ruhestandsvilla am Kellerberg gestorben, kaum war die Ren-
tenmark fest, verschwand Toni Meyer wieder aus Frohburg,
mit der Erbschaft, den Resten des Vermögens. Anfangs
schickte sie Karten an Krug v. Niddas im Schloß und auch an
den Apotheker, der ihren Begleiter behandelt hatte, sozusagen, mit Opiumtinktur und mit Morphium. Nach vier Jahren
war das späte Mädchen wieder da, allein jetzt, zusammen-
gefallen, bis zu ihrem Tod im folgenden Sommer durfte die
Rückkehrerin in der väterlichen Villa wohnen, die längst den
Banken gehörte.

Neunundzwanzig war das. Zwei Töchter der Schloß-
herrschaft besuchten die Kunstgewerbeschule in Leipzig,
während die beiden Söhne neuerworbene ostafrikanische
Kaffeeplantagen auf Vordermann brachten und die dritte
Tochter mit einem braunen Reichstagsabgeordneten und
Gruppenführer der SA verheiratet war, Georg v. Detten, den
Hitler am zweiten Juli vierunddreißig in Lichterfelde er-
schießen ließ.

Die ältere Kunststudentin Krug v. Nidda wurde Malerin,
zeichnete den Großen Teich, den Rittergutshof mit dem Taubenturm und von der Amtsgasse aus die Kirche und ließ die
Ansichten als Postkartenserie drucken, dreiundvierzig starb
sie in Freiburg. Ihre Schwester, die Exlibris und Ostergrüße
entwarf, erlebte Kriegsende und Enteignung, fünfundvierzig
im Herbst wurde sie von der eigenen Haushälterin aus dem
Schloß gedrängt, kam in einer Dachkammer in der Bahnhofstraße unter, gehörte sechsundvierzig auf der ersten Kunst-
ausstellung des Kreises Borna zur Jury, zeigte auch selber
eine Handvoll Aquarelle und Holzschnitte, Alte Gasse in

Chioggia, und wurde ein Jahr danach aus der Stadt und dem Kreis ausgewiesen. Sie bekam den Zuzug für Leipzig und fand ein Zimmer in der Gegend hinter dem Bayerischen Bahnhof. Nachbarschaft aus Trümmerbergen und Ruinengrundstücken, Bombenschäden am Haus. Der Inhaber der dämmrigen Wohnung horchte an ihrer Tür. Auftritte. Geschrei. Neue Schikanen. Siebenundsiebzig ist sie gestorben, halbverwirrt, im Elend, umgeben von Katzen.

Maler, die ein Jahr nach Kriegsende in Borna ausstellten. Conrad Felixmüller. Eröffnete die Ausstellung in der Aula des Gymnasiums mit einer kurzen Rede. Unter den Zuhörern ein Mann, der gerade über dem Stall der Försterei Streitwald untergekommen war, Müller-Mönchow hieß und Seestücke malte, nur Meer, nur Schiffe. So plötzlich, wie er in der Gegend aufgetaucht war, verschwand er auch wieder. Die vier oder fünf Bilder, die er in der Kammer zurückließ, hängen noch in den Wohnzimmern unten im Dorf. Der Untergang der Titanic. Oder war die Gustloff gemeint. Schwarze nächtliche See jedenfalls, Eis. Und winzige Gestalten in Panik. Wie von einem Augenzeugen.

Weiter mein erster Lehrer im Zeichnen, Sohn des Tischlers Delling in Kohren. Akademieausbildung, Kunstmalerleben in Berlin. Heimkehr, nachdem Bomben das Haus mit der Wohnung zerstört hatten. Jetzt sahen die Leute in Kohren erst, daß die Frau verwachsen war. Siebenundvierzig gab es eine Ausstellung auch in Frohburg, im Teehaus des Schloßparks, mit zwei Ölbildern von Delling, Schulungsabend und Selbstporträt als Puppenspieler. Als ich im alten Katalog die Baskenmütze, das weiße Haar, die Falten der enttäuschten Hoffnung in den Mundwinkeln wiedersah, fiel mir ein Vormittag im Zeichensaal ein, an dem er uns aus den Händen las. Bei mir war er lange ganz still. Was ich sehe, sage ich lieber nicht. Meine Angst und mein Drängen. Aus dir wird einmal nichts, sagte er halblaut. Jahre, die mich das bedrängte, abends im Bett. Bis ich begriff, daß er von sich gesprochen hatte.

Der andere Maler in Kohren hieß Kossäth, von ihm stammte das Ölbild in unserem Herrenzimmer. Man sah einen alten Mann auf einer Bank im herbstlichen Park. Das Bild hing über der Couch, Mutters Platz, wenn die Eltern spätabends zusammensaßen, nach Vaters Rückkehr von den Krankenbesuchen. Klubsessel. Stehlampe. Rauchtisch. Auf der Marmorplatte ein Teller mit Broten, die Flasche Weinbrandverschnitt, zwei Gläser. Bis heute spricht Mutter davon, wie Vater in den totenstillen Frostnächten der Nachkriegswinter zum Schrank ging, ein Buch holte und vorlas, oft sind es die Gedichte von Münchhausen gewesen. Und sie lag auf der Couch, in eine Decke gewickelt, und hörte die vertraute Stimme und spürte die eigene Müdigkeit.

Mutter gefiel das Bild nicht. Möglich, daß der alte Mann sie an Großvater in der Greifenhainer Straße erinnerte, an sein Zittern und die fleckige Hose. Davon kein Wort. Eine der beiden Hände sei viel zu lang, bekam man immer wieder zu hören, die ganze Perspektive stimme nicht. Vater hatte den Alten während des Krieges gekauft, in den ersten Jahren der Ehe, und zwanzig, höchstens dreißig Mark bezahlt, ein gutes Geschäft, schien ihm gleich. Und richtig, als er in Altenburg das gerahmte Bild abholen wollte, bot ihm der Inhaber der Rahmenhandlung dreihundert Mark. Passanten hatten nämlich im Laden nachgefragt, nachdem ihnen das Schmuckstück im Fenster aufgefallen war.

Ein Edelkommunist, lange vor Hitler. Mehr wurde zu Kossäth nicht gesagt. Erst Mitte der sechziger Jahre, in Reiskirchen, als ich einmal mit Vater nachts im neuen Herrenzimmer saß, zwischen anderen Möbeln und unter anderen Bildern, erzählte er mir von dem begabten aber lebensuntüchtigen Einzelgänger und Sonderling, beschrieb er mir die dunkle lederartige Haut, das krause Haar und den kleinen Kopf.

Beispiel seiner Weltfremdheit. Kurz nach dem Krieg stand er in einer Einwohnerversammlung der Kommunisten auf, auch er habe die ekelhafte blutbefleckte Uniform der großdeutschen Wehrmacht getragen. Die Genossen hatten bis auf eine Ausnahme alle genau wie er an der Ostfront gestanden und guckten verwirrt, die Kriegerwitwen im Saal erstarrten. Zwei Atemzüge Stille, dann brach ein Sturm los.

Der beinahe Fünfzigjährige heiratete eine Abiturientin aus Schlesien, stell dir vor, der Altersunterschied betrug fast dreißig Jahre. Er fuhr als Schildermaler nach Böhlen, ins Kombinat Otto Grotewohl. Vor dem Bahnhof des Werkes bekamen die Leute, die alle acht, neun Stunden aus den brechend vollen Arbeiterzügen quollen, auf riesigen Plakattafeln seine übergroßen Porträts lachender Aktivistenkollegen zu sehen. Nach fünf Jahren kündigte er. Das war dreiundfünfzig im Sommer. Die Kunst ist keine Magd, mehr sage ich nicht. Aber zuhause gelang ihm nichts. Manchmal baute er in einer Ecke der Küche noch seine Staffelei auf, er riß eine bemalte Leinwand vom Rahmen und wendete sie, zwei Stunden Hantieren, dann ließ er Palette und Pinsel liegen und machte einen langen Spaziergang, wo eine Kneipe am Weg lag, kehrte er ein, meine Hand zittert.

So Vater, sechsundsechzig wahrscheinlich. Er hatte gerade einen Brief aus Kohren bekommen. Nach langem Krankenlager war Kossäth an Krebs gestorben, Vater gab mir den Brief. Von den letzten Monaten war die Rede, wie der Sterbende langsam verfault war. Daß die Frau Tag für Tag ein anderes Bild vom Boden geholt und auf die Frisierkommode gestellt hatte. Das soll von mir sein, fragte Kossäth jedesmal,

Tränen in den Augen. Er hatte ja, hieß es im Brief, gegen Ende zu überhaupt ganz nahe ans Wasser gebaut.

Seit unserem Weggang aus Frohburg hängt das Bild bei den Verwandten in Borna. Manchmal, während eines Besuchs, fällt mir mitten im Gespräch der vergoldete Rahmen aus Gips in der fensterlosen Ecke des Wohnzimmers auf, ein mattes Schimmern oben unter der Decke, und ich betrachte das Stück verdunkelte Leinwand, auf dem die gelben, die roten und braunen Farben ineinanderfließen und die Umrisse und alle Einzelheiten verschwimmen und sich auflösen, die Arbeit, das Leben der Maler.

Ein Winter am Anfang

Von Mitte bis Ende Januar zweiundfünfzig gab es in Westsachsen unter klarem Himmel vierzehn Tage hintereinander starken Frost über einer fußhohen Schneedecke. Bei zwanzig Grad Kälte zerbrachen in den Braunkohlengruben die Eimerketten der Bagger, rissen die spröde gewordenen Bänder der Förderbrücken, alle Weichen waren eingefroren. Auf den Sohlen der Tagebaue, tief unten und weit weg, flakkerten in der Dunkelheit die Feuer, an denen die Arbeiter sich aufwärmten, bevor sie wieder die Spitzhacke packten und gegen den steinharten Abraum schwangen.

Espenhain und Thräna, die großen Kraftwerke in der Ebene, fuhren mit halber Kraft. Ihre Schornsteine konnte man dreißig Kilometer im Umkreis sehen. Die tiefschwarzen Rauchfahnen, die sich sonst stundenweit über die Gegend schleppten, waren verschwunden. Wolkenloser graublauer Winterhimmel.

Jeden Tag wurden die Kohlenhalden kleiner. Erst hatte man die Belegschaften mit Brechstangen und Pickeln ausgerüstet und nach draußen geschickt, dann mußten Rohre und Schläuche von den Kesselhäusern zu den vereisten Hügeln gelegt werden, unter Hochdruck zischte der Heißdampf gegen die Kohleerde und verwandelten sie in schwarzen Brei. Manchmal platzte eine Leitung.

Frohburg lag am frühen Abend wie ausgestorben. Wenn die vier oder fünf Läden in der Peniger Straße und der Konsum an der Ecke zur Badergasse zugemacht hatten, verschwanden die letzten Gestalten in den Haustoren, leuchteten die Gaslaternen der Stadt in leere weiße Straßen. Die Bauern aus Eschefeld, Roda und Greifenhain hatten mit Ketten eiserne Kufen unter die Räder der Fuhrwerke gehängt, die Kufen hatten den Schnee glattgeschliffen, er schimmerte im Lichtkreis der Lampen wie Eis, nur am oberen Markt, wo zwischen Rotem Hirsch und Konsum die Fernstraße nach Chemnitz abbog, hatte der städtische Arbeiter ein paar Schaufeln Sand in die Kurve geworfen.

Jeden Abend um sechs wurde der Strom gesperrt. Während die Frostnacht gegen die knackenden Scheiben drückte, drängten sich die Menschen in den Wohnküchen zusammen. Sie saßen vor der Petroleumlampe oder unter dem Gaslicht nahe am Herd. Gegen neun wurde die Glut abgedeckt, man zog sich aus und ging nach hinten, dort standen in Eisluft die wuchtigen Bettstellen von gestern. Seit Stunden Wärmflaschen und Ofensteine, schwere Federbetten, man verkroch sich.

Winter, in dem ich keine langen Hosen hatte. Sie waren zu klein geworden und durchgescheuert, in den Geschäften zwischen Frohburg und Leipzig gab es keinen Ersatz. Ich ging mit einem Leibchen unter der Sommerhose zur Schlittenbahn hinter dem Haus der Großeltern. Lange bräunlichschwarze Strümpfe. Zwei Paar Socken. Und an den Füßen die hohen neuen Schuhe mit Stahlkappen. Vater hatte sie vom Schuster in Eschefeld aus einer eingetauschten Rinderhaut machen lassen. Als sie am Weihnachtsabend im ausnahmsweise geheizten Eßzimmer standen, war ein Buch gegen sie gelehnt, Karl Mays Buschgespenst. Wir rasten auf drei oder vier aneinandergebundenen Schlitten das steile spiegelglatte Gefälle zum Töpferplatz hinunter, Schnee und Eis spritzen mir gegen die Beine und gefroren zu einer brüchigen Haut, wie sah ich aus, weibisch, ein Schimpfwort.

Bei Einbruch der Dunkelheit lösten wir die Schlitten voneinander und zogen in die Stadt zurück. Unsere Gesichter glühten. Weil die Klingel nicht ging, mußte ich mit der Faust an die Korridortür schlagen. Die Scheiben klirrten, das Gitter rasselte, im Flur hallte es nach. Endlich kam das Mädchen aus der Küche, tastete sich vorwärts und schob den Riegel zurück. Die blassen Erwachsenen stellten auf den Tisch, was zu essen im Haus war, Kartoffelpuffer, selten, oder Brote mit schwarzem Sirup, der jeden Spätherbst in den Waschhäusern gekocht wurde, tagelang mußten die Rüben geputzt werden, standen die Pressen auf den Höfen, zog der süßliche Geruch durch die Straßen. Hinter mir, während ich aß, die Unterhaltung zwischen Irmgard und Mutter. Sie saßen unter der Lampe, einem Rohr aus der Wand, mit dem Glühstrumpf vor der Öffnung. Das grelle Gaslicht reichte nicht weit und warf scharfe Schatten auf Dielen und Wände. Während sie die Sokken und Taschentücher aufnahmen, stopften und in den Korb zurücklegten, sprachen sie halblaut über die neue Mieterin des Zimmers über dem Torweg.

Wenn man den nördlichen Flügel unseres Hauses von der Thälmannstraße aus betreten hatte, kam man dicht an einem Schiebefenster vorbei, hinter dem in besseren Zeiten die Anmeldung des Hotels gewesen war, und kreuzte beim Durchqueren der Halle den Weg, auf dem der alte Ober mittags und abends das markenfreie Essen, Graupeneintopf extradünn, Tassen mit Kunstbrühe und Flecke mit Pansen und Euter, in die Gaststube schleppte. Sobald er beladen aus dem Küchengang hastete, schnappte der blinde Hund des Hoteliers nach seinen Hosen. Das Tier mit den Geschwüren am Kopf wurde Flink genannt und dämmerte auf den Fliesen zwischen Hinterausgang und Pissoir vor sich hin. Weg, altes Vieh, knurrte der Ober und riß sich los, ohne die Balance zu verlieren.

Stieg man die Treppe zum ersten Stock hinauf, lag links hinter der Korridortür unsere Wohnung mit Vaters Sprechzimmer, geradeaus ging es ins Wartezimmer. Rechts ein offener Flur ohne Fenster. Drei Türen. Im ersten der Räume, zur Straße hin, schliefen der Hotelier und seine Frau, das Hofzimmer hatte das Wohnungsamt einem kinderlosen Ehepaar Schade zugewiesen, ganz hinten wohnte seit Anfang Dezember eine Frau Bierschenk.

Sie ist Ende vierundvierzig oder Anfang fünfundvierzig nach Frohburg gekommen, sagte Mutter, wahrscheinlich aus Breslau. Mit dem letzten Tropfen Benzin hat sie Roda erreicht. Sie stellte den Opel Olympia bei einem Bauern unter, wer weiß, was er bekommen hat, jedenfalls verschwand das Auto in der Feldscheune hinter Bergen von Stroh und entging so der Beschlagnahme durch die Rote Armee. Drei Jahre später räumte sie die Tarnung beiseite, zog die Reifen auf, setzte die Batterie ein und rollte nach Frohburg herunter. Als der Wagen wie neu vor den Barracken des ehemaligen Arbeitsdienstlagers an der Wolfslücke stand, wo sie in einem Verschlag untergekommen war, strömten die Flüchtlinge aus ihren Löchern und staunten.

Beim Einzug sah sie nach anderen Umständen aus, sagte Irmgard. Vielleicht, sagte Mutter, kurz vor Weihnachten ist sie abends eine Stunde nebenan im Sprechzimmer gewesen.

Ich zog mich aus, legte meine Sachen auf den Hocker unter dem Fenster und streifte das Nachthemd über. Irmgard leuchtete mir ins Kinderzimmer. Eine Viertelstunde durfte ich die Kerze am Bett behalten. Unter der Decke war es warm, ich nahm Das Buschgespenst vom Fensterbrett, schlug es auf und las von den elenden Dörfern im Erzgebirge, von einer Kleinstadt und von dem gleichen hohen Schnee, wie er draußen auch lag, von Kälte, Hunger und Armut, es kam mir bekannt vor. Dann holte Mutter die Wärmflaschen, ich legte das Buch auf den Läufer und blies die Kerze aus. Jenseits des Fensters, um das Haus Dunkelheit, Stille und Frost. Während ich einschlief, stellte ich mir das Buschgespenst vor, eine weiße Gestalt am Rand des schneeverwehten Waldes, wie es den Heimweber, den Tagelöhner, den Holzsammler von hinten anspricht, wie jeder erschrickt, weglaufen will und nicht weglaufen kann, arbeite für mich, ruft der Vermummte, was hätte ich getan.

In dieser Nacht mit klirrendem Frost und klarem Sternenhimmel stand auf der anderen Seite der Thälmannstraße, im Haus des Fuhrmanns Schramm, ein Mann am Fenster. Er sah an der Post vorbei auf den verlassenen Markt. Alle Häuser dunkel. Der Schnee schimmerte. Auch so ist mir die Stadt in Erinnerung.

Der Mann rauchte. Filzschuhe, Strickjacke, Trainingshosen. Er ging zum Herd, bückte sich, öffnete die Klappe, warf die Kippe ins Feuer und legte nach. Auf dem Tisch zwei Kerzen, Bögen weißes Papier, Bleistiftstummel. Er hängte die Decke wieder vors Fenster, setzte sich und stützte den Kopf in die Hände, zugreifen ist leichter als schreiben. Seine Frau in der Hinterstube schlief schon, die Tür stand einen Spalt breit offen. Endlich nahm er den Stift.

Was ich erzähle, ist nur Vermutung. Ich kannte den Namen des Mannes und seinen Beruf, mehr nicht. In der Wohnung bin ich niemals gewesen, ich habe kein Wort mit ihm gewechselt. Wenn ich die schwere Gestalt aus einem Geschäft kommen, in das Rathaus gehen sah, hatte ich eine unbestimmte Ahnung von Fürsorge und Gewalt und ihrer Verbindung.

Einmal, als Mäser schon aus Frohburg verschwunden war und ich in Geithain auf die Oberschule ging, hatte ich mich zu einer Haussammlung für das Aufbauwerk gemeldet, mit einer Liste besuchte ich am Sonntagvormittag auch die drei oder vier neuen Blocks am Rand der Kreisstadt. In der ersten Wohnungstür, an der ich klingelte, stand Mäsers Frau. Unsere unbewegten Gesichter. Sie gab fünf Mark. Ich stieg aufs Rad und fuhr durch Niedergräfenhain und Roda nach Hause, in den Dörfern kamen die Bauern aus der Kirche, schwarze Anzüge, Gesangbücher, als sei alles beim alten geblieben.

Über Männer wie Mäser weiß man im Land seit sechzig Jahren alles und nichts. Einzelheiten seiner Lebensumstände, wenn man sich die Einzelheiten seiner Gedanken, Empfindungen vorstellen will. Erforderliche Genauigkeit. Wie sah sein Bett aus. Was für Schuhe trug er. Gab es Bücher in der Wohnung, Bilder an den Wänden. Welche. Nahm er sie in die Hand, guckte er hin. Und wie hat er seine Frau genannt, warum waren keine Kinder da, ist er Soldat gewesen. Wovon hat sein Vater gelebt. Ins Auge fassen, hervorholen.

Vor drei Tagen, schrieb Mäser in jener Nacht Ende Januar zweiundfünfzig, habe ich eine Aussprache mit dem Taxichauffeur Genossen Hindenberg aus Borna gehabt. Dabei wurde mir bekannt, daß die Mietwagenunternehmerin Inge Bierschenk aus Frohburg Fahrgäste auch vor den Bahnhöfen Borna, Geithain und Altenburg aufnimmt. Weiter führte der Genosse Hindenberg aus, die Bierschenk stehe in Verdacht, schon einige Male Personen, die sich absetzen wollten, nach Berlin gefahren zu haben, Beihilfe zur Republikflucht also.

Meine Ermittlungen hatten folgendes Ergebnis. Es handelt sich bei der Inge Bierschenk in gewissem Sinn um eine Nachbarin von mir. Sie bewohnt nämlich in der hiesigen Thälmannstraße Nummer zwei ein Leerzimmer von fünfundzwanzig Quadratmetern mit Gemeinschaftstoilette. Die Bierschenk ist am dritten Juni neunzehnhundertelf in Breslau geboren, wo sie als einzige Tochter eines Spediteurs Volksschule und Gymnasium besucht und nach dem Tod des Vaters achtunddreißig dessen Geschäft übernommen hat. Vierundvierzig ist der Betrieb durch einen angloamerikanischen Terrorangriff vernichtet worden, dem auch die beiden halbwüchsigen Töchter der Bierschenk zum Opfer fielen. Der Mann war ein Jahr vorher gefallen. Strafen der in Rede stehenden Person sind nicht verzeichnet, die Frage nach der Parteizugehörigkeit entfällt.

Die Bierschenk wird von mir vor allem für die Arbeit in den Vorgängen Wermann und Uhlig vorgesehen. Da es in den Kreisen der Taxifahrer aber noch weitere undurchsichtige Personen gibt, kann die Kandidatin durch ihre Stellung als Kollegin auch über diese wertvolle Berichte geben. Sie ist nämlich wie fast alle Verdächtigen streng katholisch und von daher in alle Dinge der Taxizunft eingeweiht. Durch die Angaben des Genossen Hindenberg in gewissen Sinn belastet, kann sie unter Druck geworben werden.

Ich beabsichtige, die Werbung folgendermaßen durchzuführen. Nachdem ich den Antrag genehmigt bekommen habe, werde ich mit unserer Dienststelle Geithain vereinbaren, daß dort in den folgenden drei Nächten ein Zimmer freigehalten wird. Ich begebe mich dann allabendlich zwischen zwanzig und einundzwanzig Uhr zum Parkplatz der Taxen vor dem Bornaer Bahnhof. Sehe ich die Kandidatin warten, trete ich an ihren Wagen und bitte sie, mich wegen eines dringenden Krankheitsfalles nach Geithain zu fahren. Während dieser Fahrt bringe ich das Gespräch auf das Wetter, dann auf die Taxikollegen, schließlich auf Politik. Im Auto ist es dunkel, ich werde ihr eine Zigarette anbieten, wir werden Schulter an Schulter sitzen und auf die Landstraße blicken, ich werde ihre wirkliche politische Einstellung erfahren. Dann sind wir in Geithain angekommen. Ich leite sie zur

Dienststelle. Und ich sage ihr, daß ich Mitarbeiter des Ministeriums bin und mit ihr einige Dinge zu besprechen habe. In dem freigehaltenen Zimmer fordere ich sie zum Platznehmen auf. Ich werde höflich, aber bestimmt auftreten. Zunächst die Frage, ob sie wisse, warum unser Zusammensein. Ob sie sich das denken könne. Entsprechend ihrer Antwort mache ich Andeutungen über undurchsichtige Fahrten. Anschließend gibt es eine scharfe Vernehmung. Der Frageplan, Schlag auf Schlag, sieht wie folgt aus. Lebenslauf. Angaben über Verwandte und Bekannte. Schilderung der Gruppe der katholischen Taxifahrer. Genaue Charakteristik ihrer Anführer Wermann und Uhlig. Wissen Sie, frage ich dann plötzlich, welche Chauffeure Fuhren mit Leuten annehmen, die sich in den Westen absetzen wollen. Geben Sie diesbezügliche Vermutungen an, stoße ich nach. Nennen Sie Adressen in Berlin, die als Anlaufstelle gelten. Die müssen Sie kennen, rufe ich empört. Und was wissen Sie über Männer und Frauen, die mit Taxifahrern gemeinsame Sache gemacht und Gegner unseres Staates in die Westsektoren geschafft oder andere Feindtätigkeit ausgeübt haben. Wen haben Sie selbst durch eine Fahrt kennengelernt, von dem Sie wissen oder vermuten, daß er sich absetzen wollte oder mit Agentenzentralen in Verbindung stand.

Sollten von ihr während der Vernehmung wichtige Angaben über Feindtätigkeit gemacht werden, so lasse ich sie diese selbst niederschreiben. Dabei werde ich den Text so hinzubiegen versuchen, daß der Bericht gleich ein Faustpfand gegen sie darstellt. Am Ende kann ich die Frage stellen, ob sie bereit ist, ihre schlechten Handlungen wiedergutzumachen. Ihre erste Aufgabe wird darin bestehen, innerhalb von zehn Tagen einen genauen Bericht über Wermann zu schreiben. Untere Grenze acht Seiten. Weiter verlange ich von ihr Stillschweigen und ehrliche Arbeit. Anhand einiger Beispiele weise ich auf die Folgen von Unehrlichkeit sowie auf ihr schönes großes Zimmer in der Frohburger Post und auf ihr Auto hin.

Nun gehen wir wieder nach draußen und steigen in das Taxi, ich lasse mich zum Krankenhaus bringen und zahle den Preis für die Fahrt.

Nach einer Woche begann es zu tauen. Ich hatte Das Buschgespenst ausgelesen, gerechtes Ende, und holte die rostigen Schlittschuhe vom Boden. Das Eis auf dem Straßenteich war schon mit Wasser bedeckt. In großen Bögen lief ich von einem Ufer zum anderen. Eindruck, als würde die abschmelzende Bahn sich unter mir biegen. Manchmal gab es einen peitschenden Knall, der zwitschernd ausklang, dann schoß ein neuer Riß vor mir her. Ich war allein. Wenn ich einbrach, würde niemand mich hören. Auf der Bude, in der einmal, vor vielen Jahren, der ermordete Viehhändler gelebt hatte, saß eine Amsel und sang, zum ersten Mal im Jahr. Und die Sonne ging unter. Lange stand ihre Flammenscheibe am Horizont, hinter Eschefeld und hinter den Rauchfahnen, die wieder über die Wälder trieben, gelbrot und groß sah ich sie bei jeder Bahn, die ich fuhr, mit einemmal war sie verschwunden. Ich flüchtete vor der Dämmerung auf das Ufer, schraubte die Kufen ab und ging die Peniger Straße hinunter, in der alle Schleusen gurgelnd überliefen. In der Küche war das Fenster geöffnet, es roch nach Gartenerde, nach umgegrabenen Beeten. Irmgard stand am Herd und drückte geriebene Kartoffeln in die Pfanne. Frau Bierschenk ist weg, sagte Mutter. Ein Lastwagen ist in den Hof gefahren, man hat die paar Sachen aufgeladen, Mäser war auch dabei.

Wo die Zeitungen leer sind, gibt es viel zu erzählen. Sie ist in den Westen gegangen. Man hat sie verhaftet.

Sechsundfünzig kam sie nach Frohburg zurück. Niemand erfuhr, wo sie gewesen war. Man wies sie in den Roten Hirsch ein. Früh halb sechs verläßt sie die Kammer auf dem Spitzboden, überquerte den Markt und stand in der Textildruckerei neun Stunden an einer Druckmaschine für Schürzenstoff, fünfzehn Jahre lang. Nachdem sie in Rente gegangen war, fand sie einen Platz im Feierabendheim Wolftitz. Zehnmarkschein Taschengeld, freie Kost. Wenn ich, zu Besuch bei den Verwandten in Borna, bei gutem Wetter durch Wolftitz kam, sah ich die alten Frauen auf den Bänken vor dem verfallenen Schloß sitzen. Gegenüber der neue Friedhof mit seinen zwanzig Holzkreuzen, ein Acker ohne Baum und Strauch.

Zweiundachtzig ist sie gestorben. Spurloses Verschwinden.

Schöne Aussicht auf Gefahr

Abends um neun, bei einsetzender Dämmerung, komme ich Mitte August am oberen Ende eines Schweizer Hochgebirgstales an, das in die Walliser Alpen schneidet, dicht an der Grenze zu Italien. Der Ort, den im Sommer Gruppen von Wanderern und Bergsteigern besuchen und der anscheinend nur während der Schneezeit ausgebucht ist, liegt auf einer Höhe von tausendachthundert Metern. Man weist mich in ein dunkelgestrichenes Holzhaus mit blauen Fensterläden ein, das abseits auf einer Hangwiese steht. Das Gras der Wiese ist nicht gemäht. Scharen von Distelfinken fliegen auf, als ich auf das Haus zugehe. Die Tür klemmt. Im Inneren dumpfe Luft. Dafür gefallen mir die Zimmer. Unter dem Dach die Schlafkammer. Ich stoße das Fenster auf und höre einen Bach. Und im Erdgeschoß füllen ein langer Tisch und drei Wandbänke beinahe die ganze Stube aus. Balkenwände. In der Südwand eine klapprige Glastür mit Sprossen, davor ein Austritt. Hoch über mir im Halbrund die vier- bis viereinhalbtausend Meter hohen Berge, Dom, Südlenz, Täschhorn, Allalin, Nadelhorn, Weißmies, Fletschhorn, die aus dem nächtlichen Schimmer der Gletscher ragen. Als Drohung. Als Aufforderung. Andere sind vor mir dagewesen. Zuerst ein junger Russe. Niemand wußte, woher aus dem Riesenreich. Und an Reiseutensilien nur, was in den Tornister ging. Eines Morgens saß dieser Russe auf einem Klappstuhl hoch über dem Mattmarksee am Saumpfad nach M. und zeichnete das Mittaghorn. Als sich in seinem Rücken Brokken von der Felswand lösten und zu Tal prasselten, sah er sich um, verrückte dabei den Stuhl, verlor das Gleichgewicht und kippte mitsamt der Ausrüstung in den eiskalten See. So ereilte ihn urplötzlich der Tod, mitten im schönsten Strich. Das schwarztrübe Wasser gab die Leiche nicht wieder her. Im verwaisten Zimmer kein Paß, kein Gepäckstück, nichts. Auch hatte man seinen Namen nur halb verstanden und gar nicht in Erinnerung behalten. Was sollte man also nach Bern melden, bitte schön, was geeignet war, nach Petersburg weitergegeben zu werden. Besser, man sah erst einmal zu, ob nicht eine Anfrage nebst Namen und Personenbeschreibung kam. Da konnte man lange warten. In die Zeit dieses Wartens fiel schon das mehr als kurze Auftreten des hochbegabten verdienstvollen Hugo W. vor Ort. Doktor der Philosophie, Lehrer für altdeutsche Sprachen am eidgenössischen Polytechnikum, an der Universität und an der Kantonsschule in Zürich sowie am Lehrerseminar in Küßnacht, hatte er in angestrengtester Ferienarbeit gerade eine Schrift über das Nibelungenlied als Kunstwerk zum Abschluß gebracht, nun wollte er die wenigen noch freien Tage bis Unterrichtsbeginn zu einer Wanderung in die vertraute liebgewordene Alpenwelt benutzen. Gutgelaunt und unternehmungslustig trennte er sich von den hochbetagten Eltern und seinen beiden Brüdern, noch ungewiß in bezug auf Route und Ziel der Reise. Die Berge, die Berge, mehr wußte er nicht. Und mit diesem Sehnsuchtsgedanken marschierte er los, in Richtung Berner Oberland und darüber hinaus. Das war Anfang August, prachtvolles Wetter, ein Sommer zwischen zwei Kriegen, Schleswig und Böhmen. Zehn, vierzehn Tage verstrichen. Der Unterricht fing wieder an. W. blieb aus. Auch die Post brachte keine Nachricht. Da brachen der greise Vater, die beiden Brüder, ferner Vettern und Schwäger nach Süden auf, den Vermißten

in verschiedenen Ecken des Landes und in diversen Gebirgs-
tälern zu suchen. Vier Gruppen wurden gebildet. Nur Ulrich W., der älteste Bruder, Professor der Chemie und Gym-
nasiallehrer, wies jede Begleitung zurück und hielt sich allein.
Wie von einer Vorahnung erfüllt. In der Nacht vor dem
Aufbruch hatte er einen Flugtraum gehabt, deshalb. Stundenlang, träumte ihm, kreise er mit der wunderbaren Leichtigkeit eines großen Vogels über dem Vierwaldstätter See.
Wie von selbst hoben und senkten sich seine Arme. Die Bewegung des Aufwärts und Vorwärts. Und erst das Gleiten.
Als ruhte man auf der Luft, der dünnsten aller Materien. Eine
tiefinnere Freudenstimmung brach in ihm durch, ein un-
glaubliches Gelöstsein stellte sich ein. Bis sein Blick auf die
Axenstraße fiel, die hoch über dem Wasserspiegel des Sees
von Norden nach Süden führt, in die Felswand geschlagen
und gesprengt. Dort auf der Straße sah er seinen Bruder
Hugo klein wie ein Strichmännchen um eine Biegung kommen und in einem Tunnel verschwinden, der eine der vielen
Felsnasen durchstieß. Während der Bruder, für den Träu-
menden unsichtbar, in der dunklen Röhre unterwegs war,
hörte Ulrich, wie ein enormes Donnern über das Wasser
strich und zu ihm emporstieg, das Panorama, See, Straße,
Ufer, Berge, zitterte und bebte kurz, dann brach der ganze
östliche Talhang mit der Axenstraße, den Tunnels und Gale-
rien in die brodelnden Fluten, die bald unter einer Staub-
wolke verschwanden. Die Wolke wuchs und wuchs, schon
bedeckte sie ein Sechstel der Schweiz, schon reichte sie nach
Süddeutschland hinein, bis an den Fuß der Schwäbischen
Alb, als die ersten beißenden Schwaden auch in seine Höhe
gelangten und ihn einschlossen, da löste sich schlagartig der
Zauber des Flugs und des Traums in einer Absturzphantasie
auf. Verständlich also, daß er am Morgen seine eigenen Wege

gehen wollte. Zu Recht. Denn er entdeckte zuerst eine Spur, am oberen Ende des Tales von S., im Gasthaus unterhalb des Almagellerhorns. Dort hatte der Gesuchte vom achten auf den neunten August achtzehnhundertfünfundsechzig übernachtet und seinen Namen ins Fremdenbuch geschrieben. Der Wirt erinnerte sich, der Gast sei zur Almagelleralp drei Stunden höher aufgestiegen, in der Absicht, über den Zwischenbergenpaß nach Italien, in die Gegend von G. zu gehen. Auch der Hirte oben auf der Alm war sofort im Bild. Der fremde Herr, gewiß doch. Am frühen Nachmittag sei er ohne Führer aus Richtung der Grenze gekommen und bei ihm eingekehrt, er habe nach einer Schlafgelegenheit gefragt. Das sah nach einer Umkehr aus und nach Einsicht in die Unmöglichkeit des Alleingangs, fand der Bruder. Da die Sonne an jenem Nachmittag noch hoch stand, erinnerte sich der Hirte weiter, habe der Besucher noch einen kürzeren Abstecher gemacht, um das bewirtschaftete Steinhaus bei den Drei Hörnli kennenzulernen, das der Alpenclub jüngst für die Bezwinger von Weißmies und Portjengrat hatte erbauen lassen. Gegen Abend des in Rede stehenden Tages soll nach Aussage aller Talbewohner und Hirten ein Unwetter losgebrochen sein, das an Wildheit und Zerstörungskraft seinesgleichen gesucht habe. Blitz, Donner und dazu Schnee, stellenweise meterhoch, auch noch am nächsten Morgen. Hugo W. war nach dem Gewitter nicht in die Sennhütte zurückgekehrt, er hat bei den Bergsteigern übernachtet und ist dann weitermarschiert, hatte der Hirte damals gedacht. Nach dieser Auskunft war es für Ulrich beinahe Gewißheit: der vermißte Bruder mußte verunglückt sein, höchstwahrscheinlich war er sogar tot. Von den ortskundigsten Führern geleitet, die sich auftreiben ließen, stieß er noch am gleichen Tag bis zur Clubhütte vor, vergeblich. Nur drei, vier Trittspuren wurden entdeckt, auch einen Bergstock fand man in der baumlosen Einöde. Ungewiß blieb, ob das Hinweise auf Hugo waren. Freilich machte sich auch unter den einheimischen Teilnehmern der Exkursion die sichere Gewißheit breit, daß der Gesuchte nicht mehr am Leben sei. So bündig und niederdrückend das Fazit war, so wenig fand sich freilich der alte W. mit ihm ab. Er griff zum äußersten Mittel und setzte in den Walliser Zeitungen vierhundert Franken für das Auffinden seines Sohnes aus. Die Auslobung spornte die ohnehin teilnahmsvollen Talleute an, und am fünfundzwanzigsten September traf in Zürich per Telegramm die Trauerbotschaft von der Auffindung der Leiche ein. Keine Woche später machten sich alle männlichen Mitglieder der großen Familie W. auf den Weg ins Tal von S. Der Vater berichtet in einem Brief: Nachdem der Gastwirt in A. uns Schneefreiheit und günstiges Wetter angezeigt hatte, reiste ich mit meinen Lieben quer durch die Schweiz. Zwei Tage waren wir unterwegs, dann kamen wir abends in A. an. Was wurde uns im Gasthaus nicht alles erzählt. Ich habe ja, um Leute zu Rede und Antwort zu bringen, im Lauf meines Lebens drei verschiedene Verfahren entwickelt. Den studierten Mann frage ich gewöhnlich ganz direkt. Denn ich möchte von ihm Tatsachen erfahren, Literaturhinweise bekommen und dergleichen. Der weniger gebildete Durchschnittsmensch wird mehr auf Umwegen ausgehorcht, es geht mir vor allem um sein Urteil, seine Meinung. Und den Mann des Volkes frage ich gar nicht erst, ich suche ihn vielmehr allgemein zum Reden zu bringen, wie er das tut, das Reden, wie er drauflosschwatzt und sich dabei gibt, Handbewegungen, Mimik, das ist bis auf den sprachlichen Ausdruck hinab eine Offenbarung für mich, die den Charakter der Mehrheit unserer Bevölkerung zeigt. Ein langer Abend der Gespräche also. Um fünf am nächsten Morgen ging es los Richtung Unglücksstätte. Wir wurden begleitet von Vater und Sohn T., den Wirtsleuten, und drei ihrer Verwandten, welche unseren lieben Hugo erst lebendig und dann tot bei sich aufgenommen haben und welche überdies sein Grab schmücken und erhalten. Der Weg führte in der Felseneinsamkeit stetig bergauf, zuerst auf festem Gestein, dann über Geröll. Auf der unteren Alp waren noch Hirten, die obere lag schon verlassen. Wir stiegen zuletzt am Gletscherrand aufwärts und langten gegen zwölf Uhr am Ziel an, wobei ich, meinem Alter gemäß und obendrein durch Kummer und eine schlaflose Nacht geschwächt, den Weg um anderthalb bis zwei Stunden verlängerte. Die Gegend da oben, welche mein Hugo kurz vor seinem Tod hat durchmessen müssen, besteht aus Firn, Eis und Felsentrümmern. An jenem unseligen Tag hüllte ihn, als er die Clubhütte vielleicht schon im Blick hatte, der Nebel ein, und das Unwetter überfiel ihn. Daß er mit dem Schneesturm gekämpft hat, davon zeugten für mich schon die bis oben hin zugeknöpfte Jacke und das um den Hals gebundene Taschentuch. Im Aufruhr der Elemente ist er wohl fehlgegangen und auf eine tückisch steile Geröllhalde geraten. Von hier aus dann der Todessturz. Als man ihn fand, unter dem Schnee, lag er auf dem Rücken, die Stirn zerschunden und aufgerissen, Nasenbein und Kinnlade gebrochen, die Kleider wie zerfetzt. Ich sah nun diese Halde, die sich über zweihundert, dreihundert Meter erstreckt, eine mörderische Bahn mit Vorsprüngen von schanzenähnlichem Charakter, ganz unten, wo Hugo gelegen hatte, erhob sich ein einfaches Denkmal, von der Bergungsmannschaft hüfthoch aus losen Schottersteinen aufgeschichtet. Noch lag im Winkel am Fuß der Halde der Schnee, aus dem man unseren Sohn zog. Ulrich fand zwischen zwei Steinen sogar das aufgeweichte Notizbuch seines toten Bruders.

Schluchzend brachte er es mir, und schluchzend barg ich es in der Tasche. Ich stand dabei auf der talwärts gelegenen Seite der Halde. Denn ich hatte mich, leider merklich erschöpft, von den einheimischen Helfern bestimmen lassen, das Geröll nicht zu betreten. Allerdings konnte ich die Stelle des Unglücks gut sehen. Ich gedenke aber, im nächsten Jahr, falls ich kann, von der italienischen Seite aus den Ort gründlicher in Augenschein zu nehmen. Wenn mir die Sache auch über alle Maßen schmerzlich ist, lebe ich doch im Andenken meines lieben Sohnes, indem ich mir alles, was seinen Tod betrifft, so klar wie möglich vor Augen führe. Bis hierhin Herr W. sen. in seinem Brief an die Gartenlaube in Leipzig. Anfangs, das ist uns nun deutlich, gab es noch ausführliche Berichte. Mit der Gewöhnung wurden die Nachrichten kürzer. Ich denke zum Beispiel an den Europareisenden aus Yokohama, der sich vor über fünfzig Jahren in diesen abgelegenen Winkel verirrte. Zufällig. Oder hatte er zuhause jeden Abend die Schweizführer gewälzt und in der Vorfreude selbst im Bett noch die Wanderkarten studiert. Jedenfalls stürzte der Mann vom Allalin in den Tod, bis heute wird der Unglücksort von den Leuten hier japanische Stelle genannt. Merkwürdig auch das Schicksal des Bergführers Otmar A. und seiner deutschen Begleiterin, einer alleinstehenden Dame aus Wetzlar, in mittleren Jahren. Die beiden waren am fünfundzwanzigsten August neunzehnhundertsiebenunddreißig auf den Dom gestiegen. Mit mehr als viereinhalbtausend Metern der höchste Berg der Schweiz. Ungeheure Fernsicht. Auf dem Rückweg wurde das Paar in der Gegend des Domjochs von einem Gewitter überrascht. Man sah die beiden nicht wieder. So viel man auch suchte. Erst sechzehn Jahre später, am dreizehnten Juli neunzehnhundertdreiundfünfzig, entdeckten Bergwanderer auf dem Gletscher am Fuß der Domwand zwei Skelette. Außerdem Reste von Kleidung und Ausrüstungsstükken. Es mußte sich um einen Mann und eine Frau gehandelt haben, ahnte man und holte die in Zermatt lebende Witwe des A. Sie erkannte die Utensilien ihres verschwundenen Mannes. Andere Einheimische, die ums Leben kamen. Die Lehrerin Klara T., eine begeisterte Freundin der Berge. Neununddreißig Jahre alt. Nicht verheiratet. Prallte auf der italienischen Seite des Mittelrücks nach zweihundert Meter freiem Fall auf eine Geröllhalde. Außerdem der junge Jakob H., Doktor der Medizin. Er war auf Arztvisite, als er vom Almagellertal nach Furggstalden den Weg abkürzen wollte, sich verstieg und in eine Schlucht stürzte. Ungefähr in der Gegend, in der wenige Jahre später, neunzehnhundertdreiundfünfzig, Prof. Dr. Johann Z. und Regierungsrat Dr. R. aus Bremen zu Tode kamen. Im folgenden Sommer übrigens stießen Ausflügler unter dem Mittaghorn auf menschliche Knochen. Vor allem der Schädel war leicht zuzuordnen. Auch wurden Schuhfragmente ausgemacht, ein Stock mit eiserner Zwinge lag in der Nähe. Die Meinung im Dorf: es handelt sich um die Überreste des seit August neunzehnhundertsechsunddreißig vermißten Dr. Richard David aus Berlin. David. David. Wie auch immer. Drei Jahre nach dem Fund tauchte ein deutscher Pastor in der Gegend auf. In seiner Begleitung ein siebzehn-, achtzehnjähriges Mädchen, seine Tochter wahrscheinlich. Vater und Tochter bestiegen das Fletschhorn. Beim Abstieg löste der Pastor sich vor einer Felspartie vom Seil, um einen leichteren Weg zu erkunden, und fiel in den Abgrund. Die Tochter war wie gelähmt, wie besinnungslos, sie mußte abgeseilt und auf einer Trage ins Dorf geschafft werden. Erst wurde der Vater in einer Zeltbahn vorbeigeschleppt, dann kam sie, auch nicht weit vom letzten Stündchen entfernt. So sah das die Einwohnerschaft.

Am nächsten Morgen ging die junge Frau zur Poststelle und telegrafierte der Mutter (wenn es die Mutter war): Vater tot, Kommen erwünscht. Ihr Unglück nahm die Bergtour vorweg, die im folgenden Sommer Dr. Leonhard R. aus dem Kanton Bern mit seiner Frau und den beiden Söhnen, Alter unbekannt, Schuljungen jedenfalls, auf den Portjengrat machte. An einer exponierten Stelle oberhalb der sogenannten Port stolperte Dr. R. und stürzte, die Frau am Seil mit sich reißend, zweihundert Meter tief auf italienisches Hoheitsgebiet. Beim Sturz riß das Seil zwischen Eltern und Kindern. Nur deshalb blieben die Söhne am Leben. Ohnehin war durch die Jahrzehnte die Zahl der jugendlichen Opfer groß. Am achtundzwanzigsten August zweiundsechzig die beiden kaum zwanzigjährigen Touristen aus München am Südlenz. Am nächsten Tag im Weißmiesgebiet der deutsche Student. Nebeneinander in der gleichen Feuerwehrhalle, formlos abgelegt. Größeres Aufsehen erregte da schon die winterliche Erstbesteigung der tausend Meter senkrecht in die Höhe ragenden Ostwand des Dom durch drei Schweizer Alpinisten Ende Februar neunzehnhundertfünfundsechzig. Auf dem oberen Teil des Rückwegs, im Tal standen die Skiurlauber mit Ferngläsern, glitt einer der Männer aus und schlug achthundert Meter weiter unten auf das Gletschereis. Alle Verunglückten kannten die Gefahr und das Ausmaß des Risikos. Jeder Unternehmungslustige kann doch auf den Friedhöfen der Bergdörfer die Grabsteine studieren, unter denen seine glücklosen Vorgänger liegen. Wenn man sie gefunden hat. Ernest B. und sein Sohn Christoph gingen zur Weißmieshütte, von wo sie am nächsten Tag zurückerwartet wurden. Sie blieben aus. Verschwunden bis heute. Und so dieser und jener, Seltsam als Paar dagegen die dänischen Feriengäste, die am Weißmies ums Leben kamen. Er fünfzig Jahre alt, Akademiker, ein gewisser Dr. med. J. Die Begleiterin neunundzwanzig, Karen M. mit Namen, trug sich auf dem Meldezettel als Fräulein ein. Der Mann, der führte, wich nach rechts von der Route ab und geriet ins Blankeis, von wo aus die kleine intime Seilschaft unaufhaltsam in den Tod rutschte. Dieser Tod, einmal als Person gedacht, hat magere und fette Zeiten. Eines der besten Jahre liegt noch nicht weit zurück. Ich meine den Sommer neunzehnhundertsechsundsiebzig. Am achtzehnten Juli kommen Uwe K. aus Durmersheim in Baden und Walter N. aus Bruchsal beim Überwinden der gigantischen Eiswand des Südlenz um. Am zweiundzwanzigsten August gibt es für drei Schweizer Bergsteiger am Dom das endgültige Aus. Zwischen den beiden Unglücksfällen greift das Schicksal sich einen von denen, die sich nicht vorwagen und lieber unten bleiben: der Feriengast Pfarrer Karl F. aus Dortmund gerät am neunten August mit dem Auto unterhalb des Dorfes von der Straße, das Auto verschwindet nebst Fahrer in der Schlucht des gletschergespeisten Wildbachs, die an der Unfallstelle mehr als zweihundert Meter tief ist und auf deren Boden nie ein Sonnenstrahl fällt. Unten nur Zwielicht, Nässe und Eishauch. Vielleicht, daß gerade deshalb genau fünfzig Jahre vor dem tödlichen Unfall des Dortmunder Pfarrers ein als Franzose geborener Engländer diesen Ort für seine problemlösende Unternehmung ausgewählt hat. Am sechzehnten Juli neunzehnhundertsechsundzwanzig ließ er in der dritten Serpentine der Straße nach St. den Postbus halten und stieg mit seiner Frau aus. Die Hochzeit lag erst acht Wochen zurück. Für ihn die zweite Ehe. Die erste Frau war schon seit vier Jahren unter der Erde, mit neunundzwanzig gestorben, unklar, woran. Die Erbschaft: nennenswert. Bevor es aber mit dieser ersten Frau soweit war, hatte sich die Sache mit ihrer Mutter abgespielt. Wie ein Revolver funktioniert. Das war für die Schwiegermutter angeblich eine brennende Frage gewesen. Für den Fall, daß mein Hund einmal unheilbar krank wird und ich ihn erlösen muß, hatte die resolute Frau gesagt, die auch der Tochter in alles und jedes hereinredete. An einem Nachmittag, an dem sie allein im Haus waren, erklärte er ihr den Mechanismus, das Zusammenspiel zwischen Trommel, Hahn und Abzug. Als er zur Demonstration überging und die geladene Waffe in einem spannen und ihr hinüberreichen wollte, glitt der Hebel über die Arretierung hinaus, der Hahn fiel in die Ausgangsstellung zurück und schlug auf den Boden der Patrone, ein Schuß ging los und traf die Schwiegermutter in die Stirn. Sie glitt vom Sofa und hauchte unter dem Tisch ihr Leben aus. Auf der Tischplatte unmittelbar über der Leiche lag noch der Brief, an dem sie geschrieben hatte, bis der Schwiegersohn mit dem Revolver gekommen war. Der letzte Abschnitt handelte sogar von dem Störenfried, er wurde in den höchsten Tönen gelobt. Natürlich gab es eine Untersuchung. Aber mehr als Mangel an Sorgfalt wurde dem Besitzer der kleinen handlichen Waffe nicht vorgeworfen. Ein halbes Jahr nach der Mutter war dann auch die Tochter tot. Die nächste Partnerin, schon jenseits der Fünfzig, blaß, zart, tat er mithilfe eines Heiratsinstituts auf. Er war noch nicht vierzig, kerngesund, ein großer schwerer Mann mit rotem Gesicht und raumgreifender Stimme. Arm in Arm, das sahen die Leute im Schweizer Postbus, machte sich das ungleiche Paar am frühen Nachmittag des sechzehnten Juli talwärts auf den Weg. Vor den beiden Fußwanderern lagen bis zur nächsten Haltestelle des Busses in St. noch elf Serpentinen. Solange sie in Sicht der Fahrgäste waren, blieben die Eheleute immer wieder stehen, umarmten sich und alberten miteinander. Vor allem der Mann wirkte wie aufgedreht. Anderthalb Stunden später kam er in die Gaststube des

Hotels zur Post in St., allein, mit schmutzigen Schuhen. Er stellte sich in aller Ruhe an den Schanktisch, verlangte wegen der Hitze ein großes Glas Wasser und fragte schließlich nach dem Busfahrer, der hinten in der Küche Mittagspause machte. Nehmen Sie drei, vier Männer und fahren Sie zurück, meine Frau ist gefallen, sie liegt bei den rötlichen Steinen. Er stieg zu den Helfern in den Bus, dirigierte das Fahrzeug durchs ganze Tal, an den roten Felsen vorbei, und ließ auf der Paßhöhe wenden, hier, sagte er auf der Rückfahrt zwischen sechster und siebenter Serpentine, bei dem Baumstumpf unterhalb der Stützmauer hat sie gelegen. Dort war aber niemand. Freilich ging eine Blutspur auf den Abgrund zu. Wenn man sich weit vorbeugte, sah man etwas wie eine Puppe in schwindelnder Tiefe auf dem Rücken liegen. Man mußte Fackeln holen, Strickleitern, Stahlhaken. Das Dorf versammelte sich. Kurz vor Mitternacht hatte man die Leiche endlich mit Seilen und Flaschenzügen nach oben gehievt. Die tiefe Kopfwunde. Zur gleichen Zeit saß der nicht gerade gramgebeugte Witwer in der Post beim späten Abendessen und sagte zur Bedienung: Gestern hat meine Frau an diesem Tisch noch Erdbeeren gegessen, jetzt ißt sie gar nichts mehr. Kaum war das Geschirr abgetragen, strömten Akteure und Zuschauer der Bergungsaktion in die Gaststube. Der Postvorsteher und der Zollaufseher näherten sich dem Tisch des Fremden und nahmen ihn fest. Noch in der Nacht wurde er nach V. transportiert. Sein Prozeß später war nur deshalb merkwürdig, weil eine Urlaubsbekanntschaft im Zeugenstand ein Gespräch wiedergab, das sie Jahre vorher mit dem Angeklagten geführt hatte. Eine lästige Schwiegermutter wird man los, indem man ihr ein Schießeisen erklärt. Wobei das Schießeisen seinem Namen Ehre machen und auch wirklich losschießen muß. Und mit der Frau, die man über hat, reist man am besten in eine wildromantische Gebirgsgegend, die Frau rutscht aus, und schon liegt sie unten. Diese Zitate brachten dem Engländer, der sich T. oder auch v. T. nannte und eigentlich ganz anders hieß, die Verurteilung zum Tode ein, aus der auf dem sogenannten Gnadenweg eine lebenslängliche Zuchthausstrafe wurde, jeden sechzehnten Juli verschärft durch Einsperrung in eine Dunkelzelle. Hier erlebte der Gefangene, durch nichts abgelenkt, alle zwölf Monate, von Mal zu Mal deutlicher die beiden für ihn gefährlichen, ja, verhängnisvollen Augenblicke wieder; einmal den Moment, in dem der Schuß Richtung Schwiegermutter krachte; zum anderen den Sekundenbruchteil, als er seine Frau über die Kante des Abgrunds stieß. Das hielt er fünf Jahre aus, neunzehnhunderteinunddreißig starb er, im besten Alter. Bis an diese Stelle, bis zum Krepieren von T. im Gefängnis, habe ich den Text vergangenen Winter im Funkhaus in S. auf Band gelesen, für eine spätere Sendung, als die Studiobesatzung plötzlich und unaufschiebbar Mittagspause machte, ich mußte unterbrechen. Die Redakteurin J. nahm mich mit in die Kantine des Senders. Das ganze erinnert mich sehr an das Schicksal unseres Chefs, sagte sie während des Essens nachdenklich und betroffen. Auf einer Bergwanderung ums Leben gekommen, ich weiß. Im Wallis, betonte sie. Er soll mit seiner Frau unterwegs gewesen sein, einer Orientalistin, mit der er sich über den Rückweg nicht einigen konnte. Man trennte sich, sagte die Redakteurin, und er stürzte in eine Schlucht. Merkwürdig kommt mir aber etwas anderes vor. Die frischgebackene Witwe hat gleich wieder geheiratet. Und was das beste war: der zweite Mann ist der Bruder des ersten. Seitdem hören hier im Haus die Gerüchte nicht auf. Ich ahne schon, früher oder später gibt es eine Erzählung oder ein Hörspiel über die Sache, Sie werden sehen. Wir aßen schweigend weiter, und mir fiel ein, wie der später so überraschend Verblichene vor drei oder vier Jahren als Hausherr aufgetreten war, aus Anlaß eines großen Sendeabends, auf dem Günter Grass, von Hans Mayer eingeleitet, aus seinem gerade erschienenen Buch Unkenrufe vorlas. Übersprudelnd, wunderbar gutgelaunt hatte das potentielle Opfer der Schweizer Berge (oder seiner Frau) die Gäste begrüßt und war aufs höchste beschwingt von Gruppe zu Gruppe geeilt, erhitzt, mit geröteten Wangen, ein betagtes Glückskind. Und dann stand Grass endlich am Pult und las mit hölzerner Stimme den ersten Satz seiner Erzählung: Der Zufall stellte den Witwer neben die Witwe. Doch zurück zu jenem denkwürdigen Sommer neunzehnhundertsechsundsiebzig. Nächstes Opfer ein Italiener. Nordgrat Weißmies, sechsundzwanzigster August. Und am ersten oder zweiten September dann fünf Bergsteiger am Dom, alle aus Nagold, beim Abbruch eines Schneebretts in die Tiefe gerissen. Aber auch der Verband der Familie, wir wissen es längst, schützt nicht. Hier muß vor allem der vierzigjährige Leonhard G. aus Arnsberg erwähnt werden. Gegen Mittag des elften Juli achtundsiebzig befand er sich mit Frau und Kindern auf einer Wanderung zur Britanniahütte. Halbschuhe, kurze Sommerhosen. Plötzlich löste sich eine kleine Partie Schnee unter seinen Füßen, vor den Augen der entsetzten Angehörigen wirbelte er daraufhin siebzig Meter über den steilen Hang und blieb bewußtlos liegen. In der folgenden Nacht starb er im Inselkrankenhaus in Bern. Die Woche drauf machte Kurt W. aus Bülach bei Zürich mit seinen drei Kindern den Aufstieg zur Mischabelhütte. Als die Gruppe halb vier am Nachmittag ein nasses Schneefeld erreichte, verlor der zwölfjährige Michael W. auf dem rutschigen Untergrund den Halt und schoß mehr als dreihundert Meter das Schneefeld hinunter. Unten prallte er gegen einen Felsen und war auf der Stelle tot. Neun

Tage nach diesem Vorfall trafen in der Mischabelhütte wohlbehalten die führerlosen Touristen Winfried F., Jahrgang zweiunddreißig, und seine Söhne Martin, fünfzehn Jahre alt, und Christian, sechzehn Jahre alt, sowie der katholische Geistliche Joachim K. ein. Sie kamen aus Karlsruhe. Am nächsten Morgen, Sonnabend, neunundzwanzigsten Juli neunzehnhundertachtundsiebzig, verabschiedete sich die kleine Gesellschaft mit dem ersten Tageslicht vom Hüttenwirt, die Flachländer wollten das Dürrenhorn traversieren und zur Domhütte ins westliche Nachbartal absteigen. Am darauffolgenden Dienstag erhielt die Kantonspolizei in der Frühe einen Anruf aus Karlsruhe. Frau F. war am Apparat. Nachdem der Betrieb ihres Mannes sein unentschuldigtes Ausbleiben moniert hatte, fragte sie nun nach ihren Angehörigen. Es dauerte seine Zeit, bis man vor Ort die Mischabelhütte als Ausgangspunkt der Tour in Erfahrung gebracht hatte. In der Domhütte drüben, stellte sich schnell heraus, waren die Vermißten jedenfalls nicht angekommen. Da seit dem Wochenende aber Sturm in den Bergen herrschte, konnte der Hubschrauber erst am Mittwoch zu Suchflügen starten. Nach stundenlangem Ausspähen entdeckte die Besatzung am Festijoch jenseits des Dürrenhorns unter einer Eislawine drei Leichen und dreihundert Meter tiefer einen vierten Toten, den Priester. Wie es zu dem Absturz kam, was sich im einzelnen abspielte, wer zuerst den Halt verlor, niemand weiß es. Auf den Tag genau dreizehn Monate später verunglückte auf dem nahen Dom, von der Domhütte kommend, ein halbes Dutzend Teilnehmer am Sommergebirgskurs der Schweizer Armee. Fünf Männer und eine Frau, die Operationsschwester Susanne S., sausten mit einer losgebrochenen Schneewächte vom Gipfel des Dom tausend Meter in die Tiefe. Sie waren bewußtlos, bevor sie beim Aufschlag starben. Überhaupt der Dom. Einmal fielen ihm Margrith S., Silvia H., Maria R. und Heidi K. aus Bern und Biel zum Opfer, ein anderes Mal Franz-Otto R., seine Frau Petra und die Brüder Wolfgang und Karl-Theo E. aus Waldsee in Süddeutschland. Außerdem machte sich am vierundzwanzigsten Juli sechsundachtzig eine Dreierseilschaft von der Domhütte aus auf den Weg zum Dom. Unterwegs brach ein Sturm los, in dem die Männer bald jede Orientierung verloren. Einer von ihnen war durch die Strapazen restlos entkräftet und nicht mehr ansprechbar. Seine beiden Begleiter versuchten, den Hilflosen mitzuschleppen. Als sie am Ende ihrer Kräfte waren, stiegen sie allein wieder zur Domhütte ab. Dort trafen sie abends um neun ein. Die aufgebotene Rettungsmannschaft machte sich in Sturm und Nacht auf die Suche und fand gegen Morgen endlich den zurückgelassenen Bergsteiger auf einer Höhe von viertausendzweihundert Metern. Es handelte sich um den fünfzigjährigen Heinrich D. aus Langenselbold, der schon Stunden vorher an Erschöpfung und Unterkühlung gestorben war. Nicht zu vergessen auch die beiden DDR-Bürger, die im Jahr darauf wie Zugvögel der Zeitgeschichte vor Ort auftauchten. Auftauchten in des Wortes wahrster Bedeutung. Es handelte sich nämlich um ein Ehepaar aus der sächsischen Kleinstadt Leisnig an der Mulde, das zum achtzigsten Geburtstag der Mutter des Mannes nach Lörrach ins südwestdeutsche Dreiländereck hatte fahren dürfen und das nach der Feier mit einem Zuschuß der Jubilarin, schon in die Form von Schweizer Franken gebracht, ins eidgenössische Hochgebirge weitergereist war, zu einem Abstecher, unerlaubt, was die heimatlichen Behörden anging. Ohnehin war die Besuchsfahrt in den Westen nur unter Schwierigkeiten zustande gekommen. Zuerst das verdeckte Herumhören in der Leisniger Nachbarschaft, im Wohnviertel zwischen Straße des Friedens und Dr.-Grosz-Straße. Dann der Vormittag auf der Stelle für das Genehmigungswesen. Zwei Stunden Warten. Und am Ende saß die Dame, die tatsächlich oder scheinbar in das Amtszimmer gehörte, mit unbewegtem wie aus einer Form bezogenem Gesicht am blitzblank leergeräumten Schreibtisch. Erst als die von Anfang an verunsicherten, inzwischen aber restlos verzagten Antragsteller sich kerzengerade auf den beiden Bürostühlen plaziert hatten, die auf halbem Weg zwischen Tür und Schreibtisch standen, zog die Sachbearbeiterin eine Schublade auf, langte eine dünne Akte heraus und legte sie auf die Platte. Ja oder nein, ja oder nein. Ihr Antrag. Ja oder nein. Ist genehmigt. Ja. Das war am Vortag der Reise, am nächsten Morgen ging es los, kaum daß es hell war. Drei Tage später, nach der Geburtstagsfeier in Lörrach, fuhren die Leisniger Eheleute ins Wallis. Erst Bahn, dann Bus, schon mittags waren sie im Tal von S. und mieteten im Anbau des Bäckers F. ein Zimmer für fünfundzwanzig Franken die Nacht. Woher die Kenntnis der Okkasion. Ganz einfach. Ein Cousin aus Karlmarxstadt hatte zwei Jahre vorher die gleiche Expedition unternommen und den Tip weitergegeben. Eine knappe halbe Woche war für die Berge angesetzt, schon aus finanziellen Gründen, eins zu vier und eins zu fünf waren die Kurse beim Umtausch Westmark gegen Mark der DDR. Und der Franken stand noch besser, war noch teurer. Also hatte man, gerade angekommen, keine Zeit zu verlieren, die beiden Reisenden aus Leisnig stellten den Koffer in ihre Unterkunft und machten sich ohne lange Überlegung auf den Weg zur nächsten Seilbahn. Die Gegend beschnarchen, so nannte man das zuhause. Sie bezahlten vom Geld der Mutter; vierzig Franken pro Person mußten sie berappen, einfache Fahrt, gleich schwebten sie mit der großen Kabine neunhundert

Meter die Talwand hinauf, bis zum Westgrat des Weißmies. Oben großes Erstaunen. Über das Gletschereis, auf dem sie unversehens standen. Und über die Felsspitzen und Gipfel, die im Licht der untergehenden Sonne schimmerten. Allzu lange konnte man sich der Begeisterung allerdings nicht hingeben. Bald lag die Talstation der Seilbahn im Abendschatten, der sich über die Hänge schob, während die Häuser des Ortes im Zwielicht verdämmerten. Plötzlich ergab sich vor dem Hintergrund der drängenden Zeit eine kleine Uneinigkeit. Der Mann wollte wegen der Finanzen den Abstieg zu Fuß machen, die Frau bevorzugte die Seilbahn. Hin und her, halblaut, schließlich ging man getrennte Wege. Der Fußmarsch wurde gleich angetreten, die letzte Kabine glitt zehn Minuten später abwärts. Wo der Pfad die Trasse der Bahn kreuzte, sah die Frau während der Talfahrt den einsamen Wanderer noch einmal und zum Greifen nahe unter sich, wie er, Jogginganzug, weiße Turnschuhe, kurz stehenblieb und den Arm hob und dann, rasch kleiner werdend, weiter auf den Bergwald vor der gewaltigen mürben Felskante zustrebte, hinter der es dreihundert, vierhundert Meter senkrecht in die Tiefe ging. Nach wenigen Minuten Höhenangst und Schwindelgefühl ins Dorf versetzt, schlenderte die Frau unschlüssig in Richtung Quartier. Am Haus der Bäckerfamilie machte sie kehrt. Was in den Schaufenstern der sechs oder sieben Läden am Weg zu sehen war: Wanderjacken immer wieder, Rucksäcke, Bergschuhe und Teleskopstöcke, außerdem Murmeltierfett zum Einreiben und fettglänzende schwarze Würste aus den Hausschlachtungen der Talbewohner. Bei jedem Geräusch von Schritten, jedem Geklapper drehte sie sich erwartungsvoll um. Aber der Mann blieb aus. Wie sie nach Mitternacht ins Haus und, ohne etwas zu essen, ins Bett gekommen ist, weiß sie bis heute nicht. Druck in der

Brust, als sei ihr Herz in einen Schraubstock, in eine Presse gespannt. Mit flachem Atem lag sie stundenlang in einer Ecke des Doppelbetts auf der Seite, mit nach oben gezogenen Beinen und angewinkelten Armen. Als wollte sie sich verkriechen. Erst gegen Morgen klopfte sie die Wirtsleute heraus. Mit dem ersten Licht setzte die Suche ein. Die Männer des Dorfes gingen die zahllosen Pfade zwischen Talstation und oberem Endpunkt der Seilbahn ab, ein Hubschrauber kam, Fehlanzeige. Nach vier Tagen war der letzte Rest Hoffnung geschwunden. Die kalten, eiskalten Nächte in zweitausend Meter Höhe überlebt er nicht, hieß es. Wer weiß, zuckte in den schlafarmen Nächten der Zweifel durch ihren Kopf, vielleicht hat er sich abgesetzt. Streitereien wegen des Themas Ausreise fielen ihr ein, quälende nächtelange Diskussionen, die sich zwanzigmal, dreißigmal im Kreis drehten, immer dann, wenn eine Familie aus der Nachbarschaft verschwunden war, die Sache durchstehen, den Antrag durchsetzen, gemeinsam die Schikanen aushalten, das war seine Wunschvorstellung gewesen, sie hatte letztenendes jedesmal nein gesagt. Warum eigentlich. Ein Glück immerhin, daß der Gastgeber sie nun nach Auslaufen der Suchaktion mit seinem Auto über Kandersteg, Bern und Basel zu ihrer Schwiegermutter nach Lörrach brachte. Vier Stunden Fahrt. Davon keine zehn Minuten Gespräch. Wie der alten Frau die Sache beibringen. Und dann das Hauptproblem. Im allergünstigsten Fall bin ich einen Tag nach Ablauf des Visums an der Staatsgrenze West. Dort muß ich die Karten auf den Tisch legen, egal, was mir das einbringt. Und wenn Sie dableiben, fragte F. Wir haben zwei Kinder, gab sie zurück, während sie sich mit hundertvierzig Stundenkilometern von den Bergen entfernten und auf die Minuten der Wahrheit zurasten. Andere sind vor mir dagewesen, das weiß ich. Zuletzt ein sehr bekannter Antiquar und ein weit weniger bekannter Schriftsteller. Der Antiquar wohnt in Stuttgart, den Namen des Schriftstellers wollen wir lieber verschweigen. Die beiden Männer, fünfzig der Anonymus und in der ersten Hälfte der sechzig der Bücherhändler, machten sich eines Mittags von ihrem Sommerfrischenquartier aus auf den Weg zum Ursprung der Gletscherbäche. Das sei sein Sinai, sagte der Antiquar, das müsse auch der Schriftsteller erleben. Die Sonne brannte, kaum daß sie aus dem Haus getreten waren. Sie hatten noch nicht hundert Meter Höhenunterschied bewältigt, ein Viertel des Pensums, da mußte sich der Ältere benommen setzen. Nach zehn Minuten Pause schleppte er sich noch einen Steinwurf weiter und klappte dann endgültig zusammen. Bewußtlos lag er am Wegrand. Der Schriftsteller, sonst eher die inneren Sensationen des Schreibtischlebens gewohnt, erschrak nicht schlecht. Er beugte sich über den hilflosen Gefährten, um für Schatten zu sorgen, und wischte ihm Erbrochenes von Kinn und Kleidung. Alles einigermaßen ratlos. Aber dann kam eine fünfköpfige Familie vorbei. Und natürlich wußte das Oberhaupt dieser Familie, was zu tun war, der Mann hetzte zum nächsten Berggasthaus und veranlaßte einen Notruf. Zwanzig Minuten später tauchte über der Mischabelkette in fünftausend Meter Höhe ein Punkt auf, der langsam tiefer sank und allmählich zum Hubschrauber wurde. Der Schriftsteller, ermutigt, fast schon angespornt durch die nahende Hilfe, klopfte seinem Gefährten nun die Wange, Herr B., die Air Zermatt kommt gleich, die fliegen Sie zum Krankenhaus. Kaum hatte der Kollabierte das gehört, versuchte er sich aufzuraffen, auf keinen Fall, nein nein, keinen Hubschrauber. Freilich, er kam gar nicht hoch. Kraftlose Unruhe, mehr nicht. Die anhielt, während der Notarzt, der aus dem niedrig schwebenden Hubschrauber gesprungen war, ihn untersuchte. Laßt mich, ich bin wieder fit, ich kann gehen. Ganz ernst war das nicht gemeint. Anschließend an die Untersuchung der Papierkram. Der Patient weiter unruhig. In welcher Krankenversicherung. Kaufmännische Kasse. Na bestens, sagte der Arzt, so nahe am Dorf, das gilt als Spaziergang und nicht als Bergtour, die Kasse bezahlt den Einsatz. Schlagartig war der Antiquar seine Anspannung los, er sank erlöst zurück, keine Bergtour, ein Spaziergang, wie gut. Mit diesem Erlebnis, über das die Büchermenschen am nächsten Tag lachten, ein Lachen, durch das ein Hauch von Grusel wehte, schließe ich die Gedankenchronik des Wagemuts und des Unglücks ab und steige die knarrende Treppe zur Schlafkammer hinauf. Das Fenster noch offen. Ich lehne mich hinaus. Der herbe Duft der Wiese unter mir. Wind, der tagsüber aus dem Tal nach oben weht, kommt nun vom Gletscher herunter und bringt Nachtkühle, fast Kälte mit. Während ich einschlafe, höre ich die Balken des Hauses knacken. Ich träume. Mittelpunkt des Traums: ein Kurhaus. Es ist ein großer Kasten aus dem vorigen Jahrhundert, wie das Hotel Glacier du Rhône in Gletsch und das Domhotel hier im Dorf. Oder eine Art Mont Oriol. Ein kunstvoll in Windungen gelegter Weg geht auf das fahnengeschmückte Gebäude zu. Die Badegäste promenieren, man hört den Kies unter ihren Sohlen knirschen. Viel Weiß. Das Gewirr fröhlicher Stimmen. Der Seitenweg, den ich genommen habe, führt in deutlichem Abstand am Kurhaus vorbei, ich müßte quer über die Beete gehen, unter aller Augen, schade um die Blumen. So folge ich dem Weg weiter, der hinter dem Kurhaus anzusteigen beginnt und immer schmaler wird, bis ein Pfad aus ihm geworden ist, anfangs mit grob behauenen Stufen, dann mit Felsstücken als Tritten. Ich bin allein. Immer wieder muß ich stehenbleiben, so steil geht es nach oben. Hinter mir, unter mir Park und Haus, kleiner und kleiner, je höher ich steige, am Ende liegen sie wie Spielzeug unten im Tal. Inzwischen ist der Pfad kaum noch zu erkennen. Vor mir muß sich der Scheitelpunkt des Weges befinden. Ein Felsblock versperrt die Aussicht. Mit Schwung steige ich eine ungefüge halbmeterhohe Stufe hinauf. Der Schwung trägt mich um den Felsen. Ich habe einen ebenen Teil des Weges erwartet, statt dessen tut sich direkt vor mir ein Abgrund auf. Im letzten Moment pralle ich zurück, ich kann gerade noch nach Felsbrocken greifen und mich abstützen. Einer der Brocken von der Form eines umgestürzten größeren Grabsteins löst sich dabei aus instabiler Lage und verschwindet über die Kante. Mir stockt der Atem, als ich die verwischte graugelbe Bewegung sehe und das Knirschen und Poltern höre. Ich werfe mich auf den Boden, schiebe mich nach vorn und gucke in den Abgrund. Mein Gott. Unten, tief unten erkenne ich die winzigen Häuser einer Ortschaft. Was habe ich angerichtet. Nichts wie weg. Als ich mich aufrichte, legt jemand von hinten den Arm um meine Schulter. Ich drehe mich um und erkenne in dem Mann neben mir erleichtert den alten Hermann Hesse. Freilich sehe ich auch gleich das unangenehme schadenfrohe Lächeln, das er im Gesicht hat. Macht nichts, sagt er zu mir, das passiert hier jeden zweiten Tag. Obwohl ich weiß, er meint es weder mit mir noch mit den Leuten im Dorf gut, bin ich an dem Freispruch des ungerufenen Schiedsrichters interessiert. Bevor ich mir aber versichern lassen kann, daß es keine Opfer gegeben hat oder daß die Opfer, wenn doch vorhanden, eigentlich nicht mehr als Puppen waren, schrecke ich aus dem Schlaf, endlich. Schweißnaß, wie zerschlagen. Noch dunkel draußen. Ich greife nach der Uhr: halb fünf. Im gleichen Maß, in dem ich zu mir komme, dringt ein Geräusch in mein Bewußtsein, das durch das Fenster kommt, vom Ende der Wiese, wo der gepflasterte Weg bergwärts verläuft. Tick. Tick. Tick. Es dauert noch einmal ein paar Sekunden, bis mir klar wird, daß es Bergstöcke sind, die auf den Boden gestoßen werden. Halblaute Stimmen verwehen. Ich stehe auf und ziehe mich an, im Blick schon den Stock in der Ecke und den Rucksack an der Wand. Schnell schnell. Der gefährliche Augenblick hat selten gewartet.

Das Atmen der Bilder

I

Jerusalem liegt auf einem zerklüfteten Hochplateau achthundert Meter über dem Meer. Hinter dem Ölberg am östlichen Siedlungsrand beginnt die Judäische Steinwüste. Jenseits ihrer gestaffelten Felsenkämme kann man bei klarer Sicht den gewaltigen Graben des Toten Meeres, die jordanischen Berge Moab und ganz in der Ferne das weiße Amman erkennen. Wassermangel, das jahrtausendealte Leiden. Unendlich viele Zisternen, in den gewachsenen Fels gehauen. Über ihnen die verwinkelten Häuser der Altstadt, Grabeskirche, Via Dolorosa, Klagemauer, Felsendom und die engen wimmelnden Basare.

II

Im Westen die moderne israelische Neustadt, die überwiegend arabische Altstadt im Osten. Dazwischen von achtundvierzig bis siebenundsechzig Stacheldraht und Minen. Einzige Schleuse das Mandelbaumtor. Auch nach dem Sechstagekrieg und der Erstürmung des jordanisch verwalteten Teils wuchs die Stadt nicht zusammen. Der Schock der Intifada. Bis heute stehen an den Ecken der Suks Militärposten der israelischen Armee mit kugelsicheren Westen und mit Schnellfeuergewehren, inmitten der moslemischen Händler, Kaffeestubengäste und Moscheebesucher. Immer wieder drängen sich Siedler aus den besetzten Gebieten durch das Gewühl, auf dem Weg zur Klagemauer. Am Anfang und am Ende der Gruppen junge Burschen in Jogginghosen und Windjacken, leichte Maschinenpistolen umgehängt. Stimmung, als würde die Luft von riesigen Gewichten zusammengepreßt.

III

Mein Zimmer im Gästehaus Mishkenot Shaananim. Blick über das Hinnomtal zum Berg Zion und auf die südwestliche Ecke der zyklopischen hellschimmernden Stadtmauer. Halb rechts auf einem Steilhang das arabische Dorf Abu Tor. Als hätte ich früher schon einmal in diesem Raum mit den hölzernen Läden vor den schmalen hohen Fenstern und mit den glattgeschliffenen Bodenfliesen gewohnt.

IV

Was ich an Büchern aus dem Koffer nehme und auf dem Nachttisch stapele. Selma Lagerlöfs Roman Jerusalem. Baedeker Israel, 1994 erschienen. Baedeker Mittelmeer mit Jaffa und Jerusalem von 1909. Amos Elon: Jerusalem, City of Mirrors. Trilogie des Abschieds von David Schütz. Neues Testament. Tet Carmis Gedichtband An den Granatapfel.

V

Vor knapp zwei Jahren habe ich Tet Carmi und seine neu-
hebräischen Gedichte anläßlich der Ausstellung Jüdische
Lebenswelten dem Berliner Publikum vorgestellt. Wir wohnten in dem kleinen alten Hotel in der Meinekestraße in Char-
lottenburg. Unsere stundenlangen Gespräche nach dem
Frühstück, zu viert, mit seiner Frau und mit Heidrun. Carmi
war Kettenraucher. Immer lachend. Ganz selten, wie ein Anhauch, zog ein Schatten über sein Gesicht. Zweifel, Trauer,
Angst, schwer zu sagen, was genau ich in diesen Momenten
in seinen Augen las. Oft und oft hat er mich damals in Berlin
bestürmt: Komm in meine Stadt, geh durch Jerusalem, es ist
einer der wunderbarsten und gefährlichsten Orte auf der
Welt. Zwanzig Monate vergingen. Dann wurde die Reise
endlich wahr. Genau an dem Tag, an dem ich hier ankam, ist
er gestorben.

VI

Das Quartier Mishkenot ist die erste jüdische Ansiedlung
vor der Stadt gewesen. Als Bauherr fungierte ab Mitte des
vorigen Jahrhunderts der englische Menschenfreund Moses
Montefiore. Neun Palästinareisen. Zahlreiche Projekte. In
Jerusalem, im Mishkenot staffeln sich auf abfallendem Gelände unterhalb einer Windmühle, die längst nicht mehr
arbeitet und als Museum dient, langgestreckte ebenerdige
Kolonistenhäuser. Subtropische und tropische Pflanzen,
noch im November, Dezember die Blütenpracht der Stau-
denbeete, hohe Zäune, die Gartentore sorgfältig verschlossen, auch tagsüber. Das Gebäude mit den Gästezimmern, das

sehe ich auf dem Stadtplan im alten Baedeker, ist mindestens bis zum Ersten Weltkrieg das Hospital oder besser Armenhaus der Montefiore-Kolonie gewesen. Meterdicke Außenmauern aus Kalkstein. Dieser Kalkstein wird überall vor der Stadt gebrochen und ist von lichtgrauer, blaßrosa oder hellgelber Farbe. Daher das Leuchten der Stadt im Sonnenlicht.

VII

Die Lücke, durch die unser Taxi am ersten Vormittag in die Altstadt rollt, ist 1898 zwischen Jaffator und Zitadelle in die Stadtmauer gebrochen worden, Wilhelm II. besuchte damals mit Frau und Gefolge Jerusalem. Für seinen pompösen Einzug waren die überkommenen höhlenartigen Tore zu eng, kurzerhand riß man einen Abschnitt der Mauer weg. In der gleichen zupackenden Art hatte man vorher ein altes Quartier vor der Grabeskirche in deutschen Besitz genommen, es abgeräumt und auf die Freifläche die lutherische Erlöserkirche gesetzt. Zur Einweihung der Kirche kreuzte der letzte deutsche Kaiser höchstpersönlich auf, ein schneidiger Eroberer, den der Sultan im fernen Konstantinopel, zu dessen osmanischem Reich Palästina gehörte, gelangweilt gewähren ließ. Der Weltkrieg, der sechzehn Jahre später Wilhelm II. und die Jungtürken noch enger zusammenführte und zu ungleichen Waffenbrüdern machte, griff auch nach meiner Familie. Erst fiel bei Ypern der älteste Bruder meines Vaters. Dann wurde Mitte 1917 mein Großvater mütterlicherseits als Landsturmmann eingezogen. Er sah Frohburg nicht wieder. Auf einer Vormarschstraße oder einem Rückzugsweg in Galizien riß ihm ein Granatsplitter den Schädel auf. Siebenunddreißig Jahre war er alt. Die Witwe blieb mit vier unversorgten Kindern und der verwaisten Schmiedewerkstatt zurück. Man schickte ihr aus einem Kriegsgefangenenlager im Erzgebirge einen Russen, der das Koksfeuer wieder entfachte und am Amboß stand. Er blieb über 1918 hinaus, Jahr um Jahr. Das Handwerk ging schlecht, wenn Rechnungen geschrieben werden konnten, wurden sie schleppend oder nie bezahlt, das Haus fing an zu verfallen. Mutter mußte nach der achten Klasse die Schule verlassen und machte eine Lehre im Büro der Frohburger Kattundruckerei. Besitzer und gleichzeitig Geschäftsführer des kleinstädtischen Unternehmens zwischen Markt und Wyhra waren die Brüder Max und Hermann Rothbach. Sie hatten die Fabrik 1924 vom Gründer gekauft, ein Jahr nach der Inflation. Der ältere Bruder erwarb außerdem eine Villa am Kellerberg. Drei Töchter. Ein Sohn.

VIII

Ich war drei Monate alt, da sollte der Cousin aus Grimma, gerade beim Jungvolk Pimpf geworden, den Familienzuwachs begutachten, er wurde an den Kinderwagen geführt, in dem ich lag, der Zittauer Großmutter nachgeschlagen, schwarzhaarig, mit dunklen Augen. Gelangweilt beugte er sich nach vorn und fuhr gleich wieder zurück: Der sieht ja aus wie ein Jude. Das war zur Zeit der Vormärsche und der ersten Kesselschlachten im Osten. Der Cousin hatte keine Geschwister, seine Eltern betrieben in der Muldengasse in Grimma einen winzigen Lebensmittelverkauf, mit einer Waage seitlich vom Tresen, auf deren Balkenkreuz, das die Schale für die Waren trug, ein Vorkriegsgroschen versteckt war, Mutter hatte ihn bei einem Besuch entdeckt. Außerdem schenkte die Tante in der zweiten Hälfte der vierziger Jahre den Rotarmisten aus dem abgesperrten Russenviertel nach Geschäftsschluß und Einbruch der Dunkelheit auf dem Wohnungsflur gegen Barzahlung heimlich Hochprozentigen aus und gab nur acht, daß die Kunden aus eigener Kraft von der Korridorbank hochkommen und in die Kaserne finden konnten. Die Sache ging nicht immer reibungslos ab. Als einmal die Besucher nach Stunden ihre Zurückhaltung aufgaben und lauthals zu singen anfingen, tasska po rodinje, wollte sie eine Art improvisierte Sperrstunde durchsetzen. Sie kam schlecht an damit. Einer der heimwehkranken Russen zog die Pistole und feuerte mehrere Schüsse in die Decke, dann richtete er den Lauf der Waffe auf den Onkel und zwang ihn zum Abstieg in den Keller, wo die Spirituosen lagerten. Nach der Rückkehr aus der Gefangenschaft, ein paar Monate nur, was hatte er schon groß verbrochen, war dieser Onkel allenfalls noch nebenbei mit den Angelegenheiten des Ladens beschäftigt. Auf Anraten seiner Frau fuhr er nun im Schichtdienst in die Kohlengruben von Espenhain und Böhlen. So galt der Sohn nach zwei, drei Jahren als Arbeiterkind und durfte nach einer Konditorlehre Medizin studieren. Während der Universitätsjahre kam er mit weniger als zwei Mark in der Woche aus und wurde dafür in der Familie sowohl bewundert als auch belächelt. Nach einer geplatzten Verlobung mit einer Fabrikantentochter aus dem Erzgebirge, deren Vater urplötzlich doch noch vom Schicksal der Enteignung getroffen wurde, heiratete er Ende der sechziger Jahre in die Familie eines Dresdner Internisten ein und konnte später mit Zustimmung von Behörden und Partei die Praxis des Schwiegervaters fortführen. Dieser Schwiegervater war einer von zwei oder drei noch selbständigen Ärzten in der Stadt. Gleich zu Beginn der Honeckerzeit fiel dem Cousin, dem Glückskind, sogar der wiederbelebte Titel eines Sanitätsrates zu. Weißt du, erzählte er mir damals im Anschluß an eine Vorführung seiner Biedermeiermöbel und Gemälde, in den stillen Villenvierteln in Loschwitz und auf dem Weißen Hirsch ist so manches kostbare Stück über die Zeiten gekommen. Wenn ich daher in der Praxis, in der Sprechstunde mit einer alten Frau zu tun habe, die nach ein bißchen mehr aussieht, nach besseren Tagen, dann nehme ich mir viel Zeit für das Behandlungsgespräch und die Krankengeschichte, die immer auch biografische Erzählung ist. Adresse habe ich sowieso. Anschließend kann es leicht vorkommen, daß ich der bejahrten Patientin den Weg zur Apotheke erspare und abends mit den Medikamenten überraschend vor ihrer Türe stehe. Natürlich werde ich immer in die Wohnung gebeten. Da finde ich mich oft in Zimmern voller gediegener alter Möbel wieder, auf schweren Teppichen. In den Vitrinen, auf den Anrichten Porzellan und Bronzen, und an den Wänden feingemalte nachgedunkelte Bilder, du kannst dir das nicht vorstellen. Das alles steht früher oder später zur Disposition und ist in Einzelstücken und vielversprechenden Vorausexemplaren durch besondere Zuwendung des behandelnden Arztes, zu der hier bei uns nicht viel gehört, fast im Handumdrehen zu erlangen. Besonders auch Nachkommen der von den Faschisten niedergedrückten, aber mit dem Leben davongekommenen Halb- und Vierteljuden verwalten die unglaublichsten Werte. Ich staune immer wieder über die Reste dieser großbürgerlichen jüdischen Kultur. Dagegen unsere enge schummrige Wohnung in Grimma, hinter dem Geschäft, du kennst sie.

IX

Nach fünfundvierzig bekam Vater einen neuen Kollegen, den dritten Arzt am Ort. Dunkle Haare, klein gewachsen, schnelle Bewegungen. Paßt schlecht hierher, wurde halblaut gesagt, irgendwie.

X

Zwei Jahre später, Anfang September 1947, kam ich in die Schule. Das weitläufige Ziegelgebäude aus dem Beginn des Jahrhunderts hieß seit neuestem Zentralschule Frohburg. Zwei Freitreppen an der Straße der Roten Armee, vorher und jetzt wieder: v.-Falkenstein-Straße. Getrennte Eingänge für Jungen und Mädchen. Diese Tore seit Kriegsende verschlossen, man benutzte die beiden Hintertüren, die auf den Hof und zu dem überdachten Gang Richtung Toiletten führten. Einmal, am Ende des zweiten Schulmonats, klingelte es zur großen Pause, mit der Horde der einheimischen und Flüchtlingskinder tobte ich die Treppe hinunter, Zielpunkt Klo. Auf dem halbdunklen Gang riß mich ein ausgestreckter Arm aus dem Schwarm der Erstklässler, jemand hielt mich fest, schrie oder besser dröhnte mich an, ein großer Kopf, ein großes Gesicht, und schlug mich. Erschüttert saß ich für den Rest der Pause in meiner Bank, weinend und schluchzend, während die Mitschüler, halb anteilnehmend und halb ratlos, erschrocken Abstand hielten. Auch die Lehrerin der folgenden Stunde, meine Cousine, die ich vormittags siezen und mit dem Familiennamen anreden mußte, konnte mich nicht beruhigen, sie schickte mich nachhause. Herausgegriffen und bestraft werden. Nur weil man mit vielen, mit allen mitgelaufen ist und gelärmt hat. Weil man der Schwächere ist. Wem war ich so in die Hände gefallen, wer hatte mich in einer Aufwallung der schlechten Laune, des Zorns oder der Gewalttätigkeit verprügelt. Ein Mann Mitte bis Ende fünfzig, groß, gebeugt, von papiernem Wesen, jederzeit wie von einem Schleier aus Staub umhüllt. Das war der alte Riedel, einer von ganzen zwei Lehrern der Zwischenkriegszeit, die sich am Ort gegenüber der Partei und ihren Neulehrern behauptet hatten, die auch in der sogenannten neuen Schule geduldet wurden. Ein Ohrfeigenliebhaber und Prügelfreund. Und doch weiterbeschäftigt. Wie merkwürdig. Ein Rätsel, das sich erst löste, als ich selber einen Sohn in der ersten oder zweiten Klasse hatte und mit den Eltern noch einmal über mein lange zurückliegendes Erlebnis sprach. Riedel, hörte ich, der am Kellerberg in Frohburg wohnte, in unserer bescheidenen Villenstraße zwischen Bahnhof und Stadt, hatte in den zwanziger Jahren eine Frau geheiratet, deren Vorfahren Juden gewesen waren und die im Dritten Reich als Halbjüdin galt. Nach 1935 verweigerte er trotz sozusagen nationaler Gesinnung die offiziell verlangte Scheidung und mußt deshalb achtunddreißig den Schuldienst verlassen. Wovon das Ehepaar existierte. Und wie die Frau es aushielt, sich jahrelang in der Dreizimmerwohnung zu verstecken, um den guten Frohburgern kein Dorn im Auge zu sein. Abends saßen die beiden vielleicht im Herrenzimmer in den Sesseln, am Radio. Worüber sie sprachen, an den Sommerabenden mit spaltbreit geöffnetem Fenster, in den langen langen Winternächten. Welche Sender sie hörten. Und was für Gefühle sie hatten, bei den Nachrichten aufsteigender und abfallender Linie: Sieg über Frankreich, Vormarsch in Nordafrika, Stalingrad, Invasion, Attentat in der Wolfsschanze und schließlich Hitlers Selbstmord und Ende des Krieges. Endlich. Wieder Lehrer sein. Die Kinder fehlen mir so. Und dann die Entdeckung, was die Unbeugsamkeit gekostet hat. Daß man verdorrt, vertrocknet ist.

XI

Nach unserem Weggang aus Frohburg landete ich mit dem jüngeren Bruder im Schülerheim der Aufbauschule in Friedberg, dreißig Kilometer nördlich von Frankfurt. Aufsicht, Wache, Ausgang. Speisemeister, Küchendienst. Dürftige Verpflegung. Und freitags nach Jahrgängen unter die Dusche. Das Heim war während des Krieges Lazarett gewesen, daher die eisernen Doppelstockbetten, die Militärspinde. Es lag in der Burg. Gleich vor dem Burgtor fing die Friedberger Altstadt an. Dort, im Gewirr enger verwinkelter Straßen, blühten in den spielzeughaften modrigen Fachwerkhäusern während der fünfziger Jahre bei einem Dollarkurs von eins zu vier die Amikneipen auf: Hollandbar, Fünfgroschenschenke, Oase. Jeden Sonnabend hetzten wir nach Schulschluß zum Bahnhof und fuhren ins Wochenende, um dem Dröhnen der Schritte auf den Internatsfluren, dem Gebrüll des Heimleiters und dem unaufhörlichen Klappern und Schlagen der Türen zu entkommen. Während Vater mit einundfünfzig Jahren noch einmal Vertreter spielte und in wöchentlich wechselnden Gasthöfen in der Pfalz und im Westerwald hauste, hockte Mutter ein Jahr und länger in der Notunterkunft im Rambachweg am Stadtrand von Gießen, Dreizimmerwohnung, drei Familien, insgesamt vierzehn Personen. Das Gedränge in der Gemeinschaftsküche und vor dem einzigen Klo. Sonntagabend die Rückfahrt nach Friedberg. Immer nahm ich vom Bahnhof zur Burg einen anderen Weg durch die Altstadt, jeden Winkel wollte ich kennenlernen, jede Kaschemme entdecken. Im November achtundfünfzig, ich war siebzehn, kam ich zum erstenmal durch die Judengasse. Ich sah eine Handvoll Häuser, dicht an dicht. Das Schild neben einem der Haustore fiel mir auf: Judenbad. Schon am nächsten Nachmittag ließ ich mir vor der Arbeitsstunde das Bad zeigen. Tür, die von innen aufgeschlossen wurde, nachdem ich geklingelt hatte. Eine blasse junge Frau führte mich auf den Hof. Stille, als läge die nahe Kaiserstraße mit ihrer endlosen Kette von Autos Welten entfernt. Wahrscheinlich mußte ich zehn oder zwanzig Pfennig bezahlen, ich weiß es nicht mehr. Keine Erinnerung auch an den Zugang zum Bad, ob Schuppen oder Brunnenhaus. Jedenfalls stiegen wir auf schmalen schlüpfrigen Sandsteinstufen, siebzig Tritten im ganzen, einen engen Schacht hinunter, der fünfundzwanzig Meter senkrecht in den Basaltfelsen gebrochen war, bis zum Grundwasser. Der Anhauch aus der Tiefe immer kälter und feuchter, das letzte Stück Treppe war nicht mehr ausgeleuchtet. Nur undeutlich sah ich, daß die Stufen im schwarzen Wasser verschwanden. Vor siebenhundert Jahren hat man das Bad eingerichtet, hörte ich die Beschließerin hinter mir sagen, die Christen strebten damals mit der neuen Friedberger Liebfrauenkirche gewaltig in die Höhe, die Juden aber bauten nach unten und innen. Jahrhundertelang mußten ihre Frauen und Mädchen, in ein Tuch gehüllt, einmal im Monat heruntersteigen und dreimal bis über den Scheitel in das Wasser tauchen, das Wasser war kalt, nie wärmer als neun Grad. Es gab viele Unglücksfälle, mindestens eine Besucherin des Bades ertrank, und zu Anfang des vergangenen Jahrhunderts wurde die Benutzung aufgegeben, weil man das Wasser mit ansteckenden Krankheiten in Verbindung brachte. Wir gingen wieder nach oben. Sie können bei mir einen Kaffee bekommen, sagte die Frau auf dem Hof und bewegte den Kopf Richtung Hintergebäude. In der Wohnküche im ersten Stock spielten zwei kleine blonde Mädchen lautlos mit Puppen. Ich stand neben der Tür und sah zu, wie die Gastgeberin am Herd hantierte. Ihre Rückenlinie. Ihr Nacken. Der Ansatz der Haare. Dann saßen wir uns gegenüber. Worüber wir sprachen. Die Frau gehörte den Zeugen Jehovas an. Immer wieder erzählte sie mir die Geschichte mit Adams Rippe als Ursprung alles Weiblichen. Unser Gespräch drehte sich im Kreis. In einer Art Käfig. Unter dem Kaffeetisch und unter unseren Füßen, zehn oder zwölf Stockwerke erdeinwärts, der unbewegte Wasserspiegel in restloser Dunkelheit.

XII

Während der späteren Friedberger Internatsjahre flog eine Schülergruppe nach Israel. Ich meldete mich für die Reise an und wurde auf die Verwaltung bestellt. Der Direktor der Aufbauschule, Goetheliebhaber mit Artemisausgabe und ehemaliger Feldwebel der Wehrmacht, Standardfrage in der Adenauerzeit: wie setzt sich die Bundesversammlung zusammen, wies mich wegen angeblicher Disziplinlosigkeiten ab. Nach der Rückkehr erzählte mir der Freund von den Gekkos, die auf allen Mauern gelegen und sich gesonnt hatten.

XIII

Der erste Auschwitz-Prozeß in Frankfurt. Im Frühjahr vierundsechzig fuhr ich auf eigene Faust dorthin. Auch ohne Voranmeldung fand man einen freien Platz im großen Saal

des Gallus-Hauses hinter dem Bahnhof. Mulka. Boger. Papa
Kaduk. Dr. Capesius. Ihre großflächigen Gesichter. Die still-
gelegten Hände. Rentnergestalten. Wie einbalsamiert. Oder
ausgestopft. Inzwischen rauschte im nahen Bankenviertel
das Geld, weiter drinnen in der Stadt notierte die Börse ehemals großdeutsche Aktien wieder, und auf der Zeil wogten
niegesehene Kundenströme aus Einheimischen, Ostvertrie-
benen, DDR-Flüchtlingen und Gastarbeitern der ersten Welle
in die Neubauten von Schneider, Müller-Wipperfürth und
Neckermann.

XIV

Arnold Zweig, Georg Lukács, Alfred Kantorowicz, Hans
Mayer. Der Briefwechsel mit ihnen. Erst vom Schülerheim in
Friedberg aus, dann als Gießener und später als Göttinger
Student. Hans Mayer, der zwei Jahre nach dem Mauerbau im
Anschluß an eine Westreise nicht nach Leipzig zurückkehrte
und sich so den Schikanen von SED und FDJ entzog, suchte in
Westdeutschland eine Professur, wie Kantorowicz und Bloch
ein paar Jahre vorher. Die beginnenden sechziger Jahre waren
keine Zeit für marxistische Philosophen und Literaturwis-
senschaftler. Immerhin wurde Mayer von der Technischen
Hochschule Hannover zu einem Probevortrag eingeladen.
Ich saß unter den Zuhörern, Mayer sprach über Goethe und
nicht über Büchner, von dem sein wichtigstes Buch handelte.
Der Vortrag kam an, auch in der ersten Reihe, in der Landesregierung und Rektorat saßen, Mayer wurde berufen. Im folgenden Herbst traf ich auf der Buchmesse in Frankfurt den
Ostberliner Lyriker und Redakteur Paul Wiens. Wie Mayer
durch das Exil, so war auch Wiens aufgrund glücklicher Um-

stände der Rassenhetze und den Mordprogrammen der Nazis entkommen. Was wollen Sie denn mit dem Mayer, rief Wiens beim Kaffeetrinken in der Hauptwache und streifte damit seine Vorsicht auf Feindboden ab, der eitle Kerl ist doch übergelaufen, weil er ein einziges Mal im Hotel Elephant in Weimar kein Zimmer mit Bad bekommen hat.

XV

Auf der Karteikarte, die man in der Normannenstraße in Ostberlin unter meinem Namen geführt hat, stammen einige Hinweise auch von Paul Wiens. Weiteres Material ist über die Kreisdienststelle Geithain des Oberstleutnants Moeller gekommen, von sogenannten Zuarbeitern in Frohburg, Kohren und Frauendorf. Ganze Briefe von mir, die in den Familien herumlagen oder die man leihweise zum Lesen aus dem Haus gab, wurden per Hand abgeschrieben, die Abschriften weitergereicht.

XVI

Ein Besucher aus Frohburg erzählt den Eltern in Reiskirchen Anfang der achtziger Jahre, jemand aus meiner Kindheitsgegend südlich von Leipzig, inzwischen längst in München ansässig, sei an einem der großen Strände Südkaliforniens beim Spazierengehen zwei älteren Frauen begegnet, nach anfänglichem englischem Radebrechen des Wahlmünchners, Kehrseite von sieben Jahren Russischunterricht, sei man beiderseits zum Deutsch übergegangen, das Gespräch dauerte und dauerte, bis sich schließlich und endlich herausstellte, daß

man wunderbarerweise in der gleichen winzigen Stadt aufgewachsen war, Rothbach hießen die beiden weißhaarigen Damen. An Frohburg hatten sie gute Erinnerungen. Angeblich.

XVII

Der Bruder der beiden Zufallsbekannten vom Strand des
Pazifik, zu Mutters Zeiten Juniorchef in der Familienfirma,
verpaßte im französischen Zusammenbruch 1940 den Ab-
sprung nach England, wahrscheinlich tauchte er in Paris unter, bis die Quartiergeber aus Angst Meldung machten und
seine eigenen Landsleute ihn in den Osten abtransportierten,
er wurde in Auschwitz umgebracht oder starb dort den
Sklavenarbeitertod und endete so oder so als winziger Zähler
einer unvorstellbaren Summe. Die überlebende Familie, verjagt und zerstreut, erfuhr nicht das geringste Detail. Wußte
der Besucher aus Sachsen den Eltern zu berichten.

XVIII

Nach der Weitergabe der sozusagen kalifornischen Erzählung sprach Mutter mir gegenüber zum erstenmal von einem
Erlebnis im Sommer siebenunddreißig. An einem der heiße-
sten Tage im August waren die Rothbachschen Töchter am
späten Nachmittag in das gutbesuchte Frohburger Freibad
gekommen. Die Hundstagshitze lag schwer auf der Gegend,
seit dem Mittag schwammen immer größere dunklere Wolken aus Richtung Westen über den Himmel und lösten sich
im Zenit langsam auf. Kaum hatten sich die drei Mädchen auf
die Wiese vor den Umkleidekabinen gelegt, strömten junge

Männer aus der Stadt am Sprungturm zusammen. Darunter nicht wenige Arbeiter aus der Kattundruckerei, hatte Mutter beobachtet. Sie sah, wie sich eine Vierergruppe von der Menschentraube ablöste, unter Führung eines Färbereigesellen überquerten die Abgesandten, alle vier in Badehosen, die Liegewiese und blieben bei den Fabrikantentöchtern stehen. Kurzer Wortwechsel, dann Rückweg des Trupps. Die beiden älteren Mädchen packten schnell ihre Sachen ein und legten eilig die Decken zusammen. Als sie zum Gehen bereit waren und die kleine Schwester in die Mitte nehmen wollten, sträubte sich das halbe Kind, stampfte mit den Füßen und brach in Tränen aus. Die drei gingen nicht durch die Stadt nachhause, sagte Mutter, ich entdeckte sie zehn Minuten später klein in der Ferne, drüben in den Anlagen jenseits des Schwimmbads, das war der längere einsame Weg. Kaum waren sie übrigens im Hölzchen verschwunden, ich weiß es wie heute, brach ein Gewitter los. Der Wolkenbruch scheuchte uns unter die Dächer und hielt uns dort bis zum Abend fest. Nur die Jungen waren draußen geblieben. Anscheinend badeten sie sogar. Bei jedem Blitz hörten wir das Juchzen und Gröhlen, das in immer kürzeren Abständen der Donner verschlang, bis es am Ende nur noch das gewaltige Rumpeln, Poltern und Krachen gab.

XIX

Manchmal kommen Nachträge, mit scheinbar großer Verspätung. In Reiskirchen traf vor acht oder zehn Jahren ein blauroter Umschlag aus Übersee ein, mit bunten ausgefransten Marken. Er enthielt einen Brief in Sachen Lastenausgleich, der die Eltern um Bestätigung bat, daß es in der Frohburger Villa der Familie Rothbach drei Schlafzimmer und zwei Bäder gegeben habe. In der Tat kannten die Eltern das Haus. Fünfundvierzig hatten wir nämlich Anfang Juli innerhalb von vier Stunden die große Mietwohnung im ersten Stock des Amtsgerichts verlassen müssen, in die wir uns mit der Familie des Amtsrichters teilten. Die Rote Armee, nach dem Abzug der Amerikaner in Westsachsen und Thüringen eingerückt und auch in Frohburg mit einer Kompanie präsent, beanspruchte den roten Klinkerbau für ihre Ortskommandantur. Im Handumdrehen tauchten die ortsansässigen Parteikommunisten auf und halfen beim Freiräumen. Der Richter hielt sich damals als ehemaliger Nationalsozialistischer Führungsoffizier noch versteckt, seine Frau war gerade niedergekommen und wurde nun mit dem Neugeborenen, von einer Riesenhorde Straßenjungen eskortiert, auf der zweirädrigen Krankenkarre der Feuerwehr zu der neuen Wohnung geschoben, die aus einer mit Decken abgeschirmten Ecke des mittleren Saales im Schloß bestand. Unsere Sachen dagegen, Transportschäden und Langfingerschwund abgezogen, landeten in Rothbachs Villa am Kellerberg. Dort hielten der Prokurist Pfitzner und seine Frau für die verjagten Besitzer der Kattundruckerei die Stellung. Bürgermeister Frenzel, mit einigermaßen heiler Haut aus Buchenwald zurückgekommen und in den Wochen kurz vor den Enteignungen und der Bodenreform mit seinem Hausbau auf dem Nachbargrundstück beschäftigt, quartierte uns trotz Widerspruch bei den alten unbeweglichen Leutchen ein. Wir kamen ins Obergeschoß. Drei Schlafzimmer, zwei Bäder, wer weiß. Enge jedenfalls, zu viert, man konnte sich kaum drehen. Wenn ich die gebohnerte und mit einem Läufer belegte Treppe als holprige Rutschbahn benutzte, trat unten die kleine Frau in das Dämmerlicht der Diele und sah mich starr an.

Der Betrieb der Rothbachs, ein ganzes verschachteltes Stadt-
viertel unter Scheddächern, wurde vor dem Krieg und noch
einmal danach als Emigrantenbesitz unter Zwangsverwal-
tung gestellt und Ende zweiundfünfzig, Anfang dreiundfünfzig enteignet. Vier Jahre später arbeitete ich dort die
Sommerferien über im Lager. Zentnerschwere Stoffrollen
mußten zu den Druckmaschinen gekarrt und zurückge-
schafft werden. Ich sah, wie die Arbeiter massenhaft Reste,
Verschnitt und zweite Wahl durch die Torschleuse schmug-
gelten. Als ich mir selber kurz vor Feierabend kleingeblüm-
tes hellblaues Schürzentuch unter das Hemd steckte und
dann zuhause auf den Küchentisch legte, reagierte Mutter zu
meiner Überraschung ablehnend, ja zornig, ich stand erschrocken da. Halb fühlte ich mich im Unrecht und halb im
Recht.

Anfang der siebziger Jahre dehnte sich die Fabrik über die
Wyhra hinweg auf ein stadtnahes Wiesengelände aus. Die
Spazierwege verschwanden, die Bänke. Neue Hallen und der
höchste Schornstein des Kreises wurden gebaut. Damit
rückte man als Werk vier des Wäschekombinats Mittweida
zum größten Produzenten bedruckter Bettwäsche in der DDR
auf. Abnehmer waren die Quelle und weitere Billighändler
im Westen. Freilich, die größte Blüte trug schon den Ruin in
sich. Denn unter anderen Verhältnissen, im zweiten Jahr nach
der Wende, wurde der unrentable Betrieb dichtgemacht. Seitdem liegt knisternde knackende Totenstille über dem ganzen

Komplex. Kein Rauch, kein Maschinengetöse, keine Last-
züge, auch kein Schichtwechsel und keine giftigen Abwässer
mehr. Unkraut. Erste Büsche. Die Dächer undicht. Zurück-
gegeben wurde anscheinend nichts, kein Ziegelstein, kein
Fußbreit Boden, kein Kilo Eisen. Die Nachfolgegesellschaft
der Treuhandanstalt, höre ich kurz vor Antritt der Israelreise,
will die Ruinen jetzt zum Kauf anbieten.

XXII

Singsang, der mein Zimmer im Mishkenot erfüllte, als ich gegen Abend die Gangtür hinter mir schloß. Es dauerte einen
Moment, bis mir klar war, daß ich den Muezzin von der
anderen Seite des Hinnomtals hörte. Was mir einfiel. Im
Gespräch mit einem Freund wußte ich einmal nicht gleich,
wo Mekka liegt. Ei ei, mein Lieber, schäme dich, du hast doch
Karl May gelesen. Denk an den Nordpol, verteidigte ich
mich, wenn du dort stehst, liegt alles, was du siehst, im Süden.
Du selber bist von Süden gekommen, und wenn du weiter-
gehst, nimmst du, ohne die Richtung zu ändern, wieder den
Weg nach Süden.

XXIII

1909 gab es fünfundvierzigtausend Juden in Jerusalem, acht-
tausend Moslems und fünfzehntausend Christen. Zwanzig
Jahre später lauteten die Zahlen: zweiundfünfzigtausend
Juden, zwanzigtausend Moslems, achtzehntausend Christen.
Nach noch einmal zwei Jahrzehnten war die Stadt auseinan-
dergefallen.

Es ist noch nicht lange her, daß spätabends bei mir in Göttingen das Telefon klingelte. Ein Ferngespräch aus England. Der emeritierte Chemieprofessor, der am Apparat war, hatte in einer deutschen Zeitung ein paar Sätze von mir über die Nazizeit in der niedersächsischen Provinz gelesen. Wie beispielsweise ein Göttinger Universitätsdozent im Spätsommer einundvierzig die Stadtverwaltung in Briefen gedrängt hatte, vor dem anstehenden Beginn des Wintersemesters und dem damit verbundenen Arbeitsanfall unverzüglich eine jüdische Familie aus ihrem Haus zu entfernen, herauszunehmen, wie er schrieb, weil er selbst dort einziehen wollte und sollte. Der Anrufer, das merkte ich deutlich, kannte den Fall aus eigener Beobachtung. Vielleicht sogar aus eigenem Erleben. Überhaupt erwies er sich zunehmend als Eingeweihter, als Sohn der Stadt, schon durch den hellen südhannöverschen Tonfall, der hinter dem britischen Akzent zum Vorschein kam, je länger, desto deutlicher. Er wußte noch mehr zu erzählen als nur Details der Ausquartierungsgeschichte. Ist Ihnen zu Ohren gekommen, was im Winter achtunddreißig mit den Resten der in Brand gesteckten Göttinger Synagoge am Gefängnis passiert ist. Ich verneinte. Nun, der Sportlehrer des Gymnasiums am Theater erschien auf der Brandstelle, mit einem Handwagen, in zwei Tagen hat er zahlreiche Trümmerfuhren erst quer durch die Stadt gezogen und dann die Theaterstraße hinaufgeschleppt, die Garage auf der Südseite der Baurat-Gerber-Straße steht heute noch, die er sich aus den Steinen der Synagoge gemauert hat. Dann nannte mir der alte Mann noch die Hausnummer. Am nächsten Vormittag, auf dem Weg in die Stadt und zu den Antiquariaten, sah ich die Garage tatsächlich, linkerhand, zwischen Gehsteig und

Haus. Metallene Schwenktür aus späterer Zeit, stumpfgelbe Klinker. Bringt Miete, einen Fünfziger, einen Hunderter pro Monat, seit fünfzig Jahren.

XXV

Gedenkstätte Yad Vashem. Die fünfunddreißig, vierzig Fotos, die ich aus Büchern und aus dem Haus am Wannsee kenne und die das Getto, die Erschießungsgruben, die Rampe in Auschwitz zeigen und so den Mord an unvorstellbar vielen Menschen dokumentieren. Vier mal zehn Bilder. Mindestens ebensoviele Fotos hat Vater von mir in den ersten Jahren der Kindheit aufgenommen.

XXVI

Plattenkamera. Vergütete Linsen. Faltbarer Balg. Als Bildträger beschichtetes Glas. Später aufeinandergelegte Zelluloidblätter, die Vater Filmpacks nannte. Gestochen scharfe Schwarzweißfotos, durch Jahrzehnte, bis auf die verwackelte letzte Aufnahme von Mutter im Spätherbst neunundachtzig, wie sie in ihrer Couchecke sitzt, in sich gekehrt, während vor ihr auf dem Tisch zwischen halbleeren Kaffeetassen, überquellenden Aschenbechern und verrutschten Stößen alter Briefe und Rechnungen die unberührten Zeitungen der aufregenden Tage liegen. Das Atmen der Bilder, sobald man sie ans Licht holt und ansieht.

XXVII

Yad Vashem. Großbild von Hitler, in Uniform kommt er die Freitreppe des Parteitagsgeländes in Nürnberg herauf, den Blick auf den Fotografen gerichtet. Die Augäpfel fallen mir auf. Nachträglich mit Weiß ausgemalt.

XXVIII

Fahrt vor die Stadt. Vorbei an wuchernden ausufernden Siedlungen. Halbfertige in ödes Gelände gesetzte Gebäude und Gebäudezeilen, festungsartig. Meist auf Hügeln oder an der Kante von steilen Abhängen. Wie ein Kranz von Forts trennen sie Jerusalem vom besetzten Hinterland. Die arabischen Arbeiter, die ich auf den Baustellen am Werk sah, die Mörtel anrührten und auf die Gerüste schleppten oder oben standen und mauerten und Verschalungen zimmerten, hatten in der Mittagspause billige Drucke auf knittrigem Papier in Händen, die Aufrufe der Mullahs, die Reden Saddams, wer weiß, von Blut wurde gesprochen, von Märtyrern, der eigenen Würde, hier wie dort, seit vielen Jahren, in einem unablässig sich wiederholenden Erguß von Gewaltworten, die umgewälzt und umgewälzt immer mehr Gift und Krankheit in sich aufspeicherten und jeden ansteckten, der mit ihnen in Berührung kam, Familien, Sippen, Stämme, ganze Landstriche, Millionenstädte und Völker. Recht haben, recht behalten. Vergangenen Winter ging ich nach einem stundenlangen Streit mit Heidrun durch das abendlich leere Göttingen, mit erstarrter unterer Gesichtshälfte. Plötzlich bemerkte ich in der Groner Straße in Höhe der dortigen Rahmenhandlung ein unangenehmes rechthaberisches Profil, das aus dem Dunkel hervortrat. Ich brauchte zwei, drei Sekunden, bis ich begriff, daß ich mich selber im Spiegel sah.

XXIX

Als das Stadtparlament in Göttingen für den Platz zwischen Altstadt und neuem Rathaus, der nach einem vor Zeiten am Ort stationierten Infanterieregiment benannt war, einen anderen zeitgemäßeren Namen suchte, entschied man sich mehrheitlich dafür, vor den Untaten der nordamerikanischen Union und der von den Nazis auch aus Göttingen vertriebenen jüdischen Physiker zu warnen; man nannte das Areal Hiroshima-Platz. Und die Stadt wars zufrieden. Auschwitz-Platz wäre auch zu nahe gewesen.

XXX

Tal der ausgelöschten Gemeinden in Yad Vashem. Unter den Namen, die man in die Felsblöcke gemeißelt hat, finde ich auch Hungen, Lich und Nidda, die oberhessischen Kleinstädte nördlich von Frankfurt und östlich von Gießen. Heidruns Großvater, der aus dem kleinen Dorf Langd am Rand der Vogelsbergwälder stammte, ließ sich nach dem Ersten Weltkrieg in Hungen als sogenannter Landesproduktenhändler nieder. Seine Töchter, die Mutter und die Tante von Heidrun, erzählten mir, wie sie als Kinder in die Nachbarschaft zum Matzenessen gingen, bei Oppenheims und bei Nelkenstocks. Der warme Unterton; so ähnlich sprachen sie auch von Mascha, der jungen Ukrainerin, die während der letzten drei Kriegsjahre im Haushalt und in der Landwirtschaft der Familie half und die bei Kriegsende wieder verschwand. Unbekannt, wohin. Nie eine Nachricht.

XXXI

Nach dem Besuch der Altstadt von Jerusalem und dem Gang durch das Gewimmel der Basargassen nachts Terrortraum. Tempelberg. Klagemauer. Drohung. Angriff. Verschwinden in der Menge. Atemstockung beim Aufschrecken aus dem Schlaf. Verwischte Bilder ohne Bestand. Unklar, ob ich Zuschauer oder Opfer war.

XXXII

Früher oder später stößt man hier auch auf die Stadtteile, die Wohnviertel der orthodoxen Juden sind. Durch Mea Shearim und seine Straßen mit den übervölkerten Häusern führen uns die einheimischen Freunde, Israelis der zweiten Generation. Ihre Eltern sind als junge Leute ins Land gekommen, aus Familien, die beispielsweise in der Rhön, im Rheinland oder in den riesigen Ebenen zwischen Weichsel und Dnjepr eine mehr oder weniger auskömmliche stets bedrohte Existenz und manchmal, selten, so etwas wie Heimat hatten. Der Anfang in Palästina war schwer; körperliche Arbeit bis zum Umfallen, winzige Wohnungen, sehr bescheidenes Essen und außerhalb der Städte militärische Organisation des Alltags. Mehr als ein Kind, höchstens zwei Kinder konnten sich die meisten Paare nicht leisten. Wenn wir jetzt auf der Strauss-Straße und tiefer im Viertel Mea Shearim den schwarzgekleideten Männern, Frauen und Kindern, den Kopftüchern, gro-

ßen Hüten und Schläfenlocken begegnen, der reinsten Ausbildung des Judentums, wie uns vorkommt, dann machen
unsere Begleiter abweisende Gesichter. Die Orthodoxen kä-
men aus Amerika, lebten, weil sie den ganzen Tag die Schrift
studierten, von staatlicher Unterstützung, ließen ihre Frauen
dazuverdienen und machten ihnen ein Kind nach dem anderen. Auf diese Weise breiteten sie sich immer mehr aus, über-
nähmen eine Straße nach der anderen und sperrten sie am
Sabbat für Autos. So die Freunde, ablehnend oder verächtlich. Beinahe wie die Leute aus dem Berliner Westen über die
Ostjuden hinter dem Alexanderplatz geredet haben.

XXXIII

Mordechai Virshubski, den ich im Mai dreiundneunzig in Berlin kennengelernt habe, treffe ich in Israel wieder. Lange Jahre
ist er Abgeordneter der Knesset gewesen. 1930 in Leipzig geboren, hat er die sächsische Messestadt Ende achtunddreißig
oder Anfang neununddreißig mit seinen Eltern verlassen. Als
ich das höre, muß ich an unsere Frohburger Eßzimmermöbel
denken.

XXXIV

Nachdem ich vor vier Jahren die weltabgeschiedene Kreisstadt und das noch abgeschiedenere Dorf am Huangho in
China gesehen hatte, war ich in einem ähnlichen Zustand.
Wenn ich in meinem Zimmer im Mishkenot nachts im Bett
liege und, erschöpft von Eindrücken und Gesprächen, noch
im Baedeker blättere und dabei immer wieder in schwere-

loser Form, mit einer Art innerem Schweben die Grenze zwischen Wachen und Schlafen überschreite, habe ich die Suks, Klagemauer, Moriah, die Felsentäler und den Ölberg vor mir, in Sekundenbruchteilen der Freude und des Glücksgefühls.

XXXV

Auf dem Tisch drei Andenken, die ich mitnehme, wenn mich der Bus in die Küstenebene bei Tel Aviv hinunterbringt, wenn ich mit dem Flugzeug über Mittelmeer und Balkan nach Frankfurt fliege und zuletzt zweieinhalb Stunden im Zug sitze. Es sind ein Schichtstein aus Qumran am Rand der Judäischen Wüste, Christoph Meckel hob ihn für mich auf, ein Stück Fels von der Festung Massada hoch über dem Toten Meer und eine Scherbe aus dem Garten Gethsemane zwischen Kidrontal und Ölberg. Die Farben der drei Stücke gehen von Rotbraun über Rosa und Orange zu einem rötlichen Gelb; für mich seit langem der wichtigste Teil der Palette.

Die Krankheit, zu schreiben

Als ich in Frohburg aufwuchs, am Rand der sächsischen Braunkohlenwüste südlich von Leipzig, gab es vor Ort an Kunst, Künstlern und Kunstverwandtem über den Keramiker Brenntag in der Töpfergasse hinaus nur drei halb stekkengebliebene, halb gescheiterte Provinzmaler, darunter meinen Lehrer im Zeichnen, und die verdämmernde Erinnerung an eine örtliche wie landesweite Größe, den Balladendichter auf Sahlis und Windischleuba, der kurz vor Kriegsende Gift genommen hatte.

Delling, Kluge, Kossäth. Und Münchhausen. Sonst nichts, Tabula rasa. Immerhin las Vater viel, gelegentlich eine Nacht durch, im Winter. Und immerhin nannte ich, kaum hatte ich schreiben gelernt, manches Gekritzel Gedicht. Außerdem waren in der Greifenhainer Straße, im Haus der Großeltern, die Monatshefte von Velhagen und Klasing mit ihrer säuselnden Innerlichkeitslyrik und den langatmigen Rührungsgeschichten aus dem Anfang des Jahrhunderts über die beiden Weltkriege und über zwei Währungsreformen gekommen, seit dem Erscheinen lagen sie Jahrzehnt um Jahrzehnt auf dem kleinen runden Tisch am Eßzimmerfenster, wöchentlich abgestaubt, wer sich in einem der roten Plüschsessel nahebei niederließ und nichts Besseres zu tun hatte, griff nach ihnen und fing an zu blättern, in den Märchen von gestern und vorgestern.

Erst zwei Jahre nach unserem heimlichen Weggang aus Frohburg, fort von dem kleinen Fluß, den fünfzehn Straßen und fünfhundert Häusern, fiel mir eine Zeitschrift für Literatur, für lebende Literatur in die Hände, Akzente genannt. Herausgeber war Hans Bender, dessen erste Bücher, Wölfe und Tauben, Wunschkost, ich gerade gelesen hatte, im Internat in Friedberg, in dessen Schülerbücherei sich nach wie vor Kolbenheyer, Blunck, Griese und Pleyer in Form von erdig-groben Leinenbänden breitmachten.

Das erste Heft der Akzente, das ich bei einem verwirrenden und berauschenden Buchmessenbesuch in Frankfurt auflas, mit einem Umschlag in Grün und Schwarz, war ein angejahrtes abgegriffenes Probeexemplar des Verlages, es enthielt Ingeborg Bachmanns Gedicht auf das Café de la Paix in Paris.

Dort, in jenem Café in der Nähe der Großen Oper, habe ich später, im Februar dreiundsechzig, mit Joseph Breitbach gesessen, nachdem er mir im Anschluß an die morgendlich frühe Begrüßung auf der Gare de l'Est die erste Weltstadt meines Lebens gezeigt und mich durch die Reste der engen alten Viertel Balzacs geführt hatte. Auf allen Boulevards, an allen Seinebrücken Polizisten mit Maschinenpistolen, der Algerienkrieg war zu Ende, und die OAS drohte mit Bombenanschlägen im Mutterland. Einundzwanzig war ich.

Breitbach hatte soeben den Roman Bericht über Bruno veröffentlicht. Im pelzgefütterten Mantel stand er auf dem Bahnsteig, den zusammengerollten Spiegel als Erkennungszeichen unterm Arm. Ein großgewachsener selbstbewußter Gastgeber. Dazu passend die noble Wohnung am Pantheon. Marmorvestibül, geschmiedete Gitter am Fahrstuhl, aus dem Arbeitszimmer Blick über die stille Seitenstraße in einen mauerumschlossenen Park. Bücher über Bücher. Die Bilder von Braque und Picasso, die Skulpturen von Rodin und Maillol. Breitbachs Vermögen, hörte ich, bestand aus Anteilen an

Pariser Zeitungen und Lothringischen Eisenwerken, es war so groß, daß jetzt, fast zwanzig Jahre nach seinem Tod, der höchstdotierte deutsche Literaturpreis aus ihm gespeist wird, mit zweihundertfünfzigtausend Mark Preissumme.

Unser Streit dreiundsechzig, am ersten Abend. Ausbrüche, die ich nicht verstand, nicht verstehen wollte. Beschwörungen. Tränen. Kaum mehr als zwei, drei Stunden Schlaf. Meine vorzeitige Abreise am nächsten Mittag, ich wurde noch zum Bahnhof gebracht. Den siebenbändigen Stifter, das Begrüßungsgeschenk, ließ ich aus Angst zurück, wer weiß. Als Postpaket kam mir die grüne Dünndruckausgabe des Inselverlages Monate später hinterher, den Nachsommer las ich zuerst, auf den Bahnfahrten ins Wochenende. Damals lebte ich nach dem Zwischenspiel eines Gießener Germanistiksemesters schon in Göttingen. Ich schnitt Absender und Adresse aus dem festen Packpapier und legte sie als Lesezeichen in den ersten Band. Zur Erinnerung. Das war in der Dachkammer im Göttinger Vorort Grone, in der Garbenstraße. Achtzig Mark Miete im Monat. Klo über dem Hof. Nachttopf, für alle Fälle. Den die Hausfrau leerte. Dazu Ofenheizung. Mit Aschenkasten. Den ebenfalls die Hausfrau leerte.

Mein Nachbar im Dachgeschoß hieß Hans-Jürgen Krahl. Er wurde später als SDS-Matador in Frankfurt bekannt und drang während der Groner Zeit in manchen Nächten gegen drei bei mir ein und setzte sich auf die Bettkante, süchtig nach Unterhaltung, mit glitzerndem Glasauge. Starb früh. In der Gegend von Kassel. Das Auto, in dem er saß, prallte in einer Glatteisnacht am Ende einer abschüssigen Kurve gegen einen Chausseebaum.

Ein Stockwerk tiefer der Hausbesitzer, ein ehemaliger Desinfektor, der nach einer Krebsoperation keinen richtigen Magen mehr hatte. Sein Traum: Eisbein satt, mit Sauerkraut.

Ich borgte mir heimlich den hinteren Teil seines Namens aus, als ich für eine Handvoll kurzer Geschichten eine Hauptfigur brauchte. Ansonsten beschäftigte ich mich in Gedanken mehr mit der verheirateten Tochter, die mit Mann und zwei Kindern im Erdgeschoß wohnte und an heißen Tagen im Badeanzug auf einer Decke im Garten lag. Manchmal holte sie etwas im Haus, ein Spielzeug, ein Glas Milch, ich sah durch die Ritzen und Astlöcher der ausgetrockneten Aborttür für den Bruchteil von Sekunden die helle Haut.

Wie der Tag verging. Halb sieben jeden Morgen stand ich auf. Schnelles Waschen unter dem Wasserhahn auf dem Flur. Pulverkaffee. Mit dem Bus ins Zentrum. Dann die vormittägliche Rundwanderung durch die Innenstadt, von Vorlesung zu Vorlesung, nachmittags saß ich bei Cron und Lanz in der Weender Straße oder im stilleren billigen Fünfzigerjahrecafé um die Ecke. Stundenlang hielt ich bei einer Tasse Kaffee aus und schrieb. Wenn ich abends nach Grone kam, lag die Post schon auf meinem Tisch, den ich unter das kleine Dachfenster geschoben hatte. Erwartung, mit der man über Jahre und Jahrzehnte die Briefe aufreißt. Wichtig auch die Büchersendungen. Fritz Eggert in Stuttgart, Hauptmannsreute, und das Antiquariat Amelang in Frankfurt, bei denen ich aus Katalogen bestellte, seitdem ich achtzehn war. Nicht immer behielt ich den Überblick, nicht nach jeder Sendung überwies ich prompt. Dann gab es Mahnungen, Zahlungsbefehle. Meist an die Adresse der Eltern in Reiskirchen bei Gießen. Irgendwann löste Mutter mich aus. Sie verlangte Offenlegung sämtlicher Schulden. Während ich die Liste machte, kam ich mir wie ein Spieler nach großen Verlusten vor. Aber die Ernüchterung, das schlechte Gewissen waren nichts gegen die zitternde Spannung beim Auspacken immer neuer, immer anderer Bücher.

Am größten war der Kitzel, als nach den ersten Monaten in Grone ein Päckchen aus Stierstadt am Taunusrand kam. VauO Stomps, der Verleger der Eremitenpresse, den ich im zurückliegenden Frühjahr in seiner Baracke am Stierstädter Bahndamm besucht hatte, schickte mir als Beleg und Honorar zehn oder fünfzehn Exemplare von Fahrplan, meinem ersten Gedichtband. Hundertfünfzigerauflage, Handsatz, mit Originalgrafik von Bernd Otto Wallmann. Nie habe ich erfahren, wer Wallmann war, wo er lebte, was aus ihm wurde. Ladenpreis des Buches: zwölf Mark.

Die Veröffentlichung brachte mir den einzigen Besuch aus der Stadt ein, den ich draußen in der Garbenstraße jemals bekam. Der Besucher war Christoph v. Derschau. Zwei Jahre älter als ich, wohnte er mit seiner kriegsverwitweten Mutter und einer resoluten Großmutter im Ostviertel, der besten Göttinger Gegend. Der Großvater war kaiserlicher General in Potsdam gewesen, sein Enkel, zeitweise mit Volkswirtschaft befaßt, leitete die Galerie der Studentenkneipe Centre im Rosdorfer Weg, deren Name von den Eingeweihten und Zugelassenen nicht à la française, sondern aus unerforschlichen Gründen wie Kenter ausgesprochen wurde. Die Galerie war im Eisenbahnerviertel untergekommen, in einem langgestreckten Ziegelschuppen auf dem Hinterhof einer Gastwirtschaft. Schriftstellerlesungen, Ausstellungen, ab zweiundsechzig. Der erste Versuch, die neue, die andere Kunst in die kulturelle Windstille der Nachkriegsprovinz mit Hilperttheater, Symphonieorchester, Akademischer Orchestervereinigung und Händelfestspielen zu bringen, Erbauungsquellen im Wirtschaftswunder, für Kriegsteilnehmer, von Kriegsteilnehmern, mit den Muttis im Hintergrund.

Derschau hatte Fahrplan in einer Buchhandlung entdeckt, Buchhandlungen boten dergleichen noch an, er lud mich ins

Kenter ein, Günter Bruno Fuchs stünde auf dem Programm. Freilich sei bei jemandem wie ihm immer ungewiß, ob er wirklich komme. Fuchs kam tatsächlich, ließ sich gutgelaunt auf einem Sofa in der hintersten Ecke des schlauchartigen halbdunklen Raumes nieder und trank und trank, bis er, bevor Derschau den Abend eröffnen konnte, berauscht in Tiefschlaf gefallen war. Einer der Zuhörer sprang ein und las aus den Büchern des anwesend Verhinderten vor. Dabei schien es von Zeit zu Zeit, als käme Fuchs halbwegs wieder zu sich, er gestikulierte mühsam und brabbelte laut dazwischen, so ein Unsinn, Quatsch, halts Maul, dann sackte er erneut und noch überwältigter in sich zusammen.

Jahre später, als das Kenter sich erst politisierte und anschließend zur Haschhöhle wurde und zuletzt ganz einging, verließ Christoph v. Derschau Göttingen und zog über Saarbrücken nach Hamburg. Tastendes Probieren. Rundfunk, Fernsehen. Eine schwere Krankheit brachte ihn für viele Monate nach Wintermoor vor den Toren der Hansestadt. Wieder hergestellt, verdiente er sein Geld als Archivar beim Stern. Daneben immer das Schreiben, Vorlesen, Diskutieren. Mit siebenundfünfzig endlich will er sich den Luxus leisten und die Anstellung, das feste Gehalt hinter sich lassen. Nur noch die Grenze ausmessen, jenseits derer Geschriebenes, Literatur wieder zur Unerhörtheit wird, werden kann. So seine Vorstellung, im Frühherbst fünfundneunzig, am Telefon. Kurz danach wird er mit hohem Fieber ins Krankenhaus Ochsenzoll gebracht, zehn Tage später ist er tot. Stadtrandfriedhof. Volle Trauerhalle. Ein weißer Sarg, wie bei einem Kind, dachte ich überrascht, mit Zustimmung, in die sich schwach Befremden mischte. Nach wenigen Monaten fing ich schon an, mich an das frische Grab in Hamburg zu gewöhnen. Vielleicht, weil der nächste tote Freund noch zehn

Jahre jünger war, Roderich Feldes, Verfasser von Lilar und von Haubergsnelken.

Vergangenen Januar kam ich auf einer meiner nächtlichen Radtouren kurz vor zwölf durch den Rosdorfer Weg und die Eisenbahnstraße, klare Luft, das Thermometer knapp über null, in der Stille und Dunkelheit des Göttinger Stadtrandes sah ich zwischen zwei Häusern schemenhaft das mürbe Dach des lange vergessenen Kenter, unter dem einmal VauO Stomps, Günter Bruno Fuchs, Kurt Mühlenhaupt, F. C. Delius, Ulf Miehe, Volker v. Törne, Peter Hamm, Franz Mon, Jakov Lind, Christoph Meckel, Jürgen Becker, Helmut Heißenbüttel, Hubert Fichte, H. C. Artmann, Peter O. Chotjewitz, Peter Rühmkorf, Günter Herburger, Wolfgang Graetz, Oswald Wiener, Gerhard Rühm, Beuys und Schuldt zu hören waren und unter dem auch ich die Gedichte aus Fahrplan vorgelesen habe. Nach über dreißig Jahren noch am gleichen Ort. Hätte mir das seinerzeit jemand gesagt, ich wäre heftig erschrocken.

In meiner Groner, vielleicht schon in der Friedberger Zeit habe ich Gedichte an die Redaktion der Akzente geschickt. Hans Bender hat mir geantwortet. Was für Mühe er sich gab, auf meine Texte einzugehen. Den Faden nicht abreißen lassen. Aber auch nicht lügen. Einmal sagte er sich in Göttingen an, aus Anlaß einer Lesung im Kenter. Er wollte auch Heinz Ludwig Arnold besuchen, Holen Sie mich doch zu einem Spaziergang in der Keplerstraße ab.

Als ich zu Arnold in die Kellerwohnung kam, traf ich auf ein volles Haus, im Wohnzimmer saßen auch Wolf Wondratschek, Lothar Baier und Michael Schulte. Redaktionskonferenz. Text und Kritik war im Jahr zuvor angelaufen. Vor allem über Wondratschek gab es Gerüchte. Er residierte im Vorderhaus der Kohlenhandlung Vollbrecht in der Burgstraße, während ich als Vorortflüchtling über den Garagen hinten im Hof hauste. Zwei komplette Romane habe er schon in der Schublade, hieß es, nunmehr säße er am dritten und vierten Skript. Zur Kinofigur werden, wenn möglich. Jüngst erst, in Dietls Rossini.

Was ich noch genau weiß: Hans Bender wiegte sich zaghaft in einem Schaukelstuhl, das hochgesetzte winzige Fenster im Rücken. Seine gedämpfte Stimme. Er nahm den Mantel, wir stiegen zum Gehweg hinauf, überquerten die Keplerstraße und waren schon in den Anlagen zwischen Rosengarten, Löschteich und Badehaus. Von dort über den Wall zum Bartholomäusfriedhof, über dessen Gräber ich ein paar Tage vorher ein Gedicht entworfen hatte.

Langsamer Schritt. Am Denkmal für Bürger, an Lichtenbergs Grab vorbei. Das Knirschen von Kies unter unseren Sohlen. Bender fragte mich nach meinem Geburtsort, nach meiner Familie, wann aus Frohburg weg, und wo im Westen zur Schule gegangen. Friedberg, Internat, aha. Dort wohnt doch Fritz Usinger, kennen Sie ihn. Vom Sehen, ja. Das Schülerheim lag in der weitläufigen Burg, dort hatte auch Usinger seine Wohnung, manchmal kam er an unserem Tor vorbei. Wahrscheinlich der erste Schriftsteller, den ich mit Bewußtsein sah. Seine Gedichte sagten mir nichts.

Bender erzählte von seiner eigenen Kindheit zwischen den Kriegen. Von der Gastwirtschaft im Badischen, in der er aufgewachsen war, vom älteren Bruder, der ihm näherkam, bevor er an der Ostfront fiel. Oder für lange Jahre in der Gefangenschaft verschwand. Später, viel später las ich davon in Benders Erzählung Bruderherz, tagelang ging mir das nach.

Am Ende kamen wir auf die Bedingungen des Schreibens und auf das Schreiben selber zu sprechen. Daß die Phantasie für den Berufsschriftsteller ein Leben lang vorhalten muß.

Wer kann in dieser Beziehung sicher sein. Und dann: ein Architekt entwirft ein Haus, wenn es dem Auftraggeber nicht gefällt, wird der Entwurf geändert, in der Woche drauf entsteht schon ein ganz anderer Plan, für einen neuen Bauherrn. Aber ein Roman, in dem zwei Jahre Arbeit stecken, fesselt seinen Verfasser. Was hat sich beispielsweise Alfred Andersch nach dem Erscheinen von Die Rote nicht alles anhören müssen: Kitsch, Lüge, Aggressivität, fressender Ehrgeiz. Zu dieser Selbstauslieferung, sagte Bender, kommt noch der meist unerfreuliche finanzielle Aspekt. Denn für die übergroße Mehrheit ist das hauptberufliche Schreiben wie die Irrfahrt durch eine Wüste, in der Wasserstellen mehr als selten, streunende zuschnappende Hunde aber um so häufiger sind. Sie können sich die versteckten Tragödien alter und alternder Schriftsteller nicht vorstellen. Zu allem Unglück werden die betagten Leutchen auch noch von Ehrgeiz und Eitelkeit beherrscht, oft bis zuletzt. So war Otto Flakes Lebensabend in Baden-Baden förmlich verätzt und zerfressen: maßlose Eifersucht auf einen Kollegen. Jedes gute Wort, das in der Stadt über Reinhold Schneider gesagt wurde, auch obenhin, von Nichtlesern, ließ Flake zusammenzucken und mit den Zähnen knirschen. Und jede Einladung, jede lokale Festivität, die der kranke Schneider mit seinem Erscheinen verzierte, trieb den zweiten Autor am Ort zu haßdurchtränkten Notizen: eine Null eine Niete, dagegen ich, warum sieht man das nicht, alles stellt sich dumm, um mich in die Katastrophe zu treiben.

Hörte ich zu, nahm ich die Warnung auf. Wahrscheinlich nicht. Wenn aber doch, dann drang nichts tiefer. Ich war besessen vom Schreiben. Wie gehetzt. Unterwegs zwischen Worten. Unterwegs mit Worten. Papier, Bleistift, Tischplatte. Mehr wollte ich nicht. Das aber unbedingt. Alles andere war mir egal. Anerkennung, Gedrucktwerden, Geld, gut und schön das alles, aber nicht wichtig, ich wollte nur schreiben. Bender wußte das. Er kannte die Krankheit.

Bullenbuch und Mordgeschichte

Schreiben. Was ist das eigentlich. Mitteilung. Oder Spiel mit Sprache. Poetische Beschwörung. Vielleicht eine Art »Seelengeflüster«. Wahrscheinlich eine Mischung aus allem.

In meinem fast uferlosen Frohburgarchiv mit den Familienpapieren, den Urkunden und Aufzeichnungen, den Skizzen, Fotos und Ansichtskarten, den Briefen der Großmutter und der Lieblingstante befindet sich auch ein deutlich über fünfzig Jahre altes in braungelbes Packpapier eingeschlagenes Heft mit meiner ersten Erzählung oder genauer mit meinem ersten Versuch einer Erzählung.

Was mich bis heute erstaunt: bevor ich richtig lesen konnte, fing ich schon an zu schreiben, Ketten aus Wörtern, eigenen Singsang.

Ich war sieben Jahre alt, als mir auf meine Bitte hin von den Großeltern in der Greifenhainer Straße in Frohburg ein dickes Kalendarium aus der Vorkriegszeit überlassen wurde, in das der Tierarzt-Großvater, Jahrgang 1866, seine Besuche auf den Bauernhöfen eingetragen hatte und das ich, fasziniert von einer Vignette auf dem Deckel, das Bullenbuch nannte.

In dieses Bullenbuch schrieb ich über vier oder fünf freigebliebene Seiten mein erstes Werk, ein zweiteiliges Verzeichnis von Hauptwörtern, kompendiumähnlich. Während wir als Schulanfänger erst mit Griffeln auf unsere Schiefertafel und anschließend mit Glasfeder und Tinte in Hefte mit Lackpapier schrieben, aus denen die Schrift der alles umfassenden

Knappheit des Nachkriegs entsprechend mit einem nassen Lappen herausgewischt werden konnte, benutzte ich für mein Privatvergnügen einen Bleistift.

Das großelterliche Haus in der Greifenhainer Straße, im Gegensatz zur Wohnung meiner Eltern keine Erziehungsanstalt, war mit Stiften und Resten von Stiften gut versorgt. In beinahe jeder Schublade, die man aufzog, fanden sich neben Zetteln, Postkarten, alten Münzen, Nägeln, Handschuhen, Halstüchern, Messern, Siegellackstangen, Knöpfen und anderem Krimskrams auch abgebrochene und abgeschriebene oder haarscharf gespitzte schreibbereite Bleistiftstummel, Beleg des diesbezüglichen erklecklichen Verbrauchs der großen Familie durch Jahre und Jahrzehnte, in denen die sechs Kinder zur Schule gingen, in denen Umbaupläne skizziert, Vermögens- und eher noch Schuldenaufstellungen gemacht, Einkaufslisten gekritzelt, Billetdoux und Feldpostbriefe geschrieben, Braut- und Brautjungfernkleider entworfen und Geburts- und Todesanzeigen formuliert wurden. Überhaupt zehrte man während der überlangen Notzeit, die schon mit dem Kriegsausbruch 1939 begonnen und nach fünfundvierzig eine ungeahnte Steigerung erfahren hatte, von den Vorräten im Haushalt: Klebstoff, Bindfaden, Schreibpapier, Kleiderstoffe, Fahrradbereifung, Ölfarbe, Einmachgläser, sogar das »Lesefutter« war von gestern und vorgestern.

Das Frohburg der Nachkriegszeit mit seinen knapp fünftausend Einwohnern, die Evakuierten, Ausgebombten, Flüchtlinge und Vertriebenen eingerechnet, lag kaum vierzig Kilometer von Leipzig entfernt, von der großstädtischen Tauschzentrale, vom ruinenumstandenen Schwarzmarkt. Die Fahrt nach Westberlin, ins zweifach teure Warenparadies, war eine Tagesreise, mit rigorosen Kontrollen und dem Risiko einer Verhaftung. Daher Tauschhandel innerhalb der

Kleinstadt und mit den umliegenden Dörfern, daher Nutzung aller Reste und Rückstände.

So meine Farben der Kindheit. Ich wohnte mit Vater und Mutter, beide am Ort geboren und aufgewachsen, und einem jüngeren Bruder am Frohburger Markt. Die Wohnung im ersten Stock der Post und des Posthotels war Anfang des Jahrhunderts für den verdienstvollen Bürgermeister erbaut worden, dem die Stadt die Errichtung des Rathauses, der Feuerwehrremise, der Turnhalle, des Amtsgerichts nebst Gefängnis und der großen Volks- und Gewerbeschule mit den öffentlichen Wannenbädern im Keller verdankte. Acht Jahre lang verbrachte ich die Vormittage in dem mit gelben Schmuckziegeln verkleideten Riesenbau. Die Prügelattacke des alten Friedel in der ersten Klasse. Interessierte Blicke in Richtung der besten Mitschülerin. Das Aulameeting bei Stalins Tod. Und der Klassenkamerad, der mich in der großen Pause von hinten ansprang und den ich mit einem Ellenbogenstoß abwehrte. Ohnmächtig lag er auf dem Schulhof.

Im Sommer 1945 hatte man uns nach dem Abzug der Amerikaner aus Mitteldeutschland und dem Einrücken der Roten Armee in der Post einquartiert, nach der Ausweisung aus unserer Interimswohnung im Amtsgericht, in das innerhalb von zwölf Stunden die Ortskommandantur der Besatzungstruppe gelegt wurde. In den neuen Zimmern am Markt mußte auch Vaters Landarztpraxis untergebracht werden. Was zur Folge hatte, daß auf dem Flur vor der Küche die Urinproben der Patienten in der Kurbelzentrifuge gedreht und die sogenannten Verbände schubweise über den schlauchähnlichen halbdunklen Korridor in den Verbandsraum gelotst wurden, am Elternschlafzimmer vorbei.

Bruder Ulrich und ich waren bis zu unserem Weggang aus Frohburg 1957 elf Jahre lang in einem Durchgangszimmer untergebracht, in dem die Schränke des Bürgermeisters gestanden hatten, Grundfläche anderthalb mal vier Meter, Ofen oder Heizung Fehlanzeige, es gab zwei abgewetzte Krankenhausbetten. Nebenan das Eßzimmer mit dem Erker und der Fensterfront zum Markt, wegen des enormen Verbrauchs an rationierten Briketts ließ es sich allerhöchstens zwei Tage über Weihnachten und Silvester heizen. Wir mußten die Abende der kalten Jahreszeit in der Küche verbringen. Dort gab es neben der Sommermaschine und einem fast deckenhohen gewaltigen Herd für Holz- und Kohlenfeuer die Kochstellen mit Gasflamme. Die Küche war, von Vaters Sprechzimmer abgesehen, der einzige Raum in der Wohnung, der während der regelmäßigen abendlichen Stromsperren eine annehmbare Beleuchtung hatte, die fest installierte Gaslampe. Es handelte sich um ein Rohr, das aus der Wand kam und auf dessen Mündung der Glühstrumpf saß: hartes Licht mit überscharfem Schlagschatten, alles andere als schmeichelhaft für Gesichter. Freundlicher dagegen die funzligen Petroleumlampen aus der Zeit vor der Elektrifizierung der Stadt, die außerhalb der Küche in der Wohnung zum Einsatz kamen.

In dieser Szenerie, die nicht nur Knappheit und Mangel, sondern vor allem Leid und Haß bestimmten, wuchs ich auf, umgeben von zerstörten Familien, Heimatverlust, Hunger und politischem Absturz, kaum jemals war ein Land so tief gefallen. Dabei versuchten nicht viele Erwachsene, die um mich waren, mich erzogen, mich belehrten, mich lenkten, die Größe der Katastrophe und ihre Ursachen auszumessen, Vater vielleicht, im Ansatz, mit den Bücherbergen am Bett und der nächtelangen Lektüre, In den Schützengräben von Stalingrad, Ein Zeitalter wird besichtigt, Doktor Faustus. Ansonsten geisterten Egoismus, Selbstbetrug, Lüge durch die Kulissen.

Vielleicht, kann doch sein, daß es auf undurchsichtige verwickelte Weise die Stadt und ihre Bewohner waren, die mir den Stift so früh in die Hand drückten, zwischen die Finger schoben. In Erinnerung rufen, auffinden, dingfestmachen, was an Kränkung, Verletzung und Gemeinheit ich im Alter von sieben Jahren schon empfunden, gespürt, geahnt habe und was mich dazu brachte, mein Bullenbuch aufzuschlagen und zwei Texte hineinzuschreiben, die ich einander gegenüberstellte und die ich Das erste und Das zweite Weltgedicht nannte. Im ersten Gedicht versammelte ich auf drei Seiten alle guten Dinge und Abstrakta, die auf die Schöpfung zurückgingen, Nahrung, Liebe, Wärme, Blumen, Wasser, Farben, Licht, Mitleid, immer neue Wörter und Begriffe fielen mir ein, Tage ging das, bis ich Das zweite Weltgedicht in Angriff nahm und mich an ein Verzeichnis des Schlechten und Bösen machte: Betrug, Raub, Blutvergießen, Gewehre, Kreuzigung, Gefangenschaft, Verlies, Daumenschrauben, Stiefmutter, Zigeuner, was wußte ich denn, was wußte ich nicht.

Die Erwachsenen nahmen meine Dichtkunst mit lauthals geäußerter Zustimmung und leicht herablassendem amüsiertem Lächeln zur Kenntnis. Allerdings hatte es einen Germanistikstudenten in der Familie gegeben, den ältesten Bruder meines Vaters, der Anfang 1915 vor Ypern gefallen war, er hatte auch Gedichte geschrieben, das verlieh meinem Umgang mit Wörtern, meinem Spiel ein winziges Gewicht. Außerdem war noch die Erinnerung an die Mutter des Tierarzt-Großvaters wach, das Freiberger Lottchen, man bewahrte in der Greifenhainer Straße das Bündel Blätter mit ihrer beinahe gemalten Handschrift auf, die in gereimter Form ganz schnörkellos die nicht immer katastrophenfreie, nicht immer gradlinige jüngere Geschichte der Familie schilderten. Und letztendlich fühlte man sich mit Will Vesper ver-

wandt, der einmal von seinem Wohnsitz Meißen nach Frohburg herübergekommen war und bei seinem Besuch und in
Briefen mit Herr Vetter angeredet wurde.

Das Bullenbuch von einst: längst verschütt gegangen, mit
allem Besitz und beinahe allen Spuren der Großeltern. Auch
von meinen Hervorbringungen der folgenden Jahre, Gedichte,
Märchen, Zeichnungen, ist nichts übriggeblieben. Bis auf das
in Packpapier eingeschlagene Heft von 1952, 1953 in meiner
Sammlung der Frohburger Jahre. Nach unserer Flucht in den
Westen und nach der Räumung unserer Wohnung kam es zur
verwitweten Großmutter und zur verwitweten Lieblingstante
Doris-Mutti in die Greifenhainer Straße. Doris-Mutti schickte
es mir nach Großmutters Tod, als sie ihr Elternhaus nach sechzig Jahren verlassen mußte, über die deutschdeutsche Grenze
ins Friedberger Internat, in einem Päckchen mit Dostojewskis
Totenhaus und Billy Budd von Melville.

Das holzhaltige Papier des Heftes, die vergilbten, fast
schon gebräunten Seiten. Schönschrift mit schmierendem
Kugelschreiber. Auf der Titelseite eine Art Motto: Man muß
selbst erfinden, nicht andere erfinden lassen. Es folgt meine
Geschichte, wahrscheinlich die erste, die ich geschrieben
habe. Titel: Gott ist der Richter.

Einleitend wird der Wilde Westen der USA im neunzehnten
Jahrhundert geschildert, der Goldrausch in Kalifornien.
Dann ist von einem Mord auf den Goldfeldern die Rede, von
der Verfolgung des Mörders durch den Bruder des Umge-
brachten und von der Gefangennahme des Täters im India-
nergebiet. Nach dem Gesetz der Prärie und der Indianer gehört der Verbrecher an den Marterpfahl. Doch nach einer
schlaflosen Nacht beschließt der weiße Verfolger aus Kalifornien, seinem Gefangenen die Qualen zu ersparen, er
spannt seinen Revolver und erschießt den Gefesselten.

Unvermitteltes befremdliches Ende, wenn man die Überschrift der Geschichte bedenkt. Es irritierte mich beim Wiederlesen Jahrzehnte später fast noch mehr als meine eigenwillige Schreibweise des Wortes Revolfer. Hinzu kommt noch und verlängert den Anhauch Befremdung, daß ich seinerzeit auf der Innenseite des hinteren Deckels postuliert habe: Dieses Büchlein soll dazu beitragen, die Freundschaft der Menschen untereinander zu festigen.

Immerhin war ich erst elf Jahre alt. Inzwischen denke ich, bei dem Zwiespalt von damals, bei dieser Differenz, diesem Widerspruch ist es bis heute geblieben, für mich, beim Schreiben: Freundschaft der Menschen untereinander als Programm, als Traum und Utopie. Und die Schwierigkeit, zu diesem Programm nicht allzu ahnungslose oder verlogene, vielmehr einigermaßen wahre Texte zu liefern, die im allergünstigsten Fall ein bißchen Leuchtkraft haben, von ihrer Poesie und von ihrer Genauigkeit her. Die Schreibversuche gingen früh los, ich übe weiter.

Auftakt mit Arnold Z.

Eine Hitzewoche im August 1964, ich war gerade dreiundzwanzig geworden. Das Land, endgültig geteilt, wie es schien, waberte hier wie da tagsüber im Sonnenglast, nachts lag die ausgeglühte Luft schwer in den Tälern vom Schwarzwald bis zum Erzgebirge und in den Straßen der Städte von Aachen bis Görlitz. Ich war für ein paar Wochen meiner aufgeheizten Dachkammer im Göttinger Vorort Grone entkommen, achtzig Mark Miete, Klo über dem Hof, Zimmernachbar der spätere SDS-Matador Krahl, und bewohnte bei den Eltern in Reiskirchen, im Neubaugebiet Am Stock, das kühle Kellerzimmer, in dem das selbstgebaute wandbreite Regal aus Sandsteinklinkern und Spanplatten mit meinen Büchern stand. Während Vater nachmittags seine Sprechstunde für die Kranken aus dem Wiesecktal abhielt, saß ich im Garten und schrieb an einem Zyklus von Gedichten über die Lage, die allgemeine, die private, den ich Am Horizont die Eiszeit nannte. Gegen Abend machte ich mich nützlich mit Gartenarbeit, ich mähte die Wiesen, verschnitt Büsche und riß Unkraut aus. Mutter, enges aber spannungsgeladenes Verhältnis, als läge ich mit mir selbst über Kreuz, steckte mir alle paar Tage ein Fünfmarkstück zu, für Bücher, was sonst. Vater ließ mich in Ruhe. Erst lange nach seinem Tod, er starb, Jahrgang nullsieben, Anfang 2003, sah ich die Reiskirchener Bücher durch, auf der Suche nach Geld, das er schon in Frohburg und dann auch im Westen zwischen den Seiten versteckte. Merkwürdigerweise fand ich nicht einen

Schein. Dafür stieß ich in Stirners Der Einzige und sein Eigentum auf einen Besitzeintrag von seiner Hand aus dem Jahr 1925. Auf unbestimmte flüchtige Art war ich gerührt von dem tastenden jungen Mann, der er, nun tot, einmal so gut wie ich gewesen war.

Wenn nachts das Dorf schlief und durch das weitgeöffnete niedrige Fenster von Zeit zu Zeit das feine Zirpen der Grillen kam und manchmal das ferne Dröhnen der großen Nordsüdautobahn, lag ich rauchend auf dem Bett und las im Neuen Pitaval, von dem ich die ersten fünfzehn Bände in einem Koffer aus der Universitätsbibliothek in Göttingen geholt und im Eilzug mit nach Oberhessen genommen hatte. In der bodenlosen Vordergrundstille der Nacht knackte alle zehn, fünfzehn Minuten das Regal unter dem Gewicht der Bücher und setzte wie das Klicken des Feuerzeugs kleine Zäsuren in die Berichte von Kriminalfällen, die auch nach hundert und hundertfünfzig Jahren nichts von ihrer Rätselhaftigkeit verloren hatten: Die Kaufmannsfrau Behold, Der Doktor Jahn, Ein verlorener Posten. Nicht selten legte ich das Buch erst gegen Morgen weg, benommen vom Blick in Abgründe an Doppeldeutigkeit, Lüge und Selbstbetrug, draußen wurde es schon wieder hell, mit bleichem Licht aus Nordnordost. Noch einmal für eine Zigarettenlänge im Fenster lehnend, sah ich die Bäume, Büsche und Wiesen in Zeitlupe aus der Dunkelheit auftauchen, erst in wenigen Stufen von ausgeblichenem bläulichem Grau, dann immer mehr in den Farben des Tages.

Vor zehn stand ich nicht auf. Als ich eines Vormittags nach oben kam, hielt mir Mutter, Vater war auf Besuchstour, einen Brief aus München hin. Wolf Peter Schnetz, Student der Germanistik, angehender Dichter, zwei Jahre älter als ich, lud mich zu einer Lesung in der Maistraße am Sendlinger Torplatz ein, der Abend würde in überschaubarem Rahmen stattfinden, in seiner Wohnung, allerdings würde die Veranstaltung in der Presse angezeigt und später mindestens vom Münchner Merkur besprochen werden. Honorar die Abendkasse, eine Schale stand auf der Flurkommode.

Ich sagte zu. Von den Eltern lieh ich mir ihren Opel Kadett, ein neumodisches Leichtbauauto mit Pontonkarosserie, der Tausendkubikmotor werkelte vor sich hin, Stunde um Stunde, am späten Nachmittag kam ich in München an. In den Hauptstraßen hingen die Abgasschwaden des Großstadtverkehrs, Autos, Busse und Straßenbahnen lärmten durch die Häuserschluchten. In der Maistraße eine lange Reihe von Mietskasernen der besseren Sorte, aus der Zeit vor dem Ersten Weltkrieg, den Bomben entkommen. Seit Kindertagen kannte ich das zerstörte Leipzig, Dresden mit seiner ausradierten Innenstadt und seit unserer Flucht aus Frohburg 1957 auch das zu achtzig Prozent vernichtete Gießen mit dem Notaufnahmelager hinter dem Bahnhof, eine wiederaufgebaute Großstadt wie München war mir neu.

Im mittleren Stock des Hauses Maistraße 8 eine gediegene Wohnungstür, ich kann mich bis heute an eine Visitenkarte über der Klingel erinnern: Literarisches Accubare. Muß man denn hier im Liegen lesen, fragte ich mich.

Eine junge Frau machte auf, langes offenes Haar, dunkelblond. Ihr Mann sei gerade aus dem Haus gegangen, in die Druckerei um die Ecke. In der engen Seitenstraße konnte ich lange kein Firmenschild finden, noch benommen von der Autofahrt, ging ich ratlos an den Häusern entlang, endlich entdeckte ich den kleinen Betrieb. Man trat in einen Torweg, stieg ein paar Stufen hinauf und kam in einen Raum mit drei Fenstern zur Straße. Sonne auf den Tischen, es roch nach Druckerschwärze, Blei und Maschinenöl, wie bei Bertholds

in Frohburg, wenn ich dreiundfünfzig in ihrer Kleinstadt-
druckerei nach Edgar Wallace und Zane Grey fragte, die
Bücher standen unter Verschluß in einem Schrank, der hinter
die Druckmaschinen gerückt war und der die Reste der nach
1945 von der neuen Obrigkeit verbotenen Leihbücherei enthielt. Eine ältere Verwandte der Besitzerfamilie nahm jedesmal meinen Groschen in Empfang, schloß den Schrank auf
und machte mir Platz. Qual der Wahl in dem engen Winkel,
ich durfte mir ein Buch aussuchen und hätte am liebsten den
ganzen Schrank leergeräumt. Erinnerung immer dann, wenn
ich einen Vorkriegskrimi von Goldmann oder Ullstein in die
Hände bekomme.

Hier in München, im vertrauten Geruch des Drucker-
handwerks, fand ich einen großen schweren Mann Mitte
Zwanzig, im Gegenlicht, über einen Setzrahmen gebeugt,
Wolf Peter Schnetz. Sein Großvater, hörte ich am nächsten
Morgen beim Frühstück, war Oberst oder General gewesen,
aber bayerisch, nicht preußisch, in Regensburg, wurde betont, und der Vater, gleichfalls Offizier, ging vierundvierzig
bei einem Flug im Eismeergebiet verloren, vielleicht sogar,
eine Widerstandssache, von den eigenen Leuten herunter-
geholt.

Vier Stunden nach der Begrüßung, am Abend, las ich im
Schnetzschen Wohnzimmer zwischen den abgebeizten Möbeln vom Sperrmüll und den kostbaren Biedermeierstücken
der gutgestellten Regensburger Großmutter meine Gedichte
vor, Frohburg, Weggang aus Frohburg, deutsche Vergangenheit und deutsche Teilung. Die Zuhörer saßen auf den Dielen, sie lehnten an den Wänden, und es kann sein, daß einige
sich, um dem Namen Accubare gerecht zu werden, auf den
Teppich gelagert hatten, alle hielten geduldig aus. Es gibt ein
Tonband des Abends: die Fenster standen offen, wegen der

Hochsommerschwüle, und man hört den Verkehr von unten. Ich weiß noch, daß auch die Großmutter da war, die Witwe des Generals, sie hat einen Zwanzigmarkschein auf den Sammelteller im Flur gelegt, das war ein Drittel, ja fast die Hälfte von dem, was als mein Honorar zusammenkam.

Unter den Zuhörern ein alter Mann, vor Zeiten expressionistischer Lyriker, dann Emigrant, schließlich zurückgekehrt und endlich vergessen. Ivan George Heilbut hieß er. Zum ersten Mal hatte ich vorgelesen, und zum ersten Mal auch hatte mir ein Kollege aus der Generation der Pinthusleute zugehört. Lange nach Mitternacht machten mir die Gastgeber im Nebenzimmer, in dem die beiden Schreibtische für das Studium standen, ein Lager zurecht, sie rollten einen Schlafsack aus. In ihm hatten vor mir schon Günter Eich und Karl Krolow gelegen, was wollte ich mehr, die Lesung zitterte stundenlang in mir nach.

Am nächsten Tag fuhr ich weiter nach Inzell. Dort hatte Heidrun mit ihrer englischen Austauschfreundin für ein Wochenende ihre Reise nach Wien unterbrochen. Wir verpraßten das Münchner Honorar in der Hoteldisko, die man damals noch Tanzbar nannte. Mit dem letzten Rest Benzin kam ich Montag wieder in Reiskirchen an. Gerade rechtzeitig, um einen Brief aus der Maistraße in Empfang zu nehmen. Inhalt ein Zeitungsausschnitt, der Münchner Merkur hatte tatsächlich über den Abend berichtet, mit fünfzehn Zeilen. Noch im gleichen Jahr brachten Wolf Peter Schnetz und ich ein gemeinsames Buch heraus, Je elementarer der Tod desto höher die Geschwindigkeit. Beide steuerten wir einen Gedicht-Zyklus bei, von mir stammte Am Horizont die Eiszeit. Und von Ludwig Meidner, dem Expressionisten, der nach dem englischen Exil achtzigjährig in einer mehr als bescheidenen Ein- oder Anderthalbzimmerwohnung an einer Ausfallstraße in Darmstadt lebte, wurde ein Aquarell reproduziert, Dünkirchen, Flüchtlinge als Strandgut unter schwarzem Himmel, das Schnetz bei einem Besuch von dem betagten Maler geschenkt bekommen hatte. Viele waren es nicht, die sich um Meidner kümmerten. Erst lange nach seinem Tod wurden ihm opulente Ausstellungen gewidmet, brachten seine frühen Bilder auf Auktionen Hunderttausende, in Spitzen Millionen ein.

Unsere bibliophile Veröffentlichung mit dem Blatt von Meidner schickte ich bald nach dem Erscheinen an Arnold Zweig nach Berlin, aus Begeisterung über den Sergeanten Grischa. Zweig, fast blind, saß in der Homeyerstraße in Pankow in einer kleinen, von der SED enteigneten und eigentlich für Heinrich Mann als Akademiepräsidenten vorgesehenen Villa. Um die Ecke wohnten später auch Kamnitzer vom Ost-PEN, Stephan Hermlin, nach 1990, wenn ich nicht irre, B – SH 134 am Volvo, und weiterer Neuadel, während auf der anderen Seite der Ausfallstraße Richtung Birkenwerder und nördlichem Berliner Ring der Sperrbezirk mit den Anwesen der Häuptlinge lag: Pieck, Ulbricht, Grotewohl, Hilde Benjamin.

Am Ort des Exils, in Haifa, hatte Zweig seinen Freunden und Leidensgefährten verschwiegen, daß er nach Ostberlin gehen wollte. Wir machen Urlaub auf Schloß Dobris bei Prag, auf Einladung der tschechoslowakischen Regierung, hatte er kurz vor der Abreise aus Palästina 1948 verlauten lassen. Richtig war auch Ehefrau Beatrice, eine Malerin, auf Dobris zurückgeblieben, als Zweig den Abstecher nach Norden machte, um seine Chancen abzuklären und mit der obersten Etage zu verhandeln. Nach dem überraschenden Tod Heinrich Manns trat er die diesem zugedachte Stellung als Akademiepräsident an, er bekam das Haus in der Homeyerstraße zugewiesen, seine Romane erschienen in enormen

Auflagen, nur die verfänglicheren Essays, über Freud etwa, wurden in knappgehaltener Menge verbreitet, Sperrwerte, könnte man in Anlehnung an die Philatelie sagen, zugänglich allenfalls Briefmarkensammlern, die tiefer in die Tasche griffen. Und Lesern, denen man traute.

Die Steuerung von oben, bis in die Auflagenhöhe eines einzelnen Buches hinein. An dergleichen Usancen ließ sich nicht rütteln. In seinem Tagebuch aus dem Anfang der fünfziger Jahre berichtet Zweig, Träger des Lenin-Friedenspreises, vom Aufenthalt in einem Regierungssanatorium der sowjetischen Freunde auf der Krim, Stalin war noch am Leben. Jeden Vormittag kam die persönliche Betreuerin und fragte das Ehepaar nach seinen Wünschen. Vieles, sehr vieles war möglich. Wir Schriftsteller wollen immer wissen, wo wir uns befinden, sagte Zweig, bitte besorgen Sie mir eine Karte der Halbinsel Krim und des vorgelagerten Festlands. Natürlich, sehr gerne, sagte die Betreuerin. Man sah sich täglich, von einer Karte war allerdings keine Rede mehr. Bis Zweig nach vier oder fünf Tagen auf seine Bitte zurückkam. Morgen, sagte die junge Frau. Und tatsächlich trat sie anderntags schon kurz nach acht beschwingt, unendlich erleichtert, möchte man heute sagen, in den Frühstückssaal und entrollte vor dem hohen Gast aus Deutschland, der Heimat weltberühmter kartografischer Verlage, eine Art Wandbild der Sowjetunion, Die Großbauten des Kommunismus, über das Riesenland verteilt stilisierte Darstellungen von Staudämmen, Kraftwerken, Kombinaten und Kanälen, Zweig hatte nicht das Herz oder nicht den Mut, die todsicher handverlesene, geschulte und hundertfach überprüfte Betreuerin, die vielleicht sogar einen militärischen Rang hatte, in die Mangel zu nehmen. Unklar, ob er nicht doch Bescheid wußte, nicht doch die Veralberung erkannte. Karten. Gab es schon vom tiefsten Landesinneren nicht. Und hier: von der Krim. Dem Kleinod, auf das die Juden scharf waren. Einer Außengrenze auch noch. Drüben der Schah und die Jungtürken. Schon die Weitergabe von Zweigs Bitte konnte Ungemach mit sich bringen. Der dieserart Beschenkte war hocherfreut. Oder tat doch so.

Reichlich zehn Jahre nach dieser Kur war es, da bedankte sich Arnold Zweig bei mir für unser Buch. Ich lasse mir die Gedichte jeden Nachmittag vorlesen, steht in seinem Brief, ich habe einige Schwierigkeiten, Ihren Zyklus zu verstehen, aber die Hervorbringungen Ihres Freundes bleiben mir vollends verschlossen. Nichts, gar nichts zu dem Blatt von Meidner. Und vor allem, sehr merkwürdig, kein Sterbenswort über die enge Freundschaft, die ihn einmal mit Ludwig Meidner verbunden hatte.

Nach dem Tod der beiden Zweigs wurde das Haus in der Homeyerstraße mitsamt seiner Einrichtung zur Gedenkstätte gemacht. Geöffnet immer dann, wenn ostdeutsche Arbeiter am allerwenigsten konnten: dienstags und donnerstags von zehn bis halb eins. Auch wir hatten Schwierigkeiten. Entweder paßte der Wochentag nicht, oder wir hatten uns, an Kontrollen, in Schlangen gestoppt, eine halbe Stunde zu spät nach Pankow durchgekämpft. So kam es, daß wir erst in der Umbruchzeit, Anfang 1990, Einlaß fanden. Wahrscheinlich waren wir die ersten und einzigen Besucher dieses Tages. Der Rundgang durch die nachgelassenen Zimmer des Schriftstellers und der Malerin dauerte drei Stunden. Immer neue Fragen an die Frau Ende Vierzig, die uns führte und die, wie sie sagte, Angestellte der Akademie der Künste der DDR war, es gab dieses Staatsgebilde noch, das trotz aller Aufrufe Für unser Land nie eigentlich ein Land, immer nur der abgetrennte, letztlich fremdverwaltete Teil eines Landes war.

In stundenlangem Gespräch taut man manchmal auf und

kommt sich näher, die Zeitläufte waren danach, als ich mich nach der Bibliothek Zweigs erkundigte, wurden Heidrun und ich ins Kellergeschoß geführt, dort waren in einem niedrigen Raum mit freischwingenden Stahlrohrsesseln der Bauhauszeit Arnold Zweigs Bücher teils in Regalen, teils in verglasten Schränken untergebracht, wir bekamen die Psychopathologie des Alltagslebens mit einer handschriftlichen Widmung Freuds zu sehen und Meidners Gedichtband Im Nacken das Sternemeer, dem Freund Arnold gewidmet.

Ich fragte nach unserem Gedichtband von 1964. Die Führerin dachte kurz nach, dann bückte sie sich in der Nähe des Souterrainfensters, wo auf einem Bodenbrett größerformatige Bände standen, zog das Buch mit dem vertrauten Rundtitel auf dem Umschlag hervor, schlug es auf und hielt es mir hin, Dem hochverehrten Meister Arnold Zweig, las ich meine Schrift und war freudig erstaunt und spürte gleichzeitig eine unangenehme Regung, das hätte ich besser tiefer gehängt, Leser und Bewunderer von Arno Schmidt, der ich damals schon war.

Wenn Arnold Zweig sich Am Horizont die Eiszeit vorlesen ließ, so gab es im Osten Jahre später einen weiteren Interessenten, der Zeile für Zeile noch ernster nahm und noch genauer untersuchte, was ich da geschrieben hatte. Ab Anfang der siebziger Jahre stand ich im Briefwechsel mit Leuten aus Frohburg und Umgebung. Meine Fragen nach Details aus der jüngeren Familien- und Lokalgeschichte und nach Einzelheiten von Biografien, Bürgerkrieg und Machtergreifung am Ort, rote und braune Spanienkämpfer aus der Gegend, Schicksal der Frohburger Schloßherrschaft nach Kriegsende, Verhaftung zweier Lehrer 1952, Erschießung eines Braunkohlenarbeiters aus der Kreisstadt Geithain am 17. Juni, das alles weckte die Aufmerksamkeit der zuständigen Kreisdienststelle der Staatssicherheit. Der Verein, der sich abschottete aber keine Abschottung duldete, der alles geheimhielt und alles wissen wollte, hauste genau dort, wo er schon zu meiner Oberschulzeit gehaust hatte, in der Schillerstraße in Geithain, durch die ich auf dem Weg vom Bahnhof jeden Schultag kam. Schiller, ausgerechnet. Die Ironie war mir seinerzeit nicht bewußt, mich beschäftigten die schnüffelnden kläffenden Hunde hinter dem blickdichten Bretterzaun, der das Landhaus und die Garagen umgab, und weiter die dunklen Limousinen von EMW, die gelegentlich auf die Straße bogen, wenn das Tor sich wie von selbst geöffnet hatte.

Irgendwann in den Siebzigern bekam die verschworene Truppe auch in Geithain einen Neubau auf dem oberen Teil des Grundstücks genehmigt, nach Form und Größe republikweit genormt, und bestückte das fertige Bauwerk mit Videokameras, man arbeitete nicht mehr exemplarisch, zur Abschreckung, sondern flächendeckend. Was zur Folge hatte, daß unter meinen sieben, acht Briefpartnern und ihren Angehörigen mindestens drei Zuarbeiter waren. Anders lassen sich die auszugsweisen Briefabschnitte im Aktenbestand nicht erklären. Der am Vormittag zugestellte Brief liegt geöffnet auf dem Tisch in der Küche oder im Wohnzimmer, in einem günstigen stillen Moment setzt sich ein Mitglied der Familie schnell hin und kritzelt Teile der Feindnachricht eilig ab. Oder der Empfänger des Briefes selbst übergibt die postalische Botschaft aus dem Operationsgebiet in einer geheimen Wohnung einem Genossen Leutnant oder Unterleutnant in Zivil. Erwartungen gerechtwerden. Gegengabe Winterreifen oder seltenere Studiengänge für die Sprößlinge. Wo es knapp zugeht, ist Belohnung eine einfache Sache.

Leiter der Dienststelle des Ministeriums für Staatssicherheit im Kreis Geithain war ein Oberstleutnant Moeller. Wo abgeblieben. Nichts gehört, Anwalt möglicherweise. Moeller ließ sich Anfang der achtziger Jahre aus der Deutschen Bücherei in Leipzig meine Bücher holen, soweit sie im Bestand waren. Vielleicht schickte er einen Fahrer, vielleicht stieg aber auch ein Gehilfe in den Zug, der von Geithain über Frohburg und Borna nach Leipzig ging. Auf alle Fälle hatte es vorher einen Anruf beim Gewährsmann des Ministeriums in der Bibliothek oder beim Direktor selbst gegeben.

Ich kannte den Direktor. R. war der Cousin meines angeheirateten Cousins G. Beide stammten aus Arbeiterfamilien in Lindenau, und beide konnte man Aufsteiger nennen. Wenn Mutter Mitte der fünfziger Jahre zum heimlichen Einkauf von Schuhen, Kaffee, Kakao, Schokolade über Nacht in Westberlin war und bei der Großcousine Schatzi schlief, traf sie in der großen Altbauwohnung in der Feuerbachstraße in Steglitz gelegentlich auch auf R., der auf Dienstreise war, um westliche Neuerscheinungen für sein Haus zu besorgen. Ein kluger Kopf, sagte Mutter immer und wurde aus seiner Beziehung zur Wohnungsinhaberin nicht recht schlau. Schatzi arbeitete für die Franzosen, nicht ganz uninteressant für den SSD.

Klar, daß R. in der Partei war, ab 1946 schon, und von ihr nach oben geschoben wurde. Einstieg als Kaderleiter. Doktor- und Professorentitel aus dem Fernstudium. Auslandsauftritte. Frankfurter Buchmesse beispielsweise.

1970, dreizehn Jahre nach unserem Abtauchen aus Frohburg, war ich erstmals wieder in Sachsen, zur Leipziger Herbstmesse, mit einem Auftrag des S. Fischer Verlages, über das Völkerschlachtdenkmal zu schreiben, ich sah das Riesending nur einmal im Vorbeifahren, vom Auto aus. Cousin G., bei dem ich untergekommen war, ließ mich von seinem Sohn, einem Studenten, der nach dem Tierarztexamen eine finnische Kommilitonin heiratete und in den Westen ausreiste, in die Deutsche Bücherei führen. Nahebei die Kinderklinik, in der ich einmal kurz vor der Einschulung operiert worden war, zwei Jahre nach Kriegsende. Wenn die Eltern, Großmutter und Doris-Mutti mich sonntags auf der Station besuchten, wartete ich schon auf das Mitbringsel, die Schachtel aus rauher Pappe, bunt bedruckt, die in einem zugeklebten Umschlag Ergänzungsteile zum Metallbaukasten von Trix enthielt. War der Besuch gegen Abend wieder gegangen, erfreute ich mich im wochenendstillen Krankenzimmer immer aufs neue am leisen Klirren und Klappern der Räder, Lochbänder, Achsen und Schrauben in einer Mulde der Bettdecke. Leicht, beinahe wie von selbst glitten die Messingmuttern um die Gewindeachsen. Wie meine Daumenkuppe die kleinen Sechsecke auf- und niedertrieb.

In der Deutschen Bücherei angekommen, stöberten der Großcousin und ich als erstes in den Katalogen. Trotzki fehlte, natürlich, aber immerhin gab es Arno Schmidt, Ernst Jünger, selbst Arthur Koestler. Für wen zugänglich, war eine ganz andere Frage. Zu meiner Verblüffung war auch eine Karteikarte für das Buch von Schnetz, Meidner und mir vorhanden. Ich drückte mein Erstaunen gegenüber R. aus, der uns, G. hatte angerufen, in seinem großen Generaldirektorenzimmer empfing. Er hatte das Buch vor sich liegen und hob es hoch, gehört doch zu den Aufgaben unseres Hauses, sagte er freundlich und ein bißchen von oben herab und unterschlug dabei, was er aus eigener Erfahrung über die Verletzlichkeit von Bibliotheken noch genauer wußte als ich. NSDAP-Mitglied seit 1941. Das entdeckte ich später. Bis Kriegsende dabei. In einem Jahr dann von denen zu denen, der Weg war manchmal kurz.

Am folgenden Tag chauffierte mich Cousin G., Genosse wie R. und damals Bezirksschulrat, in seinem Skoda heimlich nach Frohburg. Messegäste durften die Stadtgrenze Leipzigs nicht überschreiten. Während mein Fahrer Freunde besuchte und wegen des Verkaufs eines Gartens aus Bodenreformland verhandelte, konnte ich drei Stunden die kleine Stadt durchkreuzen. Wiederbegegnung mit allen Straßen und Gassen, allen Häusern und Scheunen und allen Waldstücken der Kindheit, ich prägte mir die Bilder ein.

Fotografieren konnte ich erst bei einem zweiten Frohburgbesuch sechs Jahre später, mit Heidrun und Wolfram, ich verknipste fünf Filme, Anwesen für Anwesen, nur an den runtergekommenen Posthof wagte ich mich nicht, der Schandfleck war tabu, vor mir selbst. Und auf den Hof der Großeltern kam ich gar nicht erst, die Neuen wiesen mich ab.

Anhand der Bilder von Häusern ließ ich mir von den Eltern bei Besuchen in Reiskirchen die Lebensgeschichten der Bewohner erzählen. Das waren Abende, die kein Ende nahmen, wir tranken Bier, rauchten, und immer neue Themen, immer neue Kleinstadtungeheuerlichkeiten kamen zur Sprache. Und wenn ich dann nach Mitternacht leicht angesäuselt im Kellerzimmer auf der Bettkante saß und mit krakeliger Schrift eine Art Gedächtnisprotokoll zu Papier zu bringen versuchte, hörte ich über mir noch lange Türenklappern, Schritte, Stimmen, man kam nicht zur Ruhe.

Auf unserer Reise zu dritt 1976 zeigte ich Heidrun auch meine alte Oberschule in Geithain. Wir stellten unser Auto mit einem Aufkleber Bicentennial US am Heck seitwärts des Bahnhofs ab, nach einer Stunde kamen wir zurück, der Aufkleber war verschwunden. Zweimal hatten wir inzwischen, den Kinderwagen mit Wolfram schiebend, die Schillerstraße durchmessen, eine der Videokameras schwenkte uns nach, ich drehte mich weg, hielt meine kleine Rollei 35 wie zufällig in Gürtelhöhe und löste aus.

So kam es, daß es zu der Zeit, als Oberstleutnant Moeller

sich unser Münchner Buch und meinen Gedichtband Fahrplan der Eremitenpresse besorgte, längst eine Vergrößerung
zwanzig mal dreißig des Schnappschusses seiner Dienststelle
an meiner Pinnwand hing. Sie sollte mich an ein Erlebnis aus
dem Dezember sechsundfünfzig erinnern. Ein paar Wochen
nach dem Aufstand in Ungarn, den Mutter und ich jeden
Abend nach neun im deutschsprachigen Radio der BBC verfolgt hatten, und nach einer ansatzweisen, nur leicht ver-
schleierten Aufmüpfigkeit in der Schule, die mit den An-
fangserfolgen der Aufständischen zusammenhing, erklärte
ich mich, um meinen guten Willen, meine Anpassung zu
demonstrieren, dazu bereit, am Sonntagvormittag im Neubauviertel der Kreisstadt die Klinken zu putzen und für das
Nationale Aufbauwerk zu sammeln. Jahrelang hatte uns gegenüber in der Thälmannstraße in Frohburg der Mann mit
dem Teiggesicht gewohnt, beim Fuhrmann Schramm, Mäser
hieß er, SSD. Seine Frau unscheinbar, reizlos, wahrscheinlich
Schreibkraft bei der Kreisleitung oder in der Dienststelle des
Mannes. Keine Kinder. Er meist mit Hut. In der kalten Jahreszeit mit dickem Zweireihermantel. Fast wie Vater, aber
von der bedrohlichen Sorte: jedes Wort, jedes Tun ging auf
geheime Pläne, Berechnungen und Anweisungen zurück.
Letzte Instanz dabei immer die sowjetischen Freunde. Wenn
dieser massige bleiche Nachbar dienstfrei, scheinbar dienstfrei im Fenster lag, rauchend, die Unterarme auf einem Sofa-
kissen, entging ihm nichts auf Straße und Markt, nur mich
sah er nicht, ich stand hinter den Gardinen im Eßzimmer und
beobachtete ihn.

Eines Tages war das Ehepaar aus Frohburg verschwunden,
in der Wohnung fremde Leute. Und nun war ich am Sonntag-
morgen im mit dem Rad über die Roda nach Geithain gefahren, allein auf mich gestellt, ohne die Mitschüler, die sonst die

Abteilwagen mit Trubel erfüllten, ich hatte, mit der Spendenliste ausgerüstet, an der allerersten Wohnungstür im Erdgeschoß des allerersten Hauses geklingelt, wer mir öffnete, war Mäsers Frau. Sie sah mich von oben bis unten an, wen haben wir denn da, sollte das heißen, am liebsten hätte ich kehrtgemacht. Aber folgsam sagte ich mein Sprüchlein auf, sie nahm die Liste, ließ mich im Treppenhaus stehen, ich hörte eine Männerstimme, Lachen, dann war sie zurück, mit zwei Mark, die das Ehepaar dem Aufbauwerk zukommen ließ. Bloßgestellt kam ich mir vor, ertappt auf dem Weg des geringsten Widerstands, irgendwie selbstbefleckt.

Wenn ich an diesen Sonntag vor langer Zeit denke oder wie eben über ihn schreibe, träume ich vielleicht oder wahrscheinlich von Frohburg. Ich bin erst im vollgerümpelten Posthofschuppen, in dem Vaters Auto, die Fahrräder und der Handwagen standen, und dann in unserer Bodenkammer mit den abgelegten Sachen, dem kaputten Hausrat und dem ausgemusterten Spielzeug. Immer in Begleitung von Wolfram. Wir suchen etwas, eine Säge oder einen Gurkentopf oder das Kaspertheater von früher und wühlen uns fest. Erst nach einer Stunde oder länger reißen wir uns endlich los und treten vor das Haus. Dort steht Heidrun, die auf uns gewartet hat, ganz aufgelöst, mit blutleerem Gesicht. Ein unbekannter Mann mit einem Riesenhund an der Leine ist auf sie zugekommen, hat den Köter auch durch Rufen unserer Namen aufgehetzt und angestachelt und ihn immer erst im letzten Moment zurückgerissen. Ich dachte, ich sterbe, sagt sie. Und daß wir nur an uns gedacht und sie auf unsicherem Gelände im Stich gelassen haben.

Unbekannt, ob Mäser noch in der Schillerstraße am Werk war, als meine Bücher dort eintrafen. In den Akten kann ich seinen Namen nicht finden. Vielmehr war es Chef Moeller, der federführend tätig wurde. Vers für Vers entzifferte und interpretierte er, was ich im Alter von dreiundzwanzig Jahren zu Papier gebracht und veröffentlicht hatte. Dann verfaßte er eine Mischung aus Kurzbesprechung und Anklageschrift und schickte sie, makellos abgetippt, auf abgesichertem Weg an sein Ministerium, per Fernschreiben oder Kurier, in die Normannenstraße.

Inoffiziell wurde erarbeitet, schrieb Moeller unter dem 28. Mai, meinem Geburtstag, daß Vesper an zwei Bewohner des Kreises Geithain brieflich herangetreten ist und um Beantwortung teilweise feindlich orientierter Fragen gebeten hat, unter anderem in Bezug auf ein für die Diensteinheit erfaßtes Objekt. Von diesem Objekt hat er mehrmals Fotos verlangt. Eine erste nicht vollständige Sichtung seiner Werke, insbesondere von Am Horizont die Eiszeit, hat das Ergebnis gebracht, daß der Verfasser faschistisch motiviert ist und eine feindliche Einstellung zur DDR und zur UdSSR besitzt. Beleg: Osten! Nach sieben fetten Jahren erschreckt mich das Wort noch, sehe ich sogleich asiatische Fratzen, Messer zwischen dem Gebiß, die Hände fummelnd ohne Sanftheit am blonden Weib Germania.

Wo die Haut dünn, das schlechte Gewissen im Winkel noch vorhanden ist, wird dergleichen für bare Münze genommen. Möglich auch, daß die Mutter, die Großmutter oder die Schwester des Interpreten vor langer Zeit das Los des blonden Weibes Germania hatte teilen müssen.

Da meine Fragen nur die Nachbarorte Kohren-Sahlis und Frauendorf betrafen, wurden ganz richtig weitere Kontakte in Frohburg, Geithain und den umliegenden Dörfern vermutet, und der Geithainer Oberstleutnant bat, durch meine Verse angespornt, die für Schriftsteller zuständige Hauptabteilung des Ministeriums, bei der ich, wie ich heute weiß, seit Schülerzeiten wegen der Briefwechsel mit Zweig, Kunert und Hans Mayer aktenkundig war, um die Genehmigung zur sogenannten M-Kontrolle, was hieß: Post von mir in den Kreis Geithain und ebenso alle Post an mich aus dem Kreis sollte erfaßt und eingespeist werden. Oberst Brosche, der Leiter der zentralen Abteilung, gab grünes Licht. Ab da enthält meine Akte nicht ein einziges weiteres Blatt, alles leergeräumt, Tabula rasa. Aber die Erinnerung braucht keine schriftlichen Belege, sie pfeift auf sie und pulst und sticht. Als wäre alles erst gestern, erst kürzlich gewesen. Dabei sind seit der Lesung in der Maistraße, seit dem Briefwechsel mit Arnold Zweig vierundvierzig Jahre verstrichen. Eine ganze Menge von dem, was einem zusteht an Zeit. Zur Neige. Leer. Ausgepumpt. Neue Wörter sind das. Ich denke an Mutter. Gegen Ende hin stand sie einmal neben mir auf dem Balkon, unter uns das Wiesecktal, in unserem Rücken Vater, im Zimmer, rauchend, mit den Gedanken sonstwo, nur nicht bei Mutter. Ich kann nicht mehr kochen, sagte sie unvermittelt, halblaut, ich habe vergessen, wie es geht. Drei Wochen danach brach in der Küche der Brand aus. Kaum war das überstanden, fiel sie vor der Bäckerei hin und brach sich den Oberschenkelhals. Als ich sie, mit Pankreaskrebs, was niemand wußte, aus der Reha in Bad Endbach holte und nach Reiskirchen fuhr, fragte sie am Stadtrand von Gießen: Wir kommen wohl gleich nach Frohburg. Ja, sagte ich damals und sage ich heute, nach Frohburg kommen wir, auf alle Fälle.

Gandersheim

Die Anfänge funkeln nicht, aber ein gedämpftes Leuchten dringt doch rüber in die Gegenwart alternder Fragen. Die Helligkeit geht von weggerückten diffusen Lichtquellen aus, abschmelzenden Gedächtnisfeldern, in die die Akkus der Erinnerung ihre Energie geben. Von Jahr zu Jahr, von Monat zu Monat wird die Aufladung geringer, bis man nur noch einzelne Leuchtbuchstaben und Reflexe sieht und sich den Kopf zerbricht über ihre Bedeutung.

Ein Bild taucht auf, zeitgebleicht. Der Kleinstadtbahnhof einer Nebenstrecke im westlichen Vorland des Harzes. Vor dem gelbroten Ziegelgebäude ein betagtes Auto. In dem Auto zwei Männer, deutlich unter dreißig.

Neben mir auf dem Beifahrersitz ein Autorenkollege. Er war neu im Schriftstellerverband mit dem Schöngeist Willi A. Koch an der Spitze, einem früheren Korff-Assistenten, promoviert, wendig, in dessen Hannoverschem Zuhause, einer Altbauwohnung an der Eilenriede, es kultiviert aber auch nicht gerade üppig zuging. Vorträge in Altersheimen, über die Brüder Schlegel, die Dramen Hauptmanns und über die Romane Ernst Wiecherts, Totenwald nicht eingeschlossen.

Vor kurzem Ergänzung zu Koch, als Fußnote: ein paar Jahre nach dem Krieg war er Cheflektor der DVA in Stuttgart. So 1952, als dort Mohn und Gedächtnis erschien. Lebensläufe, zusammengewürfelt. Nicht erst seit heute.

Der neue Kollege im Schriftstellerverband mußte aus Gründen des Broterwerbs die Tagung in Gandersheim vorzeitig verlassen. Wir wohnten im gleichen Viereinhalbzimmerhotel mit verwinkelten dunklen Gängen, Etagenklo und einem Gemisch aus Neckermannmöbeln und überkommenen Vorväterstücken. Ich fuhr ihn an die Bahn.

Eine Unterführung, dann die ansteigende gepflasterte Auffahrt entlang des Bahndamms, eine Reihe Pappeln. Sonnabendnachmittag, Nieselregen. Herbst. Unbelebte Szene.

Bis zur Abfahrt des Zuges war noch Zeit, wir blieben im Auto sitzen und unterhielten uns. Der Kollege erzählte von sich. Aus Ostfriesland stammend und in einer Fabrikstadt an der Küste wohnend, schrieb er Gedichte und war gerade dabei, in Verlagsabläufe und Redaktionsusancen hineinzufinden. Vorher ein ganz anderes Leben, ein paar Jahre war er über Land gefahren, gereist, wie man sagte, und hatte versucht, den Leuten der zweiten und dritten Nachkriegsphase große Kunstharzmulden zu verkaufen, die sich in Gärten eingraben ließen und dann Swimmingpool hießen. Hausbesuche, wieder und wieder. Dabei hinter Vorhänge, Masken gucken. Und Vertrauen aufbauen. Je besser er seine Kunden und mehr noch Nichtkunden kennenlernte, desto länger wurden die Gedichte, die er zunehmend an Stelle von Auftragszetteln schrieb. Das alles erzählte er mir mit rauchiger volltönender Stimme, ein Langsamsprecher.

Umgetrieben und hungrig, im Sinne von Raabe und Hamsun von mir aus, so saßen wir nebeneinander in Heidruns altem vw. Wir wußten nicht, daß auf dem Gleis jenseits des verrotteten Zauns, drei oder vier Meter von uns entfernt, einmal ein Transport ausgerollt war, in dem sich Antelme befand, Robert Antelme, Buchenwaldhäftling, Die Gattung Mensch, der Mann der Duras, ihr Schmerz.

Das wußten wir nicht. Überhaupt wußten wir wenig. Aber auf der Spur waren wir schon, damals, in Gandersheim.

Schatten vom Glück

Die Geburtstage im höheren Bereich: Fluchtgedanken. Man setzt sich ab und wird doch eingeholt, manchmal im guten.

Am achtundzwanzigsten Mai bedeckter Himmel, sommerlich warm. Im Leihwagen von Göttingen nach Leipzig. Gegen zwölf Ankunft in der Messestadt, ich stelle das Auto auf dem Robotronparkplatz gegenüber der Seitenfront des seit Jahr und Tag verrammelten Hotels Astoria ab.

Im Schaufenster von Antiquitäten-Beyer in der Nikolaistraße, jedesmal das erste Fenster, in das ich gucke, noch immer die große bauchige Deckelvase von Brenntag aus Frohburg, die ich schon im vergangenen November dort sah. Auf dem Deckel inzwischen ein grauer Schleier von Staub. Zweitausend Euro kostet das Stück des Kleinstadtkeramikers. Mutter erzählte von ihm, er habe in der Nazizeit Professor in Leipzig werden wollen, mit Plaketten für Rüstungsbetriebe wie das nahe gelegene Hydrierwerk Espenhain, nach dem Krieg versah er den Frohburger Marktbrunnen mit getöpferten farbig glasierten Emblemen von SED, FDJ und Jungen Pionieren. Längst wieder entfernt.

Drinnen im Laden, im Kellergeschoß, eine Figur der Meißener Manufaktur, zwei Handspannen hoch, Ballspielerin, Jugendstilformen. Sie stammt aus der Zeit vor dem Ersten Weltkrieg. Man fragt sich, wie das fragile Gebilde durch Bombenkrieg und Mangelzeiten gekommen ist. Die Stadt hat viel versteckt, in ihren Ritzen und Falten.

Ebenfalls während meines letzten Leipzigbesuchs entdeckt im oberen der drei Antiquariate auf der Ostseite der Ritterstraße: die vierbändige Werkausgabe von Juri Trifonow. Vor allem kommt es mir auf die im dritten Band enthaltene Erzählung Das Haus an der Uferstraße an, die einzeln kaum zu finden ist.

Im Dezember 1968 bin ich in Moskau an jenem gewaltigen Wohnhaus der Partei und Regierung an der Moskwa vorbeigestiefelt, ohne daß mir jemand erklärt hätte, was es mit dem Riesenbau auf sich hatte. Wahrscheinlich sagte mir damals auch der Name Trifonow wenig. Höchstens hatte ich in Frohburger Zeiten seinen Roman Studenten gelesen, für den er den Stalinpreis bekam. Dritter Klasse, er war ja erst fünfundzwanzig. Mit einem unter Stalin abgeholten und für immer verschwundenen Vater. Der Altbolschewik, Bürgerkriegsheld und hohe Richter wurde 1937 auf Befehl Kobas verhaftet und, wie man heute weiß, an einem Vorfrühlingstag des folgenden Jahres mit zweihundert oder dreihundert Leidensgenossen auf einem NKWD-Schießplatz am südlichen Stadtrand von Moskau erschossen. Dergleichen kam auf dem abgesperrten Gelände jeden zweiten, dritten Tag vor, Vernichtung auf Hochtouren, Parteimitglieder der Anfangsjahre, Mitkämpfer von ehedem waren gemeint. Trifonow mußte ein Mann in den besten Jahren werden, älter als sein Vater geworden war, bevor er in Andeutungen darüber schreiben konnte, in Das Verschwinden. Das Fragment erschien erst nach seinem Tod, unklar, in welchem Ausmaß gekürzt.

Die unvollständige gesiebte Trifonow-Ausgabe von 1983, Verlag Volk und Welt, steht tatsächlich noch im Antiquariat. Der Inhaber bietet von sich aus an, mit dem Preis nach unten zu gehen, auf sechzehn Euro. Vor der Wende haben die vier

Bände im Volksbuchhandel immerhin sechsundvierzig Mark gekostet. Kein Trinkgeld beim damaligen Lohn- und Rentenniveau.

Während der Antiquar die Bücher aus dem Hinterzimmer holt, fällt mein Blick auf ein Reclamheft, das einen Bücherstapel auf dem Tisch vor mir abschließt oder besser krönt. Das Bändchen ist, wie ich an der vignettenartigen Zeichnung auf dem Umschlag und an dem zweifarbigen Titelaufdruck in Fraktur erkenne, in den dreißiger oder vierziger Jahren erschienen. Schon der Titel Berühmte Kriminalfälle macht mich aufmerksam. Was mich aber wirklich elektrisiert, ist der Untertitel Magister Tinius. Verstärkt wird der kleine Stromschlag noch durch die Vignette, die einen dunklen Mann mit Umhang und großem Hut darstellt.

Tinius. Der Fall des Pfarrers, manischen Büchersammlers und kaltblütigen Raubmörders ist mir in etwa seit den Kindertagen in Frohburg und genauer seit der ersten Lektüre einzelner Bände des Neuen Pitaval vor gut vierzig Jahren bekannt. Das besessene maßlos überzogene Handeln des Mannes im dunkelblauen Matin, wie die Zeitgenossen ihn nannten, hat mich immer fasziniert. Vielleicht, weil es Zeiten gab, in denen mich bestimmte Sammelstücke und Sammlungen im Ansatz ganz ähnlich antrieben. Ich muß nur an die handhohe Fußballerfigur aus Kreudnitz und an die Steinheimer Fotoalben denken.

Jetzt, in Leipzig, an meinem Geburtstag, beglückt mich, daß ich das Heft mit der schier unglaublichen Geschichte von Tinius, das ich so lange vergeblich gesucht habe, ausgerechnet in einem Antiquariat finde, das nicht nur seitwärts der Grimmaischen Straße und damit im engsten Leipziger Untatenbezirk des mörderischen bücherhortenden Dorfpfarrers aus Poserna liegt, sondern das obendrein kaum ein paar

Meter, eine Straßenbreite von der Nikolaikirche entfernt ist, in der man den angeklagten, aber noch nicht verurteilten Mörder 1814 in einer öffentlichen Zeremonie seines Amtes als Seelsorger enthob, wobei ihm demonstrativ Talar und Halskrause abgenommen wurden.

Das Bändchen über Tinius, einundvierzig in Leipzig gedruckt, zwei Jahre vor dem großen Bombenangriff, ist so alt wie ich und kommt mir auch noch an meinem Geburtstag in die Hände, am authentischen Ort.

Der Antiquar hat das Fundstück mit einem Euro fünfzig ausgezeichnet. Tatsächlich will er nur einen Euro haben, in Unkenntnis der lokalen Bezüge oder um einen Eingeweihten, einen Kenner zu erfreuen. Ich entscheide mich für die zweite Möglichkeit, die menschenfreundliche, und mache keinerlei Bemerkung zur Sache, unterhalte mich aber um so freundlicher mit ihm über andere Bücherthemen. Dann, auf der Straße, im Schatten der Nikolaikirche und im Schatten vom Glück, mit der Plastiktüte voller Bücher, erneut der Gedanke, wieviele Entdeckungen und Überraschungen, auch Geheimnisse, auch Dunkelheiten die Stadt bereithält. Die Stadt. Das sind wir.

Schönheiten der Pfalz und unseres Irrsinns

Kurz vor sechs erwacht und ans Fenster. Bedeckter Himmel über dem Südwesten Deutschlands, der schönen Pfalz. Schnelles Frühstück, Heidrun schläft noch, nach den endlosen ergebnislosen Gesprächen letzte Nacht, die um das zerrissene Fotoalbum, eine verschwundene Spitzhacke und das Jahr 1976 kreisten. Ich nehme den Stock mit der eisernen Spitze aus der Ecke und vom Schreibtisch die Karte, die sich vom vielen Umfalten langsam aufzulösen beginnt, versorge mich mit einer Tafel Schokolade und einer Banane, verlasse die Bergelmühle am oberen Ende von Edenkoben und mache mich auf den Weg Richtung Wald.

Kühle klare Septemberluft. Windstille. In diesen Wein- und Kieferngegenden vielleicht die besten Tage des Jahres.

Mein Ziel ist die Kalmit, die höchste Erhebung des Pfälzerwaldes. Die ersten Winzer sind schon am Werk und knipsen im diffusen Morgenlicht mit ihren polnischen Helfern ausgewählte Trauben ab, für die Weine der Nobelhotels und der Spitzenverdiener, bevor sie ihre ohrenbetäubend heulenden Vollernter in Position fahren und loslegen.

Oben im Wald, kurz vor der Kropsburg, entdecke ich einen alten Mann, der am offenen Kofferraum seines nicht mehr ganz neuen Autos mit Mannheimer Kennzeichen steht und sich eine Art Eimer auf die Hüfte schnallt oder bindet. Kastanien, ruft er mir zu. Wieso eimerweise, rufe ich zurück, als ich auf der asphaltierten Bergstraße am Rand der Hörweite bin, für wieviele Gänsebraten denn, du alter Vielfraß.

Auf alle Fälle ist der wohlgerüstete einsame Sammler Vorbote der Leute aus den Großstädten der Rheinebene, Frankfurt, Mainz, Karlsruhe, Mannheim, Ludwigshafen, die an den Herbstwochenenden mit Kind und Kegel in die hiesigen Wälder ausschwärmen, auf Schritt und Tritt ihr Rufen und Lärmen, und alle Eßkastanien aufklauben und einsacken, in die blauen und gelben Tragetücher von Ikea und Obi.

Auf dem steilen mit Sandsteinbrocken bedeckten Kiefernhang steige ich eine halbe Stunde später aus dem St. Martiner Tal. Zuerst noch, schon leiser, die Autos unten, dann Stille. Nur das Klicken der Stockspitze auf Felspartien, die sich unter Sand und Nadelteppich verbergen. Dazu das Knistern und Rascheln der Plastiktüte mit Karte und Imbiß bei jedem Schritt. Zwei Spechte. Fliegenpilze. Kein Mensch weit und breit.

Gerade die höheren Wege und Pfade der östlichen Haardt sind Sehnsuchtsstrecken für mich. Der trockene federnde Boden. Die Sandsteinklippen. Die im Südlicht aufglühenden Stämme der Kiefern. Niedrige Blaubeersträucher. Die Eidechsenkolonien. Und die seltenen Schlangen mit den roten, gelben und grünen Bändern und Flecken am Kopf und auf dem Rücken, wer sie sieht, ist im Glück. Bedeutet mir insgesamt mehr als meine Geheimwege im Harz, auf dem Erzgebirgskamm und mehr auch als die Hausstrecken im Göttinger Wald und im Streitwald oder Stöckigt bei Frohburg.

Als ich endlich auf der Kalmit ankomme, fast siebenhundert Meter über Normalnull und gut fünfhundert Meter über dem Rheintal, liegt die kleine Bastei am Obelisken und am Turm verlassen da. Noch immer keine Sonne, leichter Regen sogar, vorübergehend. Die Ebene tief unten, der Odenwald jenseits des Rheins und Heidelberg und Speyer sind im Nebel verschwunden, nur ganz im Süden kann man über dem flachen Dunstschleier die Linien von Schwarzwald und Kaiserstuhl erahnen.

Hier oben kehrten vor Jahr und Tag, zu beginnenden Wirtschaftswunderzeiten, der Zahnarzt Dr. Müller und seine Frau, wohnhaft in der Kleinstadt Otterberg bei Kaiserslautern, in der Kalmithütte des Pfälzerwaldvereins ein, auf einer Ausfahrt mit einem Hansa 1500. Die Ausfahrt diente der Besänftigung der über Liebesverhältnisse des Mannes empörten Ehefrau, aber auch der Suche nach einer versteckten geeigneten Stelle. Ein halbes Jahr nach dem Kalmitbesuch nämlich verbrannte in einer frostklirrenden Winternacht die Frau in dem erwähnten Hansa, den Müller in einem abgelegenen Waldgebiet so zum Halten gebracht hatte, daß ein einsamer Chausseebaum die Beifahrertür blockierte. Die drei oder vier Kanister mit Katalytbenzin, mittags an zwei Tankstellen frisch aufgefüllt und auf Fahrersitz und Rückbank deponiert, wirkten anfangs wie Lötlampen, dann wie Flammenwerfer, von der Frau, Mutter dreier Söhne im Alter zwischen dreizehn und neunzehn Jahren, blieb wenig übrig, die Reste wurden von den Männern der Otterberger Feuerwehr mit einer Schaufel in einen Karton gehoben.

Müller gestand nichts, er leugnete Mord und Brandstiftung oder, wenn die Frau bei Ausbruch des Feuers noch gelebt hatte, Brandstiftung und Mord, vor dem Schwurgericht in Kaiserslautern nichts als Ausflüchte, Lügengeschichten und Schwächeanfälle. Unter den Berichterstattern übrigens, aus Köln angereist, der junge Heinrich Böll: Tarnungen erkennen, Abgründe ausloten. Böll fiel die Ähnlichkeit der Gesichter auf, jeden der Geschworenen konnte er sich auf der Anklagebank denken.

Zwei Selbstmordversuche des Angeklagten, um die Verhandlung zu verschleppen, schließlich kam er mit sechs Jahren davon, wo doch, wie die Leute meinten, jedem Arbeiter oder Handwerker ein Lebenslänglich sicher gewesen wäre. Und nicht nur das, dreieinhalb Jahre nach dem Urteilsspruch war Müller schon wieder draußen, aber die jahrelange Doppelliebschaft mit seiner Sprechstundenhilfe und mit der Schwester der verbrannten Frau fand keine Fortsetzung. Auch die Zahnarztpraxis in der Kleinstadt war längst dichtgemacht, der soll bloß fortbleibe, hieß es im Ort, letztendlich stellten ihn die Amis als Dentisten ein, wie findest du das.

Mein Abstieg von der Kalmit führt durch das Felsenmeer. Ich bin auf dem Rückweg, eigentlich, und entferne mich doch weiter und weiter von Edenkoben. Bald erreiche ich auf dem Talgrund mitten im Wald eine Stelle namens Hüttenhohl, einen Knoten von acht Wanderwegen. Noch zwei Kilometer weiter nach Westen, und ich bin auf dem bekannten Totenkopfpaß im tiefsten Pfälzerwald, hier konnte man in früheren Zeiten versuchen, die Straße aus dem Elmsteiner Tal zu sperren, gegen die französischen Revolutionstruppen zum Beispiel. Oder die US-Army. Genutzt hat es nichts.

Auf der Paßhöhe zwei Parkplätze. Seitwärts das tagsüber geöffnete immer gut besuchte Gasthaus. In der Silvesternacht 1960, das nahe Saargebiet gehörte erst seit drei Jahren wieder zu Deutschland, fackelte die Räuberbande des jungen Kimmel, seinerzeit Al Capone der Pfalz genannt, die verlassene und verrammelte Totenkopfhütte mit der damals mehr als bescheidenen Gastronomie ab und zog nach Ergötzung und Erhitzung am Riesenfeuer fünf Kilometer weiter, zur Heller-Hütte, in der Lamprechter und Erfensteiner Einwohner in das neue Jahr hineinfeierten.

Plötzlich, gegen drei Uhr, krachten draußen vor dem Haus Schüsse. Drinnen glaubte man an einen zu weit getriebenen Silvesterscherz und strömte neugierig und verärgert ins Freie.

Der Hüttenwirt, seines Hausrechts und vielleicht auch einiger nicht allzu lange zurückliegender Erfahrungen kriegerischer Art gewiß, löste sich aus der Menge, um seine Gäste zu beschützen und um den hinter Baumstämmen versteckten Störenfrieden ihr Treiben zu verweisen. Da trat unversehens einer von Kimmels Leuten, sein Unteranführer, aus der Dekkung und schoß dem Wirt kurzerhand mit einer Pistole in den Kopf. Der wuchtige Mann sackte zusammen und war sofort tot. Schreckliche Ernüchterung auf beiden Seiten, unter den Bäumen und vor der Hütte. Eben noch Bier, Schnaps, Gesang, Gegröle, Juxknallerei, jetzt Absturz, Alptraum, Schock. Erlebt haben muß man das, sagten die Augenzeugen später, sagen sie immer.

Meinen endgültigen Rückweg nehme ich, es geht auf den Abend zu, über den St. Martiner Fronbaum. Abschnitt für Abschnitt, Jagen auf Jagen spule ich den Weg ab, leicht weggetreten, fast schwebend, auf eine wattierte Art euphorisiert, am Hüttenbrunnen beschließe ich sogar, einen letzten Umweg zu machen und auf die lange Steigung zur Rietburg über Rhodt auszubiegen. Während ich durch die Dämmerung bergan hetze, begleitet vom hastigen Ticktick meines Stokkes, habe ich das verschwommene Erlebnis, die vage Ahnung eines Signals, eines unklaren Versprechens, einer zweifelhaften Hoffnung: während du dich hier abmühst, quälst, mit allem, was du bist, Gedanken, Erinnerungen, Handicaps und Pleiten, mit kurzangesetzten Würfen, höchstens halb gelungen, kommst du dir näher, in allerkleinsten Einheiten, vielleicht.

Bei meiner Ankunft vor der Bergelmühle, ich schwanke leicht, alles dreht sich, tritt Heidrun aus der Dunkelheit in den Lichtkreis der Straßenlampe, wir gehen gleich ins nächste Dorf essen, sagt sie, wie stehts, kommst du mit. So eine

Begrüßung hört man auch nicht überall und immer, nach der Auseinandersetzung letzte Nacht. Und Freund Ingo, der hinter ihr steht, ergänzt noch: Rhodter Adler, hawwe mer gedenkt. Ich weiß, seit einem Jahr schmeißt dort im Adler ein Schauspieler aus Berlin den Laden, könnte interessant sein, Großstädter auf dem Land, wie freundlich oder nicht, aber ich denke eher an die angestammte Gastwirtsfamilie, die abgetreten ist. Die einzige Tochter, siebzehn Jahre alt, BDM, führte im Juni 1937 die Rhodter Mädchen ins neue Freibad, das der Arbeitsdienst hinter dem Dorf und seinen Weinbergen am Modenbach gebaut hatte. Planscherei, Schwimmversuche, Spritzattacken, die vierzig, fünfzig sogenannten Jungmädels im Alter von zehn bis vierzehn Jahren hatten viel Spaß. Gegen Abend suchte die Gruppe ihre Sachen zusammen und wollte sich gerade auf den Heimweg machen, da gab es ein Unwetter, besonders stark in der Gegend der Haardthügel und Weinhänge bachaufwärts, enorme Wassermassen gingen nieder, nach Durchbrechen einer Anstauung wälzte sich eine Flutwelle ins Tal, schoß über die Liegewiese des Bades und riß zahlreiche Kinder mit, zehn Mädchen aus Rhodt ertranken. Begräbnis als Staatsakt, mit Gauleiter und Baldur v. Schirach, Gemeinschaftsgrab, zwanzigtausend Menschen strömten zusammen, vier Jahre vor meiner Geburt, Mitleid, womit, woher.

Der Torweg

Es waren nicht die Leute, die mich nach Frohburg zurückzogen, es war der Torweg. Elf Jahre spielte er eine Rolle für mich: von drinnen nach draußen. Noch einmal ihn sehen.

Um zehn am Abend kam ich mit dem Zug aus Leipzig an. Der Lokführer ließ die Bremsen kreischen, ich taumelte gegen die braune Holzbank des leeren ruckenden Waggons. Sobald der Zug stillstand, beugte ich mich nach vorn und stieß die schwere Tür auf. Eine Lautsprecherstimme, Haltestellenansage, nur für mich. Ich kletterte auf den Bahnsteig und zog meinen Koffer nach. An der Sperre hatte ein Mann im blaugrauen Arbeitsmantel die Kette abgenommen und sich am Durchgang postiert, unbekanntes unbewegtes Gesicht, er nahm meine Fahrkarte in Empfang und tauchte nach Einhängen der Kette gleich wieder ins Dienstzimmer ab. Dann stand ich in der Halle, sie sah fast genauso aus, wie ich sie mir in den dreizehn Jahren der Abwesenheit vorgestellt hatte. Nur niedriger, kleiner. Überall Bonbonpapier, Kippen, in den Ecken hereingewehtes Laub und in der Nische hinter dem Aufsteller mit dem Fahrplan und der Selbstverpflichtung der Bahnhofsbrigade für das laufende Jahr 1970 eine gebrauchte Binde und Pariser, nicht nur einer. In den fünfziger Jahren waren die Überzieher beim Friseur Boronowsky am Markt erhältlich und kamen für fünfzig Pfennig auch aus dem Automaten im Roten Hirsch, das Klackern der Münzen im Schacht, anschließend ein Ruck, so kräftig, als wollte man den Apparat von der Wand reißen, ein schneller Griff in die

Schale und weg, das war vielleicht die kitzligste Attraktion, die Frohburg dem Nachwuchs zu bieten hatte. Jahr für Jahr wurden immer neue Zwölf- und Dreizehnjährige von den zwei, drei Jahre älteren Jungen dorthin geführt, hier kriegt ihr Frummser, ohne hilft nur rausziehn oder gar nicht erst reinstecken, ihr geilen Ficker, merkt euch das. Frummser, das meinte Fromms Gummiwaren.

Niemand holte mich ab, niemand erwartete mich, überhaupt war kein Mensch zu sehen. Fast drei Jahre hatte ich jeden Schultag kurz vor sechs hier drinnen auf den Zug nach Geithain gewartet, mit Gunter und mit der Sprotte und der Gisela Naundorff aus Kohren, einem stämmigen Mädchen mit dunkelbraunem wippendem Pferdeschwanz und großem Busen. Wie oft hatte ich am Schalter meine Wochenkarte geholt. Und wieviel gab es immer zu erzählen, auf dem Zwanzigminutenweg zum Bahnhof, in der Halle, im Zug und in der Wartestunde in der Schule, bevor der Unterricht anfing. Unvergeßlich meine Hochstimmung auf den Fahrten nach Geithain Ende Oktober, Anfang November sechsundfünfzig, die jedesmal noch wuchs, wenn ich auf dem Weg vom Bahnhof zur Schule an der Villa der Kreisdienststelle vorbeikam. Nach einer Woche war alles vorbei, auf beiden Seiten der Donau, in Buda und Pest. Die alte Vorsicht wieder. Zur gleichen Zeit malte im siebenunddreißig Kilometer entfernten Leipzig der Maler Tübke, elf Jahre älter, ich wußte nichts von ihm, das Tafelbild Weißer Terror in Ungarn.

Ich schob mich durch die schwingende nachklappende Doppeltür des Windfangs und trat auf den Bahnhofsvorplatz mit den beiden Pappeln. Immer noch nicht gepflastert, tausend und abertausend Abreisen und Ankünfte, Schichtwechsel, Einberufungen, Fronturlaube, Westberlinfahrten und Schulausflüge hatten die Erde betonähnlich festgetreten, breite Spur aller, die die Tritte einzelner nicht mehr annahm. Unter den uralten Kastanien der Bahnhofstraße, die mit ihren Wurzeln die Gehwegplatten verkantet und das Straßenpflaster angehoben und aus dem Verbund gedrückt hatten, ging ich auf die Stadt zu, durch knöchelhoch liegende Blätter, anscheinend hatte eine Krankheit die Bäume entlaubt, das Rascheln gefiel mir trotzdem. Seitab das Mittelholz, kurz vor Kriegsende waren auf das Feld in der Nähe des Wäldchens drei Bomben gefallen, ohne großen Schaden anzurichten, ein paar Äste waren heruntergekommen, schon am nächsten Tag spielten in den Bombentrichtern die Kinder, ich, vier Jahre alt, hob einen scharfzackigen Splitter auf, Mutter erlaubte nicht, daß ich ihn mitnahm. Da, wo der Stadtwald, der Eisenberg, an die Fernstraße 95 heranreichte, bog ich nach links unter das Blätterdach der Buchen ab, es war schon fast dunkel, aber die Hitze des Hochsommertages stand noch als drückende Schwüle zwischen den Stämmen. Der Koffer war schwer, ich schleppte ihn an den rückwärtigen Zäunen der Vorstadtgärtnereien vorbei, auf dem vertrauten Weg, auch die drei oder vier Bänke am Wegesrand kannte ich, auf einer hatte Mutter einmal mit einem Unbekannten gesessen und endlos geredet und immer wieder gelacht, bis ich versuchte, sie von der Bank wegzuziehen, sie fuhr mich an, so heftig wie nie, irgendwie richtig wild, ich erschrak, und noch beim Mittagessen am nächsten Tag kam sie mir fremd vor. Gleich hinter der Bank befand sich ein kahler Erdhügel mit Löchern, da hausen Dachse, hieß es, aber niemand hatte dort jemals einen Dachs gesehen. Viele Male standen mir seit dem Weggang aus Frohburg die Bank, der Dachsberg und der Waldweg vor Augen, im Bus, in der Bahn, auf einem Spaziergang, am Schreibtisch oder kurz vor dem Einschlafen, wie eine Ansichtskarte, die man aufhebt, ohne zu wissen warum. Vielleicht wegen der Einschlafphantasien, der Fortsetzungsge-schichten, Mutter die Fremde zum Beispiel oder Heimlicher Besuch Frohburgs nach illegalem Grenzübertritt.

Ähnlich wie mit dem Dachsberg verhielt es sich mit der Rodelbahn, die rechts raufging und bis zur Aschengrube hinter der Kirstenstraße reichte. Erinnerung an die Schlitten-fahrten, bis in die Dunkelheit hinein, das harte Poltern und scharfe Kratzen der Kufen auf dem Eis, wenn unsere drei hintereinandergebundenen Schlitten auf der spiegelglatt ge-frorenen Piste nach unten schossen, Bahn frei Kartoffelbrei, schrien wir, die Mädchen standen am Rand und guckten zu. Einmal ernannten wir die zwei Jahre jüngere Rufina Prause aus dem Bürstenbinderhaus, die hart im Nehmen war, wie wir wußten, zu unserer Galionsfigur auf dem ersten, dem Lenkschlitten. Die Füße auf den Kufen, beugte sie sich nach vorn, beinahe lag sie, um dem Steuermann, der sich mit den hohen Schuhen gegen den Schlitten stemmte und die Hände zum Lenken an den Holmen hatte, freie Sicht zu geben, erst hinter dem Café Otto blieb unser Bob stehen, ein nicht noch einmal erreichter Rekord. Siehste, ich bin auch zu was gut, denk mal an, sagte Rufina am nächsten Tag in der großen Pause zu mir, sie hatte sich im Rundlauf auf dem Schulhof an mich herangearbeitet, brauchst mich nicht nur beim Bullern beobachten.

An der auf einem Sockel stehenden lebensgroßen Figur eines Töpfermädchens, geformt vom örtlichen Keramik-künstler Kurt Brenntag, kam ich aus dem Wald und erreichte wieder die Bahnhofstraße, die sie fünfundvierzig umbenannt hatten in Thälmannstraße. Der Keramiker Brenntag, einst-mals, noch zu Kaisers Zeiten, aus Elbflorenz, der Residenz, in unsere kleine westsächsische Stadt an der Wyhra geschickt, um dem darniederliegenden Töpferhandwerk auf die Beine

zu helfen, fertigte vieles für die Schloßherrschaft, Öfen, Wand-
platten und ein Riesenrelief für das Familiengrab im hinteren
Teil des Schloßparks. Während der späten dreißiger Jahre, die
adligen Auftraggeber hatten sich im Gefolge des Schwarzen
Freitags längst nach Kenia auf ihre Teeplantage verflüchtigt,
fuhr er alle vierzehn Tage mit der Bahn nach Leipzig, der
wollte bei den Nazis unbedingt Professor an der Kunstgewerbeschule werden, sagte Vater nach dem Krieg leicht
verächtlich, und nun hat er auch noch den Marktbrunnen mit
den Emblemen der SED, der Jungen Pioniere und der FDJ ver-
schandelt.

Vater mochte den einzigen Künstler nicht, den Frohburg
aufzuweisen hatte. Vielleicht, weil der Alte Mutter umwarb,
auch noch nach der Heirat. Sie war mit Brenntags Tochter
Marianne in eine Klasse gegangen und hatte die Freundin
immer gerne besucht, in einem Haus, in dem es noch einen
Vater gab. Denn ihr eigener Vater, mein Großvater, der
Schmiedemeister in der Vorstadt Auf dem Wind, am alten
Friedhof, war im Herbst 1917 als Landsturmmann des vor-
letzten Aufgebots auf dem Vormarsch gegen die mürben russischen Armeen in Galizien gefallen, siebenunddreißig Jahre
alt, vier Kinder, alle unter zehn, Mutter als jüngstes ganze
fünf, blieben zurück, außerdem eine Witwe, die nicht wußte,
wie die Schmiede weiterführen. Nach der Konfirmation
interessierte sich meine Mutter allmählich mehr für den Vater
als für die Mitschülerin. Einen Klumpen Ton wässern, kneten, entlüften, wie es hieß, das faszinierte sie. Ihn auf den
drehbaren Modelliertisch setzen und ans Werk gehen, sie
staunte, wie der Meister, was er innerlich sah, umsetzte in die
graue formbare Masse. Mutter hatte schon als Kind gerne gezeichnet, jetzt durfte sie sich als junges Mädchen im Atelier
versuchen, weißer bis zum Hals geschlossener gestärkter

Kittel, Drahtschlinge, Modellierhölzchen, ein grüner, grasgrüner, nein giftgrüner Frosch war das Ergebnis. Und da ihr der Meister auch ein Exemplar von seiner Hand geschenkt hatte, giftgrün wie ihres, war ein Vergleich möglich, sie mußte sich nicht verstecken. Jahre später, nach meiner Geburt, kam Marianne zu Mutter und überbrachte eine Einladung Brenntags, er war, ließ er übermitteln, auf der Suche nach einer jungen Mutter mit Kleinkind auf dem Arm. Drei Mal saß sie mit mir nachmittags Modell, bis Großmutter angeblich auch in Vaters Namen Einspruch erhob und sie sich dem Wunsch ihrer Schwiegermutter fügte. Trotzdem wurde die Büste fertig, dreißig, fünfunddreißig Zentimeter hoch, nicht glasiert, rotbrauner Scherben, im Ofen gebrannt. Mutter mit Knotenfrisur. Schönes Profil, das sie auch tatsächlich hatte, ich auf ihrem Arm, mit feinem, fast zu feinem Köpfchen, an sie geschmiegt. Brenntag schickte das Exemplar mit der eingeritzten Nummer IV in die Greifenhainer Straße, ob es drei weitere Büsten von Mutter und mir gab, blieb immer offen.

Vor dem Café Otto mit seinem weithin berühmten bunt beleuchteten Tanzboden aus Glas waren sieben, acht Autos geparkt, mindestens vier davon aus der Vorkriegszeit, ein unvermeidlicher DKW, ein Dixie, ein Opel P4 und ein Wanderer, dazu noch ein Wartburg Coupé, der Rest Trabants. Das Café war wie immer, wenn der Gaststättenleiter eine Kapelle geordert hatte, gestopft voll, in der offenstehenden Tür, auf der Vortreppe drängten sich die Paare, um kurz Luft zu schnappen, für eine Zigarettenlänge, dann ging es wieder ins Gewühl. Bumsmusik flog in Wellen zu mir herüber und erinnerte mich an meinen letzten Frohburger Tanzabend im Schützenhaussaal, ich brachte ein lippenstiftbeschmiertes Hemd mit nachhause und ließ es hinter meinen Büchern im Hängeregal verschwinden. Mal dich doch nicht so an, hatte ich zu Rufina gesagt, als wir nach der Massenschlägerei auf der Tanzfläche, die Staatsmacht in Person von Scheibner war aufgekreuzt, in der bodenlosen Dunkelheit zwischen Schützenhaus und Eisenberg untertauchten. Jemand aus der Gastwirtsfamilie war, als die Rudelbildung in der Nähe der ahnungsvoll verstummten Tanzkapelle Neubert begann, schnell über den Platz gelaufen und hatte aus dem nächst gelegenen Haus Scheibner geholt, den Frohburger Vopo-Chef. Das nächste Haus war das der Großeltern, nach dem Tod von Großvater im Mai 1956 waren Scheibner und seine Frau bei Großmutter eingezogen, in die Mansarde, genau dort, wo ich auf die Welt gekommen war. Als Großmutter am Tag ihres Todes, wir waren seit zwei Jahren im Westen, morgens vor dem Bett zusammensackte und Doris-Mutti, wie ich Vaters ältere Schwester nannte, sie nicht mehr hochbekam, rief die laut um Hilfe, und Scheibner, der Nachtdienst gehabt hatte, kam, noch in Uniform, die Pistole umgeschnallt, schnell nach unten und hievte Großmutter mit Doris-Muttis Hilfe ins Bett, jetzt is gut, sagte sie noch, ein letztes Wort, vier Stunden später starb sie.

Auf dem mit Platten belegten Bürgersteig der Thälmannstraße stadteinwärts. Erst kam die Weiße Brücke, sie überquerte ein meist trockenliegendes Hochwasserbett und bot in der Wölbung den Rentnern auf Nachmittagsspaziergang Gelegenheit zum Wasserabschlagen, dann folgte die Rote Brücke, rot, weil aus Porphyr. Unten die Wyhra, im Stadtgebiet träge, drei Mühlen stauten sie an, mittwochs und sonntags leitete die Nachtschicht der Textildruckerei, wenn niemand es sah, die Reste der Druckfarben ein, flußabwärts, in Höhe der Greifenhainer Straße und des Schützenplatzes, krepierten die Schleien und Rotfedern und trieben tot nach oben, rote, blaue, grüne und gelbe Schlieren zogen durchs

Wasser und garnierten Tod und Zerfall, ein phantastischer Anblick. Jedes Jahr ertrank jemand im Fluß, meist war es ein Kind, bei Überschwemmung auch mal ein Erwachsener, wenn Schützenfest oder Jahrmarkt war, Wolkenbruch, Flutwelle, betrunken auf der Wiese, schlafend. Die steile Böschung an der Roten Brücke war mit hohen Erlen und Eschen bestanden, Bäumen beträchtlichen Alters, aber in kümmerlicher Verfassung, bei jedem Sturm krachten Äste herunter, dann war es auf dem Gehweg lebensgefährlich, Verletzte ja, selten allerdings, zu Tode kam niemand. Aber im Februar dreiundfünfzig sahen wir auf dem Heimweg von der Schlittenbahn, es war fast dunkel, schon vom Töpfermädchen aus eine Zusammenballung von Leuten an der Roten Brücke, beim Näherkommen erkannte ich Vater, der weiße Kittel guckte, keine Zeit zum Umziehen, unter seiner neuen dunkelgrauen Winterjoppe hervor, genäht vom Schneidermeister Heinzmann in Geithain, der beim Anmessen einer Mancheserhose aus westlichem Cordstoff seine Hand mit dem Bandmaß länger als nötig zwischen meinen Beinen, in meinem Schritt hatte, gehörte das nun dazu, und war ich zu empfindlich, ich horchte in mich hinein, kein Wort brachte ich heraus.

Vater beugte sich über eine gekrümmte Gestalt, die vor ihm auf dem Gehweg lag, er ging in die Knie und hockte sich hin, nach einer Weile, ich inzwischen dicht hinter ihm, steckte er das Stethoskop in die Jackentasche und winkte ein paar Männern, sie hoben die Gestalt auf eine Trage, breiteten wortlos eine Decke darüber und schoben die Last in einen Lieferwagen, der rückwärts herangefahren war. Nischd zu machn, murmelten die Leute um mich herum, lähbd nisch mehr, is dood. Gemeint war der Sohn des Gastwirts Hähnel aus der Webergasse, mit dreizehn eine Klasse über mir. Wie die Leute wissen wollten, war er, von einer Wette angetrieben, in den größten Baum gestiegen, höher, immer höher, bis ganz in die Spitze, schon riefen der zwei Jahre ältere Wettgegner und seine Kumpane ihn von unten zurück, zu spät, auf einem vereisten Ast kam er ins Rutschen, verlor den Halt und stürzte nach unten, den Anstiftern vor die Füße, mein erster Toter.

Von der Hähnelsippe gab es Ableger in mehreren Frohburger Gassen, er, der Verunglückte, hatte mich, ich kannte ihn kaum, den Herbst und Winter hindurch verfolgt und unter Druck gesetzt, er lauerte mir, vor allem auf dem Schulweg, hinter Straßenecken, in Hauseingängen auf, kam jedesmal ganz dicht an mich heran, los, sach ma Urihn, und stieß halblaute Drohungen aus, wirst schon sehen, Freundchen, dich krieg ich noch, du erlebst deine Himmelfahrt. Der Weg zur Schule führte durch die enge gewundene Schlossergasse, als ich den Umweg über die Straße der Freundschaft und die Dr.-Zamenhof-Straße machte, kam er mir auch dort nach zwei, drei Tagen aus Richtung Schule entgegen, in der Mitte der Fahrbahn, mit durchgedrücktem Kreuz, den Pappranzen unter dem Arm, wie vorbeikommen, unentschlossen blieb ich stehen. Da schloß ein Mann zu mir auf, er war aus einem der Häuser hinter mir herausgetreten, gab mir einen aufmunternden Klaps auf den Hinterkopf und schob mich, die flache Hand in meinem Nacken, auf den Widersacher zu und an ihm vorbei, das war Bacher, der Erdkundelehrer und Leiter meiner Arbeitsgemeinschaft Junge Naturforscher, Hauptfigur der DSF, der Deutsch-Sowjetischen Freundschaft an der Schule, er wohnte in der Zamenhof-Straße und war einer der farbigsten, wenn auch nicht beliebtesten Lehrer, vor Beginn der Weihnachtsferien nahm er immer seinen Stuhl, trug ihn vor die erste Bankreihe, stieg darauf und fing an zu jodeln, bis seine Kollegen und die Schüler aus den Nachbarklassen her-

überkamen und mit uns klatschten. Sein eigentliches Glanz-
stück aber waren die letzten beiden Stunden vor den großen
Ferien, da erzählte er von sich, wer von den Lehrern machte
das schon. Er war bei der Marine im Schwarzen Meer gewesen, Krieg, sagte er zur Einleitung, Krieg ist das Alleraller-
schlimmste, Leute, das dürft ihr nie, niemals nicht in eurem
ganzen Leben vergessen, versprecht mir das, bevor ihr mir
das nicht versprecht, kann ich nicht weitermachen. Versprechen wir, riefen alle im Chor, gebt auch euer Pionier-Ehren-
wort, verlangte Bacher, jetzt waren es nur noch fünf, sechs
Stimmen. Dann ging es los wie aus dem Nichts, sein Schnell-
boot, was machte es auf dem Schwarzen Meer, unwichtig,
wurde versenkt, keine Ahnung, wo das russische Flugzeug
herkam, wo seine Kameraden waren, er jedenfalls war mit
einem Mal im ziemlich kalten Wasser und schwamm,
schwamm, schwamm, ganz in der Ferne erkannte er, wenn
eine größere Welle ihn hob, den dünnen Küstenstreifen,
zehn, zwölf Kilometer vielleicht, schwer zu schaffen. Plötzlich hinter ihm ein näher kommendes Rauschen und Flattern
und dann ein gewaltiges Platschen, Stoßwellen von hinten
gingen über ihn hinweg und erstickten ihn fast, dann wieder
Ruhe, plötzlich sah er seitwärts einen zweiten Schwimmer,
der an ihm vorbeizog, Funkerhaube auf dem Kopf, rote
Schwimmweste, das mußte der Flieger sein, der die Bombe
abgeworfen hatte, also doch erwischt. Noch war er, der jetzige Lehrer Bacher, frisch, aber ohne die Schwimmweste, das
war klar, war er geliefert. Bei allem Unglück hatte er immerhin noch das Koppel um, er griff nach dem Messer und
kraulte hinter dem Russen her, in einer wahnsinnigen Kraft-
anstrengung, die bitter nötig war, denn der Russe floh vor
ihm, er wußte natürlich genau, was anstand. An der Art, wie
er schwamm, sagte Bacher, mit hochgerecktem Kinn, sah ich

gleich, das war ein Stadtgewächs, jemand, der in einem Hallenbad das Schwimmen gelernt hatte, Bademeisterangel, am Beckenrand die Mama. Kein Naturmensch, kein Jäger, kein Spezialsoldat. Und was soll ich euch sagen, er machte es mir, als ich endlich ran war, auch nicht allzu schwer, es hieß bloß höllisch aufpassen, ich durfte mit dem Messer um Himmels willen nicht die Schwimmweste zerfetzen. Ich habe sie auch nicht zerfetzt, und deshalb stehe ich jetzt hier vor euch. Das war Bacher in den letzten beiden Stunden des Schuljahrs. Mit der Darbietung war 1956 Schluß, während der acht Wochen Sommerferien verschwand er aus Frohburg, wann genau, wußte kein Mensch, später hieß es, er leite ein nobles Hotel in Wiesbaden, als Mann der Besitzerin.

Jedenfalls hatte er mich auf der leergefegten Zamenhof-Straße vor dem Hähneljungen gerettet. Und nun lag ein paar Wochen später der Quälgeist vor mir auf dem Gehweg an der Roten Brücke, keine Himmelfahrt, ein Absturz, nichts als Erleichterung.

Nur zweihundert Meter weiter, in Höhe der Bornschen Mühle, wo sich an der Postmeilensäule die Straße plötzlich verengte, wurde vierzehn Monate später, an einem warmen Frühlingstag gegen halb eins, ich war noch in der Schule, die junge Magda Kittel, ebenfalls aus der Webergasse, von einem Lastwagen vom Rad gestoßen und überrollt, auch hier kam jede Hilfe zu spät. Mutter war mit der Familie, die durch die Zeitläufte, eine Evakuierung im Bombenkrieg vielleicht, aus Aachen nach Frohburg zum Gerbereibesitzer Kittel verschlagen worden war, auf unklare Weise verwandt, die Marmeladenfabrik Zentis spielte dabei eine Rolle. Magda besuchte die Oberschule in Borna, am Tag ihres Todes gab es nach drei Stunden schulfrei, denn für den Nachmittag war ein Sportfest der FDJ angesagt, Schießen mit dem Luftgewehr, stehend, kniend, liegend, Werfen von Stielhandgranaten aus Holz in einen Zielkreis, stehend, kniend, liegend, anschließend Geländespiel mit Kompaß und Meßtischblatt, abends Beisammensein und Tanz. Kurz vor dem Ende der Nachhausefahrt mit dem Fahrrad, zehn Kilometer auf der F 95, über Zedtlitz, Neukirchen und Bubendorf, erwischte der Laster Magda, das schönste Mädchen in der ganzen Stadt und auch das freundlichste, Sonnenschein hieß sie bei Mutter, die nicht zur Rührseligkeit neigte, das Blut lief ihr aus Ohren und Nase und sickerte aus ihren Mundwinkeln, hörte ich Vater leise zu Mutter sagen, die schluchzte auf und stöhnte, als hätte ein Faustschlag sie getroffen, als wäre sie selber verletzt.

Durch die enge Innere Bahnhofstraße mit dem Katzenkopfpflaster, als üble Folterstrecke für Autos schon in den dreißiger Jahren in den Leipziger Neuesten Nachrichten warnend beschrieben und nun, wie gesagt, Thälmanns Gedenken gewidmet, ging ich zum Markt hinauf. Seit den Pestzeiten, dem Dreißigjährigen Krieg war dieses Viertel unverändert, finstere feuchte Gassen, graue niedrige Häuser mit kleinen Läden und engen Werkstätten, Schlossergasse, Webergasse, Badergasse, Töpfergasse, das war der Kern von Frohburg, in der weiteren Umgebung auch Strohburg und Flohburg genannt. An den Straßenecken leise fauchende flakkernde Gaslaternen, bleiches Licht und Schlagschatten, das Geräusch meiner Schritte wurde vom alten Gemäuer zurückgeworfen. Sonst nichts zu hören, wenn man nicht gerade direkt unter einer der Laternen stand. Alle Vorhänge zugezogen, alle Fensterläden herumgeschwenkt. Nur neben dem Geschäft der Putzmacherin war ein Erdgeschoßfenster geöffnet. In dem Zimmer stritt sich erbittert ein Paar, ältere Stimmen, die Worte und Widerworte, das Geschrei in schauerlichstem Dialekt, Schimpfworte, wiederbelebt, die ich jahrelang nicht gehört hatte, du Sauhaggsch, allde Fuddse.

Dort, wo die Straße in den Marktplatz einmündete, stand noch immer das große rotgelbe Eckgebäude mit den Aufschriften Postamt auf dem Marktflügel und Hotel zur Post auf der Thälmannstraßenfront, es war um 1900 auf dem Areal des abgebrannten Gasthofs Drei Schwanen und dreier Katen errichtet worden, die man aus Angst vor dem weiterlaufenden Feuer mit langen Hakenstangen niedergerissen hatte, bei bessergestellten Leuten hätte man ein halbes Stündchen länger gewartet. Bevor wir im Herbst 1957 die Stadt hinter uns ließen, bei Nacht und Nebel, hatten wir elfeinhalb Jahre in der alten Bürgermeisterwohnung in der ersten Etage gewohnt, direkt über dem Restaurant.

Ich blieb an der Ecke auf dem in den Gehweg eingelassenen Stern aus kleinen weißen Pflastersteinen stehen, unter unserem Erker, von dem aus man den oberen Markt und den Nachmittagstrubel nach dem Schichtwechsel in der Textildruckerei im Auge hatte, Ebbe und nachfolgende Flut, die halbe Stadt war dann zum Einkaufen unterwegs, ein ansteigendes Gewusel und Gewimmel, mal sehen, was sich ergattern läßt. Wenn Mutter vor dem Kleidergeschäft von Tabberts, aus dem eine Konsumverkaufsstelle geworden war, oder am Roten Hirsch, wo sich schon die Kinogänger für die erste Vorstellung versammelten, im Blickfeld auftauchte und wenn sie dort auf eine frühere Kollegin aus dem Büro der ehemals Braunsbergschen Textildruckerei oder auf eine Mitschülerin, erst recht auf eine Freundin traf, dauerte es schnell mal eine halbe, eine ganze Stunde, ich griff mir aus dem Bücherschrank Iwan Blochs Sexualleben unserer Zeit, nicht nur die geschilderten Fälle interessierten mich, ein Rittergutsbesitzer, der nackt auf der Hundehütte ritt, zwischen den Seiten steckten auch Zehnmarkscheine, wie zur Selbstbedienung.

Der Markt sah aus wie immer, eine weite plane Fläche, nicht befestigt, von mickrigen Linden umstanden, die auf dem aufgeschütteten Brandschutt des Gasthofs Drei Schwanen seit Jahrzehnten nicht vorankommen konnten. Die Apotheke war noch da, mit dem Hindenburgbild im Büro und der Tablettenmaschine auf dem Gang, das Rathaus im holländischen Stil mit der ehemaligen Polizeiwache daneben, vor der der nachts abgeknallte Karnickeldieb einen Vormittag lang gelegen hatte, und auch die Wagenbauerei Berger gab es noch, auf deren Hinterhof Vaters DKW Meisterklasse jedes Jahr landete, nach unseren zwei Wochen an der See, mal in einem Gartenhaus in Ahlbeck, mal in einer Bretterbude in Dorf Bansin. Verrottete Holzteile der Karosserie des Autos, das Vorderradantrieb und Revolverschaltung hatte, mußten ersetzt werden, Zweitakter, rote Kreuze auf den vorderen Kotflügeln, auf dem Dach und unter der Heckscheibe, noch von Krieg und Nachkrieg her, Tieffleger mit Maschinengewehrfeuer, und manchmal schossen auch die Russen die Straße lang, hinter einem Fahrzeug her, Beispiele gab es.

Weitersuchen, weitergucken, ich drehte mich um und ging zurück in die Thälmannstraße, vorbei an unserer Haustür, unzählige Male rein und raus, neben dem Eingang in Brusthöhe vier Holzkeile in der Wand, hier hatte Vaters Emailleschild als praktischer Arzt und Geburtshelfer all die Jahre gehangen, nach unserem Weggang war jemand am späten Abend gekommen und hatte es auftragsgemäß abgeschraubt, niemand sollte dabei zusehen, niemandem sollte es zu denken geben. In der Ambulanz, die in die verlassene Praxis reinkam, wechselten Vaters Nachfolger im Vierteljahresrhythmus, was wollte man da groß mit Schildern. Als nächstes erreichte ich die Einfahrt zum Posthof, den Torweg der Kindheit, stundenlang hatten wir Jungen an Regentagen dort auf den zwei Stufen gehockt. Auf einem gestochen scharfen, durch oftmaliges Vorzeigen malträtierten Schwarzweißfoto aus jener Zeit, Vater hatte es mit seiner Plattenkamera aufgenommen, sieht man vom Hof aus durch den Torweg auf die Straße, dunkles Gewölbe, draußen die Thälmannstraße, das Stadtguthaus gegenüber mit dem abgerissenen Fallrohr und den schiefhängenden Fensterläden, im Rinnstein trat Gunter die Ratte tot, und gegenüber hetzten wir Rufina Prause an einem Winterabend mit Schneefall und knackendem Frost auf Carl-Hugo, den Sohn der süßen Lotti, den wir aus der großelterlichen Wohnung neben dem Stadtgut nach unten gelockt hatten, Weg ins Leben nannte Gunter unsere Höhle nach der Lektüre von Makarenko. Hör bloß auf mit dem, hatte die Sprotte gerufen, laut Sender London ein ganz schlimmer Finger, in seinen Heimen hat er den Nachwuchs für die Tscheka rangezogen.

Der Torweg lag am Rand der schwach beleuchteten Straße wie ein gähnendes Loch, drinnen völlige Dunkelheit, die mich ansaugte, hineinzog, ich konnte nichts erkennen, keine Wand, den Boden nicht, vielleicht gab es die beiden seitlichen Treppenstufen noch, ich konnte sie nicht sehen, aber den Geruch der alten Zeit erkannte ich wieder, nach salpetrigem Staub, Urin und nach von der Nachmittagssonne aufgeheizter, stehender Luft. Wie an einem Seil, wehrlos, in Trance wurde ich hinein- und hindurchgeführt, auch jenseits der finsteren Röhre, auf dem Posthof, brannte keine Lampe, nur oben in den Wohnungen flackerte der Widerschein der Fernseher in den Fenstern. Ich schob mich durch die Hintertür in die Halle und betrat den Gastraum des Posthotels. Schlagartig schonungslos grelles Licht, vom wabernden Tabaksqualm schwach gedämpft. Fast alle Tische waren besetzt, bis auf zwei, drei Frauen alles Männer, überall wurde Bier mit Korn getrunken, und an jedem Tisch spielten sie Skat. Anfeuernde Rufe, Zischen und Klatschen der Karten, ab und zu überhartes Aufsetzen eines Glases. Ich trat an die Theke, nannte dem Wirt, der wie Gert Fröbe aussah und auch so sprach, mit röhrendem Singsang, machte er das mit Absicht, meinen Namen und fragte nach dem vorbestellten Zimmer. Ach Sie sinds, geht klar, orgelte er, musterte mich ohne Scheu, ungehemmt, schamlos irgendwie, hielt mit zwei Fingern kurz mein Telegramm hoch und langte hinter sich ans Schlüsselbrett. Eigentlich durfte er mich gar nicht beherbergen, mich nicht als Übernachtungsgast annehmen, das stand schon mal fest, nur Interhotels durften das, um so dankbarer war ich, auch ohne seine Beweggründe zu kennen, ich nehme es jetzt einfach mal, wies kommt, es kann ja auch Sympathie sein. Oder er erinnert sich von früher her an Vater oder Großvater, dachte ich. Ich folgte ihm, den Koffer mal rechts, mal links tragend, durch die rückwärtige Tür in die hohe quadratische Halle und von dort die vertraute Treppe hinauf zu unserer alten Wohnungstür und an ihr vorbei zu den vier oder fünf Hotelzimmern im zweiten Stock. Von ihm kein Wort, er ging voraus, ich konnte sein Gesicht nicht sehen. Im dunklen Flur oben war erst recht nichts zu erkennen, bis er eines der Zimmer aufschloß, um die Ecke griff, Licht machte und die Tür weiter öffnete, na komm. Ich betrat das Zimmer als erster und ging gleich durch bis zum Fenster, Westen, aha, Nachtblick auf die Kirche und auf die Fänglersche Scheune mit dem eingestürzten Dach, Eigentümer Carl-Hugos Großeltern. Jahre vorher hatte ich mit der Kiew, der nachgemachten Contax D mit dem eingebauten Belichtungsmesser, einem russischen Soldaten in Altenburg abgekauft, für siebenhundert

Mark, das gleiche Bild aufgenommen, nur tagsüber, nur ein Stockwerk tiefer, ich befand mich genau dreieinhalb Meter über unserem Kinderzimmer von einst. Der Wirt ließ mich allein. Ich machte den Koffer auf und guckte mir ratlos den Plunder an, den ich eingepackt hatte, nur das Fischertaschenbuch der Mutmaßungen über Jakob hielt stand, es war dem Zimmer, der Kneipe, dem Hof, dem Torweg und ganz Frohburg auf den Leib geschrieben.

Ich ging gleich wieder nach unten. Ein kleiner Tisch war frei geworden, direkt neben der schweren selbstschließenden Eingangstür, unter der ich mir mit elf Jahren in den großen Ferien beim Limonadeholen die nackten Zehen des rechten Fußes blutig eingeklemmt hatte, ich steckte fest und schrie, mehr erschrocken als vor Schmerz, obwohl der auch nicht ohne war, im Gegenteil, die Leute stürzten herbei und befreiten mich, indem sie die Tür mit Druck zurückschoben, aber meine Befreiung war noch viel schlimmer für mich als das Festklemmen, noch Wochen, ja Monate später hatte ich Grind und dann Narben an der Unterseite der verkrümmten Zehen.

Beim Durchgehen hatte ich beim Wirt ein Bier und Sülze mit Bratkartoffeln bestellt, und als er beides brachte, folgten ihm die Blicke der meisten Gäste von der Theke bis zu meinem Tisch. Alles Gesichter, die ich vom Typ her, aber nicht mit Namen kannte. Ausnahmen waren zwei der drei Männer am Stammtisch, ich ging hinüber zu ihnen, beugte mich vor und fragte halblaut: Sprotte. Die Sprotte nickte, und Gunter schob mir einen Stuhl hin, grüz tich, sagte er, eine alte Spinnerei aufgreifend, Geithain, Oberschulzeit. Wersn das, fragte der unbekannte dritte Mann. Ausm erstn Stock, genau über uns, sagte Gunter. War ein paar Jahre weg, ergänzte die Sprotte, jetzt besucht er uns. Ich bin der Bruder von Ursel, sagte der Unbekannte.

Mit Ursel hatte ich im Herbst nach der Konfirmation und den Sommerferien fünf oder sechs Mal die Abende der Jungen Gemeinde im Pfarrhaus besucht, die der ein Jahr vorher zugezogene Pfarrer Tannert mit seiner jungen Frau, Tochter eines Theologieprofessors, wie es hieß, abhielt. Tannert war als Junggeselle nach Frohburg gekommen, gleich keimte in der Apotheke am Markt, der Apotheker war Synodaler, die Hoffnung auf, der unverheiratete neue Pfarrer könnte die ältere Tochter der kinderreichen Honoratiorenfamilie, ein relativ spätes Mädchen, zur Frau nehmen, zumal sie Kirchenmusikerin, Kantorin also, war oder werden würde. Aus der schön ausgedachten Geschichte wurde aber nichts, statt der angehenden Kantorin zog die Leipziger Professorentochter ins Pfarrhaus ein. Damit war das Verhältnis zwischen Apotheker und Pfarrer dauerhaft getrübt, so daß Tannert nur anderthalb Anstandsjahre in Frohburg blieb. Die beiden Pfarrersleute lasen uns, fünf oder sechs Vierzehn-, Fünfzehnjährigen, in der Pfarrstube zu ebener Erde, rechts vom Eingang mit dem Sitznischenportal, wechselweise ein dünnes Buch vor, Nichts in Sicht, Verfasser Jens Rehn, weiß ich bis heute und werde ich immer wissen, die schlichten kultivierten Stimmen des noch jungen Mannes und der blutjungen Frau, so etwas war bei uns selten bis gar nicht zu hören, und dann noch der Text selbst, nicht nur die Geschichte allein, sondern auch, wie sie erzählt wurde. Schwer zu vergessen. Auch nackte Wahrheit kann berühren, fühlte ich mehr, als daß ich es begriff.

Im folgenden Frühjahr, Tannerts waren schon nach Leipzig weggezogen, hatte ich mich mit Ursel ein paar Mal auf dem Friedhof und im Eisenberg getroffen, einzelne Worte, ein paar Sätze, viel Ängstlichkeit, Unsicherheit, Ansichhalten. Mit ihr und Rufina Prause war ich auch zum Nachmittagstanz auf dem Peniger Zeisig gewesen, Anfahrt mit dem Fahrrad, Rückfahrt mit dem Fahrrad, haltet mal an, ich muß bullern, rief Rufina, als wir den Stöckigtwald durchquerten, was schleppst du da für ein Kind mit, sagte Ursel. Ihren Bruder kannte ich nur aus Erzählungen, vier oder fünf Jahre älter als ich, lebte er außerhalb, bei einer Tante in Rötha, in meiner letzten Frohburger Zeit war er mit Bautzen in Verbindung gebracht worden, auch mit dem Jugendwerkhof irgendwo an der Elbe, in Torgau vielleicht, man sprach nicht groß darüber, warum auswalzen, was man sowieso nicht ändern konnte, er sollte in Borna im Gymnasium Flugblätter verteilt haben, vielleicht hatte man ihn vorzeitig entlassen.

Was ist mit dir, fragte ich die Sprotte, die einmal mein bester Freund gewesen war. Fährt Traktor, mischte sich Gunter ein, ich habe dir doch geschrieben, daß er von der Uni geflogen ist, kurz vorm Examen. Politisch, fragte ich. So kann mans auch nennen, sagte Gunter. Die Sprotte lachte: Glaubs bloß nicht, alles Quatsch. Und du, Gunter, was machst du. Ich bin seit zwei Jahren als Ingenieur in der Textile unten am Markt, aber es bringt mir nichts außer den paar Piepen, ich geh nächsten Monat zur Wismut, Alberoda bei Aue, der Schacht dort ist tausendfünfhundert Meter tief, was das an Hitze bedeutet, ein einziger großer Kühlschrank ist der Schacht, mit endlosen Leitungen, durch die Riesenmengen an Kühlmittel gepumpt werden, Technik vom Feinsten, das nenne ich spannende Arbeit. Für den Bombenbau, für den großen Knall, sagte Ursels Bruder und lachte höhnisch. Exen, geext werden, Exung, sagte ich, das Wort gibts im Westen gar nicht. Wolltest du eigentlich nicht weg danach, fragte ich die Sprotte weiter, rüber zu uns. Erst mal können, und wen kannte ich denn, keine Seele außer dir, wo du warst, wußte ich nicht. Und dann muß ja auch jemand hierbleiben, oder.

Prost allerseits. Wir tranken uns zu, die Sprotte lachte, aber anders als Ursels Bruder. Und noch einmal tranken wir uns zu, und wieder, und wieder, und immer lachte die Sprotte, und ich mußte auch langsam lachen, so ganz von innen heraus. Hast du einen Wagen, wollte Gunter irgendwann wissen, das Wort fiel mir auf. Nein, sagte ich, obwohl der Käfer hinter der Grenze in Bebra stand, wieso machte ich das, warum dieses Nein. Aber sonst gehts dir gut. Na klar, prost Jungs. Prost, sagten sie und tranken aus. Ich lade euch ein, schlug ich vor. Wir geben abwechselnd, sagte die Sprotte, wir sind nicht so arm, wie der Westen sich das denkt. Als der Wirt uns aufscheuchte, hier ist keine Nachtbar, Leute, laßt es gut sein, hatte ich Mühe, die Treppen zu meinem Zimmer hochzusteigen. Kurz noch am Fenster, der Kirchenblick, verwackelt, dann hingehauen, Licht aus.

Gegen Morgen ein Alptraum. Ich fahre mit dem Fahrrad zu den Großeltern in die Greifenhainer Straße. Das Rad ist das Sportmodell Elite von Diamant in Karl-Marx-Stadt, ich habe es mir vom Konfirmationsgeld in der Technik-HO am Kornmarkt in Altenburg gekauft, im März bestellt, lange Wartezeit, Auslieferung im August. Auf der ersten Fahrt von Altenburg nachhause ein sagenhaftes Gewitter, das den Erntestaub auf der Straße in Schmiere und Schlamm verwandelte, zuhause angekommen, putzte und wienerte ich das Rad stundenlang, jeden Winkel des Rahmens und jede einzelne Speiche. Tagsüber stellte ich das gute Stück immer griffbereit, aber angeschlossen im Torweg ab, wettergeschützt. Manchmal ging ich vom Hof zur Straße durch, ohne Grund, einfach nur, um das Rad zu bestaunen, ich konnte mein Glück kaum fassen.

Im Haus der Großeltern, das ich ansteuere, in der Mansarde oben, ist das Leben für mich losgegangen, Ostkriegsausbruch, kaum daß ich vier Wochen auf der Welt war, Mutter auf einem Foto in der Greifenhainer Straße im Garten, sie hat mich, das Kleinkind, im Arm, es ist, ihrer Beschriftung nach, Sonntag, der 22. Juni 1941, Mutter lächelt nicht und zeigt folglich im Gegensatz zu sonst auch ihre blendend weißen Zähne nicht, denn es ist nachmittags, da hat sie die Radiomeldungen vom Kriegsbeginn im Osten schon gehört, niemand in der Familie ist begeistert, Mutter am allerwenigsten. Der Krieg tobt meine ersten vier Lebensjahre hindurch, Vormärsche, Rückzüge, unvorstellbar das Ganze, keinen Tag ist Ruhe an der Riesenfront, in die Zeit fällt auch meine folgenschwere Ansteckung auf dem Jahrmarkt, mit fünfzehn Monaten, im September 1942. Dort, im Osten, ganz weit weg, Vorstoß in die Südsteppe, auf die Wolga und den Kaukasus zu, hier Kinderklinik Leipzig bis Dezember und so weiter und so fort, jetzt, da ich im Traum rausfahre zu den Großeltern, wohnen wir in der Post am Markt, ich kurve in Schlangenlinie schräg über den Platz, durch die Brückengasse und über die dritte Wyhrabrücke, leicht abfallende Strecke, auf der ich immer sehr schnell rolle, und immer dabei auch ein Gefühl wie Heimkehr, wenn das Haus am Fuß des Schützenhausberges in Sicht kommt, diesmal ist es ein Sonntagnachmittag, Hochsommer, die große Familie muß draußen am Kaffeetisch sitzen. Ich gucke in den Garten, niemand da. Erst als ich auf dem Hof um die Ecke des Treppenhausanbaus biege, sehe ich, daß die ganze Familie doch um den gewohnten langen Tisch versammelt ist, nur steht der nicht wie erwartet im Garten, sondern dicht am Haus auf der großen Platte aus Beton, die die Jauchengrube abdeckt. Ich beuge mich zu Tante Agathe hinunter, die gleich vorne sitzt, und drücke sie, dabei spüre ich einen Widerstand, etwas wie Verkrampfung, Abwehr, das hängt mit den Querelen um das achtfache Familiengrab zusammen, denke ich sofort. Erst bei der übernächsten Umarmung, es ist Lieblingscousine Mari Lohr aus Hannover, wird mir klar, daß es sich nicht um eine familiäre Unstimmigkeit handeln kann. Und tatsächlich wird mir nach einer Schweigeminute, nach einem Atemholen, kommt mir vor, verkündet: Die Großeltern. Pause. Ja wo sind die eigentlich, die Großeltern, durchzuckt es mich. Die Großeltern, kommt es von allen Seiten, als sei ein Bann gebrochen, die Großeltern sind verhaftet worden. Verhaftet, unmöglich, Großvater ist siebenundachtzig, Oma achtundsiebzig, was sollen die denn verbrochen haben, frage ich in die Runde. Keine Antwort. Endlich sagt Hans Grzewski, der angeheiratete Cousin, der Genosse und Schulrat ist und ganz hinten am Abortfenster sitzt: Nationalsozialistische Verbrechen. Unmöglich, das ist ein Witz. Nein, voller Ernst, wird von der Runde vielstimmig bekräftigt, die Großeltern hätten versucht, gemeinsam aus dem Leben zu scheiden, das sei mißlungen, Großvater habe nur noch unter sich gemacht, jetzt seien sie im Haftkrankenhaus Meusdorf. Aber was wirft man ihnen denn vor, rufe ich, Großvater war über sechzig Jahre Tierarzt hier, und Großmutter hat elf Kinder geboren und ihm die Rechnungen für die Bauern geschrieben, mehr hat sie nicht gemacht. Dabei weiß ich natürlich auch von dem goldenen Parteiabzeichen, das Großvater gerne gehabt hätte, und von der Schriftführerrolle Großmutters in der Frauenschaft. Hier ist die Anklageschrift, sagt Mari und weint, heute gekommen, drei Seiten. Sie reicht mir das Papier über den Tisch. Ich lese und lese, nix von Mitgliedschaft da und dort, ich verstehe gar nichts. Du bist doch, du kannst doch, du mußt doch, prasselt es aus der Runde auf mich ein, ich fühle mich durch die Hoffnung, die man auf mich setzt, unter Druck, sofort auch das Gefühl, schuldig zu sein, weil ich keinen Weg sehe, die Großeltern freizukriegen, ich setze an, um die Erwartungen zu dämpfen, sie von mir abzuweisen, sie wegzuschieben, wer bin ich schon, wo ich aufkreuze, wird alles nur immer noch schlimmer, gerade will ich als Beispiel die Katastrophe anführen, die über uns hereingebrochen ist, niemand in der Runde weiß schon davon, da wache ich auf, zerschlagen, aber auch wie erlöst, die Beichte vor der Familie bleibt mir erspart.

Der Traum hat mich so aufgewühlt, daß es mich aus dem Bett treibt, gestiefelt und gespornt, den Koffer in der Hand, komme ich früh halb sechs nach unten in die Gaststube, ich will mit dem Zug von ehemals, der Punkt sechs abging und der, um zwei Minuten nach hinten verschoben, immer noch fährt, weiter nach Geithain, das Frühstück steht auf dem Tisch, der Kaffee ist eingegossen, sogar ein gekochtes Ei gibt es, das würde im Astoria in Leipzig extra kosten, weiß ich, man will mir anscheinend etwas Gutes tun. Aber der Doppelgänger von Fröbe zeigt sich nicht, auch niemand aus der Küche. So lege ich das Geld für die Übernachtung und für den langen Abend, drei Scheine, auf den Tresen und gehe durch die Halle zur Hoftür. Dabei komme ich am Pissoir vorbei, offene Tür, Betonrinne, es weht scharf heraus, wie es immer scharf herausgeweht hat, und bestimmt steigt es auch nach oben zu den Wohnungen, wie es immer zu uns heraufgestiegen ist. Der Posthof verkommen, haufenweise Unrat, nie gekehrt, nie aufgeräumt, Aschenhaufen, halbverbranntes Holz, Fahrradschrott, daß überhaupt noch jemand hier arbeitet, hier wohnt, wird an zwei großen schmutziggrünen Plastetonnen deutlich, die Ränder sind bekleckert mit Essensresten, Spuren von Sauce, von Mayonnaise laufen nach unten, die Brühe steht in schmierigen Pfützen auf dem Pflaster, irgendwann, schon lange her, hat jemand mit dem Pinsel das

Wort Futter lieblos auf die beiden brusthohen Tonnen ge-
schmiert, trostloses Haus, trostloser Hof, trostlose Tonnen,
insgesamt tieftrauriges Bild, zum Verzweifeln. Dazu paßt
auch, daß die Waschküche im Keller, mit eigener Treppe vom
Hof aus, etwa einen Meter hoch unter anscheinend schon
lange stockendem Wasser steht, das Hinterteil einer ertrun-
kenen Ratte ist zu erkennen, ausgebleichter verrottender
Fellfilz, langer skelettierter Schwanz, außerdem eine teller-
große Linse fortgeschrittener Auflösung, vielleicht die letzten Reste einer Katze. Dann biege ich um die Ecke und sehe
den Torweg vor mir, unseren Torweg, gealtert, ausgenutzt,
mißachtet, geschunden, der Putz in Jahrzehnten von Fuhr-
werken und vom Postauto abgestoßen und unter den Rädern
zermahlen, nackte Mauern, bis auf die bröckelnden Ziegel
und Bruchsteine bloßgelegt, weiter oben, wo der Putz noch
halbwegs da ist, an den Wänden, der Decke, ist er überzogen,
übersät mit Flecken und Flächen des Verfalls und der Zersetzung, Landkarten der Vergänglichkeit und Bebilderungen
der Lüge von neuer besserer Zeit, die trüben kraftlosen Farben gehen, von der Dunkelheit der Durchfahrt doppelt und
dreifach verschattet, in vielen kaum wahrnehmbaren Abstu-
fungen und Zwischentönen von hellem Grau über schwaches
Blau und eine Ahnung Blaßlila zu dünnem Gelb und verwa-
schenem Rotbraun und leblosem Braun, es trifft mich wie ein
Schlag, man hat mich in einen finsteren Raum gestoßen, ich
müßte mich an der Wand vorwärtstasten, nie komme ich hier
wieder raus, aber plötzlich flammt draußen die erste Mor-
gensonne über die Dächer und leuchtet in die Höhle und
macht aus ihr einen Tunnel aus Licht: hier lang.

Helmut Böttiger

»Wer ich war, wer ich bin, und das dunkle Gebiet dazwischen.«

Zeitgeschichte als Ich-Erkundung:
Guntram Vespers Prosa

Als im Frühjahr 2016 Guntram Vespers 1000-Seiten-Roman *Frohburg* herauskam, schien es schon vom Äußeren her klar zu sein, dass es sich um das Opus Magnum dieses Autors handelte. Doch bei näherem Hinsehen wird alles viel komplizierter. Auch dieses große Welttheater fängt, wie so oft bei Vesper, ganz klein an, mit einem langsamen Sich-Vortasten in die Erinnerung und die verschwundene Geschichte. Von der Wohnung geht es über das Haus und die Straße hin zu den Umrissen Frohburgs, einer Stadt mit ungefähr 5000 Einwohnern südlich von Leipzig, mit 15 Straßen und 500 Häusern. Sie wird minuziös eingebettet in die umgebende Landschaft, die mit vielen Wäldern markierte Grenze zwischen der sächsischen Braunkohle-Ebene und den Vorstufen des Erzgebirges, und diese Grenze ist auch eine zwischen Realität und Fiktion.

Frohburg wird zu einer Chiffre für Heimatlosigkeit und die Möglichkeiten der Literatur. Der Fluss Wyhra erscheint, die Tümpel und Milchwiesen, das Geburtshaus in der Greifenhainer Straße mit der Tierarztpraxis des Großvaters, der Marktplatz mit seinen Häusern und Läden – die Topografie ist die Grundlage für den Schreibvorgang. Immer wieder geraten neue Nebenfiguren und Seiteneingänge in den Blick. Und plötzlich merkt man: dieses Opus Magnum ist bei weitem nicht abgeschlossen, es könnten immer neue Erzählstränge und Assoziationsknäuel dazukommen, und vor allem – es hat auch schon viel früher begonnen. An *Frohburg* schrieb Guntram Vesper sein ganzes Leben lang. Er war erst 16 Jahre alt, als er im Jahr 1957 mit seinen Eltern über Westberlin in die Bundesrepublik floh, doch diese sechzehn Jahre haben etwas konserviert, was der Autor danach immer wieder abgerufen hat, jahrzehntelang, durch alle biografischen Stationen in Westdeutschland hindurch – als Knecht bei Kleinbauern, als Hilfsarbeiter beim Bau und beim Braunkohleabbau, als Internatsschüler in Friedberg, Student in Gießen und Göttingen und schließlich als Schriftsteller in Göttingen und Steinheim am Vogelsberg.

In seinem poetologischen Aufsatz *Lichtversuche Dunkelkammer* aus dem Jahr 1989 erklärte Vesper seinen Frohburg-Stoff so: »Der Ort ist für mich eine Bühne, was die letzten hundert Jahre unserer Geschichte angeht. Eine Bühne für Zeitgeschichte, für deutsche Lebensläufe. Die ersten Notizen, Detailsammlungen stammen von neunzehnhundertneunundfünfzig, neunzehnhundertsechzig, der früheste Entwurf *Laterna magica* zum Beispiel. Und bis heute grabe ich Material aus, gewachsenes und verschüttetes, ich treibe in meine und in die Erinnerung anderer Stollen, Erkundungsgänge, ich sammle das Material, fixiere es und versuche, daraus Erzählung, Romankapitel, Gedicht zu machen.«

Frohburg ist für diesen Autor seit jeher die ganze Welt im Kleinen – die gesamte Welt, in der das Subjektive und das Gesellschaftliche miteinander verschmelzen. Der Proust'sche Erinnerungsmoment in all seiner Sinnlichkeit geht mit politischen und zeitdiagnostischen Aufschwüngen und Abschweifungen einher. Auch die möglichen Formen durchdringen sich: »Erzählung, Romankapitel, Gedicht« – das Changieren zwischen allen literarischen Genres wie generell zwischen Wirklichkeit und Erfindung ist ein Charakteristikum Vespers, es tritt im Lauf der Jahre immer stärker hervor. Keines seiner Bücher trägt offensiv die Gattungsbezeichnung »Roman«, strenggenommen ist natürlich auch die späte 1000-Seiten-Prosa *Frohburg* keiner. Dass hier dennoch, eher beiläufig, als Untertitel »Roman« auftaucht, wird gleichzeitig stark relativiert, denn Vesper zitiert in seinem Motto augenzwinkernd Fontane: »Für etwaige Zweifler also sei es Roman!« Der zeitgenössische Roman ist die Form, die alles in sich aufsaugen kann, Tagebuch, Essay, Analyse und schwadronierendes Erzählen gleichermaßen. Die Fiktion ist nicht mehr Bedingung. Spannend ist aber jedes Mal der Moment, in dem sich das Ganze unmerklich doch ins Fiktive hinüberbewegt.

Der Gedichtband *Die Illusion des Unglücks* von 1980 begann wie programmatisch mit einem Gedicht namens *Frohburg*. 1985 erschien dann ein Buch mit *Neuen Gedichten*, das gleich den Titel *Frohburg* trug, und eine knappe Verlagsnotiz neben der Titelei vermerkte zu diesen Gedichten: »Sie sind 1984 und 1985 entstanden und stützen sich auf eine umfangreiche Sammlung von Notizen, Erinnerungen und Aufzeichnungen, an der Vesper seit Jahren arbeitet.« Aus dieser »umfangreichen Sammlung«, die per se nie abgeschlossen sein kann, entwickelte sich unter anderem auch der große *Frohburg*-

Roman dreißig Jahre später, aber es liegt in der Natur der Dinge, dass auch alles Andere, was Vesper schrieb, sich darauf bezieht und wie in einem Prisma immer neue Details, Lichteffekte, Erinnerungsfragmente und spezifische Dunkelheiten aufzeigt. *Frohburg* ist vor allem eine Schreibweise. Vesper hat von Anfang an eine unverwechselbare Technik entwickelt, autobiografische Erfahrungen und Reflexionen zum Ausgangspunkt seiner literarischen Versuche zu machen. All seine Bücher haben viele Aspekte einer Autobiografie, ohne autobiografisch zu sein. Neben dem Ich, das hier schreibt und sich beim Schreiben auch immer wieder zuschaut, tritt jene magische Konfiguration in den Mittelpunkt, die in *Frohburg* ihren Ausgangspunkt hat, und sie verselbständigt und verästelt sich.

Der konkrete Ort im Sächsischen muss dabei nicht immer konkret benannt werden. Am frappierendsten ist dies in Vespers herausragendem Prosaband *Nördlich der Liebe und südlich des Hasses* von 1979, einem der Höhepunkte der Literatur der siebziger Jahre, in der nach der Hochphase politisch-eingreifender Texte allgemein an einer »Neuen Subjektivität« gefeilt wurde. In den zwanzig Kapiteln dieses Buches, in denen sich bestimmte Motive und Ereignisse immer wieder neu spiegeln und fortschreiben, tritt die charakteristische Erzählweise dieses Autors, wie sie sich im *Frohburg*-Opus zeigt, bereits suggestiv zutage. In etlichen Sequenzen scheinen sich die Satzperioden gegenseitig zu befeuern, es gibt verschachtelte Konstruktionen, die wie eine sächsisch-abendländische Aneignung der Märchen aus 1001 Nacht anmuten. Immer wieder bricht ein Erzählstrang ab, geht über längere Strecken in einen anderen über und setzt dann auf überraschende Weise wieder neu an. Historische Geschehnisse wirken dabei wie Hintergrundfolien für die Gegenwart. Hier, »nördlich der Liebe und südlich des Hasses«, taucht der sächsische *Frohburg*-Nukleus kaum auf – aber er hat seine Ausläufer und Kreisbewegungen ganz gezielt auf den bundesdeutschen Alltag der siebziger Jahre gerichtet. Und deshalb wechseln auch die Sprach- und Stilebenen.

Das Buch spielt abwechselnd in Göttingen und in Steinheim am Vogelsberg, den beiden Wohnorten des Autors. Den Sommer, ungefähr vier Monate, verbringt er in dem abgeschiedenen 500-Einwohner-Dorf. Es ist ein zunächst nüchterner Ton, wie er zu jener Zeit in der Luft lag. Der Schreibende sieht sich selbst als Figur, stellt sich in einen sozialen und privaten Zusammenhang. Er referiert seine Lebenssituation, durchaus schonungslos, den Alltag in der Ehe, die Beziehungen in der weiteren Familie, er sieht sich als Exempel, und es vermittelt sich etwas Nachhorchendes und Nachspürendes. Dabei kommen ständig neue Fragen auf. Der innehaltende Satz »Wer sind wir?« ist eine Art Leitmotiv, zwischen den Autobahnkreuzen, Betonfertigteilen und Reihenhäusern der Vorstadt. Der Plural dieser Frage scheint dem Duktus entsprungen, der die siebziger Jahre als das grundlegende Jahrzehnt der Sozialpädagogik ausmacht. Es wird mit Statistiken gearbeitet, mit der kühlen Darstellung des kommunalen Klüngels und seiner Praktiken zwischen Stadtrat und Wirtschaft, vor allem dem in dieser Zeit üppig wuchernden Bauunternehmertum. Sachlich verzeichnet der Autor den Abriss diverser funktionsfähiger Altbauten, den Niedergang kleiner Geschäfte, und dem entspricht draußen auf dem Sommerdorf die Maschinisierung der Landwirtschaft und das Verschwinden kleinteiliger Handwerker und ihrer Lebensformen. Der Einzelne, also hier das schreibende Ich, sieht sich in einen Zusammenhang gestellt, der ihn anonymisiert und machtlos macht, aber dieses »Ich« tritt mit der Zeit ab und zu auch vorsichtig und zögernd hervor: »Das Rätsel der Linie zwischen zwei Punkten: wer ich war, wer ich bin, und das dunkle Gebiet dazwischen.«

In den siebziger Jahren entstand langsam ein Bewusstsein für die Schattenseiten des »Fortschritts«. »Sicherheit, Ordnung, Fortschritt« war der Dreiklang, mit dem die CDU Ende der sechziger Jahre noch Wahlkampf betrieben hatte, »Fortschritt« war lange Zeit eindeutig positiv besetzt und mit Vorstellungen von Freiheit, Emanzipation und vor allem Konsummöglichkeiten verknüpft. »Fortschritt« schien untrennbar mit ökonomischen Interessen verbunden zu sein. Doch im Verlauf der von der SPD geführten Regierungen unter Willy Brandt und Helmut Schmidt dämmerte die Erkenntnis, dass man damit vielleicht ein schwierigeres Geschäft eingegangen war, als man gedacht hatte. *Die Grenzen des Wachstums* hieß der Bestseller im Auftrag des »Club of Rome«, der damals seiner Zeit weit voraus zu sein schien. Überall in den Provinzstädten wurden die engen, geduckten und verwinkelten Zentren »entkernt«, klotzige Neubauten von Sparkassen, Versicherungen und Kaufhäusern standen für die Zukunft, und es kam ein diffuses Gefühl dafür auf, dass etwas im Verschwinden begriffen war, das man lange Zeit gar nicht so richtig wahrgenommen hatte. Vespers *Nördlich der Liebe und südlich des Hasses* ist ein genauer Indikator dafür. Ein Satz wie »Die Träume muß man abschütteln«, der quasi registrierend fällt, wie ein Zitat, das man zu übernehmen gezwungen ist, enthält den ganzen Zwiespalt, der alle ausfransenden Erzählstränge und Gedankenketten dieses Buches markiert. Es geht um die Grundangst des Einzelnen, von nicht genau fassbaren Zeitströmen hinweg- und mitgerissen zu werden.

»Wer ich bin. Wer ich sein soll.« Mit solchen nachdenklichen Einschüben, Interruptionen im Assoziationsstrom wird eine Verunsicherung beredt, die ziemlich schnell nach der kurzen, euphorischen Phase um 1968 eingetreten ist, aber immer noch um die dabei entwickelten Utopien und Gesellschaftsvorstellungen weiß und nicht von ihnen lassen möchte. Es ist die Eigenart Vespers, dass er Anhaltspunkte in der Geschichte sucht, in historischen Zeugnissen, um sich zu vergewissern. Er konturiert seine Eindrücke der Gegenwart durch Exkursionen in andere Zeitschichten. Dabei spielen Recherchen über die Steinheimer Vergangenheit eine große Rolle, über den noch nicht lang zurückliegenden Nationalsozialismus und sein Weiterwirken, über die dumpfen Wahrnehmungen der Welt und ihrer Veränderungen, die einer möglichen Verklärung unmittelbaren und unverfälschten Landlebens durch städtische »Aussteiger« radikal entgegenstehen. Die ständige, vom eigenen Zu-kurz-gekommen-Sein geprägte, bornierte und ressentimentgeladene Rede von »Denen da oben« wird vom Tagebuchschreiber und Textgestalter bitter vermerkt. Sie scheint in Deutschland eine zeitlose und immer wieder abrufbare Aktualität zu haben. Es ist das Dilemma des autoritären Charakters, des Untertanen, und Vesper hat es von seiner Dachkammer aus immer im Blick.

Eine zweite, fiktive und ganz anders erschütternde Variante der Vergangenheitserkundungen ist die literarische. Vesper erfindet einen literarischen Vorläufer namens Eduard, der zugleich eine Ideal- wie eine Schreckensform ästhetischer Weltaneignung darstellt. Ende der siebziger Jahre des zwanzigsten Jahrhunderts, als in der Bundesrepublik von einem »deutschen Herbst« die Rede war und die militanten Aktionen der »Rote Armee Fraktion« die Öffentlichkeit in Atem hielten, musste dieser Versper'schen Imagination etwas zutiefst Verstörendes anhaften. Eduard ist ein Wiedergänger Heinrich von Kleists und Hölderlins, ein Leser *Hyperions* und auf emphathischste Gefühle spezialisierter Lehrer in Steinheim, dessen Sensibilität und Phantasie an den gegebenen Strukturen zu zerschellen droht. In einer Wiederaufnahme empfindsamer Geistes- und Gemütsströmungen sucht und findet er zunächst während einer Aufbruchs- und Fluchtbewegung in Richtung Süden die unbedingte Liebe. Dass sie »Charlotte« heißt, macht sie noch deutlicher als literarisches Zitat kenntlich. Die beiden verbringen einige Wochen voller Glück auf einer arkadischen Insel im Lago Maggiore, die schon etliche deutscher Geister stimuliert hat, die Kleist-Anklänge ziehen sich durch den gesamten Text. Doch Eduard wird zum Opfer seiner ungestümen Vorstellungen, im pragmatischen Alltag findet Charlotte wieder zu vermeintlich tauglicheren Bestimmungen, und Eduard wendet sich von der ihn umgebenden Gesellschaft abrupt ab. Er zieht sich mehrfach als Einsiedler in Erdhöhlen zurück und wird schließlich zu einem Kohlhaas'schen Terroristen, der den allmählichen Übergang von idealistischen Vorstellungen zu roher und bewusstloser Gewalt verkörpert. Eduard geistert immer wieder durch Vespers Text, als Mahnung, als Menetekel, als nicht restlos aufzulösendes Rätsel. Dass er etwas mit der aktuellen Gegenwart zu tun hat, wird nie direkt thematisiert, und auch seine Verbindung zur Literatur, zu den radikal entgrenzenden Möglichkeiten der Textwelten bleibt irisierend.

In einer Rahmenhandlung wird ein preußischer Freiherr von Zenge mit dem Fall dieses Eduard konfrontiert, und dass dabei eine Linie zu Heinrich von Kleists vergeblicher Verlobter Wilhelmine von Zenge insinuiert wird, entspricht Vespers ästhetischer Vorgehensweise. Hölderlin, Kleist, auch die unerhört modern wirkenden Novellen Ludwig Tiecks werden in seinen historischen Tiefenbohrungen geortet und auf raffinierte Weise dem gerade entstehenden Textkorpus einverleibt. Die Dimensionen des Literarischen haben in Vespers Prosakosmos immer auch etwas Bedrohliches, so unverzichtbar sie als Rückhalt auch erscheinen mögen.

Vesper begann gleich nach seiner Übersiedelung in den Westen Gedichte zu schreiben, zwischen 1958 und 1963 stehen der Verlust der Heimat und die Schwierigkeiten, im neuen, fremden Terrain zurechtzukommen, im Mittelpunkt seiner Suchbewegungen: »ich bin von den Zuständen hierzulande, von der ›eiskalten Luft des Gebirges‹ hier sehr fremd angerührt worden und habe stark daran gelitten. Ich schwebte ja hier ohne soziale Beziehungen durch die Welt des ›Wirtschaftswunders‹, durch den ›goldenen Westen‹ Ende der fünfziger Jahre und hatte starke Sehnsucht nach den direkten Berührungen und für mich leichter zu durchschauenden Verhältnissen der sächsischen Kleinstadt, in der ich geboren und aufgewachsen, aus der ich gekommen war.« Die Fremdheit, von der Vesper im Rückblick spricht, gehört zur grundlegenden Definition seiner selbst, in all seinen Werken hat er sie zum Ausgangspunkt seiner Wahrnehmungen und Reflexionen genommen. Die Legenden um die Figur des Kaspar Hauser wie auch das Motiv des »blinden Passagiers« etwa stimulieren in *Nördlich der Liebe und südlich des Hasses* immer wieder den Schreibvorgang und die Selbsterkundungen.

Mitte der sechziger Jahre kamen jedoch neue Akzente hinzu. Vesper wuchs direkt in die aufkommende Studentenbewegung hinein, und in seinem ersten Prosaband *Kriegerdenkmal ganz hinten* aus dem Jahr 1970 ist das deutlich zu spüren. Die Sprache dieser kurzen Erzählstücke ist radikal zeitgenössisch, sie entstammt der unmittelbaren Gegenwart und ihrem zupackenden Duktus. Meist geht es dabei schon um Vespers Rückzugsdorf Steinheim am hessischen Vogelsberg, um die Geschichte und die Mentalität der dortigen Bewohner, nur vereinzelt schleichen sich noch Erinnerungen an das sächsische Frohburg mit hinein. Aber vielleicht ist es bezeichnend, dass der titelgebende Text tatsächlich dort angesiedelt ist, in der sächsischen Kindheit. Das Kriegerdenkmal als deutsches Phänomen und Identifikationsobjekt strahlt wohl nicht ganz zufällig von dort aus, zielsicher bis in die bäuerlichen Nebel des hessischen Mittelgebirgslandes.

In seinem ersten Prosabuch ist noch wenig zu spüren von den ausschweifenden Satzgirlanden und Erzählketten der späteren Prosawerke Vespers. Alles ist konzentriert, auf kargstem Raum verdichtet. Der Autor karikiert das »falsche Bewusstsein« der deutschen Provinzler, indem er ihre Aussagen, Zeitungsmeldungen und historische Quellen auf raffinierte Art montiert, meist in kurzen, knappen Sätzen, die nicht immer direkt aufeinander bezogen sind, sondern in ihrer kunstvollen Kompilation eine ganz eigene Aussage bilden. Einsilbige Verlautbarungen, scheinbar unumstößliche Wahrheiten, das Wissen um die Bestimmungen von Herr und Knecht werden so notiert, dass sie aus sich heraus satirische Dimensionen annehmen. Explosive Reihungen entstehen, eine Mischung aus Aberglauben, Repression, aus Zwängen und Ritualen. Der Abgrund zwischen Kalendersprüchen, Bauernregeln und Volksweisheiten klafft dabei immer tiefer auf. Mord und Totschlag, finsterste Sexualvergehen, beklemmende Genreszenen mit Bauernburschen und Landpomeranzen zeigen Perversionen gesellschaftlichen Lebens, Ausbeutung gerade auch in den intimsten Bereichen, aufgedonnert durch patriotische und religiöse Reden. Vesper erklärte seinen Ansatz so: »Personen, ihre Handlungen werden aus ihrem literarischen Milieu gelöst und auf einer anderen Ebene zusammengesetzt, zu einer neuen, ›zweiten‹ Wirklichkeit aus Halbwahrheiten, Halluzinationen, Traumvorstellungen. Diese antithetische Realität ist nicht mehr an die Entstehungszeit jener zitierten Quellen gebunden, dafür in der Lage, Gegenwart auf Signifikantes zu reduzieren. Mein Bewusstsein ist nicht denkbar ohne das Bewusstsein, was andere vor meiner Zeit gehabt haben. So ist auch das, was ich schreibe, nicht denkbar ohne das, was andere vor mir geschrieben haben.«

Zu diesem Zeitpunkt war das eine Erklärung für das Arrangement von Textbausteinen, für an der »konkreten poesie« geschulte Collagetechniken, abseits eines sich selbst thematisierenden Subjekts. Doch unter der Hand wird dabei auch deutlich, wie sehr Vesper aus der Lektüre heraus agierte, wie sich hier Literatur aus Literatur speiste. Der Horror, die Groteske erscheinen hier als Zitat aus Kriminalgeschichten des 19. Jahrhunderts und bieten doch viele Anknüpfungspunkte an die unmittelbare Gegenwart. Namen und Bezeichnungen, die aus dem Russischen oder Polnischen kommen und in der bis ans Ende der sechziger Jahre reichenden Nachkriegszeit an die Erfahrungen der deutschen Wehrmacht gemahnen, wirken wie Codewörter aus einem kollektiven Unbewussten. Schon hier zeigt sich, dass Vesper kein Protagonist einer Romantisierung des Landlebens werden konnte, wie es im

Lauf der siebziger Jahre häufiger geschah. Sehnsucht, Fremdheit, Aberwitz verschmelzen bei ihm immer zu etwas ganz Eigenem, und im Geheimen liegt hier ein Überlebensmechanismus verborgen.

Zwischen 1970 und 1979 hat Vesper fast ausschließlich Hörspiele verfasst, und seinem Buch *Nördlich der Liebe und südlich des Hasses* von 1979 merkt man das auch an. In dem Jahrzehnt zwischen der Veröffentlichung des ersten und des zweiten Prosabuches veränderte sich erkennbar der Stil. Im Lauf der Zeit hat sich in den entlarvenden, entblößenden Duktus des *Kriegerdenkmals ganz hinten* das schreibende Ich eingeschlichen, das dies ja letztlich alles zu verantworten hat, und macht sich schließlich selbst zum Thema. Das ist exemplarisch für eine Bewusstseinsgeschichte, die sich im Lauf der siebziger Jahre vollzog, die bei Vesper aber in seltener und fast einzigartiger Weise mitreflektiert wird. Anfang der siebziger Jahre war das Subjektive noch hinter einer objektivierenden Form zurückgetreten, nach einigen Jahren stand das Ich als prekäre, nicht genau zu umreißende Größe im Zentrum schreibender Suchbewegungen.

Das immer anwesende *Frohburg* wurde währenddessen zu einem literarischen Feld, das zugleich bedrängender und unklarer wurde. Vesper hat sich die Stimmen, die Gerüche, den Geschmack seiner sächsischen Kindheit und Jugend immer wieder neu vergegenwärtigt und sie mit den aktuellen politischen Entwicklungen kurzgeschlossen. Die konkrete Geographie entwickelte sich dabei immer mehr zu einem imaginären Raum. Und das zieht Kreise und hinterlässt Spuren in allen Empfindungswelten. Im Titel *Nördlich der Liebe und südlich des Hasses* hat sie der Autor direkt benannt. Er verweist auf Zonen, die mit den landläufigen empirischen Daten nicht mehr zu erfassen sind, ein Terrain, das sich den gewohnten Zuordnungen entzieht, das die Empfindungen diffus und flirrend erscheinen lässt, aber auch vage utopische Vorstellungen mit transportiert. Die fortwährenden Fragen – »wer ich war, wer ich bin, und das dunkle Gebiet dazwischen« – finden hier ihren entsprechenden Ausdruck. Auch ein Dichter wie Paul Celan hatte diesen Weg beschritten: »In den Flüssen nördlich der Zukunft / werf ich das Netz aus (...)« – es ist der Fluchtpunkt der Poesie, der in all seiner Widersprüchlichkeit und Unmöglichkeit doch existiert.

Ansatzpunkte gibt es dafür auch im Alltag. Mitte der achtziger Jahre registrierte ein Interviewer verblüfft, wie es auf dem kleinen Schreibtisch von Guntram Vesper aussah: Ausschließlich Stahlfedern lagen dort und farbige Tinte. Er fragte nach, wo man denn solche Geräte noch bekäme, und Vesper versetzte: »In jedem Schreibwarenladen.«

Nachweise

Kriegerdenkmal ganz hinten
Erstausgabe: München, Wien: Carl Hanser Verlag 1970
(= *Reihe Hanser* 34). Abdruck hier nach der revidierten und
erweiterten Fassung: München: Wilhelm Heyne Verlag 1982.

Nördlich der Liebe und südlich des Hasses
München, Wien: Carl Hanser Verlag 1979.

Steglitz
In: *Nordwestpassage. Steglitz.* Berlin: Mariannenpresse 1985.

Stomps in Gießen
In: *Frohburg. Neue Gedichte.* Frankfurt am Main: Fischer
Taschenbuch Verlag 1985.

Laterna magica.
Pfaffenweiler: Pfaffenweiler Presse 1985.

*Der Schloßpark. Die Altenburger Geschichte. Erinnerung an
ein Foto. Dunkelkammer. Aus dem Leben der Maler*
In: *Dunkelkammer. Fünf Erzählungen aus Deutschland.*
Berlin: Mariannenpresse 1988.

Ein Winter am Anfang
Frankfurt: Frankfurter Verlagsanstalt 1991 (Jahresgabe des
Verlages; nicht im Handel).

Schöne Aussicht auf Gefahr
Erstausgabe (als: *Fortdauer des Augenblicks)*: Warmbronn,
Verlag Ulrich Keicher 1995. Abdruck hier nach der erweiterten Fassung: *Schöne Aussicht auf Gefahr. Vier Germanisten
interpretieren Guntram Vespers Text*. Bamberg: Hefte des
Bamberger Germanistenclubs.

Das Atmen der Bilder
Warmbronn: Verlag Ulrich Keicher 1997.

Die Krankheit, zu schreiben
Berlin: Mariannenpresse 1998.

Bullenbuch und Mordgeschichte. Frohburger Schreibversuche
Warmbronn: Verlag Ulrich Keicher 2008.

*Auftakt mit Arnold Z. Gandersheim. Schatten vom Glück.
Schönheiten der Pfalz und unseres Irrsinns*
In: *Auftakt mit Arnold Z*. Berlin: Corvinus Presse 2009.

Der Torweg
(als: *Weg ins Leben)*: Berlin: Berliner Bibliophilen Abend
2015. Abdruck hier nach der erweiterten Fassung: *Der Torweg*. In: *Sinn und Form. Beiträge zur Literatur*, 67. Jahr 2015,
1. Heft Januar/ Februar. Berlin: Akademie der Künste 2015.

Die Rechtschreibung wurde nicht modernisiert.

Inhalt

Kriegerdenkmal ganz hinten 7

Revolution 9

Landbewohner 12

So und nicht anders 14

Liebesbrief vom Lande 20

Fugen 22

Ans Licht 27

Hände gebunden 29

Brände 30

Sommerfrische für Max Hölz 33

Hunger vor allem 36

Durst 40

Entleerung 43

Vergangenes Jahrtausend 45

Kinder 47

Noch ein Nachtbild 52

Letzter Brief eines alten Mannes 53

Wortschatz 55

Zuwider 57

Total deformiert 59

Auf dem Land 61

Moos 64

Kontaktfreude 67

Eine Erscheinung aus dem Nachtgebiet 69

Kino 72

Abermals der Porträtmaler   74

Wieviel   75

Nummer eins   77

Heimat Göttingen   80

Nebengeräusche   83

Kriegerdenkmal ganz hinten   85

Na endlich   88

Spätvorstellung   90

Fortschreitend Lina   92

Adieu Warschau   94

Außerhalb und innerhalb   99

Ruhe bitte   102

Dr. Brey   105

Falten   124

Annähernd Moskau   136

Wandrei zurück oder Der Henker von Warschau   138

Unten im Schwarzwald. Eine Talgeschichte   148

Nördlich der Liebe und südlich des Hasses   183

I   Ein Vormittag auf dem Land   185

II   Die Sprache der Augen   190

III   Stadtrand   194

IV   Heimat   203

V   Armut nimmt die Stelle der Seelen ein   211

VI   Echoversuche im luftleeren Raum   228

VII   Eine blutige Geschichte   232

VIII   Soll und Haben   249

IX   Ein blinder Passagier steigt zu   253

X   Botenfrau Briefträger Wochenblatt   263

XI   Das Dorf   274

XII Gespräche am Krankenbett 290

XIII Auf Leben und Tod 303

XIV Wölfe 321

XV Reise in eine verhangene Landschaft voller
Katastrophen 328

XVI Telefonat eins 372

XVII Telefonat zwei 376

XVIII Eduard 378

XIX Geräusche beim Entsichern der Pistolen 424

XX Der Kampfflieger 455

Dunkelkammer 459

Steglitz 461

Stomps in Gießen 467

Laterna magica 472

Der Schloßpark 498

Die Altenburger Geschichte 502

Erinnerung an ein Foto 511

Dunkelkammer 519

Aus dem Leben der Maler 529

Ein Winter am Anfang 535

Schöne Aussicht auf Gefahr 545

Das Atmen der Bilder 568

Die Krankheit, zu schreiben 594

Bullenbuch und Mordgeschichte 604

Auftakt mit Arnold Z. 611

Gandersheim 628

Schatten vom Glück 630

Schönheiten der Pfalz und unseres Irrsinns 634

Der Torweg 640

Helmut Böttiger   665

»Wer ich war, wer ich bin, und das
dunkle Gebiet dazwischen.«
Zeitgeschichte als Ich-Erkundung:
Guntram Vespers Prosa

Nachweise   679

Guntram Vesper

Frohburg
Roman

1008 Seiten, btb 71507

Ausgezeichnet mit dem Preis der Leipziger Buchmesse

»Irgendwo im Land gibt es den Ort, die Straße, das Haus,
wir haben dort die Kindheit verbracht, wir kommen
schwer davon los.«
Guntram Vesper

»Das gewichtigste Buch dieser Tage. In jeder Hinsicht.«
Andreas Platthaus, FAZ

»Guntram Vesper hat einen Ort auf die deutsche literarische
Landkarte eingeschrieben, wie es in dieser Wucht
wahrscheinlich seit Jahrzehnten nicht geschah.«
Marc Reichwein, Die literarische Welt

»Frohburg, kein Zweifel, müssen Sie lesen!«
ZDF aspekte

btb